«RESPONSABILIDADE» PENAL ECONÓMICA E FISCAL DOS ENTES COLECTIVOS
À VOLTA DAS SOCIEDADES COMERCIAIS E SOCIEDADES CIVIS SOB A FORMA COMERCIAL

GONÇALO NICOLAU CERQUEIRA SOPAS DE MELO BANDEIRA
Advogado
Mestre em Direito pela Faculdade de Direito da Universidade Católica Portuguesa
Curso de Especialização em Ciências Jurídico-Criminais do Centro Regional do Porto na Faculdade de Direito da Universidade Católica Portuguesa
Licenciado em Direito pela Faculdade de Direito da Universidade de Coimbra

«RESPONSABILIDADE» PENAL ECONÓMICA E FISCAL DOS ENTES COLECTIVOS
À VOLTA DAS SOCIEDADES COMERCIAIS E SOCIEDADES CIVIS SOB A FORMA COMERCIAL

DISSERTAÇÃO DE MESTRADO EM CIÊNCIAS JURÍDICO-CRIMINAIS PELA FACULDADE DE DIREITO DA UNIVERSIDADE CATÓLICA PORTUGUESA

ALMEDINA
COIMBRA 2004

TÍTULO:	«RESPONSABILIDADE» PENAL ECONÓMICA E FISCAL DOS ENTES COLECTIVOS À VOLTA DAS SOCIEDADES COMERCIAIS E SOCIEDADES CIVIS SOB A FORMA COMERCIAL
AUTOR:	GONÇALO NICOLAU CERQUEIRA SOPAS DE MELO BANDEIRA
EDITOR:	LIVRARIA ALMEDINA – COIMBRA www.almedina.net
LIVRARIAS:	LIVRARIA ALMEDINA ARCO DE ALMEDINA, 15 TELEF. 239 851900 FAX 239 851901 3004-509 COIMBRA – PORTUGAL livraria@almedina.net LIVRARIA ALMEDINA ARRÁBIDA SHOPPING, LOJA 158 PRACETA HENRIQUE MOREIRA AFURADA 4400-475 V. N. GAIA – PORTUGAL arrabida@almedina.net LIVRARIA ALMEDINA – PORTO R. DE CEUTA, 79 TELEF. 22 2059773 FAX 22 2039497 4050-191 PORTO – PORTUGAL porto@almedina.net EDIÇÕES GLOBO, LDA. R. S. FILIPE NERY, 37-A (AO RATO) TELEF. 21 3857619 FAX 21 3844661 1250-225 LISBOA – PORTUGAL globo@almedina.net LIVRARIA ALMEDINA ATRIUM SALDANHA LOJAS 71 A 74 PRAÇA DUQUE DE SALDANHA, 1 TELEF. 213570428 FAX 21 3151945 atrium@almedina.net LIVRARIA ALMEDINA – BRAGA CAMPUS DE GUALTAR, UNIVERSIDADE DO MINHO, 4700-320 BRAGA TELEF. 253678822 braga@almedina.net
EXECUÇÃO GRÁFICA:	G.C. – GRÁFICA DE COIMBRA, LDA. PALHEIRA – ASSAFARGE 3001-453 COIMBRA producao@graficadecoimbra.pt SETEMBRO, 2004
DEPÓSITO LEGAL:	216258/04

Toda a reprodução desta obra, por fotocópia ou outro qualquer processo, sem prévia autorização escrita do Editor, é ilícita e passível de procedimento judicial contra o infractor.

CONTEÚDO

Os entes colectivos ou pessoas colectivas, nomeadamente as sociedades e as designadas S.G.P.S.'s, i.e., as Sociedades Gestoras de Participações Sociais e todos os seus complexos grupos económicos, sejam de direito ou de facto, assumem de forma fundamental – também pelas volumosas somas pecuniárias que movimentam – um papel cada vez mais relevante nas designadas economias mundializadas de mercado e nas suas «sociedades do risco» que lhes estão intrínsecas. A sua influência económica repercute-se naturalmente de um modo social, político, cultural e mental. Quais são os modelos de imputação de responsabilidade penal – mas também de mera ordenação social e sancionatória em geral! – económica e fiscal que se aplicam aos entes colectivos e particularmente às sociedades quando estas utilizam práticas fraudulentas? Quais os seus mecanismos de prevenção e defesa por forma a afirmarem a sua, porventura, inocência, perante, por exemplo, a aplicação de multas que podem atingir os € 9.600.000, 00: cfr. arts. 12.º/2 e 15.º/1 do RGIT (Regime Geral das Infracções Tributárias aprovado pela Lei n.º 15/2001, de 5 de Junho)? Ou, *mutatis mutandis*, quais os meios de prevenção e defesa face à aplicação de uma pena «de morte», i.e., de «Dissolução da pessoa colectiva»: cfr. alínea h) do art. 16.º do RGIT? Como aplicar com justiça estas e outras sanções aos entes colectivos e, nomeadamente, às sociedades? Serão as concepções prevalecentes na dogmática clássica penal económica e fiscal suficientes face aos novos perigos de uma «sociedade do risco» onde habita uma criminalidade – cada vez mais! – altamente organizada? E como respeitar os Direitos Fundamentais com essa pretensa «nova dogmática penal»? Eticização sinalagmática: sendo indubitável que pagar impostos é um dever constitucional fundamental não será igualmente um dever constitucional fundamental que o Estado – entidade ética suprema! – aplique correctamente as verbas que por esse meio recolheu? Será o RGIT insusceptível de (*grandes*) críticas? Não terá o RGIT desequilibrado ainda mais a relação entre o contribuinte e o fisco a favor deste último: problemas da prescrição, do concurso, do puro enriquecimento do contribuinte e muitos outros? Quais são os graves problemas de interpretação e aplicação do «crime tributário comum» de «Burla tributária» previsto e punido pelo art.º 87.º do RGIT? Face ao novo art.º 105.º do RGIT que p. e p. o crime de «Abuso de confiança» ficou reposta a designada «prisão por dívidas»: «retrocesso civilizacional» do legislador? E as dívidas do Estado para com os seus fornecedores? O problema da constitucionalidade da imputação da responsabilidade penal económica – ou não económica – dos entes colectivos está resolvido? Quais são afinal as origens Históricas da responsabilidade penal económica – ou não económica – dos entes colectivos? Qual o tratamento e as respostas, para toda esta problemática, de diferentes ordenamentos jurídicos como, entre outros, o francês, o alemão, o italiano, o espanhol, o holandês, o britânico e o americano? Quais os modelos de responsabilidade sancionatória dos entes colectivos que a União Europeia consagra? Qual(is) o(s) modelo(s) de imputação de responsabilidade sancionatória dos entes colectivos consagrado(s) no ordenamento jurídico português? Como funciona e que problemas coloca a responsabilidade cumulativa (ou punição paralela) entre representantes e representados: entes colectivos, órgãos, representantes e suas respectivas responsabilidades? Como se aplica e quais os problemas que provoca uma norma como o art. 7.º do RGIT ou como o art. 3.º do Decreto-Lei n.º 28/84, de 20 de Janeiro, ou qualquer outra norma similar? Existem outros modelos? Quais os principais contrastes dos principais modelos de responsabilidade dos entes colectivos: *de lege lata* e *de lege ferenda*? Como se processam, entre outros, os modelos da «culpa pela organização», do «pensamento analógico», e da «técnica dos exemplos-padrão» no âmbito da responsabilidade económica das, v.g., sociedades e empresas? Quais os pressupostos concretos de imputação da responsabilidade penal às sociedades que nós construimos em esta nossa investigação? Será mesmo precisa uma «nova dogmática penal»? Quais são as nossas «7 teses» sobre todos estes assuntos?

Estas são somente algumas das perguntas às quais este livro pretende dar uma resposta!

SUMÁRIO:

Capítulo I – **Direito Penal Económico e Direito Penal Fiscal na «sociedade do risco»**: 1 – Introdução; 2 – A «Sociedade do Risco» e a função do Direito Penal de Tutela subsidiária dos Bens Jurídicos Individuais e Colectivos; 2.1 – O Direito Penal na «sociedade do risco» e uma breve visão da Doutrina do Prof. Doutor Jorge de Figueiredo Dias num dos Seus mais recentes escritos sobre esta matéria; 3 – A questão da eticização parcial ou unilateral do Direito Penal Fiscal

Capítulo II – **A Legislação do Direito Penal Fiscal Português**: 1- O movimento legislativo de reforma (ou revogação e alteração) do sistema fiscal, no âmbito das infracções fiscais não aduaneiras; 1.1 – Resolução do Conselho de Ministros n.º 119/97, de 14 de Julho de 1997 – «Bases Gerais da Reforma Fiscal da Transição para o Século XXI»; 1.2 – A Lei Geral Tributária: análise de alguns aspectos, nomeada e principalmente os crimes fiscais; 1.3 – O novo Regime Geral para as Infracções Tributárias; 2 – A Legislação Penal Fiscal imediatamente anterior ao RGIT e alguns aspectos do RGIT; 2.1 – O Regime Jurídico das Infracções Fiscais Não Aduaneiras e o RGIT; 2.2 – O art. 23.º do RJIFNA e algumas notas aos arts. 87.º, 103.º e 104.º do RGIT; 2.3 – O art. 24.º do RJIFNA e algumas notas ao art. 105.º do RGIT; 2.4 – O art. 25.º do RJIFNA e algumas notas ao art. 88.º do RGIT; 2.5 – O art. 27.º do RJIFNA e algumas notas ao art. 91.º do RGIT; 2.6 – O art. 27.º-A do RJIFNA e algumas notas ao art. 106.º do RGIT; 2.7 – O art. 27.º-B do RJIFNA e algumas notas ao art. 107.º do RGIT; 2.8 – O art. 27.º-C do RJIFNA e mais algumas notas ao art. 88.º do RGIT; 2.9 – O art. 27.º-D do RJIFNA e mais algumas notas ao art. 91.º do RGIT; 2.10 – Uma breve nota crítica; 2.11 – O art. 89.º do RGIT e algumas notas ao art. 299.º do CP; 2.12 – O art. 90.º do RGIT e algumas notas ao art. 348.º do CP; 3- As origens, *brevitatis causa*, imediatamente anteriores das Infracções Fiscais Não Aduaneiras

Capítulo III – **A constitucionalidade da responsabilidade penal dos entes colectivos**: 1 – A responsabilidade criminal das pessoas colectivas e a Constituição da República Portuguesa – análise e breve comentário do Acórdão n.º 212/95 – Processo n.º 490/92 – 1.ª Secção do Tribunal Constitucional; 1.1 – O Relatório; 1.2 – Os Fundamentos; 1.2.1 – O DL n.º 28/84, de 20 de Janeiro e a responsabilidade criminal das pessoas colectivas e equiparadas prevista no seu art. 3.º; 1.2.2 – *Societas delinquere non potest?*; 1.2.2.1 – Alicerces Históricos do Preceito *Societas Delinquere Non Potest* e Personalidade Colectiva – algumas ressonâncias do direito civil e comercial, A) Introdução, B) O Direito Clássico, C) Glosadores, Canonistas e Pós-glosadores, D) Humanismo, Jurisprudência Elegante e Jusracionalismo, E) Friedrich Carl Von Savigny e a «teoria da ficção», F) Otto Von Gierke e a «teoria orgânica» ou teoria da personalidade real da associação, i.e., «*Theorie der realen Verbandspersönlichkeit*», G) Franz von Liszt, H) Hafter, I) Busch, J) Algumas considerações finais na perspectiva do Direito civil e Comercial; 1.2.2.2 – Alguns dos marcos fundamentais na Doutrina penal portuguesa recente acerca da responsabilidade penal dos entes colectivos; 1.2.3 Os arts. 12.º/2 e 2.º da CRP e a Responsabilidade Criminal dos Entes Colectivos; 1.2.3.1 O art. 29.º/5 da CRP – ou o princípio *non bis in idem* – e a Responsabilidade Criminal dos Entes Colectivos

CAPÍTULO IV – Direito comparado e Direito comunitário: 1 – Introdução ao Direito comparado; 2 – França; 2.1 – Exigência de cometimento da infracção por um órgão ou representante da pessoa colectiva; 2.2 – Exigência de actuação por um órgão ou representante por conta da pessoa colectiva; 2.3 – A designada responsabilidade paralela, reflexa ou derivada (ou cumulativa); 3 – Alemanha; 3.1 – A designada responsabilidade *para abaixo*; 3.2 – As sanções contra a própria empresa; 3.3 – A designada responsabilidade *para acima*; 3.4 – Algumas conclusões; 4 – Itália; 5 – Holanda; 6 – Reino Unido; 7 – Estados Unidos da América; 7.1 – Natureza da Responsabilidade Criminal e *Model Penal Code*; 7.2 – O sistema de imputação predominante nos Estados Unidos da América; 7.3 – Breve debruçar sobre a problemática das sanções; 8 – Rússia; 9 – Brasil, Argentina e Colômbia, a) Brasil b) Argentina, c) Colômbia; 10 – Direito comunitário, União Europeia e empresas: introdução; 11 – A responsabilidade penal das pessoas colectivas e o conjunto de princípios sistemáticos de sanções da União Europeia; 11.1 – Sanções comunitárias directas às empresas; 11.1.2 – Carácter jurídico ou natureza das sanções comunitárias; 11.2 – A responsabilidade penal das pessoas colectivas e a tentativa de harmonização das ordens jurídicas europeias na sua vertente legislativo-penal: panorama da política legislativa comunitária; 11.2.1 – Alguns documentos do Conselho da Europa aqui relevantes; 11.2.2 – Resolução da Assembleia da República n.º 86/2000; 11.2.2.1 – Convenção, estabelecida com base no artigo K.3 do Tratado da União Europeia, Relativa à Protecção dos Interesses Financeiros das Comunidades Europeias, assinada em Bruxelas em 26 de Julho de 1995; 11.2.2.2 – O Protocolo, estabelecido com base no artigo K.3 do Tratado da União Europeia, Relativo à Interpretação a Título Prejudicial pelo Tribunal de Justiça das Comunidades Europeias da Convenção Relativa à Protecção dos Interesses Financeiros das Comunidades Europeias; 11.2.2.3 – O Protocolo, estabelecido com base no art. K.3 do Tratado da União Europeia, da Convenção Relativa à Protecção dos Interesses Financeiros das Comunidades Europeias, assinado em Dublim em 26 de Setembro de 1996; 11.2.2.4 – O Segundo Protocolo, estabelecido com base no art. K.3 do Tratado da União Europeia, Relativo à Protecção dos Interesses Financeiros das Comunidades Europeias; 11.2.3 – A Resolução da Assembleia da República n.º 68/2001, de 26 de Outubro, que aprova «para ratificação, a Convenção Penal sobre a Corrupção, do Conselho da Europa, assinada em Estrasburgo a 30 de Abril de 1999» e que foi ratificada pelo Decreto do Presidente da República n.º 56/2001, de 26 de Outubro, publicados ambos os documentos no DR n.º 249, Série I-A; 11.2.4 – A Lei n.º 11/2002, de 16 de Fevereiro, que «Estabelece o regime sancionatório aplicável a situações de incumprimento das sanções impostas por regulamentos comunitários e estabelece procedimentos cautelares de extensão do seu âmbito material»; 11.2.5 – O *Corpus Juris* 2000, a) Noção e princípios, b) O actual art. 13.º (ex-art. 14.º) do *Corpus Juris*

CAPÍTULO V – **A responsabilidade cumulativa (ou punição paralela) entre representantes e representados: entes colectivos, órgãos, representantes e responsabilidades**: 1 – A designada responsabilidade cumulativa dos órgãos e representantes e das respectivas pessoas colectivas (e equiparadas) por crimes por aqueles praticados no exercício das suas funções; 1.1 – A questão; 2 – Pressupostos (ou *conjecturas* positivadas) da responsabilidade das pessoas colectivas; 2.1 – Introdução – facto ou eixo de conexão ou nexo de imputação do facto de ligação (*Anknüpfungstat/Bezugstat*); 2.1.1 – Facto individual como facto da entidade colectiva; 2.1.2 – Formas de estabelecer o nexo de imputação e alargamento ou extensão da punibilidade; 2.2 – A infracção deverá ser praticada por um órgão ou representante da pessoa colectiva; 2.3 – A infracção deverá ser praticada em nome e no interesse colectivo (antes: interesse da pessoa colectiva); 2.4 – O agente não pode praticar a infracção contra instruções ou ordens expressas de quem de direito; 2.5 – A responsabilidade penal fiscal das sociedades (*lato sensu*) enquadrada no novo RGIT; 2.5.1 – A representação no procedimento e no processo tributário das «pessoas colectivas, sociedades, ainda que irregularmente constituídas, e outras entidades fiscalmente equiparadas»; 2.5.2 – Sociedades e

Sociedades Coligadas ou Grupos de Sociedades; 2.5.3 – Capacidade de acção das pessoas colectivas; 2.5.4 – Os órgãos sociais susceptíveis de terem poderes capazes de responsabilizar a sociedade comercial; 2.5.5 – O problema terminológico da figura da «representação» no âmbito do Direito penal – breve introdução; 2.5.5.1 – Os representantes susceptíveis de terem poderes capazes de responsabilizar a sociedade comercial e a figura da «representação» no enquadramento da área do Direito Civil e do Direito Comercial – termos gerais; 2.5.5.2 – Representação de entidades não residentes e gestores de bens ou direitos de não residentes; 2.5.5.3 – A (des)responsabilização da sociedade comercial ou sociedade civil sob a forma comercial por factos típicos e ilícitos dos seus empregados ou trabalhadores; 2.5.5.4 – O desencadeamento (ou não desencadeamento) de responsabilidade penal fiscal das sociedades comerciais ou sociedades civis sob a forma comercial, ainda que irregularmente constituídas, através de infracções fiscais praticadas por órgãos de facto e representantes de facto, em seu nome e no interesse colectivo; 2.6 – O art. 8.º do RGIT: «Responsabilidade civil pelas multas e coimas»

Capítulo VI – Os contrastes dos principais modelos de responsabilidade dos entes colectivos: *de lege lata* **e** *de lege* **ferenda**: 1 – Quatro dos principais modelos, através de três das principais vias, que procuram superar as objecções dogmáticas à tese de que as pessoas colectivas não podem ser sancionadas – *societas delinquere non potest* – por *supostamente* carecerem de capacidade de acção e culpa; 1.1 – Introdução; 1.2 – Introdução *de lege lata*, no contexto do art. 7.º do RGIT, à responsabilidade penal tributária (nomeadamente fiscal) «cumulativa» (ou punição paralela) das sociedades comerciais ou sociedades civis sob a forma comercial, ainda que irregularmente constituídas, e dos seus órgãos ou representantes; 1.2.1 – Breve afloramento entre, por um lado, a responsabilidade penal cumulativa das sociedades comerciais ou sociedades civis sob a forma comercial, ainda que irregularmente constituídas, e dos seus «órgãos ou representantes»; e, por outro lado, os pressupostos do art. 30.º OWiG; 1.2.2 – A designada identidade do facto no modelo de responsabilidade não alternativa (ou cumulativa) que está consagrado no art. 7.º/1 e 3 do RGIT; 1.2.3 – A culpa no contexto da «responsabilidade cumulativa»; 2 – Outros modelos de responsabilidade (penal e/ou administrativa) das pessoas colectivas (*lato sensu*) em si mesmas desde a perspectiva *de jure constituendo*; 2.1 – Introdução; 2.2 – Breve incursão na responsabilidade das pessoas colectivas (*lato sensu*) no sistema sancionatório administrativo com recurso a determinado Direito comparado; 2.2.1 – As garantias penais e «sociedade do risco»; 2.2.2 – O ilícito de mera ordenação social, o dolo, a negligência e os Direitos Fundamentais das pessoas singulares e dos entes colectivos; 2.2.3 – O ideal do Direito penal mínimo; 2.2.4 – O art. 129.º do CP espanhol e a «burla de etiquetas»; 2.2.5 – O art. 7.º/4 do RGIT; 3 – Responsabilidade penal dos próprios entes colectivos; 3.1 – Introdução; 3.2 – As hipóteses da arquitectura jurídica de imputação penal em si mesma e presente; 3.3 – Alicerces justificativos para um modelo de imputação da própria pessoa colectiva (*lato sensu*); 3.3.1 – Possível sistematização dos fundamentos dum modelo de imputação sacionatório próprio para responsabilizar as pessoas colectivas (*lato sensu*); 3.4 – Aqueles que agem vinculando as pessoas colectivas (*lato sensu*); 3.4.1 – A Imputação a título de dolo ou «*culpa*» (negligência); 3.5 – Culpa do ente colectivo? – breve introdução; 3.5.1 – Doutrinas que fundamentam uma responsabilidade do próprio ente colectivo; 3.5.1.1 – Modelo original de responsabilidade colectiva arquitectado a partir da responsabilidade criminal individual como pensamento «análogo "puro" de modelo de culpa», dirigido aos princípios e categorias do Direito Penal clássico: algumas conclusões devidamente enquadradas

CAPÍTULO VII – Pré-conclusões com novos desenvolvimentos das quais resultam, essencialmente, 6 teses e a conclusão presentemente final e/ou a tese final: resultado da investigação por nós realizada até ao presente momento: 1 – Pré-conclusões e novos desenvolvimentos I; 2 – Pré-Conclusões e novos desenvolvimentos II; 3 – Pré-Conclusões e novos desenvolvimentos III; 4 – Pré-Conclusões e novos desenvolvimentos IV; 5 – Pré-Conclusões e novos desenvolvimentos V: uma nova redacção, v.g., para o art. 7.º do RGIT?; 6 – Pré-Conclusões e novos desenvolvimentos VI: a Tese 1 (*de lege lata*) e a Tese 1.1 (*de lege lata*); 7 – Pré-Conclusões e novos desenvolvimentos VII; 8 – Pré-Conclusões e novos desenvolvimentos VIII: a Tese 2 e a Tese 3 (hipoteticamente *de lege ferenda*); 9 – Pré-Conclusões e novos desenvolvimentos IX: a Tese 4; a Tese 5 e a Tese 6; 10 – Conclusão Presentemente Final § Tese Final: resultado da investigação por nós realizada até ao presente momento.

PRIMEIRA DEDICATÓRIA [1]

A Maria Cerqueira Ferreira Sopas de Melo Bandeira, minha Amiga e Mãe.
A Maria Elisa Cerqueira Ferreira Sopas, minha Amiga, Madrinha e Tia.
A Nucha, minha Amiga, Namorada e Colega.
À Senhora Eng.ª Maria Carolina Furtado Martins, minha Amiga.
À Senhora Dr.ª Rogélia Pereira dos Santos, minha Amiga (p.f. não vá embora!).
À Senhora Dr.ª Ana Sá, nossa Amiga.
À Irmã Maria Margarida Furtado Martins, minha Amiga.
Ao Senhor Leopoldo Furtado Martins e à Senhora D.ª Maria da Graça, meus Amigos.
A Xavier, meu Amigo e Sobrinho: porque está vivo e saudável!
A todos os meus Familiares, especialmente meus Irmãos André e Miguel e meu Pai Luís.
A meus Avós estejam eles onde estiverem.
A Maria e Tomás, meus Amigos e Sobrinhos. E a Suas Mães, minhas Amigas.
Aos meus Amigos que desapareceram entre estas linhas.
A todos os meus Amigos.

Ao Prof. Doutor Jorge de Figueiredo Dias, meu Orientador, pela disponibilidade e paciência sistemáticas em me receber – mesmo nas horas difíceis – e pelo forte incentivo para que fizesse este trabalho escrito: o meu Humano, profundo e especial agradecimento.
À Prof.ª Doutora Anabela Miranda Rodrigues, pelo forte incentivo que me deu na parte lectiva deste Mestrado.

---

[1] Dedicatória referente à apresentação na Universidade Católica Portuguesa da versão pré-original da Tese de Dissertação de Mestrado ocorrida em meados de Janeiro de 2002.

Ao Prof. Doutor Américo Taipa de Carvalho, igualmente, pelo forte incentivo que me deu na parte lectiva deste Mestrado.

À Senhora Dr.ª Teresa Serra, pelas preciosas conversas acerca do tema deste trabalho.

Ao Prof. Doutor José de Faria Costa, pelo inesquecível estímulo que me deu no quinto ano jurídico do Curso de Direito Penal de 1995-1996, da Faculdade de Direito da Universidade de Coimbra, a uma visão Humana da matéria das Ciências Jurídico-Criminais, levando-me a ler livros como a «Montanha Mágica» de Thomas Mann, entre outros. Jamais esquecerei os incentivos que me deu nas minhas provas orais de Direito Penal.

Ao Prof. Doutor Manuel da Costa Andrade pelas magníficas aulas que me deu no terceiro ano jurídico do Curso de Direito Penal do ano de 1993-1994, da Faculdade de Direito da Universidade de Coimbra.

A todos os meus Professores e Docentes, especialmente de Direito Penal, da Faculdade de Direito da Universidade de Coimbra.

Ao Dr. Paulo Mota Pinto, ao Dr. Paulo Canelas de Castro, ao Dr. Bebiano Correia e ao Prof. Doutor Almeida Garrett, pelas Suas palavras de esperança nos anos de 1992-1994.

Ainda uma palavra sincera de agradecimento para o Prof. Doutor Afonso Vaz, para o Prof. Doutor Francisco Carvalho Guerra e para a Senhora D.ª Manuela de Sousa.

À Universidade Católica Portuguesa.

À Universidade de Coimbra e à Associação Académica de Coimbra.

Às Cidades de Braga, Coimbra e Porto.

A todos os Amigos que quiseram que este trabalho escrito fosse realizado: o meu sentido e sincero obrigado!

Versão enriquecida da dissertação de mestrado em Ciências Jurídico-Criminais apresentada em 2003 na Faculdade de Direito da Universidade Católica Portuguesa perante o seguinte júri:

1.º – Prof. Catedrático, da Faculdade de Direito da Universidade de Coimbra, Doutor *Jorge de Figueiredo Dias*;

2.º – Prof. Catedrático, da Faculdade de Direito da Universidade de Coimbra, Doutor *Manuel da Costa Andrade*;

3.º – Prof. Associado da Faculdade de Direito da Universidade Católica Portuguesa, Mui Distinto Advogado, Doutor *Germano Marques da Silva*.

ABREVIATURAS*

ADP	– *Anuario de Derecho Penal.*
ADPCP	– *Anuario de Derecho Penal y Ciencias Penales.*
AFD	– *Annales de la Faculté de droit de Clermont-Ferrand.*
Awb	– *Algemene Wet bestuursrecht.*
BFDC	– Boletim da Faculdade de Direito da Universidade de Coimbra.
BGH	– *Bundesgerichtshof.*
BGHS	– *Entscheidungen des* BGH *in Strafsachen.*
BMJ	– Boletim do Ministério da Justiça.
BOE	– *Boletín oficial del Estado.*
BVerfG	– *Bundesverfassungsgericht.*
CA	– Contribuição Autárquica.
CC	– Código Civil.
CCM	– Comunicado do Conselho de Ministros.
CDDPC	– *Cuadernos del Departamento de Derecho Penal y Criminología*: nova série.
CDPE	– *Curso de Derecho Penal Económico.*
CE	– Comunidade(s) Europeia(s).
CEDC	– Centro de Estudos de Direito do Consumo.
CEE	– Comunidade Económica Europeia.
CIMSISD	– Código do Imposto Municipal de Sisa e do Imposto sobre as Sucessões e Doações.
CIRC	– Código do Imposto sobre o Rendimento das Pessoas Colectivas.
CIRE	– Código da Insolvência e da Recuperação de Empresas.
CIT	– Contrato Individual de Trabalho.
CIVA	– Código do Imposto sobre o Valor Acrescentado.
CP	– Código Penal.

---

* Na bibliografia poderão ser encontrados outros títulos de diversas publicações cuja correspondência no texto, propriamente dito, à respectiva abreviatura se dispensou.

CPC	– *Cuadernos de Política Criminal*.
CPPT	– Código de Procedimento e Processo Tributário.
CPEREF	– Código dos Processos Especiais de Recuperação da Empresa e de Falência.
CPT	– Código de Processo Tributário.
CRP	– Constituição da República Portuguesa.
CSC	– Código das Sociedades Comerciais.
CTF	– Revista da Ciência e Técnica Fiscal.
DAR	– Diário da Assembleia da República.
DL	– Decreto-Lei.
DR	– Diário da República.
EBF	– Estatuto dos Benefícios Fiscais.
ECORFI	– Estrutura de Coordenação da Reforma Fiscal.
EOA	– Estatuto da Ordem dos Advogados.
IDPEE	– Instituto de Direito Penal Económico e Europeu: Faculdade de Direito da Universidade de Coimbra.
IMT	– Imposto Municipal sobre as Transmissões onerosas de imóveis.
IRC	– Imposto sobre o Rendimento das Pessoas Colectivas.
IVA	– Imposto sobre o Valor Acrescentado.
JOCE	– Jornal Oficial da(s) Comunidade(s) Europeia(s).
LGT	– Lei Geral Tributária.
NJW	– *Neue Juristische Wochenschrift*.
OWiG	– *Ordnungswidrigkeitengesetz*.
PIB	– Produto Interno Bruto.
RBCC	– Revista Brasileira de Ciências Criminais.
RCM	– Resolução do Conselho de Ministros.
RDE	– Revista de Direito e Economia.
RDES	– Revista de Direito e Estudos Sociais.
RDJP	– Revista de Direito e Justiça Portuguesa.
RDPC	– *Revista de Derecho Penal y Criminologia*.
RDPC	– *Revue de Droit Pénal et Criminologie*.
RDPP	– *Revista de Derecho y Proceso Penal*.
RE	– *Revue Économie*.
RGCL	– Regime Geral das Contra-ordenações Laborais.
RGCO	– Regime Geral das Contra-ordenações.
RGICSF	– Regime Geral das Instituições de Crédito e Sociedades Financeiras.
RGIMOS	– Regime Geral do Ilícito de Mera Ordenação Social.
RGIT	– Regime Geral das Infracções Tributárias.

RIDP — *Revue Internationale de Droit Pénal.*
RIDPP — *Rivista Italiana di Diritto e Procedura Penale.*
RIAESP — Regime das Infracções Anti-Económicas e Contra a Saúde Pública.
RJIFNA — Regime Jurídico das Infracções Fiscais Não Aduaneiras.
RJIFA — Regime Jurídico das Infracções Fiscais Aduaneiras.
RLJ — Revista de Legislação e Jurisprudência.
RP — Revista Penal.
RPCC — Revista Portuguesa de Ciência Criminal.
RSC — *Revue de Science Criminelle.*
RSCDC ou RSCDPC — *Revue de Science Criminelle e de Droit Pénal Comparé.*
RTC — *Repertório del Tribunal Constitucional.*
RTDP ou RTDPE — *Rivista Trimestrale di Diritto Penale dell'economia.*
SGPS — Sociedade Gestora de Participações Sociais.
STA — Supremo Tribunal Administrativo.
StGB — *Strafgesetzbuch.*
STJ — Supremo Tribunal de Justiça.
TC — Tribunal Constitucional.
TJCE — Tribunal Judicial das Comunidades Europeias.
TUE — Tratado da União Europeia.
UCLEFA — Unidade de Coordenação da Luta contra a Fraude e Evasão Fiscais e Aduaneiras.
UE — União Europeia.
ZRP — *Zeitschrift für Rechtspolitik.*
ZStW (ou ZGS ou ainda ZgS) — *Zeitschrift für die gesamte Strafrechtswissenschaft.*
ZStZ — *Neue Zeitschrift für Strafrecht.*

«RESPONSABILIDADE» PENAL ECONÓMICA E FISCAL DOS ENTES COLECTIVOS À VOLTA DAS SOCIEDADES COMERCIAIS E SOCIEDADES CIVIS SOB A FORMA COMERCIAL *

Gonçalo Nicolau Cerqueira Sopas de Melo Bandeira [2]

Nota de Advertência

Este trabalho inicia-se no epicentro duma polémica *Reforma* – ou simplesmente alteração legislativa – *Fiscal* desencadeada, em termos

---

* Por uma questão de economia de espaço preterimos o seguinte título, o qual seria mais correcto do ponto de vista jurídico: «Modelos de imputação de responsabilidade penal e contra-ordenacional económica e fiscal aos entes colectivos – à volta das sociedades comerciais e sociedades civis sob a forma comercial, ainda que irregularmente constituídas». Trata-se aqui de uma versão actualizada e enriquecida até meados de Abril de 2004 da Tese de Dissertação de Mestrado. As provas públicas de Mestrado foram realizadas em 3 de Abril de 2003, às 15.30 horas, na Sala dos Executivos, no Centro Regional do Porto da Universidade Católica Portuguesa, Pólo da Foz, tendo sido dirigidas e avaliadas pelo ilustre Júri adiante descrito. A versão inicial da Tese de Mestrado foi apresentada em inícios de Janeiro de 2002. A versão final da Tese de Mestrado, depois de encurtada conforme indispensável e determinante Orientação, foi entregue na Universidade Católica em meados de Fevereiro de 2002 e representou o culminar de uma investigação iniciada por nós em 1998/1999 cujo período correspondeu ao Curso de Especialização da parte escolar do Mestrado. Foi precisamente em meados de 1999 que fomos idealizando mentalmente e também por meio de escritos (nomeadamente através de um relatório de mestrado que virá a ser publicado, depois de devidamente actualizado nos casos em que isso é pertinente, na RPCC) algumas das principais conclusões aqui apresentadas e que tiveram o objectivo de ser absolutamente originais. Este trabalho não teria sido possível, contudo, sem a conjugação muito especial e rara de muitas e profícuas colaborações, além das que já referimos na dedi-

gerais, pela Lei Geral do Orçamento para 2001, de 29 de Dezembro de 2000, a par da Lei n.º 30-B/2000, de 29 de Dezembro de 2000, com «as

catória original! Os meus profundos agradecimentos ao meu Orientador, o Prof. Doutor Jorge de Figueiredo Dias: é um privilégio único ser Seu Orientando; ao meu Arguente da Tese, o Prof. Doutor Manuel da Costa Andrade: jamais esquecerei as Suas palavras e este trabalho final procura, por outro lado, plasmar todas as Suas muito importantes sugestões; ao meu também Júri das respectivas Provas Públicas, Prof. Doutor Germano Marques da Silva: é com grande orgulho que sofri a Sua avaliação; aos meus Professores e Júris do Curso de Especialização correspondente à parte escolar do Mestrado em Ciências Jurídico--Criminais, Prof.ª Doutora Anabela Miranda Rodrigues e Prof. Doutor Américo Taipa de Carvalho: é uma honra para mim ter sido alvo de tão exigente e qualificada avaliação; ao Assistente da Faculdade de Direito da Universidade de Coimbra e Doutorando no Instituto Europeu de Florença, Mestre Dr. Alexandre Cardoso Correia da Mota Pinto: Grande Amigo e Colega, Mui Distinto Advogado e Jurista altamente qualificado; ao Magnífico Prof. Doutor Nuno Pinto Oliveira, Amigo e Colega mais do que Exemplar, que recordo com Saudades dos Tempos de «Justiça e Paz» de Coimbra; a todos os meus Professores e Docentes da Faculdade de Direito da Universidade de Coimbra, especialmente o Prof. Doutor José de Faria Costa; o Prof. Doutor Castanheira Neves; o Prof. Doutor Gomes Canotilho; o Prof. Doutor Guilherme de Oliveira; o Doutorando e Mestre Dr. Pedro Caeiro; o Doutorando e Mestre Dr. Medina Seiça; o Doutorando e Mestre Dr. Almeida Costa; a Prof.ª Doutora Maria João Antunes; a Doutoranda e Mestra Dr.ª Helena Moniz; a Doutoranda e Mestra Dr.ª Cristina Líbano Monteiro; a Doutoranda e Mestra Dr.ª Cláudia Santos; o Doutorando e Mestre Dr. André Dias Pereira; o Doutorando e Mestre Dr. Nuno Castelo Branco; o Doutorando e Mestre Dr. Ricardo Costa; o Doutorando e Mestre Dr. Rodrigo Esteves de Oliveira: recordo Todos com acutilante proveito científico; a todos os Juristas que possibilitaram a realização deste trabalho; a todos os meus Colegas da Universidade e do Ensino Superior da Cidade de Coimbra dos anos 90: as minhas profundas Saudades e Admiração! A Todos os meus Colegas brasileiros e portugueses: Mestra Ana Cláudia Gomes; Mestra Anelise Becker; Mestre António Carvalho Martins; Mestre Cláudio Pedrosa; Mestre Frederico Viana Rodrigues; Mestre Jorge Silva; Mestre Luciano Nascimento; Mestra Margarida Almeida; Mestra Nathália Arruda; Mestra Roberta Jardim de Morais; Mestre Rogério Varela; Mestra Vera Raposo. A todos os sítios e bibliotecas pelos quais passamos que permitiram o aprofundamento da nossa investigação: desde o Reino da Noruega até aos diversos sistemas e diferentes regiões administrativas do Norte e do Sul da República Popular da China. Gostaria ainda de agradecer ao Grupo Sonae – por me proporcionar a experiência única e privilegiada de um dos maiores ambientes empresariais portugueses e internacionais! – nas Pessoas dos Senhores Eng.º Belmiro de Azevedo, Eng.º Ângelo Paupério, Dr. Miguel Mota Freitas e Dr. Nuno Jordão; e ainda: ao Senhor Dr. João Barros; ao Senhor Joaquim Vieira; ao Senhor Dr. David Ferreira; e ao Senhor José Amaral, entre muitos Outros Colegas da Sonae. Um Grande Abraço igualmente, com amizade, ao Senhor Dr. Luís Filipe Mota Freitas, aos nossos Tios Senhora D.ª Margarida Moreira e Senhor Eng.º José Moreira; ao Mui Distinto Colega Advogado Senhor Dr. Carlos Pacheco Moreira; e aos meus Amigos de sempre, entre muitos Outros, Carlos César, Manuel Alexandre e Zeca. Um

Grandes Opções do Plano de 2001» e mais concretamente com a Lei n.º 30-G/2000 de 29 de Dezembro que «reforma a tributação do rendimento e adopta medidas destinadas a combater a evasão e fraude fiscais, alterando o Código do Imposto sobre o rendimento das Pessoas Singulares, o Código do Imposto sobre o Rendimento das Pessoas Colectivas, o Estatuto dos Benefícios Fiscais, a Lei Geral Tributária, o Estatuto dos Tribunais Administrativos e Fiscais, o Código de Procedimento e Processo Tributá-

---

enorme agradecimento também ao Senhor Eng.º Carlos Pinto, à Senhora D.ª Paula Valente das Edições Almedina e à Gráfica de Coimbra, Lda. Ainda um agradecimento muito especial de enorme gratidão à minha Mulher Nucha e à minha filha Maria Carolina; à minha Mãe; à minha Madrinha e Tia; à Mãe da minha Mulher, Senhora Eng.ª Maria Carolina; e aos nossos Tios Irmã Maria Margarida Furtado Martins; Senhor Leopoldo Furtado Martins e Senhora D.ª Maria da Graça Furtado Martins, Senhor Eng.º Elísio José Ferreira Sopas e Senhora Dr.ª Luísa Prata Ferreira Sopas! Ao Tio Bernardino e à Tia Imirene! À Dr.ª Ana Sá, a Melhor Médica que conheço! À Obra de Nossa Senhora das Candeias que, por meio de um muito difícil caminho, acabou de fazer 46 anos de vida dedicada a salvar milhares de crianças das pobrezas material e ética! Ao Mui Distinto Advogado Senhor Bastonário Dr. Augusto Lopes Cardoso. A Todos os meus Colegas e Mui Distintos Advogados e Advogadas do Grupo Coral de Santo Ivo – Grupo Coral do Conselho Distrital do Porto da Ordem dos Advogados Portugueses: pelos momentos de Paz e Alegria! Ao Atleta Carlos Calado pela corajosa corrida que fez a 9 de Março de 2003 no Jamor e para que nunca deixe de correr por Ele e por Nós todos! A todos os meus Professores e Treinadores. A Todos envio, por este meio, o meu profundo Obrigado, Respeito e Admiração!

[2] Nascido em 1972 na Cidade do Porto, Portugal, o Autor é Mestre em Ciências Jurídico-Criminais pela *Faculdade de Direito da Universidade Católica Portuguesa* no Porto (Abril-2003) Licenciado em Direito pela *Faculdade de Direito da Universidade de Coimbra* e Advogado (Fevereiro-1999). Fez todo o seu percurso *pré*-académico na Cidade de Braga, nomeadamente no *Conservatório de Música Calouste Gulbenkian*; na *Escola eb 2,3 André Soares* e na *Escola Secundária D.ª Maria II*. Participou activamente em diversos Seminários e Jornadas Jurídicas e tem vários trabalhos publicados em Portugal, no Brasil e na *Internet*. A partir de Outubro de 1996 exerceu as funções de Consultor Jurídico na *Fundação de Solidariedade Social da «Obra de Nossa Senhora das Candeias» – Instituição Particular de Solidariedade Social* com sede no Porto – sendo presentemente seu colaborador voluntário. Desde Abril de 2000 é Jurisconsulto no *Departamento Legal da Modelo Continente, S.G.P.S., S.A. – Grupo Económico Multinacional Holding SO.NA.E.*, para o qual aliás já realizou inúmeros Pareceres Jurídicos em diferentes áreas do Direito e, igualmente, várias Acções de Formação como, v.g., o "*Comércio Electrónico – Alguns Aspectos Jurídico-Económicos*" e a "*A transição para o € em Portugal e na União Europeia*". Nenhuma das opiniões jurídicas e científicas que são veiculadas neste trabalho pelo Autor, e que foram fruto de uma investigação internacional teórica e prática, vinculam qualquer das entidades aqui mencionadas e vice-versa. Moradas electrónicas: gsopasdemelobandeira@hotmail.com; gmelobandeira@sonae.pt.

rio e legislação avulsa»; e a Lei n.º 30 F/2000, de 29 de Dezembro, que «Altera o Estatuto dos Benefícios Fiscais, aprovado pelo Decreto-Lei n.º 215/89, de 1 de Junho, no tocante ao regime aplicável à Zona Franca da Madeira e à Zona Franca da Ilha de Santa Maria».

No que diz respeito à problemática mais directamente relacionada com este trabalho e que se insere na criminalização das infracções tributárias, é de destacar indubitavelmente a «Proposta de Lei n.º 53/VIII», do Governo à Assembleia da República, que «Reforça as Garantias do Contribuinte e a Simplificação Processual, Reformula a Organização Judiciária Tributária e Estabelece um Novo Regime Geral Para as Infracções Tributárias». Proposta esta que acabaria por ser aprovada pela Lei n.º 15//2001, de 5 de Junho, que no n.º 1 do seu art. 1.º aprova o novo «Regime Geral das Infracções Tributárias» anexo à referida Lei.

CAPÍTULO I

DIREITO PENAL ECONÓMICO E DIREITO PENAL FISCAL NA «SOCIEDADE DO RISCO»

1. Introdução

Os crimes fiscais e as contra-ordenações fiscais representam atentados significativos contra os interesses ou valores encabeçados pelo Fisco: «Com a publicação do Regime Jurídico das Infracções Fiscais não Aduaneiras (RJIFNA) – aprovado pelo Decreto-Lei n.º 20-A/90, de 15 de Janeiro, e posteriormente alterado pelo Decreto-Lei n.º 394/93, de 24 de Novembro»[3] (diploma sobre o qual recairá a nossa atenção mais adiante neste trabalho) «–passou a ordem jurídica portuguesa a dispor de uma disciplina normativa tendencialmente global dos atentados mais significativos contra os valores ou interesses encabeçados pelo Fisco e punidos já como crimes, já como contra-ordenações». E ainda[4]: «Apesar de tudo e como EDUARDO CORREIA pôde demonstrar (...), esta longa evolução de concorrência entre infracções fiscais e delitos de direito comum deixa atrás de si uma lição segura e unívoca. A saber: a aplicação das sanções previstas na lei penal fiscal afastou sempre as sanções da lei penal comum, desde que em causa estivessem apenas interesses encabeçados pela Fazenda Pública».

---

[3] *Vide* J. de Figueiredo Dias e M. Costa Andrade in «O Crime De Fraude Fiscal...», 1996, pp. 71-110, p. 71.
[4] *Apud* J. de Figueiredo Dias e M. da Costa Andrade, p. 73 *ibidem*, recorrendo à demonstração de Eduardo Correia in «Os artigos 10.º do Decreto-Lei n.º 27 153, de 31-10--1936, e 4.º, n.º 1, do Decreto-lei n.º 28 221, de 24-11-1937, a Reforma Fiscal e a Jurisprudência (Secção Criminal) do S.T.J., Coimbra, 1968, p. 9 e ss».

O direito económico apresenta-se como uma área verdadeiramente *sui generis* em diversos países, pois não se circunscreve ao Direito Administrativo como pretendem alguns privatistas e economistas, abrangendo igualmente características que, do ponto de vista dos critérios clássicos, fazem parte do Direito Civil. Desta forma, a diferença entre o direito económico e o direito comercial vai-se paulatinamente esbatendo, e a própria fronteira entre os dois torna-se difusa. Neste contexto, o Direito Penal económico concebe-se de forma tão ampla, que compreende inúmeras matérias do direito comercial, direito fiscal, direito do consumo ou direito do ambiente.[5]

Como disciplina incontestavelmente pertencente ao campo do Direito Penal económico[6], o Direito Penal fiscal[7] apresenta um interesse especialmente cativante para a tarefa de aplicação do direito.

Os Prof.^{es} Doutor Jorge de Figueiredo Dias e Doutor Manuel da Costa Andrade[8] referem o seguinte: «... Código Penal, como cristalização histórica do direito penal de justiça e o RJIFNA, um dos troncos fundamentais do direito penal secundário». Assim, concordamos em absoluto com os ilustres Autores citados, de que o Regime das Infracções Fiscais

---

[5] *Vide* K. Tiedemann in «*Poder Económico Y Delito...*», 1985, p. 9 e *passim*, em castelhano: «*en este sentido, el Derecho Penal Económico se concibe ahora en Alemania de manera tan amplia, que comprende muchas materias del Derecho Comercial, de la competencia de las Cámaras de Derecho Penal Económico de los Tribunales Regionales (land-gerichte) y de las fiscalías especializadas en la persecución de los delitos económicos (Schwerpunktstaatsanwaltschaften)* (...)».

[6] *Vide* J. de Faria Costa, M. da Costa Andrade in «Sobre A Concepção e Os Princípios...», (1982), p. 292.

[7] Quanto à noção de direito fiscal, torna-se premente realizar uma distinção entre direito financeiro, direito tributário e direito fiscal: *vide* Cardoso da Costa in «Curso De Direito Fiscal», 1972, p. 1-3 e 47-69; Soares Martínez in «Direito Fiscal», 1993, p. 6-17, 21-26 e 63-68; Braz Teixeira in «Princípios De Direito Fiscal», 1979, p. 13-33; e Alberto Xavier in «Manual De Direito Fiscal, I», 1974, p. 18-27; *apud* J. C. Vieira de Andrade in «Direito Administrativo e Fiscal – Lições ao 3.º Ano do Curso de 1993-1994» da Faculdade de Direito da Universidade de Coimbra. O direito penal fiscal (ou tributário: cfr. art.^{os} 1.º e 2.º do RGIT)» que se diferencia do direito penal clássico ou de justiça (v.g. no caso da consagração do instituto de Arquivamento do processo e isenção da pena: cfr. art. 26 RJIFNA ou art. 22.º do RGIT), não deixa de ser, como qualquer outra área componente do direito penal secundário, um campo de aplicação potencialmente susceptível de aplicação subsidiária do Código Penal e Legislação complementar: Cfr. art. 3.º do RGIT e art. 4.º do RJIFNA: *vide* Figueiredo Dias e Costa Andrade, ps. 72 e 73, op. cit. n. de r. n.º 1.

[8] *Vide*, ps. 72 e 73, in op. cit. na nossa n. de r. n.º 1.

Não Aduaneiras (e, portanto, também o RGIT!) está plenamente inserido no designado Direito Penal Secundário. Sufragamos, por outro lado, a tese do Prof. Doutor Jorge de Figueiredo Dias que distingue entre, por um lado, «Direito Penal Administrativo ou Secundário» na sua manifestação actual, «Direito das contra-ordenações», por outro lado; e, ainda, «Direito Penal de Justiça»[9]: «O direito penal administrativo, na sua manifestação actual, não se identifica com o direito das contra-ordenações: este constitui sim, apenas, um limite normativo (negativo) daquele, onde reentram de pleno as condutas que, independentemente das proibições que as atingem, se revelam axiologicamente neutras. Pelo contrário, o ilícito penal administrativo ou secundário, é preenchido por condutas em si mesmas relevantes do ponto de vista ético-social e pertence ao direito penal; mas esta relevância ético-social, na sua tradução jurídica, cabe-lhe de um modo particular, que permite a sua (relativa) autonomização perante o direito penal clássico codificado, ou direito penal de justiça». E ainda acrescenta o mesmo ilustríssimo Autor em n. de r. na sequência da afirmação anterior: «Sendo assim, dever-se-á continuar a afirmar que a função de todo o direito penal, nele incluído o direito penal administrativo ou secundário, é a protecção de bens jurídicos, sem que se torne necessário acrescentar – como Claus Roxin, "*Sinn und Grenzen staatlicher Strafe*", *Juristische Schulung*, 1966, p. 382 – a garantia das prestações públicas necessárias à existência: também estas podem constituir verdadeiros bens jurídicos que reflectem a ordem jurídico-constitucional dos direitos económico-sociais. Que, neste campo, esteja em causa, mais que a preservação ou conservação, a *promoção de direitos*, é realidade que cabe perfeitamente na função geral de protecção de bens jurídicos».[10]

Desde logo, a punibilidade das pessoas colectivas (contrariando o conhecido e clássico princípio, *societas delinquere non potest*, i.e., a sociedade não pode delinquir ou princípio da não responsabilidade penal da pessoa colectiva) – o nosso trabalho recairá principalmente sobre as socie-

---

[9] *Vide* Figueiredo Dias, «Para Uma Dogmática...», 1983-1985 e rp. in «Direito Penal Económico...», p. 60.

[10] Na defesa da «natureza criminal das infracções fiscais – pelo menos de certas infracções graves, como é o caso das previstas no art. 147.º do Código da Contribuição Industrial», *vide* Eduardo Correia in «"Os artigos 10.º do Decreto-Lei n.º 27 153, de 31 de Outubro de 1936, e 4.º,...», *passim apud* Eliana Gersão in «Revisão do Sistema Jurídico Relativo...», (1976) ou «Direito Penal Económico...», 1999, p. 86.

dades comerciais, e sociedades civis sob a forma comercial, ainda que irregularmente constituídas, especialmente do tipo sociedades anónimas e sociedades por quotas, as quais, eventualmente, possam *cometer* crimes fiscais –, representa uma característica intrínseca à envolvência do Direito Penal secundário, que aqui nos surge nas vestes particularizadas de Direito Penal fiscal. É esta uma diferença essencial com o Direito Penal de justiça ou clássico Português, o qual, em princípio, não permite precisamente a punibilidade das pessoas colectivas (art. 11.º do CP).[11] Mas, é precisamente aqui que se focaliza uma conjugação estrutural entre o Direito Penal secundário e o Direito das contra-ordenações, concretizada na circunstância de ambos estabelecerem a punibilidade das pessoas colectivas, ao contrário do Direito Penal clássico (cfr. novamente art. 11.º CP). Se bem que é essa mesma norma que permite a possibilidade da própria e mencionada punibilidade: «salvo disposição em contrário».[12] E assim, naturalmente, encontramos a razão: as pessoas colectivas são susceptíveis de responsabilização jurídico-criminal se as circunstâncias o exigirem, pois embora não sendo seres livres são – como objectiva e cirurgicamente observa o Prof. Doutor Jorge de Figueiredo Dias – obras de seres livres. O problema da punibilidade, ou não, das pessoas colectivas torna-se, pois, visível na relação triangular entre Direito Penal clássico, Direito Penal secundário e direito das contra-ordenações[13].

Parece ser incontestável que hoje se assiste a uma gradual e profunda eticização[14] do Direito Penal fiscal, mas cujo círculo só se completará – em nossa opinião – não só quando à arrecadação de receitas corresponda a realização de objectivos de justiça distributiva, considerando as necessidades de financiamento das actividades sociais do Estado, mas sobretudo

---

[11] *Vide*, contudo, Souto Moura *apud* A. Miranda Rodrigues in «Comentário Conimbricense...», 1999, pp. 954-955.

[12] *Vide* J. de Figueiredo Dias in «Pressupostos da Punição...», 1983, pp. 50 e ss; cfr. igualmente Maia Gonçalves em anotação ao art. 11.º do CP in «Código Penal Português Anotado e Comentado», 9.ª Ed..

[13] *Vide* Figueiredo Dias in «Para Uma Dogmática ...», 1983-1985, e rp. in «Direito Penal...», 1998, *passim*.

[14] *Vide* A. Miranda Rodrigues in «Contributo (...) Matéria Penal Fiscal», publicado in «Direito Penal Económico...», 1997, p. 481: «É hoje um dado adquirido a *eticização do direito penal fiscal*, uma vez que o sistema fiscal não visa apenas arrecadar receitas, mas também a realização de objectivos de justiça distributiva, tendo em conta as necessidades de financiamento das actividades sociais do Estado».

(ou igualmente) quando a esta última corresponda, por sua vez e efectivamente, uma correcta e real, e o mais transparente possível, aplicação dos dinheiros públicos por forma a quebrar definitivamente com a absolvição psicológica – se é que isso alguma vez seja possível pois imposto é imposto![15]-, sendo que, por outro lado, num Estado ideal e utópico o problema não será acabar com a fuga mais ou menos ilegítima (se porventura se considerar concretamente ilegítima)[16], pois não existirão impostos, os quais se tornarão completamente desnecessários, como estrita imposição, pois haverá total voluntariedade sem necessidade de «ameaça» jurídica. Ou seja, em nossa opinião, a eticização do Direito Penal fiscal só estará completa quando a esta corresponder a criação de condições susceptíveis de permitirem a estruturação e eticização duma espécie de Direito Penal financeiro, entendido o direito financeiro com o sentido propugnado na remissão da nossa nota de rodapé n.º 4, i.e., como ramo do Direito ou da ciência jurídica que dispõe dum campo mais vasto do que o direito fiscal, pois inclui as normas orçamentais, as relacionadas com o emprego de meios públicos e, no que diz respeito às receitas, para além das normas relativas aos impostos, pelo menos as que apontam para outras receitas coactivas. Esta, contudo, será uma ideia – e uma decisão muito difícil – para desenvolver num outro trabalho que não neste. Certo é que será sempre um obstáculo à eticização pragmática o facto de à recolha rigorosa de receitas por parte do Estado – nas *vestes de hábito* do Fisco – não corresponder uma não menos escrupulosa e adequada aplicação dos dinheiros

---

[15] *Vide* P. Ngaosyvathn, «*90 % de fraude fiscale. Pourquoi?*» *RE*, 1974: «A fraude está para o imposto como a sombra está para o homem»; *apud* A. José de Sousa in «Infracções Fiscais (Não Aduaneiras», 4.ª folha. É que, possivelmente, desde que surgiu a forma do imposto deve-se ter iniciado a resistência ao pagamento do correspondente tributo, pois a grande maioria da população sempre o julgou gerador de desigualdade, injustiças ou privilégios. Aliás, a própria palavra encerra em si mesma um forte conteúdo pejorativo. *Vide*, por exemplo, «Dicionário (...) Lello», 1990. *Vide* em sentido semelhante, P. R. Dantas De Souza Leão, in www.teiajuridica.com, num texto com o título «Ilícito Fiscal: Natureza jurídica»: «a palavra em si, pela sua própria natureza, é um desistímulo ao seu cumprimento, tornando motivo de antipatia por parte do contribuinte que não se conforma, de imediato, em dar uma parte de seu património financeiro para o Estado, ainda mais quando, em geral, desconhece onde e como será o recurso aplicado. (...)».

[16] *Vide* E. Gersão, op. cit. acima, p. 91. «evasão lícita»; cfr. igualmente K. Tiedemann in op. cit. *passim*. Cfr., por outro lado e v.g., a Portaria n.º 56/2002, de 14 de Janeiro, que «Fixa os factores de majoração do crédito fiscal ao investimento baseados, designadamente, na interioridade».

públicos, por forma a abortar uma qualquer absolvição psicológica «nas bocas do Povo» que poderá existir na evasão fiscal, pois quem paga um imposto saberá que o seu dinheiro será bem empregue ou pelo menos exactamente naquele local ou sector. Ao controlo penal, v.g., da fraude fiscal, poderá corresponder um controlo penal da, porventura, fraudulenta aplicação dos dinheiros públicos pelo próprio Estado, pelo menos quando este o realizar com culpa grave ou negligência grosseira? Será uma pergunta que não caberá responder e/ou desenvolver aqui. Como refere a ilustre Jurista Eliana Gersão: «Importa, porém, mais uma vez salientar que a criminalização das mais graves infracções fiscais só terá sentido se for acompanhada de um esforço sério de aperfeiçoamento do sistema jurídico, especialmente no que se refere à distribuição equitativa da carga tributária e à aplicação adequada dos dinheiros públicos. O esforço sério de aperfeiçoamento deve ser extensível – aspecto que consideramos de primordial importância – à aplicação prática do sistema fiscal». E ainda: «(...). Além disso, a criação do referido tipo legal deverá ser acompanhada de um esforço sério de aperfeiçoamento do sistema jurídico fiscal, especialmente no que se refere à distribuição equitativa da carga fiscal e ao emprego adequado das receitas públicas».[17]

Não obstante esta indubitável eticização – e como pensamos vir tentando provar até aqui -, a infracção (criminal ou contra-ordenacional não «burlada») fiscal não deixa de ser ainda «uma concretização paradigmática do Direito Penal secundário», a qual não está de facto integrada no Código Penal.[18] Com extrema clarividência, *vide* os Profs. Doutor Jorge

---

[17] *Vide*, respectivamente, E. Gersão, *idem ibidem*: E ainda, p. 93, *passim*.

[18] Aliás, vive-se a possibilidade duma iminente incorporação do direito penal fiscal no Código Penal (como no CP de 1995 de Espanha onde se verifica no correspondente ordenamento jurídico uma duplicação face à «burla de etiquetas» da Lei Geral Tributária espanhola cujo rótulo de «Direito Administrativo» é muito duvidoso como veremos nos últimos Capítulos) – ideia que peremptoriamente refutamos, pois preferimos, em alternativa, a criação duma Lei da Criminalidade Económica, pelo que ainda dentro do direito penal secundário, capaz de suportar os crimes fiscais e apta às ideias de reparação e oportunidade na tradição do, já em alguns pontos *ultrapassado*, DL n.° 28/84, de 20 de Janeiro, (cfr. art. 52.°, n.° 1, al. b, da Lei n.° 87-B/98, de 31 de Dezembro) e não (o que seria absurdo!) num qualquer *«código do processo e procedimento tributários»*, que pudesse desvirtuar as já há muito irreversíveis conquistas no campo dos valores garantísticos do Homem no direito penal. A introdução dos crimes fiscais no Código Penal só teria sentido – e do nosso ponto de vista não tem – se existisse uma total valência de protecção de tutela

de Figueiredo Dias e Doutor Manuel da Costa Andrade[19]: «Resumidamente, apesar da sua inquestionável eticização, a infracção fiscal persiste como uma concretização paradigmática do direito penal secundário. Como tal não integra ainda o repositório de crimes que relevam dos consensos basilares e fundantes da comunidade e são levados ao Código penal. Incindivelmente associada ao imposto, instrumento privilegiado de política económica num Estado de direito, a infracção fiscal acaba sempre por prestar homenagem à mundivisão dominante e democraticamente legitimada. O que equivale a dizer que o seu regime é sempre portador de um coeficiente irredutível de conflitualidade, que espelha a conflitualidade de fundo sobre que assenta a convivência democrática numa sociedade aberta e pluralista».

2. A «Sociedade do Risco» e a função do Direito Penal de Tutela subsidiária dos Bens Jurídicos Individuais e Colectivos

O estudo e o correspectivo aprofundamento da responsabilidade penal das pessoas colectivas[20] e equiparadas no âmbito das infracções fiscais (ou em qualquer outro sector do Direito Penal), por seu lado, em momento algum nos poderá levar a postergar, por qualquer outro lado, os princípios que para nós são deveras e rigorosamente orientadores para quaisquer questões de Direito Penal, dos quais, alguns dos principais estão consagrados no n.º 2 do art. 18.º da Constituição da República Portuguesa de 1976 – já com a alteração da redacção primitiva desse mesmo n.º 2 pela

---

do direito penal na potencial criminalidade do direito financeiro, nomeadamente nos crimes de execução orçamental e aplicação dos dinheiros públicos. *Vide* Nogueira da Costa in «Contributo Para Uma Dogmática...Penal Fiscal», sem páginas: «(...) Não obstante, entendemos que seria preferível a elaboração de uma Lei da Criminalidade Económica, onde se incorporassem os tipos legais de crime que se refiram a bens jurídicos mais consolidados, como os crimes fiscais...».

[19] In op. cit. na n/ nota de rodapé n.º 1, p. 77.
[20] *Vide* «Colóquio Internacional...», M. da Conceição Valdágua, RPCC, Ano 10 – Fasc. 3.º, 2000, p. 479-497, relatando a «comunicação de fecho dos trabalhos, proferida pelo Prof. Doutor J. de Figueiredo Dias, que versou sobre «Algumas reflexões sobre o direito penal na "sociedade de risco"», p. 497: «premente é também, disse o conferencista, desenvolver e aprofundar a responsabilidade penal dos entes colectivos, em cuja sede muitos problemas do direito penal de risco poderão encontrar solução adequada (...)».

Revisão Constitucional de 1982 – e que refere o seguinte: «a lei só pode restringir os direitos, liberdades e garantias nos casos expressamente previstos na Constituição, devendo as restrições limitar-se ao necessário para salvaguardar outros direitos ou interesses constitucionalmente protegidos». Bem sabendo nós que: «os preceitos constitucionais respeitantes aos direitos, liberdades e garantias são directamente aplicáveis e vinculam as entidades públicas e privadas» (Cfr. art. 18.º/1 CRP).

A conexão entre o direito penal e o direito constitucional é – não é demais afirmar – muito estreita, pois de certa forma o direito penal é direito constitucional aplicado.[21] Podemos dizer que os bens jurídicos são interesses socialmente relevantes cuja defesa é condição indispensável do livre desenvolvimento da personalidade do homem e do bom funcionamento duma sociedade juridicamente organizada. Embora achemos preferível a definição de bem jurídico «como a expressão de um interesse, da pessoa ou da comunidade, na manutenção ou integridade de um certo estado, objecto ou bem em si mesmo socialmente relevante e por isso juridicamente reconhecido como valioso»; não esquecendo que «o bem jurídico-penal é "apenas" o *padrão* crítico insubstituível e irrenunciável com o qual se deve aferir a legitimação da função do direito penal no caso concreto; e, repito, também o *guia* por excelência que conduza a evolução da nossa disciplina no respeito pela sua função no sistema jurídico e no sistema social».[22] Não se trata, pois, dum conceito fechado que, de forma mágica, nos iria permitir circunscrever com um grau de certeza absoluta, aquilo que deve e não deve ser criminalizado. Assim, em relação à CRP e ao Direito penal temos em consideração no nosso trabalho: 1.º princípio da legalidade; 2.º princípio da culpa; 3.º princípio da igualdade; 4.º princípio da intervenção mínima; 5.º princípio da humanidade. Por outro lado, no que diz respeito à CRP e Direito processual penal: 1.º garantias de defesa[23]; 2.º princípio do acusatório[24]; 3.º princípio do contraditório; 4.º princípio da presunção da inocência.[25]

---

[21] Cfr., por um lado, art.os 27.º, 28.º, 29.º, 30.º e 165.º/1, c, CRP). Cfr., por outro lado, art. 18.º CRP.

[22] *Vide* J. de Figueiredo Dias in «Questões Fundamentais Do Direito Penal Revisitadas», 1999, Brasil, p. 63.

[23] Cfr. Figueiredo Dias in «Processo Criminal», 1971, p. 179 e p. 217; cfr. igualmente Costa Andrade in «Sobre as proibições de prova em processo penal»; cfr. Moreira dos Santos in «Noções de Processo Penal».

[24] Cfr. Jorge de Figueiredo Dias in «Sobre os sujeitos processuais», p. 33.

[25] Para uma invulgar e melhor visão de toda a problemática constitucional, da CRP,

Como consequência lógica, teremos sempre presente no nosso trabalho o art. 40.°/1 e 2 do Código Penal (versão de 1995), o qual positiva precisamente a orientação constitucional e que refere o seguinte, quanto às finalidades das penas e medidas de segurança: «a aplicação de penas e medidas de segurança visa a protecção de bens jurídicos e a reintegração do agente na sociedade»; e «em caso algum a pena pode ultrapassar a medida da culpa».

Desde já poderemos referir, de forma racionalmente convicta e sem rodeios porque ideal primeiro de toda a nossa investigação -, que não nos identificamos com qualquer tentativa de transformar o Direito Penal em instrumento político e de governo, pois, segundo alguns autores, viveríamos na propalada «sociedade do risco[26]» ou «sociedade do *perigo*», que seria afinal a sociedade contemporânea. Julgamos ser extremamente falaciosa a ideia argumentativa de que a eficácia da função do Direito Penal dos nossos dias não seria realmente concretizada, mesmo que se antecipasse o mais possível a tutela de bens jurídicos. O que constituiria um rude golpe na manutenção e desenvolvimento da doutrina do bem jurídico como instrumento principal de delimitação do conceito material de crime. Desta forma, a única saída para esta crise seria uma espécie de transfiguração ou metamorfose do Direito Penal em meio propulsor e instrumental do governo correspectivo. E assim, seria alcançada a tão ambicionada eficácia – qual «*dois em um*»! – capaz de resolver todos os problemas e contrariar violações imediatas contra a política económica, financeira e fiscal, o meio ambiente, as problemáticas das drogas, a criminalidade organizada[27], a engenharia bio-genética, a informática, a responsabilidade pelo produto, os consumidores, os crimes anti-económicos, o branqueamento de capitais, terrorismo, enfim, o Direito Penal económico como «novas formas de criminalidade surgidas nas últimas décadas na sociedade europeia – fenómenos patológicos revelados ao mundo dos negócios, a corrupção difusa entre as empresas e os partidos políticos, o atentado das

---

nomeadamente o art. 18.° *vide* J.J. Gomes Canotilho e Vital Moreira in «Constituição da República Portuguesa», anotada, 1994.

[26] Vide «Beck, *Risikogesellschaft* (1986); depois, para uma tentativa de aplicação do seu pensamento ao direito penal, Prittwitz, *Strafrecht und Risiko* (1993)»; *apud* J. de Figueiredo Dias in «Questões Fundamentais Do Direito Penal Revisitadas», 1999, p. 71--72. Cfr. igualmente Ulrich Beck in «*La sociedad del riesgo...*», 1998.

[27] *Vide* de forma brilhante Jorge de Figueiredo Dias in «Questões Fundamentais...», 1999, p. 71-72.

empresas ao meio ambiente, o fenómeno da criminalidade organizada, conectada tanto com o mundo dos negócios, como com o mundo da política e os atentados contra a integridade dos Estados».[28] Como penalistas seremos sempre desconfiados da *potestas* do Estado. Não obstante, uma análise desapaixonada e objectiva da História demonstra no passado e no presente, em diferentes quadrantes económicos, sociais, politícos, culturais e mentais, a possibilidade do Estado – ele próprio! – transformar-se numa organização criminosa, arrastando ainda que não necessariamente todos os outros poderes. *Quis custodiet custodes*? quem guarda os guardas? que poder controla o poder? (*Vide* Juvenal, verso 347 da Sátira VI, c. ano 115). Pensamos que quanto mais Estado-de-direito democrático e constitucional for o próprio Estado, na medida em que «*a lei só pode restringir os direitos, liberdades e garantias nos casos expressamente previstos na Constituição, devendo as restrições limitar-se ao necessário para salvaguardar outros direitos ou interesses constitucionalmente protegidos*», menores, dizíamos, serão as dificuldades de resposta às perguntas enunciadas.

A criminalidade existe, como parece ser lógico, independentemente da «cor do colarinho». Por outro lado, e observando mais uma vez o discurso dos ilustres Autores Giorgio Marinucci e Emilio Dolcini, será que as

---

[28] *Vide*, contra a nossa posição, G. Marinucci e E. Dolcini in «*Diritto penale minimo e nuove forme di criminalitá*» in *RIDPP*, pp. 802-820, 1999, *apud* A. Silva Franco in «Globalização E Criminalidade Dos Poderosos» in RPCC, 2000, pp. 217-218, o qual citando o pensamento dos dois ilustres Autores Italianos que «combatem, de forma decidida, as várias formulações do direito penal mínimo (…), precisamente no momento em que a justiça penal começa a dedicar suas atenções também aos grandes da economia e da política…». Surgem-nos dúvidas depois de ler este discurso, o qual nos parece – *salvo melhor opinião* –, apresentar um maior cariz emotivo do que propriamente científico. Não conseguimos vislumbrar os contornos precisos do conceito de «*grandes da economia e da política*». Incluirá, por um lado, os próprios «*grandes*» do poder judicial – «criminalidade de beca e toga» – e do poder dos órgãos de comunicação social (ou designado 4.º ou 5.º poder), além dos «*grandes*» dos poderes legislativo, executivo e económico (ou designado 4.º ou 5.º poder)? Ou será mais um sinal de advento do dúbio – e sem qualquer legitimidade democrático-constitucional – «*governo dos juízes*» (*vide* Proença de Carvalho) (cfr. artigos 1.º, 2.º, 3.º e n.º 6 do art. 112.º da CRP)? Ou – conjunta ou autonomamente – tratar-se-á de pura e simplesmente instrumentalizar o direito penal por forma a torná-lo numa «*arma de arremesso*» contra *ideologias politicamente incorrectas*, consideradas por alguns como contrárias ao «*bem comum*», o qual seria representado por uma espécie de *Estado* impoluto e imaculado nas vestes dum poder, v.g., judicial de eleição democrática ou não, mas acima de qualquer suspeita.

«*novas classes perigosas*» seriam somente – por via da instrumentalização política do direito penal – «pessoas de respeitabilidade e elevado estatuto social, no decurso da sua profissão» que passariam a estar sob uma permanente suspeita? «Logo, contudo, se observou que este conceito tipológico de agente é inadequado para fixar o âmbito do conceito que quer referir. Haveria, com efeito, condutas desviantes das regras da ordem económica levadas a cabo por "homens de colarinho branco" que não constituiriam crimes. Por outro lado, também, muitas acções violadoras da ordem económica seriam praticadas por homens de "colarinho azul", ou seja, de inferior extracção social»[29]. Sutherland definiu o delito económico realizado pelo autor de «colarinho branco» como o delito cometido por uma pessoa respeitável e de elevado *status* social, no exercício/enquadramento da sua profissão (in *White Collar Crime*), identificando também, desta forma, a forte possibilidade de existir prática de crimes pelos mais diversos níveis culturalo-económicos do estrato social (sejam *baixos* ou *altos*!), inclusive aqueles que tradicionalmente estavam acima de qualquer suspeita. A teoria de Sutherland, no nosso entender, não refere que os estratos socio-económicos mais baixos deixaram de ter criminosos entre si, mas simplesmente que não são os únicos como é óbvio! Também Clinard compartilhava a definição baseada no sujeito activo do facto, pelo que considerava que o crime de «colarinho branco» era uma violação da lei por parte de homens de negócios ou empresários, profissionais liberais e empregados de firmas comerciais (*Corporate Crime*, 1980, p. 18). Não obstante e de maneira crescente, na *nova* literatura anglo-americana acerca destes temas emprega-se o termo «facto penal profissional» («*occupational crime*»). Desta forma, com esta referência à actividade económica e à tarefa profissional, a caracterização do delito económico estrutura-se presentemente muito menos na respeitabilidade do autor e sua respectiva pertença às «classes altas» e muito mais na especificidade do acto (*modus operandi*) e no objectivo do seu comportamento. Ora, tal desenvolvimento, também é detectável na investigação e doutrina alemãs.[30] Não cre-

---

[29] *Vide* E. Sutherland, *White collar crime*, 1961, p. 47 e ss. e 219 e ss. *apud* Eduardo Correia in «Introdução Ao Direito Penal Económico», 1977, in «Direito Penal Económico...», p.309: «(*Sobre o conceito de classe elevada, média e inferior,* cfr. Rimann, in *Wirtschaftskriminalität*, 1973, p. 75 e Zirpins-Terstegen, in *Wirtschaftskriminalität*, Lübeck; por todos, Klaus Tiedemann, in *Wirtschaftsstrafrecht und Wirtschaftskriminalität*, 2.º vol.)».

[30] *Vide*, por todos, K. Tiedemann, in «*Poder Económico Y Delito...*», 1985, pp. 10- -11 e *passim*. Caracterizando – o mesmo ilustre Autor alemão – os rasgos específicos dum

mos, pois, como alguns Autores, que a «criminalidade económica desperta e desenvolve-se durante as duas Guerras Mundiais, reivindicando da parte dos Estados, reacções jurídicas que lhes pudessem fazer frente e contra as quais o Direito Penal Administrativo se revelava pouco eficaz».[31] É que o *direito penal administrativo* do regime NAZI era absolutamente eficaz no *aniquilamento* da criminalidade económica, só que implicava um preço muito alto para os cidadãos: a violação dos direitos, liberdades e garantias era historicamente total e constante.

Actualmente, pensamos que o direito penal não tem de forma alguma a tarefa de conformar ou modelar a ordem económica.[32]

Uma visão do direito penal como instrumento político poder-nos-á levar a pensar – erradamente! – que esse facto constituirá *per se* solução para os conflitos sociais. A explosão do direito penal omnipotente e omnipresente poderá trazer a ilusão de correcção da desorganização social imediata, mas não conseguirá de certeza absoluta diminuir a profunda crise de confiança no Estado a *médio* prazo. Um pouco por toda a parte se assiste ao clamar por uma justiça mais dura: penas mais elevadas, menores garantias de defesa para os arguidos, polícias mais implacáveis e outras propostas similares.[33] O direito penal tornar-se-ia numa espécie de *bastão* do Estado *capaz* de destruir o mal com a violência. Mas todos sabemos que violência gera violência. *Abyssus abyssum invocat*. E que maior violência do que um Estado que não respeite os direitos mais fundamentais dos seus

---

direito penal económico e da empresa, que a certa altura da História se tornou perigosamente totalitário, in op. cit., p. 16.

[31] *Vide* Eduardo Mansilha, «Responsabilidade Penal das Pessoas Colectivas...» in www.verbojuridico.net.

[32] Quanto a isto *vide* K. Tiedemann, op. cit., p. 21. Em relação ao desenvolvimento recente do direito penal económico (cerca de 1985), refere ainda K. Tiedemann, op. cit., p. 26: «*La normalización de la situación económica condujo, con la "Ley para una nueva simplificación del Derecho penal Económico", de 9 de Julho de 1954, a la supresión de numerosas figuras de delitos económicos, particularmente aquellas que tipifican conductas comprometedoras de la normalidad en los abastecimientos. (...) Por lo demás, el Tribunal Constitucional de la República Federal de Alemania subrayó la neutralidad de la Constitución a este respecto, al declarar que ella – a diferencia de muchos ordenamientos jurídicos extranjeros- no establece un sistema económico determinado. Sin embargo, a juicio del citado Tribunal, tanto los derechos fundamentales como el orden democrático-liberal excluyen la implantación de una economía general de gestión centralizada.*»

[33] *Vide* Félix Herzog, em castelhano in «*Alguns riesgos del Derecho penal del riesgo*», Julho de 1999, *passim*.

cidadãos? O direito penal seria assim um *manifesto político separando nitidamente os «bons» dos «maus»*. Seria a «varinha mágica» dos problemas sociais e económicos.[34] Nesse caso, ao enveredar por esse trilho ou caminho, a melhor designação seria de *direito penal demagógico*. Por seu lado, Winfried Hassemer[35] defende que forma delitiva característica, deste novo direito penal, é o delito de perigo abstracto, como é o caso da fraude de subvenções, sendo que o bem jurídico (usualmente abstracto) que é objecto de protecção é um bem jurídico universal definido de forma vaga, como será a situação da saúde pública no direito penal dos entorpecentes.[36] Muito interessante é a ideia de Hassemer de que «uma política criminal racional não consiste em estigmatizar a irracionalidade social e, então, ignorá-la, mas sim transformá-la em racionalidade»[37]. O ilustre Autor chega mesmo a constatar que «o direito penal não vale tendencialmente como *ultima*, mas sim como a *prima* e, inclusive a *sola ratio*»[38]. E ainda: mesmo que se reconheça que o Direito penal clássico não se limita a tutelar bens jurídicos individuais, como a vida, a saúde, a honra, ou o património, podendo também abarcar bens jurídicos universais «que, em última instância, realizam os interesses dos cidadãos posto que sem sua protecção não poderiam conviver em sociedade, como por exemplo a autenticidade da moeda, a segurança das centrais nucleares ou o funcionamento do sistema administrativo, força é convir a inadaptação desse direito penal aos exageros das exigências político-criminais de incrementar a eficiência preventiva do Direito penal, mesmo que à custa das garan-

---

[34] *Vide*, com muito interesse, F. Herzog in op. cit., p. 55, *apud* A. Silva Franco in «Globalização...», RPCC, 2000, pp. 217-218: «o direito penal – permita-me a alusão a uma citação de Karl Marx – converte-se assim num médico, que, no leito de enfermo do capitalismo global tardio, sem diagnóstico, trata inutilmente de curar os sintomas com meios cada vez mais severos. A delegação dos mais graves problemas sociais ao Direito penal e à Justiça penal parece amiúde demasiado, como uma forma de populismo com a qual a política quer simbolizar a tenacidade e capacidade de actuação sem enfrentar sua autêntica tarefa de organização da sociedade mediante a política económica e social. Naturalmente resulta muito mais barato e provoca menos conflito endurecer o Direito penal do meio ambiente, em lugar de obrigar mediante uma política de impostos e de infra-estruturas as grandes empresas a uma mudança ecológica».

[35] *Apud* Alberto Silva Franco in op. cit. pp. 220-221.

[36] Quanto a isto *vide* Winfried Hassemer in «*Perspectivas del Derecho penal futuro*», pp. 37-41, Janeiro de 1998.

[37] *Vide* op. cit. p. 40.

[38] *Vide* op. cit. p. 38.

tias do Estado de Direito»[39]. A negação da conformidade em relação a esta nova realidade do direito penal, faz com que Hassemer fale na alternativa do direito de intervenção: «este direito de intervenção estaria situado entre o Direito penal e o direito sancionatório administrativo, entre o Direito civil e o Direito público, com um nível de garantias e formalidades processuais inferior ao do Direito penal, mas também com menos intensidade nas sanções que pudessem ser impostas aos indivíduos»[40].

Fazendo nossas, ponto por ponto, as palavras eloquentes do Professor Catedrático da Faculdade de Direito da Universidade de Coimbra, Doutor Jorge de Figueiredo Dias, corroboramos integralmente as seguintes ideias: «uma tal concepção da função do Direito Penal – é, em meu parecer, em definitivo de repudiar. Desde logo porque a *legitimidade histórica* de caracterização da sociedade contemporânea como uma "sociedade de risco" – por contraposição, pelo visto, à sociedade de antanho que seria, face à nossa, uma "sociedade de segurança" – é por demais duvidosa, se não altamente contestável. Uma análise histórica equilibrada e livre de preconceitos conduzirá antes, muito provavelmente, à conclusão de que a sociedade foi sempre – e talvez mais do que hoje, e porventura será sempre – uma sociedade de risco. Não há por isso razão bastante para que hoje se advogue (ou resignadamente se suporte) o crescimento exponencial de protecções antecipadas de bens jurídicos – de que os crimes de perigo abstracto são o sinal mais evidente – até a um ponto em que o bem jurídico perde os seus contornos, se esfuma e, com isto, deixa completamente de exercer a sua função crítica como padrão de legitimação do direito *condito* e do direito *condendo*. Ainda que o "perigo" ou "risco" deva constituir a noção-chave da dialética da ilicitude penal, como síntese entre a tese do desvalor de acção e a antítese do desvalor de resultado, isto em nada contende com a contestação que deve merecer a tentativa de transformar o Direito Penal dos bens jurídicos num Direito Penal dos perigos. § Depois, e decisivamente, ao Direito Penal não deve caber uma *função promocional* que o transforme, de direito – que historicamente sempre terá sido, mas que pelo menos seguramente o foi a partir da época das Luzes – de protecção de direitos fundamentais, individuais e colectivos, em *instrumento de governo da sociedade*. Uma tal função não estaria de

---

[39] *Vide* Winfried Hassemer *apud* Alberto Silva Franco op. cit., pp. 220-221.
[40] V*ide* W. Hassemer e F. Muñoz Conde in *«La responsabilidad por el producto en el derecho penal»*, p. 46, 1995.

acordo com o fundamento de legitimação da intervenção penal, nem com o sentido desta intervenção como *ultima ratio* da política social, nem com as exigências de salvaguarda do pluralismo e da tolerância conaturais às sociedades democráticas hodiernas. Pelo contrário, uma tal função conduziria inexoravelmente, de forma imediata ou a prazo, a converter o Direito Penal em instrumento de ideologia político-social, em *factor* de uma qualquer taumaturgia social, conduziria, isto é, à renovação, sob uma veste nova, do velho integralismo penalístico e se reduziria, deste modo, a um "novo" processo palingenético.»[41]

Será realmente que a nossa sociedade contemporânea se apresenta como de maior «risco» do que, por exemplo, a «idade-média», com a sua curta esperança de vida, sem vacinas e com a «*peste negra*» ou até a vulgarmente designada «*idade das cavernas*», ou quase todas as outras épocas de quaisquer civilizações em qualquer lugar do nosso planeta que conhecemos?! E, porventura, deveremos regredir nas árduas conquistas da Humanidade – que consideramos irreversíveis – por forma a esmagar, ou melhor ainda, guilhotinar, a ideia do Direito Penal como protecção de direitos fundamentais, individuais e colectivos, transfigurando-o num dúbio instrumento de governo da sociedade?! Parece que o Direito Penal do perigo se poderá transformar – ele mesmo – num grave perigo para as conquistas do Direito Penal de garantia: são os riscos do próprio Direito Penal do risco.[42]

---

[41] Vide J. de Figueiredo Dias, op. cit., pp. 72-73, o qual acrescenta ainda na sua n. de r. n.º 51: «Neste ponto, como exactamente sublinha Roxin, *AT*, § 2, n.m. 29, há pois que conferir plena razão à chamada "Escola de Frankfurt" quando se manifesta, em definitivo, contra as tentativas de combater os problemas da sociedade contemporânea ("ambiente, economia, informática, drogas, impostos, comércio externo, numa palavra, criminalidade organizada") por meio de um direito penal preventivo: cf. Hassemer, "*kennzeichen un krisen des modernen Strafrechts*", ZRP (1992), p. 381 e ss.» *Vide*, contudo numa posição mais recente, Figueiredo Dias in «Temas Básicos...», «...Risco...» 2001, pp. 155-185, defende que a «sociedade do risco» leva ao Direito penal problemas novos e incontornáveis (p. 158: «*diversamente do que afirmámos em escritos anteriores*»). Posição esta que abordaremos *brevitatis causa* a jusante. Devemos desde já dizer, contudo, que as conclusões, in op. cit. pp. 184-185, que o ilustre Professor de Coimbra alcança no presente são as nossas *stricto sensu*: a função do Direito penal é a tutela de bens jurídicos individuais ou colectivos!

[42] Vide o texto bem sugestivo dum indispensável artigo de Félix Herzog, publicado em castelhano: «*Alguns riesgos del Derecho penal del riesgo*», Julho de 1999. Nesse artigo refere o mesmo ilustre Autor a seguinte ideia, *passim*: «os riscos do Direito penal do risco, para a função de garantia do Direito Penal, são muitíssimos».

Não poderemos aceitar intelectual e cientificamente a metamorfose do Direito Penal em um qualquer sistema político-penal de reacção contra as liberdades que formam a essência mínima duma sociedade liberal social alicerçada numa profunda base democrático-constitucional, a qual constituiria um muito duvidoso – ou inexistente – paradigma de protecção, quer, por um lado, de Direitos Fundamentais individuais; quer, por outro lado e por isso mesmo, de Direitos Fundamentais colectivos.

Igualmente repudiamos as chamadas concepções moderadas que visam a complementação – e já não a substituição – da função do Direito Penal de tutela subsidiária de bens jurídico-penais pela de prevenção de riscos futuros.[43] Bem sintomático de tal ideia, v.g., é o facto do Prof. Doutor Claus Roxin já não autonomizar as designadas «prestações estatais necessárias à existência, típicas do Estado Providência», indo aliás de encontro à posição que já era defendida anteriormente pelo Prof. Doutor Jorge de Figueiredo Dias.[44] É que o bem jurídico não é um conceito fechado, a partir do qual se pode induzir com as certeza e segurança máximas naquilo que deve e naquilo que não deve ser criminalizado.[45] Pelo que, as acima mencionadas *«prestações públicas necessárias à existência»*, como já se apercebeu o Prof. Doutor Claus Roxin, são capazes de constituir reais bens jurídicos que demonstram a ordem jurídico-constitucional dos direitos económico-sociais.[46] Mesmo em relação aos riscos imagináveis, mas não concretizados, pensamos que nos devemos socorrer de «meios não-penais de política social», e isto porque, para nós, constitui princípio inabalável a defesa dos direitos, liberdades e garantias das pessoas.[47]

Ao que afirmamos anteriormente, e como já referimos, há que adicionar – para os mais *descrentes* – a existência de bens jurídicos colectivos, transpessoais, sociais ou comunitários (tão válidos, portanto, como os bens jurídicos individuais), os quais não podem obviamente ser negados.

---

[43] *Vide* Jorge de Figueiredo Dias, op. cit., p. 73.

[44] *Vide* «Roxin, *Problemas básicos*,p. 21» *apud* J. de Figueiredo Dias, op. cit., p. 73, contra aquilo que o mesmo Roxin referia in «*Sinn un Grenzen staatlicher Strafe*», *Juristische Schulung*, 1966, p. 382. *Vide* também Figueiredo Dias para uma crítica da posição anterior de Roxin, in «Para Uma Dogmática Do Direito Penal Secundário...», 1983-1984 e 1984-1985) e rp. in «Direito Penal Económico...», 1998, p. 60, n. de r. n.º 87.

[45] Cfr. problemática do «bem jurídico» no início do ponto 2 deste Capítulo.

[46] *Vide* J. de Figueiredo Dias, op. cit., p. 73 e in op. cit. na n. de r. imediatamente anterior, p. 60.

[47] *Vide* J. de Figueiredo Dias, op. cit., p.

Assim, na constelação dos bens jurídicos, é possível distinguir entre aqueles que se baseiam na protecção imediata da pessoa individual e outros que se estruturam na protecção de valores supra-individuais, que aqui poderemos designar por sociais.[48] O Direito Penal administrativo ou secundário permite precisamente focalizar a importância da autonomia relativa[49] de tais bens jurídicos transpessoais, que, distintos dos bens jurídicos individuais, acabam por reflectir a conexão entre a totalidade da ordem axiológica constitucional e a ordem legal dos próprios bens jurídicos dignos de tutela penal. Constata-se, pois, uma determinada «socialização» do bem jurídico que se repercuteria no Direito Penal administrativo.[50]

Principalmente no campo económico, podem entrar em conflito os interesses individuais e os interesses supraindividuais tutelados, como demonstram as figuras do «direito de necessidade» e do «consentimento» do direito alemão, conforme se poderá observar a título de exemplo. Assim, no que se refere à ponderação de interesses no direito de necessidade como causa de justificação, a jurisprudência alemã reconheceu a prevalência do interesse colectivo no abastecimento da população e no inte-

---

[48] *Vide* Figueiredo Dias in «Para uma dogmática ...», p. 56: «Mas reconhecendo que, insuficientes embora, elas apontam para algo de essencial para a distinção, na *ordem dos bens jurídicos*, entre aqueles que radicam imediatamente na protecção da *pessoa individual* e aqueles que se fundam na protecção de *valores supra-individuais* e, neste sentido, *sociais*.»

[49] A protecção dos bens jurídicos protegidos pelo direito económico, e pelo direito penal económico, pode-se referir em última instância, à protecção do indivíduo, por causa do qual o Estado existe. Mas, tal como o Estado e outras Entidades intermédias da economia, assim como os interesses de um e outras, não podem identificar-se e confundir-se sem mais nem menos, é inadmissível e injusto negar a autonomia, em todo o caso parcial, dos interesses protegidos pelo direito penal económico: *Vide* K. Tiedemann in op. cit. p. 13. O reconhecimento de tais bens jurídicos transpessoais não afecta em última instância a natureza «antropocêntrica» da tutela penal. *Vide* J. de Figueiredo Dias, «Questões Fundamentais...», p. 74.

[50] Cfr. «Klaus Tiedemann in *"Tatbestandsfunktionen im Nebenstrafrecht"*, Tübingen: Mohr, 1969, pp. 66 e ss. e 114 e ss.; Klaus Tiedemann in *"Wirtschaftsstrafrecht und WirtschaftsKriminalität"*, I, Reinbeck: Rowohlt, 1976, p. 17 e ss.; Klaus Tiedemann in *"Die Verbrechen in der Wirtschaft"*, Karlsruhe: Müller, 1ª ed., 1970, p. 15 e ss e 2ª ed., 1972, p. 15 e ss. Em idêntica direcção E. Bacigalupo, *"Die argentinische Gesetzgebung zum Wirtschaftsstrafrecht"*, Zeit. f. d. g. Strafrechtsw. 85 (1973), p. 203 e ss.; W. Hassemer, *"Theorie und Soziologia des Verbrechens"*, Frankfurt a. M.: Fischer, 1975, p. 75 e ss.; G. Rink, *"Wirtschaftsrecht*, 4ª ed., Köln: Heymanns, 1974, § 333.»; *apud* Jorge de Figueiredo Dias in «Para uma dogmática do direito penal secundário», p. 56.

resse público em impedir aumentos de preços, sobre o interesse individual na conservação dos postos de trabalho, na manutenção da produção e outros mais. Não obstante – e é exactamente aqui que queremos chegar! – isto não significa de forma alguma que o interesse colectivo deva sempre tomar primazia sobre o interesse individual, aliás, como temos vindo a dar um sublinhado ênfase. Bem pelo contrário! Nomeadamente e sobretudo, quando está em causa a protecção de bens jurídicos fundamentais e elementares do indivíduo ou da pessoa singular, estes podem estar acima dos interesses da colectividade. Assim, conforme a jurisprudência do Tribunal Supremo Alemão, não pode ser invocada como causa de justificação a licença outorgada por uma autoridade administrativa, se a actividade da pessoa *jurídica* autorizada põe em perigo a saúde de terceiros ou ocasiona danos à sua integridade física. No que concerne ao Direito Penal do ambiente, o qual também é parte do Direito Penal económico (em nossa opinião), o Tribunal defendeu esta posição num caso no qual a fabricação de tampas de garrafa e consequente emanação de gases com o soprar do vento em determinada direcção, originava moléstias e mau-estar nos habitantes mais próximos num raio de trinta a trezentos metros, que consistiam em inflamações oculares e do aparelho respiratório, dores de cabeça, insónias e náuseas. O tribunal ajuizou que o interesse na manutenção da produção, por um lado, e conservação dos postos de trabalho, por outro lado, não podia justificar os danos na saúde das populações vizinhas. A tentativa de evocação duma autorização oficial para justificação da manutenção de laboração e fabricação constituiria um abuso do direito (*Bundesgerichtshof, Monatsschrift für Deutsches Recht*, 1975, pp. 273 e ss.).[51] O Direito Penal, portanto, como direito de garantia que é, tutela – como temos vindo a observar – não só bens jurídicos individuais, mas também colectivos. O Direito Penal é, pois, um direito de tutela de bens jurídico-penais, i.e., de resguardo das «condições fundamentais da mais livre realização possível da personalidade de cada homem na comunidade».[52]

---

[51] *Vide* quanto a tudo isto Klaus Tiedemann, in «Poder Económico Y Delito...», 1985, pp. 13-14.

[52] *Vide* J. de Figueiredo Dias in «Questões Fundamentais...», p. 74, na qual refere o seguinte: «a conclusão será assim – como já Carrara o intuíra há mais de um século – a de que o direito penal não é (nem se deve tornar em) um direito de prevenção de riscos futuros, abstractos e longínquos e de promoção de finalidades específicas de política estatal. O direito penal é (e deve continuar a ser, mesmo que uma certa insistência saudosista persista em o qualificar então de direito burguês) um direito de tutela de bens jurídico-penais, isto

2.1. O Direito Penal na «sociedade do risco» e uma breve visão da Doutrina do Prof. Doutor Jorge de Figueiredo Dias num dos Seus mais recentes escritos sobre esta matéria [53]

O nosso ponto de partida – que afinal é um ponto de chegada de toda uma evolução político-criminal e dogmática! – constitui o coração do CP português de 1982 e que é, nada mais nada menos, do que o seu art. 40.º que tem como epígrafe as «finalidades das penas e das medidas de segurança».[54] No contexto da Revolução Francesa de 1789 e do «movimento magnífico a favor dos Direitos», podemos extrair as teses principais do Iluminismo Penal: «função exclusivamente protectiva do Direito Penal no sistema social, da natureza puramente secular deste direito, da intervenção mínima e da sua necessidade».[55] Assim temos várias teses: 1.ª o primeiro lugar deve ser dado à política criminal; 2.ª A função do Direito Penal é exclusivamente a protecção subsidiária de bens jurídicos (penais) com refracção na CRP: direitos individuais, direitos sociais, direitos de organização política e económica; 3.ª A aplicação de penas e de medidas de segurança é comandada exclusivamente por finalidades de prevenção, designadamente de prevenção geral positiva ou de integração e de prevenção especial positiva ou de socialização.[56] A «sociedade do risco» suscita no Direito Penal problemas novos.[57] Dum quadro de acontecimentos naturais e acções humanas próximas e definidas – onde era suficiente um catálogo

---

é, afinal, de preservação das *condições fundamentais da mais livre realização possível da personalidade de cada homem na comunidade.*» Vide ainda J. de Figueiredo Dias nas «Jornadas de Direito Criminal...», 1995, pp. 30 e ss.. Cfr. «Colóquio...», M. da Conceição Valdágua in RPCC, 2000, p. 479-497, relatando a «comunicação de fecho dos trabalhos, proferida pelo Prof. Doutor Jorge de Figueiredo Dias, que versou sobre "Algumas reflexões sobre o direito penal na «sociedade de risco» "», pp. 495-496. Para uma completa definição de «bem jurídico» *vide*, contudo, o segundo § do ponto 2, Capítulo I.

[53] *Vide* J. de Figueiredo Dias in «Temas Básicos... », 2001, «... "Sociedade do Risco"», pp. 155 e ss..

[54] Cfr. art. 40.º do CP.

[55] *Vide* Jorge de Figueiredo Dias in op. cit. p. 156.

[56] *Vide* J. de Figueiredo Dias in op. cit. pp. 156-157. Por outro lado, para uma definição pormenorizada dos conceitos de prevenção geral negativa, prevenção geral positiva, prevenção especial negativa e prevenção especial positiva, cfr. o nosso «Honra e Liberdade de Expressão», 1999, pp. 13-14.

[57] *Vide* Figueiredo Dias e a Sua nova opinião a in op. cit. p. 158. conforme já o mencionamos a montante.

puramente individualista dos bens jurídicos penalmente tutelados, i.e., o paradigma dum Direito Penal liberal e antropocêntrico – passamos a uma sociedade tecnológica, massificada e mundializada, na qual a acção humana é, por vezes, anónima e capaz de produzir riscos globais e até a extinção da vida. A partir daqui o problema é saber se o Direito Penal liberal está preparado para proteger as gerações futuras e os problemas de «mega-dimensões».[58] Mas, verifica-se a falta de preparação a começar no seu modo próprio de produção legislativa perante uma comunicação mundial e instantânea e uma criminalidade organizada globalmente; falta de preparação para a tutela de grandes riscos se se continuar a substancialmente auto-legitimar no modelo do «contrato social» de Jean-Jacques Rosseau: fundamento básico de princípios político-criminais como a função exclusivamente protectora de bens jurídicos, a secularização, a intervenção mínima e a *ultima ratio* (o Direito Penal «deveria», então, ter que ter uma função promocional e propulsora de valores orientadores da acção humana na vida comunitária[59], que – por sinal – já acima rejeitámos!). Procura-se no fundo justificar uma nova dogmática jurídico-penal perante as supostas incapacidades dum Direito Penal que se baseia na individualização da responsabilidade; nas exigências dos critérios de aferição da causalidade, da imputação objectiva, do dolo e da negligência, do erro e da consciência do ilícito; do princípio da culpa; dos princípios da autoria singular perante a radical distância temporal e espacial entre acção e resultado: seja resultado de dano ou resultado de perigo.[60] Stratenwerth fala, por outro lado, duma inevitabilidade de superação dos dogmas da razão técnico-instrumental ou razão instrumental calculadora.[61] Está em causa a Humanidade que, se quiser ter futuro, terá que se impor como sujeito

---

[58] Schüller-Springorum in «*Kriminalpolitik für Menschen*», 1991, pp. 236 e ss. e 364 e ss.; *apud* Figueiredo Dias in op. cit. p. 159.

[59] *Vide* Jorge de Figueiredo Dias in op. cit. pp. 159-160.

[60] *Vide* J. de Figueiredo Dias *idem ibidem*: «Na verdade, como poderão os "novos" ou "grandes" riscos – (...) acentuadíssima repartição de funções, de tarefas e de competências – ser contidos ou obviados por um direito penal que continue a ter na individualização da responsabilidade o seu princípio precípuo e cujo objecto de tutela seja constituído por bens jurídicos individuais reais e tangíveis (e portanto "actuais"), quando o problema posto por aqueles riscos é por essência indeterminado no seu agente e na sua vítima?».

[61] *Apud* Figueiredo Dias in op. cit. p. 161, o qual nos fala em superação da «razão instrumental actuarial».

comum da responsabilidade pela vida.[62] Como refere o Prof. Doutor Anselmo Borges:[63] «Ora, quem de nós não reconhecerá os benefícios que a tecnociência permitiu? Mas, por outro lado, estamos cada vez mais conscientes dos perigos e ameaças que desabam sobre a humanidade». Não obstante – e como se torna mais do que evidente – há conquistas da humanidade que não podem voltar para trás, entre as quais destacamos inevitavelmente os direitos humanos ou a razão crítica, entre outros.[64]

Face a este panorama, desenham-se várias vias para superação do actual paradigma penal que, contudo, pode ser objecto de várias críticas.[65] Comecemos por uma primeira área que é, precisamente, a da restrição da função penal à tutela de direitos individuais. A designada «Escola de Frankfurt» (Winfried Hassemer ou Félix Herzog entre outros ilustres Penalistas) defende que se deve guardar para o Direito Penal o seu âmbito clássico de tutela e os seus critérios experimentados de aplicação. Está em causa a prossecução da defesa real e concreta dos direitos, liberdades e garantias das pessoas que forma o património ideologicamente inalienável do Iluminismo Penal. Perante o perigo dos mega-riscos, os Penalistas desta Escola alemã, que fica situada numa das principais capitais financeiras de todo o mundo – um dos principais centros bancários e industriais -recusam a estruturação dum «Direito Penal do risco», invocando o caminho do Direito Administrativo ou outros meios de controlo social não jurídicos.[66] O Prof. Doutor Winfried Hassemer refere-nos que: «Um Direito penal construído sobre os critérios da análise económica ocupar-se-ia mais dos processos de imputação em si do que a justiça do Direito penal e do Direito processual».[67] Não obstante o princípio da *ultima ratio* da intervenção penal, é evidente que são necessárias normas de comportamento e,

---

[62] *Vide* Anselmo Borges in «O crime económico na perspectiva filosófico-teleológica», RPCC 10, 2000, p. 31; *apud* J. de Figueiredo Dias in op. cit. p. 164.

[63] in op. cit. p. 13. E na p. 15 citando Coêlho Pires in «*Nuestro tiempo y su esperanza*» (Madrid, 1992), p. 57, acerca da origem da doença da razão no desejo do homem em dominar a natureza: «Poderia dizer-se que a loucura colectiva que hoje vai ganhando terreno, desde os campos de concentração até aos efeitos aparentemente inócuos da cultura de massas, já estava contida como gérmen na objectivização originária, na visão calculadora do mundo como presa».

[64] *Vide* Anselmo Borges in op. cit. p. 21.

[65] *Vide* Jorge de Figueiredo Dias in op. cit. pp. 164 e ss..

[66] Cfr. W. Hassemer e F. Herzog *apud* Figueiredo Dias *idem ibidem*.

[67] *Vide* Winfried Hassemer in «*Persona, mundo y responsabilidad*», 1999, p. 184.

nas situações mais graves, uma prevenção minimamente eficaz através da punição criminal das suas violações.[68] No extremo oposto surge o movimento de funcionalização da tutela penal ou «Direito Penal do risco». Os Parlamentos seriam paulatinamente destituídos da reserva de competência de tal matéria em prol dum Executivo «musculado» que se encarregaria de hiper-antecipar a tutela penal para estádios prévios. O Direito Penal passaria a ser instrumento de governo da sociedade imbuído duma verdadeira função promocional de valores por forma a diluir as fronteiras com o Direito Administrativo.[69] Mas, como nos refere clara e certeiramente, o Prof. Doutor Jorge de Figueiredo Dias: «Sem prejuízo da crença (justificada) nos benefícios que um pensamento funcional traz à doutrina jurídico-penal, não deve ver-se nele o *alfa* e o *omega* da concepção penal (...), antes importa reafirmar que é na preservação da dignidade da pessoa – da pessoa do delinquente e dos outros – "que radica o axioma onto-antropológico de todo o discurso jurídico-penal" (...)»[70]. Este Estado-Prevenção ou Estado-Intervenção seria – afinal! – muito similar ao Estado sugerido pela «Escola de Frakfurt» com a pequena-grande diferença, neste último, que seria à parte da área penal (pelo menos ao nível do «rótulo»)

---

[68] Vide J. de Figueiredo Dias *idem ibidem*, que aponta essencialmente duas críticas à visão da «Escola de Frankfurt»: o não reconhecimento da indispensabilidade dos dogmas da razão técnico-instrumental calculadora; o aspecto «moral» de não valer a pena cultivar um Direito penal desinteressado da sorte das gerações futuras (*vide* igualmente Stratenwerth e Marinucci / Dolcini *apud* J. de Figueiredo Dias *idem ibidem*). Para os mega-riscos apontados não são, naturalmente, suficientes formas de auto-protecção da vítima ou as forças auto-reguladoras do mercado. Atendendo ao «princípio do pedido» também pouco se poderá conseguir da tutela jurídico-civil. Quando muito só poderia ter sentido um Direito Administrativo sancionatório ou «Direito de Intervenção» (*Interventionsrecht*), para o qual o Prof. Doutor J. de Figueiredo Dias nos refere: «Este caminho tem (...) mas só na medida em que, sendo, como se disse, os grandes ou novos riscos fruto as mais das vezes de acções humanas anónimas, quotidianas, socialmente insignificativas na sua individualidade e só socialmente relevantes pela sua repetição inumerável, a tutela jurídico penal não poderá surgir em princípio na primeira linha (e, nesta acepção, como "autónoma"), antes sim subordinada à exigência de que apenas abranja ofensas *inadmissíveis* e, por isso, sujeita a uma estrita *acessoriedade administrativa*». Quanto ao problema da «burla de etiquetas» *vide* o nossos Capítulos V e VI.

[69] *Vide* J. de Figueiredo Dias in op. cit. pp. 167 e ss. que acrescenta criticamente: «as alterações dogmáticas básicas, no sentido do "enfraquecimento" ou "atenuação" de princípios como os que classicamente presidem à individualização da responsabilidade, à imputação objectiva, à culpa, à autoria;».

[70] *Vide* Jorge de Figueiredo Dias *idem ibidem*.

e atribuído, pela totalidade, à zona do Direito Administrativo.[71] Por estas e outras razões é que o nobre exercício da Advocacia constitui um garante da luta contra os abusos de poder e da defesa intransigente dos interesses dos cidadãos contra a violação dos Direitos destes. É isso mesmo que nos transmite o pensamento da Mui Distinta Advogada Dr.ª Maria Lameiras Pinto.[72] Numa posição intermédia[73], mas ainda tendo em vista a resposta aos «macro-riscos», o Direito Penal surgiria nas vestes duma «dupla personalidade» por meio duma política criminal e duma dogmática jurídico-penal dualistas: «Dotadas de um cerne relativamente ao qual valeriam, imodificados, os princípios do Direito Penal clássico; e isto significaria um Direito Penal dirigido à protecção subsidiária de bens jurídicos individuais, assente na individualização da responsabilidade e consequentemente na acção, na imputação objectiva e subjectiva, na culpa e na autoria também puramente individuais. E com uma *periferia* ou um *âmbito lateral* especificamente dirigido à protecção contra os grandes e os novos

---

[71] Cfr. W. Hassemer in «*Prävention im Strafrecht*», *Juristische Schulung*, 1987, p. 257; *apud* Figueiredo Dias *idem ibidem*, ilustre Autor o qual ainda nos dá conta dum certo pensamento norte-americano que ainda leva mais longe o dogma da razão calculadora ou actuarial, i.e., *actuarial justice*: o propósito seria «*regular certos grupos* (de pessoas "perigosas") *como parte duma estratégia de gestão de riscos*». O ilustre Docente, Penalista e investigador da Universidade de Coimbra, Dr. Pedro Caeiro (*apud* Figueiredo Dias *idem ibidem*) refere que assim se procura legitimar o Direito penal na máxima eficiência do sistema «em matéria de redução dos danos globais inerentes ao crime através de uma adequada redistribuição dos riscos, tanto no plano da prevenção, como no plano da repressão». Tal visão anglo-saxónica do Direito penal é rejeitada pelo Prof. Doutor Figueiredo Dias que considera que, por um lado, a eficiência não pode ser base de legitimação democrática; e, por outro lado, a justiça actuarial facilmente se transformaria numa «justiça de classe».

[72] *Vide* Maria da C. Lameiras Pinto in «Todos Diferentes, Todos Iguais...», trabalho vencedor do prémio «João Lopes Cardoso» de 1997, *passim*, onde propõe a consagração no Estatuto da Ordem dos Advogados de Portugal dum regime jurídico similar ao EOA Francês, o qual refere o seguinte: «O Advogado não pode ser criminalmente ou civilmente responsabilizado por aquilo que, no exercício da sua profissão, escreve nas peças processuais ou proclama da sua bancada no Tribunal», adiantando ainda a ilustre Autora: «(...) Só assim se poderá pôr termo à chuva de perseguições promovidas através da permanente ameaça (e, mesmo, da sua concretização) do processo disciplinar e crime contra aqueles que mais vivamente se erguem na defesa dos interesses que representam ou que mais veementemente denunciam os arbítrios do poder».

[73] *Vide* Silva Franco in op. cit. *passim*; *vide* igualmente Silva Sánchez in «*La expansión del derecho penal – Aspectos de la política criminal en las sociedades postindustriales*», 1999, *passim*. Cfr. a jusante Capítulos V e VI.

riscos, onde aqueles princípios se encontrariam amortecidos ou mesmo transformados, dando lugar a outros princípios, de "flexibilização controlada".[74] No universo do Direito penal secundário, o Prof. Doutor Jorge de Figueiredo Dias volta a propor em 2001 – o que é de realçar! – uma «lei-quadro do Direito Penal económico e social». Já o tinha feito muito antes![75] Pensamos, pois, de forma diametralmente oposta a algumas injustas críticas – que, salvo o devido respeito, nos parecem ser «ideologicamente» mais emotivas do que científicas![76] – como a que refere: «O "direito penal secundário" não logrou sequer alcançar uma lei-quadro, como pretendia o seu teorizador, e muito menos uma codificação própria, continuando disperso em múltiplos diplomas. E ainda que o tivesse conseguido, a racionalidade do direito penal sairia sempre lesada pela concorrência/conflito de duas "centralidades": a do CP e a do "direito penal secundário"». Bem pelo contrário! É que, além do Direito penal não ser – repete-se! – *instrumento de governo ou ideológico-político*, a proposta de lei quadro do Direito penal económico teria precisamente «princípios específicos». Ora, embora houvesse natural e imprescindível determinabilidade dos tipos, as «cláusulas em branco, fórmulas gerais de valor, delitos de perigo abstracto(-concreto) ou delitos de desobediência» não seriam eliminados (cfr. Figueiredo Dias *idem ibidem*)! Ou seja, haveria uma certa *maleabilidade* (ainda que sempre respeitadora da CRP!) e, naturalmente, responsabilidade criminal dos entes colectivos, nesta lei especialmente recondutora dos direitos fundamentais sociais e económicos. Concordamos, contudo, com o ilustre Autor e Magistrado quando refere[77] que: «No fundo a exclusão mais importante operada pelo CP é a *responsabilidade criminal das pessoas colectivas*». E ainda «Mas essa é porventura a maior limitação de toda a reforma». Mas esta última crítica só tem cabimento porque a proposta do Prof. Doutor Jorge de Figueiredo Dias de Lei-quadro do Direito penal económico não passou para já dum Sonho![78]

---

[74] *Vide* Figueiredo Dias *idem ibidem*; *vide* Silva Sánchez in «La expansión del derecho penal...», 1999, p. 125. O Prof. Doutor Silva Sánchez fala duma área com «menor intensidade garantística», mas com reserva absoluta das condutas ameaçadas com penas de prisão serem circunscritas ao núcleo duro do Direito penal clássico.

[75] *Vide* Figueiredo Dias in «Para Uma Dogmática ...», 1983-1985 e «Direito Penal Econ...», 1998, p. 73-74.

[76] *Vide* Eduardo Maia Costa in «A revisão do Código penal... », 1997, pp. 70-71.

[77] In op. cit. pp. 72-73.

[78] Cfr. o novo CP espanhol de 1995 que ao nível dos tipos-de-ilícito parece com-

Ideia com a qual estamos convictamente de acordo e que nos faz suscitar admiração quando pensamos em quais terão sido as injustificadas razões que levaram a que nenhum poder legislativo ou executivo, desde então, fosse beber no propugnado a sua cada vez mais indispensável e necessária inspiração em *Quem* realmente sabe da matéria em causa! É justamente no quadro duma lei sobre o Direito Penal económico e social que terão que ser erigidos com clareza, segurança e garantias – e com afirmação de Direitos Fundamentais das pessoas singulares e dos entes colectivos – os seus princípios específicos, entre os quais, este trabalho quer justamente destacar, os princípios respeitantes à responsabilização penal de colectividades.[79] Aliás refere o Prof. Doutor J. de Figueiredo Dias[80]: «Deve aceitar-se, em princípio, a legitimidade e a constitucionalidade dos crimes de perigo abstracto; pressuposto que, como decidiu muito exactamente entre nós o Tribunal Constitucional a propósito de eventuais violações do princípio da legalidade penal (ao qual poderia acrescentar-se o princípio da culpa), o tipo contenha ou torne suficientemente compreensíveis "os critérios do ilícito penal – desvalor da acção proibida, desvalor do resultado lesivo e identificação do bem jurídico tutelado" (Ac. n.º 427/95, de 6 de Julho, *Acórdãos do Tribunal Constitucional* 31, 1995, p. 703). Sendo assim, não se vê por que razão o "enfraquecimento" da relação entre acção e bem jurídico haja forçosamente de ir, no contexto em apre-

---

preender todos os direitos fundamentais económicos e sociais (e também a severa punição dos poderes públicos! Cfr., v.g., os *«Delitos contra la Administración de Justicia»*, art.os 446.º e ss., onde nos casos mais graves os magistrados estão sujeitos à pena de prisão!), mas não prevê, igualmente, a responsabilidade criminal dos entes colectivos, embora se discuta na Doutrina – como veremos adiante – se não haverá «burla de etiquetas» nas consequências acessórias que, mediante o art. 129.º do CP espanhol, se podem aplicar a pessoas não naturais como sociedades e empresas e no próprio Direito Administrativo sancionatório onde proliferam, por todas as áreas, a «torto e a direito» (inclusive com sobreposição do CP como no caso do Direito penal fiscal) *multas* (no sentido das nossas coimas) para as pessoas supraindividuais.

[79] *Vide* Figueiredo Dias *idem ibidem*: «Princípios respeitantes ao âmbito de aplicação material da lei» e os «Princípios respeitantes à tipificação das condutas proibidas». Se ali estamos de acordo com todas as propostas, também o mesmo acontece na segunda área de princípios, mas parece-nos que, em relação à criminalização das condutas dos entes colectivos, poderão ser utilizados delitos (e não «crimes» como sugere o mesmo ilustre Professor da Universidade de Coimbra: também aqui estamos de acordo) simplesmente de perigo abstracto, que não só delitos de perigo abstracto-concreto.

[80] In «Temas Básicos da Doutrina Penal...», 2001, p. 180.

ciação, ainda mais longe, conduzindo à necessária aceitação de "critérios atípicos de imputação" que, quantas vezes, acabam por significar a postergação (ou, no mínimo, a colocação entre parênteses) do princípio da culpa e da sua função no sistema».

Chegados aqui, o mais importante é verificar que existem, efectivamente, vias de adequação do actual paradigma penal aos novos problemas da «sociedade do risco».[81] Se se tiver uma compreensão monista-pessoal do bem jurídico e que os bens jurídicos da comunidade são apenas meros mediadores igualmente com interesses das pessoas individuais[82], então, nesse caso, a inserção da «sociedade do risco» no Direito Penal significaria o fim da protecção de bens jurídicos (Claus Roxin). Acontece que ao lado dos bens jurídicos individuais existem bens jurídicos colectivos, tendo ambos igual dignidade de ressonância constitucional: o nosso CP assume esta construção dualista.[83] Embora seja verdade que a dogmática tem progredido mais sobre os bens jurídicos individuais e pouco sobre os bens jurídicos colectivos como indiciam as investigações do Prof. Doutor Klaus Tiedemann, a quem, de resto, fazemos amplas referências ao longo de todo este trabalho, nada impede que essa tarefa não comece a ser desenvolvida já que se tratam de verdadeiros bens jurídicos.[84] Em relação aos bens colectivos, a criminalização é legítima e pode afigurar-se necessária. Legitimação que é outorgada pela CRP. Necessária da perspectiva da prevenção geral negativa, pois, a punibilidade influencia o cálculo vantagem/prejuízo (cfr. teorias da escolha racional e «técnicas de neutralização»[85]). Igualmente é necessária do prisma da prevenção geral positiva, de maneira a fortalecer a disposição de obediência à norma da parte do cidadão em geral respeitador do Direito. Mas, como nos refere o Prof. Doutor

---

[81] *Vide* Jorge de Figueiredo Dias in op. cit. pp. 173 e ss..

[82] *Vide* W. Hassemer in *Neue Zeitschrift für Strafrecht* (1989), p. 90 e ss.; igualmente in *Alternativ-Kommentar zum Strafgezsetzbuch* (= *AK*), 1990, *vor* § 1, n.º m. 274 e ss.; ambos *apud* J. de Figueiredo Dias *idem ibidem*.

[83] *Vide* Figueiredo Dias *idem ibidem*.

[84] *Vide* Figueiredo Dias *idem ibidem*: «Mas nada disso impõe uma mudança ou um abrandamento na proposição penal básica segundo a qual é função exclusiva do direito penal a tutela subsidiária de bens jurídicos; porque também neste âmbito é de verdadeiros bens jurídico-penais que se trata».

[85] Cfr. Costa Andrade in «Consentimento e...», 1991, pp. 235 e ss.; *apud* Figueiredo Dias *idem ibidem*.

Jorge de Figueiredo Dias[86], estas considerações «valem não só para a pessoa individual, mas também, e de modo muito particular, para a actuação dos *entes colectivos*». Trata-se afinal da protecção efectiva de bens comunitários: é o que já sucede nos crimes de corrupção no seu sentido mais amplo, contra a saúde pública ou contra o fisco.[87] Assim, não precisa de ser aceite a ideia de Stratenwerth de colocar a tutela de «relações da vida como tais» – *Lebenszusamenhänge als solche* – em vez do bem jurídico. Seria o retornar dum Direito Penal protector duma certa moral, propulsor de fins puramente ideológicos:[88] uma espécie de *«ringue para ajuste de contas»* sociais, económicas, políticas, culturais e mentais. A base só pode ser uma Constituição democrática respeitadora dos Direitos Fundamentais individuais ou colectivos. A finalidade das penas e medidas de segurança criminais serão exclusivamente preventivas: prevenção geral e especial positiva.[89] E é precisamente neste contexto que surge o problema ou a questão da responsabilidade dos entes colectivos. Como refere claramente o Prof. Doutor Jorge de Figueiredo Dias:[90] «…ideia de primordial importância que aqui deve ser acentuada é a de que não vale sequer a pena pensar em assinalar ao Direito Penal a mínima capacidade de contenção dos mega-riscos próprios da sociedade do risco se, do mesmo passo, se persistir em manter o dogma da *individualização da responsabilidade penal.* Mas a verdade é que, já antes e independentemente de uma "dogmática do risco", o preconceito do carácter individual de toda a responsabilidade penal (uma vez mais, um preconceito de raiz exasperadamente antropocêntrica!) havia feito o seu curso e havia sido definitivamente abalado. E para tanto a legislação e a doutrina penal portuguesas (…) prestaram um

---

[86] *Idem ibidem.*

[87] *Vide* Figueiredo Dias *idem ibidem*: «Por isso também…é que aqui não vale a fórmula optimista – cara à referida "Escola de Frankfurt" – da "protecção de bens jurídicos por meio da descriminalização" (…)».

[88] *Vide* Jorge de Figueiredo Dias *idem ibidem*.

[89] *Vide*, igualmente, o Prof. Doutor Figueiredo Dias in op. cit. p. 178 que refere em relação ao Direito penal funcional: «porque se não torna então necessária a ligação, à maneira exasperadamente normativista de Jakobs, da concepção da finalidade sancionatória penal como estabilização contrafáctica das expectativas comunitárias na validade da norma violada a função eminentemente *simbólica*; antes uma tal ligação deverá ser antes feita à protecção de bens jurídicos não só individuais, mas também *sociais como tais*».

[90] *Vide* Figueiredo Dias in op. cit. pp. 178-179; e, como já referia no passado, in «Para uma dogmática…».

contributo bem mais importante do que tantas outras que só muito recentemente ultrapassaram (quando já tenham ultrapassado...) os escolhos da incapacidade de acção e da incapacidade de culpa jurídico-penais que tradicional e axiomaticamente se considerava atingirem toda a responsabilidade penal de entes não individuais».[91] Por este caminho acabamos por deparar com o problema dos «critérios da imputação objectiva». Será realmente necessária uma «nova dogmática» ou critérios anómalos de imputação face à anonimidade, distância e insignificatividade social das acções que estão na origem dos macro-riscos e, por conseguinte, dos danos para a humanidade? Pensamos que os «critérios atípicos de imputação» não são necessários. A resposta passará antes pela exploração da temática dos crimes de perigo abstracto; da responsabilização dos entes colectivos; e da imputação paralela, acumulativa e outras que venham a ser determinadas.[92] A nossa investigação passará essencialmente pela análise do «modelo de culpa analógica» de responsabilidade aos entes colectivos – com o contraste com outros modelos – como veremos. Questões como a imputação subjectiva, nomeadamente a comprovação do dolo e do erro, também poderão suscitar alguns problemas que não são, contudo, inultrapassáveis. No que se refere à autoria e, em particular, aos crimes de organização, parece já existir uma dogmática com instrumentos susceptíveis de desenvolvimento que responda parcialmente a problemas específicos da «sociedade do risco», designadamente por meio da ideia de autoria mediata através do domínio-da-organização. Nem o Prof. Doutor Claus Roxin, nem o Prof. Doutor Jorge de Figueiredo Dias, nem o Prof. Doutor Muñoz Conde, nem a Prof.ª Doutora Anabela Rodrigues[93] – e nem nós o faremos! – barraram, contudo, para sempre a entrada a uma evolução gra-

---

[91] Desenvolveremos a jusante. *Vide* Figueiredo Dias, *idem ibidem*: «Estamos certos de que se verá então que muitos dos problemas do dito "direito penal do risco" podem encontrar aqui adequadas soluções, tornando menos instantes alterações, que agora parecem indispensáveis, na dogmática da imputação objectiva, da comprovação do dolo, da negligência e do erro, enfim, da autoria e da cumplicidade (...)».

[92] *Vide* Jorge de Figueiredo Dias in «Temas básicos...», 2001, pp. 179 e ss..

[93] *Vide* Roxin in «*Problemas de autoria y participación...*», 1998, p. 61; Figueiredo Dias in «*Autoria y participación en el dominio de la criminalidad organizada...*», 1999, p. 99; Muñoz Conde, «*Dominio de la voluntad en virtude de aparatos...*», 2000, p. 104; cfr. igualmente ainda A. Miranda Rodrigues in «Comentário Conimbricense...», 2000, art. 279.º § 30 e ss.; todas as indicações *apud* Figueiredo Dias *idem ibidem*. Voltaremos a estas obras.

dual do conceito do domínio-de-organização e a uma sua aplicação extensiva a zonas diversas daquelas para os quais ele foi *ab initio* idealizado pelo Prof. Doutor Claus Roxin. Como refere o Prof. Doutor Jorge de Figueiredo Dias:[94] «Se neste lugar fizermos intervir, uma vez mais, a ideia de que a dogmática presente pensa a questão da autoria, de forma exclusiva, para o caso da responsabilidade penal individual, mas que importa agora pensá-la também, em termos só relativamente autónomos, para a hipótese da responsabilidade penal colectiva ficam abertas boas perspectivas para que também neste ponto se encontrem respostas adequadas sem se tornar necessária qualquer dogmática alternativa». É isso que também procuraremos realizar ao longo deste trabalho. Por outro lado, grande parte dos crimes relacionados com a dogmática do risco são os crimes de omissão, crimes de negligência, sobretudo negligência grosseira.[95] Também as figuras da «vítima» e o «assistente» deverão receber uma atenção especial. Em todo o caso recusa-se uma «nova dogmática jurídico-penal».[96] Tudo isto para concluirmos que devemos insistir no Direito Penal de exclusiva tutela subsidiária de bens jurídicos individuais e colectivos, o que é uma exigência do ideário personalista, pelo património irrecusável dos direitos humanos. Como refere o Prof. Doutor Jorge de Figueiredo Dias:[97] «O direito penal deve continuar a resguardar-se de tentativas de instrumentalização como forma de governo, de propulsão e promoção de finalidades da política estadual, ou de tutela de ordenamentos morais – porque aí mesmo abica o movimento de secularização que se apresenta como um dos factores mais importantes de superação da razão instrumental. A dogmática penal deve evoluir, fornecendo ao aplicador critérios e instrumentos que não podem ser decerto os dos séculos passados como formas adequadas de resolver os problemas do século XXI (Joachim Hirsch…); mas sem por isso ceder à tentação de "dogmáticas alternativas" que podem, a todo momento, volver-se em "alternativas à dogmática" incompatíveis com a regra do Estado de direito e, como tal, democraticamente ilegíti-

---

[94] *Vide* Jorge de Figueiredo Dias *idem ibidem*.

[95] *Vide* Figueiredo Dias *idem ibidem* que fala na criação – a propósito de determinados tipos objectivos de ilícito – de «crimes negligentes *sui generis*, ou mesmo um *tertium genus* de delitos abrangentes do dolo eventual e da negligência consciente grosseira e dotados de molduras penais substancialmente agravadas».

[96] *Vide* Jorge de Figueiredo Dias *idem ibidem*.

[97] *Vide* Jorge de Figueiredo Dias *idem ibidem*.

mas».⁹⁸ Nada de precipitações: estamos no presente, pois, claramente contra uma qualquer «dogmática alternativa»!⁹⁹

---

⁹⁸ *Vide* ainda Figueiredo Dias *idem ibidem*: «Tanto bastará, assim o cremos, para nos dar o direito de esperar que os novos e grandes perigos da sociedade pós-industrial possam ser contidos dentro de limites ainda comunitariamente suportáveis, num quadro axiológico regido pelos valores da vida, da dignidade humana e da solidariedade; e comunitariamente suportáveis tanto por nós próprios, como pelas gerações futuras que temos todos o dever indeclinável de, dentro das nossas forças e da nossa previsão, proteger».

⁹⁹ Discordamos, assim, neste ponto – embora seja perfeitamente compreensível o ponto de vista! – da opinião expressa pelo nosso Caríssimo Amigo e ilustre Procurador da República, Dr. Jorge dos Reis Bravo, in «Critérios de Imputação ... § (Elementos Para Uma Dogmática Alternativa da Responsabilidade Penal de Entes Colectivos)»: artigo jurídico interessante, RPCC, 2003, pp. 207 e, também, 250. Além disso, distinguimos – não encarando como se fosse a mesma coisa! – «dogmática» e «critérios», pois podemos utilizar diferentes critérios dentro da mesma dogmática. Ou seja, não é necessária uma «dogmática alternativa» para utilizarmos os mesmos critérios em diferentes zonas do direito penal. A utilização do constitucional «pensamento "análogo" puro de modelo de culpa» e, principalmente, da constitucional «técnica dos exemplos-padrão» – esta já é aliás usada no homicídio qualificado! – no seio da imputação da responsabilidade aos entes colectivos é uma prova séria, clara e original de que não é, efectivamente, preciso construir uma «dogmática alternativa» como veremos melhor a jusante, ainda inseridos no cerne de este presente estudo. Ou seja, a consideração da conveniência na procura, debate e adopção de «critérios alternativos» não é de forma alguma incompatível – tipo verdade ontológica! – com a chamada «dogmática criminal clássica», a qual não é estática, mas antes evolutiva. Este trabalho, apresentado pela primeira vez na Universidade Católica em Janeiro de 2002 e cujas algumas das conclusões já estavam pensadas em 1999-2000, procurou demonstrar, entre outros factos, isso mesmo. São claramente dispensáveis as criações de «dogmáticas alternativas»! E tal ideia é compatível, v.g., com o tratamento especial, rigoroso e audaz da criminalidade altamente organizada e do terrorismo! Aqui reside precisamente a nossa diferença cultural fundamental! Somos contra qualquer ideia de se prescindir da culpa como veremos com maior pormenor a jusante quando falarmos do princípio da culpa! Seria o regresso à idade da escuridão e das trevas! Designamos tal estado como «direito penal para o obscuro». Felizmente a Constituição Portuguesa não o – tudo indica – permite! E se o permitisse ainda podemos considerar as chamadas «normas constitucionais inconstitucionais»! O art. 148.º/3 («Se do facto...»: ainda é um resultado da culpa!) do CP (cuja epígrafe é muito clara: «Ofensa à integridade física por negligência», i.e., por culpa leve) não prevê qualquer forma de imputação que se possa considerar como «responsabilidade penal objectiva» (ver, em um sentido ligeiramente contrário, Jorge dos Reis Bravo in op. cit. pp. 232-233). No art. 148.º do CP – no que diz respeito ao «tipo objectivo de ilícito» – exige-se uma «medida do cuidado exigível», i.e., o «necessário para evitar a ocorrência do resultado típico» (Jescheck). E afirmação de um tal dever de cuidado far-se-á caso a caso. Falamos neste caso em «previsibilidade objectiva, sendo de imputar ao agente a lesão do bem

Pensamos, pois, que não se trata duma «nova dogmática» mas de novos desafios que se apresentam à «dogmática penal» que está essencialmente ancorada na responsabilidade individual. Mas, na vida criminológica pura, nua e crua moderna organizada, transnacional, socio-económica – a maioria dos crimes e infracções que violam bens jurídicos colectivos (saúde pública, meio ambiente, segurança social) são cometidos por entes colectivos hiper-complexos e hierarquizados onde, por sua vez, se verifica uma divisão extrema do trabalho nos níveis vertical e horizontal (e, na nossa opinião, diagonal). No quadro do Direito penal, constata-se que os desafios de prevenção e eficácia da nova macrocriminalidade deram lugar a soluções flexíveis na área da imputação objectiva, da omissão e da responsabilidade penal dos que participaram como «autores» em casos jurisprudenciais como o «*Lederspray*», o «*Colza*» ou o «*Erdal*».[100] Os juízes tinham aqui dois caminhos: 1.º absolvição por falta de instrumentos dogmáticos para imputar penalmente os crimes, nos quais foram intervenien-

---

jurídico sempre que esta surgir como uma consequência previsível e normal da violação do dever de cuidado» (Hirsch). Assim – ainda dentro do «tipo objectivo de ilícito» – não basta um critério de previsibilidade objectiva importando igualmente fazer intervir critérios subjectivos, ou seja, o «especial conhecimento causal do agente»: Jescheck (como é óbvio!). Já em relação ao «tipo subjectivo do ilícito» – art. 148.º do CP – podemos afirmar que é indispensável que o agente se encontre em condições de reconhecer as exigências de cuidado que lhe dirige a ordem jurídica e de as, simultaneanente, cumprir. É uma medida individual subjectiva deduzida em respeito às suas possibilidades e capacidades concretas que se poderá mostrar capaz de evitar a responsabilidade penal. Ainda no âmbito do «tipo subjectivo de ilícito» podemos também referir que se torna indispensável que ao agente fosse possível actuar de outro modo: exigibilidade de um comportamento de acordo com a ordem jurídico-penal. Quanto a tudo isto *vide* Paula Ribeiro de Faria in anotação ao art. 148.º do Código Penal in «Comentário Conimbricense...», 1999, pp. 259 e ss.. Onde se exige dolo e/ou negligência exige-se, naturalmente, culpa!

[100] O Tribunal Supremo alemão não hesitou: «... a produção e comercialização de produtos por uma sociedade, no marco dos seus fins sociais, é imputável – também penalmente – aos seus gerentes como acção própria. Eles respondem pelos eventuais danos desde o ponto de vista do delito comissivo». Este motivo foi apelidado por Puppe (JR, 1992, p. 30) como «passo audaz» ou como um «sem-sentido dogmático» (Schünemann), «...posto que até agora o que regia – já no Direito Civil – é que uma pessoa jurídica só podia actuar através dos seus órgãos e que as actuações destes podiam-se imputar como próprias da pessoa jurídica, mas não – o inverso – que existiam acções da pessoa jurídica que se possam imputar como próprias dos seus órgãos»: *vide* Heribert Schünemann in «*Responsabilidad Individual en la Gestión (...)*», *Responsabilidad penal de las empresas y sus órganos y responsabilidad por el producto*, 1996, pp. 203-204.

tes uma série de pessoas individuais com um naipe de diversos comportamentos de acção ou omissão, dolosos ou negligentes, em processos causais extremamente complexos no espaço e no tempo; 2.º flexibilizar os conceitos dogmáticos para declarar a responsabilidade dos dirigentes dos entes colectivos em causa. Esta via poderá significar tornar mártires os princípios fundamentais da teoria do crime, por forma a estruturar precedentes adversos à salvaguarda das irrenunciáveis garantias da responsabilidade pelo facto.[101] Recusar a responsabilidade criminal dos entes colectivos em termos claramente justos, com respeito pelos seus Direitos Fundamentais e Garantias poderá significar, pois, um sinistro atrofiamento dos Direitos Fundamentais individuais.

3. A questão da eticização parcial ou unilateral do Direito Penal Fiscal

Ao Estado caberá, sem dúvida, garantir ao cidadão não só a liberdade de ser, mas também a liberdade para ser. Como já vimos, bens jurídicos com dignidade de protecção penal serão não só aqueles que realizam valores constitucionais ligados aos direitos, liberdades e garantias, mas também aqueles que concretizam interesses constitucionais conexionados com os direitos sociais e a organização económica. De facto, a Constituição tem presentemente como horizonte para o sistema fiscal um objectivo «extra-fiscal» como será a «repartição justa dos rendimentos e da riqueza» (cfr. n.º 1 do art. 103.º CRP). Os impostos, do ponto de vista constitucional, visarão, entre outras coisas, a «diminuição das desigualdades», a «igualdade dos cidadãos» e a «justiça social» (cfr. n.ºs 1, 3 e 4 do art. 104.º CRP).[102] Não obstante os fins importantíssimos enunciados pela Constituição Portuguesa, constate-se ainda a Lei Geral Tributária, aprovada pelo Decreto-Lei n.º 398/98 de 17 de Dezembro já com as alterações da Lei n.º 30 – G/2000 de 29 de dezembro, «que enuncia e define os princípios gerais que regem o direito fiscal português e os poderes da administração tributária e garantias dos contribuintes». Ora, precisamente, o n.º 1 do art. 5.º da Lei acabada de apontar, refere exactamente os seguintes

---

[101] Laura del Carmen Zúñiga Rodríguez in «Bases para un Modelo de Imputacíon...», 2000, pp. 99-100.
[102] Vide A. Miranda Rodrigues in «Contributo Para a Fundamentação De Um Discurso Punitivo...», passim.

fins da tributação: «a tributação visa a satisfação das necessidades financeiras do Estado e de outras entidades públicas e promove a justiça social, a igualdade de oportunidades e as necessárias correcções das desigualdades na distribuição da riqueza e do rendimento». Não obstante, a tributação compreende objectivos, mas também limites. Assim, o n.º 1 do art. 7.º desta Lei, enuncia que «a tributação favorecerá o emprego, a formação do aforro e o investimento socialmente relevante.» Mas logo o n.º 2 não deixa de ter em consideração que, no contexto desta sociedade do risco ou do perigo cada vez mais mundializada ou globalizada – na nossa opinião -, «a tributação deverá ter em consideração a competitividade e internacionalização da economia portuguesa, no quadro de uma sã concorrência». Aliás, como nos refere, com profundo conhecimento, o ilustre Docente da Faculdade de Direito da Universidade de Coimbra, Mestre Dr. Alexandre da Mota Pinto[103] – através de uma excepcional Tese de Dissertação de Mestrado onde realiza uma interconexão perfeita entre a teoria e a prática jurídicas –, existe um interesse, geral ou público, na solidez económica e financeira das empresas, i.e.: antes «...de mais, tal interesse deve-se ao facto de as sociedades comerciais assumirem, actualmente, um papel económico fundamental, por serem proprietárias da maioria das organizações de factores produtivos existentes num certo país. Se as sociedades não forem adequadamente financiadas, poderá suceder que as suas empresas venham a denotar dificuldades económico-financeiras, que poderão afectar, ou, até, implicar a extinção de algumas das suas actividades produtivas».[104] É, por outro lado, a *necessidade* que surge como critério que legitima a criminalização de comportamentos que comportam evasão ilegítima ao Fisco. Pelo que, só razões de subsidiariedade e eficácia poderão levar à opção de criminalização. Mas, criminalização, só como *ultima ratio*, porque o Estado não consegue discernir qualquer outro caminho não criminal de política social capaz de garantir os valores em causa. Por outro lado, só

---

[103] In «Do Contrato de Suprimento...», 2002, Almedina, pp. 152 e ss..
[104] Cfr. Alexandre da Mota Pinto in op. cit., pp. 153-154, que nos refere ainda com superior precisão jurídico-científica: o Estado pode, através da sua orientação fiscal, agir sobre essas motivações (uma das razões que causam, v.g., a realização de suprimentos por parte dos sócios são as vantagens fiscais): «...ao agravar ou aliviar a tributação dos juros resultantes de suprimentos, e, ao limitar, ou não, a dedutibilidade dos juros no cálculo do lucro tributável das sociedades, desincentivará ou estimulará o recurso a este meio de financiamento (...)».

haverá legitimidade para a criminalização, caso os meios de índole penal utilizados sejam susceptíveis de tutelar os valores a garantir, de modo verdadeiramente eficaz.[105] Concordamos, embora dentro do contexto apontado no nosso Capítulo II e portanto rejeitando uma função promocional do Direito Penal, com a nossa Mui Ilustre Professora da Faculdade de Direito da Universidade de Coimbra, Prof.ª Doutora Anabela Miranda Rodrigues, que: «não é, pois, pelo facto de a consciência ética dos cidadãos não estar ainda devidamente formada que se justifica um tratamento privilegiado ao nível das sanções penais. Função destas, repete-se, será precisamente reforçar a afirmação de valores ética e constitucionalmente reconhecidos (e que outros instrumentos de política social *devem* coadjuvar, mas não substituir, porque não podem garanti-los), contribuindo para a evolução e formação daquela consciência fiscal.»[106] Não obstante isto mesmo, pensamos que se tem vindo a acentuar com extrema acuidade uma constante desformação da consciência ética fiscal não só a montante mas também a jusante do pagamento dos impostos, provocada por diversas razões, entre as quais as que foram decisivas para que o Tribunal de Contas chegasse a certas conclusões em várias das suas diversas auditorias.[107] É de salientar que o Tribunal de Contas, com dignidade expressa e inequí-

---

[105] *Vide* Anabela Miranda Rodrigues *idem ibidem*.

[106] *Vide* Anabela Miranda Rodrigues *idem ibidem*.

[107] *Vide*, v.g., notícia publicada no jornal «Expresso», edição semanal n.º 1482 de 24 de Março de 2001, «2.º caderno Economia e Internacional», p. 1, com o título de «W, Y, X e J levam Estado a perder 50 milhões» e que refere resumidamente o seguinte: O ESTADO perdeu 50 milhões de contos entre 1997 e 2000 nas operações de privatização da Y e W, na venda da seguradora J e na reestruturação da X, conclui o Tribunal de Contas (TC) nas auditorias à gestão da carteira de títulos do Estado pela F. Pergunta-se como se poderá consolidar a consciência ética fiscal dos cidadãos com acontecimentos como este ou outros do género que nos são transmitidos pelos órgãos de comunicação social *quase todos os dias*, ainda para mais quando são fruto de auditorias do Tribunal de Contas. Transcrevemos a notícia porque pensamos que apresenta um impacto num muito maior número de pessoas do que propriamente a publicação oficial do TC. O mesmo se passa relativamente a notícias relativas a uma auditoria do Tribunal de Contas sobre a nova ponte (C) sobre certo rio que teria sido paga duas vezes pelos contribuintes portugueses à empresa privada Z! Por outro lado *vide* as notícias, publicadas no jornal «Público» em 14 de Janeiro de 2002, relativas a alegados casos de «corrupção e criminalidade» na Administração Fiscal, alguns dos quais chegaram aos Tribunais. Com notícias destas, porventura falsas (?) e violadoras do princípio da presunção da inocência, é impossível fechar o ciclo da eticização! *Vide*, nesta problemática de resto, o nosso «Honra e Liberdade de Expressão».

voca na Constituição da República Portuguesa, é o órgão supremo de fiscalização da legalidade das despesas públicas e de julgamento das contas que a lei mandar submeter-lhe.[108] Com panoramas que formam grandes desconfianças em relação à gestão das despesas públicas e traduzem profundas desilusões na opinião pública face aos veredictos da competência do Tribunal de Contas, os quais são com elevada sistematicidade desfavoráveis às contas do Estado, não é para admirar que os destinatários das normas, as elites, porventura *white* ou *blue collars*, resistam numa *álea psicológica* cada vez mais avessa a identificar-se com o paradigma de autores, pois estarão – num crescendo espiral – ainda mais imunizados perante o próprio sistema fiscal. Além de que, entre outros aspectos que não caberá a este trabalho desenvolver, estas «elites» sendo «quadros» das empresas ou estando em relação de contrato de externalização – quer seja também e não só através da realização de pareceres técnicos, sub-contratação ou estabelecimento de avenças – apresentam-se como altamente qualificados, sendo até muitas das vezes os mais qualificados da comunidade técnica e científica, pois encontram aí, sem margens para grandes dúvidas e muitas das vezes, não só as melhores das remunerações como os maiores desafios de realização profissional, sabem, dizíamos nós, detectar sem grande esforço os erros e as falhas técnicas, não só legislativas, mas da própria máquina fiscal. Também achamos que à «norma se deve pedir, inclusivamente, que mantenha uma forte pressão punitiva sobre os destinatários, neutralizando a sua elevada capacidade de "imunidade"»[109], embora repudiando *ab initio*, também nós com grande convicção, uma qualquer cedência que descambe num hipotético «terror ou horror penais» numa espécie de Estado criminoso perversa e inconstitucionalmente *legitimado*. Contudo, não deveria a «responsabilidade por infracções financeiras» (cfr. alínea c] do n.º 1 do art. 214.º da CRP) receber igual dignidade para que se possa consolidar verdadeiramente uma consciência ética fiscal de valor bi-unívoco: no sentido de que àqueles que pagam impostos estarão estabelecidas, minimamente, garantias de que essas somas pecuniárias elevadíssimas serão bem aplicadas, ou pelo menos, justificadamente direc-

---

[108] Cfr. alínea c) do art. 209.º CRP e art. 214.º CRP. Segundo a informação que consta do sítio institucional do Tribunal de Contas na *inter-rede*, no sítio www.tcontas.pt/, podemos verificar as características essenciais e pormenorizadamente complementares deste específico Tribunal Superior.

[109] *Vide* Anabela Miranda Rodrigues, in op. cit, p. 483.

cionadas salvaguardando os riscos legítima e naturalmente inerentes a tal tarefa, por forma a que a violação desse princípio, *maxime* ao nível da negligência grosseira ou culpa grave, seja igualmente penalizado ou eficazmente tutelado, dentro dum prisma de rigoroso respeito pelo princípio constitucional da separação de poderes, conforme aliás já referimos na parte inicial deste trabalho?[110]

Não obstante tudo isto acima mencionado, não podemos de forma alguma esquecer as importantíssimas palavras do Prof. Doutor Rodriguez Morullo: «o grande risco e o paradoxo que acarreta a crimininalização das infracções fiscais, que se propugna sempre com o desejo bem intencionado de favorecer os oprimidos pela carga fiscal e de conseguir que cumpram os seus deveres tributários aqueles que os infringem escandalosamente, é que pode voltar-se contra aqueles que se pretende defender. O resultado que se pretende não pode conseguir-se "a partir" do Direito Penal, mas "a partir" do próprio sistema tributário, na medida em que seja justo e se aplique equitativamente na prática. Se não suceder assim, a cominação da pena criminal e o risco da sua imposição seguem fatalmente o mesmo deslocamento que a pressão fiscal. E acabamos por colocar, mesmo sem querer, o peso da pena criminal sobre os que estão já oprimidos pela pressão fiscal e que pretendíamos precisamente defender».[111]

---

[110] Cfr., por outro lado, o art. 117.º da CRP, especialmente o seu n.º 3. O que constitui uma excepção à inexistência de imposições constitucionais de criminalização. *Vide* com interesse paralelo Rosario García Mahamut in «*La Responsabilidad Penal De Los Miembros Del Gobierno En La Constitución*», 2000, *passim*, onde a Autora trata de temas como a Responsabilidade Penal do Governo; Responsabilidade Política; Democracia. A ilustre Autora procura discernir aquilo que o Direito pode fazer para tratar de equilibrar as exigências da Justiça, por um lado; e a garantia de acção do Governo, por outro; num contexto do mais estrito respeito pelo princípio constitucional da separação dos poderes. Neste quadro alargado poderá não ser assim tão pacífica a «...exclusão do Estado, enquanto pessoa colectiva (no plano do direito interno), e das Regiões Autónomas...», e dos seus agentes individuais, no que diz respeito à eventual e respectiva «responsabilidade penal, como nos refere Jorge dos Reis Bravo in «Critérios de Imputação ...», RPCC, 2003, p. 224. Podemos observar isso no direito comparado e, claro, na História do direito.

[111] *Vide* R. Morullo in «*Infracción tributaria y delitos conexos en el derecho penal español*», 1972, p. 28», *apud* E. Gersão in «Revisão do Sistema Jurídico...», (1976) ou «Direito Penal Económico...», 1999, p. 9; *vide* citando parcialmente as mesmas palavras A. Miranda Rodrigues, in op. cit., p. 483; *vide* ainda citando as mesmas palavras J.M. Nogueira da Costa, in op. cit., última página sem numeração.

Desta forma, a sedimentação da consciência fiscal por meio do Direito Penal fiscal torna-se credora do sistema fiscal nas questões de equidade e justiça, pelo carácter material e de respeito pelos direitos individuais e, portanto, também, através do nível das relações com a administração fiscal. Fala-se, porquanto, de sistema fiscal «completo e fechado» e «biunivocamente exigente nas relações do contribuinte com a administração fiscal, que deve ser clara e transparente, possibilitando e potenciando o aperfeiçoamento de meios de defesa e garantia dos contribuintes».[112] A recente *Reforma* – ou simplesmente *alteração legislativa* – Fiscal, da qual chamamos a atenção devida na nossa «nota de advertência» tem, como é perfeitamente natural, gerado vivas polémicas, umas mais científicas do que outras, porque se sabe que tais transformações – ou somente *tentativas* – têm implicações (ou *pretendem* ter) nas áreas económica, social, política, cultural e até – em grau de máxima dificuldade de evolução – ao nível das mentalidades.[113] Considera-

---

[112] *Vide* A. Miranda Rodrigues, in op. cit., p. 484: «desta forma, estão avançadas as premissas que constituem a base de uma política criminal em matéria penal fiscal. § A *justiça* e o *garantismo* do sistema fiscal servido por um sistema punitivo *eficaz* permite, pois, partir da ideia de que importa *optimizar as medidas penais* e abre, do mesmo passo, a via à *crítica* à utilização daquelas que se revelem desnecessárias».

[113] Quanto a tão viva polémica, nas raias da personalização emotivo-científica, *vide* três artigos de opinião publicados no jornal «PÚBLICO», suplemento Economia, com os seguintes títulos, datas e autores: 1.º «Reforma Fiscal, Justiça e Competitividade», de 29 de Janeiro de 2001, da autoria de «Luís Máximo dos Santos * membro da Estrutura de Coordenação da Reforma Fiscal (ECORFI), docente universitário»; 2.º Em resposta ao anterior: «Reforma Fiscal, Justiça e Competitividade? Na Realidade...», de 5 de Fevereiro de 2001, da autoria de «José Silva Jorge * director de empresas»; 3.º Em contra-resposta ao anterior: «Ainda a Reforma Fiscal: a Propósito de Um Artigo», de 12 de Fevereiro de 2001, do mesmo autor do 1.º artigo aqui enunciado. Desconhecemos se a polémica se prolongou noutros artigos dos mesmos autores, contudo naqueles que aqui são apontados está bem patente uma profunda e fundamentada diferença de opiniões sobre esta matéria, que aliás espelha dezenas e dezenas de outras opiniões diametralmente opostas – umas mais científicas e/ou práticas e outras mais emocionais! – que foram expressadas (e continuam a expressar-se) nos diversos órgãos de comunicação social. A propósito desta matéria, julgamos ser de grande interesse científico transcrever aqui alguns trechos da informação que sintetisa a posição dum certo Grupo Económico português (será assim designado por nós como K) sobre a Reforma Fiscal e que, em meados de Novembro de 2000, foi enviado para o Presidente da República, para o Ministro das Finanças, para os Líderes Parlamentares, para as principais Associações e ainda para algumas Sociedades Gestoras de Participações Sociais (tendo sido publicitado por vários órgãos de comunicação social e muito comen-

mos, pois, as infracções fiscais, no que aos crimes diz respeito (ou contra-ordenações ou sanções de «Direito Civil» sob a «burla de etiquetas»!)

tado): «Numa economia de mercado em ambiente de globalização (...); O sistema actual está longe de ser um sistema perfeito; mas não há dúvida de que possuiu a eficiência necessária para Portugal enfrentar os desafios que se lhe colocaram nos últimos 12 anos: (...) infraestruturas (...) introdução da moeda única europeia; (...) Aos governantes portugueses não devia ser estranho o facto de países europeus com muito menos problemas do que nós — especialmente como a Alemanha — estarem neste momento a adoptar medidas de sentido exactamente oposto ao que corresponde à proposta do Governo; (...) e que não se conheça um só estudo de natureza econométrica sobre os previsíveis efeitos que ela produzirá na economia portuguesa. Por outro lado, não se percebe como se pode combater a fraude e a evasão sem contemplar reformas profundas da Administração fiscal e dos tribunais: entre as medidas que compõem a referida proposta, com efeito, não se encontra uma só que permita reduzir a pendência média das reclamações ou das impugnações judiciais (cerca de 6 anos, em qualquer dos casos). E o Estado é um dos principais responsáveis pela saturação dos tribunais pois recorre frequentemente à litigação como forma de obstar à prescrição (...); Aliás, um discurso centrado exclusivamente no tema da equidade afigura-se inevitavelmente como deslocado, quando o Governo se obstina em manter a sisa e a contribuição autárquica, ao contrário das suas sucessivas promessas (...); (...) A justiça fiscal só pode ser medida através da consideração global do sistema e, ainda, através da análise dos efeitos da despesa pública. Na verdade, não faz sentido, modernamente, afastar os gastos públicos da análise sobre a equidade e a eficiência de um sistema fiscal; No caso português, o que parece é que se pretende disfarçar a incapacidade para controlar a despesa pública e para fiscalizar adequadamente os contribuintes com uma cruzada de "moralismo fiscal", que visa em primeira linha criar uma oportunidade para aumentar as receitas orçamentais, elevando ainda mais o peso dos impostos no PIB. É verdade, sem dúvida, que, em toda a Europa — e não só em Portugal, como por vezes se pretende fazer crer —, os rendimentos do trabalho sofreram, entre 1980 e 1996, um aumento da correspondente taxa implícita de tributação (que passou de 34,7% para 40,5%) (...), porém, não deveria ser prosseguido à custa dos rendimentos de capital, porque isso seria contraproducente: no mundo competitivo e globalizado, o capital desloca-se rapidamente para as zonas em que o retorno é mais elevado, e não existe forma de impedir esta atracção. (...), os salários acabarão, mais tarde ou mais cedo, por pagar (...); Com efeito, por detrás desta nuvem de acusações de fraude e de evasão, existe uma realidade que não pode ser ignorada: a percentagem do PIB que as receitas de IRC representam encontra-se claramente acima da média europeia; por outro lado, o peso relativo das referidas receitas, no universo das receitas fiscais totais, aumentou 50% nos últimos 8 anos e a correspondente base tributável cresceu mais de 70% no período compreendido entre 1995 e 1998. Com certeza que existe fraude e evasão, e que um número muito significativo de sociedades não apresenta resultados tributáveis. Isso parece ser, porém, mais um problema de eficiência da Administração do que um problema de desadequação das normas; O Grupo K está, neste domínio, muito à vontade: de uma forma consolidada, fazemos parte do universo dos 100 maiores contribuintes,

como ilícitos de natureza criminal, puníveis, não obstante com sanções – criminais – especiais.[114]

Na linha de pensamento do nosso Professor da Universidade de Coimbra, Prof. Doutor Casalta Nabais, não temos dúvidas de que pagar impostos é um Dever Fundamental[115] constitucional. Por isso mesmo, cremos que dar um uso – por parte das autoridades públicas – correcto, honesto, transparente, racional, eficaz e no interesse de todos os cidadãos, administrados e contribuintes, aos dinheiros públicos provenientes do pagamento de impostos, é também (não poderá deixar de ser sob pena de ineticização da consciência fiscal *ad aeternum*!) um Dever Fundamental. Assiste-se, ainda com muita acuidade, a uma falta na representação colectiva duma relação entre os sacrifícios fiscais e os benefícios públicos daí

---

que são responsáveis por cerca de 60% das cobranças de IRC. Por outro lado, de forma indirecta, asseguramos ao Estado a cobrança de largas dezenas de milhões de contos, respeitantes a outros impostos ou contribuições. É este facto que nos confere ainda mais legitimidade para protestar contra medidas que atingem incompreensivelmente os grupos económicos portugueses, quando os seus congéneres são alvo, nos outros países, de políticas destinadas ao seu estímulo. No que toca às SGPS's, por exemplo, a Espanha, a Holanda, a Bélgica e a Dinamarca — para só citar alguns casos — dispõem de normas semelhantes àquelas que o Governo pretende eliminar, justamente para promover a fixação e o desenvolvimento dos respectivos grupos económicos e para inclusivamente atrair grupos económicos estrangeiros; n) (...) se vejam forçados a analisar a possibilidade de se deslocarem para outros países europeus, que dispõem de ordenamentos fiscais mais favoráveis. O Grupo K considera que seria lamentável que esta situação representasse mais do que um lapso ou uma simples precipitação». Entretanto confrontar o Decreto-Lei n.º 287/2003, de 12 de Novembro, que «...procede à reforma da tributação do património, aprovando os novos Códigos do Imposto Municipal sobre Imóveis (CIMI) e do Imposto Municipal sobre as Transmissões Onerosas de Imóveis (CIMT) e procedendo a alterações de diversa legislação tributária conexa com a mesma reforma». Confrontar, por um lado e igualmente, a Declaração de Rectificação n.º 4/2004, da Presidência do Conselho de Ministros, a qual foi publicada no D.R. – I Série-A, de 9 de Janeiro de 2004; e, por outro lado, as Portarias n.ºs 1282 e 1283/2003, de 13 de Novembro, as quais foram publicadas no D.R. – I Série-B, de 13 de Novembro; e ainda a Portaria n.º 1423-H/2003, de 31 de Dezembro, a qual foi publicada no D.R. – I Série-B, de 31 de Dezembro de 2003.

[114] No sentido das infracções fiscais como ilícitos de natureza criminal, puníveis, não obstante com sanções – criminais – especiais, *vide* Eduardo Correia, RLJ, ao 100.º, pp. 289 e ss, sobretudo p. 371. Contra a qualificação como lei penal, pois as infracções fiscais não integravam o domínio penal, *vide* J.M. Cardoso da Costa, Curso de Direito Fiscal, 1970, pp. 100 e ss. Acórdão n.º 150/94, Série I-A, de 30 de Março de 1994.

[115] Cfr. José Casalta Nabais in «O Dever Fundamental de Pagar Impostos», 1998, *passim*.

provenientes. Existem uma série de factores que motivam esta situação. Falta, nomeadamente, uma política de esclarecimento dos cidadãos sobre o destino das receitas fiscais. Igualmente – como vimos nos exemplos que demos a montante! – surgem notícias quase diárias através dos diversos órgãos de comunicação social acerca de situações de esbanjamento e delapidação do erário público. Por estas razões, defendemos – a título de mera sugestão – como o alvitrou já o ilustre Jurista Borgmann[116], a tornar dependente a defensibilidade moral dum sistema tributário da punição das autoridades públicas responsáveis por tais factos, apresentados como correlativos da fraude e evasão fiscal ilegítima.[117] Seria uma espécie de Direito Penal Financeiro. A falta de entendimento do conteúdo concreto das contraprestações que correspondem à obrigação fiscal provoca que a violação das leis tributárias não seja sofrida como falta moral.[118] E a esta falta de entendimento acrescentamos o *desprezo* – seja por dolo ou negligência (porventura *negligência grosseira*) – das autoridades públicas, aqui

---

[116] Cfr. Borgmann in «*Steuerliche Wirtschaftsdelikte und ihre Verfolgungin Theorie und Praxis*», R. Belke/Oehmichen (hrsg.), *Wirtschaftskriminalität*, *Bamberg*, pp. 159 e ss.; em sentido similar, cfr. igualmente, M. del R. Diaz-Santos in «*Consideraciones en torno al delito fiscal*», Homenage al Prof. Anton Oneca, 1982, pp, 696 e ss.; ambos *apud* A. Silva Dias in «O Novo Direito Penal Fiscal Não Aduaneiro (Decreto-lei n.º 20-A/90, de 15 de Janeiro)...», 1990, republicado in «Direito Penal Económico...», 1999, pp. 246-247.

[117] Vide A. Silva Dias *idem ibidem*, que nos dizia em 1990: «Entre nós não são incriminadas condutas relacionadas com a delapidação do erário público. O artigo 14 da Lei n.º 34/87, de 16 de Julho (violação de normas de execução orçamental) abrange somente um pequeno número e sem especial incidência fiscal». Pensamos – nós – que as actuais sanções previstas na Lei n.º 98/97, de 26 de Agosto (Lei da Organização e Processo do Tribunal de Contas: cfr. Capítulo V deste diploma especialmente Secção III) são muito desiquilibradas em relação às sanções previstas por exemplo no RGIT. No primeiro diploma apontado observamos «no máximo» a pena de multa (art. 65.º, embora cfr. art. 49.º do CP [«conversão da multa não paga em prisão subsidiária] e ainda que exista a «desobediência qualificada» do art. 68.º), enquanto no RGIT não só é possível a pena de prisão até 8 anos (art. 12.º/1) como a pena de multa até 600 dias ou, no caso de ente colectivo, até 1920 dias, sendo que cada dia de multa pode ir de € 1 até € 500, no caso de pessoas singulares; e de € 5 a € 5000, no caso de entes colectivos! Não haverá aqui uma violação do princípio constitucional da igualdade (art. 13.º da CRP)? Cfr. Secção III, do Capítulo V, da Lei n.º 98/97, de 26 de Agosto: «Da responsabilidade sancionatória (...)». Vide, contudo, Alfredo José de Sousa in «Crimes de Responsabilidade», pp. 23 e ss., que não consegue contrariar cientificamente este desequilíbrio por Nós detectado.

[118] Eduardo Correia in «Os artigos 10.º do Decreto-Lei n.º 27 153», 1968, p. 290; *apud* Silda Dias *idem ibidem*.

e ali, pelo manuseamento do erário público, o qual é capaz de provocar, não já uma ausência de compreensão, mas um verdadeiro incentivo à «(in)consciência fiscal» para fuga ao pagamento de impostos, pois geram receitas que muitas das vezes são culposa ou imprudentemente mal aproveitadas. A ultrapassagem de tal situação *popularmente odiosa* passa por melhor, maior e mais claridade na afectação das receitas fiscais à prossecução de reais objectivos de justiça social, nomeadamente por meio da sua aplicação à segurança social, opostamente àquilo que sucede entre nós.[119] Ou – na nossa opinião e como mero exemplo – à criação directa de postos de trabalho, incentivos à educação a diferentes níveis e à saúde em regiões e camadas sociais mais desfavorecidas relativamente ao investimento público.

Como com grande clarividência referia Portalis: «A função da lei é a de nos proteger contra fraude de outrem; *mas não a de nos dispensar o uso da nossa própria razão*. Já que de outro modo, a vida dos homens, sob a violência das leis, não seria mais do que uma longa e vergonhosa necessidade; e esta vigilância, ela própria, degeneraria em inquisição».[120] Rejeitamos o Direito penal político como uma «nova inquisição» ou «solução final» – uma nova moral – da «sociedade do risco»!

---

[119] *Vide* Augusto Silva Dias *idem ibidem*.
[120] Eduardo Correia in «Notas Críticas À Penalização de Actividades Económicas», RLJ, 1984-1985-1986; e republicado in «Direito Penal Económico E Europeu...», 1999, p. 365 e ss..

CAPÍTULO II

A LEGISLAÇÃO DO DIREITO PENAL FISCAL PORTUGUÊS

1. O movimento legislativo de reforma (ou revogação e alteração) do sistema fiscal, no âmbito das infracções fiscais não aduaneiras

1.1. *Resolução do Conselho de Ministros n.º 119/97, de 14 de Julho de 1997 – «Bases Gerais da Reforma Fiscal da Transição para o Século XXI»* [121]

Não compete a este trabalho fazer uma exaustiva análise deste diploma, pelo que vamos somente verificar aquilo que mais se identifica com o nosso tema. Este diploma objectivou certas metas a alcançar, nomeadamente, o «progressivo desagravamento» dos rendimentos do trabalho por conta de outrem», e, de modo global, «desagravamento» dos contribuintes cumpridores. Procurou-se delimitar uma «melhoria» do sistema de fiscalização e controlo, um alargamento da base tributária e uma «melhoria» da cobrança da dívida exequenda. Constatava-se uma larga evasão e fraude fiscais e aduaneira sem «combate» eficaz, designadamente nos planos da fiscalização externa e das execuções fiscais.[122] São propug-

---

[121] Alterada pela Resolução do Conselho de Ministros n.º 10/98, de 23 de Janeiro de 1998: segundo o seu preâmbulo, deve-se sobretudo ao facto da revisão constitucional então operada ter alterado o n.º 3 do artigo 104.º da CRP (antigo art. 107.º) relativo aos impostos. Por outro lado, «uma vez que o artigo 35.º da Constituição foi alterado, importará igualmente efectuar algumas considerações relativamente à utilização dos fluxos de informação na luta contra a fraude e a evasão fiscais».

[122] Cfr., quanto a tudo isto, o n.º 1 do preâmbulo da RCM n.º 10/98, de 23 de Janeiro, ou «Quadros gerais para a reforma fiscal – Um sistema fiscal para o Portugal desenvolvido, no limiar do século XXI».

nados, por este diploma, diversos princípios para a reforma fiscal do século XXI: consensualidade, estabilidade, adaptabilidade, articulação com outras políticas, democracia e responsabilidade, cidadania, serviço público, simplicidade e – sobretudo naquilo que interfere mais no nosso trabalho! – a unidade do sistema, que propõe a uniformização possível das soluções de direito fiscal aduaneiro e não aduaneiro.[123] Procura-se «lutar» contra a erosão das bases tributárias que se tem verificado ultimamente devido à desenfreada competição fiscal entre Estados e entre regiões tributárias e espaços com regimes diferenciados (o que nunca pode ser esquecido, na nossa opinião, dado vivermos numa economia, quer se queira quer não, cada vez mais globalizada ou mundializada, ou ainda, numa sociedade do risco). Visa-se uma «maior justiça e equidade» traduzidas essencialmente no «combate» nacional e internacional contra a fraude e a evasão e na eliminação das situações de dupla tributação. Refere-se ainda que, para «aumentar a justiça e a consequente luta contra a desigualdade no sistema fiscal», é necessário dar prioridade à «luta» contra a fraude e a evasão, sustentando o «rigor e a eficiência na acção da administração fiscal», intensificando, nomeadamente a generalização do recurso às novas tecnologias de informação e «combatendo» práticas permissivas.[124] Entrando já propriamente dentro das «Bases Gerais da Reforma Fiscal da Transição para o Século XXI» propõe-se uma profunda revisão (ou substituição) do Código de Processo Tributário em articulação com a criação *ab initio* duma lei geral tributária, do Estatuto dos Benefícios Fiscais, do Regime Jurídico das Infracções Fiscais não Aduaneiras e do Regime Jurídico das Infracções Fiscais Aduaneiras e à criação de um Estatuto de Defensor do Contribuinte.[125] Nos elementos estruturantes da ordem jurídico-tributária, delimitam-se várias garantias e comodidades dos contribuintes, entre as quais alvitrava-se a instituição dum defensor do contribuinte e o desenho para aprovação duma lei geral tributária.[126] No que diz respeito à fraude e evasão fiscais e aduaneiras destacam-se a criação da «Unidade de Coordenação da Luta contra a Fraude e Evasão Fis-

---

[123] Cfr., quanto a tudo isto, o n.º 2 do preâmbulo da RCM n.º 10/98, de 23 de Janeiro.
[124] Quanto a tudo isto, novamente, o preâmbulo da RCM n.º 10/98, de 23 de Janeiro.
[125] Cfr. o art. 2.º/3 da RCM n.º 119/97, de 14 de Julho, com alterações da RCM n.º 10/98, de 23 de Janeiro.
[126] Cfr. alíneas a) e b), do n.º 3, do ponto 8.º, da Parte IV, in RCM n.º 119/97, de 14 de Julho.

cais e Aduaneiras» (UCLEFA); a realização de estudos sobre as formas típicas de fraude e evasão fiscais e aduaneiras, da sua quantificação e de estudos de direito comparado sobre os modos de as combater; a realização de campanhas de sensibilização dos contribuintes para o combate a estes fenómenos (por exemplo, sobre a necessidade de ser pedido o recibo ou a factura).[127] Por outro lado, propõe-se o estabelecimento de fluxos informativos organizados entre os subsistemas inspectivos tributário e da Segurança Social.[128] Finalmente, no ponto 11.º destas «Bases Gerais da Reforma Fiscal da Transição para o Século XXI», deparamo-nos com os respectivos objectivos em matéria de Infracções fiscais aduaneiras e não aduaneiras. É precisamente aqui que se destaca a proposta de harmonização dos sistemas sancionatórios constantes do Regime Jurídico das Infracções Fiscais Aduaneiras e do Regime Jurídico das Infracções Fiscais não Aduaneiras e diplomas complementares. Nomeadamente propunha-se, aqui, a regulamentação uniforme no Direito Penal tributário – em sentido amplo – , quer ao nível de tipos, quer no que se refere à dosimetria das sanções aplicáveis, em relação a institutos como a responsabilidade em nome de outrem, a responsabilidade das pessoas colectivas ou os entes fiscalmente equiparados e a responsabilidade subsidiária.[129] De resto, fazem-se – aqui e ali – uma série de propostas resolutivas que não iremos naturalmente desenvolver aqui com grande acuidade ou acutilância. Em relação ao imposto sobre o rendimento das pessoas colectivas a base objectiva, entre outras, será a «progressiva redução dos espaços de fraude fiscal».[130] No que concerne ao imposto sobre o valor acrescentado objectivou-se a criação duma «disposição dissuasora da concessão de reembolsos indevidos, resultantes de jogos de interesses e de actos de gestão praticados entre empresas com o intuito deliberado de defraudar os cofres do Estado».[131]

---

[127] Cfr. alíneas u) e v), do Ponto 10.º, da Parte IV, in RCM n.º 119/97, de 14 de Julho.
[128] Cfr. alínea x), do Ponto 10.º, in RCM n.º 119/97, aditada pela RCM n.º 10/98, de 23 de Janeiro.
[129] Cfr. n.ºs 1 e 2 do Ponto 11.º, da Parte IV, in RCM n.º 119/97, de 14 de Julho.
[130] Cfr. n.º 1 do Ponto 14.º, da Parte IV, in RCM n.º 119/97, de 14 de Julho.
[131] Cfr. a alínea f), do n.º 2 do Ponto 15.º, da Parte IV, in RCM n.º 119/97, de 14 de Julho.

1.2. A Lei Geral Tributária [132]: análise de alguns aspectos, nomeada e principalmente os crimes fiscais

Aprovada pelo DL n.º 398/98, de 17 de Dezembro, que «enuncia e define os princípios gerais que regem o direito fiscal português e os poderes da administração tributária e garantias dos contribuintes», sob a outorgação da Lei n.º 41/98, de 4 de Agosto, a qual autorizou o Governo a publicar uma lei geral tributária donde constassem os grandes princípios substantivos que regem o direito fiscal português e uma definição mais precisa dos poderes da Administração e das garantias dos contribuintes. Não obstante, a Lei de autorização da Lei Geral Tributária, i.e., a Lei n.º 41/98, de 4 de Agosto, sofreu alterações através do seguinte diploma jurídico: Lei n.º 87-B/98, de 31 de Dezembro de 1998 – «Orçamento do Estado para 1999» – (publicação no DR, I Série-A, n.º 301, 5.º Suplemento, 18 de Janeiro de 1999), a qual lhe deu novas redacções (no mesmo artigo) aos artigos 1.º (Objecto) e 5.º (Duração). Ou seja, temos aqui um problema de técnica jurídica: depois de já estar publicada a Lei Geral Tributária (LGT daqui em diante) em 17 de Dezembro e de a mesma ter entrado em vigor em 1 de Janeiro de 1999 (cfr. art. 6.º do DL n.º 398/98, de 17 de Dezembro), surgiu a Lei n.º 87-B/98, de 31 de Dezembro de 1998 (somente publicada em 18 de Janeiro de 1999) a dar uma nova redacção à própria Lei de Autorização da LGT. E a questão não poderia ser objecto de menor atenção: é que os arts. 1.º e 5.º da Lei n.º 41/98, de 4 de Agosto, referiam original e respectivamente, com o nosso *sublinhado*, o seguinte: «Fica o Governo autorizado a publicar uma lei geral tributária donde constem os grandes princípios substantivos que regem o direito fiscal português e a articulação dos poderes da Administração e das garantias dos contribuintes»; «A presente autorização legislativa vigora por um período de 3 meses quanto à publicação da lei geral tributária e de 10 meses quanto às matérias constantes dos artigos 3.º e 4.º». Ora, estes três meses foram claramente ultrapassados quanto à respectiva publicação do diploma: os 4

---

[132] A LGT (DL n.º 398/98, de 17 de Dezembro) sofreu alterações na sua redacção provocadas pelos seguintes diplomas legislativos: Rectificação n.º 7-B/99, de 27 de Fevereiro de 1999 (publicado em 23 de Março de 1999); Lei n.º 100/99, de 26 de Julho de 1999; Lei n.º 3-B/2000, de 4 de Abril (2.º suplemento); a, já referida neste trabalho, Lei n.º 30-G/2000 de 29 de Dezembro; e finalmente a Lei n.º 15/2001, de 5 de Junho. Por outro lado, dum outro ponto de vista, será importante salientar o DL n.º 472/99, de 8 de Novembro de 1999, com a Rectificação n.º 4-C/2000, de 31 de Janeiro de 2000.

de Agosto de 1998 (DL n.º 41/98) – acrescidos dos 5 dias de *vacatio legis* previstos pela Lei n.º 6/83, de 29 de Julho – estão a uma distância superior a três meses dos 17 de Dezembro de 1998 (DL n.º 398/98). Mas os mesmos 4 de Agosto de 1998 (DL n.º 41/98) – acrescidos dos 5 dias de *vacatio legis* previstos pela Lei n.º 6/83, de 29 de Julho – já estão a uma distância temporalmente inferior a três meses em relação «ao visto e aprovação» em Conselho de Ministros de 28 de Outubro de 1998 da LGT. Ora, o art. 51.º da Lei n.º 87-B/98, de 31 de Dezembro de 1998, n.º 4, veio precisamente substituir a palavra «publicação» por «aprovação», referindo ainda no seu n.º 5 que: «O disposto no número anterior tem carácter interpretativo». Ainda que se considere que se trata duma situação abrangida pela segunda parte do n.º 2 do art. 12.º do Código Civil e, portanto, com legítimos efeitos retroactivos e até de mera interpretação, consideramos que o problema da constitucionalidade não está inteiramente resolvido. É que embora a aprovação em Conselho de Ministros tenha sido em plena vigência da autorização, tal acto não é publicamente controlável e a data poderia ser eventualmente forjada ainda que não o tenha sido nesta situação em concreto. Seria um precedente – daqui para o futuro – no mínimo incongruente com o espírito constitucional: o art. 137.º CRP fala em «promulgação». Quanto a tudo isto, *mutatis mutandis*, *vide* abaixo as nossas notas sobre este assunto. Ainda assim, vamos prosseguir como se houvesse uma consonância absolutamente perfeita com a CRP.

No que diz respeito ao seu conteúdo e depois de autorizar legislar em matéria de Responsabilidade Tributária[133] a Lei n.º 41/98, de 4 de Agosto, autorizou a introdução na LGT de um título sobre infracções tributárias visando a unificação do RJIFNA e do RJIFA. Além disso, introduziu uma espécie de catálogo de princípios fundamentais respeitantes àquelas infracções, especialmente quanto às espécies de infracções, penas aplicáveis, responsabilidade e processo de contra-ordenação, ficando para proposta de lei, a elaborar, os tipos de crimes e contra-ordenações fiscais e aduaneiros, sanções e regras de procedimento e de processo, em obediência aos princípios gerais contidos na Constituição e na lei geral tributária, com a tipificação e estabilização das modalidades de crimes e contra-ordenações com relevo em matéria tributária.[134] Curiosamente, em relação à

---

[133] Cfr. pontos 14-15 da Lei n.º 41/98, de 4 de Agosto.
[134] Cfr. o ponto n.º 30 da Lei n.º 41/98, de 4 de Agosto. Cfr., igualmente, a Proposta de Lei n.º 53/VIII que «Reforça as Garantias do Contribuinte e a Simplificação Processual,

responsabilidade das pessoas colectivas, prevê que a mesma somente se verifique pelas contra-ordenações fiscais quando cometidas pelos seus órgãos ou representantes, em seu nome e no interesse colectivo. A responsabilidade da pessoa colectiva é excluída quando o agente da infracção tiver comprovadamente actuado contra ordens ou instruções expressas de quem de direito. Além do mais, a responsabilidade das entidades referidas pode não excluir a responsabilidade individual dos respectivos agentes, quando se trate de contra-ordenações dolosas e tal resulte directamente da norma aplicável.[135] Ou seja, não prevê uma responsabilidade penal das pessoas colectivas e, dentro da responsabilidade contra-ordenacional das pessoas colectivas, delimita, mais precisamente, uma possibilidade de responsabilidade cumulativa apenas para as contra-ordenações fiscais dolosas. Embora os pressupostos de imputação de responsabilidade aos entes colectivos possam permanecer em abstracto com prévia individualização da responsabilidade mesmo nas contra-ordenações fiscais negligentes onde essa responsabilidade é posteriormente excluída pela lei – como veremos melhor nos últimos Capítulos a jusante – nos arquétipos da teoria de Direito Civil da identificação. É precisamente no Título V da LGT[136] que estão previstas várias normas jurídicas sobre as «infracções

---

Reformula a Organização Judiciária Tributária e Estabelece um Novo Regime Geral para as Infracções Tributárias», da qual analisaremos alguns aspectos mais adiante e que acabaria por dar origem à Lei n.º 15/2001, de 5 de Junho.

[135] Cfr. o ponto n.º 33 da Lei n.º 41/98, de 4 de Agosto. Igualmente se refere que: «as infracções tributárias podem ser punidas a título de dolo ou negligência e que as infracções tributárias negligentes só podem ser punidas nos casos expressamente previstos na norma que ao caso for aplicável» (cfr. ponto 31 da lei citada). Importantes são ainda os pontos 32 e 34 da Lei n.º 41/98, de 4 de Agosto: cfr..

[136] Conforme a alínea g) do art. 2.º do Capítulo I da Lei n.º 15/2001, de 5 de Junho, «o título V da lei geral tributária, aprovada pelo Decreto-Lei n.º 398/98, de 17 de Dezembro» foi revogado. Ou seja tal título só vigorou de 1 de Janeiro de 1999 (art. 6.º do Decreto-Lei n.º 398/98, de 17 de Dezembro) até 5 de Julho de 2001 (art. 14.º da Lei n.º 15/2001, de 5 de Junho). Não obstante, o art. 8.º/1 da LGT continua a referir o seguinte quanto ao princípio da legalidade tributária (com o nosso sublinhado): «estão sujeitos ao princípio da legalidade tributária a incidência, a taxa, os benefícios fiscais, as garantias dos contribuintes, a definição dos crimes fiscais e o regime geral das contra-ordenações fiscais». Contudo, a revogação primeiramente apontada, não impede a aplicabilidade das normas referidas a factos praticados antes da entrada em vigor da Lei n.º 15/2001, de 5 de Junho, na estrita medida – se for o caso – em que da sua aplicação advenha um regime concretamente mais favorável aos arguidos. É que – como já sabemos e repetimos – no direito sancionatório vale o princípio constitucional da aplicação do regime globalmente mais favorável ao

fiscais», mais propriamente, os princípios fundamentais do sistema sancionatório tributário.[137] Nomeadamente, quanto às espécies de infracções: crimes e contra-ordenações. Ora são os crimes fiscais que mais interessam a este trabalho. Mais concretamente, o art. 111.º da LGT previa a responsabilidade das pessoas colectivas. Referia este artigo, no seu n.º 1, que as pessoas colectivas e equiparadas são responsáveis, nos termos da lei, pelas infracções fiscais cometidas pelos seus órgãos ou representantes, em seu nome e no interesse colectivo. Por outro lado, a responsabilidade da pessoa colectiva é excluída quando o agente da infracção tiver comprovadamente actuado contra ordens ou instruções expressas de quem de direito, sendo que a responsabilidade das entidades referidas no n.º 1 não exclui a responsabilidade individual dos respectivos agentes.[138] Ou seja, ao contrário da lei de autorização – a qual só previa a responsabilidade contra-ordenacional das pessoas colectivas (*vide* acima) – aqui era prevista a responsabilidade das pessoas colectivas por quaisquer infracções fiscais (crimes ou contra-ordenações).[139] Por outro lado, essa responsabilidade era – no caso dos crimes e contra-ordenações fiscais – sempre cumulativa. É importante, igualmente, salientar que o art. 107.º referia que eram «subsidiariamente aplicáveis aos crimes fiscais o Código Penal e o Código de Processo Penal». Trata-se duma regra básica do Direito Penal fiscal sempre e constantemente reafirmada.[140] Aliás o art. 3.º do RGIT dissipa quaisquer dúvidas.

Por outro lado, sabendo que a personalidade tributária consiste na susceptibilidade de ser sujeito de relações jurídicas tributárias (art. 15.º da

---

infractor (cfr. arts. 29.º/4 CRP; 4.º/2 CP; 3.º/2 RGIMOS; 3.º, alíneas a] e b] do RGIT). *Vide*, quanto a isto com um vasto leque de exemplos jurisprudenciais, J. Lopes de Sousa e M. Simas Santos in «Regime Geral das Infracções Tributárias Anotado», 2001, pp. 20-21. Segue-se a opinião científica de qualidade ímpar de J.J. Gomes Canotilho e Vital Moreira in «Constituição da República Portuguesa Anotada», 3.ª ed., p. 195.

[137] Cfr. preâmbulo da LGT.
[138] Cfr. art. 111.º da LGT.
[139] Cfr., ainda com interesse, o art. 112.º da LGT que prevê a responsabilidade solidária e subsidiária. Na alínea b) do n.º 1 parece verificar-se uma criticável inversão do ónus da prova. *Vide* o preâmbulo da LGT: «a clarificação das condições de avaliação indirecta da matéria tributável, explicitando-se os casos em que a administração tributária pode considerar existirem, de acordo com a terminologia dos actuais códigos tributários, indícios fundados de a matéria tributável real não corresponder à declarada, caso em que se invertem as regras gerais do ónus de prova no procedimento tributário».
[140] É de importância extrema o art. 11.º da LGT quanto à «interpretação»: cfr..

LGT) podemos destacar vários aspectos na responsabilidade tributária, dos quais obviamente não compete a este trabalho fazer aqui uma aturada e profunda investigação, pelo que nos limitaremos a uma determinada «visualização» da lei.[141]

De facto, um outro aspecto importante é a responsabilidade tributária, a qual abrange, conforme aquilo que é fixado na lei, a totalidade da dívida tributária, além dos juros e dos demais encargos legais. Interessante também será notar que, para lá dos sujeitos passivos originários, a responsabilidade tributária pode abranger solidária ou subsidiariamente outras pessoas. Por outro lado, a responsabilidade tributária por dívidas de outrem é, salva determinação em contrário, somente subsidiária. Dum outro ponto de vista e como não poderia deixar de ser, a LGT prevê ainda que os sujeitos solidária ou subsidiariamente responsáveis poderão reclamar ou impugnar a dívida cuja responsabilidade lhes tenha sido atribuída nos mesmos termos do devedor principal, devendo, para o efeito, a notificação ou citação conter os elementos essenciais da sua liquidação, incluindo a fundamentação nos termos legais.[142] Não se pode deixar de referir que no âmbito da «responsabilidade dos membros de corpos sociais e responsáveis técnicos» estão incluídos os administradores, directores e gerentes e ainda outras pessoas que exerçam (mesmo que de facto), funções de administração ou gestão em pessoas colectivas e entes fiscalmente equiparados. Existe aqui uma responsabilidade subsidiária dos agentes mencionados em relação às pessoas colectivas e entes fiscalmente equiparados, mas também uma responsabilidade solidária entre eles próprios.[143] Esta responsabilidade ainda é alargada aos membros dos órgãos de fiscalização e revisores oficiais de contas nas pessoas colectivas em que os houver, se se demonstrar que tal violação dos deveres tributários destas é consequência do incumprimento das suas funções de fiscalização.[144] Por

---

[141] Quanto à capacidade tributária cfr. o art. 16.º da LGT.

[142] Cfr. o art. 22.º da LGT (como também o art. 23.º LGT do qual consta a responsabilidade tributária subsidiária e que se efectiva por reversão do processo de execução fiscal contra o responsável subsidiário; contudo, esta reversão, está dependente da fundada insuficência dos bens penhoráveis do devedor principal e dos responsáveis solidários, sem prejuízo do benefício da excussão como é lógico) assim como, ainda antes, o art. 21.º LGT quanto à solidariedade passiva.

[143] E esta responsabilidade existe conforme as alíneas do art. 24.º da LGT: cfr..

[144] Cfr. o n.º 2 do art. 24.º da LGT. Os técnicos oficiais de contas podem ser igualmente responsabilizados se verificados certos pressupostos: cfr. n.º 3 do art. 24.º da LGT.

seu turno, os arts. 25.º e 26.º da LGT plasmam respectivamente a responsabilidade do titular de estabelecimento individual de responsabilidade limitada[145] e a Responsabilidade dos liquidatários das sociedades, o que inclui também os casos de processos de falência.[146] Particularmente importante, neste contexto, ainda nos parece ser a Responsabilidade de gestores de bens ou direitos de não residentes, prevista no art. 27.º da LGT, pelas óbvias implicações que tem. Assim, os gestores de bens ou direitos de não residentes sem estabelecimento estável em território português são solidariamente responsáveis em relação a estes e entre si por todas as contribuições e impostos do não residente relativos ao exercício do seu cargo. E mais importante ainda é que se consideram gestores de bens ou direitos as pessoas singulares ou colectivas que assumam ou sejam incumbidas, através de qualquer meio, da direcção de negócios de entidade não residente em território português, agindo no interesse e por conta dessa entidade.[147] Numa situação de substituição tributária, afirma-se o princípio de que a entidade obrigada à retenção é responsável pelas importâncias retidas e não entregues nos cofres do Estado, estando o substituído desonerado da responsabilidade no seu pagamento, sem prejuízo do disposto nos n.ºs 2 e 3 do art. 28.º LGT.[148] Já numa outra perspectiva analítica, mas também com importância para este nosso trabalho, é importante assinalar o princípio de «dever de boa prática tributária» que está previsto no art. 32.º da LGT. Assim, aos representantes de pessoas singulares e quaisquer pessoas que exerçam funções de administração em pessoas colectivas ou entes fiscalmente equiparados incumbe, nessa qualidade, o cumprimento dos deveres tributários das entidades por si representadas. Na questão da confidencialidade, por outro lado, é importante referir o facto dos dirigentes, funcionários e agentes da administração tributária estarem obrigados a guardar sigilo acerca dos dados recolhidos sobre a situação tributária dos contribuintes e os elementos de natureza pessoal que obtenham no procedimento, nomeadamente os decorrentes do sigilo profissional ou qualquer outro dever de segredo legalmente regulado.[149] Ora, precisamente, um dos

---

[145] Onde está prevista uma norma controversa: inversão da prova que faz na segunda parte do n.º 2 (cfr.).
[146] Cfr. o art. 25.º da LGT.
[147] Cfr. o art. 27.º da LGT.
[148] Cfr. o art. 28.º da LGT, n.ºs 2 e 3.
[149] Cfr. art. 64.º da LGT.

casos em que este dever de sigilo cessa é numa situação de colaboração com a justiça nos termos do Código de Processo Civil e do Código de Processo Penal.

Interessante – porque naturalmente possível – do nosso ponto de vista, é a possibilidade da própria administração tributária poder ser condenada, sem prejuízo da isenção de custas, numa sanção pecuniária a quantificar de acordo com as regras sobre a litigância de má fé, em caso de actuar em juízo contra o teor de informações vinculativas anteriormente prestadas aos interessados ou o seu procedimento no processo divergir do habitualmente adoptado em situações idênticas. Pensamos tratar-se aqui dum caso concreto em que se consagra a responsabilização duma pessoa colectiva de direito público. Mas, enquanto no primeiro caso a Lei fala de «sanção pecuniária», já o sujeito passivo poderá ser condenado em «multa» por litigância de má fé, conforme a lei geral.[150] Realizando, por fim, um breve apanhado na LGT de alguns aspectos relacionados com o Direito Penal fiscal, encontramos alguns pontos que queremos destacar. Desde logo podemos salientar no que diz respeito ao acesso a informações e documentos bancários, previsto no art. 63.°-B da LGT, que a administração tributária tem o poder de aceder a todos os documentos bancários, excepto as informações prestadas para justificar o recurso ao crédito, nas situações de recusa de exibição daqueles documentos ou de autorização para a sua consulta, nomeadamente quando existam indícios da prática de crime doloso em matéria tributária, designadamente nos casos de utilização de facturas falsas, e, em geral, nas situações em que existam factos concretamente identificados, gravemente indiciadores da falta de veracidade do declarado. No quadro dos procedimentos de avaliação[151], mais concretamente dentro do procedimento de revisão[152], em caso de acordo, a administração tributária não pode alterar a matéria tributável acordada, salvo em caso de trânsito em julgado de crime de fraude fiscal envolvendo os elementos que serviram de base à sua quantificação, considerando-se então suspenso o prazo de caducidade no período entre o acordo e a decisão judicial.

---

[150] Cfr. art. 104.° da LGT. *Vide,* ainda assim, Jorge dos Reis Bravo in «Critérios de Imputação Jurídido-Penal ...», 2003, p. 224.

[151] O âmbito dos procedimentos de avaliação está previsto no art. 81.° da LGT: cfr..

[152] Cfr. art. 92.°/5 da LGT.

1.3. O novo Regime Geral para as Infracções Tributárias [153]

Destacamos os artigos a confrontar: 1.º (âmbito de aplicação); 2.º (conceitos e espécies de infracções tributárias); 3.º (direito subsidiário); 4.º (aplicação no espaço); 5.º (lugar e momento da prática da infracção tributária); 6.º (actuação em nome de outrem); 7.º (responsabilidade das pessoas colectivas e equiparadas)[154]; 8.º (responsabilidade civil pelas multas e coimas); 9.º (subsistência da prestação tributária); 10.º (especialidade das normas tributárias e concurso de infracções); 11.º (definições); todo o Capítulo II (disposições aplicáveis aos crimes tributários);: art. 12.º (penas aplicáveis aos crimes tributários), art. 13.º (determinação da medida da pena), art. 14.º (suspensão de execução da pena de prisão), art. 15.º (pena de multa), art. 16.º (penas acessórias aplicáveis aos crimes tributários), art.

---

[153] Como já referimos, o novo Regime Geral para as Infracções Tributárias (*strictissimo sensu* designamos por RGIT) foi aprovado e publicado em anexo, da qual faz parte integrante, pelo art. 1.º da Lei n.º 15/2001, de 5 de Junho de 2001, que «reforça as garantias do contribuinte e a simplificação processual, reformula a organização judiciária tributária e estabelece um novo regime geral para as infracções tributárias». O Governo apresentou à Assembleia da República a Proposta de Lei N.º 53/VIII (in www.parlamento.pt). Entretanto a Lei n.º 109-B/2001, de 27 de Dezembro, veio acrescentar os novos artigos 125.º-A e 125.º-B. Confrontar também a Lei n.º 32-B/2002, de 30 de Dezembro e o DL n.º 229/2002, de 31 de Outubro. Os trabalhos preparatórios, na Assembleia da República, do RGIT estão publicados nos seguintes Diários da Assembleia da República (*strictissimo sensu* DAR): DAR, II Série – A, n.º 19, de 14 de Dezembro de 2000; DAR, Publicação de Relatório, II Série – A, n.º 29, de 27 de Janeiro de 2001; DAR, I Série, n.º 66, de 30 de Março de 2001; DAR, I Série, n.º 41, de 26 de Janeiro de 2001; DAR, I Série, n.º 44, de 2 de Fevereiro de 2001; DAR, II Série – A, n.º 46, de 31 de Março de 2001; DAR, I Série, n.º 66, de 30 de Março de 2001; DAR, II Série, n.º 55, de 9 de Maio de 2001: Decreto 63/VIII.

[154] «Artigo 7.º § Responsabilidade das pessoas colectivas e equiparadas § 1 – As pessoas colectivas, sociedades, ainda que irregularmente constituídas, e outras entidades fiscalmente equiparadas são responsáveis pelas infracções previstas na presente lei quando cometidas pelos seus órgãos ou representantes, em seu nome e no interesse colectivo. § 2 – A responsabilidade das pessoas colectivas, sociedades, ainda que irregularmente constituídas, e outras entidades fiscalmente equiparadas é excluída quando o agente tiver actuado contra ordens ou instruções expressas de quem de direito. § 3 – A responsabilidade criminal das entidades referidas no n.º 1 não exclui a responsabilidade individual dos respectivos agentes. § 4 – A responsabilidade contra-ordenacional das entidades referidas no n.º 1 exclui a responsabilidade individual dos respectivos agentes. § 5 – Se a multa ou coima for aplicada a uma entidade sem personalidade jurídica, responde por ela o património comum e, na sua falta ou insuficiência, solidariamente, o património de cada um dos associados».

17.º (pressupostos de aplicação de penas acessórias), art. 18.º (perda de mercadorias objecto do crime), art. 19.º (perda dos meios de transporte), art. 20.º (perda de armas e outros instrumentos), art. 21.º (prescrição, interrupção e suspensão do procedimento criminal), art. 22.º (dispensa e atenuação especial da pena); todo o Capítulo III: art. 23.º e ss. (disposições aplicáveis às contra-ordenações): aqui destacamos todos os artigos mas principalmente o art. 24.º e o art. 25.º (concurso das contra-ordenações), mas também o art. 32.º (dispensa e atenuação especial das coimas) e o art. 33.º (prescrição do procedimento); já na Parte II, todo o Capítulo I (processo penal tributário): art. 35.º e ss.; todo o Capítulo II (processo de contra-ordenação tributária): art. 51.º e ss.; toda a Parte III (das infracções tributárias em especial), Título I (crimes tributários); Capítulo I (crimes tributários comuns): art. 87.º (burla tributária); art. 88.º (frustração de créditos); art. 89.º (associação criminosa); art. 90.º (desobediência qualificada); art. 91.º (violação de segredo); todo o Capítulo II da Parte III (crimes aduaneiros): art. 92.º e ss.; o Capítulo III (crimes fiscais) da Parte III: art. 103.º (fraude); art. 104.º (fraude qualificada); art. 105.º (abuso de confiança); O Capítulo IV (crimes contra a segurança social) também desta Parte III: art. 106.º (fraude contra a segurança social); art. 107.º (abuso de confiança contra a segurança social); todo o Título II (contra-ordenações tributárias), Capítulo I (contra-ordenações aduaneiras): art. 108.º e ss.; todo o seguinte – e especialmente – Capítulo II (contra-ordenações fiscais): art. 113.º (recusa de entrega, exibição ou apresentação de escrita e de documentos fiscalmente relevantes, art. 114.º (falta de entrega da prestação tributária), art. 115.º (violação de segredo fiscal), art. 116.º (falta ou atraso de declarações), art. 117.º (falta ou atraso na apresentação ou exibição de documentos ou de declarações), art. 118.º (falsificação, viciação e alteração de documentos fiscalmente relevantes), art. 119.º (omissões e inexactidões nas declarações ou em outros documentos fiscalmente relevantes), art. 120.º (inexistência de contabilidade ou de livros fiscalmente relevantes), art. 121.º (não organização da contabilidade de harmonia com as regras de normalização contabilística e atrasos na sua execução), art. 122.º (falta de apresentação, antes da respectiva utilização, dos livros de escrituração), art. 123.º (violação do dever de emitir ou exigir recibos ou facturas), art. 124.º (falta de designação de representantes), art. 125.º (pagamento indevido de rendimentos), art. 126.º (transferência para o estrangeiro de rendimentos sujeitos a tributação) e art. 127.º (impressão de documentos por tipografias não autorizadas).

2. A Legislação Penal Fiscal imediatamente anterior ao RGIT e alguns aspectos do RGIT [155]

2.1. *O Regime Jurídico das Infracções Fiscais Não Aduaneiras e o RGIT*

A ordem jurídica portuguesa continha dois conjuntos principais e diferenciados de regras jurídicas no que se refere ao assunto do Direito Penal fiscal[156]: o Regime Jurídico das Infracções Fiscais Não Aduaneiras, por um lado; e, o Regime Jurídico das Infracções Fiscais Aduaneiras, por outro lado. Os nossos trabalhos, por agora, debruçar-se-ão sobretudo, e por opção preferencial da nossa investigação, no estudo do Regime Jurídico das Infracções Fiscais Não Aduaneiras, o qual foi ratificado pelo Decreto-Lei n.º 20-A/90 de 15 de Janeiro[157] sob a autorização legislativa «em matéria de infracções fiscais» outorgada ao Governo pela Lei n.º 89/89 de 11 de Setembro, com as novas e posteriores redacções apostas pelo Decreto-Lei n.º 394/93, de 24 de Novembro[158]; Lei n.º 39-B/94, de 27 de Dezembro[159]; Decreto-Lei n.º 140/95, de 14 de Junho[160]; e a Lei n.º

---

[155] Esta incursão que vamos realizar na legislação penal fiscal imediatamente anterior – e que pensamos ser da maior importância – deve-se ao facto, por um lado, do RGIT ser demasiado recente para que existam decisões Jurisprudenciais e Doutrinais em *grande quantidade*; e, por outro, para percebermos melhor o porquê de algumas soluções a que chegou este novo diploma. Muitas ideias positivadas no RGIT foram nitidamente fruto de críticas jurídicas anteriores, como se verá.

[156] *Plasmado* antes do RGIT, naquilo que é mais relevante para esta investigação, no Regime Jurídico das Infracções Fiscais Não Aduaneiras, aprovado pelo Decreto-Lei n.º 20-A/90, de 15 de Janeiro, com a redacção actualizada, do ponto de vista fundamental, do Decreto-Lei n.º 394/93, de 24 de Novembro e pelo Decreto-Lei n.º 140/95, de 14 de Junho.

[157] Cfr. a Declaração da Secretaria-Geral da Presidência do Conselho de Ministros, de 14 de Fevereiro de 1990, subscrita pelo Secretário-Geral, França Martins, que realizou certas rectificações.

[158] Foi a Lei n.º 61/93, de 20 de Agosto, que autorizou o Governo a rever o Regime Jurídico das Infracções Fiscais Não Aduaneiras, aprovado pelo Decreto-Lei n.º 20- A/90, de 15 de Janeiro. *Vide* ainda a alteração de pormenor proporcionada pela «Rectificação n.º 11/93», publicada no Diário da República n.º 212/93, Série I – A, de 9 de Setembro de 1993, que corrige a Lei n.º 61/93, de 20 de Agosto.

[159] A Lei n.º 39-B/94, de 27 de Dezembro (aprova o Orçamento do Estado para 1995) dá nova redacção (no art. 57.º) ao artigo 44.º do RJIFNA, aprovado pelo Decreto-Lei n.º 20 – A/90, de 15 de Janeiro.

[160] Diploma que foi elaborado sob a autorização legislativa outorgada pela já refe-

51–A/96, de 9 de Dezembro, a qual, igual e naturalmente, não poderá ser olvidada.[161]

Tomemos duas notas acerca destes regimes jurídicos.

Por um lado, o Acórdão n.º 150/94, do Tribunal Constitucional, publicado no DR n.º 75/94, Série I – A, de 30 de Março de 1994, tinha declarado a inconstitucionalidade, com força obrigatória geral, por violação do artigo 29.º, n.º 4, da Constituição da República Portuguesa, das normas constantes dos artigos 2.º e 5.º, n.º 2, do Decreto-Lei n.º 20 – A/90, de 15 de Janeiro, quando interpretadas no sentido de visarem impedir a aplicação da nova lei, ainda que mais favorável, às infracções fiscais que o Regime das Infracções Fiscais Não Aduaneiras, aprovado por aquele decreto-lei, desgraduou em contra-ordenações. Esta decisão constante deste Acórdão sofreu um voto de vencido, do, então Conselheiro deste Tri-

---

rida Lei n.º 39-B/94, de 27 de Dezembro (art. 58.º). Este diploma (infracções às normas reguladoras dos regimes de Segurança Social) acrescenta um novo âmbito criminal ao Regime Jurídico das Infracções Fiscais Não Aduaneiras. Não obstante, temporalmente anterior e com importância no contexto de «luta contra fraude e evasão fiscais, como forma de realização de uma maior justiça tributária» – que «o Governo definiu como objectivo fundamental da política fiscal» –, não podemos esquecer o DL n.º 225/94, de 5 de Setembro. Dentro da problemática semelhante, atente-se ainda no DL n.º 236/95, de 13 de Setembro e sobretudo no famoso «plano» propugnado pelo DL n.º 124/96, de 10 de Agosto, com as respectivas alterações de redacção provocadas pelo DL n.º 235-A/96, de 9 de Dezembro, – na linha aliás da iniciativa do já referido DL n.º 225/94, de 5 de Setembro –, o qual refere *ab initio* no preâmbulo que «a regularização das dívidas fiscais e à segurança social constitui objectivo do XIII Governo Constitucional».

[161] A Lei n.º 51 – A/96, de 9 de Dezembro, reflecte bem como esta área do direito é verdadeiramente *sui generis* quanto ao seu âmbito de aplicação: cfr.. Aliás, o que ressalta à primeira vista em diversos problemas controvertidos no e pelo Direito Penal fiscal, quer pela doutrina, quer pela jurisprudência, como são também os casos das propaladas «facturas falsas», é a ideia, outra vez, do seu tratamento jurídico-penal ter posto a nu diferenças de amplitude nada comuns em Direito Penal. *Vide* Figueiredo Dias e Costa Andrade in «O Crime De Fraude Fiscal No Novo...», RPCC, (1996), pp. 71-110; e rp. in «Direito Penal Econó...», 1999, p. 412: « (...) que vão da absolvição pura e simples (normalmente sob a forma indirecta de isenção da pena ou arquivamento do processo...art.º 26.º do RJIFNA) até à condenação em penas drásticas de prisão que podem atingir os 8 anos – a pena máxima prevista no Código Penal português (artigo 218.º) para a Burla agravada». Para uma profunda crítica a esta última posição *vide* todo o texto citado: pp. 411-438. Por outro lado, não pode ser esquecida ainda a Lei n.º 127-B/97, de 20 de Dezembro, Lei do «Orçamento do Estado para 1998»: cfr. nomeadamente o seu art. 49.º com a epígrafe de «Infracções Fiscais».

bunal Superior, Dr. Bravo Serra, com uma declaração que não corroboramos, quer seja porque, como já referimos, consideramos as infracções fiscais, que não contra-ordenações (desde que não haja «burla de etiquetas», embora seja sempre Direito sancionatório), como ilícitos de natureza criminal; quer porque, como explicaremos mais adiante, consideramos que não procede o suposto argumento da «autorização legislativa conferida pela Lei n.º 89/89 de 11 de Setembro», pois esta seria em si mesma uma violação à Constituição (se autorizasse a legislar normas que pudessem ser interpretadas no sentido reprovado pelo mencionado Acórdão), mesmo que ela própria não estivesse já caduca – como realmente estava – em vinte e sete dias aquando da promulgação do correspondente Decreto-Lei n.º 20-A/90. Aliás, paralelamente, para fundamentação do pedido de inconstitucionalidade, o Procurador-Geral-Adjunto em exercício, na altura, no Tribunal Constitucional, invocava «o facto de tais normas haverem sido julgadas inconstitucionais, em três casos concretos, por este Tribunal, através dos Acórdãos n.os 227/92 (publicado no Diário da República, 2.ª série, de 17 de Junho de 1992), 228/92 e 480/93 (por publicar), de que se juntou cópia». Mais à frente, reiterando e confirmando a mesma posição, refere-se ainda no Acórdão n.º 150/94: « (...) o Tribunal julgou, de facto, inconstitucionais (...) fê-lo nos citados Acórdãos n.os 227/92, 228/92 e 480/93 (todos da 2.ª Secção) e também em muitos outros arestos posteriores, tirados quer pela 1.ª Secção quer pela 2.ª Secção, citando-se aqui, a título de exemplo, os Acórdãos n.os 619/93, 621/93, 623/93 e 771/93 (todos da 1.ª Secção e por publicar)». Esta posição jurisprudencial apresenta um inquebrantável alicerce de vigoroso e ilustríssimo conteúdo doutrinal que ilumina a ideia do princípio da aplicação retroactiva da lei penal de conteúdo mais favorável com inteira validade no domínio do ilícito de mera ordenação social. Desta forma, como nos referem os Profs. Doutor Gomes Canotilho e Doutor Vital Moreira[162]: «é problemático o domínio de aplicação dos princípios consagrados neste artigo. A epígrafe "aplicação da lei criminal" e o teor textual do preceito parecem restringir a sua aplicação directa apenas ao direito criminal propriamente dito (crimes e respectivas sanções). § Há-de, porém, entender-se que esses princípios devem, no essencial, valer por analogia para todos os domínios sancionatórios, designadamente o ilícito de mera ordenação social (...)».

---

[162] In «Constituição da República Portuguesa Anotada, I, 2.ª ed.», p. 208.

Refere-nos ainda o Prof. Doutor Jorge de Figueiredo Dias[163]: «no que toca concretamente ao âmbito de vigência da lei das contra-ordenações, deverá sublinhar-se – dado que em alguns lados, v.g. numa parte da doutrina italiana, se acusa a substituição da categoria penal das contravenções pela categoria extrapenal das contra-ordenações de representar um inconveniente encurtamento dos direitos e garantias dos cidadãos -, que se transportam para o direito das contra-ordenações as garantias constitucionalmente atribuídas ao Direito Penal, nomeadamente as resultantes dos princípios da legalidade e da aplicabilidade da lei mais favorável».[164] Finalmente, segundo o Prof. Doutor Américo Taipa de Carvalho: «Não pode deixar de concluir-se que, quanto à responsabilidade penal, uma lei que "converte" uma infracção penal (crime ou contravenção) numa contra-ordenação é uma lei despenalizadora e que, enquanto tal, se aplica retroactivamente. Não se trata, pois, de uma verdadeira sucessão de leis penais, não intervindo, assim, o princípio da *lex mitior* (CP 1982/95, art. 2.º-4., e CP 1886, art. 6.º-2.ª), mas o princípio da lei despenalizadora, isto é, extintiva da responsabilidade penal (CP 1982/95, art. 2.º-2., e CP 1886, art. 6.º-1.ª e 3.ª)».[165]

Por outro lado, o período de 90 dias (acrescidos de 5 dias de *vacatio legis* conforme a Lei n.º 6/83 de 29 de Julho) de autorização legislativa protagonizado pela Lei n.º 89/89, de 11 de Setembro, foi desrespeitado pela promulgação do Decreto-Lei n.º 20-A/90, o qual incorreu deste modo num insuperável estado de inconstitucionalidade.[166] Em decisão aparente e paralelamente contraditória com a posição clara e anteriormente descrita *vide* o

---

[163] In «Jornadas de Direito Criminal...», p. 330.

[164] Ambas as citações *apud* Acórdão n.º 150/94, do Tribunal Constitucional, publicado no DR n.º 75/94, Série I – A, de 30 de Março de 1994. O referido Acórdão do Tribunal Constitucional encontra-se comentado por J. L. Saldanha Sanches in «A Aplicação Retroactiva da Lei Contra-Ordenacional», 1994.

[165] Para uma análise de relevo científico único duma das vertentes da sucessão de leis *vide* A. Taipa de Carvalho in «Sucessão de Leis Penais», 1997, especialmente pp. 114 e ss; e nomeadamente p. 133.

[166] Neste mesmo sentido, *vide* A. Silva Dias, «O Novo Direito Penal Fiscal Não Aduaneiro...», 1990, p. 16 e ss; e rp. in «Direito Penal Económico...», 1999, p. 239: «(...) Neste quadro, o diploma encontra-se irremediavelmente viciado de inconstitucionalidade. (...)». Já antes e depois deste artigo, no mesmo sentido *vide* respectivamente: 1.º N. Sá Gomes, «Notas Sobre a Aplicação no Tempo...», (1990), p. 11 e ss; 2.º L. D. da Silva Morais, «Incriminação de Infracções Fiscais Não...», 1993, p. 42 e ss.

Acórdão do Tribunal da Relação do Porto, de 10 de Maio de 2000[167]: «Para que se considere respeitado o prazo da autorização legislativa basta que ocorra dentro desse prazo a aprovação pelo Conselho de Ministros do decreto-lei emitido no uso dessa autorização. Foi o que aconteceu com o Decreto-lei n.28/84, de 20 de Janeiro». Esta questão – tudo indica pelo menos em relação ao diploma que estamos analisar – não nos surge como totalmente resolvida (não cabendo neste trabalho encontrar a respectiva solução definitiva), pois embora o período previsto pela Lei n.º 61/93 de 20 de Agosto, que autorizou o Governo a rever o RJIFNA, tenha sido oportunamente aproveitado pelo já referido e correspectivo Decreto-Lei n.º 394/93 de 24 de Novembro, o certo é que este último diploma, conforme o seu art. 2.º, alterou apenas os artigos 5.º, 9.º, 10.º, 11.º, 12.º, 18.º, 20.º, 21.º, 22.º, 23.º, 24.º, 25.º, 26.º, 27.º, 28.º, 29.º, 31.º, 32.º, 33.º, 34.º, 35.º, 36.º, 37.º, 38.º, 46.º, 47.º, 50.º, 51.º, 54.º e 56.º. Mesmo as alterações posteriores já referidas neste trabalho não deixam de ter por base essencial o DL n.º 20-A/90, ou seja o RJIFNA.[168] Problema totalmente diferente do referido anteriormente foi aquele que foi levantado, mais recentemente, pelo Acórdão do Tribunal Constitucional n.º 244/99, de 29 de Abril[169]: «a) Não julgar inconstitucional os ns. 1 e 2 do artigo 26.º do Regime Jurídico das Infracções Fiscais Não Aduaneiras, aprovado pelo Decreto-lei n.º 29-A/90, de 15 de Janeiro, na interpretação que deles fez a decisão recorrida; b) Interpretar a norma constante do artigo 14.º do Regime Jurídico das Infracções Fiscais Não Aduaneiras como apenas permitindo a pronúncia, em alternativa, pelo crime de fraude fiscal ou pelas contra-ordenações referidas no despacho respectivo, previstas e punidas pelos artigos do mesmo Regime Jurídico das Infracções Fiscais Não Aduaneiras que indica, na medida em que correspondam aos mesmos factos».

O Decreto-Lei n.º 20-A/90, de 15 de Janeiro, representou a sistematização num só diploma da legislação referente aos crimes e contra-ordenações fiscais como tradução lógica da incisiva reforma que se tinha desenvolvido previamente no sistema jurídico-tributário português.[170] Tratou-se claramente dum factor que marcou de forma vincada a linha evolutiva da

---

[167] Relator Teixeira Mendes, in sítio da Inter-rede, www.dgsi.pt.
[168] *Vide* num sentido um pouco diferente a Dr.ª I. Marques da Silva in «Responsabilidade Fiscal Penal Cumulativa...», 2000, p. 22, nota de rodapé n.º 8.
[169] Diário da República de 12 de Julho.
[170] Cfr. 1.º parágrafo do preâmbulo do DL n.º 394/93, de 24 de Novembro.

legislação – sublinhe-se! – penal portuguesa que desaguou nas *modernas* tendências europeias, por forma a contribuir para consagrar a bipartização entre crimes e contra-ordenações, como assumida substituição do sistema tripartido dos crimes, trangressões e contra-ordenações. Tal transformação legislativa ficaria plasmada com a publicação em 30 de Novembro de 1988 dos Decretos-Lei números 442-A/88[171], 442-B/88[172] e 442-C/88[173], por um lado; e, em 1 de Julho de 1989, do Decreto-Lei n.º 215/89[174,175]. Perante tal panorama a reforma profunda das infracções fiscais não aduaneiras constituiu a concretização duma imperiosa necessidade.[176]

---

[171] «Novo» regime jurídico do imposto sobre o rendimento das pessoas singulares (vulgarmente designado por IRS ou Código do IRS). Vide o DL n.º 198/2001, de 3 de Julho; mas também a Lei n.º 109-A/2001 (1.ª parte), de 27 de Dezembro e a Lei n.º 109-B/2001, de 27 de Dezembro (Orçamento de Estado 2002).

[172] «Novo» regime jurídico do imposto sobre o rendimento das pessoas colectivas (IRC ou Código do IRC).

[173] «Novo» regime jurídico da contribuição autárquica (CA ou Código da CA). Cfr. n. de r. n.º 45.

[174] «Novo» regime jurídico do estatuto dos benefícios fiscais (EBF). Cfr. n. de r. n.º 45.

[175] Entretanto alguns destes diplomas sofreram inúmeras alterações legislativas, incluindo a introdução de novas redacções nos respectivos artigos, que não vamos indicar aqui exaustivamente, nomeadamente e *brevitatis causa*, através da já referida «reforma fiscal» provocada também pela Lei n.º 30-G/2000, de 29 de Dezembro. Em plena conexão com a Lei anteriormente referida está a Lei n.º 30-F/2000, de 29 de Dezembro, com a Declaração de Rectificação n.º 3/2001, de 31 de Janeiro. Por outro lado, já antes destes novos regimes jurídicos, *vide* nomeadamente as alterações provocadas pela, também já mencionada, Lei n.º 39-B/94, de 27 de Dezembro de 1994, que aprovou o Orçamento do Estado para 1995; ainda o grande destaque para as linhas da RCM n.º 119/97, de 14 de Julho, sobre a «Reforma do Sistema Fiscal» propriamente dita; a também já apontada Lei n.º 127-B/97, de 20 de Dezembro, Lei do «Orçamento do Estado para 1998»; a RCM n.º 10/98, de 23 de Janeiro, que «aprova alterações às bases gerais da reforma fiscal da transição para o século XXI, aprovadas pela RCM n.º 119/97, de 14 de Julho». Por outro lado, e ainda dentro deste contexto «*reformista*», são de referir a Lei n.º 41/98 e o correspondente DL n.º 398/98, de 17 de Dezembro; o DL n.º 413/98, de 31 de Dezembro, que «aprova o regulamento da inspecção tributária; o DL n.º 6/99, de 8 de Janeiro; o DL n.º 376/99, de 21 de Setembro; o DL n.º 433/99, de 26 de Outubro. Grande e importante destaque, deve merecer o DL n.º 472/99, de 8 de Novembro. Merece ainda a nossa atenção o DL n.º 476/99, de 9 de Novembro. Por seu lado, a Lei n.º 30-B/2000, de 29 de Dezembro, que apresentou as «Grandes Opções do Plano para 2001». Lei do Orçamento de 29 de Dezembro. Deverão também ser salientados – naturalmente uns mais do que os outros – os seguintes diplomas: Portaria n.º 45-A/2001, de 22 de Janeiro; DL n.º 31/2001; DL n.º 134/2001, de 24 de Abril.

[176] Cfr. 2.º parágrafo do preâmbulo do Decreto-Lei n.º 20-A/90, de 15 de Janeiro.

É claro que a designada reforma fiscal propriamente dita, que deu origem à criação do RJIFNA, não significou apenas a alteração das bases de incidência e das regras de determinação da matéria tributável dos impostos referentes aos diplomas apontados. Traduzia igualmente uma ideia duma relação reforçada entre o contribuinte e a administração fiscal, baseada na incumbência dirigida ao primeiro da responsabilidade das suas declarações e comportamentos e na rigorosa vinculação legal da segunda no que se refere à totalidade dos seus actos.[177]

A criminalização dos comportamentos violadores dos interesses da Fazenda Nacional – interesses ou valores encabeçados pelo Fisco – é bem fruto de toda uma maré de eticização que atravessava e continua a caracterizar o Direito Penal secundário, que não só – nem a montante nem a jusante do fenómeno –, dizíamos, o *melhor designado* «Direito Penal fiscal».[178]

Será possível constatar, por outro lado, no preâmbulo do Decreto-Lei n.º 20-A/90 de 15 de Janeiro, pelo menos *uma tentativa*, de consagrar legislativamente – ou melhor, no direito positivo – um diploma que abarque mais do que a matéria do Direito Penal fiscal, a própria área do Direito Penal tributário? Parece-nos que não, pois tudo indica que este diploma pretende abranger somente a área do Direito Penal fiscal e não a zona científica do Direito Penal tributário (cfr. RGIT).[179]

---

[177] *Vide* o preâmbulo do DL n.º 154/91, de 23 de Abril, o qual aprovava o Código do Processo Tributário (entretanto revogado pelo art. 2.º do já conhecido DL n.º 433/99, de 26 de Outubro – o qual aprovou o novo Código de Procedimento e de Processo Tributário – «sem prejuízo das disposições que este expressamente mantenha em vigor».Cfr. igualmente – depois – o DL n.º n.º 15/2001, de 5 de Junho: CPPT).

[178] Cfr. 2.º parágrafo do preâmbulo do Decreto-Lei n.º 20-A/90, de 15 de Janeiro.

[179] *Vide* quanto à diferença entre direito fiscal e direito tributário a remissão da nossa n. de r. n.º 7. Cfr. ainda o 3.º parágrafo do preâmbulo do DL n.º 20-A/90, de 15 de Janeiro. Assim, de acordo com a interpretação mais correcta do art. 1.º do RJIFNA, que prevê o «âmbito de aplicação do diploma», são matérias que regulam impostos. Tal é o pressuposto da respectiva aplicação do diploma em questão. Não se trata, de forma alguma, duma qualquer prestação tributária que se diferencia do imposto: seria a situação concreta das taxas e figuras conexas. Quanto a esta parte final *vide* A. José de Sousa in «Infracções Fiscais...», pp. 51 – 52. *Vide* ainda, *apud* op. cit. p. 52, Cardoso da Costa in «Curso de Direito Fiscal, 2.ª ed., p. 4, acerca da definição de imposto: «Imposto é uma prestação pecuniária coactiva e unilateral, sem o carácter de sanção, exigida pelo Estado ou por outros entes públicos, com vista à realização de fins públicos». Ainda *apud* op. cit. p. 52, em anotação ao mesmo art. 1.º do RJIFNA: «Sobre a distinção entre imposto e taxas e outras figuras

Quanto à questão que mais nos interessa neste trabalho, devemos referir que o Decreto-Lei n.° 20-A/90 de 15 de Janeiro, contribuiu, também, para a resolução duma questão de primordial interesse que se foi estabelecendo no desenvolvimento das ciências jurídico-criminais e que consistia na aplicação – ou não aplicação – das penas criminais às pessoas colectivas: i.e., a responsabilidade penal das pessoas colectivas acabou por ser admitida. Razões de ordem essencialmente prática conduziram a que a excepção ao canône da individualidade na responsabilidade criminal se tornasse prática e contraditoriamente, ou talvez não, na regra do Direito Penal secundário. Parece ter sido uma ideia de necessidade, na procura de respostas ao desenvolvimento em catadupa duma série de acções delituosas susceptíveis de imputação a complexas organizações económicas, que se apresentou como uma das principais razões de base para o desenho ou consagração de tal responsabilidade.

Tal criminalização permite, em nossa opinião, separar – duma perspectiva evolutiva e científica – as acções delituosas imputáveis (ou susceptíveis de imputação) preponderantemente às grandes organizações económicas, daquelas que eventualmente lhes podem ser assacadas, no sentido de aleivosamente imputadas, isto porque é de lembrar que o Direito Penal, também, é um direito de garantias e protecção. Assim, existirá também uma oportunidade processual devidamente estabelecida para o ente colectivo se defender das acções delituosas que lhe são imputadas ou, eventualmente, de invocar causas de justificação. Aliás, se – e por outro lado -, inversamente, está consagrado o tipo de ilícito do art. 187.° do Código Penal, com a epígrafe «Ofensa a pessoa colectiva, organismo ou serviço»: cfr. o seu n.° 1; é porque, dizíamos, se considera que se pode passar o contrário, ou seja: «... afirmar ou propalar factos verídicos...», mas que, ao não existir responsabilidade penal colectiva (nomeadamente dos entes que exercem autoridade pública) ficarão impunes caso não se apure a respectiva responsabilidade individual!

O art. 11.° do Código Penal de 1982 permitiu precisamente plasmar a susceptibilidade de responsabilidade criminal das pessoas colectivas.[180]

---

afins, ver Alberto Xavier, Manual de Direito Fiscal, I, pág. 421 e segs. e Sousa Franco, Finanças Públicas e Direito Financeiro, vol. II 4.ª ed. pág. 59 a 66».

[180] Cfr. o art.° 11.° do CP (vide 1.2.3 do Capítulo III) que comentaremos em pormenor neste trabalho.

Na realidade, trata-se dessa possibilidade que o regime jurídico anteriormente referido veio efectivamente permitir.[181]

O preâmbulo do RJIFNA concluía, por outro lado, no que respeita à questão da aplicabilidade, ou não, de pena privativa da liberdade às pessoas singulares, que depois de «ponderados os interesses em confronto, optou-se tão-só pela previsão de penas de multa, sem prejuízo da aplicação, em alternativa, de pena privativa da liberdade, em caso de não pagamento daquela».[182]

De destacar também, é a inequívoca eleição do princípio da subsidiariedade do Código de Processo Penal, embora com a adequação a algumas especificidades técnicas.[183]

Quanto ao âmbito de aplicação do diploma, e na sequência daquilo que já referimos a montante, o art. 1.º do RJIFNA menciona, como critério formal, respectivamente nos seus parágrafos 1, 2 e 3 o seguinte: «O Regime Jurídico das Infracções Fiscais não Aduaneiras aplica-se às infracções às normas reguladoras dos impostos e demais prestações tributárias; § Para efeitos do disposto no número anterior, são abrangidas pelo presente Regime Jurídico as infracções fiscais às normas reguladoras do imposto sobre o rendimento das pessoas singulares, do imposto sobre o rendimento das pessoas colectivas e da contribuição autárquica, bem como dos restantes impostos, independentemente da sua natureza e qualquer que seja o credor tributário, e ainda às normas do Estatuto dos Benefícios Fiscais; § A lei determinará os casos e as condições em que o presente Regime Jurídico poderá ser aplicado a prestações de outra natureza».[184] No que diz ainda respeito ao âmbito de aplicação do diploma – além do Decreto-Lei n.º 140/95, de 14 de Junho (infracções às normas dos regimes jurídicos de

---

[181] Cfr. *passim* preâmbulo do Decreto-Lei n.º 20-A/90, de 15 de Janeiro.

[182] Cfr. 11.º parágrafo do preâmbulo do Decreto-Lei n.º 20-A/90, de 15 de Janeiro.

[183] Cfr. 21.º e ss parágrafos do preâmbulo do Decreto-Lei n.º 20-A/90, de 15 de Janeiro.

[184] *Vide* ainda A. José de Sousa in op. cit., pp. 51 – 52, onde refere o seguinte: «Além das "infracções fiscais às normas reguladoras" do I.R.S., I.R.C. e C.A., o presente Regime Jurídico aplica-se aos impostos cujos códigos não foram revogados pelos diplomas que regulam aqueles impostos (Reg. Imp. Sêlo, Reg. Imp. s/ Veículos, C.I.M.S.I.S.D». Quanto ao Estatuto dos Benefícios Fiscais, que constava – e continua a fundamentalmente a constar – do Decreto-Lei n.º 215/89 de 1 de Julho, são de referir várias alterações provocadas pela Lei n.º 30-G/2000, de 29 de Dezembro. Também aqui deverão ser, contudo, enquadradas todas as alterações que já anteriormente relatámos.

segurança social), o qual já foi por nós referido anteriormente e de todos os outros diplomas também por nós mencionados -, será ainda de mencionar os Decretos-Lei n.° 54/95, de 22 de Março e n.° 51/95, de 20 de Maio.[185]

O Regime Jurídico das Infracções Fiscais Não Aduaneiras, com as alterações supramencionadas, divide-se em três partes. A Parte I cuja epígrafe se intitula de «Princípios Gerais» e que se subdivide em três capítulos, que por sua vez apresentam as seguintes designações: Capítulo I – Disposições comuns; Capítulo II – Das disposições aplicáveis aos crimes fiscais; Capítulo III – Das disposições aplicáveis às contra-ordenações. A Parte II com a designação de «Das infracções fiscais em especial e das infracções contra a Segurança Social» e que contém, igualmente como a Parte I, três capítulos, nos quais se poderá observar contudo as diversas menções: Capítulo I – Dos crimes fiscais; Capítulo II – Dos crimes da Segurança Social; Capítulo III – Das contra-ordenações fiscais. A Parte III com o título «Do processo» divide-se, por sua vez, em dois capítulos que plasmam as seguintes denominações: Capítulo I – Processo penal fiscal e de Segurança Social; Capítulo II – Processo das contra-ordenações fiscais. Na Parte I, Capítulo I – «Disposições Comuns», interessa-nos principalmente analisar o preceito do art. 7.° (*correspondente* ao actual art. 7.° do RGIT) que trata da «Responsabilidade penal das pessoas colectivas e equiparadas». Será este o epicentro do problema a identificar e a procurar resolver neste trabalho[186]: daremos o nosso melhor, com muita humildade

---

[185] Cujos artigos 27.°s determinaram respectivamente a aplicação do RJIFNA ao incumprimento do disposto no Regulamento da Contribuição Especial Devida pela Valorização de Imóveis Decorrentes da Realização da Expo-98 e no Regulamento da Contribuição Especial Devida pela Valorização de Imóveis Decorrentes da Nova Ponte sobre o Rio Tejo. Vide Isabel Marques da Silva in op. cit., p. 24, n. de r. n.° 22.

[186] Não obstante, e como facilmente se verá melhor adiante, nomeadamente no estudo dos vários modelos de «responsabilidade» dos entes colectivos, este nosso estudo procurará abranger e alcançar de uma forma *global* uma série de conclusões que não poderão deixar de ter influência nas diferentes zonas de incriminação (e de sancionamento contra-ordenacional) no ordenamento jurídico português dos entes não singulares. Assim, as nossas conclusões procurarão analisar perspectivas e provocar efeitos desde logo no art. 11.° do CP. Mas também não escapam às nossas sugestões e conclusões – de uma forma directa ou de um modo indirecto – os seguintes diplomas legislativos vigentes ou não vigentes (as fronteiras geográficas visam, embora não de um molde exclusivista como se verá, o designado direito penal económico): art. 5.° do DL n.° 181/74, de 2 de Maio (revogado pelo DL n.° 630/76, de 28 de Julho); art. 29.°/1 do DL n.° 85-C/75, de 26 de Feve-

Capítulo II – A Legislação do Direito Penal Fiscal Português

e esforço, para procurar realizá-lo. Igualmente na Parte I, mas já no Capítulo II, não poderemos deixar de ter em consideração as disposições aplicáveis aos crimes fiscais. Serão estes os pontos mais relevantes para nós no contexto dos Princípios Gerais. De entre as infracções fiscais em especial e das infracções contra a Segurança Social da Parte II, a nossa atenção será naturalmente projectada nos «crimes fiscais» (Capítulo I) e nos «crimes da Segurança Social» (Capítulo II: esta última redacção/expressão, e salva maior autoridade de opinião, parece-nos assaz contraditória com o correspondente conteúdo, pois os crimes não são obviamente *da* Segurança Social). No enquadramento da Parte III e, portanto, do processo respectivo, pretendemos dar um relevo acentuado ao Capítulo I, o qual trata do Processo penal fiscal e de Segurança Social. É claro que toda a nossa actuação, na investigação de todos estes pontos, terá sempre como ponto de partida e linha do horizonte a «Responsabilidade penal das pessoas colectivas e equiparadas», que actualmente está consagrada no art. 7.º do RGIT. É tal vector que norteia a nossa *caravela no mar* desta parte específica do Direito Penal secundário, mais concretamente no Direito Penal fiscal. Restará referir que são diversos os factos típicos e ilícitos qualificados pela lei – neste caso concreto pelo Regime Jurídico das Infracções Fiscais Não Aduaneiras – como crime.

---

reiro; DL n.º 215-B/75, de 30 de Abril; DL n.º 630/76, de 28 de Julho; Lei n.º 14/79, de 16 de Maio; DL n.º 187/83, de 13 de Maio; art. 3.º do DL n.º 28/84, de 20 de Janeiro; DL n.º 424/86, de 27 de Dezembro (revogado); DL n.º 376-A/89, de 25 de Outubro (revogado; aqui é importante realizar uma comparação com o art. 7.º/5 do RGIT); art. 7.º/1 do DL n.º 20-A/90, de 15 de Janeiro (e DL n.º 394/93, de 24 de Novembro e DL n.º 140/95, de 14 de Junho); art. 32.º da Lei n.º 58/90, de 7 de Setembro (antiga «Lei da Televisão» entretanto revogada, também nesse aspecto, pela Lei n.º 32/03, de 22 de Agosto; a Lei n.º 4/2001, de 23 de Fevereiro é a chamada Lei da Rádio); art. 3.º/1 da Lei n.º 109/91, de 17 de Agosto; art. 320.º do DL n.º 36/03, de 5 de Março (Código da Propriedade Industrial). Também falaremos de outras áreas onde os entes colectivos são responsabilizados contra-ordenacionalmente: os artigos 36.º, 37.º, 38.º e 39.º, os quais constam da respectiva Secção I do Capítulo III (disposições gerais das contra-ordenações) da Lei n.º 11/2004, de 27 de Março («branqueamento de capitais»). Também o modelo consagrado no Código de Valores Mobiliários aprovado pelo DL n.º 486/99, de 13 de Novembro (e o anterior DL n.º 142-A/91, de 8 de Novembro), será necessariamente influenciado pelas nossas conclusões. Podemos dizer que o nosso estudo procurará influenciar qualquer diploma jurídico que preveja a responsabilização dos entes colectivos.

2.2. O art. 23.° do RJIFNA e algumas notas aos arts. 87.°, 103.° e 104.° do RGIT

Logo no início da Parte II, Capítulo I, deparámos com o crime de Fraude fiscal previsto e punido pelo preceito 23.° do RJIFNA.[187] Apesar das alterações que sofreu este tipo legal desde a redacção original, nomeadamente no que diz respeito ao elemento subjectivo, julgamos que continua a ser exigível que o agente procure obter uma vantagem patrimonial ilegítima.[188] Este crime também pode naturalmente ser praticado por omissão. Por outro lado, no n.° 4 deste artigo está previsto um crime de fraude fiscal agravado para o qual se vislumbra a possibilidade de aplicação duma pena de prisão de 1 a 5 anos. «Pelo contrário», o n.° 5 do art. 23.° do RJIFNA parece constituir um tipo privilegiado. No n.° 3 do art. 23.° do RJIFNA estão apontadas situações de facto que formam a «ocultação ou alteração de factos ou valores» referidos no n.° 2 do mesmo artigo, as quais por sua vez são «condutas ilegítimas tipificadas» da fraude fiscal nas várias modalidades descritas (art. 23.°/2, a) e b) do RJIFNA).[189] Trata-se afinal da adopção da técnica dos exemplos-padrão, a qual foi estudada, interpretada e resolvida nas suas mais importantes *questões-problema* pela Dr.ª Teresa Serra, ilustre Penalista e Docente universitária.[190]

Referia ainda o Prof. Doutor A. Silva Dias[191] uma nota bastante importante em relação ao n.° 3 do art. 23.° do RJIFNA e ao tema das pes-

---

[187] Cfr. art. 23.° do DL n.° 20-A/90, de 15 de Janeiro, com a redacção do DL n.° 394/93, de 24 de Novembro e a alteração da epígrafe da Parte II pelo art. 1.° do D.L. n.° 140/95, de 14 de Junho. Entretanto cfr. actualmente os arts. 87.°, 103.° e 104.° do RGIT, os quais serão analisados mais adiante.

[188] Cfr., no mesmo sentido, A. José de Sousa in «Infracções Fiscais (Não Aduaneiras)», pp. 87 – 88.

[189] Cfr. A. José de Sousa in «Infracções Fiscais (Não Aduaneiras)», pp. 89 e ss. Por seu lado, cfr. A. Silva Dias, in «Crimes e...», «Direito Penal Económico...», 1999, p. 451, na qual refere o seguinte: «Por outro lado, parece-nos que estão excluídas das declarações referidas nas als. a) e b) do n.° 2, as que são objecto de obrigação acessória do sujeito passivo ou de terceiros, como, por exemplo, as declarações de início ou de cessação da actividade. (...) os deveres de colaboração cuja violação consubstancia o desvalor da acção dos crimes fiscais que dizem respeito à obrigação tributária principal, devendo a violação de deveres de colaboração preparatórios ou acessórios desta constituir eventualmente uma contra-ordenação».

[190] *Vide* acerca da técnica dos exemplos-padrão, Teresa Serra in «Homicídio Qualificado...», 1990.

[191] In «Crimes e...», «Direito Penal Económico...», 1999, p. 452.

soas colectivas: «Estranhamente, só a concorrência de duas ou mais circunstâncias referidas nas als. c) a f) e só quando se trata de pessoas singulares, pode ditar uma agravação da pena de prisão para 1 a 5 anos. O que significa "a contrario" que não tem lugar a agravação se o prejuízo patrimonial pretendido, por mais elevado que seja, concorrer com uma qualquer daquelas circunstâncias, ou se, apesar de concorrerem todas, o agente for uma pessoa colectiva, soluções que não nos parecem política e criminalmente correctas, porque não tomam em conta a intensidade da lesão patrimonial, nem a circunstância de que as fraudes mais vultuosas provêm de pessoas colectivas. Perante este quadro, o n.º 5 só se aplica nos casos de celebração de negócio simulado (al. c) do n.º 1) ou naqueles em que a alteração ou ocultação de dados ou valores for acompanhada de uma das circunstâncias das als. b) a f) do n.º 3». Actualmente, e não obstante, é preciso confrontar o art. 104.º/1 do RGIT.

Tudo indica que quem comete este crime é o autor material das declarações preenchidas com factos ou valores alterados ou ocultados. É claro que o autor sempre poderá ser o representante legal ou voluntário como o próprio sujeito passivo ou contribuinte: a pessoa que assina e realiza a inscrição da apresentação das correspondentes declarações. Normalmente, este representante actuará com intenção de conseguir uma vantagem patrimonial indevida para outrem, i.e., para o sujeito passivo ou para o contribuinte que representa.[192] O art. 6.º do RJIFNA pune a actuação em nome de outrem, contudo aplicar-se-ão as regras da comparticipação, previstas na Parte Geral do Código Penal português, caso se verifique um acordo entre representante e representado no que se refere às assinatura e entrega da declaração pelo primeiro. O montante de imposto que o sujeito passivo não pretendeu pagar como resultado da omissão de declaração ou da sua artificiosa deturpação, será afinal a «vantagem patrimonial ilegítima pretendida» descrita na alínea a) do n.º 3 do art. 23.º do RJIFNA. Com a nova redacção do tipo de ilícito do art. 23.º do RJIFNA aposta pelo Decreto-Lei n.º 394/93, de 24 de Novembro, parece que o legislador procurou acentuar o desvalor de acção, visando desta forma modelar este crime como um crime de perigo, no qual – e portanto – a respectiva consumação não careceria da concreta «obtenção das vantagens patrimoniais indevidas»?[193]

---

[192] Cfr. Alfredo José de Sousa in «Infracções Fiscais...», p. 90.
[193] *Vide* no sentido da qualificação do tipo de crime como crime de perigo concreto,

Julgamos, com maior precisão, tratar-se dum crime de resultado cortado como já justificaremos. Contudo, anteriormente a esta nova redacção, tudo indiciava que este mesmo crime do art. 23.º do RJIFNA se baseava num modelo estruturado, já não no desvalor de acção, mas um pouco mais a jusante, no desvalor de resultado.[194] Assim, desta forma, a tutela penal teria sido antecipada? Iremos realmente verificar se assim é. Já sabemos que uma das notas mais marcantes e características do Direito Penal secundário e, portanto, do Direito Penal fiscal – que lhe pertence! – é a relação de codeterminação recíproca entre o bem jurídico e a conduta típica.[195] Embora não exista um modelo único para a delimitação da factualidade típica do crime de Fraude fiscal e, por conseguinte, da inteligibilidade do respectivo bem jurídico, é possível estabelecer três modelos essenciais:[196] 1.º os regimes e ordenamentos jurídicos que moldam a infracção como um crime de dano, o qual ficará consumado se se verificar concretamente um prejuízo patrimonial infligido ao Estado-fisco. É este o caminho concretamente seguido, em determinada altura, pelo direito positivo alemão que incrimina e pune como *Steuerhinterziehung*, conforme o

---

Silva Dias, in «Crimes e Contra...», «Direito Penal... », 1999, p. 455 e ss.; e T. Beleza in Parecer não publicado *apud* op. cit. *ibidem i..*

[194] Cfr. A. José de Sousa in «Infracções Fiscais...», p. 91, onde o ilustre Autor cita igualmente os Prof. Doutor Figueiredo Dias e Prof. Doutor Faria Costa: «(...) Não curando, neste momento, de expender outras razões, também elas pertinentes e mesmo fundamentais, pode afirmar-se que se optou basicamente, em consonância com o restante ordenamento jurídico-penal, por um modelo baseado no desvalor do resultado".» E ainda: «Face à actual redacção deste tipo legal afigura-se-nos que o legislador optou por privilegiar o desvalor da acção, configurando a fraude fiscal como um crime de perigo, cuja consumação não depende da efectiva "obtenção das vantagens patrimoniais indevidas".». Por estrito interesse para esta questão cfr. a redacção original do crime de fraude fiscal no DL n.º 20-A/90, de 15 de Janeiro.

[195] *Vide* J. de Figueiredo Dias e M. da Costa Andrade in «O Crime De Fraude Fiscal...», RPCC, 1996, pp. 71-110; e republicado in «Direito Penal Económico...», 1999, p. 418.

[196] *Vide* J. de Figueiredo Dias e M. da Costa Andrade in op. cit., p. 419; cfr. igualmente *apud* op. cit., nota de rodapé n.º 12: K. Tiedemann, «*Wirtschaftsstrafrecht und Wirtschaftskriminalität, 2. Besonderer Teil, Hamburgo,* 1976», p. 117 e ss; Kohlmann, «*Steuerstrafrecht, Köln,* 1992», § 370, n.º 9.4.; A. Silva Dias, «o novo Direito Penal Fiscal Não Aduaneiro...», 1990, p. 29 e ss. e rp. in «Direito Penal Económico...», 1999, pp. 239 e ss; E. Gersão, «Revisão do Sistema Jurídico...», Lisboa, 1976, p. 21 e ss.; e ainda, para uma síntese de direito comparado, Bruron, «*Droit pénal fiscal*», Paris, 1993, p. 141 e ss. Tudo isto *apud* op. cit., p. 419, n de r n.º 12.

§ 370 da *Abgabenordnung* (1977), *«Quem § 1. prestar às autoridades fiscais ou outras autoridades declarações falsas ou incompletas sobre factos com relevância fiscal, § 2. omitir às autoridades fiscais informações que esteja obrigado a prestar sobre factos com relevância fiscal § e, por essa via, obtiver a redução de impostos ou obtiver para si ou para terceiro, um benefício fiscal indevido».* É, pois, uma via similar ao crime de Fraude fiscal do original RJIFNA português. Por isso a doutrina e jurisprudência alemãs maioritárias mostram uma clara tendência a definir o bem jurídico protegido na linha daquilo que foi propugnado pelo anteriormente designado *Reichsgericht* (Supremo Tribunal do «*Reich*»; correcta e actualmente designado por «*Bundesgerichtshof*»!), ou seja, a concepção do bem jurídico como «a pretensão do Estado ao produto integral de cada espécie singular de imposto» ou ainda «o interesse público no recebimento completo e tempestivo dos singulares impostos». Como refere Klaus Tiedemann, é da tutela de um património, que de particular tem apenas a circunstância de ser um património encabeçado pelo Estado, na veste de Fisco.[197] *Brevitatis causa* nas palavras dos Prof. Doutor Jorge de Figueiredo Dias e Prof. Doutor Manuel da Costa Andrade in op. cit. e dentro do contexto deste caso específico: «resumidamente, a Fraude fiscal há-de, no essencial, reconduzir-se a uma forma especial de *Burla*, em cuja factualidade típica terá, consequentemente, de avultar o *dano patrimonial causado ao Estado*»; 2.º a concepção da Fraude fiscal como exclusiva violação dos deveres de informação e de verdade que recaem sobre o cidadão contribuinte. Nas linhas de Kohlmann, Bacigalupo e Silva Dias, esta segunda visão das coisas delimita o bem jurídico com um enquadramento que surge de encontro aos valores da verdade e da transparência. Afastando-se da ideia de vertente patrimonialista, este bem jurídico vai acoplar na característica arquitectura dos bens jurídicos dos crimes de falsificação, i.e., «a segurança e a fiabilidade do tráfico jurídico com documentos»[198], mas já na zona precisa da concreção fiscal. *Brevitatis causa* nas palavras dos Prof. Doutor Jorge de Figueiredo Dias e Prof. Doutor Manuel da Costa Andrade in op. cit. na nossa nota de rodapé imediatamente antes da anterior e nesta

---

[197] *Apud* Figueiredo Dias e Costa Andrade in op. cit., p. 420 e n. r. 15: Tiedemann, op. cit., anterior, p. 118.

[198] *Apud* Figueiredo Dias e Costa Andrade in op. cit., p. 421. Em sentido similar, Krey, *Strafrecht. Besonderer Teil*, Bd. I, Köln, 1972, p. 272; K. Lackner, *Strafgesetzbuch mit Erläuterungen, München*, 1989, vol. 3, p. 144.

situação concreta: «Neste plano, avulta logo o facto de a *lesão* ou o *dano* – ou, consoante os casos, o benefício – patrimonial não aparecer como elemento autónomo do tipo. O tipo e a ilicitude esgotam-se no atentado à transparência fiscal, um interesse *"pródrómico* e independente da verificação do resultado lesivo (exterior à conduta)" (Gallo)».[199] 3.º protegendo ambivalentemente os interesses patrimoniais-fiscais, por um lado; e a transparência–verdade, por outro lado, surge-nos um modelo misto já não de carácter extremado como os anteriores, o qual é afinal aquele que está plasmado na lei penal portuguesa. Trata-se dum elemento subjectivo especial: «que visem a não liquidação, entregas ou pagamento do imposto ou a obtenção indevida de benefícios fiscais...»[200] que associa o elemento estranho ao tipo – o dano patrimonial –, i.e., como referente expresso da intenção do agente.[201] Trata-se, portanto, de um crime de tendência interna transcendente ou dum crime de resultado cortado, em que «o agente almeja um resultado, que há-de ter presente para a realização do tipo, mas que não é preciso alcançar» (Jescheck).[202] Assim, ao contrário do que se passa com o supramencionado segundo modelo, além da falsidade tem que existir a intenção de provocar o danoso resultado sobre o património fiscal. Mas, também inversamente ao primeiro modelo, o danoso resultado não constitui pressuposto da consumação da correspondente infracção.[203]

---

[199] *Apud* Silva Dias, «O Novo...Fiscal...», 1990, p. 16 e ss; e rp. in «Direito Penal Eco...», 1999, p. 239 e ss..

[200] Cfr. art. 23.º do RJIFNA. Cfr. igualmente art. 103.º do RGIT. No entanto, como se sabe, existe agora o crime de «burla tributária» p. e p. no art. 87.º do RGIT.

[201] *Vide* Figueiredo Dias e Costa Andrade in op. cit., p. 422: «*Brevitatis causa*: comprovada a intenção do agente de infligir um dano ao património fiscal (ou, consoante os casos, a obtenção de um benefício indevido), a sua produção efectiva não é indispensável à consumação da infracção». Afirmando, dum outro ponto de vista, que não se deve interpretar a expressão «que visem» como denominativa de uma intenção específica, pré-conclui A. Silva Dias, in «Crimes e Contra-Ordenações...», «Direito Penal Económico...», 1999, pp. 456-458: «Em suma, "que visem" tem aqui o sentido de que "sejam especialmente adequadas", sentido esse que tem naturalmente de ser abrangido pelo dolo. É necessário pois que o agente tenha conhecido e querido essa especial adequação em qualquer das modalidades do art. 14 do CP».

[202] *Vide* Jescheck in «*Tratado de Derecho Penal, Parte General*», 1993, p. 286 e ss; Jakobs, *Strafrecht, Allgemeiner Teil*, Berlim, 1991, p. 176 e ss., *apud* J. de Figueiredo Dias e M. da Costa Andrade in op. cit., p. 422.

[203] *Vide* Jorge de Figueiredo Dias e Manuel da Costa Andrade in op. cit., pp. 422--423.

Depois da pintura deste enquadramento, tudo indica que o bem jurídico, protegido pela incriminação da fraude fiscal, reside na fiabilidade e segurança do tráfico jurídico com documentos na especial zona da prática fiscal e não no próprio património fiscal enquanto tal. Os Prof. Doutor Jorge de Figueiredo Dias e o Prof. Doutor Manuel da Costa Andrade[204] referem, também, um pouco antes: «resumidamente, no que ao chamado tipo objectivo concerne, necessário – e suficiente – ao preenchimento da factualidade típica da Fraude fiscal é apenas o atentado à verdade ou transparência corporizado nas diferentes modalidades de falsificação previstas no n.º 1 do artigo 23.º do RJIFNA. Uma infracção se consumará mesmo que nenhum dano/enriquecimento indevido venha a ter lugar».[205]

Pelo que se trata – tão só e não mais do que isso – da própria verdade e transparência como bem jurídico-penal da incriminação que estamos concretamente a analisar. Uma racionalidade que sentimos ser aprofundada pela possibilidade de «arquivamento do processo e isenção e redução da pena» previstas no art. 26.º do RJIFNA, que tem como chave principal do seu desencadeamento a *reposição da verdade sobre a situação fiscal*.[206] Ora, o RGIT continua, numa essência profunda, a respeitar este mesmo raciocínio. Basta verificar a redacção inicial do art. 22.º do RGIT, o qual

---

[204] In op. cit., pp. 425.

[205] Em relação ao objecto dos crimes fiscais, na sua generalidade, o Prof. Doutor Silva Dias, in «Crimes e Contra... », «Direito Penal Económico...», 1999, pp. 445-448, parece ter uma visão em moldes semelhantes, mas não iguais: «o legislador português preferiu o modelo misto enveredando por uma solução intermédia consubstanciada na protecção do património fiscal do Estado e de valores de verdade e lealdade fiscal». Um pouco mais à frente diz ainda que «Os deveres de colaboração do contribuinte com a administração fiscal formam, como vimos, a base institucional de protecção do bem e não o próprio bem. Não subscrevemos, pois, as teses que elevam os deveres mencionados à categoria de bem jurídico das incriminações fiscais, isoladamente ou a par do erário público». Finalmente, quanto ao ilícito penal, parece que «o bem jurídico é constituído pelas receitas fiscais no seu conjunto e a base normativa, cuja violação integra o desvalor da acção, é constituída pelos deveres de colaboração que municiam tecnicamente o dever geral de pagar imposto, dever fundamental de cidadania que, relacionando a conduta típica com as receitas fiscais e as respectivas finalidades, lhe confere ressonância e desvalor ético-social».

[206] *Vide* J. de Figueiredo Dias e M. da Costa Andrade in op. cit., pp. 425-426. No mesmo sentido, no que diz respeito ao art. 26.º, *vide* A. José de Sousa in «Infracções Fiscais (Não Aduaneiras)», pp. 119: «pode inferir-se deste regime que a verdade na situação fiscal do Estado é o núcleo do bem jurídico protegido pelos crimes de fraude fiscal (art. 23.º) e abuso de confiança fiscal (art. 24.º)».

tem como epígrafe a «Dispensa e atenuação especial da pena»: «1 – Se o agente repuser a verdade sobre a situação tributária e o crime for punível com pena de prisão igual ou inferior a três anos, a pena pode ser dispensada se:...». No que diz respeito às disposições aplicáveis às contra-ordenações, e não obstante aquilo que já foi referido, é importante, por um lado, confrontar igualmente o art. 32.º («Dispensa e atenuação especial das coimas»); o art. 33.º («Prescrição do procedimento»); e o art. 34.º («Prescrição das sanções contra-ordenacionais»). Por outro lado, no âmbito do processo penal tributário, não podemos também esquecer o art. 44.º («Arquivamento em caso de dispensa de pena») e o art. 45.º («Comunicação do arquivamento e não dedução da acusação»). Já no que se refere às disposições gerais do processo de contra-ordenações tributárias temos que destacar o art. 61.º («Extinção do procedimento por contra-ordenação»); o art. 62.º («Extinção da coima»); e o art. 64.º («Suspensão do processo e caso julgado das sentenças de impugnação e oposição»). No que diz respeito à fase administrativa, no quadro do processo de aplicação das coimas, são de realçar o art. 77.º («Arquivamento do processo») e o art. 78.º («Pagamento voluntário»). Por seu lado, na fase judicial, destaca-se o art. 84.º («Efeito suspensivo»).

Os Prof. Doutor Américo A. Taipa de Carvalho e Prof. Doutor José M. Damião da Cunha[207], por seu lado, referem o seguinte: «...entendemos que o crime de fraude fiscal, previsto no art. 23.º do RJIFNA, é um crime formal de perigo, sendo o bem jurídico tutelado o património fiscal do Estado. § Precisamente, quando se diz que, diferentemente do que se passa no crime de abuso de confiança fiscal (art. 24.º), na fraude fiscal há uma "tutela avançada ou antecipada" do património fiscal, está-se, implicitamente, a afirmar que é este o bem jurídico directamente protegido por este tipo legal de crime».

Sem querermos ser demasiado simplistas, parece-nos, pois, ser indubitável, no mesmo sentido traçado pelos ilustres Autores citados, que o terceiro modelo apontado é aquele no qual se insere a incriminação da Fraude fiscal no direito português.[208] Desta forma, parece-nos, igualmente, que

---

[207] In «"Facturas Falsas": Crime de Fraude Fiscal ou de Burla?», 1998», p. 860.
[208] *Vide*, para a descrição dos três modelos descritos, Jorge de Figueiredo Dias e Manuel da Costa Andrade in op. cit., pp. 427-428. Cfr. agora os arts. 103.º e 104.º do RGIT e também o art. 87.º do mesmo RGIT.

este crime fica consumado mesmo que nenhuma vantagem patrimonial indevida ou dano venha a concretizar-se.

No meio envolvente das novas tecnologias – como é o caso da *Internet* – e da nova economia, a qual é proporcionadora de novos canais comerciais como será o caso do comércio electrónico, será importante salientar[209] que o alvo da falsificação ou viciação, provocadores do crime de fraude fiscal agravado, poderão ser naturalmente as declarações registadas em meios técnicos e notações técnicas, os quais são utilizados usualmente pelas empresas.[210] De uma outra perspectiva de análise será importante referir que o conceito de funcionário público que é referido no art. 23.º do RJIFNA (art. 104.º do RGIT) é aquele que está no art. 386.º do Código Penal com a redacção que lhe é outorgada pelo art. 1.º da Lei n.º 108.º/2001, de 28 de Novembro, a qual, segundo o seu art. 4.º entrou «...em vigor em 1 de Janeiro de 2002»; o negócio jurídico simulado está definido no art. 240.º do Código Civil[211]; e a substituição de pessoas acontece assim que uma das partes que consta do negócio não é a pessoa com quem a outra parte realmente contratou. Se se verificar pagamento do imposto de sisa inferior ao devido, derivado do facto de se manifestarem

---

[209] In «O Comércio Electrónico-Alguns Aspectos...», fazemos um estudo alargado acerca do trabalho de Tim Berners Lee – investigador do *European Center for Particle Research* – que finalizou a arquitectura informática do «Worl Wide Web» e sobre os aspectos gerais da problemática jurídico-económica da *Internet*. Cfr. bibliografia.

[210] *Vide* A. José de Sousa in «Infracções Fiscais (Não Aduaneiras)», p. 95. Por outro lado será importante referir o DL n.º 290-D/99, de 2 de Agosto, que «aprova o regime jurídico dos documentos electrónicos e da assinatura digital», entretanto alterado pelo DL n.º 62/2003, de 3 de Abril; e o DL n.º 375/99, de 18 de Setembro, relativo à «factura electrónica» juntamente com o respectivo Decreto Regulamentar n.º 16/2000, de 2 de Outubro. Quanto à utilização de novas tecnologias no cumprimento das obrigações declarativas de natureza tributária *vide* a Portaria do Ministério das Finanças n.º 51/2004, de 16 de Janeiro.

[211] *Vide* A. José de Sousa in op. cit., pp. 96-97: «os casos mais conhecidos de negócios jurídicos simulados para efeitos fiscais, visam o pagamento de sisa ou imposto sobre sucessões e doações por valor inferior ao devido. § Mas são também frequentes as operações simuladas ou em que seja simulado o preço constante da factura ou documento equivalente para efeitos de dedução ou reembolsos indevidos do I.V.A. (cfr. n.º 3 do art. 19.º do respectivo Código)». O art. 19.º/3 do CIVA refere o seguinte: «3 – Não poderá deduzir-se imposto que resulte de operação simulada ou em que seja simulado o preço constante da factura ou documento equivalente». *Vide*, sobre a simulação no Direito Civil e no Direito Penal, A. Silva Dias, in «Crimes e Contra... », «Direito Penal Económico E Europeu...», 1999, pp. 452-454. Quanto às alterações ao regime jurídico da SISA *vide* as nossas referências anteriores no Capítulo I.

dolosamente factos ou valores ocultados ou alterados, nas declarações dos art.s 48.° e 49.° do CIMSISD, tudo indica que estão preenchidos o tipo objectivo e o tipo subjectivo do tipo de ilícito do art. 23.° do RJIFNA.[212] Factos como a danificação, ocultação, inutilização ou destruição dos documentos são contra-ordenações, perante o art. 33.°, se não se assumirem eles próprios como «ocultação ou alteração de factos ou valores» conforme está previsto no n.° 3 do art. 23.° (e punido no n.° 4 do mesmo artigo). Caso o contribuinte modifique os valores das deduções nas declarações periódicas que manifesta para cálculo do IVA com intenção de alcançar reembolsos indevidos de modo a prejudicar as receitas fiscais, então está consumado o crime de Fraude fiscal. Também haverá Fraude fiscal consumada se alguém ocultar ou alterar factos ou valores integradores de benefícios fiscais por forma a pagar menos imposto do que o efectivamente devido.[213]

No contexto do direito comparado, mais concretamente em Espanha, entendeu-se, por parte de alguns autores de renome, que o bem jurídico tutelado – pela incriminação da fraude fiscal – seria a Fazenda Pública[214] como sistema dinâmico de obtenção de receitas e realização de despesas, i. e., mais do que património estático do Estado. É um bem jurídico dife-

---

[212] *Vide* Alfredo José de Sousa in op. cit., pp. 97-98. Cfr. art. 103.° do RGIT. Ver nota anterior. Será importante verificar, por outro lado, se, nestes casos concretos de *fuga à sisa*, não estarão igualmente verificadas (?) situações de co-autoria ou instigação (cfr. art. 26.° do CP) por parte, por exemplo, de certas instituições financeiras, bancárias e empresas imobiliárias (e respectivos trabalhadores e/ ou colaboradores) que constantemente, por meio, v.g., da publicidade, instigam publicamente (v.g. cfr. art. 297.° do CP que p. e p. a «Instigação pública a um crime»; *vide*, na respectiva anotação, Helena Moniz in «Comentário Conimbricense..., Tomo II, Artigos 202.° A 307.°», p. 1143: «Exige-se uma actuação **dolosa** do agente, bastando, no entanto, o dolo **eventual**»), apelam privadamente e tentam facilitar, de todos os modos possíveis, a concessão e aceitação de diversos empréstimos que proporcionam aos seus clientes uma *fuga obrigatória à sisa*, coadjuvada, por sua vez e em muitos dos casos, pelas imposições dos vendedores dos imóveis, dentro dum mercado de baixa concorrência e de monopólio.

[213] *Vide* Alfredo José de Sousa in op. cit., pp. 99. Cfr. art. 103.° do RGIT.

[214] Cfr. o TÍTULO XIV do CP espanhol de 1995: «*De los delitos contra la Hacienda Pública y contra la Seguridad Social*»: arts. 305.° a 310.°. Mas também a *Ley* n.° 230/1963, de 28 de Dezembro, *General Tributaria*. (BOE de 31 de Dezembro) que contém aquilo que nós chamamos de «Direito de mera ordenação social», embora, como vamos ver, certa Doutrina considere tratar-se, em alguns casos particulares sancionatórios, duma «Burla de Etiquetas», i.e., de verdadeiro penal que «finta» a impossibilidade de responsabilizar criminalmente os entes colectivos no CP espanhol: v.g. Z. Rodríguez in op. cit. *passim*.

rente daquele de que são titulares os membros da comunidade, já que a não arrecadação dos impostos devidos ou a realização incorrecta da despesa pública, se repercute negativamente sobre os benefícios que cada cidadão espera obter do Estado na sua actuação sobre a vida social.[215]

Outro problema é o das sociedades reais ou fictícias que estão concertadas com o sujeito passivo do IVA, ao qual emitem facturas falsas para serem usadas para reembolsos ou deduções. É precisamente aqui que surge a divergência de posições acerca da utilização de «facturas falsas» em prejuízo do Fisco: é esta uma situação que deve ser tratada jurídico e penalmente como crime de burla (Código Penal de 1995: arts. 217.º ou 218.º) ou como crime de fraude fiscal (23.º RJIFNA)?[216] Optamos claramente em prol da qualificação jurídico-penal da conduta normalmente chamada de «facturas falsas» como crime de fraude fiscal. De entre as teses defensáveis neste contexto, aquela que nos parece, inclusive, metodologicamente imposta – e como temos vindo a indiciar – é a tese da relação de especialidade entre Direito Penal fiscal e o Direito Penal comum.[217] A outra tese que qualifica jurídico-penalmente as «facturas falsas» como crime de fraude fiscal, é a tese da impossibilidade de o Estado poder ser vítima do crime de burla[218], pelo que haveria uma qualificação correspondentemente lógica como crime de fraude fiscal». Mas, continuando a acompanhar os mesmos autores, todas as pessoas colectivas privadas ou públicas – em princípio – têm os seus componentes individuais como são os seus representantes, órgãos, trabalhadores ou colaboradores, procuradores e outros que tal. Ora, todos eles, naturalmente, podem ser induzidos em erro, ludibriados, enganados, defraudados ou burlados. Sabemos que as decisões dos representantes do Estado são decisões do próprio Estado. Curioso é ainda o argumento aduzido pelos mesmos Autores: «se, hoje, já é admitida a responsabilidade penal das pessoas colectivas enquanto tais

---

[215] Vide G. Torre e Ferré Olivé, in «Todo sobre el fraude tributário», pp. 2 e 20, apud A. J. Sousa in op. cit. p. 100.

[216] Depois de cfr. a redação do art. 103.º (fraude) e art. 104.º (fraude qualificada) do RGIT, cfr., contudo, o actual art. 87.º do RGIT que p. e p. o «crime de burla tributária» e, portanto, aplica-se tanto à matéria aduaneira como à matéria fiscal.

[217] Cfr. Jorge de Figueiredo Dias e Manuel da Costa Andrade in «O Crime De Fraude Fiscal No Novo Direito Penal Tributário Português...»; RPCC, 1996, pp. 71-110; e republicado in «Direito Penal Económico E Europeu...», 1999, pp. 411-438.

[218] Cfr. Américo Taipa de Carvalho e José Damião da Cunha in op. cit. p. 857-858. Agora: art. 87.º RGIT.

(admissibilidade esta que, em nosso entender, é questionável quer quanto à sua legitimidade quer, sobretudo, quanto à sua necessidade prática, uma vez que há o direito de contra-ordenações...), então, a fortiori, não se vê razão para afirmar a insusceptibilidade de o Estado poder ser vítima do crime de burla ou outros análogos[219]».

Natural e logicamente antes do problema do concurso de normas ou concurso aparente ou legal de crimes, por um lado; e concurso de crimes ou concurso efectivo, verdadeiro ou puro, por outro lado, está a questão muito mais profunda e básica – porque prévia – da própria especificidade e autonomia dos regimes jurídicos das infracções fiscais em contraposição com os crimes de direito comum. A identidade ético-social e jurídico-penal própria dos crimes fiscais permite referir com os ilustres Autores desta tese que «nunca seria punível como crime de Burla nos termos do Código Penal o ilícito que apenas atingisse o património do Fisco», pelo que só seriam aplicadas as sanções penais fiscais.[220] Como refere o Prof. Doutor Augusto Silva Dias:[221] «Criticável nos parece ser a posição de Alfredo José de Sousa, ao defender a existência de um concurso efectivo ideal entre a fraude fiscal e a burla do art. 217 do CP. Como vimos, uma tal solução é de rejeitar à luz de qualquer dos entendimentos acerca da estrutura típica da fraude fiscal». Por outro lado e voltando a acompanhar os Autores, Prof. Doutor Américo Taipa de Carvalho e Prof. Doutor José Damião da Cunha (in op. e pp. cit.) passamos a citar com a nossa concordância: «- Como apreciação crítica, deve dizer-se que esta tese só será defensável para a hipótese em que a conduta fraudulenta em causa visasse directamente um duplo prejuízo patrimonial (e um correspondente enriquecimento): o prejuízo de um terceiro e o prejuízo do Fisco. (...)». Ainda dentro do enquadramento das «facturas falsas» que são qualificadas jurídico-penalmente como crime de burla, temos a tese da relação de con-

---

[219] Assim, p. ex., Mário Monte, «O chamado "crime de facturas falsas"», in *Scientia Iuridica*, 1996, p. 374 s..

[220] *Vide* globalmente contra esta posição, A. José de Sousa in op. cit., pp. 102-106, onde transcreve parte do Acórdão do STJ, de 15 de Dezembro de 1993 (C.T.F. n.º 372, p. 219). Cfr. ainda N. Sá Gomes, *apud* A. J. de Sousa *idem ibidem*, in C.T.F. n.º 376, pág. 53. Cfr., por seu lado, sobre este assunto e com opinião ligeiramente *diferente*, o Prof. Doutor A. Taipa de Carvalho e o Prof. Doutor J. Damião da Cunha, in op. cit. p. 855 (e pp. 853-854). No mesmo sentido (*apud* op. cit. pp. 855-856) *vide* J. de Figueiredo Dias e M. da Costa Andrade in op. cit. p. 108 e ss..

[221] In «Crimes e Contra... », «Direito Penal Económico E Europeu:...», 1999, p. 461.

sumpção entre o crime de burla e o crime de fraude fiscal. Esta tese também é de rejeitar, pois, como já referimos, o crime de fraude fiscal é um crime de resultado cortado (para os Prof. Doutor Américo Taipa de Carvalho e Prof. Doutor José Damião da Cunha, in op. cit. p. 856, trata-se dum «tipo legal de crime formal e de perigo»). Em todo o caso será sempre uma incriminação que procura realizar uma tutela antecipada. De contrário, para que serviria o Regime especial das Infracções Fiscais Não Aduaneiras? Todo o processo histórico e político-criminal (e científico) seria posto de lado. Eis a nossa opinião. *Vide*, ainda assim, tudo o que referimos, a título presentemente conclusivo, no final deste ponto sobre os casos das «facturas falsas».

Mesmo que fosse ultrapassado este obstáculo argumentativo e racional – o que nos parece presentemente impossível[222] – afastamos em definitivo, neste ponto muito preciso, a tese perfilhada pelo Dr. Alfredo José de Sousa (op. cit.), de concurso ideal e, portanto, de concurso efectivo, verdadeiro ou puro, baseada na correspondente tutela das incriminações de diferentes bens jurídicos. Para isso bastará seguir a tese propugnada pelo Prof. Doutor Eduardo Correia[223] da pluralidade de juízos de censura, espelhado por uma pluralidade de resoluções autónomas (de desrespeito do dever de cuidado na negligência; e no cometimento de crimes no dolo). É que o agente pode violar várias vezes o mesmo interesse jurídico; ou vários interesses jurídicos, em qualquer destes dois casos com um só acto. Assim, se em direcção às violações ou ofensas referidas se verificarem vários juízos de censura, então estaremos naturalmente perante o concurso efectivo de crimes ideal ou real (neste caso preciso através de várias acções). Pelo que, na delimitação do concurso puro (verdadeiro ou efectivo) de crimes, não é suficiente o elemento da pluralidade de bens jurídicos violados.[224] Reclama-se ou exige-se um pouco mais: a pluralidade de juízos de censura. É precisamente o número de decisões de vontade do agente que determina a quantidade de juízos de censura. Seguindo o fio

---

[222] Face ao RJIFNA: cfr. agora o art. 87.º do RGIT que p. e p. a «burla tributária» e que tenta por outra porta «dar a volta» a essa impossibilidade, i.e., é o assumir da impossibilidade pelo legislador.

[223] *Vide* Eduardo Correia, in «Unidade e Pluralidade de infracções», 1963.

[224] *Vide*, contudo, Pedro Caeiro, em anotação ao art. 227.º do CP, in «Comentário Conimbricense…, Tomo II, Artigos 202.º A 307.º», p. 433: «A manipulação do estado patrimonial destinada a criar uma situação de insolvência pode integrar também o crime de fraude fiscal previsto no art. 23.º do RJIFNA».

das vias da logicidade, o número de juízos de censura é determinado pelo número de decisões de vontade do agente. Só assim, e salva melhor opinião, se torna inteligível que no concurso ideal – onde a acção exterior é uma só – a manifestação de vontade do agente, com negligência ou intenção, tenha de ser necessariamente «plural». Vários juízos de censura para diversas manifestações de vontade resultam em mais do que um crime e, portanto num verdadeiro concurso.[225]

De forma clara refere o Prof. Doutor José Francisco de Faria Costa[226]: «A nível estritamente legal julgamos que o concurso aparente não levanta problemas. Com efeito, quando o art. 30.° no n.° 1 nos diz que "o número de crimes determina-se pelo número de tipos de crime efectivamente cometidos – em concurso aparente – se reconduz à própria unidade. Com esta noção de efectividade torna-se claro que fica ressalvado o caso do concurso aparente».

Poder-se-á objectar que a posição, acima enunciada, do Prof. Doutor Eduardo Correia entra em contradição com a afirmação posterior do próprio ilustre Penalista da Universidade de Coimbra.[227] Mas, trata-se afinal da posição consagrada positivamente no art. 13.° RJIFNA.[228] O art. 13.° do RJIFNA estabelece que só haverá aplicação cumulativa das sanções penais comuns quando «tenham sido violados interesses jurídicos distintos». Ora, como referem os Prof. Doutor Figueiredo Dias e Prof. Doutor Costa Andrade, esta disposição legal – enquadrada na ordem jurídica portuguesa vigente – «só pode interpretar-se como a consagração legal de um princípio geral de especialidade e consunção entre o direito penal tributário e o direito penal comum. (...)». Desta forma, definitivamente se afasta a aplicação da pena prevista para a Burla no Código Penal a uma conduta que somente perigue ou lese os interesses patrimoniais do Fisco. Uma ideia, aparentemente, parece ser certa: a de que não se pode identificar de forma alguma, como temos vindo a reafirmar, o concurso de normas com as situações de identidade de bens jurídicos tutelados (pense-se no concurso efectivo ideal homogéneo: violação, através duma só acção, do

---

[225] Cfr. Acórdão do STJ de 17 de Dezembro de 1997, no processo n.° 1195/97.

[226] In «Formas do Crime», 1983, p. 180, ponto n.° 9.

[227] *Vide* in «Os Artigos 10.° Do Decreto-lei N.° 27 153...», 1968, pp. 257 e ss. e rp. in «Direito Penal Económico...», 1999, p. 28.

[228] *Vide* A. Silva Dias in «O Novo Direito Penal Fiscal...», 1990, p. 16 e ss; e rp. in «Direito Penal Económico...», 1999, p. 254.

mesmo tipo por várias vezes, pois não há diferentes bens jurídicos em causa, e no entanto verifica-se um concurso verdadeiro de crimes); o mesmo se poderá dizer para o facto de situações em que estão em causa diferentes bens jurídicos tutelados não significarem necessariamente relações de concurso efectivo de crimes (pense-se na relação do Abuso de confiança como incriminação comum e o Abuso de confiança fiscal, pois concretiza-se aqui um concurso aparente traduzido numa relação de consumpção ainda que sejam lesados interesses distintos).[229]

Presentemente o RGIT tenta resolver toda esta polémica anterior no seu art. 10.º: «Artigo 10.º § Especialidade das normas tributárias e concurso de infracções § Aos responsáveis pelas infracções previstas nesta lei são somente aplicáveis as sanções cominadas nas respectivas normas, desde que não tenham sido efectivamente cometidas infracções de outra natureza».[230] E, no que diz respeito às contra-ordenações, no seu art. 25.º § «Concurso de contra-ordenações § As sanções aplicadas às contra-ordenações em concurso são sempre cumuladas materialmente».[231] Em consonância com este art. 10.º do RGIT, como não poderia deixar de ser, está precisamente, no universo tributário, o n.º 4 do art. 87.º («Burla tributária»): «4 – As falsas declarações, a falsificação ou viciação de documento fiscalmente relevante ou a utilização de outros meios fraudulentos com o fim previsto no n.º 1 não são puníveis autonomamente, salvo se pena mais grave lhes couber».[232] Observemos, a propósito dos problemas do concurso, o Acórdão n.º 3/2003, de 10 de Julho[233]: «Na vigência do Regime

---

[229] *Vide* quanto a isto, A. Silva Dias in «O novo Direito Penal Fiscal Não...», 1990, p. 29 e ss. e rp. in «Direito Penal Económico...», 1999, p. 257; *Vide*, igualmente e ainda, o mesmo ilustre Autor in «Crimes e Contra... », «Direito Penal...», 1999, p. 449.

[230] Parece-nos ser a tentativa de consagração da tese que o Prof. Doutor Faria Costa tão bem exemplifica a montante. E o princípo de que as infracções são especiais relativamente às comuns: é a tese tão bem descrita anteriormente pelos Prof. Doutor Figueiredo Dias e Prof. Doutor Costa Andrade. Cfr., por outro lado, a anotação ao art. 10.º do RGIT de: J. Lopes de Sousa e M. Simas Santos in «Regime Geral das Infracções Tributárias Anotado», 2001, pp. 81-82. Não obstante, cfr. as nossas críticas mais adiante.

[231] Cfr. Jorge Lopes de Sousa e Manuel Simas Santos em anotação ao art. 25.º do RGIT in op. cit..

[232] Situação resolvida, nesta área jurídica, ao contrário, portanto, da fixação anterior de jurisprudência pelo STJ, no que diz respeito à verificação de concurso real entre os crimes de falsificação e de burla: cfr. Acórdão do STJ, de 19 de Fevereiro de 1992, D.R. I Série-A, de 9 de Abril de 1992.

[233] Publicado no D.R. n.º 157, Série I – A, de 10 de Julho de 2003, pp. 3890 a 3906.

Jurídico das Infracções Fiscais não Aduaneiras, aprovado pelo Decreto-Lei n.º 20-A/90, de 15 de Janeiro, com a redacção original e a que lhe foi dada pelo Decreto-Lei n.º 394/93, de 24 de Novembro, não se verifica concurso real entre o crime de fraude fiscal, previsto e punido pelo art. 23.º daquele Regime Jurídico das Infracções Fiscais não Aduaneiras, e os crimes de falsificação e de burla, previstos no Código Penal, sempre que estejam em causa apenas interesses fiscais do Estado, mas somente concurso aparente de normas, com prevalência das que prevêem o crime de natureza fiscal». O n.º 1 do art. 87.º do RGIT refere exactamente que: «Quem, por meio de falsas declarações, falsificação ou viciação de documento fiscalmente relevante ou outros meios fraudulentos, determinar a administração tributária ou a administração da segurança social a efectuar atribuições patrimoniais das quais resulte enriquecimento do agente ou de terceiro é punido com prisão até três anos ou multa até 360 dias». Existe uma nítida semelhança com o crime de burla previsto no Código Penal. E apesar de não ser referido textualmente o erro ou engano astuciosamente provocados, poder-se-á considerar que tal elemento está integrado na referência aos meios fraudulentos. Meios que poderão ser susceptíveis de provocar astuciosamente esse mesmo erro ou engano que referimos.[234] É, pois, dentro do RGIT, um crime tributário comum. O crime de burla é em termos muito gerais, sobretudo, um modo sofisticado de atrair o alheio diferentemente dos crimes patrimoniais que são praticados com o recurso à violência física ou porventura psicológica através da ameaça e da intimidação. Se considerarmos que o tipo-de-ilícito da burla tributária exige um meio fraudulento *activo* e não somente um aproveitamento do erro ou engano, vamos recusar, neste caso, *dar concreto relevo penal*, no que concerne à burla tributária, ao silêncio doloso sobre um erro ou engano preexistentes. Tal ideia surge em contraste com o designado crime de burla comum constante do Código Penal. Parece também não ser necessário – no que à burla tributária diz respeito – que exista um prejuízo patrimonial para a administração tributária (ou porventura a administração da segurança social). Basta, pois, que qualquer uma destas duas administrações referidas seja determinada a efectuar atribuições patrimoniais que, desti-

---

[234] *Vide*, para uma compreensão do crime de Burla e do seu «género» comum, A. M. Almeida Costa, em anotação ao art. 217.º do CP, in «Comentário Conimbricense..., Tomo II, Artigos 202.º A 307.º», pp. 274 e ss. e p. 275: «...o **bem jurídico** aqui protegido consiste no **património**, *globalmente considerado*...».

tuídas da acção do agente, não teriam tido pura e simplesmente lugar. Deve estar verificada – isso sim! – uma conduta astuciosa comissiva que comportou directamente o erro ou engano. Também deverá estar cumprida uma atribuição patrimonial da qual resulte um enriquecimento ilegítimo do sujeito activo ou de terceira pessoa. Também tem que ser possível localizar uma relação entre os meios utilizados e o erro ou engano. E entre este último e a acção que vai directamente defraudar a administração tributária ou da segurança social. Não obstante, se ao erro ou engano produzidos se segue o enriquecimento ilegítimo não será necessário analisar a idoneidade do meio empregue do ponto de vista abstracto.[235] A situação que acabamos de enunciar verifica-se desde que não se procure saber se certos factos constituem tentativa de burla: art. 87.º/5 do RGIT. É que a burla é um crime material e se não houver idoneidade relativa dos meios utilizados não existirá naturalmente punição: v.g. tentativa impossível. Finalmente, e por seu lado, tem que existir, obviamente, um enriquecimento ilegítimo para o terceiro ou para o agente. Facto que nos parece estar assente é que a burla somente é censurada a título de dolo. A negligência é logicamente afastada através da exigência de que o erro ou engano sejam astuciosamente causados. Deste modo, é inexistente o crime destituído da vontade conscientemente dirigida neste sentido. Contudo, uma ilegitimidade do enriquecimento carente de consciência não dá qualquer lugar à verificação do crime de burla. No que diz respeito às diferenças fundamentais entre, por um lado, a burla tributária e, por outro lado, o abuso de confiança fiscal e à segurança social é importante referir o seguinte[236]: enquanto na *burla* o dolo é anterior à entrega da, v.g., coisa; no *abuso de confiança* o dolo é posterior a essa mesma, v.g., entrega. Assim, na burla tributária a posse resulta da conduta criminosa. No abuso de confiança fiscal e à segurança social, a posse é anterior à conduta criminosa.

Refere exactamente o n.º 1 do art. 103.º do RGIT: «1 – Constituem fraude fiscal, punível com pena de prisão até três anos ou multa até 360 dias, as condutas ilegítimas tipificadas no presente artigo que visem a não liquidação, entrega ou pagamento da prestação tributária ou a obtenção indevida de benefícios fiscais, reembolsos ou outras vantagens patrimoniais susceptíveis de causarem diminuição das receitas tributárias. A fraude fiscal

---

[235] *Vide* J. Lopes de Sousa e M. Simas Santos in «Regime Geral das Infracções...», 2001, pp. 513 e ss..
[236] *Vide* J. Lopes de Sousa e M. Simas Santos in op. cit., pp. 513 e ss..

pode ter lugar por: § a) Ocultação ou alteração de factos ou valores que devam constar dos livros de contabilidade ou escrituração, ou das declarações apresentadas ou prestadas a fim de que a administração fiscal especificamente fiscalize, determine, avalie ou controle a matéria colectável; § b) Ocultação de factos ou valores não declarados e que devam ser revelados à administração tributária; § c) Celebração de negócio simulado, quer quanto ao valor, quer quanto à natureza, quer por interposição, omissão ou substituição de pessoas». O objectivo é também, pois, afastar a diminuição das receitas tributárias globais. Esta diminuição pode ser realizada de diversas formas, como se verificou. Por outro lado, referem-nos os n.ºs 2 e 3 do art. 103.º do RGIT o seguinte: «2 – Os factos previstos nos números anteriores não são puníveis se a vantagem patrimonial ilegítima for inferior a € 7500; 3 – Para efeitos do disposto nos números anteriores, os valores a considerar são os que, nos termos da legislação aplicável, devam constar de cada declaração a apresentar à administração tributária». Como todos bem sabemos, é uma regra básica o facto da lei ordinária, como é o caso do n.º 3 do art. 103.º do RGIT, não poder estabelecer excepções a preceitos constitucionais imperativos.[237] Pensamos, assim, que qualquer interpretação jurídica em relação aos números dois e três deste art. 103.º do RGIT – ou de todo este diploma legal como é óbvio! – não poderá, em caso algum, violar a Constituição da República Portuguesa e, nomeadamente, os Princípios Constitucionais que regem a aplicação da lei criminal e as garantias de processo criminal. Assim, v.g., o art. 29.º da CRP refere exactamente que: «4. Ninguém pode sofrer pena ou medida de segurança mais graves do que as previstas no momento da correspondente conduta ou da verificação dos respectivos pressupostos, aplicando-se retroactivamente as leis penais de conteúdo mais favorável ao arguido». E aqui integramos naturalmente o direito punitivo em causa e o seu respectivo preenchimento que porventura seja concretamente exigível para os espaços em *branco* que apresenta. Estamos a pensar não só na passagem do RJIFNA para o RGIT mas também a considerar eventuais normas penais destes diplomas. Estas normas, *vazias* de certo e indispensável conteúdo enunciativo e interpretativo e até de cálculo económico, têm que ser, em certos casos, necessariamente preenchidas pela correspondente, e em constante mutação e inovação, legislação, v.g., administrativa ou tributária, a qual,

---

[237] *Vide* Maia Gonçalves, in «Código Penal Português» Anotado e Comentado, 9.ª Ed., p. 179.

em muitos dos casos, surge posteriormente como bastante mais favorável ao contribuinte em termos, v.g., quantitativos e de prestação patrimonial. Os factos previstos, v.g., nos *primeiros* números do art. 103.º do RGIT não são puníveis se a vantagem patrimonial ilegítima for inferior a € 7500! E se esta vantagem patrimonial ilegítima do autor for superior a € 7500 segundo a legislação remissiva do momento da prática dos factos mas manifestamente inferior segundo, v.g., as novas taxas sobre transmissões onerosas de imóveis, as quais passariam a ser de forma especial, textual e assumidamente, pelo legislador, mais baixas? Criminalização? Qual o bem jurídico tutelado? Existe aqui sequer um bem jurídico, porventura, colectivo? Agressão à Constituição através, ainda assim, da criminalização? Parece-nos ser o caso, a montante enunciado, dos regimes jurídico-fiscais que são totalmente substituídos e/ou revogados.[238] Se a lei nova deixa de incriminar factos que a lei anterior incriminava é porque o legislador che-

---

[238] Ainda que não tenha havido prescrição da infracção em causa, não podemos criminalizar alguém – pelo menos neste campo específico do Direito onde se pretende tutelar a pretensa existência dum certo bem jurídico colectivo! – v.g., pela falta de pagamento de um imposto que entretanto baixou abruptamente (deixando a conduta do agente de ser criminal) ou se tornou inexistente segundo a nova tabela remissiva ou deixou pura e simplesmente de existir porque, porventura, todo o regime jurídico que o regulava foi radicalmente revogado ou substituído por um outro que se tornou insusceptível de criminalização mediante e perante os mesmos factos, parâmetros e requisitos! A Lei da Assembleia da República n.º 14/2003, de 30 de Maio, publicada no D.R. – I Série – A, veio, v.g., baixar a incidência das taxas de sisa e decretou até a isenção em certos casos: «Artigo 11.º § Isenções § ... § 22 – A aquisição de prédio ou fracção autónoma de prédio urbano destinado exclusivamente a habitação, desde que o valor sobre que incidira o imposto municipal de sisa não ultrapasse € 80 000». Por outro lado, o novo imposto municipal sobre as trasmissões onerosas de imóveis (IMT) susbstituiu o imposto municipal de sisa (cfr. o Decreto-Lei n.º 287/2003, de 12 de Novembro, já referido no Capítulo I). Refere-se no preâmbulo do IMT: «As elevadas taxas do anterior imposto municipal de sisa e a ausência de qualquer correspondência credível entre os valores matriciais da esmagadora maioria dos prédios e os valores praticados no mercado imobiliário, a que se aliava a convergência de interesses entre alienantes e adquirentes, vinham gerando um endémico e elevado grau de fuga fiscal que se reflectia, sobretudo, no domínio da tributação do rendimento, afectando os legítimos interesses do Estado e, perante a distorção da concorrência resultante destas práticas, afectando em não menor medida as empresas cumpridoras das suas obrigações fiscais». E ainda um pouco mais adiante: «Em matéria de taxas, procede-se a uma descida muito significativa dos seus valores nominais, o que, em simultâneo com a actualização dos escalões, originará uma clara diminuição da carga fiscal relativa às aquisições de imóveis». Trata-se, pois, dum regime fiscal deveras mais favorável ao contribuinte.

gou à conclusão que esses mesmos factos não são criminalmente censuráveis dentro duma visão mais adaptada e actualizada dos valores que são legalmente protegidos.[239] Estamos a invocar claramente situações em que, v.g., são estabelecidas condições de procedibilidade que a lei anterior não exigia ou, em outras situações, são criadas novas causas de inimputabilidade, de isenção de pena, de exclusão da ilicitude ou da culpa.[240] É evidente que podemos seguir critérios gerais de orientação quanto à aplicação no tempo da lei penal, em sentido amplo, mas só em concreto e perante cada caso é que será permitido ao julgador decidir efectivamente qual é o regime mais favorável. O Código Penal é claro. O art. 2.º/2 do CP refere que: «O facto punível segundo a lei vigente no momento da sua prática deixa de o ser se uma lei nova o eliminar do número das infracções; neste caso, e se tiver havido condenação, ainda que transitada em julgado, cessam a execução e os seus efeitos penais»; o art. 2.º/4 do CP refere, por seu lado, que: «Quando as disposições penais vigentes no momento da prática do facto punível forem diferentes das estabelecidas em leis posteriores, é sempre aplicado o regime que concretamente se mostrar mais favorável ao agente, salvo se este já tiver sido condenado por sentença transitada em julgado». O Código Penal levanta, contudo, outras questões que não vamos desenvolver aqui.[241] Existe certamente um problema jurídico, que será abordado em termos muito gerais, quanto às leis penais em branco. É doutrina absolutamente pacífica[242] que a norma implementadora da lei penal em branco, por força da sua remissão, acarreta natureza penal, seja

---

[239] *Vide* Eduardo Correia in Direito Criminal I (...), 1993, p. 154 e Maia Gonçalves, in op. cit., p. 177 e ss..

[240] *Vide* Nélson Hungria, in Comentário ao Código Penal Brasileiro, Tomo I, pp. 111--112.

[241] *Vide* A. Taipa de Carvalho in «Successão de Leis Penais», 1997, pp. 225 e ss.: «O *STJ não tem*, pois, *razão*, quando declara [Acórdão do STJ, de 10 de Julho de 1984, in *BMJ*, n.º 339 (1984-Outubro), 353-5] que "a intangibilidade do caso julgado é princípio constitucional em vigor"». Caso se trate duma lei penal descriminalizadora, a retroactividade opera mesmo contra o caso julgado (art. 2.º/2 do CP).

[242] *Vide* Eduardo Correia in op. cit. p. 155; cfr. igualmente «Karl Heinz Kunert, "*Zur Rückwirkung des milderen Steuerstrafgesetzes*", in *NStZ* (1982), 277; Per Mazurek (n. 209), 233-4; Rudolphi (n. 220), anot. 8 ao § 2.; Pagliaro (n. 75), 1070; R. Mourullo (n. 5), 136»; e ainda «M. A. Lopes Rocha, "A função de garantia da lei penal e a técnica legislativa", in *Legislação (cadernos de ciência de legislação)*, 1993, p. 25 ss.; J. Cordoba Roda, "*Principio de legalidad penal y Constitución*", in *Gedächtnisschrift für Armin Kaufmann*, 1989, p. 79 e ss.»; por Todos *apud* A. Taipa de Carvalho in op. cit., pp. 200-201.

qual for a sua natureza jurídica original, como por exemplo é o caso das áreas administrativa, tributária, estradal e por aí adiante. Assim, como nos refere o Prof. Doutor A. Taipa de Carvalho[243]: «Logo, a alteração das normas integrantes é verdadeira alteração do tipo legal em sentido restrito e, como tal, está sujeita ao regime da sucessão de leis penais: proibição da retroactividade da norma criminalizadora (penalizadora) e imposição da retroactividade da norma ou disposição descriminalizadora (despenalizadora)».[244] A norma penal não pode ser ultra-activa nem sequer retroactiva, o que significa uma nuclear manifestação da função de garantia do Princípio da Legalidade, a qual, por sua vez, é exigida pela ideia de Estado de Direito, pois, no fundo, o objectivo é evitar incriminações persecutórias, i.e., leis *ad hoc*, ou seja, o arbítrio *ex post*. Mas, como já vimos, a irretroactividade da lei penal é somente *in peius* ou in *malem partem* e não in *melius*! Caso a nova lei tenha um conteúdo mais favorável para o arguido, i.e., *lex mitior*, então esta lei já se deve aplicar a factos passados: retroactividade *in melius*. É perfeitamente compreensível a aplicação retroactiva da lei penal mais favorável, pois é um sinal claro e inequívoco de que o legislador deixou de considerar as correspondentes condutas merecedoras de uma sanção de natureza criminal. Deste modo, era completamente injusto punir agora factos que, após uma nova e pormenorizada análise, deixaram de ser criminalmente ilícitos, somente porque antes não o eram! Injusto, «porque não haveria já razões que, substancialmente, justificas-

---

[243] Vide A. Taipa de Carvalho *idem ibidem*.

[244] Deste modo, a alteração das taxas de sisa poderá e pode, concretamente, traduzir-se na despenalização (caso do abaixamento da incidência das taxas – mesmo no enquadramento duma média ou alta inflacção económica que levaria a ponderar, a mais *lógica*, subida dessas mesmas taxas! – e/ou isenção de contribuição aos anteriores destinatários das mesmas, em certos casos; ou até, mais radicalmente, revogando por completo, ou quase na sua totalidade, o seu correspondente regime jurídico) ou na penalização (caso eventual da subida das taxas de sisa) de condutas, sendo, pois, retroactivamente eficaz, na primeira situação, mas já não retroactivamente eficaz na segunda situação! Cfr., embora com um exemplo diferente, pois fazemos uma aplicação *doutrinal* analógica *in bonam partem* (este tipo de analogia, que se diferencia da analogia incriminatória e é mais favorável ao arguido ou descriminalizadora, é sempre admissível, pois o art. 1.º/3 do CP não obsta à adopção desta solução), a doutrina de: H.-H. Jescheck in *Tratado de Derecho Penal*, 1.º Vol., tradução de Mir Puig e Muñoz Conde, Barcelona: Bosch, 1981, 188. As leis penais em branco que estamos a considerar visam garantir directamente, entre outros aspectos, a obediência à norma integrante e não garantir um mero efeito de regulamentação prosseguido pela disposição integrante!

sem a punição; e inútil, porque nenhuma necessidade de prevenção se faria já sentir».[245] Deste modo, em jeito de conclusão, existem casos, no que diz respeito à aplicação da lei criminal no tempo, em que a alteração legislativa resulta da modificação de normas que não são de direito criminal mas de outros ramos do direito. Ora, as normas a que se refere a lei penal fazem parte desta, pois são elementos normativos da descrição dos seus conceitos. Pelo que, se da revogação das normas a que se refere o direito penal resultar uma restrição do âmbito do Direito Penal, esse facto implicará uma atenuação da sua eficácia e, por conseguinte, tem que aproveitar ao delinquente.[246] Deste modo, v.g., aplicar-se-á retroactivamente a legislação que extinga um certo dever dos funcionários públicos que esteja regulado no respectivo estatuto disciplinar e sancionado penalmente.[247] Por outro lado, verifica-se uma injustificável diferença entre o preceituado no art. 103.° e o art. 106.° do RGIT: enquanto a fraude fiscal à segurança social somente é punível se a vantagem patrimonial ilegítima que se pretende captar é de valor superior a € 7500 e não já se é igual a esse valor; no que diz respeito à fraude fiscal, a punibilidade, de acordo com o art. 103.°/1 do RGIT, apenas é afastada se a vantagem patrimonial ilegítima for inferior a € 7500, mas já não quando for idêntica a esse valor de € 7500. Se estiverem reunidos os respectivos pressupostos subjectivos e objectivos da responsabilidade em certos casos que, contudo, não se verifique a punibilidade como fraude fiscal poderá existir, por outra via, desde que estejam reunidos os correspondentes requisitos, uma punibilidade como contra-ordenação nos termos dos arts. 118.° («1 – ...quando não deva ser punido pelo crime de fraude fiscal...») e 119.° («1 – As omissões ou inexactidões relativas à situação tributária que não constituam fraude fiscal nem contra-ordenação prevista no artigo anterior...») do RGIT.

---

[245] Cfr. Acórdão do Tribunal Constitucional n.° 227/92, de 17 de Junho de 1992, BMJ-418-430. Quanto à aplicação do Princípio da Legalidade ao RJIFNA, cfr. o Acórdão do Tribunal Constitucional n.° 246/96, de 29 de Fevereiro de 1996, publicado no D.R. – II Série de 8 de Maio de 1996, p. 6141. No que diz respeito à proibição de aplicação retroactiva e à aplicação retroactiva da lei penal mais favorável *vide* o Acórdão do Tribunal Constitucional n.° 598/93, publicado no D.R. – II Série, de 10 de Maio de 1994, p. 4411.

[246] *Vide* Mezger in *Die zeitliche Herrschaft d. Strafgesetze*, ZStW 42.°, 1921, p. 376 *apud* Eduardo Correia in op. cit. p. 155.

[247] *Vide* Eduardo Correia *idem ibidem*: «Se, porém, a nova lei não altera o âmbito do direito (v.g. põe fora de circulação um certo tipo de moeda) isso não pode aproveitar àquele que porventura a tenha falsificado».

Quanto ao problema da punibilidade da tentativa é preciso referir o seguinte: a tentativa é punível no caso de estarmos perante o crime qualificado previsto no art. 104.º do RGIT. Já na situação do preceito 103.º do RGIT não é punível a tentativa, pois, não só, não está prevista a sua punibilidade, como ao crime consumado não corresponde pena de prisão superior a 3 anos: cfr. art. 23.º/1 do Código Penal. No n.º 3 do art. 59.º do CPPT, com a redacção outorgada pela Lei n.º 15/2001, de 5 de Junho e pela Lei n.º 32-B/2002, de 30 de Dezembro, refere-se o seguinte: «3 – Em caso de erro de facto ou de direito nas declarações dos contribuintes, estas podem ser substituídas: § a) Seja qual for a situação da declaração a substituir, se ainda decorrer o prazo legal da respectiva entrega; § b) Sem prejuízo da responsabilidade contra-ordenacional que ao caso couber, quando desta declaração resultar imposto superior ou reembolso inferior ao anteriormente apurado, nos seguintes prazos: § I) Nos 30 dias seguintes ao termo do prazo legal, seja qual for a situação da declaração a substituir; § II) Até ao termo do prazo legal de reclamação graciosa ou impugnação judicial do acto de liquidação, para a correcção de erros ou omissões imputáveis aos sujeitos passivos de que resulte imposto de montante inferior ao liquidado com base na declaração apresentada; § III) Até 60 dias antes do termo do prazo de caducidade, para a correcção de erros imputáveis aos sujeitos passivos de que resulte imposto superior ao anteriormente liquidado». Do teor da redacção da alínea b) anteriormente transcrita, deste art. 59.º do CPPT, podemos depreender que fica afastada a eventual responsabilidade criminal. Não se pode, de forma alguma, interpretar extensivamente a referência à responsabilidade contra-ordenacional como referindo-se ao não afastamento da responsabilidade pela infracção, a qual, na situação em concreto, «a conduta for susceptível de integrar».[248] De contrário, estaria verificada uma violação ao Princípio da Legalidade: cfr. art. 29.º da CRP («Aplicação da lei criminal») e art. 1.º do CP.[249] *Nullum crimen, nulla poena sine lege scripta*; *nullum crimen, nulla poena sine lege*

---

[248] *Vide*, com uma opinião contrária à nossa, J. Lopes de Sousa e M. Simas Santos in op. cit., p. 584.

[249] O princípio da legalidade traduz bem a estreita relação entre a Constituição e o Direito Penal: *vide* Castanheira Neves in O princípio da legalidade criminal, Digesta, volume 1.º, 1995, in O princípio da legalidade democrática, Estudos de Homenagem ao Prof. Doutor Eduardo Correia; e *vide* ainda Cesare Beccaria in *Dei delitti e delle pene*, edição italiana de 1776, com tradução de J. F. de Faria Costa: Dos direitos e das Penas, Fundação Calouste Gulbenkian, 1998; Claus Roxin, G. Arzt, Klaus Tiedemann in *Introducción*

praevia; *nullum crimen, nulla poena sine lege stricta*; *nullum crimen, nulla poena sine lege certa*! Por outro lado, tanto a responsabilidade contra-ordenacional como a responsabilidade criminal, face ao n.º 3 do art. 59.º do CPPT que transcrevemos anteriormente, ficarão naturalmente afastadas. A designada possibilidade que foi aberta pelo novo Código Penal de 1982, em relação ao CP de 1886, para que fosse possível a interpretação extensiva da lei penal deverá ser sempre observada com grande prudência nomeadamente quanto ao sentido *possível* das palavras.[250] Estamos claramente na linha de opinião que considera dever entender-se que uma interpretação que ultrapasse o sentido *possível* das palavras é incompatível com o fundamento de segurança jurídica do princípio *nullum crimen nulla poena sine lege*, não obstante não esteja realmente abarcada por ele.[251] «A interpretação que, embora tendo na lei um mínimo de correspondência verbal, excede o sentido possível das palavras de lei, é interpretação de tal modo extensiva que deve considerar-se proibida em direito penal».[252] Além disso, qualquer eventual novidade introduzida pelo CP de 1982 não pode, de forma alguma, colidir com os Direitos e Deveres Fundamentais que estão consagrados na Constituição da República Portuguesa! Finalmente, e por outro lado, se se verificarem concretizadas duas ou mais das circunstâncias previstas no art. 104.º do RGIT, os factos previstos no art. 103.º do RGIT serão puníveis como crime de fraude qualificada: «prisão de um a cinco anos para as pessoas singulares e multa de 240 a 1200 dias para as pessoas colectivas». Conforme o n.º 3 do art. 104.º do RGIT, e dum outro prisma, os factos previstos nas alíneas d) e e) do n.º 1

---

al derecho penal y al derecho penal procesal, Ariel, Barcelona, 1989; Luzón Peña in *Curso de Derecho Penal, P.G.*, I, 1996, p. 81; Gomes Canotilho, J.J., in Estado de Direito, Cadernos democráticos, 7; Costa Andrade, Manuel da, in Consenso e Oportunidade, Jornadas de Direito Processual Penal – O novo Código de Processo Penal, Coimbra, 1993; Figueiredo Dias, Jorge de, in Código Penal e outra legislação penal, Introdução, Aequitas, 1992, in Liberdade – Culpa – Direito Penal, 1983, in Processo Criminal, 1971, p. 122; Sousa e Brito, J. de, in A Lei penal na Constituição, Estudos sobre a Constituição, volume segundo, 1978.

[250] *Vide* Maia Gonçalves, in op. cit., pp. 175-176.

[251] *Vide* Sousa Brito, J. de, in op. cit. *apud* Maia Gonçalves in op. cit., p. 176, os quais nos acrescentam ainda: «Com efeito, entre o sentido possível das palavras e o *mínimo de correspondência verbal* a que se refere o n.º 2 do art. 9.º do CC, há ainda um espaço a ser percorrido pela interpretação».

[252] *Vide* Maia Gonçalves *idem ibidem*.

do presente preceito com o fim definido no n.º 1 do artigo 103.º não são puníveis autonomamente, salvo se pena mais grave lhes couber.

As designadas operações fictícias que estão por detrás das facturas falsas são focalizáveis através de indícios e certas operações.[253]

Agora, como se viu, está consagrado no direito positivo português o crime de burla tributária p. e p. pelo art. 87.º do RGIT. Não obstante, não nos parece que o RGIT, através deste seu regime jurídico, resolva o problema do enquadramento criminal dos designados casos das «facturas falsas»! É que face aos arts. 103.º (v.g.: «...que visem...reembolsos ou outras vantagens...»; «...Celebração de negócio simulado...») e 104.º do RGIT (v.g.: «2 – A mesma pena é aplicável quando a fraude tiver lugar mediante a utilização de facturas ou documentos equivalentes por operações inexistentes ou por valores diferentes ou ainda com a intervenção de pessoas ou entidades diversas das da operação subjacente») permanece uma *acrescida* dificuldade quanto ao problema da circunscrição jurídico-criminal dos casos das «facturas falsas». Deste modo é preciso, por um lado, ter em atenção o seguinte: a burla tributária p. e. p. no art. 87.º do RGIT está integrada nos «crimes tributários comuns»; mas tanto a fraude, p. e p. no art. 103.º do RGIT, como a fraude qualificada, p. e p. no art. 104.º do RGIT são «crimes fiscais». Desde já, por outro lado, rejeitamos a eventual invocação da tese da relação de «alternatividade» entre o crime de burla (*ainda que «tributária»*) e o de fraude fiscal.[254] Esta tese nasce dum pressuposto que não pode ser aceite, quer seja na perspectiva jurídico-criminal, quer seja desde o ponto de vista económico e social. É uma tese que se socorre essencialmente dum «mero e exangue formalismo conceitualista».[255] É lógico, sobretudo do ponto de vista matemático, que o enriquecimento tanto existe quando se diminui o passivo como quando se aumenta o activo! Desta forma reiteramos aqui que os Profs. Doutor J. de Figueiredo Dias e Doutor M. da Costa Andrade tinham e continuam a ter

---

[253] Vide Alfredo José de Sousa in «Infracções Fiscais (Não Aduaneiras)», p. 105, ponto 26.

[254] Cfr. Acórdão do STJ, de 15 de Dezembro de 1993, in *Scientia Iuridica*, 1994, pp. 141 e ss., nomeadamente na segunda parte do respectivo sumário: «Constitui elemento essencial do crime de burla o enriquecimento do agente como um enriquecimento do património à custa do lesado e provocado por meio de manobras artificiosas; na infracção fiscal não há enriquecimento do agente pois o património não foi acrescido com o não pagamento dos impostos».

[255] Cfr. Américo Taipa de Carvalho e José Damião da Cunha in op. cit., 1998, p. 855.

efectivamente razão[256]: «Nada, por isso, menos fundado do que um tratamento jurídico-penal diferenciado assente, por exemplo, na distinção conceitual entre um enriquecimento (por recebimento de uma soma indevida) e uma não diminuição do património (por não desembolso ou desembolso em montante inferior ao legalmente devido). Em termos jurídico-materiais, trata-se rigorosamente da mesma coisa, a reclamar, por isso, o mesmo tratamento jurídico-penal. Nestes termos, nada juridicamente menos correcto e mais injusto do que considerar que, diferentemente do que sucede nos demais casos, o reembolso determina, só por si, a punição do agente a título de burla. O reembolso indevido é uma forma de enriquecimento do agente e de prejuízo do Estado inteiramente igual às demais». Assim se comprova que não há uma resposta de leitura fácil – porventura aparente! – à questão de sabermos onde os «casos das facturas falsas» se enquadram no RGIT. A nossa opinião é de que esses mesmos casos poderão eventualmente ser enquadrados no crime de fraude p. e p. no RGIT.

2.3. O art. 24.° do RJIFNA e algumas notas ao art. 105.° do RGIT

No art. 24.° do RJIFNA prevê-se e pune-se o crime de Abuso de confiança fiscal.[257] Iniciemos a nossa análise, que pretenderá abarcar muito superficialmente apenas alguns problemas, pelo correspondente tipo objectivo do – em último lugar – transcrito tipo de ilícito. Durante a vigência da versão do Decreto-Lei n.° 20-A/90, de 15 de Janeiro, para que se verificasse o preenchimento do tipo objectivo deste tipo de ilícito, era somente necessário que o agente não entregasse ao credor tributário a prestação a que por lei estava obrigado a realizar. Contudo, verifica-se uma mudança com a introdução de alterações legislativas significativas por meio da nova redacção que foi dada a esta norma pelo Decreto-Lei n.° 394/93, de 24 de Novembro. É que, além da não entrega apontada, torna-se necessário que o agente se aproprie da própria prestação, fazendo-a de facto sua. Constrói-se – afinal – um crime de apropriação que acentua o

---

[256] Vide Figueiredo Dias e Costa Andrade in «O Crime De Fraude Fiscal...», RPCC, (1996), pp. 71 e ss..
[257] Cfr. o art. 24.°, já com a redacção do Decreto-Lei n.° 394/93, de 24 de Novembro. Cfr. igualmente e por outro lado, o texto do art. 105.° do RGIT.

resultado típico da lesão patrimonial que resvala racionalmente na sua auto-delimitação face ao art. 29.º do RJIFNA.[258] A chamada relação de confiança é elemento objectivo deste tipo de ilícito, para lá da já referida apropriação.[259] Quanto ao correspondente tipo subjectivo deste tipo de ilícito, será de referir a supressão da «intenção de obter para si ou para outrem vantagem patrimonial indevida». Parece, pois, que o elemento subjectivo se resume ao dolo, o qual se direcciona à apropriação e à violação da relação de confiança, em qualquer das formas do preceito 14.º do Código Penal.[260] No que diz respeito à ilicitude, poderemos referir uma nota que nos parece importante, sobretudo, no contexto do Direito Penal económico em geral, mas também no caudal jurídico-científico do Direito Penal fiscal em particular. A questão que se põe aqui será saber se se torna possível detectar e identificar certos e determinados comportamentos que – sendo desaprovados «à primeira vista» nas esferas do Direito Penal económico e mais circunscritamente na do Direito Penal fiscal – são, contudo, aprovados pela ordem jurídica na sua totalidade. Nomeadamente, face ao prisma do crime de Abuso de confiança fiscal, poderá facilmente verificar-se – e bastará observar os órgãos de comunicação social! – uma situação em que as sociedades comerciais deparadas com uma situação extremamente sinuosa do ponto de vista económico-fianceiro, acabam por devolver as prestações retidas em nome do IRS aos próprios trabalhadores, desta vez, sob a forma de novos salários.[261] Também seria perfeitamente possível imaginar, dentro duma racionalidade estritamente jurídico-científica, a possibilidade de existirem causas de exclusão da culpa no seio deste contexto simultaneamente global e particular do Direito Penal económico, por forma a, v.g., salvar a empresa e implicitamente o interesse social que ela congrega, espelhado na manutenção dos postos de trabalho e/ou no

---

[258] *Vide* A. Silva Dias, in «Crimes e Contra...», «Direito Penal Económico E Europeu...», 1999, p. 461.

[259] *Vide* A. Silva Dias, in op. cit., pp. 461-462, onde ainda refere, em divergência com «Figueiredo Dias/Costa Andrade»: «O nosso entendimento do problema é de que são ambos crimes de resultado, o qual coincide na fraude fiscal com o perigo para e no abuso de confiança com a lesão do património fiscal».

[260] *Vide* Augusto Silva Dias, in op. cit., p. 462.

[261] *Vide* A. Silva Dias, in op. cit., pp. 462-463, nas quais o ilustre Autor faz aplicar a causa de justificação prevista na parte geral do CP no art. 36.º e denominada «conflito de deveres», se bem que – e como não poderia deixar de ser – verificados que estejam determinados e rigorosos requisitos.

aumento do produto nacional, esboçando assim uma verdadeira situação de necessidade económica.[262] Conforme se pode observar do n.º 6 neste preceito 24.º do RJIFNA, «Para instauração do procedimento criminal pelos factos previstos nos números anteriores é necessário que tenham decorrido 90 dias sobre o termo do prazo legal de entrega da prestação».[263] Por outro lado, pensamos que o Abuso de confiança fiscal afasta a incriminação do Abuso de confiança prevista e punida pelo preceito do art. 205.º do CP.[264] Como referem os Prof. Doutor Jorge de Figueiredo Dias e Prof. Doutor Manuel da Costa Andrade, existe uma relação de sobreposição total entre o Abuso de confiança do CP e o Abuso de confiança fiscal, quer no que diz respeito ao desvalor da acção, quer no que se refere ao desvalor de resultado. Assim, para os mesmos ilustres Autores, naturalmente se identifica e vislumbra uma imagem aplicada do concurso legal ou aparente imposta pela relação de especialidade, pelo que, na situação da concorrência de normas a aplicação do art. 24.º do RJIFNA apartará a do art. 205.º do CP, i.e., *lex specialis derogat legi generali*. Referem, igualmente, os Prof. Doutor J. de Figueiredo Dias e M. da Costa Andrade[265] com importância para a questão que «Entre o Abuso de confiança do Código Penal e o Abuso de confiança fiscal media, assim, uma relação de sobreposição total, tanto no que toca ao desvalor de acção, como no que respeita

---

[262] *Vide* J. de Faria Costa in «O Direito Penal Económico E As Causas Implícitas...», 1985, pp. 43-67 e rp. in «Direito Penal Económico...», 1999, pp. 413 e ss.. Além das causas de exclusão da culpa e causas de exclusão da própria ilicitude (considerando aqui o anterior art. 333.º/2 do CP de 1982 e após 1995, art. 235.º/2 do CP: «se bem que propendamos nitidamente para considerar que aquele princípio é uma causa de exclusão da ilicitude»), fala o Prof. Doutor Faria Costa em causas implícitas de exclusão da ilicitude, pp. 420-421, «por exemplo, adequação social; risco permitido (...)». Aliás, em estudo desta problemática do risco permitido, *vide*, com extraordinário valor científico o Professor da Universidade de Coimbra, Eduardo Correia in «Notas Críticas...», RLJ, 1984-1985, pp. 361-363, 1985-1986, pp. 33-36 e rp. in «Direito Penal Económico...», 1999, p. 365 e ss.. Para uma anotação exaustiva do art. 235.º do CP, que prevê e pune a administração danosa; e de alguns problemas da designada área do risco permitido, *vide* M. da Costa Andrade in «Comentário Conimbricense...», pp. 540-557.

[263] *Vide* Alfredo José de Sousa in op. cit., p. 108.

[264] Para uma anotação exaustiva do art. 205.º do CP, que prevê e pune o Abuso de confiança, *vide* Figueiredo Dias in «Comentário Conimbricense..., Tomo II, Artigos 202.º A 307.º...», pp. 94-114.

[265] In «O Crime De Fraude Fiscal...», RPCC, 1996, pp. 71-110; e rp. in «Direito Penal Ec...», 1999, p. 436.

ao desvalor de resultado. Isto descontada a particularidade de o Abuso de confiança fiscal estar naturalmente circunscrito ao domínio específico das relações jurídico-tributárias e de ser, *hoc sensu*, o abuso de confiança do direito penal fiscal». Com uma perspectiva diferente afirma o ilustre Penalista A. Silva Dias[266]: «Também aqui o autor lesa com a sua conduta "dois interesses distintos" (...) o círculo maior». No sentido de que «há pois um concurso aparente de infracções consubstanciado por uma relação de especialidade de crime fiscal face ao crime comum», *vide* A. José de Sousa[267]. Salvo o devido respeito pela máxima autoridade das opiniões jurídico-científicas atrás mencionadas, gostaríamos de pôr a seguinte questão: não será que – *mutatis mutandis* – à semelhança daquilo que se refere acima em relação ao possível concurso da incriminação da fraude fiscal com o crime de burla, também aqui deveríamos focalizar que antes do problema de saber se existe ou não concurso de normas ou concurso efectivo, está precisamente a da própria especificidade e autonomia dos regimes jurídicos das infracções fiscais em contraposição com os crimes de direito comum?[268]

É claro que, v.g., um administrador duma sociedade anónima que se apropria dos valores em numerário pertencentes ao IRS retido na fonte, por forma a impedir que essa sociedade os entregue ao fisco, como a lei prevê, está a preencher através da sua conduta e de forma simultânea o tipo objectivo e o tipo subjectivo dos tipos-de-ilícito previstos e punidos pelo art. 24.º do RJIFNA e pelo art. 205.º do CP. Não obstante, caso o referido administrador esteja a actuar contra ordens ou instruções expressas de quem de direito da sociedade não equivale a que ele esteja isento de responsabilidade criminal, mas apenas e somente a que haja exclusão de responsabilidade penal da pessoa colectiva, i.e., da sociedade anónima mencionada neste exemplo, conforme aquilo que está previsto no n.º 2 do art. 7.º do RJIFNA.[269] Confrontar agora o art. 7.º/2 do RGIT.

Por outro lado, tudo indica que este crime fiscal (art. 24.º do RJIFNA) não abarca as designadas situações de auto-liquidação obrigató-

---

[266] In op. cit., p. 464.
[267] In op. cit., p. 114.
[268] *Vide* para uma interpretação do art. 30.º do CP: «Concurso de crimes e crime continuado», *vide* José Francisco de Faria Costa in «Formas do Crime», 1983, pp. 177 e ss.. Cfr. actualmente o art. 10.º do RGIT e o art. 25.º do RGIT.
[269] *Vide* Augusto Silva Dias in op. cit., p. 464.

ria para os rendimentos das pessoas colectivas.[270] Resta-nos realizar uma pequena nota em relação às prestações de natureza parafiscal. Parece-nos que são prestações obrigatórias, onde ressaltam os poderes soberanos do Governo e a consignação a fins extra-orçamentais, por forma a beneficiar institutos públicos da administração central e outras pessoas colectivas públicas que não regiões e estados federados, autarquias locais ou empresas públicas concorrenciais. São receitas com funções socio-económicas do Estado, como será o caso em Portugal das instituições de previdência ou segurança social ou dos organismos de coordenação económica. Nas duas situações, estamos perante a parafiscalidade como expressão da desorçamentação da Administração pública.[271]

Não desfazendo tudo aquilo que já referimos anteriormente, podemos desde logo notar que existem algumas diferenças, pelo menos ao nível da redacção, entre os regimes jurídicos do anterior art. 24.° do RJIFNA e o novo art. 105.° do RGIT. Refere o n.° 4 do art. 105.° do RGIT o seguinte: «Os factos descritos nos números anteriores só são puníveis se tiverem decorrido mais de 90 dias sobre o termo do prazo legal de entrega da prestação». Tudo indica, assim, ser este facto uma clara condição de punibilidade. Já o n.° 6 deste mesmo art. 105.° do RGIT prevê uma causa de extinção da responsabilidade criminal: «Se o valor da prestação a que se referem os números anteriores não exceder € 1000, a responsabilidade criminal extingue-se pelo pagamento da prestação, juros respectivos e valor mínimo da coima aplicável pela falta de entrega da prestação no prazo legal, até 30 dias após a notificação para o efeito pela administração tributária». Neste caso, como noutras situações similares nos quais se aponta um valor perfeitamente determinado como são os € 1000, deveria existir uma remissão para as chamadas Unidades de Conta, por forma a que esse valor, o qual foi inicialmente apontado aquando da realização do respectivo regime jurídico, não sofra a natural erosão do tempo e da inflação com ele conexionada. Desta forma evitar-se-ia, pelo menos em parte, mais algumas quase certas alterações legislativas. Também neste caso, como naquela situação que já referimos e desenvolvemos anteriormente em relação ao n.° 3 do art. 103.° do RGIT, não pode o n.° 7 do art. 105.° do RGIT ser interpretado de tal forma que possa porventura violar a Constituição e,

---

[270] *Vide* Alfredo José de Sousa in op. cit., pp. 109-110.

[271] *Vide* Sousa Franco in «Finanças Públicas...», p. 75 *apud* Alfredo José de Sousa in op. cit., pp. 112-113.

nomeadamente, os seus Princípios da Legalidade e da aplicação retroactiva das *leis penais* de conteúdo mais favorável ao arguido. Por outro lado, se o abuso de confiança fiscal previsto no art. 105.º do RGIT se basta com a não entrega parcial ou total da prestação parafiscal ou tributária, já o abuso de confiança comum p. e p. no art. 205.º do CP exige a apropriação ilegítima da coisa móvel que lhe tenha sido entregue por título não translativo da propriedade. Recordamos que o art. 24.º do RJIFNA referia no seu número um: «...Quem se apropriar...». Resta-nos saber, contudo, se afinal não estará também presente a apropriação ilegítima no art. 105.º do RGIT? Uma resposta negativa poderá significar um «mero jogo de palavras»? Uma manifestação do mais rigoroso dos positivismos, o qual, porventura, até poderá estar erradamente interpretado?[272] Ficam aqui as questões e as nossas dúvidas. Mais adiante voltaremos a este problema quando estudarmos a conduta no âmbito do tipo objectivo do tipo-de-ilícito do crime de abuso de confiança p. e p. no art. 205.º do CP. Não obstante, e dum outro prisma analítico, não nos parece correcto, ainda que inicialmente só dum ponto de vista terminológico, que não exista qualquer diferença na redacção das epígrafes do art. 205.º do CP e do art. 105.º do RGIT. No abuso de confiança é fundamental que o agente tenha detido a coisa. Tudo aponta para que o crime que estamos a analisar seja proveniente da figura do abuso de confiança criado pelo Código francês.[273] Já no CP napoleónico de 1810, no seu art. 408.º, era visível o sentido de que a apropriação somente poderia suceder após o recebimento da coisa: «*Quiconque aura détourné...des effets...qui ne lui auraient été remis qu'à titre...*».[274] A grande diferença com o «ladrão» é que «ao abusador de confiança poupa-se o esforço de ter de "subtrair" a coisa».[275] Assim, o bem jurídico do abuso de confiança é, duma forma exclusiva, a propriedade, enquanto o furto não só protege a propriedade como a detenção duma

---

[272] Reparemos, v.g., no teor da anotação que é feita ao art. 105.º do RGIT por J. Lopes de Sousa e M. Simas Santos in op. cit., pp. 587-588.

[273] Absorvendo «o essencial da doutrina sobre o abuso de confiança, designadamente a lição de EDUARDO CORREIA (*Rev. Dir. Est. Soc., VII, n.º 1, 62*), transposto para o Código Penal e que se pode desenhar como a ilegítima apropriação de coisa móvel que foi entregue por título não translativo da propriedade». Quanto a isto cfr. J. Lopes de Sousa e M. Simas Santos in op. cit., p. 588.

[274] Cfr. Chauveau / Hélie n.º 3538 e ss. *apud* Figueiredo Dias in «Comentário Conimbricense...», II, p. 96.

[275] Cfr. Maiwald I § 34 1 *apud* Figueiredo Dias in op. cit., pp. 94-95.

coisa móvel ou a incolumidade da posse. Em termos precisos, o abuso de confiança é, pois, a apropriação ilegítima de coisa móvel alheia que o agente detém ou possui em nome alheio, i.e., a violação da propriedade alheia através de apropriação, sem quebra de posse ou detenção. Este crime contra a propriedade é chamado noutros ordenamentos jurídicos, que não o português, de «apropriação indevida».[276] Desde o Código Penal de 1852, mais propriamente no seu art. 423.° e, portanto, no direito penal português, que a apropriação de coisa abandonada ou achada é considerada como merecedora duma incriminação autónoma. Deste modo, como nos refere o Prof. Doutor Jorge de Figueiredo Dias[277], «as exigências político-criminais de que se não verifiquem lacunas de punibilidade insuportáveis, pelo facto de, no abuso de confiança, se requerer que a posse ou detenção da coisa alheia **preexista** à apropriação, encontram-se suficientemente satisfeitas». No contexto da criminalização do abuso de confiança no ordenamento jurídico português surge a relação de fidúcia como elemento novo relativamente ao *Unterschlagung* alemão, cujo ponto essencial é, por sua vez, a «mera apropriação». Poderá deste modo afirmar-se que o crime de abuso de confiança português acaba por corresponder somente à segunda parte do § 246 do CP alemão: «este, na 1ª parte, concebe a *Unterschlagung* como delito de pura apropriação; e na 2ª parte cria uma *Unterschlagung* **qualificada** – a chamada *Veruntreuung* – para os casos em que a coisa "está confiada" ao agente».[278] O verbo *unterschlagen* tem o significado de «apropriar-se», captar, desviar, defraudar, extraviar, interceptar, subtrair. *Die Unterschlagung* é o desfalque, o desvio, a fraude, a intercepção, a prevaricação, o peculato, a subtracção. O abuso de confiança é em Portugal, pois, um delito especial na forma de delito de dever. Assim, o autor é somente o que tem uma certa qualificação como efeito da relação de confiança que o interliga ao proprietário da coisa recepcionada «por título não translativo da propriedade e que fundamenta o especial dever de restituição».[279] O objecto da acção é, pois, uma coisa móvel alheia.[280] Em princípio, os créditos e quaisquer outros direitos, se não forem coisas em sentido jurídico-material, não podem constituir

---

[276] *Vide* J. de Figueiredo Dias in op. cit. p. 94.
[277] In op. cit. p. 96.
[278] *Vide* J. de Figueiredo Dias in op. cit. p. 97.
[279] *Vide* J. de Figueiredo Dias *idem ibidem*.
[280] *Vide* J. de Figueiredo Dias in op. cit. pp. 97 e ss..

objecto do crime p. e p. no art. 205.º do CP. Resposta diferente teriam os documentos nos quais aqueles direitos ou créditos se corporizam. Para sabermos qual é o significado de «alheio» temos que nos socorrer – como uma hipótese de trabalho e de investigação não necessariamente fatal! – do direito civil. Dentro desta via podemos dizer que coisa alheia é toda a coisa que pertence, pelo menos em parte, a uma outra pessoa que não seja o agente. Podemos afirmar, v.g., que a coisa vendida com reserva de propriedade[281] possibilita, enquanto a mesma existir juridicamente, o preenchimento do tipo objectivo e do tipo subjectivo do tipo-de-ilícito do art. 205.º do CP. Poderão também surgir problemas de interpretação e aplicação quando as coisas móveis alheias são fungíveis como, v.g., é o caso do dinheiro. O art. 105.º do RGIT, entre outros e por mero exemplo ainda que «diverso», refere-nos: «...prestação tributária...». Existem problemas relacionados, entre outros aspectos, com as questões da apropriação, da ilegitimidade da própria apropriação e com o dolo correspondente. Caberá, eventualmente, ao direito administrativo, direito tributário, direito fiscal – direito civil! – determinar afinal quem é, em cada um dos momentos, o titular da propriedade do dinheiro. Como se pode depreender do texto do art. 205.º do CP, a conduta típica fixa-se na ilegítima apropriação de coisa que tenha sido entregue ao agente por título não translativo da propriedade.[282] Título não translativo da propriedade, ou seja, no momento da apropriação o agente já deverá ter a detenção ou a posse da coisa, não obstante não ter a propriedade. Detenção e posse entendidas num sentido alargado, no contexto do direito penal, ao mesmo nível do recebimento constitutivo de uma relação fáctica de domínio sobre uma coisa móvel. Se é verdade que a entrega não tem que ser material mas simplesmente legal, também não deixa de ter veracidade o facto de ter que corresponder à entrega da coisa o seu recebimento pelo agente. A doutrina portuguesa vai no sentido de que terão que ser lícitas a detenção ou a posse que antecedem a apropriação.[283] No entanto podem surgir muitas dúvidas quanto a tal conclusão.[284] Em relação à estrutura objectiva típica da conduta é fun-

---

[281] Cfr. arts. 409.º e 934.º do Código Civil.
[282] Vide J. de Figueiredo Dias *idem ibidem*.
[283] Vide Eduardo Correia in RDES, 1954, pp. 62 e ss. e J. Lopes de Sousa e M. Simas Santos in Código Penal Anotado, II, pp. 460-461 e ss. apud J. de Figueiredo Dias *idem ibidem*.
[284] Cfr. J. de Figueiredo Dias in op. cit.: «Bem pelo contrário, pode afirmar-se que em caso de ilicitude a exigência de protecção do bem jurídico surgirá em muitos casos

damental que a entrega tenha sido realizada por «título não translativo da propriedade». Será o direito privado que, por sua vez, identificará os títulos que abrangem a correspondente tipicidade. Por outro lado, tudo indica que a violação dum simples direito de crédito de quem fez a entrega da coisa não pode nunca integrar o tipo objectivo de ilícito do abuso de confiança. O mero acto de prévia posse, pelo agente, à não entrega parcial ou total de prestação tributária ou parafiscal que é prevista pelo art. 105.º do RGIT parece, à primeira vista, não exigir que, essa mesma referida posse, tenha sido o resultado duma entrega por «título não translativo da propriedade» ao próprio agente. Evidentemente que uma coisa é a entrega que é omitida *pelo* agente (art. 105.º do RGIT); outra coisa diferente é a entrega que é feita *ao* agente (art. 205.º do CP): não podemos confundir. Assim, para que o agente possa omitir a entrega a que se refere o art. 105.º do RGIT terá que previamente dispor, pelo menos, do poder sobre o objecto da possível entrega. Ora, o poder sobre o objecto da possível entrega, à administração tributária, prevista pelo art. 105.º do RGIT parece que se constituiu antes dessa própria entrega, que o agente deverá fazer, como é lógico, e por título, também, não translativo da propriedade. É que a «prestação tributária» é «deduzida nos termos da lei» e sobre ela recai *ab initio* uma obrigação, por parte do agente, em a «entregar à administração tributária». Independentemente desse facto ser considerado justo ou injusto, parece-nos que a administração tributária é, por via do direito positivo e desde logo do início: quando se constitui a obrigação da respectiva afectação, a proprietária dessa prestação. É que, se se considerar que o preenchimento do crime p. e p. pelo art. 105.º do RGIT não exige uma entrega «por título não translativo da propriedade», então, é porque não estamos realmente, neste art. 105.º do RGIT, perante um *verdadeiro*, ou em sentido estrito, crime de «Abuso de confiança», mas sim perante uma nova, porventura, figura jurídico-criminal. Se assim for, a epígrafe deste artigo 205.º do RGIT deverá, como início, ser alterada. É que, como se viu, o crime de abuso de confiança p. e p. no art. 205.º do CP implica uma

---

acrescida». Acrescenta respectivamente ainda o ilustre Professor Catedrático da Universidade de Coimbra: «§ 18 Pode no entanto sustentar-se – contrariamente à doutrina e à jurisprudência alemãs dominantes: cf. só M / S / MAIWALD I § 34 22 – que tais exigências político-criminais se não verificam se a coisa recebida pelo agente tiver sido **furtada** por ele»; «§ 19 Já assim não será porém se a apropriação da coisa furtada implicar a **lesão de um novo, diferente e autónomo bem jurídico** (*v.g.*, inflição de um novo dano ao proprietário da coisa ou a terceiro)».

entrega de coisa móvel, ou do poder sobre ela, como é o caso da prestação tributária ou equiparada. Entrega essa que será feita por título não translativo da propriedade, i.e., que não suponha a transferência de propriedade: art. 1316.º do Código Civil. Situação descrita na qual não se justificará a apropriação, mas sim, pelo contrário, constituir-se-á uma obrigação de afectação a um fim ou uso certos, ou eventualmente de restituição, na situação concreta e determinada do crime de abuso de confiança fiscal na entrega à administração tributária, p. e p. no art. 105.º do RGIT. Embora não se verifique o necessário e prévio acto material de entrega do objecto, do crime p. e p. no art. 205.º do CP, é a própria administração tributária que investe o agente num poder especial – *entregando esse mesmo poder por meio de título não translativo da propriedade*: por isso o Prof Doutor J. de Figueiredo Dias refere, como já a montante dissemos, que os conceitos de posse e detenção *«devem aqui ser entendidos mais latamente e fazer-se equivaler ao recebimento de uma coisa móvel constitutivo de uma **relação fáctica de domínio sobre ela**»*[285] – sobre a coisa que lhe dá precisamente a possibilidade e oportunidade de respectivamente dissipar ou desencaminhar.[286] A palavra «apropriar» prevista no n.º 1 do art. 205.º do CP e, igualmente prevista, no n.º 1 do art. 24.º do RJIFNA desapareceu do n.º 1 do art. 105.º do RGIT. Mas terá também deixado de ser um requisito deste último regime jurídico? A resposta, que nos parece ser negativa, estará, contudo, no estudo e conhecimento do que é afinal a «apropriação» para o art. 205.º do CP? A não entrega parcial ou total da prestação tributária ou equiparada realiza-se numa apropriação de modo a que o agente torne sua a coisa alheia. Não obstante, e contrariamente ao furto, onde a apropriação parece surgir a par da detenção ou posse da coisa, no caso do abuso de confiança, a apropriação sucede à referida detenção ou posse! Mas a grande diferença reside no facto de no furto intervir a apropriação como elemento do tipo subjectivo de ilícito, i.e., como «intenção de apropriação», enquanto no abuso de confiança estamos perante a veste objectiva de elemento do tipo objectivo de ilícito. A apropriação no abuso de confiança exige que o *animus* que lhe corresponde se exteriorize por meio dum comportamento que o revele e execute: é a teoria do acto manifesto

---

[285] Vide J. de Figueiredo Dias in op. cit. p. 100. O grifo é nosso.
[286] Com um sentido semelhante ao nosso *vide* J. Lopes de Sousa e M. Simas Santos in «Regime...», p. 588.

de apropriação, a qual tem importância para efeitos de consumação.[287] A apropriação, face ao abuso de confiança, resulta na inversão do título de posse ou detenção. Seguindo esta via, podemos afirmar que o agente que recepcionara a coisa *uti alieno* passa a comportar-se em relação à mesma *uti dominus*! E este comportamento desenrola-se por meio de actos concludentes e idóneos nos termos gerais. É, pois, aqui, dentro do contexto desta realidade objectiva, que se apresenta a «inversão do título de posse ou detenção» e precisamente nela que se traduz e se consuma a apropriação.[288] Já assim sucedia similarmente no CP de 1886. O agente deixou de possuir em nome alheio, passando a coisa para o seu património ou dispondo dela como se fosse sua, i.e., com o objectivo de não restituir a coisa ou de não lhe dar o destino a que estava ligada ou, ainda, bem sabendo que não mais o poderia fazer. A inversão do título resulta da não entrega a que o agente estava legalmente obrigado. Este elemento é fundamental para a determinação do momento da consumação. No que diz respeito ao crime do abuso de confiança fiscal, p. e p. pelo art. 105.º do RGIT, o momento da consumação deve ser colocado, conforme o art. 5.º/2 do RGIT na «data em que termine o prazo para o cumprimento dos respectivos deveres tributários», apresentando-se o decurso de 90 dias sobre o termo do prazo legal de entrega da prestação do n.º 4, como condição de punibilidade[289], conforme, aliás, já referimos a montante. Existem, por outro lado, diversos problemas jurídicos que se levantam em relação à apropriação de coisas móveis fungíveis nas quais o dinheiro surge como um dos principais exemplos a ter em consideração. Assim, seguindo a tese à qual aderimos[290], o tipo objectivo de ilícito do abuso de confiança não será abarcado pela simples confusão ou o mero uso da coisa fungível, mas, depois, pela sua disposição de modo injustificado ou pela não restituição no tempo e sob a forma juridicamente devidos, tendo aqui que acrescer, evidentemente, o dolo correspondente. Quanto ao problema da «ilegitimidade da apropriação»[291] devemos referir que a apropriação não é ilegítima sempre

---

[287] Cfr. J. de Figueiredo Dias in op. cit. p. 103.

[288] Vide J. de Figueiredo Dias *idem ibidem* que nos refere ainda: «como sempre ensinou EDUARDO CORREIA, p. ex. *RLJ* 90.º 35 ss., a propósito da interpretação a conferir às expressões "desencaminhar ou dissipar" que constavam do art. 453.º do CP de 1886; e também CAVALEIRO FERREIRA, *Direito e Justiça* IV 243)».

[289] Cfr. J. Lopes de Sousa e M. Simas Santos *idem ibidem*.

[290] Cfr. J. de Figueiredo Dias in op. cit. p. 104.

[291] Cfr. J. de Figueiredo Dias in op. cit. p. 105.

que essa mesma apropriação não implique uma contradição com o ordenamento jurídico geral da propriedade. A razão é porque o agente detém sobre aquilo que foi desapropriado uma pretensão jurídico-civilmente válida já vencida e incondicional. Pode ainda, como sabemos, intervir uma causa de justificação da apropriação. Pelo que a apropriação não será ilegítima em diversas situações como v.g.: acção directa (art. 336.º do CC); estado de necessidade jurídico-civil (art. 339 do CC); direito de retenção (art. 754.º e ss. do CC); compensação (art. 847.º e ss. do CC); e estado de necessidade justificante jurídico-penal entre outros. Também temos que distinguir a ilegitimidade da apropriação, por um lado, da ilicitude do abuso de confiança, por outro lado. Além disso, não há hoje razão textual, nem sequer teleológica para a exigência da existência dum prejuízo, precisamente ao contrário daquilo que se passava no tipo-de-ilícito previsto no art. 453.º do CP de 1886.[292] No que concerne ao tipo subjectivo de ilícito devemos referir que o dolo (o dolo eventual é «satisfatório») é necessário face à totalidade dos elementos do tipo objectivo de ilícito: crime de congruência total. Aos problemas do erro aplicam-se *naturalmente* as regras dos art. 16.º e 17.º do CP tal e qual como as entendemos: «todo **o erro intelectual ou de conhecimento** exclui o dolo, nos termos do art. 16°; diversamente, todo o **erro moral ou de valoração** deixa o dolo intocado e só pode excluir a culpa se for incensurável, nos termos do art. 17°».[293] Com grande importância científica, para nós, surge a ideia do Prof. Doutor Eduardo Correia[294], na linha das doutrinas italiana, francesa e alemã: a intenção de restituir exclui o dolo de apropriação e, desse modo, o tipo subjectivo do crime de abuso de confiança, desde que o agente represente seguramente que efectuará a restituição da coisa recebida (ou cujo poder sobre a mesma tenha sido outorgado) no prazo e nas condições juridicamente devidas. Mas atenção, pois o agente poderá estar em erro, porventura intelectual ou de conhecimento, quanto ao referido prazo e condições jurídicas devidas! O abuso de confiança consuma-se, em termos gerais, com a manifestação externa do acto de apropriação (como é, v.g., a recusa de restituição da coisa), i.e., com a inversão do título (cfr., não obstante, arts. 22.º e 23.º do CP). Num outro prisma, e no que se refere essencialmente ao crime comum do abuso de confiança, somente deverá

---

[292] Continuamos a seguir J. de Figueiredo Dias pp. 106 e ss..
[293] Cfr. J. de Figueiredo Dias *idem ibidem*.
[294] Cfr. RLJ, 90.º, pp. 38 e ss. *apud* J. de Figueiredo Dias *idem ibidem*.

ser qualificado de co-autor aquele que detinha a qualidade de co-possuidor ou co-detentor antes da apropriação, para lá, como é lógico, do domínio do facto! O concurso efectivo, ideal ou real, com a maioria dos restantes crimes patrimoniais não é de afastar *ab initio*. Todavia, queremos salientar que o resultado do concurso aparente – conexionado com a figura da consumpção, v.g., do facto prévio não punível – não é de todo impossível em certos casos. Estes casos poderão ser aqueles, v.g., nos quais a falsificação tenha esgotado o seu sentido e o seu dano material na sua circunscrita utilização como meio de alcançar a inversão do título e a consequente apropriação.[295] A punição do abuso de confiança fiscal desdobra-se em dois níveis: crime simples (n.º 1) e crime agravado (n.º 4) em função do valor da prestação ou equiparada não entregue: assim que a entrega não efectuada for superior a € 50.000.[296]

2.4. *O art. 25.º do RJIFNA e algumas notas ao art. 88.º do RGIT*

O tipo de ilícito do art. 25.º prevê e pune o crime de Frustração de créditos fiscais.[297] Vários autores indicam o art. 324.º do CP de 1982[298] (entretanto *eliminado* pela revisão de 1995) como tendo sido a base fundamental inspiradora desta mesma incriminação. No tempo presente e, por conseguinte, no Código Penal actual, uma das incriminações com maior similitude parece ser a do crime de insolvência dolosa, previsto e punido pelo correspondente preceito 227.º[299] Não obstante, como se sabe, o Decreto-Lei n.º 38/2003, de 8 de Março veio, através do seu Capítulo VIII no qual se encontra o art. 12.º, aditar ao Código Penal um novo art. 227.º--A que p. e p. a «Frustração de Créditos».[300] Existe uma diferença funda-

---

[295] Cfr. J. de Figueiredo Dias *idem ibidem*.
[296] Acerca do *nomen juris* de prestação tributária cfr. art. 11.º/ a).
[297] Cfr. art. 25.º com a redacção do DL n.º 394/93, de 24 de Novembro. Cfr. o actual art. 88.º do RGIT.
[298] Cfr. o art. 324.º do CP de 1982.
[299] Para uma anotação exaustiva do art. 227.º do CP, que prevê e pune a Insolvência dolosa, *vide* Pedro Caeiro in «Comentário Conimbricense...», Tomo II, pp. 407-433.
[300] O art. 227.º-A do CP, está, não obstante, intimamente relacionado com o art. 227.º do CP. O conteúdo desta norma jurídica, o qual é em parte um conteúdo de remissão, é o seguinte: «1 – O devedor que, após prolação de sentença condenatória exequível, destruir, danificar, fizer desaparecer, ocultar ou sonegar parte do seu património, para dessa

mental entre a fraude fiscal, por um lado; e os crimes de Abuso de confiança fiscal e frustração de créditos fiscais, por outro lado. Na fraude fiscal, tudo se passa antes do processo de liquidação, precisamente no momento em que o agente procura de alguma forma levar a que posteriormente a Administração incorra num cálculo erróneo da prestação tributária. No Abuso de confiança fiscal e na frustração de créditos, a prática do crime desenrola-se durante ou após o já referido processo de liquidação.[301] Assim, logicamente, para que se verifique a conduta típica será imprescindível que o imposto se encontre em fase (ou «em processo de liquidação» como refere o Dr. Alfredo José de Sousa[302]) de liquidação ou se apresente já liquidado. Tudo indica que o n.º 2 desta incriminação do art. 25.º, sendo uma modalidade de receptação, se apresente como uma adaptação do art. 30.º do Regime Jurídico das Infracções Fiscais Aduaneiras (DL n.º 376-A/89, de 25 de Outubro).[303] Quanto ao tipo subjectivo, também este, mantém a identificada intenção específica para lá do próprio dolo.[304] O art. 88.º do RGIT refere igualmente, quer no seu n.º 1, quer no seu n.º 2, a palavra «...intenção...». Para o Prof. Doutor Augusto Silva Dias (in op.

---

forma intencionalmente frustrar, total ou parcialmente, a satisfação de um crédito de outrem, é punido, se, instaurada a acção executiva, nela não se conseguir satisfazer inteiramente os direitos do credor, com pena de prisão até 3 anos ou com pena de multa»; § «2 – É correspondentemente aplicável o disposto nos n.ºs 3 e 5 do artigo anterior».

[301] *Vide* A. Silva Dias, op. cit., p. 465, que refere ainda diferenciando: «No crime em análise, porém, o objecto da acção não é a prestação em dívida, como sucede no abuso de confiança, mas o património do próprio agente, que constitui garantia do crédito fiscal».

[302] I.e., contrapondo a «já liquidado», que significa «que o montante de imposto foi já determinado ou pela Administração Fiscal ou pelo sujeito passivo que o deduziu ou reteve na fonte ou o auto-liquidou», *apud*, Augusto Silva Dias, op. cit., p. 465.

[303] *Vide* Augusto Silva Dias, op. cit., p. 465.

[304] Contextualmente diferente *vide* A. Silva Dias, op. cit., p. 456, alínea ab) e p. 465. Nós dizemos diferente e utilizamos a expressão «também este», pois, ao contrário do Prof. Doutor A. Silva Dias, consideramos, com os Prof. Doutor Figueiredo Dias e Prof. Doutor Costa Andrade, in «O Crime De Fraude Fiscal...», RPCC, 1996, pp. 71-110; e rp in «Direito Penal...», 1999, p. 426 que: «E só aparentemente pode ser outro o sentido e alcance da fórmula adoptada pelo legislador de 1990 no desenho da factualidade típica da Fraude fiscal: «intenção de obter para si ou para outrem vantagem patrimonial indevida». (...) E a verdade é que na versão de 1993 – e sem que isto equivalha a uma alteração significativa do quadro normativo vigente – o legislador veio explicitar a referência a ambas as faces da mesma realidade: «que visem a não liquidação, entrega ou pagamento do imposto ou a obtenção indevida de benefícios fiscais, reembolsos ou outras vantagens patrimoniais susceptíveis de causarem diminuição das receitas tributárias».

cit. p. 465) o conceito de ocultação, que deve ser interpretado abrangendo a simulação, pode assumir no tipo-de-ilícito da frustração de créditos, as modalidades constantes da alínea d) do n.º 1 do art. 227.º do CP. Segundo o mesmo ilustre Autor, poderão ser identificadas situações de concurso aparente entre o n.º 1 do art. 25.º do RJIFNA e o crime de insolvência dolosa previsto e punido no Código Penal, por um lado; e, por outro lado, o n.º 2 do art. 25.º do mesmo RJIFNA e o crime de receptação do CP. Se tivermos em conta somente os interesses protegidos pelas normas – o que, como temos vindo a analisar, pode não ser inteiramente líquido para se perceber perante qual género de concurso estamos – não restarão grandes dúvidas de que existe, realmente, somente um concurso aparente entre o crime de insolvência dolosa e a frustração de créditos fiscais, nomeadamente se partirmos dum pressuposto que localize uma analogia substancial entre os interesses protegidos por ambas as normas.

Refere muito bem o Ilustre Penalista e Investigador da Faculdade de Direito da Universidade de Coimbra, Pedro Caeiro,[305] o seguinte: «(...) existe apenas um concurso aparente entre o crime de insolvência dolosa e a frustração de créditos fiscais punida no art. 25.º do mesmo diploma, pois o interesse protegido por esta norma – a pretensão creditícia do Estado resultante da aplicação do imposto – é substancialmente análogo aos interesses patrimoniais tutelados pelo art. 227º. (...)»!

O *novo* art. 88.º do RGIT p. e p. o crime de Frustração de Créditos. A sua redacção não se diferencia substancialmente do anterior art. 25.º do RJIFNA que acabamos de analisar. Pelo que, deste modo, em tudo aquilo que permanece idêntico no que diz respeito a estes dois artigos será obviamente escusado estarmos a repetir tudo o que já previamente referimos. Para lá, portanto, remetemos o nosso muito caro Leitor. Não obstante, desde logo devemos referir que, ainda assim, existem pequenas diferenças de texto, que resultam em novas consequências, entre os dois artigos mencionados. O art. 88.º do RGIT, quer no seu número 1, quer no seu número 2, refere o seguinte: «...ou que tem dívida às instituições de segurança social...». Isto significa que, *grosso modo*, o art. 88.º do RGIT abrange agora, quer o anterior art. 25.º, quer o anterior art. 27.º-C, ambos do RJIFNA. É que, este último regime jurídico, previa e punia, precisamente, a «Frustração de créditos da segurança social». Mas esta nossa afirmação

---

[305] Em anotação ao art. 227.º do CP, in «Comentário Conimbricense Do Código Penal...», p. 433.

tem que ser entendida num sentido restrito já que, como se irá verificar, a redacção do anterior art. 27.º-C é, textualmente, diversa.[306] Simplesmente essa mesma redacção desapareceu agora no RGIT duma forma autónoma, pelo que, deste ponto de vista, como crime tributário comum temos agora somente o art. 88.º do RGIT. Por isso mesmo, onde se podia ler antes «imposto» (cfr. art. 25.º do RJIFNA) se pode ler agora, v.g., «tributo» e ou «tributário» (cfr. art. 88.º/1 e 2 do RGIT). Inversamente ao acontecimento de «fusão» entre estes dois regimes jurídicos que eram anteriormente autónomos, podemos constatar que continua a existir quer, por um lado, um crime de «Fraude contra a segurança social», p. e p. no art. 106.º do RGIT; quer, por outro lado, um crime de «Abuso de confiança contra a segurança social», p. e p. no art. 107.º do RGIT.[307] Além do destaque que já a montante fizemos acerca da «intenção» exigida pelo art. 88.º do RGIT nos seus dois números, cumpre-nos realçar ainda outras características que pretendemos captar para este texto. Se no n.º 1 do mencionado art. 88.º do RGIT se fala do «seu património», já no respectivo n.º 2 se refere somente «património», pelo que poder-se-á tratar, inclusive, de património «alheio». Desde que, neste último caso, é claro, esteja igualmente verificada a requisitada «intenção». Outra diferença que podemos estabelecer entre os dois números do art. 88.º do RGIT são os respectivos sujeitos. No n.º 1 do art. 88.º o sujeito activo é aquele sobre o qual recai a prestação, enquanto no n.º 2 do mesmo preceito estamos perante uma gravura que abrange uma qualquer pessoa que tenha, evidentemente, os comportamentos previstos. A punição plasmada no art. 88.º/1 do RGIT é de prisão até 2 anos ou multa até 240 dias. No n.º 2 do mesmo art. 88.º do RGIT a punição com prisão vai até 1 ano ou multa até 120 dias. Esta clara diferença entre as punições enunciadas, embora se verifique a protecção do mesmo bem jurídico pelas respectivas incriminações, não existe por mero acaso. Os comportamentos previstos e punidos no art. 88.º/2 do RGIT são uma espécie de protecção adiantada da correspondente defesa, na qual o perigo de lesão está mais distante, mais além, justificando-se, desta forma, uma punição sensivelmente menor. O problema aqui é o da diminuição real do activo patrimonial ou, então, do perigo dessa diminuição, o qual pode ser

---

[306] Mais adiante falaremos ainda um pouco sobre o anterior art. 27.º-C do RJIFNA.
[307] Não desfazendo aquilo que já referimos anteriormente em relação, quer à fraude, quer ao abuso de confiança, voltaremos a esta tipologia do ilícito no âmbito do choque criminoso contra a segurança social.

fruto da sua alienação, ou oneração ou danificação, mas representa também a diminuição fictícia do activo patrimonial. Deste modo simula-se uma situação patrimonial inferior à realidade por meio da dissimulação ou ocultação de bens do património.[308] É importante referir que a tentativa não é punível nos termos do art. 23.º/1 do CP, i.e., não está prevista especialmente a punibilidade da tentativa e aos crimes consumados não corresponde pena de prisão superior a 3 anos. Caso a responsabilidade pelos crimes aqui previstos seja imputável a pessoa colectiva ou entidade equiparada – segundo os pressupostos de imputação de responsabilidade sobre os quais nos iremos debruçar mais a jusante neste trabalho (cfr. art. 7.º do RGIT)! – os limites das penas de multa sobem para o dobro de acordo com o art. 12.º/2 e 3 do RGIT. Logo na abertura do Capítulo IV do CP: «Dos Crimes Contra Direitos Patrimoniais» deparamos com o art. 227.º, que p. e p. o crime de insolvência dolosa (cfr. agora também o art. 227.º-A que p. e p. a «Frustração de Créditos» e cujo teor já anteriormente referimos), no qual, nas suas respectivas alíneas a) e b) do n.º 1, verificamos existir um nítido paralelismo com o crime p. e p. no art. 88.º do RGIT. Estamos inclinados a considerar que o bem jurídico protegido pelo crime de insolvência dolosa, p. e p. pelo art. 227.º do CP, é o património.[309] É um crime específico puro que somente poderá ser praticado por um devedor cuja insolvência possa ser objecto de reconhecimento judicial. Este não é o lugar próprio para desenvolver demasiado o estudo do tipo-de-ilícito do art. 227.º do CP. Não obstante, podemos e devemos individualizar cinco grupos de modalidades de acção, os quais serão os seguintes e que identificaremos como 1.º, 2.º, 3.º, 4.º e 5.º. Assim:

1.º Condutas que provocam uma diminuição real do património onde o devedor deprecia o valor do seu património provocando uma situação de insolvência como é o caso da destruição, danificação, inutilização ou causação do desaparecimento de parte do património (cfr. art. 227.º/1 alínea a] do CP). A expressão «fizer desaparecer parte do seu património» serve para captar os casos nos quais não se consegue discernir o paradeiro de bens que, por princípio, se deviam encontrar na titularidade do devedor;

2.º Condutas que provocam uma diminuição fictícia do património líquido e que se baseiam na factualidade de o «devedor que com intenção de prejudicar os credores»: a) «Destruir ficticiamente o seu activo, dissi-

---

[308] Cfr. J. Lopes de Sousa e M. Simas Santos *idem ibidem* p. 528 e ss..
[309] *Vide*, no mesmo sentido e a Quem vamos seguir de perto, Pedro Caeiro *idem ibidem*.

mulando coisas, invocando dívidas supostas, reconhecendo créditos fictícios, incitando terceiros a apresentá-los, ou simulando, por qualquer outra forma, uma situação patrimonial inferior à realidade, nomeadamente por meio de contabilidade inexacta, falso balanço, destruição ou ocultação de documentos contabilísticos ou não organizando a contabilidade apesar de devida» e b) «Criar ou agravar artificialmente prejuízos ou reduzir lucros» (cfr., respectivamente, art. 227.º/1 alíneas b] e c] do CP). Vamos agora interpretar e procurar estabelecer algumas regras para a aplicação de cada um destes subconceitos. A nossa abordagem é iniciada através daquela que se escolhe como sendo a «boa» interpretação das componentes objectivas da alínea b) do art. 227.º/1 do CP. Desta forma, a diminuição fictícia do activo por meio da dissimulação de coisas pode ser alcançada de modo material, i.e., sonegando fisicamente, por um lado, os bens à acção dos credores ou, por outro lado, de modo jurídico, ou seja, por meio da alienação simulada dos bens. Finalmente é importante afirmarmos que podemos e devemos, por via genérica, considerar tipicamente relevantes as manobras fraudulentas descritas quando se traduzam em diminuições fictícias do património líquido «posto que não necessariamente numa diminuição do activo».[310] O reconhecimento de créditos e a invocação de dívidas tipicamente relevantes sucederão usualmente quando se averigua em juízo a solvabilidade do devedor conduzindo causalmente à situação de insolvência, concretamente fictícia, e, por outro lado, ao seu respectivo reconhecimento judicial. Acreditamos que a tipificação – como crime autónomo – do incitamento de terceiros a apresentar créditos fictícios representa um claro desvio às regras de instigação. Nas palavras exactas do Dr. Pedro Caeiro[311] – ilustre Penalista da Universidade de Coimbra – «bem se compreende que o simples incitamento à apresentação dos créditos fictícios consubstancie logo um **elevado perigo de ofensa para o bem jurídico protegido**, pois representa uma disponibilidade de princípio por parte do devedor de não obstar à produção do perigo que só ele pode evitar». No que diz respeito à simulação, por qualquer forma, duma situação patrimonial inferior à realidade como modo de diminuição do activo é

---

[310] Cfr. Pedro Caeiro *idem ibidem*.

[311] *Idem ibidem*. Refere ainda o ilustre Docente: «Neste caso, a consumação do crime continua a dar-se com a situação de insolvência ostensiva reconhecida pelo tribunal, provocada causalmente pela diminuição patrimonial (fictícia) que a apresentação dos créditos inexistentes implica».

necessário acrescentar duas ou três notas. A simulação, independentemente da sua forma, só é tipicamente relevante se causar adequadamente ou se, simplesmente, causar a situação de insolvência. Além disso, como se referiu, a simulação pode suceder por «qualquer forma». São exemplos desse facto a destruição ou ocultação de documentos contabilísticos, o falso balanço ou a inexactidão da contabilidade. O importante é, também, saber se se verificou, ou se não se verificou na prática, o efeito da situação de insolvência. Também se pode observar uma incriminação da diminuição fictícia do património que é alcançada por meio da não organização da contabilidade devida. Mas só poderá existir incriminação dos sujeitos em relação aos quais incumba o dever legal de manter uma contabilidade organizada. Tudo leva a crer, por outro lado, que esta conduta já se encontra abarcada pela punição da simulação, por qualquer forma, de uma situação patrimonial inferior à realidade.[312] A nossa abordagem prossegue agora por meio da interpretação das componentes objectivas da alínea c) do art. 227.º/1 do CP. Deste modo, podemos desde já afirmar que a criação ou agravação artificiais de prejuízos ou redução artificial de lucros são manobras típicas de diminuição fictícia do património. Fundamental é que se verifique realmente a insolvência através da manifestação contabilística de dados que não condizem com os lucros e prejuízos reais.

O 1.º e 2.º grupos de modalidades de acção que acabamos de investigar correspondem, essencialmente e como já vimos, às alíneas a), b) e c) do n.º 1 do art. 227.º do CP. Ora, como referimos anteriormente, as incriminações do art. 88.º do RGIT encontram fundamentalmente paralelo nestas alíneas a) e b) do n.º 1 do art. 227.º do CP (cfr. também art. 227.º-A do CP). Dentro desta perspectiva, não é este o lugar próprio para uma anotação exaustiva de todo o corpo do art. 227.º do CP. Tarefa a qual, aliás, já foi brilhantemente realizada pelo nosso Mestre, Dr. Pedro Caeiro, para cuja leitura dos respectivos escritos voltamos aqui a remeter.[313] Não se justifica, pois, fazer aqui um desenvolvimento aprofundado de todo o tipo-de-ilícito presente no preceito 227.º do CP. O que não nos impede, contudo, de referir neste texto as restantes e principais características dessa mesma norma. Começamos desde logo por enunciar os restantes grupos de modalidades de acção.

---

[312] *Vide* Pedro Caeiro *idem ibidem*.
[313] *Vide* Pedro Caeiro *idem ibidem*.

Deste modo:

3.º Condutas que visam ocultar uma situação de crise conhecida do devedor: para «retardar a falência, comprar mercadorias a crédito, com o fim de as vender ou utilizar em pagamento por preço sensivelmente inferior ao corrente» (cfr. alínea d] do n.º 1 do art. 227.º do CP). A consumação do crime dá-se com a compra de mercadorias. Por outro lado, é preciso dar relevância ao facto de que «...quem se encontra a braços com dificuldades económicas ou financeiras e compra mercadorias a crédito com intenção de as revender abaixo do preço corrente para assim retardar uma situação de insolvência fá-lo, antes de mais, com intenção de superar as suas dificuldades e assim **evitar a crise económica**».[314] Por fim, também se torna importante mencionar que a compra de mercadorias a crédito para revenda direcciona-se inegavelmente para uma circunscrição da incriminação às condutas dos devedores comerciantes. A insolvência que é relevante do ponto de vista penal tem que ser aqui, portanto, a impossibilidade de cumprir pontualmente.

4.º A não justificação da aplicação regular dos valores pelo devedor concordatário. Podemos levantar várias objecções a esta norma. Esta norma deve ser entendida como punindo somente o devedor que não aplique os referidos valores de acordo com uma actividade económica regular. Não se pode misturar esta situação com o mero incumprimento de eventuais obrigações assumidas pelo devedor na concordata. É que a este último incumprimento corresponde um outro género de sanções que não são nem merecem a natureza penal. Finalmente, considerando que o crime de infidelidade implica a violação grave dos deveres de administração que incumbem ao agente e a causação intencional de um prejuízo, defendemos[315] que o tipo do n.º 4 do art. 227.º do CP somente se encontrará preenchido assim que a deficiente aplicação de valores representar uma infracção grave às regras duma actividade económica regular e for igualmente impulsionada pela intenção de prejudicar os credores como é o caso da sonegação e dissipação de bens. Não obstante, não é necessário que suceda um prejuízo.

---

[314] Vide Pedro Caeiro *idem ibidem* que nos acrescenta: «É a **actualidade da situação de impotência económica** que, não obrigando embora o devedor a apresentar-se em juízo (...), impõe ao agente que se abstenha se ocultar a revelação desse estado, com a intenção de prejudicar os credores, através de certos negócios que, em outro contexto, seriam penalmente irrelevantes».

[315] Na mesma linha de Pedro Caeiro in op. cit. p. 419 e ss..

5.º A prática duma das condutas referidas no n.º 1 e no n.º 2, do art. 227.º do CP, por parte dum terceiro com o conhecimento do devedor ou em seu benefício. É indispensável que o terceiro pratique as condutas típicas, que estão aqui em causa, com conhecimento do devedor ou em benefício deste. Não é suficiente que o devedor pudesse e devesse conhecer a actuação do terceiro, pois é exigível um conhecimento efectivo.

No que diz respeito ao resultado típico faremos agora um breve apontamento que não deixará de ter em consideração o paralelismo teórico existente entre o art. 88.º do RGIT e as alíneas a) e b) do n.º 1 do art. 227.º do CP, se a conduta praticada pelo terceiro se dever subsumir a uma daquelas normas. Assim, podemos afirmar que as condutas descritas nas alíneas a), b) e c) do n.º 1 do art. 227.º do CP, bem como o respectivo n.º 3 deste último preceito (cfr. n.º 2 do art. 227.º-A do CP), são crimes materiais de execução vinculada. A justificação prende-se ao facto da correspondente consumação exigir a produção por meio das formas tipicamente descritas dum resultado, i.e., duma situação de impotência económica. Urge dizer que, por seu lado, a causação da própria crise económica por parte dum devedor comerciante só é penalmente considerada caso esse devedor tenha violado o dever de manter a capacidade de pagar pontualmente. Por outro lado, a causação da própria crise económica por parte de um devedor não comerciante só é penalmente considerada assim que esse devedor tenha violado o dever de manter um património solvente. Mas, como nos ensina o Dr. Pedro Caeiro[316], o défice patrimonial deixou de ser para a lei concursal vigente um pressuposto do respectivo processo, pelo que, comerciante ou não comerciante, somente pode ser reconhecida a insolvência do devedor que esteja impossibilitado de cumprir pontualmente. Neste caminho, a verificação do resultado proibido, que está em causa nestas normas, exige uma prova adicional, «no processo crime, de que as condutas típicas praticadas pelo devedor não comerciante cuja "insolvência" (insolvabilidade) foi reconhecida pelo tribunal civil, nos termos do art. 3º, nº 1,» causaram concomitantemente a sua insolvência *stricto sensu*, i.e., um défice patrimonial ostensivo. É claro que tem que estar provado o nexo de adequação. Os crimes p. e p. no art. 227.º do CP são crimes dolosos, sendo que o dolo eventual é suficiente. Nesta direcção, o dolo tem que abranger a conduta que é incriminada e, na situação das alíneas a), b) e c), o resul-

---

[316] Vide Pedro Caeiro *idem ibidem*.

tado típico, i.e., a causação da crise económica. Recordamos aqui, mais uma vez, a existência do paralelismo, a montante assinalado, entre o art. 88.º do RGIT e as alíneas a) e b) do n.º 1 do art. 227.º do CP. Já no caso da alínea d) do n.º 1 do art. 227.º do CP, o dolo tem de abarcar a actual existência da crise económica, ou seja, a insolvabilidade. Refere o n.º 3 do art. 227.º do CP (cfr. também o n.º 2 do art. 227.º-A do CP) que o «terceiro que praticar algum dos factos descritos no n.º 1 deste artigo, com o conhecimento do devedor ou em benefício deste, é punido com a pena prevista nos números anteriores, conforme os casos, especialmente atenuada». Ou seja, o conhecimento do devedor é um elemento de facto do tipo e o erro que sobre ele se debruce afasta o dolo (cfr. o art. 16.º/1 do CP) sempre que o agente não actue, ao mesmo tempo, em benefício do devedor. Falemos agora um pouco dos elementos subjectivos da ilicitude e da intenção de prejudicar os credores que é exigida por todas as condutas previstas no n.º 1 do art. 227.º do CP. São crimes de perigo abstracto nos quais o prejuízo querido, ainda que não se verifique, portanto, tem de ser patrimonial. Também há algo a dizer em relação à intenção de vender ou utilizar em pagamento por preço sensivelmente inferior ao corrente as mercadorias compradas a crédito e a intenção de retardar o reconhecimento judicial da insolvência (cfr. alínea d) do n.º 1 do art. 227.º do CP). No que concerne à primeira intenção está implicada a exigência da efectiva revenda abaixo do preço corrente sob pena de se tornar impossível a prova. Num outro movimento do nosso raciocínio podemos referir que não é suficiente que o devedor venha realmente a vender as mercadorias por preço sensivelmente inferior ao corrente. É indispensável que a intenção de o realizar comande a compra das mencionadas mercadorias, sendo que, se lhe for ulterior, o tipo subjectivo não se encontrará preenchido.[317] O n.º 3 do art. 227.º do CP (cfr. também o n.º 2 do art. 227.º-A do CP) não parece exigir, por sua vez, que da prática do facto pelo terceiro resulte um efectivo benefício patrimonial para o devedor, sendo suficiente que a conduta se conduza por esse objectivo. A punibilidade das condutas que estão previstas e são punidas no n.º 1 do art. 227.º do CP está submetida ao reconhecimento judicial da situação de insolvência. É um acto que representa uma condição objectiva de punibilidade e que, por tal motivo, não carece de ser abrangido pelo dolo do agente. É ainda de realçar que a doutrina

---

[317] *Vide* Pedro Caeiro *idem ibidem*.

alemã exige uma conexão fáctica, e não causal, entre a ocorrência da crise e as condições de punibilidade. Debrucemos agora a nossa atenção, com muita brevidade, sobre o n.º 2 do art. 227.º do CP. Como se sabe, a falência não é um estado do devedor, mas somente uma fase processual de liquidação, quer do património do devedor insolvente cuja empresa é de impossível recuperação financeira ou economicamente inviável, quer do devedor insolvente não titular de empresa que não beneficie duma concordata particular. Queremos igualmente afirmar que a agravação da pena não se pode apoiar na declaração judicial de falência pois, em caso contrário, haverá violação do princípio da culpa, i.e., agravação da responsabilidade do agente motivada por um acto, que seria portanto neste caso concreto, um acto judicial de terceiro. Como nos refere o ilustre Penalista Dr. Pedro Caeiro[318], que defende a restrição da aplicação da norma agravante às situações nas quais o devedor seja comerciante, «parece-nos que a razão de ser da [presente] agravação reside no *dano social* – concretamente, no que toca a *capacidade produtiva do país* e a *manutenção dos postos de trabalho* – que a destruição da empresa provoca». E ainda: «...a causação da insolvabilidade real ou fictícia (art. 227.º, n.º 1, als. a], b] e c]) e o retardamento do respectivo reconhecimento através de condutas manifestamente contrárias às exigências de uma actividade económica regular (art.. 227.º, n.º 1, al. d]) transportam consigo o risco intrínseco da inviabilidade económica da empresa ou da impossibilidade da sua recuperação financeira». Resta sabermos, todavia, se a prática do crime de frustração de créditos p. e p. no art. 88.º do RGIT não pode visar, antes pelo contrário, em determinados casos concretos, a salvação da própria empresa e, por conseguinte, quer a manutenção dos postos de trabalho, quer a capacidade produtiva do país. Desde que, evidentemente, estivessem verificados os respectivos pressupostos justificantes no âmbito do direito penal. Assim, a nossa conclusão poderia, por esta via, ser bem diversa. Por outro lado, regressando a nossa atenção um pouco mais acima, podemos dizer que se deve rejeitar a aplicação automática da agravação de pena por força da mera declaração de falência previamente proferida no tribunal civil. Dentro do enquadramento das formas especiais do crime, nomeadamente em relação à tentativa, também podemos fazer algumas referências. De acordo com o art. 23.º/1 do CP a punição da tentativa

---

[318] Vide Pedro Caeiro *idem ibidem*.

somente é possível em abstracto na situação descrita no respectivo n.º 2 do art. 227.º do CP assim que a falência surgir como consequência dos factos descritos no n.º 1 do mesmo art. 227.º do CP. Desta forma tudo fica condicionado à análise da tentativa do crime agravado pelo resultado correspondentemente punido. Aceite que está a punição de um crime agravado pelo resultado[319] podemos, então, falar em três grupos de casos. Neste desígnio passamos a enunciar e interpretar. 1.º a tentativa do delito fundamental por meio das condutas descritas no n.º 1, alíneas a), b)[320], e c) com produção do resultado agravante. Neste primeiro grupo temos que referir que a tentativa do crime fundamental com a produção do resultado agravante não é punível devido ao facto de não ser possível imputar à conduta do agente a destruição da empresa, ou seja, o resultado agravante, quando a situação de crise, i.e., o resultado típico não lhe é imputável. A impossibilidade de recuperação financeira ou a inviabilidade económica da empresa só são importantes para a agravação da pena devido ao facto das condutas praticadas, ao provocarem uma situação de crise, acarretarem o risco de destruição da empresa. 2.º a tentativa do delito fundamental por meio das condutas descritas no n.º 1, alínea d), com produção do resultado agravante: a tentativa não é punível se o agente, querendo retardar o reconhecimento judicial da situação de insolvência em que se encontra, prejudicando os credores deste modo, alvitra a um terceiro a compra de mercadorias a crédito com o objectivo de as vender por preço consideravelmente abaixo do corrente. 3.º a consumação do crime fundamental com tentativa do resultado agravante: neste caso há uma tentativa punível do crime p. e p. pelo n.º 2 do art. 227.º do CP. O crime p. e p. no art. 227.º do CP tem uma natureza específica que não impede que a comparticipação seja punível segundo o correspondente art. 28.º do CP. Em relação ao problema do concurso, em termos muito gerais, podemos também acrescentar algumas ideias. A prática do crime de insolvência p. e p. no art. 227.º do CP, na respectiva forma dolosa, através da existência duma insolvência fictícia, que v.g. burla o juiz, coloca em perigo o património dos credores. O acto judicial que reconhece a insolvência pode causar um dano real ao mesmo bem jurídico no estrito quadro em que um hipotético défice patrimonial judi-

---

[319] Cfr. Jescheck, 1993, p. 475 e Damião da Cunha, RPCC, 1992, pp. 568 e ss. *apud* Pedro Caeiro *idem ibidem*.

[320] Recordamos que existe um encontro paralelo entre as incriminações do art. 88.º do RGIT e as previsões das alíneas a) e b) do art. 227.º do CP.

cialmente estabelecido acarrete uma diminuição dos montantes dos créditos inscritos nos direitos titulados pelos credores. Haverá aqui, em princípio, um concurso aparente na modalidade de consumpção. O crime de burla consome o crime de insolvência dolosa: o que pode resultar na aplicação da qualificação constante do art. 218.º do CP. Se o agente, com a sua acção, provocar a falência e a respectiva aniquilação da empresa, tudo indica que o crime do art. 227.º/2 do CP consome o crime de burla. É que à lesão dos credores aqui tão bem tipificada acrescerá o dano à economia nacional que constituirá razão para a agravação.[321] No que se refere aos crimes de infidelidade e de administração danosa haverá um concurso efectivo ideal com a insolvência dolosa caso o administrador ou gerente, dum ente colectivo, causar, segundo o art. 12.º do CP, com a ocorrência da insolvência, um dano patrimonial importante (cfr. art. 235.º do CP) ou um prejuízo patrimonial (cfr. art. 224.º do CP) a esse mesmo ente colectivo. Também poderá existir concurso efectivo ideal se o agente provocar o estado de insolvência por meio de manipulações do seu estado patrimonial subsumíveis aos tipos da falsificação de documentos (cfr. art. 256.º do CP) ou da danificação ou subtracção de documento ou notação técnica (cfr. art. 259.º do CP). São actos que constituem a destruição do património em si mesmo. Caso o agente preste em juízo declarações falsas no que concerne à sua capacidade de cumprir obrigações ou quanto ao seu estado patrimonial (se tais declarações não se resumirem à confirmação dos dados falsos já previamente apresentados por meio de documentos) – crime de falsidade de depoimento ou declaração (cfr. art. 359.º do CP) – poderá existir concurso efectivo real.

Mais adiante, entretanto, falaremos ainda um pouco mais pormenorizadamente do art. 27.º-C que previa e punia a frustração de créditos «da segurança social» e que agora, face ao art. 88.º do RGIT, deixa de ter razão de existir.

---

[321] *Vide* Pedro Caeiro *idem ibidem* que nos refere ainda: «Todavia, se a conduta preencher simultaneamente a qualificação do art. 218.º, n.º 2, a moldura penal aí prevista (2 a 8 anos de prisão), quando comparada com a cominada naquela norma (prisão até 5 anos ou multa até 600 dias), leva a concluir que a burla qualificada consome a insolvência dolosa agravada pela falência (consunção impura). § Enfim, a tentativa frustrada (não punível) dos crimes previstos no n.º 1 do art. 227.º poderá consubstanciar uma tentativa (punível) do crime de burla».

Finalmente é importante lembrar aqui que a Lei n.º 39/2003, de 22 de Agosto veio autorizar «...o Governo a legislar sobre a insolvência de pessoas singulares e colectivas». Como refere o seu art. 1.º, o Governo fica autorizado «...a aprovar o Código da Insolvência e Recuperação de Empresas, revogando o Código dos Processos Especiais de Recuperação da Empresa e de Falência». O art. 3.º da Lei n.º 39/2003 refere determinadas autorizações em relação às «Disposições penais e processuais penais».[322] O art. 10.º da Lei n.º 39/2003 possibilita e especifica com maior pormenor as «Alterações ao Código Penal»: fica «...o Governo autorizado a alterar os artigos 227.º, 227.º-A, 228.º e 229.º, bem como aditar um novo artigo 229.º-A ao Código penal, aprovado pelo Decreto-Lei n.º 400/82, de 23 de Setembro...».[323] O art. 13.º da Lei n.º 39/2003 refere que as «...autorizações concedidas pela presente lei têm a duração de 180 dias». O ponto n.º 6 do Comunicado do Conselho de Ministros de 3 de Dezembro de 2003[324] apresenta já as principais características do Decreto-Lei «...que, no uso da autorização legislativa concedida pela Lei n.º 39/2003, de 22 de Agosto, aprova o Código da Insolvência e da Recuperação de Empresas». No 10.º § deste mesmo ponto n.º 6 do CCM refere-se que «O presente diploma aprova o Código da Insolvência e da Recuperação de Empresas e, ao mesmo tempo, altera disposições pontuais do Código penal...».

---

[322] O art. 3.º do Decreto-Lei n.º 39/2003, de 22 de Agosto refere o seguinte: «1 – Fica o Governo autorizado a prever a declaração de insolvência como causa de interrupção do prazo de prescrição do procedimento criminal. § 2 – Fica o Governo igualmente autorizado a prever a obrigatoriedade de remessa ao tribunal da insolvência de certidão dos despachos de acusação, de pronúncia ou de não pronúncia, da sentença e dos acórdãos proferidos no processo penal e, no caso de não ter sido deduzida acusação, da decisão que o tenha determinado».

[323] Nos seguintes termos: «a) Alterar a medida da pena prevista no n.º 1 do artigo 227.º para pena de prisão até 5 anos ou pena de multa até 600 dias; § b) Alterar a medida da pena prevista no n.º 1 do artigo 228.º para pena de prisão até 1 ano ou pena de multa até 120 dias; § c) Alterar a medida da pena prevista na alínea b) do n.º 1 do artigo 229.º para pena de prisão até 2 anos ou pena de multa até 240 dias; § d) Agravar de um terço, nos seus limites mínimo e máximo, a medida da pena estabelecida no n.º 1 do artigo 227.º, no n.º 1 do art. 227.º-A, no n.º 1 do art. 228.º e na actual alínea b) do n.º 1 do artigo 229.º, sempre que, em consequência da prática de qualquer dos factos ali descritos, resultarem frustrados créditos de natureza laboral, em sede de processo executivo ou processo especial de insolvência; § e) Revogar os n.os 2 e 4 do artigo 227.º, o n.º 2 do artigo 228.º e a alínea a) do n.º 1 do artigo 229.º».

[324] In www.portugal.gov.pt, 3 de Dezembro de 2003, pelas 19 Hrs e 30 M.

O art. 1.º do DL n.º 53/2004, de 18 de Março, publicado no Diário da República n.º 66, de 18 de Março de 2004, vem precisamente aprovar o CIRE, i.e., o Código da Insolvência e da Recuperação de Empresas, o qual surge como parte integrante, em anexo, desse mesmo diploma legislativo. São alterados (em vez de falência passamos a falar em insolvência) os artigos 227.º, 227.º-A, 228.º e 229.º do Código Penal.[325] É, por outro lado, aditado ao Código Penal o artigo 229.º-A.[326] Por outro lado, o art. 297.º do CIRE, no Título XVI deste Decreto-Lei nº n.º 53/2004, de 18 de Março, trata da «Indiciação da infracção penal».[327] O art. 298.º do CIRE menciona que a «declaração de insolvência interrompe o prazo de prescrição do procedimento criminal». Por seu lado, o art. 299.º do CIRE, o qual prevê o «Regime aplicável à instrução e julgamento» refere o seguinte: «Na instrução e julgamento das infracções referidas no n.º 1 do artigo 297.º observam-se os termos prescritos nas leis de processo penal». Já o art. 300.º do CIRE trata da «Remessa das decisões proferidas no processo penal».[328] É de salientar que conforme o ponto n.º 40 do preâmbulo do Decreto-Lei nº 53/2004, de 18 de Março, um objectivo da reforma intro-

---

[325] art. 227.º do CP: «1 – O devedor que com intenção de prejudicar os credores: § a)...§ b)...§ c)...§ d)...§ é punido, se ocorrer a situação de insolvência e esta vier a ser reconhecida judicialmente, com pena de prisão até 5 anos ou com pena de multa até 600 dias. § 2 – (Anterior n.º 3.) § 3 – (Anterior n.º 5.)»; art. 227.º-A do CP: «1 – ...§ 2 – É correspondentemente aplicável o disposto nos n.os 2 e 3 do artigo anterior»; 228.º do CP: «1 – O devedor que: § a)...§ b)...§ é punido, se ocorrer a situação de insolvência e esta vier a ser reconhecida judicialmente, com pena de prisão até um ano ou com pena de multa até 120 dias. § 2 – É correspondentemente aplicável o disposto no n.º 3 do art. 227.º°». art. 229.º do CP: «1 – O devedor que, conhecendo a sua situação de insolvência ou prevendo a sua iminência e com intenção de favorecer certos credores em prejuízo de outros, solver dívidas ainda não vencidas ou as solver de maneira diferente do pagamento em dinheiro ou valores usuais, ou der garantias para suas dívidas a que não era obrigado, é punido com pena de prisão até 2 anos ou com pena de multa até 240 dias, se vier a ser reconhecida judicialmente a insolvência. § 2 – É correspondentemente aplicável o disposto no n.º 3 do artigo 227.º°».

[326] O novo art. 229.º-A, o qual tem como epígrafe a «Agravação», tem a seguinte redacção: «As penas previstas no n.º 1 do art. 227.º, no n.º 1 do art. 227.º-A, no n.º 1 do art. 228.º e no n.º 1 do art. 229.º são agravadas de um terço, nos seus limites mínimo e máximo, se, em consequência da prática de qualquer dos factos ali descritos, resultarem frustrados créditos de natureza laboral, em sede de processo executivo ou processo especial de insolvência».

[327] Cfr. o art. 297.º do CIRE.

[328] Cfr. o art. 300.º do CIRE.

duzida por este mesmo diploma se sustenta na obtenção de uma mais ampla e eficaz responsabilização dos titulares de empresa e dos administradores de pessoas colectivas: é esse o objectivo do novo «incidente de qualificação da insolvência». Conforme o art. 2.º do CIRE as «pessoas colectivas públicas e as entidades públicas empresariais» não podem ser objecto de processo de insolvência. Não é este o lugar próprio para estudarmos e comentarmos ao pormenor o DL n.º 53/2004, de 18 de Março e o CIRE que surge precisamente como seu anexo. Mas sempre podemos assinalar umas breves notas. Não estamos muito convencidos de que o devedor «não era suficientemente penalizado» conforme o ponto n.º 13.º do preâmbulo do DL n.º 53/2004, de 18 de Março. Também temos que levantar algumas reticências de (in)constitucionalidade em relação à designada «presunção de culpa grave dos administradores, de direito e de facto» que é assinalada também no mesmo ponto do preâmbulo. Assinala-se ainda que, conforme o ponto n.º 19 do preâmbulo do DL n.º 53/2004, se recupera como critério específico da determinação de insolvência de pessoas colectivas e patrimónios autónomos por cujas dívidas nenhuma pessoa singular responda limitada e pessoalmente a superioridade do seu passivo sobre o activo (cfr. art. 3.º/2 do CIRE). De salientar é também o facto do «incidente de qualificação da insolvência» (sem efeitos quanto ao processo penal ou à apreciação da responsabilidade civil), inspirado na *Ley Concursal* espanhola, se destinar a indagar se a insolvência é fortuita ou culposa.[329] Salvo nas situações de apresentação à insolvência, o requerente da respectiva declaração de insolvência pode desistir do pedido ou da instância até ser proferida sentença, sem prejuízo do procedimento criminal que ao caso couber.[330] É na sentença de declaração de insolvência que o juiz ordena a entrega ao Ministério Público dos elementos que indiciem a prática de infracção penal.[331] Interessante, mais uma vez, é a nomeação de pessoas especialmente relacionadas com o devedor «pessoa colectiva».[332] Em relação à comissão de credores é de destacar o facto dos seus membros poderem ser pessoas singulares ou colectivas. Quando a escolha seja uma pessoa colectiva, competirá ao ente colectivo designar o seu representante através de uma procuração ou credencial subscrita por

---

[329] Cfr. o ponto n.º 40 do preâmbulo do DL n.º 53/2004, de 18 de Março.
[330] Cfr. art. 21.º do CIRE.
[331] Cfr. art. 36.º, alínea h), do CIRE.
[332] Cfr. art. 49.º/2 do CIRE.

quem o obriga (cfr. art. 66.°/4 do CIRE). No que diz respeito à apreensão dos bens, como providência conservatória, é de salientar a alínea a) do n.° 1 do art. 149.° do CIRE que refere o seguinte: «Proferida a sentença declaratória da insolvência, procede-se à imediata apreensão dos elementos da contabilidade e de todos os bens integrantes da massa insolvente, ainda que estes tenham sido: § a) Arrestados, penhorados ou por qualquer forma apreendidos ou detidos, seja em que processo for, com ressalva apenas dos que hajam sido apreendidos por virtude de infracção, quer de carácter criminal, quer de mera ordenação social». Quanto ao pedido de exoneração do «passivo restante», verifica-se o indeferimento liminar se, entre outras situações[333], «O devedor tiver sido condenado por sentença transitada em julgado por algum dos crimes previstos e punidos nos artigos 227.° a 229.° do Código Penal nos 10 anos anteriores à data da entrada em juízo do pedido de declaração da insolvência ou posteriormente a esta data». Conforme o art. 268.°/3 do CIRE o «...valor dos créditos que for objecto de redução, ao abrigo de plano de insolvência ou de plano de pagamentos, é considerado como custo ou perda do respectivo exercício, para efeitos de apuramento do lucro tributável dos sujeitos passivos do imposto sobre o rendimento das pessoas singulares e do imposto sobre o rendimento das pessoas colectivas». Estas são as linhas muito gerais, e que mais interessam à área do direito sancionatório em geral, da revisão do CPEREF que foi operada pelo CIRE. Sem prejuízo do referido, cfr. o DL n.° 200/2004 de 18 de Agosto.

2.5. O art. 27.° do RJIFNA e algumas notas ao art. 91.° do RGIT

É no art. 27.° do RJIFNA, a fechar o Capítulo I da Parte II do RJIFNA, que está previsto o crime de violação de segredo fiscal.[334] No que diz respeito ao tipo objectivo deste tipo-de-ilícito, gostaríamos de fazer também umas breves observações. Se o seu n.° 2 parece claramente ter por base inspiradora os artigos 195.° e 196.° do CP[335], já o n.° 3 do

---

[333] Cfr. o art. 238.°/1, alínea f), do CIRE.
[334] Cfr. art. 27.° com a redacção do DL n.° 394/93, de 24 de Novembro. Cfr. o art. 91.° do RGIT.
[335] Com uma anotação de especial qualidade dos art.s 195.° e 196.° do CP, que p. e p. respectivamente a Violação de segredo e o Aproveitamento indevido de segredo, vide M. da Costa Andrade in «Comentário Conimbricense... », pp. 771-810.

mesmo art. 27.º aponta para o art. 383.º do CP. Para o Prof. Doutor Augusto Silva Dias o bem jurídico protegido por esta incriminação será a privacidade fiscal dos contribuintes e não as receitas fiscais do Estado.[336] Contudo, poder-se-á ir um pouco mais longe e afirmar que a confidencialidade fiscal e o segredo fiscal, os quais transportam implicitamente a uma verdadeira confiança entre o cidadão e a Administração Fiscal, dão um ênfase preferencial à tutela da própria intimidade da vida privada, valor que goza inclusive de acervo constitucional.[337] A possibilidade real de discernimento de identificação da pessoa lesada, a qual em princípio seria permitida pela divulgação da situação ou dos factos, constitui a revelação como realização típica que afinal é. Esta situação diferenciar-se-á de aqueles outros casos em que se verifica um simples aproveitamento, o qual se concretiza, por seu lado, assim que o agente procura subtrair do segredo fiscal uma vantagem simplesmente pessoal. Este crime tem por base correspondente o art. 22.º do já várias vezes apontado Anteprojecto dos Prof. Doutor Figueiredo Dias e Prof. Doutor Faria Costa, de 15 de Setembro de 1988. Para que o tipo objectivo esteja preenchido será necessário que os factos submetidos a sigilo sejam conhecidos no exercício de funções ou por causa delas. Para o Prof. Doutor Augusto Silva Dias (in op. cit. p. 466) constitui um crime de lesão no qual o bem jurídico é atingido, como sucede, *verbi gratia*, nos crimes contra a honra[338], com a compreensão da revelação e do aproveitamento por parte do destinatário. De contrário, haverá lugar à punição por tentativa. Se observarmos o tipo subjectivo, ou seja neste caso concreto, o dolo, verificámos que este não abarca a potencialidade de prejuízo para o Estado ou para terceiros, pois é uma condição

---

[336] *Vide*, quanto a tudo isto, A. Silva Dias in op. cit., p. 466.

[337] Cfr. Parecer do Conselho Consultivo da PGR; N.º Convencional: PGRP00000871; Parecer: P000671996; N.º do Documento: PPA19970320006700; Pedido: 6 de Setembro de 1996; Data de Distribuição: 26 de Setembro de 1996; Relator: Dr. Lucas Coelho; Data de Votação: 20 de Março de 1997; Tipo de Votação: Unanimidade; Sigla do Departamento 1: MFIN; Entidades do MIN DAS FINANÇAS; Volume VI –Pareceres PAG. 119; ASSESSOR: MARREIROS, igualmente in *Internet* www.dgsi.pt. Entretanto, in *Internet* www.pgr.pt, sítio institucional da PGR, na «Colecção dos Pareceres da Procuradoria-Geral da República, Volume VI, Os Segredos e a sua Tutela, ponto 3) Segredo fiscal» cfr. conclusões.

[338] Matéria a qual constituiu, justamente, o objecto de um dos nossos «Relatórios do Mestrado em Ciências Jurídico-Criminais (1998-1999)»: «Honra e Liberdade de Expressão»: cfr. bibliografia.

de punibilidade para lá do tipo-de-ilícito, não sendo, portanto, elemento objectivo do tipo. Quando não se comprova a potencialidade ou susceptibilidade referidas «não pode dizer-se que estamos perante uma tentativa de violação de segredo fiscal, mas somente que o facto típico, ilícito e culposo, consumado aquando da violação da privacidade fiscal, não é punível».[339] A ilicitude dos factos fica afastada pelo consentimento[340] e a justa causa, a qual deverá ser entendida na realização dum interesse legítimo, valorativamente superior ao interesse sacrificado.[341] Quanto às questões jurídico-controvertidas, nesta incriminação especial, a respeito do concurso, pensamos que existe um concurso aparente ou impuro entre o n.º 2 do preceito 27.º do RJIFNA e o art. 195.º do Código Penal, o qual constitui, por sua vez, uma incriminação genérica. Isto é, *lex specialis derogat legi generali*.[342] *Mutatis mutandis*, poderemos identificar o mesmo concurso aparente entre o n.º 3 do art. 27.º e a norma 383.º do CP.[343]

Confrontemos, entretanto, a redacção do art. 91.º do RGIT. Podemos concluir, pois, *grosso modo*, que o art. 91.º do RGIT corresponde aos anteriores art. 27.º e 27.º-D do RJIFNA. Voltaremos deste modo, inevitavelmente, ao art. 91.º do RGIT, mais adiante, quando comentarmos o anterior art. 27.º-D do RJIFNA. Podemos, todavia, desde já adiantar que é no art.

---

[339] *Vide* Silva Dias in op. cit., pp. 466-467. *Vide*, igualmente, A. J. de Sousa in «Infracções Fiscais (Não Aduaneiras)», p. 122,: «É um crime de perigo e não de resultado. Basta a possibilidade de causar prejuízo ao Estado ou a terceiros, não sendo necessária a verificação de prejuízo efectivo».

[340] *Vide* Manuel da Costa Andrade in «Consentimento...», 1991, *passim*.

[341] *Vide* A. Silva Dias in op. cit., p. 467, que refere como exemplo que «tal é o caso de alguém que revela um dado sobre a situação fiscal de outrem para evitar a prática por este de um abuso de confiança fiscal ou de alguém que revela um segredo fiscal na qualidade de testemunha num processo». Quanto a esta última ideia cfr. art.s 135.º e 136.º do Código de Processo Penal.

[342] Outros exemplos de normas que entrariam em concurso aparente com o art. 195.º do CP, através duma relação de especialidade, seriam o art. 383.º do CP (*Violação de segredo por funcionário*) e as alíneas c) e d) do art. 384.º também do CP (*Violação de segredo de correspondência ou de telecomunicações*). *Vide* Costa Andrade, em extraordinária anotação ao art. 195.º do CP, in «Comentário Conimbricense...», p. 802;

[343] Neste sentido *vide* Silva Dias in «Crimes e Contra...», «Direito Penal Económico...», 1999, p. 467; e antes do mesmo ilustre Autor sobre esta problemática do concurso in «O Novo Direito...», 1990, p. 16 e ss; e rp. in «Direito Penal Econó... », 1999, pp. 254--257. Contra, através duma interpretação contrária àquela que temos vindo a subscrever acerca do art. 13.º do RJIFNA, *vide* A. José de Sousa in op. cit., p. 123.

64.º da LGT que agora se enuncia o princípio da confidencialidade. Refere-nos este princípio que «os dirigentes, funcionários e agentes da administração tributária estão obrigados a guardar sigilo sobre os dados recolhidos sobre a situação tributária dos contribuintes e os elementos de natureza pessoal que obtenham no procedimento, nomeadamente os decorrentes do sigilo profissional ou qualquer outro dever de segredo legalmente regulado». O objectivo é garantir o direito à reserva da intimidade da vida privada (cfr. art. 26.º da CRP) e evitar que seja dado a conhecer o quadro tributário dos contribuintes ou a cognoscibilidade do mesmo sem o consentimento do contribuinte. A lei procura proteger desta forma a confiança dos contribuintes nas pessoas que com eles se relacionam numa perspectiva profissional e dentro, neste caso concreto, da área tributária.[344] Por outro lado, acerca da compreensão da expressão «dados relativos à situação tributária dos contribuintes» deverá ser consultado o Parecer n.º 20/94, de 9 de Fevereiro de 1995, emitido pelo Conselho Consultivo da Procuradoria Geral da República, o qual apresenta uma série de importantes conclusões.[345] Face aos números 4 e 5 do art. 64.º da LGT podemos concluir que, em certos casos previstos pela lei, não há um dever de sigilo. Nesta perspectiva está posta de lado a hipótese de ocorrer o crime p. e p. no art. 91.º do RGIT. São exemplos nos quais se aplicam a «justa causa» e o «consentimento de quem de direito» exigíveis pelo próprio n.º 1 do art. 91.º do RGIT. Neste contexto podemos observar, ainda duma outra margem, que deixa de ser necessário o anterior n.º 1 do art. 27.º do RJIFNA.

---

[344] Cfr. igual e designadamente os números 2 (cessação do dever de sigilo), 4 e 5 do art. 64.º da LGT. Por outro lado, no que se refere ao art. 64.º/3 do RGIT, podemos afirmar que o dever de confidencialidade se comunica aos que tiverem elementos protegidos ao seu alcance segundo o n.º 2 do art. 64.º do RGIT. Isto é aplicável às situações nas quais o contribuinte não autoriza a revelação da sua situação tributária. O conhecimento é funcional, pelo que poderão ser agentes do crime p. e p. no art. 91.º do RGIT todas as pessoas que exerçam funções que lhes possam possibilitar o conhecimento da situação tributária dos contribuintes como são nomeadamente as seguintes: funcionários da administração tributária, empregados e colaboradores dos contribuintes, revisores de contas, auditores, prestadores de serviços em instituições autorizadas à cobrança de impostos, agentes e órgãos dos entes colectivos e ainda outros.

[345] Cfr. Pareceres da Procuradoria Geral da República, p. 109, Volume VII.

2.6. O art. 27.º-A do RJIFNA e algumas notas ao art. 106.º do RGIT

Já na abertura do Capítulo II, designado «Dos crimes contra a Seguraça Social», da Parte II do RJIFNA, está o preceito 27.º-A, onde se prevê e pune o crime de Fraude à Segurança Social.[346] A criminalização de condutas relacionadas com a Segurança Social, que sucedeu em Portugal, foi extremamente recente.[347] O Decreto-Lei n.º 140/95, de 14 de Junho, veio, pois, alargar o campo de aplicação do RJIFNA às infracções praticadas no enquadramento dos regimes de Segurança Social pelos correspondentes contribuintes, definindo e penalizando os crimes contra a Segurança Social.[348] Uma intenção político-criminal perfeitamente louvável, mas cujo âmbito é portador duma técnica legislativa que – evitando criar um simples novo número em alguns dos preceitos já analisados – poderá ainda assim ser criticável.[349] Uma vez que o tipo-de-ilícito de fraude à Segurança Social está contido nos artigos 27.º-A e 23.º do RJIFNA (cfr. agora os arts. 103.º e 104.º do RGIT), são inteiramente válidos os contributos que já referimos mais acima acerca da incriminação da fraude fiscal, não só pela doutrina e pela jurisprudência, mas também pelo próprio legislador. Continuamos, pois, – *mutatis mutandis* – a aderir à tese perfilhada pelos Prof. Doutor Figueiredo Dias e Prof. Doutor Costa Andrade para a delimitação dos contornos da incriminação da fraude fiscal (bem jurídico) e, portanto, corroboramos aqui também, em jeito de adaptação, o designado terceiro modelo.[350] Não parece, contudo, que exista uma identidade

---

[346] Cfr. o art. 27.º-A, o qual foi introduzido pelo DL n.º 140/95, de 14 de Junho, sob autorização legislativa outorgada pelo art. 58.º da Lei n.º 39-B/94, de 27 de Dezembro. Cfr. o art. 106.º do RGIT.

[347] Cfr., na Base XX, a Lei n.º 2115, de 18 de Junho de 1962 e o art. 169.º do Decreto que a regulamentou com o n.º 45266, de 23 de Setembro de 1963. Cfr. ainda o DL n.º 511/76, de 3 de Julho, art. 5.º, o art. 6.º do DL n.º 103/80, de 9 de Maio e o DL n.º 140/95, de 14 de Junho (viria, nesta matéria, ultrapassar os obstáculos de redacção do n.º 3 do art. 24.º, abuso de confiança fiscal, introduzido pelo DL n.º 20-A/90, de 15 de Janeiro e mantido pelo DL n.º 394/93, de 24 de Novembro).

[348] Cfr. preâmbulo do Decreto-Lei n.º 140/95, de 14 de Junho.

[349] *Vide* A. Silva Dias in «Crimes e Contra... », «Direito Penal Económico E Europeu... », 1999, p. 468.

[350] Na defesa deste terceiro modelo, mas defendendo a forma secundária e subordinada dos valores de verdade e transparência em relação à predominante tutela dos interesses patrimoniais da Segurança Social *vide* Carlos R. de Almeida in «Os crimes contra a segurança social...», RMP, ano 18.º, 1997, n.º 72, p. 99.

absoluta entre as incriminações do art. 23.º e a do art. 27.º-A, ambas do RJIFNA, pois ao serem delimitados pelo legislador no segundo caso os agentes da infracção – uma entidade empregadora ou um trabalhador independente – cria-se afinal um crime específico próprio ou puro.³⁵¹ Por outro lado, parece que as «condutas ilegítimas» assim que visem a obtenção de «benefícios contributivos» não eram criminalizadas ao contrário, portanto, do que acontece com os «benefícios fiscais» constantes do crime de fraude fiscal p. e p. pelo art. 23.º do RJIFNA.³⁵² Agora, contudo, esta situação modificou-se com a nova redacção dos n.º 1 e n.º 4 do art. 106.º do RGIT que nos referem, respectivamente, «beneficiários» e *para* «efeito deste artigo também se consideram prestação da segurança social os benefícios previstos na legislação da segurança social». Ao remeter o n.º 1 do art. 27.º-A para os «n.ᵒˢ 2 e 3 do artigo 23.º», deparámo-nos novamente com a técnica dos exemplos padrão como, *mutatis mutandis*, o referimos em relação à incriminação da fraude fiscal.³⁵³ É claro que, conforme também já referimos anteriormente em relação ao art. 23.º RJIFNA, o respectivo tipo objectivo também requer uma atenção especial e diferenciada ao seu n.º 3. É que o tipo objectivo, na maioria dos casos, exige igualmente os elementos das alíneas b) a f) do art. 23.º/3 do RJIFNA. É de periodicidade mensal a liquidação e pagamento das contribuições da Segurança Social bem como a obrigação de remeter as folhas de remunerações dos trabalhadores. Parece-nos muito difícil, contudo e tendo em consideração tudo aquilo que já referimos acerca desta problemática jurídico-controvertida,

---

³⁵¹ *Vide* Carlos R. de Almeida in op. cit., p. 100.

³⁵² *Vide* A. J. Sousa in op. cit., p. 127: «De igual modo se anota, que ao contrário do crime de fraude fiscal (art. 23.º), o legislador não se contentou com o facto daquelas condutas serem "susceptíveis de causarem diminuição das receitas contributivas". § Basta que o agente *vise* com tais condutas "a não liquidação, entrega ou pagamento das contribuições", para se prefigurar o dolo, elemento integrador deste crime».

³⁵³ *Vide* novamente Teresa Serra acerca da técnica dos exemplos-padrão in «Homicídio Qualificado,...», 1990. Não cremos, *mutatis mutandis*, que uma rigorosamente escorreita utilização desta técnica possa violar o princípio da legalidade. Não caberá a este trabalho, contudo, desenvolver o estudo de tal aplicação no campo da Fraude fiscal e da Fraude à Segurança social, embora fique aqui o desafio de saber até que ponto isso poderá ser exequível. *Vide* C. R. de Almeida in op. cit. p. 100, nota de rodapé n.º 19. Prossegue ainda o mesmo Autor na p. 101: «Assim, na alínea a) descreve-se um comportamento activo, na alínea b) um comportamento omissivo, fazendo-se referência expressa na alínea c) à simulação. A partir deste modo de ver as coisas, não há fraude sem a prática pelo agente de uma destas modalidades de comportamento».

vislumbrar na prática (*ultrapassada que esteja eventualmente e ainda, a hipótese do concurso de normas ou aparente*) qualquer concurso real de crimes pelo simples facto de ocorrerem em cada mês várias das "condutas ilegítimas" tipificadas nos n.ᵒˢ 2 e 3 do art. 23.°, pois o crime continuado – como também já afirmamos mais acima –, e desde que estejam efectivamente verificados os seus pressupostos (art. 30.°/2 do CP), constitui precisamente uma excepção plasmada no direito positivo à regra da equiparação do concurso real ao concurso ideal e, portanto, ao próprio concurso efectivo, verdadeiro ou puro do art. 30.°/1 do CP.[354] No que diz respeito ao tipo subjectivo deste tipo-de-ilícito da fraude à Segurança Social, e recordando *mutatis mutandis* aquilo que já referimos anteriormente em relação à fraude fiscal, voltamos a identificar na expressão *visem* «a não liquidação, entrega ou pagamento de contribuições à Segurança Social», uma – dizíamos – verdadeira intenção para além do próprio dolo, edificando também aqui um crime de resultado cortado, pois o resultado externo que vai para lá do tipo objectivo não está dependente duma posterior acção do agente.[355]

Vamos agora, não afastando tudo aquilo que já se referiu, observar mais detalhadamente o art. 106.° do RGIT que p. e p. a «Fraude contra a

---

[354] *Vide* Eduardo Correia, *Direito Criminal*, II; e igualmente *apud* M. Leal-Henriques e M. Simas Santos in «Código Penal...», 1995, p. 289. Conjugando com aquilo que já referimos sobre esta matéria, pensamos que para existir um crime continuado, de entre os requisitos supramencionados, tem que se verificar anteriomente, pois, uma pluralidade de resoluções do agente e, por conseguinte, uma pluralidade de juízos de censura que conduza ao concurso efectivo de crimes. Só a partir daqui entrará em cena a excepção do crime continuado, verificado que está, previamente, o concurso efectivo ou verdadeiro de crimes. *Vide*, contudo, A. José de Sousa in op. cit., p. 127. Por outro lado e por isso mesmo também, embora estejamos em acordo parcial, não poderemos concordar de forma automática com o entendimento de que «por aplicação dos princípios gerais em matéria de concurso, que há tantos crimes quantas as violações das obrigações de pagamento (...), salvo se, no caso, se verificarem os pressupostos do crime continuado» (*vide* Carlos R. de Almeida, in op. cit., pp. 106 e 107). É que para que se verifique um concurso efectivo, como temos vindo a referir, será necessário indagar no caso concreto se há uma pluralidade de resoluções do agente ou apenas uma só resolução. Neste último caso só poderia haver um juízo de censura, i.e., a punição do agente por concurso efectivo de crimes *in casu* incorreria numa violação do princípio *non bis in idem*.

[355] *Vide* o que já referimos em relação a este assunto na incriminação da fraude fiscal. *Vide*, numa análise do tipo subjectivo do tipo-de-ilícito do art. 27.°-A do RJIFNA, C. R. de Almeida in op. cit., pp. 102-103.

segurança social».³⁵⁶ O tipo-de-ilícito do art. 106.º inicia o «Capítulo IV» do RGIT que tem como epígrafe os «Crimes contra a segurança social». Desta forma, constituem fraude contra a segurança social, conforme o n.º 1 do art. 106.º do RGIT, as condutas das entidades empregadoras, dos trabalhadores independentes e dos beneficários que visem a não liquidação, entrega ou pagamento, total ou parcial, ou o recebimento indevido, total ou parcial, de prestações de segurança social com intenção de obter para si ou para outrem vantagem patrimonial ilegítima de valor superior a € 7500. Não é abrangido, portanto, conforme já se referiu a montante, o valor igual a € 7500! A fraude à segurança social não é, pois, punível se a vantagem patrimonial ilegítima que se pretende obter é de valor igual a € 7500. Precisamente ao contrário daquilo que se passa com o crime de «Fraude» segundo o n.º 2 do art. 103.º do RGIT. Por outro lado e como se viu, a fraude à segurança social simples pode ter lugar por qualquer uma das condutas descritas pelas alíneas a), b) e c) do n.º 1 do art. 103.º do RGIT.³⁵⁷ A fraude simples contra a segurança social é punível com pena de multa até 360 dias ou pena de prisão até 3 anos (no que se refere a pessoas singulares).³⁵⁸ Segundo o n.º 3 do art. 106.º do RGIT é «igualmente aplicável às condutas previstas no n.º 1 deste artigo o disposto no art. 104.º». Ora, desta forma, fazemos aqui uma remissão para todos os comentários e anotações que já anteriormente pensamos e produzimos relativamente ao art. 104.º do RGIT que p. e p. a «Fraude qualificada». De qualquer modo o fundamental é frisar que, por meio do n.º 3 do art. 106.º, é plasmado o crime de fraude qualificada contra a segurança social em função da ocorrência de mais do que uma das circunstâncias elencadas

---

³⁵⁶ Por uma questão de economia, e antes de avançarmos mais, remetemos, entretanto, o nosso muito caro leitor para todos os anteriores comentários e anotações que já realizamos quer em relação, por um lado, aos artigos 23.º e 27.º-A do RJIFNA; quer, por outro lado, no que concerne aos artigos 103.º e 104.º do RGIT (cfr. especialmente os n.ᵒˢ 2 e 3 do art. 106.º do RGIT). Comentários que não ficam aqui prejudicados.

³⁵⁷ Vide os comentários pormenorizados que já anteriormente fizemos sobre o art. 103.º do RGIT.

³⁵⁸ Cfr. art. 103.º/1 do RGIT. O limite mínimo da pena de multa é de 10 dias de acordo com o art. 12.º/1 do RGIT e de 1 mês conforme o art. 41.º/1 do CP. Se, de acordo com a tese que defendemos neste trabalho face ao art. 7.º do RGIT, for imputada responsabilidade pelo crime a pessoa colectiva ou entidade equiparada, o limite da pena de multa é elevado para 720 dias sendo o mínimo de 20 dias conforme o art. 12.º/3 do RGIT.

nas alíneas a), b), c), d), e), f), g) e n.º 2 do art. 104.º do RGIT.[359] Podemos, entretanto, através da remissão efectuada pelo n.º 3 do art. 106.º do RGIT, deduzir das alíneas d) e e) do n.º 1 do art. 104.º (cfr. art. 104.º/3 do RGIT) que a falsificação ou viciação, ocultação, destruição, inutilização ou recusa de entrega, exibição ou apresentação de livros, ficheiros ou programas informáticos e outros documentos quaisquer ou elementos probatórios reclamados pela lei tributária, pelo agente, assim como o uso por este mesmo agente daqueles elementos, sabendo-os viciados ou falsificados por terceiro, por parte das entidades empregadoras, dos trabalhadores independentes e dos beneficiários que visem a não liquidação, pagamento ou entrega, parcial ou total, ou o recebimento indevido, parcial ou total, de prestações de segurança social com intenção de obter para outrem, ou para si, vantagem ilegítima e patrimonial de valor superior a € 7500, não são puníveis autonomamente, salvo se pena mais grave lhes couber, caso este no qual será aplicável. Uma vez que também se aplica aqui, por remissão, o n.º 3 do art. 103.º do RGIT é importante salientar, por outro lado e mais uma vez, que consideramos ser juridicamente insustentável uma interpretação que procure, de qualquer forma, desrespeitar, ainda que duma forma pouco ou, porventura, muito subtil, a nossa Constituição da República Portuguesa e, nomeadamente, o seu fundamental, entre outros, art. 29.º, o qual está integrado no Capítulo I («Direitos, liberdades e garantias pessoais») do Título II: «Direitos, liberdades e garantias». No que diz respeito a saber quais as penas aplicáveis será necessário, novamente, indagar os art. 103.º e 104.º do RGIT, os quais já anteriormente comentamos. Existem, portanto, algumas diferenças entre o art. 27.º-A do RJIFNA e o art. 106.º do RGIT. As futuras legislação, doutrina e jurisprudência (a ordem enunciada não é relevante para o caso concreto) demonstrarão, não obstante, que, nas ciências jurídicas, como de resto na ciência em geral, não existem conclusões definitivas. Surgirão, naturalmente, novos problemas de interpretação e aplicação da lei.

---

[359] Como se depreende do n.º 1 do art. 104.º do RGIT a pena para o crime de fraude qualificada contra a segurança social é a pena de multa de 240 a 1200 dias para as pessoas colectivas – os *entes colectivos* – e a pena de prisão de 1 a 5 anos para as pessoas singulares.

2.7. O art. 27.º-B do RJIFNA e algumas notas ao art. 107.º do RGIT

O crime de Abuso de confiança em relação à Segurança Social era previsto e punido pelo art. 27.º-B.[360] Actualmente é o art. 107.º do RGIT que p. e p. o «Abuso de confiança contra a segurança social». Antes de mais, pensamos que é importante salientar e recordar novamente tudo aquilo que já anteriormente referimos, neste trabalho, em relação ao crime de Abuso de confiança fiscal p. e p. art. 24.º do RJIFNA e, igualmente, no que diz respeito ao crime fiscal de «Abuso de confiança» p. e p. no agora art. 105.º do RGIT. Recentemente requerida a apreciação desta norma ao Tribunal Constitucional, o mesmo decidiu não julgar a inconstitucionalidade da referida norma.[361] Poderemos afirmar que o bem jurídico tutelado por esta incriminação apresenta uma vertente essencialmente patrimonial. Para tutelar este património, tem que naturalmente se assegurar os correspondentes contributos creditícios, cuja titularidade pertence à própria Segurança Social. É uma questão de funcionalidade deste organismo, mas num só sentido.[362] Anteriormente à entrada em vigor deste art. 27.º-B, através do mencionado Decreto-Lei n.º 140/95 de 14 de Junho, o n.º 3 do art. 24.º do RJIFNA – do qual já fizemos algumas referências – descrevia-se também a hipótese dessa actividade como fraude fiscal: é claro que a então nova norma representava aqui uma revogação, pelo que remetemos novamente para aquilo que já comentamos em relação ao art. 24.º do RJIFNA (vide supra). As possíveis relações de concurso entre o Abuso de confiança «em relação à Segurança Social» e a incriminação comum do Abuso de confiança previsto e punido pelo art. 205.º do CP, merecem

---

[360] Cfr. o art. 27.º-B introduzido pelo DL n.º 140/95, de 14 de Junho, sob autorização legislativa outorgada pelo art. 58.º da Lei n.º 39-B/94, de 27 de Dezembro.

[361] Cfr. Ac. do TC n.º 516/2000, de 29 de Novembro, in D.R. de 31 de Janeiro, n.º 26, II Série, pp. 2067-2069: – Decide: Não julgar inconstitucional a norma constante do artigo 27.º-B do RJIFNA (aprovado pelo DL n.º 20-A/90, de 15 de Janeiro), aditada pelo artigo 2.º do DL n.º 140/95, de 14 de Junho.

[362] Vide C. R. de Almeida in op. cit., pp. 103-104. Não concordamos, contudo e salvo o devido respeito, com a ideia de que «Por esta via, e de forma indirecta, como já se assinalou, os fins a que se encontra afecto o património da Segurança Social beneficiam da tutela àquele dispensado». Tanto pode ser que sim como pode ser que não. O que se procura assegurar com esta incriminação é a recepção das respectivas contribuições. Esta incriminação não assegura que os fins a que se encontra afecto o património da Segurança Social sejam realmente satisfeitos!

algumas notas da nossa parte. Voltando a corroborar aqui as ideias que temos vindo a analisar acerca dos concursos de normas e de crimes, devemos referir que na definição de concurso efectivo de crimes não é suficiente o elemento da pluralidade de bens jurídicos violados, pois exige-se – repete-se – a pluralidade de juízos de censura. Não basta referir – muito menos em abstracto e portanto para todas as situações – que, porventura, verificada estaria a violação de dois interesses distintos e haveria concurso ideal entre o crime comum referido e o Abuso de confiança em relação à Segurança Social.[363] Se a incriminação do Abuso de confiança, prevista e punida pelo art. 205.º do CP, parece tutelar indubitavelmente o bem jurídico que é a propriedade[364], então está aqui, desde logo, detectada uma dissemelhança. O crime de Abuso de confiança em relação à Segurança Social – onde o próprio objecto da acção parece não ser uma coisa alheia – serve de tutela ao tesouro público (*no sentido de erário*), cujo titular é a Segurança Social como ofendido pela frustração da satisfação de um direito de crédito.[365] Mas esta diferença de bens jurídicos tutelados pelas respectivas incriminações, não nos conduz a uma axiomática e mecânica conclusão de que se verifica aqui um concurso efectivo. Tal não é – já o vimos – suficiente: será o caso duma só resolução do agente, à qual só poderá ser dirigido um juízo de censura, sob pena de violação do princípio *non bis in idem*. Por outro lado temos que considerar seriamente a ideia que já mencionamos mais acima: antes do problema de saber se existe ou não concurso aparente ou concurso puro, está a problemática da própria especificidade dos regimes jurídicos das infracções fiscais, em contraposição com os crimes de direito comum.

Refere o n.º 1 do art. 107.º do RGIT que: «As entidades empregadoras que, tendo deduzido do valor das remunerações devidas a trabalhadores e membros dos órgãos sociais o montante das contribuições por estes legalmente devidas, não o entreguem, total ou parcialmente, às instituições de segurança social, são punidas com as penas previstas nos n.ºs 1 e 5 do artigo 105.º». Por seu lado, refere o n.º 2 do art. 107.º do RGIT que é «aplicável o disposto nos n.ºs 4, 6 e 7 do artigo 105.º». Podemos, pois,

---

[363] Neste sentido, *vide* Sá Gomes, com um exemplo concreto, in «Ciência e Técnica Fiscal», n.º 376, p. 45.

[364] *Vide* Jorge de Figueiredo Dias in «Comentário Conimbricense...», Tomo II, pp. 94-95.

[365] *Vide* Carlos Rodrigues de Almeida, in op. cit., p. 105.

concluir que existe uma estreita conexão entre os arts. 107.° e 105.° do RGIT.[366] Comparando o art. 107.° do RGIT com o anterior art. 27.°-B do RJIFNA podemos desde logo afirmar que passou a existir uma referência clara aos descontos efectuados nas remunerações devidas aos membros dos órgãos sociais. No despoletamento dos requisitos do crime p. e p. pelo art. 107.° do RGIT estão em causa, pois, não só as deduções das contribuições devidas pelos membros dos órgãos sociais feitas no valor das remunerações destes; como as deduções das contribuições devidas pelos trabalhadores feitas no valor das remunerações destes; como, ainda, a prestação deduzida com natureza parafiscal e desde que a mesma possa ser autonomamente entregue, conforme, neste último caso, é exigível pelo n.° 3 do art. 105.° do RGIT (cfr. art. 107.° do RGIT). Deste modo, aplicamos por remissão ao crime de «Abuso de confiança contra a segurança social» os requisitos enunciados pelo art. 105.° do RGIT. De acordo com aquilo que já se referiu acima, o n.° 4 do art. 105.° do RGIT veio plasmar uma condição de punibilidade.[367] Por outro lado, o n.° 6 do art. 105.° do RGIT (cfr.) veio estabelecer claramente uma causa de extinção da responsabilidade criminal. Já numa outra perspectiva e como já referimos várias vezes neste trabalho, o n.° 7 do art. 105.° do RGIT – o qual é igualmente aplicável aqui por remissão – somente pode ser interpretado de tal forma que não entre em rota de colisão com a Constituição da República Portuguesa e, por conseguinte, designadamente, com o seu art. 29.°. Enunciemos agora as penas previstas para o crime de abuso de confiança à segurança social: 1.° assim que a entrega não efectuada seja igual ou inferior a € 50.000 teremos a hipótese de vir a ser decretada pelo Tribunal pena de prisão até três anos ou multa de dez até trezentos e sessenta dias no que diz respeito às pessoas singulares e, por outro lado, pena de multa de vinte até setecentos e vinte dias para as pessoas colectivas conforme o art. 12.°/1 e 3 do RGIT; 2.° quando a entrega não efectuada for superior a € 50.000 poder-se-á verificar uma pena de prisão de um a cinco anos no que concerne às pessoas singulares e, por seu lado, uma pena de multa de duzentos e quarenta dias a mil e duzentos dias para as pessoas colectivas.

---

[366] Desse facto podemos deduzir que são aqui de extrema importância os comentários que fizemos ao art. 105.° do RGIT, o qual, por sua vez, sucedeu no direito vigente português ao art. 24.° do RJIFNA.

[367] Cfr. o teor do art. 105.°/4 do RGIT.

2.8. O art. 27.º-C do RJIFNA e mais algumas notas ao art. 88.º do RGIT

No art. 27.º-C previa-se e punia-se o crime de Frustração de créditos da Segurança Social[368,369]. Antes de mais, convém recordar tudo aquilo que foi referido anteriormente em relação ao crime de frustração de créditos fiscais previsto e punido agora, igualmente e duma forma abrangente, pelo tipo-de-ilícito do art. 88.º do RGIT[370] e, no passado recente, pelo preceito do art. 25.º do RJIFNA. Tudo indica que o bem jurídico tutelado pela incriminação do art. 27.º-C do RJIFNA é o tesouro público (*no sentido de erário*) da Segurança Social formado pelos créditos cuja titularidade lhe pertence.[371] O legislador exigia aqui certas características especiais do *sujeito* da acção: era um crime específico próprio concretizado na exigência de terem que ser «entidades empregadoras ou os trabalhadores independentes». Para que existisse uma acção que pudesse ser enquadrada neste regime jurídico, tem que haver necessariamente um conhecimento («saber») de dívida contributiva às instituições de Segurança Social. As diversas formas da acção típica são a ocultação, a alienação, a danificação e a oneração ou o fazer desaparecer do património de devedor em causa.[372] Quanto ao tipo subjectivo do ilícito, i. e., os elementos subjectivos do tipo que caracterizam os pressupostos internos do facto e específicos do autor, temos que dizer que o mesmo é integrado pelo dolo. O dolo é um elemento subjectivo geral. Como se sabe, e sem pretender de forma alguma aprofundar aqui demasiado estas questões – o que não pertence ao âmbito deste trabalho -, o dolo do tipo ou dolo do facto refere-se a todas as características objectivas do tipo. No que diz respeito aos elementos intelectual e volitivo do dolo estamos a falar do conhecimento e da vontade de todos os

---

[368] Cfr. o art. 27.º-C introduzido pelo DL n.º 140/95, de 14 de Junho, sob autorização legislativa outorgada pelo art. 58.º da Lei n.º 39-B/94, de 27 de Dezembro. Por outro lado, no RGIT a frustração de créditos é globalmente tratada no art. 88.º: cfr..

[369] Para uma pormenorizada análise do desenvolvimento histórico em que também este crime se insere *vide* Pedro Caeiro in «Sobre a natureza dos crimes falenciais», 1996, pp. 232 e ss..

[370] Cfr. igualmente os nossos comentários jurídicos anteriores aos artigos 227.º e 227.º-A do CP

[371] Parece, pois, ter uma natureza exclusivamente patrimonial. *Vide* Carlos R. de Almeida in op. cit., p. 109.

[372] Cfr. o n.º 1 do art. 27.º-C.

componentes do facto típico objectivo. Por seu lado, a «intenção de, por essa forma, frustrarem, total ou parcialmente, os créditos das instituições», constitui, *per si*, um elemento desta classe de crime. Tal característica não encontra nenhuma correspondência no tipo objectivo, em contraste com o elemento subjectivo geral, por forma a que provoca uma zona de «incongruência». Quanto às penas, tanto do n.º 1 como do n.º 2 do art. 27.º-C, verifica-se uma remissão para as penas previstas no art. 25.º, ambos do RJIFNA. Finalmente restará referir que a modalidade de acção prevista no n.º 2 do art. 27.º-C do RJIFNA: «outorgarem em actos ou contratos que importem a transferência ou oneração do património» já estava prevista no n.º 1 do mesmo preceito, quer através da alienação, quer através da oneração do património. Por isso mesmo, desconhece-se qual a razão da tipificação descrita no n.º 2 do art. 27.º-C do RJIFNA. Por outro lado, ao verificarmos uma antecipação da tutela dos respectivos bens jurídicos em causa, tanto no art. 27.º/1-C como no art. 25.º/1 do RJIFNA, – pois não existe uma exigência de real frustração dos créditos da Segurança Social ou do fisco – resta-nos a dúvida, perfeitamente perceptível, de saber quais são afinal «os efeitos referidos no número anterior» ditados pelos correspondentes n.ºs 2 dos mesmos preceitos.[373] Dúvidas similares poderão agora ser dirigidas ao art. 88.º do RGIT, do qual já acima falamos e que, através da sua entrada em vigor no ordenamento jurídico português, acabou por substituir os anteriores art.ºs 25.º/1 e 27.º/1-C do RJIFNA.

2.9. O art. 27.º-D do RJIFNA e mais algumas notas ao art. 91.º do RGIT

Era exactamente no art. 27.º-D que se previa e punia o crime de violação de sigilo sobre a situação contributiva.[374] Desta vez convirá recordar as pequenas notas já feitas por nós em relação ao art. 27.º do RJIFNA e ao art. 91.º do RGIT. Não vamos aqui discutir aprofundadamente ou desenvolver em demasia a problemática de saber se tanto o tipo-de-ilícito do art.

---

[373] Quanto a estes dois últimos problemas que foram aqui apresentados, e com as mesmas dúvidas, *vide* Carlos Rodrigues de Almeida in op. cit., pp. 109-110.

[374] Cfr. o art. 27.º-D introduzido pelo DL n.º 140/95, de 14 de Junho, sob autorização legislativa outorgada pelo art. 58.º da Lei n.º 39-B/94, de 27 de Dezembro. No RGIT cfr. o art. 91.º que p. e p. a «violação de segredo».

27.º-D como o do art. 27.º, ambos do RJIFNA, têm ou não razão de terem existido face às incriminações comuns do CP como são – já referidas – dos art.ˢ 195.º, 196.º e 383.º. Uma coisa é certa, ainda que seja uma «verdade de *La Palice*»: tais preceitos do RJIFNA existiram realmente no direito positivo. Por outro lado, pensamos que a existência dos preceitos apontados tem toda a lógica racional de assim o ser. Uma suposta desarmonia entre os designados Direito Penal de justiça e Direito Penal secundário não implica que não se justifiquem concretamente várias diferenças que são – *de per se* – características a estes dois campos, os quais naturalmente também não são estanques, do Direito Penal.[375] De facto – já o referimos – existe uma especificidade e uma autonomia do regime jurídico das infracções fiscais em contraposição com o regime jurídico dos crimes de direito comum (cfr. art. 10.º do RGIT). No direito português, como também já o temos vindo a afirmar e a menos que se verifique uma *sui generis* alteração legislativa, que não cremos próxima, dado o curto tempo passado desde esta última, o Direito Penal tributário é um dos principais ramos do Direito Penal secundário. Estas especificidade e autonomia justificam a existência, por si só, de tais incriminações.[376] Antes da aplicação da norma está a aplicação do próprio regime jurídico. E, por outro lado, para resolver situações semelhantes a esta, podemos sempre socorrer-nos do concurso de normas, legal ou aparente; caso não se considere – como mencionamos antes – que estamos perante um prévio concurso de regimes jurídicos: um especial e outro comum, como tudo leva a crer.[377] Como já observámos, com relativo pormenor, anteriormente, a Lei n.º 15/2001,

---

[375] *Vide* tudo o que já dissemos acerca das diferenças e semelhanças entre o Direito Penal clássico ou Direito Penal de justiça e o Direito Penal secundário.

[376] Com posição ligeiramente diferente da que defendemos *vide* Carlos R. de Almeida in op. cit., pp. 110-111: «...completa desarmonia entre as reformas do direito penal de justiça e as do direito penal secundário»; «que não se tivesse eliminado a referência à inexistência de justa causa, fonte de incertezas»; «Mas, mais do que isso, esta disposição, tal como a homóloga, relativa ao sigilo fiscal, não tem qualquer justificação»; «O art. 27.º--D, e diga-se também, o art. 27.º, deveriam pois, pura e simplesmente, ser eliminados. (...)».

[377] *Vide* os comentários à incriminação do art. 27.º do RJIFNA acerca do concurso aparente com o crime de violação de segredo, p. p. p. p. 195.º do CP. Salvo melhor entendimento, a referência do Prof. Doutor Costa Andrade ao concurso aparente entre as normas criminais referenciadas denota uma justificada e útil razão de existência justificada das mesmas, pois uma é referenciada como «incriminação genérica» e a outra como «norma especial». *Vide* M. da Costa Andrade in «Comentário Conimbricense...», pp. 771-802.

de 5 de Junho, que «reforça as garantias do contribuinte e a simplificação processual, reformula a organização judiciária tributária e estabelece um novo regime geral para as infracções tributárias», manteve neste último (RGIT), mais concretamente através do seu art. 91.º (que da Lei referida «faz parte integrante» conforme o seu art. 1.º), o tipo-de-ilícito ou incriminação de «violação de segredo» aplicável quer aos crimes aduaneiros, quer aos crimes fiscais, quer ainda aos crimes contra a Segurança Social. No que diz respeito à problemática do bem jurídico, pretendemos acrescentar algumas notas. Enquanto o bem jurídico do art. 195.º do CP se apresenta como a privacidade em sentido material[378]; já o bem jurídico tutelado pelo art. 27.º-D parece, também pelas razões já apontadas, não poder descolar da privacidade no seu círculo mais extenso dentro do grafismo da teoria das três esferas. Refere, com interesse, o Prof. Doutor Manuel da Costa Andrade[379]: «Por um lado, *a reserva estende-se aqui aos segredos do mundo dos negócios*. E não só dos negócios prosseguidos em nome individual, mas também dos negócios de empresa, designadamente sob a forma de pessoa jurídica. (...) Por outro lado, porém, a privacidade só é aqui protegida se e na medida em que é mediatizada por um *segredo*: e um segredo *conhecido em razão do estado, ofício, emprego, profissão ou arte*».

É claro que os valores e interesses supra-individuais como são a credibilidade e confiança pública nas instituições de Segurança Social não são eliminados, mas reflexa e mediatamente protegidos.[380] É importante

---

[378] Dum lado existia a tese do bem jurídico comunitário ou supra-individual, cuja eleição se delimitava pelo interesse comunitário da confiança na discrição e reserva de determinados grupos profissionais como condição do seu desempenho eficaz; enquanto que doutro lado nos surgiam os defensores do bem jurídico pessoal-individual concretizado na esfera privada do indivíduo. *Vide*, quanto a isto, M. da Costa Andrade in «Comentário Conimbricense...», pp. 774-777. Acrescenta ainda o ilustre Autor: «(...) Resumidamente, a tese do bem jurídico pessoal é hoje sustentada tanto pela força hermenêutica e não despicienda do elemento *sistemático*, como pelas sugestões convergentes dos argumentos literal e histórico». E ainda: «O bem jurídico típico do art. 195.º é, assim, a privacidade em sentido material, em termos sensivelmente sobreponíveis aos da privacidade tutelada pelo art. 192.º».

[379] In «Comentário Conimbricense ...», p. 729, em anotação ao art. 192.º do CP; e ainda p. 777.

[380] Em termos diferentes *vide* C. R. de Almeida in op. cit., p. 111, o qual depois de identificar o bem jurídico tutelado pelo art. 195.º do CP refere o seguinte: «o n.º 1 do art. 27.º-D do RJIFNA parece estender a protecção também a um bem supra-individual rela-

verificar que era um crime de resultado ou de dano ao contrário do que sucede com o crime de violação do segredo fiscal. Depois de verificado o pressuposto correspondente do tipo objectivo de o «conhecimento» ter sido «obtido no exercício das suas funções ou por causa delas» exige-se um resultado. Tal terá que se concretizar no efeito de «prejuízo ao sistema de Segurança Social ou a terceiros». No crime de violação de segredo fiscal verifica-se uma clara antecipação de tutela do bem jurídico em causa traduzida na simples potencialidade de prejuízo. Aqui tem que haver efectivo prejuízo. O inciso «sem justa causa» foi considerado pelo legislador do Código Penal de 1995 como «menção meramente redundante da ilicitude» sem conteúdo inovador próprio no enquadramento da justificação. Por isso mesmo foi eliminado do crime de «violação de segredo» previsto pelo art. 195.º, já com a revisão de 1995, em contraposição com art. 184.º do CP de 1982.[381] Por outro lado, o tipo subjectivo do n.º 1 do art. 27.º-D do RJIFNA é somente integrado pelo dolo. Quanto ao n.º 2 do mesmo preceito 27.º-D (*mutatis mutandis* cfr. art. 91.º/2 do RGIT) verifica-se, de facto, que não é qualquer pessoa que pode ser autor, pois tem que ser necessariamente um funcionário[382], pelo que se trata naturalmente dum crime específico. Para cometer a conduta prevista neste crime – revelar segredo do qual teve conhecimento ou lhe tenha sido confiado no exercício das suas funções ou por causa delas – o funcionário não pode, dizíamos, estar devidamente autorizado. Constata-se, por seu lado, a existência duma zona de «incongruência» ou dum elemento especial exigido pelo tipo subjectivo que se espelha na «intenção de obter para si ou para outrem um benefício ilegítimo ou de causar prejuízo ao sistema de Segurança Social ou a terceiros». É mais um caso em que um elemento subjectivo não colhe um vector homólogo no tipo objectivo, inversamente ao que sucede com o elemento subjectivo geral.[383]

---

cionado com a credibilidade e consequente confiança pública nas instituições de segurança social (...). No n.º 2 tutela-se a legalidade da administração posta em causa pelo comportamento do funcionário».

[381] *Vide* Costa Andrade in op. cit. p. 771. Cfr., ainda, Carlos R. de Almeida in op. cit. p. 112.

[382] Cfr. novamente o art. 386.º do CP, com as alterações introduzidas pela Lei n.º 108/2001, de 28 de Novembro, para o conceito de funcionário.

[383] *Vide* ainda Carlos R. de Almeida in op. cit., p. 112, o qual refere o seguinte: «Embora não se mencione expressamente, entendemos que o segredo que integra o objecto da acção se refere à situação contributiva das entidades empregadoras ou dos trabalhado-

Como é evidente, o princípio da confidencialidade dos dados referentes ao quadro tributário dos contribuintes não impede a sua exibição ao tribunal nos processos de natureza tributária.[384] Além disso, existem processos de natureza não tributária, no âmbito de situações muito específicas que estão relacionadas, v.g., com o Provedor de Justiça (cfr. Lei n.º 9/91, de 9 de Abril), o tráfico de droga ou o branqueamento de capitais e ainda outras, nas quais o mencionado princípio da confidencialidade não afasta a hipótese dos dados relativos à situação tributária dos contribuintes serem alvo de revelação. Esses casos são todos, pois, muito especiais e não vamos naturalmente desenvolver aqui e enunciar toda a problemática que os envolve, uma vez que não é esse o tema central deste trabalho. De qualquer forma, o paradigma típico da revelação dos respectivos dados por via judicial poderá ser localizado no art. 135.º do CPP. Por outro lado, e conforme os artigos 16.º alínea f), n.º 1 do art. 17.º alínea f) e alínea g) do n.º 1 do art. 28.º do RGIT, o cumprimento do sigilo não prejudica a hipótese de publicação da decisão administrativa ou judicial condenatória por, correspondentemente, contra-ordenação ou crime fiscal. Em termos gerais o desrespeito pelo dever de confidencialidade ou o aproveitamento do segredo colocado ao alcance do conhecimento no exercício das respectivas funções ou por causa delas constitui um foco potencial para a prática dos crimes p. e p. pelos arts. 195.º e 196.º do CP.[385] É claro que, conforme já tivemos oportunidade de verificar exaustiva e anteriormente, os problemas relacionados com o dever de confidencialidade e o aproveitamento de segredo tributário serão resolvidos conforme aquela que consideramos ser a correcta aplicação do art. 10.º do RGIT.[386] Entretanto, podemos observar que os crimes p. e p. no art. 91.º do RGIT não são susceptíveis de serem punidos sob a forma de tentativa, pois não lhes é aplicável pena de prisão superior a 3 anos. Além disso, não existe qualquer especial norma nesse sentido (cfr. art. 23.º do CP). Também não existe preceito especial e necessário para haver punição por negligência conforme é exigível pelo art. 13.º do CP.[387]

---

res independentes. Se versar sobre outros factos a conduta não é abrangida por esta disposição mas, sim, eventualmente, pelo art. 383.º do Código Penal revisto».

[384] Cfr., entre outros, os artigos 13.º/2; 98.º/1, b); 110.º/2, b), c) e d); 208.º. Todos do CPPT.

[385] *Vide* Costa Andrade, em anotação ao Código Penal, *idem ibidem*.

[386] Cfr. J. Lopes de Sousa e M. Simas Santos in op. cit. p. 550.

[387] No que diz respeito às penas confrontar respectivamente os art. 12.º e art. 91.º do RGIT.

2.10. Uma breve nota crítica

Por fim, mas não por último, também nós temos grandes dúvidas quanto à incriminação do Abuso de confiança em relação à Segurança Social, face aos meios de execução cível e de direito contra-ordenacional[388] (cfr. os nossos comentários anteriores ao crime de «Abuso de confiança» p. e p. no art. 105.º do RGIT e ao crime de abuso de confiança contra a Segurança Social p. e p. no art. 107.º do RGIT). Não obstante, face à especialidade do regime jurídico dos crimes fiscais e também dos crimes contra a Segurança Social em relação ao Direito Penal comum (devida, histórica e democraticamente positivada, conforme referimos na primeira parte deste nosso trabalho), não cremos que o crime de violação do sigilo sobre a situação contributiva devesse ser pura e simplesmente eliminado pelas razões já acima apontadas (cfr. os nossos comentários anteriores ao crime tributário comum de violação de segredo p. e p. no art. 91.º do RGIT). Da mesma forma, *mutatis mutandis*, consideramos útil – por questões de prevenção geral e especial positivas – que se verifique uma punição autónoma da frustração de créditos (cfr. os nossos comentários anteriores ao crime tributário comum de frustração de créditos p. e p. no art. 88.º do RGIT).

Certo é que o novo RGIT manteve, *grosso modo*, todas estas incriminações no direito positivo.

Como nos refere o Prof. Doutor Costa Andrade[389] – citando Kant – em pleno «reino maravilhoso de Trás-os Montes» como lhe chamou Miguel Torga[390], «aqui» – no mundo da investigação científica – «não conhecemos a lei do governo, mas somente a lei da razão e é a essa que obedecemos». Aliás, exemplo paradigmático recente – e absolutamente oportuno sobretudo através da sua profunda eticidade! – dessa mesma racionalidade é, *mutatis mutandis*, a Tese de Doutoramento do ilustre investigador da Escola de Direito da Universidade do Minho, Prof. Dou-

---

[388] *Vide*, no mesmo sentido nesta parte, Carlos Rodrigues de Almeida in op. cit., p. 113.

[389] In Conferência sobre o tema «O CRIME FISCAL EM GERAL» proferida pelo Professor Doutor Manuel da Costa Andrade, que decorreu no dia 27 de Março de 2004, no salão nobre dos Paços do Concelho, promovida pela Delegação da Ordem dos Advogados da Comarca de Valpaços e coordenada pelo Conselho Distrital do Porto.

[390] *Apud* Sousa Maia in «O Leilão de Sonhos», Tipografia Valpacense de Brás e Filhos, Lda, 2001.

tor Nuno Pinto Oliveira!³⁹¹ Por causa dessa mesma *razão* pensamos que o RGIT, em certos aspectos, acaba por trazer um desequilíbrio exagerado a favor do fisco. Podemos encontrar sinais disso mesmo no instituto da «prescrição»: como é que é possível que em certas situações a prescrição seja muito mais elevada no RGIT (5 anos) do que no próprio CP (2 anos)? A eticização do crime tributário – só concebível para nós com carácter sinalagmático conforme dissemos no Capítulo I! – não pode ser maior do que a eticização do crime comum! Não nos podemos esquecer que «se o Estado asfixia o contribuinte, seja ele singular ou colectivo, acaba por matar a galinha dos ovos de ouro». Em relação ao problema do concurso sempre nos podemos questionar onde é que ele realmente está se não forem «efectivamente cometidas infracções de outra natureza» (cfr. art. 10.° do RGIT)? Pode, por outro lado, acontecer o perigo de o crime instrumental (v.g. falsificação de documentos) ser punido com uma pena mais elevada do que o crime principal. Em relação ao art. 14.° do RGIT sempre podemos dizer (em tom de crítica) que no CP tem que haver culpa no não pagamento e que a suspensão da pena visa essencialmente a ressocialização do delinquente! Não podemos também utilizar a lei tributária para simplesmente – em regresso a uma certa moral! – punir o puro enriquecimento! Há situações em que o empobrecimento do fisco não significa necessariamente a criação de riqueza no contribuinte! Porque é que o crime de dano era menos punido do que, v.g., o crime de furto? O que interessa é punir o empobrecimento do fisco e não o puro enriquecimento do contribuinte! Em relação ao crime de abuso de confiança no RGIT podemos dizer que se não há dinheiro para dedução não existe sequer preenchimento do tipo. E, além disso, podem, como já vimos, existir «conflitos de deveres» (cfr. o art. 36.° do CP). Como já vimos anteriormente a desig-

---

³⁹¹ In «O Direito Geral de Personalidade…"Constitucionalização"…», Coimbra Editora, 2002, *passim* e pp. 233 e ss. acerca da «Inconstitucionalidade dos arts. 10.° e 13.°, n.° 6, da Lei n.° 12/93, de 22 de Abril, e do art. 4.°, n.° 4, do Decreto-Lei n.° 244/94, de 26 de Setembro». Segundo o Prof. Doutor Nuno Oliveira (in op. cit. p. 21) os arts. 10.° e ss. da Lei n.° 12/93, de 22 de Abril e o Decreto-Lei n.° 244/94, de 26 de Setembro, consagram, em Portugal, o «sistema» ou solução do dissentimento «estritamente pessoal». A solução do dissentimento, dentro desta zona, prevê que «… a colheita de órgãos e de tecidos é lícita quer nos casos em que o dador tenha revelado, em vida, a sua concordância com o uso do seu cadáver para efeitos de transplantação, quer nos casos em que o dador não tenha dito nada; só não é lícita se o não dador tiver revelado a sua discordância com o uso do seu cadáver para esses efeitos» (N. P. Oliveira in op. cit. p. 11).

nada «inovação» introduzida pelo art. 87.º do RGIT que p. e p. o crime de «Burla tributária» resulta um tanto ou quanto ilusória face à manutenção da redacção do crime de fraude p. e p. no art. 103.º do RGIT: a fraude fiscal parece ser agora uma tentativa (punível) da burla tributária (cfr. art. 87.º/5 do RGIT). Crime de fraude fiscal consumado e crime de burla tributária tentado: como se vai punir? Porque é que não se retirou a parte da redacção do crime de fraude fiscal que ficou, pelos vistos, a mais? Já em relação ao crime de abuso de confiança (cfr. o art. 105.º do RGIT que tem uma redacção na epígrafe estranhamente igual à do Código Penal!), por seu lado, surgem-nos outros problemas. E são problemas muito graves! O legislador do art. 105.º do RGIT prescindiu da «apropriação» que continua a ser exigível pelo art. 205.º do CP (cfr. redacções)! Refere o n.º 4 do art. 105.º do RGIT, como já vimos, que os «…factos descritos nos números anteriores só são puníveis se tiverem decorrido mais de 90 dias sobre o termo do prazo legal de entrega da prestação»! Quem não pagar nesse prazo comete o crime de abuso de confiança fiscal mesmo que queira pagar a dívida? A pessoa vai presa? O Estado voltou a estabelecer, de uma forma clara e inequívoca, a arcaica «prisão por dívidas»! É, se assim for, um retrocesso civilizacional! Então, o que dizer das inúmeras dívidas do Estado para com outros tantos fornecedores? Verifica-se aqui uma transparente desproporcionalidade: existe até uma certa imoralidade. São os privilégios do Estado cada vez mais acentuados e desequilibrados em relação às pessoas e aos cidadãos! Mas o Estado é – ou deveria ser! – a entidade ética suprema como nos ensinou Hegel! Quando o Estado deve dinheiro às empresas e não paga como é que fazemos? Prendemos o Estado? É claro que temos algumas defesas jurídicas a nível nacional por via do direito europeu[392], mas nenhuma visa a prisão do Estado! Além disso os grandes delinquentes tributários continuam a ter meios de defesa muito mais poderosos do que os pequenos delinquentes. Assim, serão estes últimos que mais facilmente serão presos. Será esta a justiça que queremos? Por isso temos que dar tempo ao papel privilegiado da doutrina, mas também da jurisprudência, os quais surgem cada vez mais como funda-

---

[392] Cfr. a nossa «Anotação e Comentários ao Decreto-Lei n.º 32/2003, de 17 de Fevereiro, que estabelece o regime especial relativo ao atraso de pagamento em transacções comerciais, transpondo a Directiva n.º 2000/35/CE, do Parlamento Europeu e do Conselho, de 29 de Junho de 2000» (*vide* bibliografia).

mentais! Não podemos estar sempre a legislar de uma forma irreflectida e precipitada e devemos atrair, novamente e de uma forma intelegente – e ainda com maior vigor! – a qualidade de excepção humana à Assembleia da República e ao poder político.

2.11. O art. 89.º do RGIT e algumas notas ao art. 299.º do CP

Antes de nos adiantarmos mais vamos referir as diferenças formais de redacção entre o art. 299.º do CP e o art. 89.º do RGIT. No n.º 1 do art. 89.º do RGIT podemos observar duas expressões que não se encontram no n.º 1 do art. 299.º do CP: a) «tributários»; b) «..., se pena mais grave não lhe couber, nos termos de outra lei penal». Já, por seu lado, no n.º 2 do art. 89.º do RGIT encontramos as seguintes desigualdades de redacção: a) «...ou que os apoiar...» e não «...ou quem os apoiar» como surge no n.º 2 do art. 299.º do CP; b) «armazenagem» que não surge formalmente no n.º 2 do art. 299.º do CP. Também em relação aos números 3 dos artigos 299.º do CP e 89.º do RGIT podemos encontrar dissemelhanças. É que, neste último artigo, surge uma expressão que não se encontra no primeiro, i.e., no art. 299.º/3 do CP. Essa expressão é a seguinte: «..., se pena mais grave não lhe couber, nos termos de outra lei penal». Finalmente, no n.º 4 de ambos os preceitos que estamos a analisar encontramos as seguintes diferenças: se no art. 299.º do CP se refere «...seriamente por impedir...»; já no art. 89.º do RGIT é mencionado «...seriamente para impedir...». Também podemos verificar que a última expressão jurídica do n.º 4 do art. 89.º do RGIT, ou seja, «..., de modo a esta poder evitar a prática de crimes tributários», não é igual à última expressão do n.º 4 do art. 299.º do CP, a qual nos refere somente «...de modo a esta poder evitar a prática de crimes». Não cremos que tantas diferenças contribuam superficial ou decisivamente para a construção inevitavelmente evolutiva das ciências jurídicas. Principalmente quando existe uma possibilidade clara de uniformização da letra da lei. E, isto, independentemente da discussão acerca da questão de se saber se os «crimes» de que nos fala o art. 299.º do CP são só aqueles que pertencem ao designado Direito Penal primário, de justiça ou clássico – estejam eles na parte especial do CP ou em legislação extravagante, mas substancialmente análoga à legislação constante no CP como, por exemplo, o tráfico ilícito de diamantes, armas ou drogas; ou se podem ser igualmente os crimes pertencentes à área do direito secundário e muito especialmente do ditreito penal económico.[393] A primeira interpretação é, pois, claramente restritiva. Para os Profs. Doutor Jorge de Figueiredo Dias e Doutor Manuel da Costa Andrade, a consideração material que pode fundamentar a restrição permanece absolutamente válida. Não obstante, como nos refere o nosso Mestre, Prof. Doutor Figueiredo Dias[394]: «Mas deve reconhecer-se, por um lado, que muito do que foi e ainda é direito penal extravagante, nomeadamente direito penal económico, ganhou já uma ressonância ética de tal modo profunda e estabilizada que se não vê hoje razão para que não deva integrar o escopo criminoso da associação (pense-se, *v. g.*, no que se passa com a fraude ou com o desvio de subvenções, com a fraude de créditos, com o branqueamento de capitais, mesmo com a fraude fiscal). É indiscutível, por outro lado, que algum do direito penal económico se encontra hoje já integrado no CP, sendo razoável supor que esta tendência continuará ou mesmo se acentuará no futuro...». Como todos sabemos, o fenómeno da criminalidade organizada e mundializada desenvolve-se, sobretudo, nas áreas do Direito Penal económico. Tudo indica que, através do art. 89.º do RGIT, o qual p. e p. como crime tributário comum a «Associação criminosa», a discussão – pelo menos neste campo específico do Direito Penal económico – tenha terminado. Aliás, já durante a vigência do art. 287.º do Código Penal, na sua versão de 1982, se debatia na Doutrina e na Jurisprudência se o tipo-de-ilícito em questão somente abarcava a «associação» para a prática dos crimes comuns ou se igualmente se alargava aos crimes, v.g., de natureza aduaneira. Com a redacção do art. 34.º/1 do DL n.º 376-A/89, de 25 de Outubro, com as alterações do DL n.º 255/90, de 7 de Agosto, o problema anteriormente descrito foi considerado parcialmente resolvido, pois passava a estar plasmada a punição das associações criminosas dirigidas à prática de infracções fiscais aduaneiras. Não estava resolvido – e não está resolvido como é evidente – o problema em relação a todo o Direito Penal económico.[395]

---

[393] *Vide* Figueiredo Dias in «Comentário Conimbricense..., Tomo II, Artigos 202.º A 307.º...», em anotação ao art. 299.º do CP, a qual consideramos ser de indispensável leitura para quem quer perceber de uma forma profunda qual o significado científico do art. 89.º do RGIT, pp. 1155-1174.

[394] Cfr. Figueiredo Dias *idem ibidem*, mais concretamente pp. 1164-1165.

[395] Cfr. Carlos Coelho – Ilicitude Fiscal Aduaneira, Figueiredo Dias e Costa Andrade – Colectânea de Jurisprudência, X 4, pp. 10 e ss.; Acórdãos da Relação de Évora de 31 de

O resultado presentemente final que está consagrado no art. 299.º do CP, como tipo legal moderno do crime de «associação criminosa», tem por base as seguintes etapas: o CP napoleónico; o art. 263.º do CP português de 1852; o art. 263 do CP português de 1886; o Projecto de revisão da Parte Especial, do CP, de 1966; o Projecto de revisão da Parte Especial, do CP, de 1979; o CP português de 1982.[396]

O bem jurídico protegido pelo tipo-de-ilícito do art. 299.º do CP português, o qual p. e p. o crime de «associação criminosa», parece ser a paz pública.[397] Não obstante e quanto a nós, esta paz pública, no contexto presente do ordenamento jurídico português, diz respeito, essencialmente, a um Estado democrático social e liberal que está constitucionalmente consagrado e enquadrado no espaço e no tempo. Estamos a considerar um especial perigo de perturbação da tranquilidade e segurança, pelo que a «paz», sendo um conceito relativamente mais amplo, pode ser previamente colocada em causa. O art. 299.º do CP consagra, pois, um crime de perigo abstracto. A justificação político-criminal do tipo-de-ilícito do art. 299.º do CP tem que ser encontrada nas inegáveis transformações da personalidade individual no meio da organização. Por outro lado, é muito importante distinguir aquilo que é já associação criminosa daquilo que é simplesmente comparticipação criminosa. Eis a regra, à qual aderimos, que nos é trasmitida pelo Prof. Doutor Jorge de Figueiredo Dias[398]: «Um bom critério *prático* residirá aliás em o juiz não condenar nunca por associação criminosa, à qual se impute já a prática de crimes, sem se perguntar primeiro se condenaria igualmente os agentes mesmo que nenhum crime houvesse sido cometido e sem ter respondido afirmativamente à per-

---

Janeiro de 1985 e de 12 de Fevereio de 1985 – BMJ, pp. 345 e Proc. n.º 425/85 e do STJ de 9 de Outubro de 1985 – Colectânea de Jurisprdência, X 4, 7 e 8: *apud* J. Lopes de Sousa e M. Simas Santos in op. cit. p. 532.

[396] Para um desenvolvimento do conteúdo destas etapas *vide* Figueiredo Dias *idem ibidem*, pp. 1155-1157.

[397] No mesmo sentido, Figueiredo Dias, *idem ibidem*, p. 1157 e ss., que nos acrescenta o seguinte: «...no preciso sentido das expectativas sociais de uma vida comunitária livre da *especial perigosidade* de organizações que tenham por escopo o cometimento de crimes». Em sentido diverso cfr. o Acórdão do STJ de 9 de Outubro de 1996, proc. n.º 47295: «O bem jurídico protegido...é a ordem e a tranquilidade pública e a necessidade de impedir que se formem associações criminosas encaminhadas a cometer delitos».

[398] *Idem ibidem* p. 1158.

gunta». Não foi este o caminho de recorte interpretativo que foi utilizado pelo, v.g., Acórdão do STJ de 2 de Julho de 1998 no proc. n.º 555/98.[399]

No que se refere aos elementos comuns das diversas modalidades de acção, dentro do tipo objectivo de ilícito, comecemos por observar e confirmar a existência dum grupo, organização ou associação. É fundamental que se verifique a existência dum centro autónomo de imputação e motivação. Uma organização, grupo ou associação espelham-se num encontro de vontades dos participantes que, por sua vez, tenha originado uma realidade autónoma, diversa e «acima» dos interesses e vontades dos singulares membros.[400] Deste modo é *conditio sine qua non*, i.e., condição sem a qual não, há preenchimento dos requisitos do crime p. e p. pelo art. 299.º do CP que exista uma pluralidade de pessoas. O Prof. Doutor Figueiredo Dias refere que a exigência mais razoável é um número mínimo de três pessoas.[401] Não é essa, todavia, a opinião de certa e considerável jurisprudência do nosso STJ como por exemplo: Acórdão do STJ de 9 de Novembro de 1995, processo n.º 48156, o qual nos refere «....duas ou mais pessoas...»; Acórdão do STJ de 9 de Outubro de 1996, proc. n.º 48956, o qual nos diz: «...pelo menos duas pessoas...»; Acórdão do STJ de 27 de Janeiro de 1998, proc. n.º 490/97, o qual nos refere «...duas ou mais pessoas...»; Acórdão do STJ de 27 de Janeiro de 1998, proc. n.º 696/97, no qual é mencionado: «Cometem o crime de associação criminosa os arguidos que criaram ou fundaram um com o outro...». Porém, o Acórdão do STJ de 23 de Novembro de 2000[402] refere «...mais de duas pessoas...». Pensamos que a definição etimológica e gramatical de associação (v.g. como acto ou efeito de associar ou associar-se[403]; aliança; união, etc.) não

---

[399] Onde se refere designadamente o seguinte: «A existência de uma certa organização não basta para distinguir a associação criminosa da comparticipação, já que, pela sua natureza, aquela existirá também na comparticipação, mais não seja, para que funcione. O que essencialmente caracteriza a associação criminosa, é a ideia de estabilidade e permanência, ideia esta não presente na comparticipação».

[400] Figueiredo Dias *Idem ibidem* p. 1161.

[401] *Idem ibidem.*

[402] Cfr. Acórdãos do STJ, VIII, 3, 220.

[403] Cfr. Nélson Hungria in Comentário ao Código Penal, IX, pp. 177 e ss.: «Associar-se quer dizer reunir-se, aliar-se ou congregar-se estável e permanentemente, para a consecução de um fim comum. A quadrilha ou bando (entre nós associação criminosa) pode ser dada a seguinte definição: reunião estável e permanente (que não significa perpétua), para o fim de perpetração de uma indeterminada série de crimes. A nota de estabilidade ou permanência da aliança é essencial. Não basta, como na co-participação criminosa,

obsta a que a mesma se realize por intermédio de apenas duas pessoas. Resta saber qual é a interpretação jurídica que está mais consentânea com a lei. No entanto, se observarmos o art. 299.º do CP e, efectivamente, o compararmos com o art. 2.º (cfr. igualmente art. 11.º) da Lei n.º 52/2003, de 22 de Agosto, verificamos que no art. 299.º do CP não é feita a referência de «duas ou mais pessoas». A nossa conclusão, ainda assim, vai no sentido de constatar que existem, v.g., organizações de carácter empresarial e mundial, designadamente no mundo informático e com vasto suporte tecnológico – por vezes, inclusive, com apoio na chamada «inteligência artificial» e no mundo cada vez mais aperfeiçoado da robótica! – que são apenas formadas por duas pessoas.[404] Logo, parece ser possível que também exista uma associação criminosa que seja formada por apenas duas pessoas. Outra coisa será, num caso determinado concreto, o intérprete e aplicador do art. 299.º do CP – ou do art. 89.º do RGIT – exigir um mínimo de três pessoas que, segundo o seu ponto de vista, julgue estar de acordo com os tipos-de-ilícitos aqui em questão. Já numa outra perspectiva devemos referir que a organização tem que ter uma certa duração e um mínimo de estrutura organizatória, na qual, por sua vez, será exigível uma determinada permanência ou estabilidade das pessoas que a formam. Neste mesmo sentido podemos visualizar o Acórdão do STJ de 17 de Abril de 1997[405], o qual nos diz o seguinte: «O que caracteriza fundamentalmente a associação criminosa e a distingue da comparticipação é a ideia de estabilidade e permanência». É também fundamental que exista um processo de formação da vontade colectiva: democrático ou autocrático. Assim como um sentimento comum de ligação por parte dos membros da associação.[406] No que diz respeito ao escopo criminoso também temos que

---

um ocasional e transitório concerto de vontades para um determinado crime: é preciso que o acordo verse sobre uma duradoura actuação em comum, no sentido da prática de crimes não precisamente individuados ou apenas ajustados quanto à espécie, que tanto pode ser uma única (ex.: roubos) ou plúrima (exs.: roubos, extorsões e homicídios) (...) É bem de ver que quando se fala, aqui, em associação, não se quer indicar o sodalício que obedece a estatutos, regulamentos ou normas disciplinares: basta uma organização social rudimentar, a caracterizar-se apenas pela continuada vontade de um esforço comum».

[404] Será que no futuro bastará uma pessoa «associada» a máquinas? Já que «associação» também poderá significar «acto de associar alguém a algo». Cfr. Dicionário Ilustrado da Língua Portuguesa, p. 93, Porto Editora.

[405] Cfr. BMJ 446-227.

[406] *Vide* Figueiredo Dias *idem ibidem*.

referir várias características. A associação tem que ter naturalmente, pelo menos como pressuposto essencial, uma actividade dirigida à prática de crimes. Estamos indubitavelmente de acordo com o Prof. Doutor Jorge de Figueiredo Dias quando nos refere que: «Não basta em caso algum que o acordo colectivo se destine à prática de **um só crime**». Evidentemente que não se exige que os crimes tenham de ser de diferente natureza.[407] A prática de um único crime continuado somente integrará o tipo objectivo de ilícito do art. 299.º do CP – *mutatis mutandis* do art. 89.º do RGIT – quando os factos integrantes da continuação se mostrem como uma pluralidade de comportamentos autónomos.[408] Se podemos concordar e dizer que não cabem no conceito de crime, propugnado pelo art. 299.º do CP – ou *crime tributário* consoante o art. 89.º do RGIT –, o conceito de «contra-ordenações», assim como o conceito de «contravenções»[409], também não é menos verdade, que – conforme já vimos a montante e de acordo com aquilo que veremos a jusante – poderão surgir aqui problemas de interpretação e aplicação da lei relacionados com a chamada «burla de etiquetas». Em relação à questão da inexistência do privilégio dos partidos podemos e devemos dizer[410] que tal facto provoca a sua total submissão às normas jurídicas penais acerca das associações criminosas, sejam quais forem as credenciais constitucionais, legais e ordinárias de que no momento o partido político disfrute.

Podemos identificar os elementos da associação criminosa tributária simples da seguinte forma: «Quem promover ou fundar grupo, organização ou associação cuja finalidade ou actividade seja dirigida à prática de crimes tributários é punido com pena de prisão de um a cinco anos, se pena mais grave não lhe couber, nos termos de outra lei penal; na mesma pena incorre quem fizer parte de tais grupos, organizações ou associações ou que os apoiar, nomeadamente fornecendo armas, munições, instrumentos de crime, armazenagem, guarda ou locais para reuniões, ou qualquer auxílio para que se recrutem novos elementos». Como já vimos anteriormente as diferenças com o art. 299.º do CP são muito ligeiras. No que diz res-

---

[407] *Vide* Figueiredo Dias *idem ibidem* p. 1163 que justifica esta posição pela letra da lei, por razões históricas e pelo próprio bem jurídico que aqui está em causa. Com uma opinião similar a esta *vide*, contudo, J. Lopes de Sousa e M. Simas Santos in op. cit. p. 531.
[408] *Vide*, em comentário ao art. 299.º do CP, Figueiredo Dias *idem ibidem*.
[409] *Vide* Figueiredo Dias *idem ibidem*.
[410] Acompanhando Figueiredo Dias *idem ibidem*.

peito ao significado[411] das várias componentes descritas é previamente necessário fazer alguns apontamentos em termos gerais. Promover significa «fazer avançar; dar impulso a; diligenciar; propagar; difundir; originar; fomentar; desenvolver; instituir; elevar a posto ou a dignidade superior; requerer, propondo a execução de certos actos». Fundar significa «fazer os alicerces; criar as bases de (uma construção); edificar desde os alicerces; construir; instituir; dar origem a; basear; estabelecer; firmar; tornar mais fundo; afundar; aprofundar; basear-se; estabelecer-se; apoiar-se». Em termos jurídico-penais[412] promover ou fundar exige, por um lado, uma participação activa no processo de criação da «ideia criminosa» e, por outro lado, um trabalho prático na concreta estruturação ou criação da associação ou na restruturação funcional de uma associação pré-existente. Não obstante, ainda que, depois da execução do processo de fundação ou promoção o agente se afaste ou seja afastado involuntariamente do grupo, continuará o mesmo agente como fundador ou promotor, i.e., a sua respectiva acção já preencheu previamente o tipo objectivo de ilícito. Fazer parte é «participar». E participar, neste sentido, é «fazer parte integrante; tomar parte; acompanhar solidariamente; ter a natureza (de); ter qualidades comuns (a)». Fazer parte duma associação é ser seu membro. E o membro é o indivíduo que faz parte duma colectividade. Em sentido jurídico-penal o membro é todo aquele que se encontra incorporado na organização. O membro subordina-se à vontade colectiva e ao fim comum da associação desenvolvendo uma qualquer actividade acessória ou principal para prosseguimento do escopo criminoso. Não é, por conseguinte, exigível um acto formal de adesão à associação. O fundamental é que o agente desempenhe quaisquer tarefas no seio e a favor da associação, conhecendo e aceitando o seu fim criminoso.[413] Apoiar é «dar apoio; basear; aplaudir; proteger; favorecer». Numa perspectiva jurídico-penal existem dois tipos de apoiantes no que concerne aos tipos-de-ilícitos que estamos aqui a analisar: 1.º aqueles que, nomeadamente, fornecem armas, munições, instrumentos de crime, guarda ou locais para reuniões (e mais concretamente no caso do tipo objectivo de ilícito do art. 89.º/2 do RGIT «armazenagem»). Como nos refere o Prof. Doutor Jorge de Figueiredo Dias outras modalidades análogas de acção poderão estar abarcadas pelo conceito de «apoio»

---

[411] Cfr., v.g., Dicionário Ilustrado da Língua Portuguesa, Porto Editora.
[412] Vide Figueiredo Dias *idem ibidem*, pp. 1165-1166.
[413] Vide Figueiredo Dias *idem ibidem*, pp. 1166-1167.

como «v.g., o fabrico ou fornecimento de documentos de identidade falsos destinados aos membros da organização, o propiciar meios financeiros para suporte da associação ou para permitir a realização das suas actividades»[414]. Basta, por outro lado, que o apoio seja concedido à organização em abstracto; 2.º aqueles cujo comportamento seja baseado em um «qualquer auxílio para que se recrutem novos elementos» (cfr. art. 299.º/2 do CP e art. 89.º/2 do RGIT). Os angariadores integram a acção de qualquer espécie de auxílio ao recrutamento. Auxiliar (em termos gerais: «socorrer; servir de meio a») significa, aqui, ajudar da forma especificada anteriormente. Tem que existir uma acção de recrutamento concreta do angariador que seja dirigida a captar novos membros através de meios adequados. Não basta uma mera «propaganda de simpatia» e não é relevante – para o preenchimento dos respectivos requisitos dos tipos-de-ilícitos, quer do art. 299.º do CP, quer do art. 89.º do RGIT – se a acção concreta de recrutamento teve sucesso ou se, pelo contrário, não obteve êxito. Através do crime agravado de associação criminosa (v.g. tributária) pretende-se punir quem chefiar ou dirigir as organizações, grupos ou associações anteriormente referidas. Em termos gerais podemos referir que chefiar significa[415] «comandar; governar; dirigir». Dirigir, por sua vez, significa «chefiar; dar direcção a; orientar; encaminhar; enviar para um dado lugar; endereçar; ter a direcção de; administrar; governar; dizer; proferir; dar orientação a; ser responsável por; guiar; voltar; virar; encaminhar-se em certa direcção; ir ter com; consagrar-se a; virar-se; volver-se; ter como destinatário ou alvo; convergir». Já no sentido jurídico-penal temos que ser mais exigentes no desenhar do sentido típico dos elementos em apreciação.[416] Ao contrário do que acontece com o apoiante, o dirigente ou chefe tem que ser membro especialmente qualificado da organização. O chefe ou dirigente é responsável pela formação da vontade colectiva e funciona como *pivot* essencial à sua execução. Estão, pois, excluídos do tipo objectivo de ilícito os que somente actuem como «mentores espirituais» da organização.

---

[414] *Vide* Figueiredo Dias *idem ibidem*, pp. 1167-1168, que nos refere o seguinte em relação à posição do defensor: «O comportamento do defensor já será típico, porém, se assumir atitudes ilegais de colaboração activa com a associação, que não constituam acções de defesa, v. g., quando se sirva da sua função para manter o elo de ligação criminosa entre arguidos presos e outros membros da associação, permitindo assim a sua subsistência ou a continuação da actividade criminosa».

[415] Cfr., v.g., Dicionário Ilustrado da Língua Portuguesa, Porto Editora.

[416] *Vide* Figueiredo Dias *idem ibidem*, pp. 1168-1169.

No que diz respeito ao tipo subjectivo de ilícito podemos afirmar que os crimes p. e p. no art. 299.º do CP e 89.º do RGIT são dolosos. Sendo que o elemento volitivo se deixa integrar por todas as formas do dolo incluindo o dolo eventual. Deste modo, no que concerne ao elemento intelectual do dolo o tipo subjectivo implica o conhecimento, i.e., a representação pelo agente de todos os elementos constitutivos do tipo objectivo de ilícito. Porém, afirma o Prof. Doutor Jorge de Figueiredo Dias[417] «ser necessário que o agente conheça, ao nível próprio das suas representações, que a associação se destina à prática de "crimes"». Já em relação à culpa urge dizer que a consciência do ilícito da associação criminosa tem de ser comprovada individualmente. A consciência do ilícito não pode ser presumida ou deduzida desde a consciência do ilícito dos factos integrantes do escopo associativo ou de certos deles.

Se observarmos as molduras penais previstas nos artigos 299.º do CP e 89.º do RGIT facilmente chegaremos à conclusão que as respectivas modalidades de acção inseridas nos tipos permitem a punibilidade da tentativa. Não obstante, se considerarmos este crime como crime de empreendimento impuro ou impróprio não haverá, então, punibilidade autónoma da tentativa. Desta forma, não há igualmente lugar a uma desistência nos termos dos artigos 24.º e 25.º do CP. O crime de associação criminosa p. e p. no art. 299.º do CP e o crime de associação criminosa p. e p. no art. 89.º do RGIT consumam-se com a realização das acções previstas correspondentemente nos seus números 1, 2 e 3. Logo se compreende, neste enquadramento, a necessidade do legislador plasmar um respectivo número 4: «As penas referidas podem ser especialmente atenuadas ou não ter lugar a punição se o agente impedir ou se esforçar seriamente por» (ou «seriamente para» no caso do art. 89.º/4 do RGIT) «impedir a continuação dos grupos, organizações ou associações, ou comunicar à autoridade a sua existência» (ou «existência,», i.e., com vírgula, no caso do art. 89.º/4 do RGIT) «de modo a esta poder evitar a prática de crimes (ou «crimes tributários» no caso do art. 89.º/4 do RGIT). Na primeira situação não é, pois, necessário que o impedimento tenha sido realmente concretizado. É suficiente, em relação a um só crime, um esforço verdadeiro e voluntário nessa direcção. Não basta uma mera indisponibilidade para cometer o crime ou para nele participar. A segunda situação está centrada na comu-

---

[417] Vide Figueiredo Dias *idem ibidem*.

nicação à autoridade – ainda que fosse já do seu conhecimento, mas do desconhecimento do agente! – da existência da organização por forma a que essa mesma autoridade evite efectivamente a prática de, pelo menos, um crime por parte da própria organização. A aplicação da atenuação especial ou da isenção da punição estará dependente da acção do agente que ou provocou, por um lado, a diminuição sensível do perigo derivado da existência da associação ou, por outro lado, pura e simplesmente eliminou-o. Para que exista organização, com a ressalva da «promoção», é primordial a comparticipação de vários agentes. É que o crime de associação criminosa é um crime de comparticipação necessária. Poderá estar verificada a cumplicidade se o agente, ao participar numa acção de promoção, fundação ou apoio da associação, não deteve o domínio do facto limitando-se a prestar um auxílio às referidas acções. Refere-nos o Prof. Doutor Jorge de Figueiredo Dias[418] como exemplo que «o indivíduo que contrata e envia um fornecimento de armas à organização deve ser punido como apoiante, já o simples transportador material das armas só deverá ser punido como cúmplice». É, por outro lado, muito duvidoso que a figura jurídico-penal da cumplicidade seja compatível com as modalidades de acção de fazer parte e de dirigir ou chefiar.

Em matéria de concurso podemos dizer que, por exemplo, um fundador que se transforma em membro e dirigente comete somente um crime de associação criminosa. Já estará verificado, pelo contrário, um concurso efectivo numa situação de concorrência entre os crimes da organização e o crime de organização de associação criminosa.[419] Refere determinada[420] doutrina e jurisprudência que o «crime de associação criminosa se consuma independentemente do começo de execução de qualquer dos delitos que se propôs levar a cabo, bastando-se com a mera organização votada e ajustada a esse fim, sendo certo que o facto de a associação ser já de si um crime conduz a que os participantes nela venham a ser responsabilizados pelos delitos que eventualmente venham a ser cometidos no âmbito da organização, segundo as regras da acumulação real». Poderá existir uma excepção à regra do concurso efectivo na situação em que a acção de apoio se revela na prática de um crime que realiza o escopo criminoso da asso-

---

[418] *Vide* Figueiredo Dias *idem ibidem*, pp. 1172 e ss..
[419] *Vide* Figueiredo Dias *idem ibidem*.
[420] *Vide* Leal Henriques e Simas Santos in Código Penal, II, em anotação ao art. 299.º do CP *apud* J. Lopes de Sousa e M. Simas Santos in op. cit. p. 531.

ciação. Poderá neste caso concreto verificar-se uma relação de subsidiariedade, pois a aplicação duma das normas exclui a aplicação da outra norma, em virtude do carácter subsidiário desta última. Ou, por outro lado, poderemos ver confirmada uma relação de consumpção, pois o preenchimento de um tipo objectivo de ilícito, concretamente mais grave, inclui o preenchimento do outro tipo objectivo de ilícito, concretamente menos grave. Se alguém[421] adquire a qualidade de membro duma associação somente na intenção de cometer certos crimes (v.g. crimes tributários conforme o art. 89.º do RGIT) correspondentes ao seu escopo poderá estar verificada a prática de um facto prévio não punível. Não é necessário que a associação tenha «sede» em Portugal no que diz respeito à aplicação da lei penal no espaço.[422] Os factos que fazem parte do escopo criminoso da organização têm, necessariamente, de constituir crimes em face da lei portuguesa. Os factos têm de corresponder a uma incriminação prevista na lei portuguesa. Ainda que estes factos sejam cometidos no estrangeiro, a lei portuguesa deverá ser aplicável nos termos dos arts. 4.º, 5.º, 6.º e 7.º do CP. Constituirá esta situação uma «falha» contra a criminalidade organizada no plano internacional? Não é bem assim, pois temos que ter igualmente em consideração os crimes de «organizações terroristas» e de «terrorismo». É preciso referir que onde o legislador, através da lei, desejou que fosse de outra forma disse-o preto no branco. Esta justificação expressa já não podemos encontrar no art. 5.º/1, a) do CP, o qual foi alterado pelo art. 10.º da Lei n.º 52/2003, de 22 de Agosto, o qual suprimiu os anteriores artigos 300.º e 301.º do CP. Estes dois artigos foram precisamente revogados pelo art. 11.º desta mesma Lei n.º 52/2003, de 22 de Agosto, a qual tem por título o «combate ao terrorismo (em cumprimento da Decisão Quadro n.º 2002/475/JAI, do Conselho, de 13 de Junho) – Décima segunda alteração ao Código de Processo Penal e décima quarta alteração ao Código Penal».[423] Mas a justificação expressa já pode aqui ser precisamente localizada; por isso mesmo é que no art. 8.º/1, a) da Lei n.º 52/2003, de 22 de Agosto, se incluiu o crime do art. 2.º («organizações terroristas»), da mesma Lei n.º 52/2003, na incidência do princípio de defesa de interesses nacionais, mas o mesmo se não fez com o art. 299.º. Nem sequer através da nova redacção do art. 5.º/1, a) do Código Penal,

---

[421] Vide Figueiredo Dias *idem ibidem*.
[422] Vide Figueiredo Dias *idem ibidem*.
[423] Publicada no D.R. – I Série – A, n.º 193, de 22 de Agosto de 2003.

outorgada pelo art. 10.º da Lei n.º 52/2003 que refere o seguinte: «a) Quando constituírem os crimes previstos nos artigos 221.º, 262.º a 271.º, 308.º a 321.º e 325.º a 345.º;». Como refere o Prof. Doutor Jorge de Figueiredo Dias[424], o crime de «associação criminosa» p. e p. no art. 299.º do CP é um crime permanente (art. 119.º/2, alínea a). Deste modo se se colocar o problema de sucessão de leis no tempo «a lei nova é aplicável, sem retroactividade, durante todo o tempo em que a consumação persiste; ou, dito de outro modo – (...) –, quando a consumação já teve lugar mas a prática do crime de associação não foi ainda abandonada ou impedida e, neste sentido, se mantém». Refere, entre outros aspectos, o Acórdão do STJ de 24 de Janeiro de 2001 (proc. n.º 230/00-3): «Por o crime de associação criminosa ser um crime permanente e de perigo abstracto, desde que se verifique uma manifestação ou actualização da sua existência, nesse lugar se tem também por situado o lugar do delito para efeitos de aplicação da lei no espaço, podendo, por isso, sê-lo em território português com os conexos poderes de jurisdição dos seus tribunais».

Podemos, pois, referir que para que esteja verificado o crime de «associação criminosa», e além de tudo aquilo que fomos mencionando, como pretendemos tornar óbvio, é importante estarem reunidos, numa perspectiva básica, o elemento organizativo, a componente da finalidade criminosa e a característica da estabilidade associativa.

Como nos referia em 1970 o Prof. Doutor Beleza dos Santos[425] ainda «que a associação se dissolva logo depois de constituída e por isso não tenha na realidade *durado*, não deixará de existir o crime, se tiver havido nos associados a resolução de a constituir para durar».

Mais realista é dizer que o crime de «associação criminosa» deveria ser sobretudo dirigido a situações em que estejam em causa a Paz Pública!

2.12. *O art. 90.º do RGIT e algumas notas ao art. 348.º do CP*

No art. 90.º do RGIT p. e p. o crime de «Desobediência qualificada». Este mesmo preceito refere-nos o seguinte: «A não obediência devida a ordem ou mandado legítimo regularmente comunicado e emanado do director-geral dos Impostos ou do director-geral das Alfândegas e dos

---

[424] *Idem ibidem*.
[425] In RLJ, Ano 70, pp. 97 e ss..

Impostos Especiais sobre o Consumo ou seus substitutos legais ou de autoridade judicial competente em matéria de derrogação do sigilo bancário é punida como desobediência qualificada, com pena de prisão até dois anos ou de multa até 240 dias». Estamos claramente perante uma «desobediência qualificada» como, aliás, refere a própria epígrafe do art. 90.º do RGIT. Desta forma vamos analisar mais ao pormenor o art. 348.º do CP que p. e p. o crime de «desobediência».[426] Em termos muito gerais podemos dizer que «desobedecer» significa «fazer o que alguém mandou que não fosse feito; não obedecer; faltar à obediência; transgredir; infringir».[427] Juridicamente o importante é realçar que desobedecer significa faltar à obediência devida. Se fizermos uma incursão no direito comparado vamos chegar à conclusão de que se assiste a uma progressiva descriminalização deste género de conduta em ordens jurídicas que anteriormente a previam. Nessa dimensão somente se aceita como crime a desobediência impura, i.e., a que for acompanhada do perigo de lesão ou da lesão de outro bem jurídico.[428]

Acompanhamos, todavia, aqueles Autores que colocam dúvidas acerca da bondade da manutenção de uma incriminação como é a incriminação da «desobediência» tal e qual como está p. e p. no art. 348.º do CP. E também, por outro lado, no art. 90.º do RGIT. É o caso da opinião discordante do Prof. Doutor Jorge de Figueiredo Dias, o qual somente aceita que não se elimine esta norma devido ao facto deste mesmo preceito servir a «múltiplas incriminações extravagantes».[429] Ainda que não se defenda uma posição tão extrema sempre podemos dizer que somente poderá estar devidamente justificada – ainda que com muitas dúvidas nossas! – uma restrição às ordens protegidas directamente por disposição legal que preveja a pena de desobediência.[430] Estando integrada a obediência nos crimes de dano, podemos referir que, com esta incriminação – no que ao bem jurídico concerne – estamos a «proteger» determinada

---

[426] Cfr. texto do art. 348.º do CP.
[427] Cfr., v.g., Dicionário Ilustrado da Língua Portuguesa, Porto Editora.
[428] Vide Cristina Líbano Monteiro in «Comentário Conimbricense..., Tomo III, Artigos 308.º A 386.º...», em anotação ao art. 348.º do CP, pp. 349 e ss..
[429] Vide Figueiredo Dias in Actas da Comissão Revisora, 1993, 408 apud C. Líbano Monteiro idem ibidem.
[430] Assim vide Sousa e Brito in Actas, 1993, 409 e igualmente, em sentido mesmo anterior e similar, Eduardo Correia in ActasPE, 441, ambos apud Cristina Líbano Monteiro idem ibidem.

autonomia do Estado. Refere a este propósito a ilustre Penalista e Docente Cristina Líbano Monteiro[431] que «a administração pública há-de ser entendida em sentido *funcional*, ou seja, como o conjunto, historicamente variável, das funções assumidas como próprias pelo Estado com vista ao bom andamento da vida comunitária».

No que diz respeito ao tipo objectivo de ilícito devemos referir que somente é devida obediência a ordem ou mandado legítimos. Mandado e ordem são ambos uma norma de conduta concreta direccionada para alguém. Tanto a obediência, como o inverso: a desobediência, são sempre dirigidas a uma ordem. A ordem é que deve, ou por vezes simplesmente pode, estar contida num mandato. A ordem pode ser vista como uma imposição da obrigação de praticar ou deixar de praticar determinado acto, integrando, por conseguinte, uma norma de conduta. Já, por outro lado, podemos dizer que o mandado é uma ordem com *nomen juris*.

Refere o art. 391.º do CPC o seguinte: «Incorre na pena do crime de desobediência qualificada todo aquele que infrinja a providência cautelar decretada, sem prejuízo das medidas adequadas à sua execução coerciva». Pelo facto de estarmos aqui perante uma cominação legal – onde não se exige qualquer advertência –, e não face a uma cominação funcional, o despacho que decreta a providência cautelar não necessita de advertir o destinatário de que o mesmo incorrerá na penalização do crime de desobediência qualificada no caso de não a acatar. Por outro lado, não há qualquer eventual inconstitucionalidade no regime jurídico consagrado no art. 391.º do CPC, pois não será punido quem não prestar alimentos por não poder fazê-lo, mas sim quem tenha essa possibilidade e não os prestar, sendo que lhe foi ordenado que o fizesse. Neste caso, incorre, dentro da correspondente desobediência, numa clara responsabildiade penal.[432]

A entidade tem que ter competência para emitir o mandado ou a ordem, o qual, por sua vez, tem que ser regularmente comunicado ao seu destinatário. Os destinatários têm, necessariamente, que ter conhecimento da ordem ou mandado a que ficam sujeitos exigindo-se um processo regular para a sua transmissão. Desta forma, os destinatários terão conhecimento daquilo que lhes é imposto.[433] Não obstante, o incumprimento do

---

[431] *Idem ibidem*.

[432] *Vide* Cristina Líbano Monteiro *ibidem idem*.

[433] J. Lopes de Sousa e M. Simas Santos in op. cit. p. 537 referindo ainda: «Se a lei não exigir uma forma específica de transmissão, qualquer modalidade serve desde que ade-

dever de obediência deverá ter, necessariamente, duas origens: 1.ª a cominação respectiva realizada pela autoridade ou pelo funcionário competentes para ditar o mandado ou a ordem; 2.ª a própria disposição que comine a correspondente punição. Estamos a falar, portanto, dum dever qualificado de obedecer, pois o correspondente incumprimento provoca uma sanção criminal. Na 2.ª situação, anteriormente identificada, estamos a falar de uma imposição de norma de conduta que é realizada por meio de uma lei geral e abstracta anterior à prática do facto. Já no 1.º enquadramento, o qual também identificamos anteriormente, a norma de conduta penalmente relevante é produto de uma acção de vontade de um funcionário ou da autoridade. Será, pois, o agente administrativo que elevará o dever violado à correspondente dignidade penal. Ora, como bem se pode aqui observar[434], o Princípio da Legalidade não tolera crimes condicionais, ou seja, normas penais que integram como elemento típico uma decisão a ser tomada em cada situação determinada por um respectivo agente da administração![435]

Podemos dizer que tem que existir sempre uma cominação prévia: expressa pelo emitente ou, por outro lado, simplesmente legal. É preciso deixar claro que o destinatário da informação, no momento em que lhe é veiculado o mandado ou a ordem, saberá que, se incorrer no correspondente incumprimento, cometerá – i.e., se forem preenchidos todos os respectivos requisitos legais – um crime de desobediência simples ou qualificada. No entanto ou por isso mesmo, na nossa opinião, a este dever de veicular uma correspondente cominação deverá existir um dever de averiguar, por parte da autoridade ou funcionário competente, se o destinatário efectivamente entendeu o conteúdo da própria cominação. O importante é o destinatário ter a possibilidade de se poder inteirar efectivamente do conteúdo correspondente, i.e., da comunicação autêntica, quer a cominação

---

quada, como v. g. a carta, o telefonema, o telex, o telegrama, o ofício, o edital, a notificação, etc.».

[434] Concordamos convictamente com Cristina Líbano Monteiro *idem ibidem* que, entretanto, conclui: «ou toda a desobediência tem, em princípio, dignidade penal (parecia ser a opção do CP de 1982, na sua redacção originária) e cabe ao juiz determinar se, em determinados casos, a insignificância do facto ou escassíssima culpa podem levar à impunidade ou à dispensa de pena; ou há-de ser a lei formal a traçar a fronteira entre o delito e o não-delito (eventualmente, ilícito de mera ordenação social)».

[435] Com uma opinião que – dedutivamente dos respectivos escritos – consideramos ser diversa *vide* J. Lopes de Sousa e M. Simas Santos *idem ibidem*.

seja «legal» ou «funcional». Uma coisa é exprimir a cominação e outra, bem diferente, é tornar essa mesma cominação como algo de medianamente perceptível em relação ao respectivo destinatário. Só haverá dolo, no que diz respeito à desobediência, se existir comunicação autêntica. Por isso mesmo é que só se deve obediência a ordens susceptíveis de serem cumpridas. É que podem existir impossibilidades legais ou físicas que obstam à prática ou à omissão de determinado acto.[436]

Quando estamos a falar de «autoridade ou funcionário competente» estamos naturalmente a pensar em certas características com ressonâncias jurídicas. Assim, em relação ao conceito de «funcionário» recorremos ao art. 386.º do Código Penal com a redacção que lhe é outorgada pelo art. 1.º da Lei n.º 108.º/2001, de 28 de Novembro. Embora pensemos, ainda dentro deste raciocínio, que a ordem deve provir de autoridade ou funcionário competente, i.e., deve ser susceptível de ser integrada nas atribuições funcionais próprias ou delegadas de quem as profere, ou seja, naquele momento, naquela matéria e para aquele lugar. Podemos, pois, afirmar e concluir que o conceito de autoridade não se irá recolher ao universo das relações especiais de hierarquia.

O crime de desobediência p. e p. no art. 348.º do CP e p. e p., como «Desobediência qualificada», no art. 90.º do RGIT pode naturalmente ser praticado quer por acção quer por omissão.

Comparemos agora as alíneas a) e b) do n.º 1 do art. 348.º do CP. No que diz respeito à alínea a) do n.º 1 do art. 348.º do CP, o crime de desobediência parece vocacionado para servir de norma auxiliar a determinados preceitos de direito penal extravagante que incriminam um certo comportamento desobediente, não fixando, todavia, uma moldura penal própria. Será o caso, v.g., do art. 59.º do DL 445/92, de 20 de Novembro, o qual se refere ao «desrespeito dos actos administrativos que determinem o embargo, a demolição, a reposição do terreno na situação anterior à infracção ou a entrega do alvará de licença de construção».[437] A expressão «disposição legal» que consta da alínea a) do n.º 1 do art. 348.º do CP significa norma jurídico-penal. Outra interpretação seria, na nossa opinião,

---

[436] Refere o Acórdão da Relação de Coimbra de 6 de Março de 1991, publicado na CJ, XVI, 2, 107: «O crime de desobediência tem como elementos típicos: a existência de ordem ou mandado legítimo, regularmente comunicado ao agente, emanada de autoridade competente, falta de obediência à mesma e intenção de desobedecer».

[437] *Vide* Lopes da Mota, cit., 442 e ss. *apud* Cristina Líbano Monteiro *idem ibidem*.

absurda e constitucionalmente insuportável. Já em relação à alínea b) do n.º 1 do art. 348.º do CP, devemos entender a «disposição legal» como uma qualquer disposição legal. Seguimos, precisamente aqui, a opinião da Dr.ª Cristina Líbano Monteiro, a qual acrescenta: «...a al. *b)* existe tão-só para os casos em que nenhuma norma jurídica, seja qual for a sua natureza (i. é, mesmo um preceito não criminal) prevê aquele comportamento desobediente. Só então será justificável que o legislador se tenha preocupado com um vazio de punibilidade, decidindo-se embora por uma solução, como já foi dito, incorrecta e desrespeitadora do princípio da legalidade criminal». Mas a chamada «cominação legal» tem que ser tratada pelo juiz com muita delicadeza no que diz respeito à sua aplicação concreta. O que foi julgado insusceptível de tutela por uma ordem sancionatória não penal só muito forçadamente será alvo de uma tutela penal. As excepções à regra poderão residir em desobediências relativas a assuntos que não foram ainda o fim da intervenção legiferante. São matérias que só posteriormente começam a adquirir uma determinada importância no seio da comunidade jurídica[438]

No que concerne ao tipo subjectivo de ilícito, podemos desde já adiantar que a desobediência negligente não é punível, nem, por outro lado, é exigível qualquer intenção específica. Normalmente, o objectivo do agente é salvaguardar a própria autonomia à custa da autonomia estadual. Para que se verifique o crime de desobediência basta que se verifique o dolo através de qualquer das suas formas presentemente conhecidas: eventual, necessário ou directo. Por outro lado, como nos refere a Dr.ª Cristina Líbano Monteiro[439], «...a afirmação do dolo do tipo não depende de o agente conhecer as normas que determinam a punibilidade da conduta, mas sim de aquele conhecer e querer todas as circunstâncias fácticas que o tipo descreve».

O conflito de deveres é uma causa de justificação de frequência muito comum neste tipo objectivo de ilícito do art. 348.º do CP. O art. 36.º do CP prevê o «Conflito de deveres». Esta norma jurídica insere-se no Capítulo III, i.e., nas causas «...que excluem a ilicitude e a culpa». Deste modo, não é ilícito o facto de quem satisfizer dever ou ordem de valor igual ou superior ao do dever ou ordem que sacrificar. Estamos aqui inseridos, naturalmente, numa situação de conflito no cumprimento de deve-

---

[438] *Vide* Cristina Líbano Monteiro *idem ibidem*.
[439] *Idem ibidem*. Cfr. o art. 17.º do CP.

res jurídicos ou de ordens legítimas da autoridade. Como refere o n.º 3 do art. 271.º da CRP: «Cessa o dever de obediência sempre que o cumprimento das ordens ou instruções implique a prática de qualquer crime». Podemos encontrar a mesma ideia no art. 36.º/2 do CP. Neste contexto, a ilegitimidade da ordem não pode, evidentemente, representar uma causa de justificação. Todos os argumentos vão no sentido de defender que o legislador pretendeu afastar a hipótese de um concurso aparente entre uma desobediência criminal e uma desobediência contra-ordenacional como consequência da sobreposição de uma cominação funcional.[440] Segundo, ainda, a Dr.ª Cristina Líbano Monteiro verifica-se um concurso aparente, a solucionar nos moldes das regras da especialidade, entre o art. 348.º e o art. 353.º, ambos do CP.[441]

Como já se verificou anteriormente[442] no crime p. e p. no art. 90.º do RGIT estão identificadas as autoridades ou funcionários dos quais podem provir ordens cujo desrespeito provoca a prática do próprio crime. Podemos afirmar que é somente às ordens e mandados no âmbito de derrogação do sigilo bancário que se refere este art. 90.º do RGIT. Este facto não prejudica, por outro lado, a hipótese de ser punida como desobediência simples a não obediência a ordens e mandados referentes a outras matérias nos termos gerais do referido, e já minimamente comentado, art. 348.º do CP.[443] Para analisarmos o segredo bancário teremos que fazer, para começar, um breve estudo dos artigos 78.º e 79.º do Regime Geral das Instituições de Crédito e Sociedades Financeiras, aprovado pelo Decreto-Lei n.º 298/92, de 31 de Dezembro.[444] A aplicação da excepção ao segredo bancário, nas situações onde se põe o problema da descoberta dos crimes, está prevista no art. 181.º do CPP (cfr.)[445] que regula precisamente a «Apreensão em estabelecimento bancário».[446] A totalidade dos artigos 63.º da LGT

---

[440] Vide Cristina Líbano Monteiro idem ibidem.
[441] Cfr. o art. 353.º do CP. Vide Cristina Líbano Monteiro in «Comentário Conimbricense..., Tomo III, Artigos 308.º A 386.º...», em anotação ao art. 353.º do CP, pp. 400 e ss..
[442] Cfr. novamente o teor do art. 90.º do CP.
[443] No mesmo sentido J. Lopes de Sousa e M. Simas Santos in op. cit. pp. 539 e ss..
[444] Cfr. artigos 78.º e 79.º do RGICSF constante do DL n.º 298/92, de 31 de Dezembro.
[445] Cfr. igualmente o art. 63.º-B da LGT.
[446] Do estudo conjunto do art. 63.º, art. 63.º-A e 63.º-B da LGT podemos chegar à conclusão que a atribuição de competência somente a certas entidades significava que não eram admissíveis solicitações de informação no que concerne a tributos administrados por

surge, neste contexto, como absolutamente fundamental. Podemos encontrar o conceito de documento bancário, no que diz respeito à LGT, no art. 63.º-B da LGT. Este conceito representa uma definição jurídica que abarca um qualquer documento ou registo relativo a operações praticadas por instituições de crédito e sociedades financeiras onde estão inseridas mesmo aquelas acções que são realizadas com cartões de crédito. Nos enquadramentos mencionados nos n.ᵒˢ 1 e 2 do art. 63.º-B a hipótese de acesso directo a documentação bancária apenas pode existir face a uma recusa da sua respectiva exibição e ausência de autorização para a sua consulta. Deste modo, é exigível que a administração tributária entre em contacto prévio com o titular dos direitos sobre a documentação e este mesmo titular não aceite a solicitação de exibição ou não forneça autorização para a a consulta.[447] O n.º 6 do art. 63.º-B refere que «As entidades que se encontrem numa relação de domínio com o contribuinte ficam sujeitas aos regimes de acesso à informação bancária referidos nos n.os 1 e 2». Conforme aquilo que podemos depreender do art. 11.º da LGT o conceito de «sociedade dominante» a ser utilizado na interpretação do art. 63.º-B/6 da própria LGT deverá ser aquele que resulta do Código das Sociedades Comerciais. O acesso directo a determinada documentação, todavia, exige certos e especiais requisitos. Podemos observar isso mesmo no n.º 7 do art. 63.º-B que refere o seguinte: «O acesso da administração tributária a informação bancária relevante relativa a familiares ou terceiros que se encontrem numa relação especial com o contribuinte depende de autorização judicial expressa, após audição do visado, obedecendo aos requisitos previstos no n.º 3».[448] É de salientar o facto de poder existir impugnação contenciosa, conforme o art. 146.º-B do CPPT, das decisões realizadas no

---

outras entidades como, v.g., as contribuições para a Segurança Social e as receitas autárquicas. Devemos, não obstante, fazer uma referência ao ponto n.º 3 do «Comunicado do Conselho de Ministros de 26 de Fevereiro de 2004» onde se anuncia a publicação a muito curto prazo de um Decreto-Lei «que, no uso da autorização legislativa concedida pela Lei n.º 107-B/2003, de 31 de Dezembro, estabelece a forma, extensão e limites da interconexão de dados entre os serviços da administração fiscal e as instituições da segurança social». Cfr. www.portugal.gov.pt em 4 de Março de 2004 às 18 hrs e 30 m. Também neste local se pode consultar uma nota do Ministério da Segurança Social e do Trabalho em relação a este mesmo diploma.

[447] Cfr. J. Lopes de Sousa e M. Simas Santos *ibidem idem*.
[448] Cfr. o n.º 3 do art. 63.º-B do RGIT.

âmbito que temos vindo a analisar.[449] No que se refere às respectivas penas será indispensável confrontar o art. 90.º do RGIT, o art. 41.º/1 do CP e os art. 7.º e 12.º do RGIT. Não correspondendo ao crime consumado uma pena de prisão superior a 3 anos e não existindo disposição em contrário, podemos afirmar que a tentativa do crime p. e p. no art. 90.º do RGIT não é punível: cfr. art. 23.º do CP.

3. As origens, *brevitatis causa*, imediatamente anteriores das Infracções Fiscais Não Aduaneiras

Uma das referências constitui o Decreto-Lei n.º 619/76, de 27 de Julho de 1976, o qual estabeleceu «várias incriminações para a prática de determinadas infracções fiscais».[450] Estas origens próximas, quanto a este diploma jurídico, consistiam não só em incriminações susceptíveis de serem punidas com pena de prisão mas também – através da possibilidade de substituição – com pena de multa.[451] Referia-se, por outro lado, que «apenas» se eliminava «do direito penal tributário o benefício de suspensão da pena».[452] Este regime jurídico visou sobretudo combater mais eficazmente os fenómenos da evasão e da fraude fiscal por meio da criminalização das infracções tributárias mais graves. Tratava-se da pretensão de punir com pena de prisão as situações mais graves.[453] Todas as outras infracções tributárias descritas nas diversas leis tributárias mantinham-se em vigor desde que não contrariassem o preceituado no n.º 1 do art. 1.º do Decreto-Lei n.º 619/76, de 27 de Julho de 1976.[454] A justificação fundamental de tal acto legislativo baseava-se na razão de que «a tais factos

---

[449] Refere o n.º 4 do art. 63.º-B da LGT o seguinte: «Os actos praticados ao abrigo da competência definida no número anterior são susceptíveis de recurso judicial, o qual terá efeito suspensivo nas situações previstas no n.º 2». Enquanto se verificar o efeito suspensivo não poderá existir naturalmente a possibilidade de preenchimento dos pressupostos do art. 90.º do RGIT.

[450] O DL n.º 619/76, de 27 de Julho, foi revogado pelo n.º 3 do art. 5.º do DL n.º 20-A/90, de 15 de Janeiro, o qual aprovou o RJIFNA, anexo ao mesmo diploma e fazendo dele parte integrante.

[451] Cfr. preâmbulo do DL n.º 619/76, de 27 de Julho, assim como os seus artigos 4.º e 5.º.

[452] Cfr. preâmbulo do DL n.º 619/76, de 27 de Julho.

[453] Cfr. o n.º 1 do art. 1.º do DL n.º 619/76, de 27 de Julho.

[454] Cfr. o n.º 2 do art. 1.º do DL n.º 619/76, de 27 de Julho.

sempre corresponderam sanções mais ou menos gravosas, embora punidas só com multa».[455] Como se sabe, tal afirmação não corresponde inteiramente à realidade tal e qual, ou pelo menos, é passível de induzir em erro os intérpretes ou leitores mais desatentos, no que se refere ao lapso de tempo anterior às reformas fiscais de 1958-1965. Nomeadamente através da observação de diversos diplomas legislativos, é possível constatar que as penas dirigidas a fugas ilegítimas aos deveres fiscais eram em muitos dos casos – até porque historicamente situacionadas – bastante mais graves do que a pena de prisão como serão (pensamos!) a *pena corporal* ou o *degredo*. É o que podemos depreender duma leitura atenta das palavras do Prof. Doutor Eduardo Correia[456] quando refere o seguinte: «Entendeu-se, efectivamente, que criando tais multas, o legislador de 1844 teria tido a intenção de substituir por elas as penas previstas nas Ordenações (*pena corporal* e de *degredo*), para a simulação quando fiscal. Mas, por isso mesmo, em tal caso, não deveriam cumular-se a punição da lei comum e as multas previstas na lei de 1844: a aplicação destas excluía aquela». Por outro lado, os próprios arts. 10.º do Decreto-Lei n.º 27 153, de 31-10-1936, e 4.º/1, do Decreto-Lei n.º 28 221, de 24-11-1937, já consideravam a aplicação de penas de prisão, a certos agentes específicos como administradores ou directores, às infracções baseadas na duplicação, viciação ou falsificação da escrita (...), assim como a não manutenção ou arquivamento dos documentos comprovativos das operações registadas. Não obstante, segundo a interpretação – que acompanhamos – do Prof. Doutor Eduardo Correia in op. cit., p. 23, é preciso mencionar o seguinte: «Tudo o que fica dito se conjuga, pois, para concluir no sentido de que o n.º 1 do artigo 4.º do Decreto n.º 28 221 não manda aplicar às infracções que prevê a última parte do art. 10.º do Decreto n.º 27 153». Ora a última parte deste art. 10.º, após previsão de multa respectiva de 5 a 100 contos, referia o seguinte[457]: «(...), além de serem considerados, para efeitos criminais, como autores do crime previsto no artigo 451.º do Código Penal e punível nos termos do artigo 421.º, n.º 4.º, do mesmo Código». E ainda[458]: «Ora,

---

[455] Cfr. segundo parágrafo do preâmbulo do DL n.º 619/76, de 27 de Julho.
[456] In «Os Artigos 10.º Do...», RLJ, 1968, pp. 257 e ss; e rp. in «Direito Penal Económico...», 1999, p. 18.
[457] *Vide* Eduardo Correia in op. cit., p. 19.
[458] Um pouco mais à frente do mesmo ilustre Autor, Catedrático de Direito Penal, in op. cit. p. 22.

falando o art. 4.º na pena do artigo 10.º, bem parece referir tão só o que ali é directa e verdadeiramente uma pena: a multa». Ora, o Prof. Eduardo Correia, não só põe grandes dúvidas em relação à tipicização do art. 10.º mencionado, pois «a solução de equiparar, ainda que só nestes casos, as referidas fraudes fiscais à burla contraria toda a evolução do direito penal fiscal(...)» (in ob. cit. p. 19); como põe em causa que o art. 4.º apontado (como norma de remissão para o 10.º) faça qualquer previsão de pena de prisão. Refere também, em relação ao assunto, o Prof. Doutor P. Soares Martinez[459]: «E já no antigo Direito Português se nos depararam penas de privação de liberdade por infracções fiscais. Assim, em matéria de sisa, previu o Alvará de 4 de Julho de 1666 penas de multa e de degredo por dois anos para África. Por isso se poderá afirmar que a inovação do Decreto-Lei n.º 619/76 respeita mais à forma que ao fundo».[460]

Mas porque a principal razão do nosso estudo é a responsabilidade (especialmente penal ou criminal) das pessoas colectivas, nomeadamente as sociedades comerciais, no seio do, portanto, Direito Penal fiscal, torna-se oportuno referir duas ou três notas. Vejamos: se a pena de prisão tivesse sido aplicada a um gestor de uma pessoa colectiva, esta seria responsável pelo pagamento da multa.[461] Por outro lado, se sucedia que o sujeito passivo do imposto fosse uma pessoa colectiva, então, a pena de prisão seria aplicada aos gestores que tivessem praticado ou sancionado o acto de que resultou a infracção.[462] Deste modo se verifica claramente que a responsabilidade das pessoas colectivas no Direito Penal fiscal de então não estava de forma alguma consagrada nos moldes pelos quais se apresenta actualmente.[463] É o que verificaremos já mais adiante neste nosso trabalho.

---

[459] In «Direito Fiscal», 1998, p. 372.

[460] *No mesmo sentido*, mas com diferenças particulares, *vide* I. Marques da Silva in op. cit., 2000, p. 22, n. de r. n.º 42, que contudo refere outro exemplo: o art. 4.º do DL n.º 29 480, de 10 de Março de 1939.

[461] Cfr. o n.º 2 do art. 5.º do DL n.º 619/76, de 27 de Julho.

[462] Cfr. o n.º 1 do art. 7.º do DL n.º 619/76, de 27 de Julho. Cfr., contudo, o art. 7.º, n.º 2.

[463] Além das normas do DL n.º 619/76, de 27 de Julho, era usual que vários códigos apresentassem uma norma jurídica com o seguinte conteúdo: «sendo o infractor uma pessoa colectiva, responderão pelo pagamento da multa, solidariamente com aquela, os directores, administradores, gerentes, membros do conselho fiscal, liquidatários ou administradores da massa falida ao tempo em que foi cometida a infracção». A título de exemplo *vide* 150.º do Código da Contribuição Industrial, 305.º e 378.º do Código da Contribuição Pre-

A conformidade ou desconformidade do Decreto-Lei n.º 619/76, de 27 de Julho, com a Constituição da República Portuguesa, especialmente ao nível da constitucionalidade orgânica, foi extremamente discutida durante o período no qual o mesmo esteve em vigor.[464] Outro ponto que foi objecto de grande controvérsia e que se traduziu na troca dum esgrimir argumentativo por parte de diferentes Autores, foi a questão da revogação – ou não revogação – do regime jurídico previsto no Decreto-Lei n.º 619/76, de 27 de Julho, pela legislação (também) fiscal e subsequente.[465] Um problema que também foi várias vezes suscitado e controvertido relacionou-se com o facto de o art. 6.º do Decreto-Lei n.º 619/76, de 27 de Julho, prescrever que não haveria «suspensão condicional da pena aplicada a qualquer infracção tributária». Nomeadamente, estava em causa saber se tal norma também se aplicava às infracções fiscais aduaneiras.[466]

---

dial e do Imposto sobre a Indústria Agrícola, art. 71.º do Código do Imposto Profissional, art. 86 do Código do Imposto de Capitais, arts. 73.º e 78.º do Código do Imposto Complementar, art. 55.º do Imposto das Mais-Valias, arts. 167.º e 187.º do Código da Sisa e Imposto sobre as Sucessões e Doações, art. 119.º do Código do Imposto de Transacções, art. 27.º do Regulamento do Imposto sobre Veículos e o art. 16.º do Código do Processo das Contribuições e Impostos. Quanto aos exemplos *vide*, por todos, I. Marques da Silva in op. cit., 2000, p. 31, n. de r. n.º 45.

[464] Casos houve – como exemplo – inclusive em que, invocando a correspondente inconstitucionalidade, o próprio magistrado judicial se recusou a aplicar as normas punitivas do DL n.º 619/76, de 27 de Julho: cfr. o Ac. do TC n.º 19/83, de 3 de Novembro de 1983, publicado no DR n.º 26, II Série, de 31 de Janeiro de 1984, cuja parte do sumário aqui transcrevemos: Sumário: I – Um dos requisitos de admissibilidade do recurso previsto na alínea a) do n. 1 do artigo 280 da Constituição da República Portuguesa é a existência da recusa de aplicação de uma norma com fundamento na sua inconstitucionalidade. (...)». Por seu lado, o Tribunal Constitucional julgou várias vezes o DL n.º 619/76, de 27 de Julho, como estando não ferido de inconstitucionalidade através de diversas das suas decisões: Ac. n.º 37/84, de 4 de Abril de 1984, publicado no DR n.º 155, II Série, de 6 de Julho de 1984; Ac. n.º 59/84, de 19 de Junho de 1984, publicado no DR n.º 264, II Série, de 14 de Novembro de 1984; Ac. n.º 60/84, de 19 de Junho de 1984, publicado no DR n.º 265, II Série, de 15 de Novembro de 1984; e, finalmente, o Ac. n.º 80/84, de 18 de Julho de 1984, publicado no DR n.º 24, II Série, de 29 de Janeiro de 1985.

[465] *Vide*, por todos, N. Sá Gomes in «Notas Sobre a Aplicação...» in CTF n.º 358, Abril-Junho (1990), pp. 32-39, *apud* I. Marques da Silva in op. cit., 2000, p. 31, n. de r. n.º 48. Cfr., ainda assim, o Ac. n.º JSTJ00004271, de 10 de Julho de 1985, publicado no BMJ, n.º 345, do Ano de 1985, p. 370.

[466] O Regime Jurídico das Infracções Fiscais Aduaneiras (RJIFA) foi aprovado pelo DL n.º 376-A/89, de 25 de Outubro, sob autorização do Governo através da Lei n.º 7/89, de 21 de Abril. Sofreu alterações posteriores impostas pelos D.s-L n.ºs 255/90, de 7 de

Seja como for, ressalta-nos à vista o Decreto-Lei n.º 249/80, de 24 de Julho[467], o qual «estabelece medidas sobre a necessidade de aceleração da execução das normas que punem as infracções fiscais». Aliás, este último diploma legislativo é bem sintomático de como *este* direito é deveras especial.[468]

Agosto e 98/94, de 18 de Abril (com correspondente autorizações legislativas do art. 36.º da Lei n.º 101/89, de 29 de Dezembro e do art. 46.º da Lei n.º 75/93, de 20 de Dezembro). Entretanto a Lei n.º 15/2001, de 5 de Junho, que estabelece o novo RGIT, vem no seu art. 2.º, alínea a) revogar o RJIFA, exceptuando as normas do seu capítulo IV que permanecem em vigor enquanto não for publicada legislação especial sobre a matéria. Sobre o problema da aplicação – ou não aplicação – da proibição da suspensão condicional (ou abordando este problema) da pena às infracções aduaneiras, cfr. Acórdãos: n.º JSTJ00001675, de 22 de Janeiro de 1986, publicado no BMJ; n.º 353, do Ano de 1986, p. 235; n.º JSTJ00008275, de 7 de Maio de 1986, publicado no BMJ, n.º 357, do Ano de 1986, p. 195; n.º JSTJ00000718, de 8 de Outubro de 1986, publicado no BMJ, n.º 360, do Ano de 1986, p. 346; n.º JSTJ00000450, de 5 de Novembro de 1986, publicado no BMJ, n.º 361, do Ano de 1986, p. 374.

[467] Este Decreto-Lei aditava, na altura, ao Código de Processo das Contribuições e Impostos, aprovado pelo DL n.º 45005, de 27 de Abril de 1963, o artigo 108.º-A, com uma redacção, na qual ressaltava o parágrafo 2.º que referia: «se o arguido efectuar o pagamento da multa no prazo fixado no corpo deste artigo, beneficiará da redução de 25% e o auto de notícia será arquivado sem necessidade de autuação». Cfr. o corpo do mesmo artigo onde eram referidas várias situações.

[468] Quanto a uma breve resenha histórica *vide* I. Marques da Silva in op. cit., 2000, pp. 32, 33, 34 e 35.

CAPÍTULO III

A CONSTITUCIONALIDADE DA RESPONSABILIDADE PENAL DOS ENTES COLECTIVOS

1. **A responsabilidade criminal das pessoas colectivas e a Constituição da República Portuguesa – análise e breve comentário do Acórdão n.º 212/95 – Processo n.º 490/92 – 1.ª Secção do Tribunal Constitucional** [469]

1.1. *O Relatório*

Sem pretender ir a montante, nem querer ficar a jusante, do cerne temático deste nosso trabalho – a responsabilidade criminal das sociedades comerciais (ou melhor da empresa) no Direito Penal fiscal – parece-nos importante realizar uma breve análise da lusitana (in)constitucionalidade de tão evidente problemática.

Como já se verificou, a nossa opção analítica recaiu sobre o Acórdão do Tribunal Constitucional n.º 212/95, de 20 de Abril, que incidiu a sua apreciação e decisão jurisprudencial com base no art. 3.º do Decreto-Lei n.º 28/84, de 20 de Janeiro, o qual alterou «o regime em vigor em matéria de infracções antieconómicas e contra a saúde pública» (entretanto este Decreto-Lei já sofreu posteriores alterações que nos escusamos de enunciar aqui, pois não incidiram sobre o seu art. 3.º). Não obstante, o que está neste momento em causa, perante a Constituição (*Grundnorm*), é analisar

---

[469] Publicado no DR – II Série, n.º 144, de 24 de Junho de 1995.

a (in)constitucionalidade da responsabilidade criminal das pessoas colectivas. Além do mais as semelhanças entre este regime jurídico que permite a responsabilidade criminal (cujo conteúdo será analisado com maior pormenor mais adiante) das pessoas colectivas e a homóloga responsabilização no Direito Penal fiscal português, são por demais evidentes, senão verifique-se: cfr. o art. 3.º do Decreto-Lei n.º 28/84, de 20 de Janeiro com o art. 7.º do RJIFNA e o «novo» art. 7.º do RGIT (e mesmo o art. 7.º do RGIMOS). Todos com origem na teoria do Direito Civil da identificação como veremos a jusante. Também aqui não vamos fazer uma enunciação exaustiva.

Brevitatis causa o Ministério Público deduziu acusação contra dois arguidos: uma sociedade comercial por quotas e o representante legal da mesma pela prática, mediante «autoria material deste último», dum número plural (ao nível da acusação), por um lado, de crimes de corrupção de substâncias alimentares, previstos e punidos pelos arts. 273.º/2, alínea b) e 273.º/3 do Código Penal[470]; e, por outro lado, de crimes contra a economia, previstos e punidos pelos arts. 24.º/1, b) e c), ambos do DL 28/84, de 20 de Janeiro.

Face à situação delineada no parágrafo anterior, o juiz decidiu não receber a acusação no que diz respeito à sociedade comercial por quotas, invocando como justificação a inconstitucionalidade do art. 3.º do DL n.º

---

[470] CP de 1982. Poder-se-á, eventualmente, pôr aqui um problema: estando os crimes referidos, previstos e punidos no Código Penal, sujeitos, portanto, ao Princípio do art. 11.º da Parte Geral (sobre o qual recairá a jusante a nossa atenção) como é que a pessoa colectiva – neste caso uma sociedade comercial por quotas – pode, dizíamos, ser responsabilizada por estes (e só estes) dois crimes, já que o Código Penal não prevê uma norma jurídica semelhante ao art. 3.º do DL n.º 28/84, de 20 de Janeiro? Parece-nos que, conforme a lei positiva vigente na data, a sociedade comercial, ao contrário das pessoas singulares em causa, apenas poderia ser responsabilizada pelos dois crimes previstos e punidos no DL n.º 28/84, de 20 de Janeiro. É claro que este facto reflecte uma profunda incongruência, mas parece-nos que, face ao direito positivamente plasmado, não poderíamos ir mais além. Em sentido semelhante para o Direito Penal fiscal vide *mutatis mutandis* I. Marques Silva in «Responsabilidade Fiscal Penal Cumulativa...», 2000, p. 53: «...as pessoas colectivas só respondem pelos crimes fiscais penais ou outros que a lei admita, mas não pelos crimes comuns. § Importa, por isso, que na formulação da pena unitária aplicada aos titulares dos órgãos e representantes se distinga claramente como aliás impõe a lei processual penal (Artigo 368.º do Código de Processo Penal), a pena correspondente à infracção fiscal da pena correspondente à infracção comum e pela qual a pessoa colectiva não responde. (...)».

Capítulo III – A Constitucionalidade da Responsabilidade Penal...   189

28/84, de 20 de Janeiro, o qual, na medida em que consagra a responsabilidade criminal das pessoas colectivas, violaria o art. 12.º/2[471] da CRP.

Os fundamentos invocados pelo juiz *a quo* – que não serão neste preciso ponto do nosso trabalho exaustivamente tratados por nós – para recusar a aplicação do art. 3.º do Decreto-Lei n.º 28/84, de 20 de Janeiro, com base na sua inconstitucionalidade, partem do clássico brocardo «*societas delinquere non potest*», i.e., a sociedade não pode delinquir (princípio da não responsabilidade penal da pessoa colectiva). Essencialmente refere-se que «para se ser criminalmente responsável há um requisito básico que faz parte do tipo: "o dolo, ou, nos casos especialmente previstos na lei... a negligência" (artigo 13.º do CP)». Prosseguindo a nossa análise de tal decisão, é mencionado um pouco mais à frente que «o artigo 12.º, n.º 2, da Constituição limita os deveres das pessoas colectivas – dentro de cuja área se situa a responsabilidade criminal – à compatibilidade com a sua natureza». Ora, o ilustre Magistrado afirma que «não é compatível com a natureza abstracta, fictícia, de uma pessoa colectiva a concorrência de um requisito tão intimista como o da culpa ou dolo». Por outro lado, e ainda no curso da mesma opinião, o art. 3.º do Decreto-Lei n.º 28/84, de 20 de Janeiro, além da sua «evidente inconstitucionalidade», «consagra uma dupla responsabilização penal de certo modo aparentada com a violação do princípio *non bis in idem*». Ou seja, e como todos sabemos segundo este princípio, ninguém pode ser punido duas vezes pelo mesmo facto. Pelo que se constata, na decisão recorrida – e segundo a ordem de ideias que lhe está intrínseca –, que «vão ser responsabilizadas cumulativamente as pessoas colectivas e os respectivos agentes». Segundo a decisão recorrida, podemos ainda verificar a ideia de que «o título de imputação de certo ilícito à sociedade e aos seus gerentes é a culpa». Finalmente, remata-se que um ente colectivo é uma ficção jurídica, pelo que responsabilizá-lo penalmente seria uma sujeição ilógica da própria pessoa jurídica a um género de responsabilidade (perdoai-nos a redundância) característica da pessoa humana.

De tal decisão, o representante do Ministério Público, interpôs recurso de constitucionalidade obrigatório.[472]

---

[471] Cfr. o art. 12.º CRP (*Princípio da universalidade*).

[472] As alegações basearam-se globalmente na negação da inconstitucionalidade do art. 3.º/1 conjugado com o art. 7.º/1, ambos do DL n.º 28/84 de 20 de Janeiro e, consequentemente, no provimento do recurso «determinando-se a reforma da decisão recorrida, na parte impugnada».

1.2. Os Fundamentos

A questão verdadeiramente central é, portanto, saber se é constitucionalmente legítimo imputar-se às pessoas colectivas responsabilidade criminal e aplicar-lhes penas tais como as constantes do art. 7.º/1 do Decreto-Lei n.º 28/84, de 20 de Janeiro. Além disso, dum ponto de vista intimamente conexionado, será necessário indagar se uma responsabilidade do género da consagrada nas normas do referido Decreto-Lei é congruente ou (in)compatível com a natureza das pessoas colectivas. Ora, se a resposta à questão anterior se apresentar como positiva, torna-se premente investigar se se verifica efectivamente uma violação do princípio constitucional do *non bis in idem* e, como também é razoável, «de qualquer outro».

1.2.1. *O DL n.º 28/84, de 20 de Janeiro e a responsabilidade criminal das pessoas colectivas e equiparadas, prevista no seu art. 3.º*[473]

Indo directamente de encontro ao busílis da questão, que mais nos interessa neste nosso trabalho – e que também é apontado pelo Acórdão n.º 212/95 –, nada melhor do que ter em atenção aquilo que o relatório preambular do Decreto-Lei n.º 28/84, de 20 de Janeiro, nos diz no seu ponto n.º 8 embora, como vimos anteriormente, saibamos não se tratar propriamente duma novidade. Assim, com o nosso sublinhado, considera o legislador que importante *«novidade»* neste diploma «é a consagração aberta da responsabilidade penal das pessoas colectivas e sociedades, a que algumas recomendações de instâncias internacionais, como o Conselho da Europa, se referem com insistência. Tratando-se de um tema polémico em termos de dogmática jurídico-penal, nem por isso devem ignorar-se as realidades práticas, pois se reconhece por toda a parte que é no domínio da criminalidade económica que mais se tem defendido o aban-

---

[473] O DL 28/84 de 20 de Janeiro, elaborado no âmbito da pasta do «Comércio e Turismo e da Qualidade de Vida», alterou o regime em vigor em matéria de infracções antieconómicas e contra a saúde pública. Tal documento, entrado em vigor em 1 de Março de 1984, tinha sido visto e aprovado em Conselho de Ministros de 6 de Dezembro de 1983. De entre as assinaturas de aprovação, é de destacar a do mui ilustre Jurista de Coimbra, Prof. Doutor Carlos Alberto da Mota Pinto. Cfr. o art. 85.º deste diploma.

dono do velho princípio *societas delinquere non potest*. Em todo o caso, o princípio da responsabilidade penal das pessoas colectivas é consagrado com prudência: exige-se sempre uma conexão entre o comportamento do agente – pessoa singular – e o ente colectivo, já que aquele deve actuar em representação ou em nome deste e no interesse colectivo. E tal responsabilidade tem-se por excluída quando o agente tiver actuado contra ordens expressas da pessoa colectiva». Ou seja, invocam-se razões de vária ordem como são as recomendações de órgãos internacionais ou de índole prática face a uma suposta ineficácia – que se pressupõe implicitamente – da chamada «luta» contra a criminalidade económica. Tal resultaria da rígida manutenção do princípio *societas delinquere non potest*. É claro que a apontada responsabilidade penal (criminal) das pessoas colectivas exigiu a previsão de penas contextualmente adaptadas como é o caso concreto da pena de dissolução *qua tale* da pessoa colectiva.[474]

Deste modo, a responsabilidade penal da pessoa colectiva está dependente, contudo, da concretização cumulativa de três requisitos: 1.º um seu órgão ou representante tem que praticar uma infracção prevista no DL n.º 28/84, de 20 de Janeiro; 2.º o órgão ou representante tem de actuar em nome do interesse da pessoa colectiva; 3.º o agente não pode actuar con-

---

[474] Cfr. o n.º 10 do relatório preambular do DL n.º 28/84 de 20 de Janeiro. Cfr., quanto à pena de dissolução, o n.º 6 do art. 7.º do DL n.º 28/84 de 20 de Janeiro. Consideramos a pena de dissolução como uma espécie de pena de morte das pessoas colectivas, pelo que defendemos o objectivo final da sua eliminação. Mais que não seja pela possibilidade que eventualmente poderá existir na respectiva viabilidade da pessoa colectiva através dos seus elementos singulares inocentes ou mesmo da introdução legal, a partir do interior ou exterior (respeitando, na nossa opinião, em qualquer caso, o princípio da autonomia do comércio se for ente colectivo de Direito privado!) e de reconhecida qualidade profissional, de *novas* pessoas singulares (ou colectivas) susceptíveis de viabilizarem a funcionalidade legal da própria pessoa jurídica. Pelos crimes previstos neste diploma são ainda potencialmente aplicáveis às pessoas colectivas e equiparadas outras duas penas consideradas principais: admoestação e, «claro», a multa (cfr. art. 7.º do DL n.º 28/84 de 20 de Janeiro). No que diz respeito à multa, é de salientar o n.º 5 do art. 7.º do DL n.º 28/84 de 20 de Janeiro: cfr.. Por sua vez cfr. o art. 8.º do DL n.º 28/84 de 20 de Janeiro que prevê diversas penas acessórias, que também podem ser aplicadas às pessoas colectivas. Duvidamos que a penúltima pena, i.e. o «*encerramento definitivo do estabelecimento*» (se o caso se colocar em concreto), possa ser catalogada de «acessória», pois na prática poderá traduzir-se numa pura e simples dissolução de facto. Cfr. no Capítulo VI, ponto 2, as críticas à «burla de etiquetas» nas chamadas «consequências acessórias» para entes colectivos que parecem ser verdadeiras penas!

tra ordens ou instruções expressas «de quem de direito» no que se refere à pessoa colectiva.

Ao referir os órgãos, a lei não quer naturalmente dirigir-se ao «centro institucionalizado de poderes funcionais», mas aos seus titulares ou suportes, i.e., os indivíduos cujas vontades servem os órgãos.[475]

Repare-se em João Castro e Sousa[476] que refere exactamente o seguinte: «..."órgãos" serão as pessoas físicas que integrem a *vontade* da pessoa colectiva, ou seja as pessoas físicas que integram os "centros institucionalizados de poderes funcionais a exercer pelo indivíduo ou pelo colégio de indivíduos que nele estiverem providos com o objectivo de exprimir a vontade juridicamente imputável a essa pessoa colectiva" (Marcello Caetano, *Manual de Direito Administrativo*, pág. 154)»; Com interesse único, sobeja e unanimemente reconhecido para esta questão *vide* ainda Manuel A. D. de Andrade (1960), distinguindo *doutrinariamente* entre os órgãos deliberativos e os representativos (executivos)[477]: «os primeiros *deliberam*, isto é, resolvem ou decidem sobre os negócios da pessoa colectiva, mas não tratam com terceiros, nem recebem deles, quaisquer declarações de vontade que hajam de produzir efeitos em relação à pessoa colectiva. Formam a vontade da pessoa colectiva, mas não a *manifestam*, não a projectam para o exterior... São órgãos *internos* da pessoa colectiva (*Innenorgane*). Os segundos é que *representam* a pessoa colectiva nas suas relações com terceiros. Tratam com estes, emitindo ou recebendo declarações de vontade cujos os efeitos se vão produzir na esfera jurídica daquela pessoa... Trata-se, pois de órgãos *externos* ou executivos (*Aussenorgane; ausführende organe*) ... Dos órgãos, há que distinguir os simples *agentes* ou *auxiliares*, que só executam por incumbência ou ainda

---

[475] No primeiro sentido *vide* M. Caetano (1990) in «Manual de Direito Administrativo», p. 204. Por outro lado e especialmente a propósito de toda a questão, incluindo o segundo sentido, *vide* ainda Manuel A. D. de Andrade (1960) in «Teoria Geral...», p. 114 e ss; também J. de Oliveira Ascensão (1997) in «Teoria Geral...», p. 241; *apud* Teresa Serra in «Contra-ordenações: responsabilidade...», RPCC, 1999, pp. 193-194.

[476] In «As Pessoas Colectivas em Face do Direito Criminal e do chamado "Direito.», 1972 (pu. 1985), p. 223.

[477] In «Teoria Geral...», pp. 115 e ss., *apud* J. Castro e Sousa (*vide* também M. Lopes Rocha in «A responsabilidade Penal das Pessoas Colectivas...», 1985, pp. 107-187 e rp. in «Direito Penal Económico...», 1998, p. 466, n. de r. n.° 76) in op. cit., pp. 223-224, n. de r. n.° 32

Capítulo III – A Constitucionalidade da Responsabilidade Penal...

sobre a direcção dos órgãos deliberativos, e principalmente dos representativos, determinadas operações materiais que interessam à pessoa colectiva... Por outro lado, podem as pessoas colectivas ter *mandatários* constituídos e tratados como os das pessoas singulares. Distinguem-se dos meros agentes ou auxiliares por terem a seu cargo a conclusão de um ou mais negócios jurídicos. Distinguem-se dos órgãos porque a intervenção destes resulta dos próprios estatutos (só por si ou integrados pelas disposições legais aplicáveis), ao passo que a daqueles resulta de deliberação tomada pelo órgão».

Ao mencionar órgãos e representantes, a lei refere-se às pessoas singulares que fazem parte dos quadros orgânicos da pessoa jurídica ou que a representam.[478]

Damos um exemplo concreto que dá conta das dificuldades que podem ser encontradas: o grupo económico Y é composto por vários ramos de negócio entre os quais está a vulgarmente designada distribuição. No âmbito desta, existem dezenas de sociedades anónimas que se dedicam à venda a retalho, v.g., desde usuais produtos alimentares de supermercado, passando por automóveis, até materiais de construção civil e muitos outros. K, jurista – e advogado na maioria das vezes não constituído –, é director do departamento legal da área da distribuição e por isso ordena e decide factos (com conhecimento e vontade), através de diferentes meios de comunicação, relativos a toda essa área e em todos os minutos de todos os dias de trabalho. Inclusive, por exemplo, é o único jurista *de facto* do departamento fiscal do grupo económico Y, pelo que também aqui os seus serviços são constantemente requisitados. Não obstante tudo isto, não faz parte de nenhum órgão, não é representante legal ou voluntário (na esmagadora maioria das vezes, embora em algumas ocasiões pudesse ser considerado órgão ou representante de facto) e tem apenas um

---

[478] *Vide* Carlos Emílio Codeço in «Delitos Económicos – DL n.º 28/84 (comentado)...», 1986, p. 34; o qual acrescenta ainda: as pessoas singulares que, embora pertencendo aos quadros orgânicos da pessoa jurídica ou que a representam, «sejam estranhas aos quadros directivos do ente colectivo». E aqueles elementos que não são representantes nem órgãos? E os representantes de facto? De acordo com a lei ficam de fora. Nos nossos Capítulos IV, V e VI exploraremos esta questão. Além disso, o art. 3.º do DL n.º 28/84, de 20 de Janeiro, que responsabiliza criminalmente as pessoas colectivas e equiparadas, não prevê uma norma jurídica idêntica ao n.º 2 do art. 2.º do mesmo Decreto-Lei: cfr.. Pelo que se conclui que quando o mencionado art. 3.º fala em representantes não está a incluir os representantes de facto.

contrato de trabalho com a sociedade anónima W, que é apenas uma das inúmeras sociedades afectas à área da *distribuição*. *Quid juris*? Tal como está positivada juridicamente a responsabilização criminal das pessoas colectivas, não nos parece possível que a grande maioria dos actos (ou parcelas de actos não humanamente individualizáveis) de K – apenas um ser individual perfeitamente fungível como qualquer «fotocopiadora ou computador da empresa» – possam ser relevantes para estabelecer o correspondente nexo de imputação. É que, como veremos mais à frente, o nexo de imputação, tal como está positivamente consagrado no direito português, funciona mais como um obstáculo (mas também como *garantia* que não pode ser desprezada!) à penalização da actuação das pessoas colectivas por efeito directo da exigência da prática duma infracção por um ou mais indivíduos especialmente qualificados. É um nexo de imputação de responsabilidade penal sensivelmente restritivo.[479]

Já dum outro ponto de vista, é necessário destrinçar os órgãos dos agentes ou auxiliares (como empregados, operários, arquitectos e outros) e dos representantes (advogados constituídos, mandatários, procuradores, ambos com poderes de representação e outros).[480,481,482]

---

[479] *Mutatis mutandis*, no sentido duma «consagração inadmissivelmente restritiva da responsabilidade contra-ordenacional: só às contra-ordenações cometidas pelos *órgãos* é atribuída pela lei relevância para efeitos de desencadear a responsabilidade colectiva», – o RGIMOS nem sequer refere os representantes! – *vide* Teresa Serra in op. cit., p. 189 e ss., p. 194. Vide Castro e Sousa in op. cit. p. 95 n. de r. n.os 16 e 17.

[480] *Vide* algo diferente Emílio Codeço in op. cit., pp. 34-35. Refere ainda: «a responsabilidade criminal das pessoas colectivas estava já afirmada no artigo 3.º do Decreto-Lei n.º 41 204, bem como no Decreto-Lei n.º 85-C/75 (vulgarmente conhecido por "lei de imprensa") e no artigo 58.º do Código da Estrada».

[481] Retomaremos toda esta problemática com maior pormenor mais à frente, por forma a incidir a nossa atenção já no contexto das infracções fiscais. Neste momento somente nos interessa uma breve alusão a tal temática para melhor compreensão da questão da (in)constitucionalidade da imputação de responsabilidade criminal às pessoas colectivas e da consequente aplicação de penas às mesmas, que é abordada no acórdão do TC em questão, o qual, por sua vez, analisa sobretudo o DL n.º 28/84 de 20 de Janeiro. De qualquer forma, à excepção dos órgãos e representantes das organizações de facto, a nossa visão é formal: o órgão ou representante de facto tem que ser simultaneamente de Direito. É claro que tal situação não se confunde com problemas de autoria e (com)participação.

[482] *Vide* João Castro e Sousa in op. cit., p. 223, n. de r. n.º 31 onde considera que os representantes compreendem os agentes e os mandatários.

Ora, a decisão recorrida – sob a análise do Acórdão do Tribunal – refutou a aplicação do art. 3.º do DL n.º 28/84, de 20 de Janeiro, por julgar que tal norma jurídica viola o art. 12.º/2 da CRP.

1.2.2. *Societas delinquere non potest* ?

Sem pretender ser demasiado exaustivo, são várias as razões de quem pugna pelo princípio da não responsabilidade penal da pessoa colectiva, i.e., a sociedade não pode delinquir.

Assim – dizem os defensores desta tese – que não há responsabilidade criminal sem culpa. Ora, se as pessoas colectivas não têm vontade ou inteligência próprias,[483] exigem e necessitam de pessoas singulares que actuem por si. Por tal razão as pessoas colectivas não seriam susceptíveis

---

[483] *Vide* M. Cortes Rosa in op. cit. p. 46: «(...) § A isto se opôs, é certo, a teoria organicista de Gierke que largamente influenciou o panorama doutrinário no fim do século passado e durante o primeiro quartel do presente (Sofreram em maior ou menor medida, a influência da doutrina de Gierke, defendendo a punibilidade das pessoas colectivas, vários autores que, nesse período, trataram monograficamente o tema: Mestres, *Les personnes morales et le problème de leur responsabilité pénale*, 1899; Hafter, *Die Delikts – und Straffaehigkeit der Personenverbaende*, 1903; Quintiliano Saldaña, *Capacidad criminal de las personas sociales*, 1927. § (...) § Reconhece-se hoje, porém, que esta "vontade" da pessoa colectiva – seja qual for a legitimidade do emprego de tal expressão – não pode considerar-se relevante para o Direito Criminal. As representações mentais e as motivações dos indivíduos, titulares dos órgãos do ente social, mesmo no caso excepcional de todos estarem de acordo, são ou podem ser diversas entre si; e, para além delas, não há outras representações mentais nem outra motivação a imputar à pessoa colectiva». Veremos mais à frente que Otto Von Gierke não foi o único autor a reagir contra a «teoria da ficção» de Savigny (nem sequer o primeiro pois bastará pensar em Georg Beseler no qual reconhecidamente se inspirou) – o próprio organicismo é, pois, anterior a Von Gierke – e muitas das críticas que lhe são imputadas já foram devidamente superadas como verificaremos a jusante. Basta pegar num exemplo muito simples: o Direito (*porventura penal*) do trabalho é uma área onde se observam bem as diferenças entre os interesses do ente colectivo e os seus trabalhadores ou colaboradores, i.e., duas vontades distintas. A multa (ou coima) à pessoa colectiva até pode beneficiar outros trabalhadores: por exemplo, em questões de direito ambiental, numa fábrica em que a poluição prejudica a sua saúde e segurança. Por outro lado, parece-nos ser regra que quanto mais precário for o vínculo laboral (ou, pelo contrário, quanto maiores forem as regalias e compensações) maiores serão as tendências para colocar em perigo ou violar bens jurídicos individuais ou colectivos através do poderio da organização.

dum juízo de censura ética. Já duma outra perspectiva de visão do problema tais analistas consideram que a condenação duma pessoa colectiva facilmente poderia desembocar no prejuízo, a curto ou médio prazo, de pessoas singulares suas componentes (órgãos ou não) que nenhuma relação tinham com a actuação delituosa.[484] Finalmente, ao considerar-se que a pena de prisão não é aplicável às pessoas colectivas, então tal facto constituiria fundamento mais do que suficiente para que se concretizasse com alto grau de probabilidade uma frustração da realização dos fins tradicionalmente atribuídos às penas criminais por meio de sanções desse género.[485]

Não obstante, mesmo no âmbito de vigência do Código Penal de 1886 aprovado pelo Decreto de 16 de Setembro,[486] – e portanto do ordenamento jurídico português – era possível vislumbrar a existência de diplomas jurídicos portadores de normas que, afinal, acabavam por contradizer os princípios nele plasmados. Estamos a pensar, desde logo, no Decreto-Lei n.° 29 034 de 1 de Outubro de 1938 (relativo ao regime de importação, armazenamento e tratamento industrial dos petróleos brutos, seus derivados e resíduos) e no Decreto-Lei n.° 38 280 de 22 de Maio de 1941 (relativo a direito do trabalho).[487] Por outro lado, numa posição verdadeiramente *sui generis*,

---

[484] Neste sentido M. Cortes Rosa in op. cit. p. 48: «Assim, tem de rejeitar-se o entendimento dos que reconduzem a punição dos associados inocentes à ideia de "comunidade de destino" (*Schicksalsgemeinschaft*) entre todos eles (Cfr. Busch, *Gundfragen der strafrechtlichen Verantwortlichkeit der Verbaende*, 1933, p 187 e ss.), ou à de "risco" assumido por cada um, ao ingressar na associação. O facto de vários indivíduos estarem ligados por laços económicos mais ou menos intensos não deve levar a que uns sejam punidos por actos dos outros. E no que toca ao "risco", que se afirma ser voluntária e conscientemente assumido por cada um deles, trata-se indubitavelmente de uma ficção (...) e, além disso, seria sempre um risco emergente de acto que a ordem Jurídica não reprova». Este argumento não contraria a pena de prisão aplicada justamente (se a mesma alguma vez possa ser justa!), v.g., ao «cabeça de casal» prejudicando toda a família inocente!

[485] «O Código Penal de 1886 consagrava a ideia de que só a pessoa física, individualmente considerada, pode ser sujeito activo de infracções criminais (cf. Artigos 26.° e 28.° daquele Código), concepção esta tradicional no ordenamento jurídico e na doutrina penalística portuguesa (v. Prof. Doutor Eduardo Correia, *Direito Criminal*, vol. I, p. 234; Prof. Doutor Cavaleiro Ferreira, *Direito Penal Português*, vol. I, p. 419 e Dr. Maia Gonçalves, *Código Penal Português na Doutrina e na Jurisprudência*, 3.ª ed., p.66)». Vide o Acórdão do TC n.° 212/95, de 20 de Abril, Ponto 6, in DR – II Série, n.° 144, de 24 de Junho de 1995, p. 6988.

[486] *Vide* a nossa nota de rodapé anterior.

[487] O DL n.° 29 034, de 1 de Outubro de 1938 pune as transgressões que prevê e manda aplicar as respectivas multas aos possuidores de alvarás de importação, de constru-

estava o Código da Contribuição Industrial de 1963[488] que dispunha: «sendo o infractor uma pessoa colectiva, responderão pelo pagamento da multa, solidariamente com aquele, os directores, administradores, gerentes, membros do conselho fiscal, liquidatários ou administradores da massa falida ao tempo em que foi cometida a infracção». Significa, parece-nos e como já veremos, que o infractor poderia ser efectivamente uma pessoa colectiva. Refere o Dr. João Castro e Sousa: «Não sendo, portanto, este ilícito fiscal eticamente indiferente, ele há-de reconduzir-se aos quadros do direito criminal»; e ainda: «Ora, entre estes desvios impostos pela especificidade do ilícito penal fiscal, conta-se, precisamente, a aplicação de multas às pessoas colectivas – com a consequente violação do princípio da individualização da responsabilidade – tais como as previstas no artigo 150.º do Código da Contribuição Industrial ou, em disposição idêntica em qualquer dos demais diplomas tributários. Esta solução bem se compreende, não só por a permitir a natureza pecuniária das sanções fiscais, mas também por a exigirem especiais necessidades de prevenção geral».[489] Não obstante, existiam outros diplomas com disposições semelhantes. Pelo menos até 1968 – e à

ção ou exploração de depósitos, ou de autorização para a exploração industrial de tratamento de óleos minerais, sendo que os titulares de alvarás de autorização para aqueles fins podem ser empresas singulares ou colectivas; e o DL n.º 31 280 de 22 de Maio de 1941 dispõe em parte no art. 3.º que: «a empresa patronal que opuser à propaganda da ordem social estabelecida e à realização dos fins superiores do Estado, ou que despedir, suspender ou castigar qualquer empregado ou assalariado por ser dirigente de organismo sindical, ou por efeito da acção que nessa qualidade haja exercido, ou ainda por ter executado serviços que superiormente lhe hajam sido determinados por autoridade competente, será punido com a pena de multa não inferior a 1 000$00 nem superior a 20 000$00».

[488] Recordamos que o Código Penal de 1982 só entrou em vigor a 1 de Janeiro de 1983 conforme o art. 2.º do DL n.º 400/82 de 23 de Setembro e portanto só a partir dessa altura, segundo o art. 6.º desse mesmo DL, se considera revogado o CP de 1886. Não estamos aqui a considerar eventuais reformas que naturalmente se verificaram de permeio, como será o caso daquela que ocorreu em 31 de Maio de 1972.

[489] Vide J. Castro e Sousa in «As Pessoas Colectivas...», 1972, 1985, pp. 173 e ss.; especialmente primeiro § da p. 175 e p. 176 (Cfr. José Manuel Cardoso da Costa, *Curso de Direito Fiscal*, 1970, pág. 93). Assim também é referido no Acórdão n.º 212/95 – Processo n.º 490/92 – 1.ª Secção do Tribunal Constitucional, Publicado no DR – II Série, n.º 144, de 24 de Junho de 1995, p. 6988, sexto parágrafo, que o Dr. J. Castro e Sousa, in op. cit. p. 180, menciona como diplomas consagradores de verdadeiras sanções criminais os Decretos-Lei n.os 29 034 de 1 de Outubro de 1938 e n.º 31 280 de 22 de Maio de 1941. Como conclusão, e contrastando um pouco com aquilo que o Acórdão do Tribunal Constitucional menciona, parece-nos que o Dr. João Castro e Sousa considera que os Decretos-Lei n.os 29 034 e 31 280

excepção das infracções aduaneiras e ainda de outro género de infracções tributárias – podemos afirmar que era válida no direito português a regra de que uma multa prescrita para a violação de deveres fiscais, assim que fossem deveres que o legislador colocava a cargo duma pessoa colectiva, era aplicada ao próprio ente colectivo e não aos seus representantes orgânicos. Desta forma, logo que fosse condenada uma pessoa colectiva no pagamento de multa, respondiam subsidiariamente[490] por esse pagamento os indivíduos que (já acima apontados), sendo directores, administradores, gerentes, membros do conselho fiscal, liquidatários ou administradores da massa falida à data da infracção assumiram ou sancionaram a conduta ilícita que deu lugar à condenação da pessoa colectiva.[491] Por seu lado e além das ideias já referidas, o Dr. Manuel Cortes Rosa apresenta diversas conclusões essenciais.[492] Entre as quais destaca-se a Sua constatação de que: «A aplicabilidade de multas às pessoas colectivas, por violações de deveres fiscais, contraria a

---

são os únicos que, com o nosso sublinhado, «injustificadamente violam o princípio *societas deliquere non potest*» (embora com a advertência de que poderão eventualmente existir outros: vide op. cit. p. 180). No entanto, como vimos claramente mais acima, verifica-se, igualmente, a intenção do ilustre Autor, muito pouco «sub-reptícia» (*no sentido de pouco disfarçada*!) – ainda que temporalmente possa ser considerada *de jure condendo* em relação a todo o Direito Penal fiscal -, de, dizíamos, justificar a clara violação do princípio da individualização da responsabilidade pelo art. 150.º do Código da Contribuição Industrial de 1963. Problema completamente diferente já é o dos arts. 3.º e 7.º do DL n.º 41 204, de 24 de Julho de 1957 – anterior diploma relativo às infracções contra a saúde pública e anti-económicas – que dispõem respectivamente duma responsabilidade de natureza civil e da aplicação duma medida de segurança, mais concretamente, o encerramento do estabelecimento, prevendo-se o respectivo recurso para os tribunais administrativos.

[490] É uma responsabilidade subsidiária e não solidária, dado o cominado no art. 146.º do Código de Processo das Contribuições e Impostos. Quanto a isto *apud* Cortes Rosa in op. cit. p. 49, n. de r. 16.

[491] Os regimes jurídicos, além do art. 150.º do Código da Contribuição Industrial de 1963, são os seguintes: arts. 167.º e 187.º do Código da Sisa e do Imposto sobre sucessões e Doações de 1958; art. 71.º do Código do Imposto Profissional de 1962; art. 86.º do Código do Imposto de Capitais de 1962; arts. 305.º e 378.º do Código da Contribuição Predial e do Imposto sobre a Indústria Agrícola de 1963; arts. 73.º e 108.º do Código do Imposto Complementar de 1963; art. 55.º do Código do imposto das Mais Valias de 1965; e art. 119.º do Código do Imposto de Transacções de 1966; *apud* Cortes Rosa in op. cit. p. 49.

[492] In op. cit. pp. 58. O ilustre Autor rejeita a aplicabilidade de multas às pessoas colectivas por razões similares à impossibilidade de as punir (as pessoas colectivas). Contudo, por questões de «prevenção geral», são defendidos a aplicação de meios de natureza não punitiva como seria «entregar ao Fisco os benefícios que, imediata ou mediatamente,

tendência subjectivadora evidenciada pela legislação portuguesa em matéria de infracção tributária, a qual se traduz nomeadamente em fazer depender a punição da existência de culpabilidade do infractor, estabelecer multas com limites diversos para a infracção dolosa e para a culposa e consagrar o princípio de que o grau de culpabilidade é relevante na determinação da multa».

Pensamos que não é por mero acaso que a punição das pessoas colectivas no âmbito do Direito Penal fiscal fosse e continue a ser extremamente problemática, pois a matéria dos impostos – como a própria palavra aponta – sempre foi, é e será, alvo de acentuadas polémicas.[493]

1.2.2.1. Alicerces Históricos do Preceito Societas Delinquere Non Potest e Personalidade Colectiva – algumas ressonâncias do Direito Civil e Comercial [494]

A) *Introdução*

A personalidade colectiva, do ponto de vista do Direito Civil e Comercial, é afinal a hipótese que existe de consignar centros de imputa-

---

lhes tenham advindo de actuações ilícitas dos seus representantes». Ainda assim, a aplicação desta medida exigia «apenas que os representantes da pessoa colectiva tenham actuado de forma ilícita, com ou sem culpabilidade – e que daí hajam resultado benefícios para o ente social». O mesmo ilustre Autor referia que «as multas por violações de deveres fiscais deverão atingir, unicamente, os indivíduos que representam ou servem a pessoa colectiva, desde que tenham actuado ilicitamente e com culpabilidade». *De jure constituendo* era ainda mencionada a rejeição da responsabilidade subsidiária da pessoa colectiva pelo pagamento da multa aplicada individualmente ao seu representante, porque traduzia «um predomínio indevido do interesse fiscal sobre o interesse preventivo».

[493] *Vide*, a propósito das polémicas à volta do direito fiscal, o Acórdão do Supremo Tribunal de Justiça de 28 de Julho de 1964, publicado in BMJ n.º 139 do ano de 1964 na p. 103, que teve como Relator o Juiz Conselheiro Dr. Alberto Toscano com o sumário de que: «Os organismos corporativos que estavam sujeitos a contribuição industrial estavam também sujeitos a licença de estabelecimento comercial e industrial»; e cuja conclusão da declaração de voto de vencido do Juiz Conselheiro Dr. E. Tovar de Lemos era: «Em suma: foi por decreto que os Grémios passaram a pagar contribuição industrial, parece que também só por diploma expresso deveriam pagar a falada licença. A matéria dos impostos, até por odiosa, é sempre mais de restringir que de ampliar. Será aliciante a aliás simpleza do critério de que os Grémios paguem a licença tão só por pagarem contribuição industrial, será, mas não basta para gerar um imposto».

[494] Como refere E. Hafter in *«Die Delikts – und Straffähigkeit Personenverbände»*,

ção de normas jurídicas que não coincidam com pessoas individuais e singulares ou seres humanos. Tal figura jurídica permite, portanto, imputar condutas humanas a entes abstractos.[495]

Existem em determinados casos concretos, por outro lado, relações muito estreitas entre a trajectória de certas famílias e determinadas pessoas colectivas mais ou menos complexas e/ou com maior ou menor dimensão: incluindo algumas das maiores organizações económicas, nacionais ou internacionais, privadas e *públicas* nomeadamente em sistemas políticos monárquicos, mas também em sistemas políticos republicanos. Não vamos naturalmente aprofundar esse estudo aqui. Essa investigação estará melhor enquadrada nas, v.g., ciências históricas e sociais. Mas sempre podemos adiantar que se verificam muitos factores que nos permitem reconstruir a história de uma família. Entre estes vectores a Docente e Mestra Ana Maria da Costa Macedo[496] destaca os mesmos da seguinte forma: a «…reprodução geracional, as alianças matrimoniais, a sucessão de títulos e cargos, os bens patrimoniais e as práticas sucessórias a eles ligadas, mas também as situações de conflitualidade no interior da família, os seus valores e comportamentos afectivos, os infortúnios, as normas e os desvios, as irreverências, constituem um conjunto de elementos que, inter-

---

1903, p. 29 e como se confirmará nesta súmula histórica: o material para elaborar este tema encontra-se fundamentalmente, pelo menos inicialmente e sobretudo em certos períodos da História, no desenvolvimento da dogmática do Direito Civil. Pelo que, acrescentamos nós, será interessante analisar – ainda que muito sinteticamente – o desenvolvimento das doutrinas jurídicas das pessoas colectivas e da própria personalidade colectiva. Consideramos, pois, do maior interesse comentar várias teorias e ideias.

[495] *Vide* nesse sentido A. Menezes Cordeiro in «Levantamento da Personalidade Colectiva…», 2000, pp. 9-10, onde, no âmbito do Direito Civil e Comercial, refere o seguinte: a personalidade colectiva «permite exonerar de responsabilidade os agentes visíveis das pessoas colectivas. Tais agentes, desde que observem determinadas regras de funcionamento interno, não são incomodados pelo que façam: os danos são imputados à pessoa colectiva. Além disso, a responsabilidade patrimonial – e portanto: a adstrição dum património ao pagamento das dívidas – das pessoas colectivas limita-se em princípio, ao próprio património delas. Trata-se de mais uma gama de vantagens potenciadas pela personalidade colectiva».

[496] In «Família, Sociedade e Estratégias de Poder…», pp. 21 e ss.. Citando ainda Michelle Perrot (in «A vida de família. § História da Vida privada», Porto, Edições Afrontamento, 1990, vol. 4, p. 187, podemos ainda ler: «A família é um ser moral que se diz, se pensa e se representa como um todo. Percorrem-na fluxos que mantêm a sua unidade: o sangue, o dinheiro, os sentimentos, os segredos, a memória».

ligados e interactivos...» dão corpo e unidade a muitas famílias e podem – concluimos nós! – ter uma profunda influência em diversas pessoas colectivas.

A expressão «pessoa colectiva» parece ter sido introduzida no século passado (séc. XX) na literatura técnico-jurídica portuguesa por Guilherme Moreira. Se em 1902-1903 Guilherme Moreira contrapunha *pessoas jurídicas ou moraes* a *pessoas physicas*, já em 1907 separava as *pessoas colectivas* das *pessoas singulares* e afastava definitivamente expressões como *pessoas juridicas*, *moraes*, *sociaes*, *ficticias* e *abstractas*. De permeio, Caeiro da Matta falava em *pessoas sociaes* e Cruz da Rocha Peixoto em «pessoa social».

Pelo menos é essa a opinião do Prof. Doutor A. Menezes Cordeiro[497], o qual nos dá ainda outras notas da sua investigação[498]. Curioso é notar, segundo (*apud*) as mesmas notas atrás referenciadas, que a expressão «pessoa moral» se deve sobretudo a Samuel Pufendorf in «*De iure naturae et gentium libri octo*» (1672). Expressão esta última que sofreu as críticas por suposta contraposição sem sentido a pessoa imoral – por sinal injusta pois *mores* significa comportamento humano – de Friedrich Carl Von Savigny in «*System des heutigen römischen Rechts*», II Volume, 1840, p. 240. Savigny acaba por adoptar o rótulo de «pessoa jurídica».[499] Ainda hoje as literaturas técnico-jurídicas da Alemanha, Itália e Espanha utilizam predominantemente a designação de «pessoa jurídica» para tal fenómeno. O Prof. Doutor A. Menezes Cordeiro considera que há que fazer uma chamada de atenção pois «pessoa jurídica» são-no também as pessoas singulares. Acaba por aceitar a consagração de «pessoa colectiva» embora também refira que «colectividade» pressupõe implicitamente pluralidade de pessoas o que na realidade nem sempre se reflecte concretamente. Resignados perante a força reconhecida do termo «pessoa colectiva» deixamos no entanto o desafio a outrem para uma investigação autónoma sobre o tema. É claro que no campo das meras hipóteses pode-

---

[497] In op. cit. pp. 17 e ss..

[498] Quanto aos antecedentes nacionais *vide* A. Menezes Cordeiro in op. cit. pp. 19-21.

[499] Tal designativo já está presente anteriormente por ordem de antiguidade cronológica em Arnold Heise in «*Grundriss eines Systems des Gemeinen Civilrechts zum Behuf von Pandecten – Vorslegung*, 1.ª ed., 1807; Gustav Hugo in «*Lehrbuch des Naturrechts, als einer Philosophie des positiven Rechts*», 1798, p. 445, *apud* Helmut Coing in «*Europäisches Privatrecht*, II cit., p. 338, nota 11; e Jean Domat, cerca de 1756.

ríamos falar em outras expressões: pessoa normativizada; pessoa jurídico-virtual; pessoa global (no sentido da globalização ou mundialização); pessoa não humana; e outras demais. Quanto a nós, ao nosso trabalho e no que concerne ao campo do Direito Penal parece-nos ser fundamental racionalizar quando é que uma pessoa colectiva (mais propriamente uma sociedade comercial) pode ser considerada como pessoa concretizadora de riscos porque característica duma Sociedade do Risco ou do Perigo. E mais concretamente como é que se podem imputar crimes a uma sociedade comercial que representa ela mesma num estado potencialmente prévio, uma pessoa de riscos – até pelo normal desenvolvimento do seu escopo – e por isso mesmo capaz de praticar crimes como um centro organizado e inindiferente ao direito? Acabaremos por ancorar na expressão «ente colectivo» face à redacção do art. 7.º/1 do RGIT.

B) *O Direito Clássico*

Dentro duma análise histórico-crítica[500] da personalidade colectiva, podemos destacar no direito romano os jurisprudentes como Ulpiano, Florentinus e, ao nível das obras, as *Institutiones* de Gaius e de Justinianus. Tais ilustres e históricos Autores, entre outros, não conseguiram contudo destrinçar a noção abstracta de personalidade colectiva. Apesar de trabalharem na prática com pessoas colectivas, só o pensamento sistemático parece ter alcançado a personalidade colectiva.

Não obstante – e já na nossa opinião – os clássicos reconheciam a diferença entre direitos e obrigações da corporação (*universitas*) e os direitos e obrigações de cada um dos seus membros (*singuli*).[501] A corporação mais importante era justamente o município ou «cidade de província». O Autor clássico Ulpiano procurou investigar se era possível intentar uma acusação (*actio de dolo malo*) contra o município no caso do cobrador de impostos enganar artificiosamente uma pessoa (ou um contribuinte) por

---

[500] *Vide*, quanto a tal análise – no Direito Civil e Comercial –, A. Menezes Cordeiro in op. cit. pp. 23-35.

[501] *Vide* Schmitt in «*Strafrechtliche Maßnahmen gegen Verbände – Gleichzeitig ein Beitrag zur Lehre der Unrechtsfolgen*», Stuttgart, 1958, p. 16, o qual cita as palavras de Ulpiano, D. 3,4,7,1: «*Si quid universitati debetur, singulis non debetur: nec quod debet universitas singuli debent*».

forma a causar-lhe prejuízo e a enriquecer simultaneamente o município.[502] Nesta situação concreta, Ulpiano defendeu a hipótese de interpor a referida acção contra o município. A consequência era que os habitantes da cidade tinham que restituir a quantia obtida indevidamente pelos cobradores de impostos a favor dessa mesma cidade. Foi precisamente a partir deste vector que os romanistas defenderam a capacidade delitiva das corporações no direito romano e ao qual se juntaram os penalistas que advogaram a responsabilidade criminal das pessoas colectivas.[503] Quem diria?!

C) *Glosadores, Canonistas e Pós-glosadores*

Os glosadores não elaboraram uma teoria da pessoa colectiva. Contudo, não desconheciam a corporação como a unidade dos membros titulares dos respectivos direitos.[504] Ora, tais corporações, eram capazes de delinquir. Os glosadores socorriam-se dos princípios do Direito romano para destrinçarem o problema de detectar se o delito era da corporação ou do seu membro. Assim, tal delito era atribuído à corporação quando a totalidade dos seus membros dava início a uma acção penalmente relevante por intermédio duma tomada de decisão conjunta. O requisito básico do delito conjunto era a existência duma acção corporativa. Essa acção acontecia se a intenção de actuar resultava duma reunião dos membros da cor-

---

[502] Digesto 4, 3, 15 e 1; Quanto ao aspecto do município ser a corporação mais importante *vide* Otto Von Gierke in «*Das deutsche Genossenschaftrecht*», p. 170, Volume III: «*Die Staats – und Korporationslehre des Altertums und des Mittelalters und ihre Aufnahme in Deutschland*», 1881, Berlin.

[503] *Vide*, respectivamente, Friedrich Carl Von Savigny in «*System des heutigen römischen Rechts*», Veil & Comp., Berlim, 1840, p. 319, Volume II; e Hafter in «*Die Delikts – und Straffähigkeit der Personenverbände*», 1903, Berlin, p. 8; Busch in «*Grundfragen der strafrechtlichen Verantwortlichkeit der Verbände*», 1933, Leipzig, p. 33; Bar in «*Deliktsfähigkeit Juristischer Personen*» in «*Gesetz un Shuld im Strafrecht, Fragen des geltenden deutschen Strafrechts und seiner Reform*», Volume II: «*Die Schuld nach dem Strafgesetze*», Guttentag, Verlagsbuchhandlung, 1907, Berlim, p. 133; Jescheck in «*Zur Frage der Strafbarkeit von Personenverbänden*», 1953, DÖV, p. 539.

[504] *Vide* Schmitt in «*Strafrechtliche Maßnahmen gegen Verbände – Gleichzeitig ein Beitrag zur Lehre der Unrechtsfolgen*», 1958, p. 19; e ainda in «*Grundriß des deutschen Strafrechts – Zugleich eine Einführung in das Studium der beiden Entwürfe eines neuen Strafgesetzbuchs von 1919 und 1925-1931*, pp. 7 e 9, onde refere que é na Idade Média que a pena começa a ser aplicada por quem ostenta o poder como uma reacção coactiva.

poração ou sobre a base duma decisão do conjunto (ou de maioria) desses mesmos membros. De acordo com os princípios de imputação individual ficavam os «*cobradores*» de impostos, administradores ou qualquer outro membro individualmente responsável. Mesmo assim, nestes casos concretos, é curioso notar que mesmo os delitos susceptíveis apenas de imputação individual, dum membro, davam azo a que se repercutissem as suas consequências sobre a totalidade dos membros, sempre e quando houvessem sido aprovados *a posteriori*.[505]

Os canonistas, aceitando a concepção romana das diferentes capacidades jurídicas da *universitas* e de *singuli*, fazem recair a sua atenção na Igreja: ponto central da corporação. Estruturam uma específica teoria da corporação eclesiástica, entendida como pessoa e transformada desta forma em sujeito de direito, diferenciando o conceito jurídico de pessoa do conceito real da pessoa como ser humano.[506] A nossa atenção recai aqui sobre Sinibaldo de Fieschi o qual, quando chegou a Papa, adoptou o nome de Inocêncio IV (1243-1254): procurou desenvolver a ideia de que a *universitas* era um ser não-corpóreo que só possui capacidade jurídica através da ficção jurídica.[507] Para um ser sem corpo («*nomen intellectuale et res incorporalis*») que é incapaz de acção («*nihil facere potest, nisi per mem-*

---

[505] *Vide* Schmitt in «*Strafrechtliche Maßnahmen gegen Verbände – Gleichzeitig ein Beitrag zur Lehre der Unrechtsfolgen*», 1958, p. 20, apud Silvina Bacigalupo in «*La Responsabilidad Penal De Las Personas Jurídicas*», 1998, p. 46.

[506] *Vide* Otto Von Gierke in «*Das deutsche Genossenschaftrecht*», p. 277.

[507] *Vide* Otto Von Gierke in «*Das deutsche Genossenschaftrecht*», pp. 280-281 e 343, do qual ainda podemos observar o seguinte: A *universitas* era, pois, um *individuum fictio*, uma *persona fictícia* («*cum collegium in causa universitas fingatur una persona*»), pelo que não tinha nem capacidade de acção nem capacidade delitiva, i.e., «*impossibile est, quod universitas delinquat*». Não obstante, se acção delitiva, por exemplo, do administrador era realizada por indicação dos membros ou através de petição expressa dos mesmos, admitia-se a responsabilidade da *universitas*. Quanto a esta última parte *vide* ainda: Julius Binder in «*Das Problem der Juristischen Persönlichkeit*», 1907, p. 4, in «*Der Adressat der Rechtsnorm und seine Verplichtung, Abhandlungen der rechts – und staatswissenschaftlichen Fakultät der Universität Göttingen*», 1927; também Dahm in «*Das Strafrechts Italiens im ausgehenden Mittelalter – Untersuchungen über die Beziehung zwischen Theorie un Praxis im Strafrecht des Spätmittelalters, nahmentlich im XVI Jahrhundert, Beiträge zur Geschichte der deutschen Strafrechtslehre*», 1931, p. 154. Tal teoria foi parcialmente aceite no *Concilio de Lyon* de 1245. O objectivo desta doutrina era evitar que o castigo, às cidades ou corporações que se insurgiam contra o Rei ou o Papa, resvalasse sobre cada um dos seus membros, inocentes ou culpados.

bra sua») resulta uma outra consequência lógica: a *universitas* estará sempre necessitada de actuar por intermédio de um representante.[508] Em contra-corrente, um grande número de canonistas (Johannes Andreae considerava a *universitas* uma pessoa: «*collegium aut universitas, etsi sit persona*») defendia a capacidade delitiva da *universitas*: «*universitas et ecclesia delinquere possunt*».[509] Para saber se existia ou não um delito imputável à corporação, o critério era o mesmo utilizado pelos glosadores: acção conjunta dos membros da corporação por decisão de todos ou da maioria. Além da diferença entre os membros e a *universitas*, os canonistas também foram os primeiros a separar as responsabilidades respectivas. Esta responsabilidade verificava-se de forma paralela: processo penal com as mesmas regras, com a especialidade da corporação ser representada. As penas passavam pela suspensão ou interrupção de alguns direitos e privilégios ou pela sanção pecuniária.[510]

Entre os pós-glosadores a nossa atenção recai sobre Bártolo, que designava a pessoa colectiva como ficção jurídica: «*secundum fictionem juris universitas aliud quam homines universitatis*» e ainda «*quia propria non est persona*; *tamen hoc est fictum positum pro vero, sicut ponimus nos juristae*».[511] Foi aí que Bartolus de Sassoferrato ou *Bartolo de Saxoferrato* (1314-1357) fundamentou a capacidade delitiva da *universitas*. Bartolus, dentro dos delitos das corporações, rasgou uma diferença entre aqueles que eram realizados pela *universitas* de forma *proprie* e os de forma *improprie*.[512] Na opinião de Bartolus de Sassoferrato no caso dos *delicta*

---

[508] Vide Otto Von Gierke in «*Das deutsche Genossenschaftrecht*», pp. 281-282 e 309 e ss..

[509] Vide Otto Von Gierke in «*Das deutsche Genossenschaftrecht*», pp. 204, 279, 343; Binder in «*Das Problem der Juristischen Persönlichkeit*», 1907, p. 4, in «*Der Adressat der Rechtsnorm und seine Verplichtung, Abhandlungen der rechts – und staatswissenschaftlichen Fakultät der Universität Göttingen*», 1927, 5, p.3.

[510] Vide Otto Von Gierke in «*Das deutsche Genossenschaftrecht*», p. 344.

[511] Bártolo, 116 § 10 D. 48, 19 n.º 3 e n.º 4 respectivamente, *apud* Otto Von Gierke in op. cit., pp.362-363.

[512] Vide Otto Von Gierke in «*Das deutsche Genossenschaftrecht*», pp. 403-404; Busch in «*Grundfragen der strafrechtlichen Verantwortlichkeit der Verbände*», 1933, p. 42; Dahm in «*Das Strafrechts Italiens im ausgehenden Mittelalter – Untersuchungen über die Beziehung zwischen Theorie un Praxis im Strafrecht des Spätmittelalters, nahmentlich im XVI Jahrhundert, Beiträge zur Geschichte der deutschen Strafrechtslehre*», 1931, pp. 156-157; Schmitt in «*Strafrechtliche Maßnahmen gegen Verbände – Gleichzeitig ein Beitrag zur Lehre der Unrechtsfolgen*», 1958, p. 21, *apud* Silvina Bacigalupo in «*La Respon-*

impropria da *universitas* esta seria co-autora ou instigadora enquanto o autor seria o seu representante. No que se refere aos *delicta propria* da *universitas* o autor era a própria e os seus membros seriam co-autores ou instigadores.[513]

Como conclusão, podemos referir que na Idade Média a responsabilidade penal das corporações – i.e., leia-se pessoas colectivas / entes colectivos – aparece-nos como exigência da praxis estatal e eclesiástica historicamente enquadrada.

D) Humanismo, Jurisprudência Elegante e Jusracionalismo

No contexto do humanismo (e jurisprudência elegante depois) podemos dizer que surge, porventura, originariamente, uma nítida contraposição entre pessoa colectiva e singular com, designadamente, Iohannes Althusius.[514]

Ainda no que diz respeito à investigação dos entes colectivos, podemos fazer sobressair os nomes de Jean Domat (Autor já acima assinalado que viveu entre 1625-1696) e Pothier (1699-1772) cuja influência intelectual obteve ressonâncias no *Code Civil*.

Podemos referir, por outro lado, que o Direito natural tinha dado um novo conteúdo à *persona ficta* inter-relacionando-a com a personalidade colectiva da corporação (leia-se pessoa colectiva / ente colectivo) a qual – por sua vez e desde esse momento – não só vai determinar a teoria e até mesmo as próprias leis.[515]

---

sabilidad Penal De Las Personas Jurídicas», 1998, p. 52, de onde se depreende que: Os delitos próprios das corporações são tanto as acções que se encontram estreitamente relacionadas com a essência e o âmbito especial de deveres duma corporação, como delitos omissivos dos membros da corporação; os delitos impróprios das corporações são aqueles que só podiam ser efectuados por uma pessoa sua representante, i.e., a *universitas* só podia realizar os delitos de forma imprópria através do «cobrador» de impostos ou dos seus membros. A grande diferença desta teoria em relação à teoria dos canonistas é que as acções puníveis realizadas por aqueles órgãos que actuam em representação da corporação não se podem imputar a esta. Só é possível intentar a *accusatio* em relação à *universitas*.

[513] *Vide* Otto Von Gierke in «*Das deutsche Genossenschaftrecht*», pp. 402 e 410.

[514] *Vide* Iohannes Althusius in «*Ivrisprvdentia romana, vel potius, ivris romani ars; dvobvs libris comprehensa, et ad leges methodi Rameae conformata, Studio Iohannei Althusii* (1586); *apud* António Menezes Cordeiro in op. cit. p. 32.

[515] *Vide* Otto Von Gierke in «*Das deutsche Genossenschaftrecht*», pp. 250 e ss..

Contudo, naquilo que recai concretamente sobre este ponto, todos sabemos que efectivamente o Código Napoleónico – característico do período pós-Revolução Francesa de 1789 – transbordou duma racionalidade singularmente adversa a entes que potencializassem um amarfanhamento do actor social nuclear que surgia, i.e., o cidadão individual. Mas, como é de todos conhecido, também o Iluminismo – como movimento de ideias filosóficas e culturalmente latas – constituiu, fundamentalmente, um «estado de espírito» que, ao irradiar-se, impregnou todas as actividades literárias, artísticas, históricas e religiosas. Tratou-se (e ainda é) de um fenómeno pautado pela atitude e reflexão filosóficas propostas a uma clarificação racional da vida humana e do mundo.[516] O Iluminismo e o Direito natural provocaram uma redução do autoritarismo que tinha sido característico do Estado das corporações da Idade Média. A ideia central que rege este novo período é a do indivíduo que ocupa o principal lugar na concepção do mundo, e é isso mesmo que mais marcará este tema.[517] Por isso mesmo, e embora conhecendo singularmente a ideia de personalidade colectiva, os jurisprudentes elegantes franceses não alcançaram – porque não quiseram, não conseguiram ou as circunstâncias históricas não Lhes permitiram o desvio das atenções – a abstracção necessária à sua sedimentação jurídico-científica.

Foi o (jus)racionalismo que acabou por esculpir os últimos pormenores, por forma a possibilitar o auge da abstracção e a classificação da personalidade colectiva como categoria geral das introduções jurídicas sem nunca, contudo, absolutizar esta ideia, que surge meramente como técnico-sistemática. Podemos destacar aqui Samuel Pufendorf mas sobretudo Immanuel Kant do qual vale a pena transpor a seguinte definição: «Pessoa é todo o sujeito de cujas acções seja capaz de uma imputação. A personalidade ética nada mais é, portanto, do que a liberdade de uma natureza racional sob leis morais (...) donde resulta que uma pessoa não está submetida (...) a nenhumas outras leis senão àquelas que ela própria se dá».[518]

---

[516] *Vide* J. Manuel Navarro Cordon e Tomas Calvo Martinez in «História da Filosofia,...», pp. 135 e ss.

[517] Busch in «*Grundfragen der strafrechtlichen...*», 1933, pp. 45 e ss.; e ainda Silvina Bacigalupo in op. cit., 1998, p. 54: A responsabilidade que não se baseia num facto próprio, mas na pertença a uma comunidade, não resulta compatível com a ideia de liberdade e de autodeterminação do indivíduo que era soberano.

[518] *Vide* Immanuel Kant in «*Eileitung in die Metaphysic der Sitten*», 1907, p. 223, lin. 24-31, *apud* António Menezes Cordeiro in op. cit. pp. 34-35.

No âmbito especificamente penal temos que destacar Malblanc que considerava ser liminarmente insustentável a responsabilidade penal da pessoa colectiva. Malblanc negava a capacidade delitiva da pessoa colectiva como também a sua capacidade de compreender a aplicação da pena. Na realidade – na sua opinião – a responsabilidade da corporação era uma responsabilidade dos seus membros.[519] Muito interessante é a visão do alemão Schmitt que refere que foram necessidades políticas que originaram o desaparecimento da punibilidade das corporações, pois estas mesmas tinham perdido de todo, tanto o poder que detinham ao longo da Idade Média, como toda a sua própria importância. A monarquia absoluta tinha procurado eliminar o poder de todas as corporações e a Ilustração pretendera que só o Estado fosse o único responsável do menor número possível de limitações de liberdade do indivíduo. Deixou de ser necessário punir corporações que já pouco poder detinham. Actualmente (estes escritos são de 1958), as corporações são detentoras dum poder extraordinariamente em crescendo e quase incomensurável.[520] Certo é que a teoria da ficção não tinha impedido nem canonistas nem pós-glosadores de reconhecerem a responsabilidade das pessoas colectivas. Acérrimo defensor da impossibilidade das pessoas colectivas serem responsabilizadas, em qualquer circunstância e penalmente – mesmo que todos os membros tivessem querido e realizado o delito – foi Feuerbach.[521]

---

[519] Vide Malblanc in «*Opuscula ad ius criminale spectantia*», 1793; Schmitt in «*Strafrechtliche Maßnahmen gegen Verbände – Gleichzeitig ein Beitrag zur Lehre der Unrechtsfolgen*», 1958, p. 27; e ainda Schaffstein in «*Die allgemeinen Lehren vom Verbrechen (in ihrer Entwicklung durch die Wissenschaft des gemeinen Strafrechts – Beiträge zur Strafrechtsentwicklung von der Carolina bis Carpov*), 1973 (1930-1932).

[520] Vide Schmitt in «*Strafrechtliche Maßnahmen gegen Verbände – Gleichzeitig ein Beitrag zur Lehre der Unrechtsfolgen*», 1958, pp. 27-28; no mesmo sentido Heinitze in «*Empfiehlt es sich, die Strafbarkeit der juristischen Person gesetzlich vorzusehen?*», Verhandlungen des 40. Deutchen Juristentage, pp. 70-71, 1953. Em relação ao extremo poder de algumas pessoas colectivas nesta sociedade de risco, temos nós a acrescentar: basta pensar numa sociedade comercial ou no próprio Estado proprietários/gestores duma série de poderosas centrais nucleares com potenciais focos de criminalidade ambiental; ou então uma sociedade multinacional que não paga os seus impostos de forma fraudulenta contribuindo para a bancarrota de vários Estados; ou então – porque não? – num (basta imaginar!) Estado que viola com negligência grosseira ou culpa grave de forma sistemática e reiterada normas de execução orçamental com prejuízo de todos os cidadãos e afinal do próprio Estado?

[521] Vide Feuerbach in «*Lehrbuch des gemeinen in Deutschland gültigen peinlichen*

E) *Friedrich Carl Von Savigny e a «teoria da ficção»*

Nesta temática da personalidade colectiva é absolutamente fundamental que nos debrucemos sobre o pensamento de Friedrich Carl Von Savigny. Antes, porém, torna-se importante apontar Autores como GlücK e Arnold Heise. O primeiro, porque retomou a distinção de Samuel Pufendord entre «pessoa moral» e «pessoa física»; o segundo, porque fixou definitivamente a designada classificação germânica do Direito Civil: depois do conceito geral de pessoa, estabeleceu a oposição entre pessoas físicas e pessoas jurídicas.[522] É, por outro lado, muito importante lembrar que a sistematização científico-dogmática da pessoa colectiva constituiu – também – uma resposta à industrialização.

Adoptando de Heise a sistematização, Friedrich Savigny legou-nos uma definição de personalidade colectiva: pessoa é todo o sujeito de relações jurídicas, que tecnicamente não corresponda a uma «pessoa natural», mas que seja tratado como pessoa através duma ficção teórica, numa situação que se justifica, para permitir determinado escopo humano.[523] Recordemos que a «Teoria da Ficção» de Savigny – teoria dominante da pessoa colectiva na primeira metade do Século XIX – tem as suas origens desde os princípios da Idade Média na dogmática do direito romano e canónico.[524] A «pessoa jurídica» como categoria genérica do Direito Civil, generalizou-se, e reproduziram-se as evocações à natureza ficciosa da personalidade colectiva.[525] Muito curiosas são as diferentes leituras que se

---

Rechts (mit vielen Anmerkung und Zusatzparagraphen und mit einer Darstellung der Fortbildung des Strafrechts durch die neuen Gesetzgebungen), 1847, Aalen, 1973, § 28, p. 52.

[522] *Vide* Arnold Heise in «*Grundriss eines Systems des Gemeinen Civilrechts zum Behuf von Pandecten – Vorslegung*», nota 15 ao § 98 (25); *apud* António Menezes Cordeiro op. cit. p. 38 que refere ainda na sua nota de rodapé n.º 86 que «esta nota foi, ainda, especialmente posta em relevo por Dieter Pleimes in «*Irrwegen zur Dogmatik im Stiftungsrecht*», 1954, p. 73, justamente pelo seu papel, na dogmática das fundações».

[523] *Vide* Friedrich Carl Von Savigny in «*System des heutigen römischen Rechts*», 1840, pp. 1 e ss., 235-236, 240, *apud* António Menezes Cordeiro op. cit. p. 39

[524] *Vide* Otto Von Gierke in «*Das deutsche Genossenschaftrecht*», pp. 186 e ss.; e ainda in «*Deutsches Privatrecht*», Volume I – «*Allgemeiner Teil und Personnenrecht*», 1895, pp. 459 e ss..

[525] *Vide* J.F. Kierulff in «*Theorie des Gemeinen Civilrechts*», Volume I, 1839, § 8, pp. 129 e ss.; e também Romeo Maurenbrecher in «*Lehrbuch des heutigen gemeinen deutschen Rechts*», 1832, § 139 (167), onde refere: «Como se viu, surge como pessoa jurídica (moral) tudo o que, no Estado, é reconhecido como sujeito de direitos e não seja uma pes-

fazem de Savigny, pois traduzem ideias afinal mais contrastantes do que aquilo que se poderá pensar *a priori*. Tradicionalmente atribuem-se a Savigny posições individualisto-liberais, pelo que a pessoa colectiva só podia ser aceite dum ponto de vista técnico, i.e., como *ficção jurídica*; contudo, tal perspectiva viria a ser contestada por Werner Flume que defendeu acerrimamente tratar-se a imputação da teoria da ficção a Savigny um mero mal-entendido pois o mesmo afinal reconhecia inequivocamente um substracto real subjacente às pessoas colectivas (Savigny falaria em «ficção» e não «fingimento»)![526]

Assim, precisamente naquilo que mais interessa a este trabalho, conforme o Prof. Doutor António Menezes Cordeiro[527]: «Ora há dois pontos do regime das pessoas colectivas que – mau grado o silêncio da doutrina – derivam da natureza, essencialmente ficciosa, do fenómeno da responsabilidade colectiva: a impossibilidade de aplicação analógica das normas "ficciosas" e a irresponsabilidade, penal e civil aquiliana, das próprias pessoas colectivas (Savigny, *System* cit., 2, § 94 [310-318]. Em abono da posição assumida, no Direito Penal, Savigny cita Feuerbach)». Contudo, e salva a devida vénia, o problema em questão não é assim tão simples. É verdade que a pessoa colectiva em Savigny não podia ser senão um sujeito de direito fictício, pois ainda que lhe pudesse ser imputada como vontade própria, a vontade expressa através dos seus representantes, essa vontade não era real mas simplesmente, e por isso mesmo, fictícia: – leia-se com a nossa tradução para o português – «só no Direito civil, pelo contrário, seria possível a representação sem vontade própria; mas não no Direito Penal. O Direito Penal só lida com pessoas como seres pensantes e com vontade. A pessoa jurídica (colectiva) não tem essas qualidades e, por isso, deve

---

soa singular. Esta transposição do conceito de personalidade (personificação), para algo de ideal, pressupõe, claramente, uma abstracção científica significativa, que era totalmente estranha ao Direito alemão, antes da introdução do Direito romano», *apud* António Menezes Cordeiro op. cit. p. 40.

[526] *Vide* Werner Flume in «*Savigny und die Lehre von der juristichen Person*, FS Wieacker (1978), 340-360 e *Allgemeiner Teil des bügerlichen Rechts*/I, 2 – *Die juristische Person* (1983), 3; *vide* igualmente Karl Larenz in «*Allgemeiner Teil des deutschen bürgerlichen Rechts*», 1989, 133, nota 2, *apud* António Menezes Cordeiro op. cit. p. 41. É nossa opinião que Savigny procurou levar a teoria das pessoas colectivas a um tal ponto que possibilitasse a tomada de novas posições pormenorizadas acerca da pessoa colectiva. Em sentido semelhante *vide* Silvina Bacigalupo in op. cit., 1998, p. 57, 4.º parágrafo.

[527] *Vide* António Menezes Cordeiro op. cit. pp. 41-42.

ficar excluída do âmbito do direito Penal».[528] Para compreender como Savigny chegou até aqui, é fundamental lembrar a sua *Willenstheorie* –Teoria da Vontade – *que significa que a verdadeira vontade é capaz de ter efeito no negócio jurídico e a sua declaração é meio de o alcançar*. É o pressuposto psicológico de que a vontade é a substância essencial da personalidade jurídica.[529] Assim o exercício de direitos, através da vontade individual, é o próprio desenvolvimento da referida personalidade. Este é precisamente o fundamento da Teoria da Vontade. Todas estas conclusões eram o único resultado possível de quem propugnava que: «toda a pessoa individual e só ela tem capacidade jurídica».[530] Tal concepção parece apoiar-se na filosofia de Immanuel Kant para quem a personalidade era «*Freiheit und Unabhängigkeit von dem Mechanismus der Natur*», i.e., liberdade e independência do mecanismo da natureza.[531]

---

[528] É a própria voz de Savigny que atravessa os séculos: *vide* Savigny in «*System des heutigen römischen Rechts*», *Verlag Veil und Comp.*, II Volume, 1840, Berlim, p. 312: «*Eine Vertretung ohne eigenes Wollen kann nur im Zivilrecht, nie im Kriminalrecht beachtet werden*». (...) «*Das Kriminalrecht hat zu tun mit dem natürlichen Menschen als ein denkenden, wollenden Wesen. Die juristische Person ist aber kein solches, sondern nur ein Vermögen habendes Wesen, liegt also ganz aus dem Bereich des Kriminalrechts*».

[529] *Vide* Savigny in «*System des heutigen römischen Rechts*», 1840, pp. 103 e 258. Consistindo o ordenamento jurídico na conservação da personalidade desde o prisma ético-individualista, o direito assume-se como protecção da liberdade da vontade através do poder jurídico. Deste modo, só pode ser sujeito de direitos o ser humano individual, pois o Direito não passa dum meio para proteger a personalidade ética do ser humano de tal forma que a personalidade jurídica deva ser inevitavelmente um reflexo da ética.

[530] *Vide* F. Carl Von Savigny in «*System des heutigen römischen Rechts, Verlag Veil und Comp.*», 1840, p. 2. «*Darum muß der ursprüngliche Begriff der person oder des RechtssubjeKts zusammenfallen mit dem Begriff des Menschen; und diese ursprüngliche Identität der beiden Begriffe läßt sich in folgender Formel ausdrücken: Jeder einzelne Mensch ist rechtsfähig*».

[531] *Vide* Julius Binder in «*Das Problem der Juristischen Persönlichkeit*», 1907, p. 11. De algumas referências de Binder que citam Kant podemos destacar que: «o facto é uma acção na medida em que esta se encontra submetida às leis da obrigação, na medida em que o sujeito é contemplado nele mesmo desde a perspectiva da liberdade do seu arbítrio» e que «pessoa é o sujeito cujas acções têm capacidade (idoneidade) para ser imputadas»; *vide* igualmente J. M. Navarro Cordon e T. Calvo Martinez in op. cit., p. 187, onde se refere que: «Profundamente imbuído dos ideais do Iluminismo, Kant (1724-1804) professou uma profunda simpatia pelos ideais da Independência Americana e da Revolução Francesa. Foi pacifista convicto, antimilitarista e estranho a toda a forma de patriotismo exclusivista». Curiosamente Rudolf von Jhering in «*Geist des römischen Rechts auf den verschiendenen*

É notável aqui uma profunda influência de Jean Jacques Rosseau, para quem o verdadeiro *contrato social* deve ser, pois, um *contrato de liberdade*.[532]

Entretanto, a descaracterização que sofreu a «teoria da ficção» de Savigny desembocou numa verdadeira teoria da ficção. Dentro deste quadro, era perfeitamente lógica a não aplicação analógica das normas implicadas e a irresponsabilidade criminal e civil delitual das pessoas colectivas. Autores havia que passaram a descrever a pessoa colectiva sobretudo por meio da sua natureza artificial, chegando mesmo ao ponto de baptizá-las como «pessoas artificiais».[533] No que diz respeito à influência em Portugal de tal pensamento, há que referir desde logo o Código de Seabra de 1867[534] cujos arts. 32.° e 33.° tratam das *«pessoas moraes»*. Dentro desta problemática é justo referir os nomes de Borges Carneiro e Coelho da Rocha.[535]

De tudo aquilo que dissemos a montante sobre a teoria da ficção, não resulta uma tentativa científica de estabelecer um fundamento jurídico mediante o qual se pudesse dizer se uma pessoa colectiva tinha ou não

---

Stufen seiner Entwicklung», Verlag von Breithof und Härtel, 1865, p. 328, defende a ideia de que as fontes da teoria de Savigny são única e exclusivamente baseadas na obra e filosofia de Georg Wilhelm Friedrich Hegel (1770-1831).

[532] *Vide* Juan Manuel Navarro Cordon e Tomas Calvo Martinez in op. cit. pp. 170--171.

[533] *Vide* Julius Hubert Hillebrand in *«Lehrbuch des heutigen gemeinen deutschen Privatrechts mit Einschluss...»*, 1849, § 44 (133); e *vide* ainda D. Fried. Ludwig Von Keller in *«Pandekten* (1861), § 18, 31»; tudo *apud* Menezes Cordeiro op. cit. pp. 46-47, o qual refere: Georg Beseler, o qual é visto por alguns como o percursor do «realismo jurídico», apresentou a seguinte definição: «pessoa, em sentido jurídico, caracteriza, em geral, tudo o que é sujeito de direitos». Além de que G. Beseler (in *«System des gemeinen deutschen Privatrechts»*, § 66, pp. 256 e ss.) procurou combater a teoria da ficção pois as pessoas colectivas seriam realidades antecedentes e o Estado não exercia reconhecimentos arbitrários que não tivessem a realidade em conta

[534] Ou seja, depois duma pequena referência do Código Italiano de 1865 no seu art. 2.°, mas antes do Código Civil Espanhol de 1889 (no Código Napoleónico não havia qualquer debruçar sobre tal matéria).

[535] *Apud* Menezes Cordeiro op. cit. p. 43, n. de r. n.° 107, referindo-se a Mackeldey, autor dum *Manual de Direito Romano*: «Quanto a esta importante fonte de Coelho da Rocha, que abriria as portas à futura recepção da Ciência Jurídica alemã em Portugal, com a subsequente passagem, do ordenamento português, da esfera napoleónica para a germânica, remete-se para Menezes Cordeiro, Teoria Geral do Direito Civil/relatório cit., 110 e ss.. Com elementos relativos, também, a Seabra, cf. Paulo Mota Pinto, Declaração tácita e comportamento concludente no negócio jurídico (1995), 10 e ss.».

capacidade para actuar ou delinquir de forma juridicamente fundamentada – mas justamente o contrário –, pois todos os esforços foram concentrados na explicação do Direito como a expressão da personalidade ética como único fundamento teórico.[536]

Mas é errado, por parte da «teoria da ficção», fundamentar a personalidade jurídica através da individualidade psicológica, por forma a confundir o sujeito psicológico com o sujeito ético.[537]

Mas, como temos vindo a verificar, existe presentemente, e de facto, uma responsabilidade penal das pessoas colectivas / entes colectivos não só *de jure constituto* mas também *de jure constituendo*, no sentido da porventura necessidade de encontrar novos moldes para a imputação de crimes às pessoas colectivas, nomeadamente – e *verbi gratia* – crimes fiscais às sociedades comerciais. E que, simultaneamente, permitam garantias de defesa às mesmas pessoas colectivas nos níveis característicos e caros a um Estado de Direito, constitucional e democraticamente legitimado, apurado porque efectivo e pragmático, quer, por exemplo, através das possibilidades de contestação e de recursos judiciais, quer através de causas de justificação.

Por outro lado, para Rudolf Von Jhering a personalidade colectiva era um instrumento jurídico ao serviço do Direito, pelo que perante pessoas colectivas de género corporacional proclamava: «Não! Não é a pessoa jurídica, como tal, mas sim os seus membros, que são os verdadeiros titulares dos direitos ...».[538] Destacamos ainda outras ideias de outros Autores e da forma mais abreviada possível que este trabalho permite: para Paul Von Roth «a pessoa jurídica é um sujeito de direito apenas pensado (fictício) cuja capacidade jurídica é obtida artificialmente e cujo conceito, nas relações patrimoniais, é tratado como se fosse uma pessoa física»; Alois Brinz, por seu lado, defendia uma tese negativista: os escopos com determinada afectação.[539] Ainda dentro das vertentes negativistas e, portanto,

---

[536] *Vide* Julius Binder in «*Das Problem der Juristischen Persönlichkeit*», 1907, pp. 14-15. A Teoria de Savigny tornara-se a *comunis opinio*: Autores importantíssimos como Puchta ou Windscheid defendiam-na.

[537] *Vide* Julius Binder in «*Philosophie des Rechts*», 1925, Berlin, p. 449.

[538] *Vide* Rudolf Von Jehring in «*Geist des römischen Rechts auf den verschiendenen Stufen seiner Entwicklung*». Volume III, 1877, pp. 342-343 e 338 e ss.; *apud* A. Menezes Cordeiro op. cit. p. 48.

[539] *Vide*, respectivamente, Paul Von Roth in «*System des Deutschen Privatrechts*», 1880, § 71, 44; Alois Brinz in «*Lehrbuch der Pandekten*», 1873, § 61, pp. 201 e ss., *apud* António Menezes Cordeiro op. cit. p. 49.

na atmosfera do *Code Napoléon*, sobressaem Autores franceses como Léon Duguit que nega a personalidade colectiva pois «pessoa moral» é um conjunto de bens, orientado pela vontade dos seus representantes em virtude das regras de direito que lhe dão tal alcance».[540]

Como é reforçadamente óbvio, a concepção de que a individualidade psicológica é o fundamento único do conceito de sujeito de Direito só possibilita uma consideração puramente psicológica do problema do sujeito. Desta forma, o conceito de acção que se extrapola daqui constitui uma categoria psicológica. Assim, só poderá ser sujeito com capacidade de acção quem possua individualidade psicológica. Pelo que, carecendo a pessoa colectiva duma vontade neste sentido psicológico, então a mesma é incapaz de acção só podendo ser concebida como ficção. Como conclusão, só as pessoas físicas e singulares podem actuar, i.e., possuir capacidade para delinquir. Mas as organizações são também fruto da liberdade de acção individual. Acções de organizações e organizações de acções. Acção organizada e organização accionada. Será que a acção duma pessoa colectiva é a mesma acção duma pessoa individual embora possam produzir o mesmo resultado? Não será que é uma acção *ab initio* condicionada pela organização e muitas das vezes insusceptível de individualização?[541]

F) Otto Von Gierke e a «teoria orgânica» ou teoria da personalidade real da associação, i.e., «Theorie der realen Verbandspersönlichkeit»

A reacção mais penetrante ao ficcionismo técnico da personalidade colectiva veio de Otto Von Gierke – um dos maiores estudiosos de sempre, senão mesmo o maior, da personalidade colectiva – através da elaboração

---

[540] *Vide* Léon Duguit in «*L'État, le Droit objectif et la Loi positive*», 1991, pp. 1 e ss (a pretensa personalidade do Estado) e «*Traité de Droit Constitutionnel*», Volume I – «*La règle de droit – Le problème de l'État*», 1921, pp. 318 e ss., 324 e ss. e 321 (a personalidade é uma pura criação do espírito) e Volume II – «*La Theorie Général de l'État*», 1923, pp. 31 e ss. (não há vontades colectivas); Marcel Planiol in «*Traité Élémentaire*», n.º 3009 e ss., (979 e ss.) procura provar que somente se recorreria a ficções como a personalidade colectiva para exprimir a propriedade colectiva; quanto a isto tudo: *apud* António Menezes Cordeiro op. cit. pp. 50-51.

[541] No último Capítulo voltaremos a esta questão.

da Sua «teoria orgânica» ou do «realismo orgânico»: podemos designar esta corrente envolvente como organicismo.[542] Tal teoria parte da crítica pormenorizada da designada «teoria da ficção» (e também das suas diferentes leituras e/ou *deturpações* de que foi alvo como vimos mais acima). Uma coisa são, pois, as pessoas colectivas, outra bem diferente, será o mero somatório das pessoas individuais suas componentes e espacio-temporalmente situadas. Conclui Von Gierke: «A pessoa colectiva é uma pessoa efectiva e plena, semelhante à pessoa singular; porém, ao contrário desta, é uma pessoa composta», e ainda: «A pessoa colectiva é uma pessoa composta. A sua unidade não se exprime numa essência humana singular, mas, antes, num organismo social que, na sua estrutura orgânica surge, tradicionalmente, com um "corpo", com "cabeça" e "membros" e com "órgãos funcionais", mas apenas como imagem social (...)».[543] São atribuídas três críticas principais à teoria de Gierke: 1.ª a singularidade de referência a «órgãos, cabeça e membros». Mas afinal também a pessoa singular só actua através dos seus órgãos como respondeu o mesmo Autor; 2.ª os organismos que servem de susbtracto às pessoas colectivas eram muito indefinidos. Von Gierke responde que não é pelo facto de não sabermos verdadeiramente o que é a vida que vamos, por isso, excluí-la da Ciência; 3.ª por fim, julga-se que o Direito positivo, muitas das vezes, personifica realidades reclamantes de substrato em contraste com outras que já dispondo dele já não são igualmente abrangidas. Mesmo aqui, «temos que nos lembrar» que a investigação de Gierke é escrita essencialmente antes da codificação e quando se apercebe que a personificação depende de critérios formais – e não dum «organismo» subjacente – não se faz de rogado e exerce as maiores críticas ao projecto do BGB (*Bürgerliches Gesetzbuch* – Código Civil Alemão de 1896) que, portanto, «acolhera a teoria da ficção». Não obstante tudo isto,

---

[542] *Vide* a montante o que já referimos sobre este assunto. Antes porém de Von Gierke podemos destacar: a «busca de escopos comuns» por Glück (este mesmo antes da própria «teoria da ficção» de Friedrich Savigny) in «*Pandekten*», cit., 62; Carl Friedrich Gerber in «*System des Deutschen Privatrechts*», 1850, § 49, 103; D. Fried. Ludwig Von Keller in «*Pandekten*» (publ. Emil Friedberg, 1861), § 34, 62; Heinrich Dernburg in «*Lehrbuch des Preussischen Privatrechts*», 1875, § 49, 83: apud Menezes Cordeiro op. cit. pp. 52-53. É importante aqui salientar que Heinrich Dernburg encara as pessoas colectivas como uma necessidade da própria sociedade em recorrer a organizações que não se resumem ao homem concreto, singular e individual.

[543] *Vide* Otto Von Gierke in «*Deutsches Privatrecht*», Volume I – «*Allgemeiner Teil und Personnenrecht*», 1895, pp. 470 e 472, *apud* António Menezes Cordeiro op. cit. p. 54.

o fundamental é que Gierke verifica a personalidade colectiva como uma realidade socio-histórica que não se cinge ao mero arbítrio do Direito, pois ultrapassa-o. É evidente que do ponto de vista científico-racional o direito criminal (e de mera ordenação social) não pode ficar e já não é indiferente a este facto sob pena de se formar uma «terra de ninguém»: uma espécie de *off-shore*, ou zona franca, ao nível da autoria. A maior crítica que poderá ser feita à Sua teoria será a dimensão técnica que outorgou à personalidade colectiva. Se o Direito positivo personificar entes sem susbtracto orgânico será preciso procurar a sua essência.[544] É importante salientar que algumas das ideias de Von Gierke permaneceram até hoje, enquanto outras foram retomadas. A ideia fundamental de Von Gierke é a de que na personalidade colectiva o Direito limitar-se-ia a reconhecer algo de preexistente, i.e., um certo substrato cuja natureza se poderia depois discutir.[545] No período imediato pós-Gierke procura-se encontrar o tal substrato das pessoas colectivas. Esta tentativa circunscreve-se essencialmente a três caminhos: 1.º o acervo de bens ou património de afectação[546]; 2.º a vontade[547]; 3.ª a organização.[548] Não obstante, e dada a crescente diversidade de pessoas colectivas, não existia um substrato que fosse comum a todas elas. A resposta seria dada pela filosofia, mais propriamente Georg Wilhelm Friedrich Hegel, o qual considerava que somente a autoconsciência daria azo à pessoa. Juridicamente pode-se resumir que o sujeito não tem apenas deveres, mas também direitos.[549]

---

[544] Quanto às críticas à «teoria orgânica» de Gierke e superação *vide* Menezes Cordeiro op. cit. pp. 55-56.

[545] *Vide* António Menezes Cordeiro op. cit. p. 56.

[546] Alois Brinz (1873); R. Von Jhering (1877); Windscheid (1906); G. Schwarz (1908); e H. Rhode (1932).

[547] *Vide* Menezes Cordeiro op. cit. p. 58: «A *vontade*, com raízes em Savigny, surge, de modo repetido e na literatura da época, como um excelente substrato para as pessoas colectivas. Num importante trabalho, retomando UNGER, ZITELMANN vem concluir que a personalidade é a capacidade de ter uma vontade jurídica(...). KARLOWA retoma esta orientação, conectando-a, aliás, com o pensamento hegeliano(...), enquanto REGELSBERGER fala em centros de actuação e de vontade(...). levando esta orientação até às suas fronteiras lógicas, HÖLDER defende o representante como efectivo substrato da pessoa colectiva(...). Posteriormente, autores como HAFF são levados a abordar o tema da personalidade colectiva através da vontade, como modo de aprofundar as construções de VON GIERKE (...)».

[548] *Vide* L. Enneccerus in «*Das Bürgerliche Rechte/Eine Einführung in des Recht des Bürgerlichen*», 1900, p. 73.

[549] *Vide* António Menezes Cordeiro op. cit. pp. 59-60.

Deste modo, a teoria orgânica refuta o pressusposto conceptual sobre o qual se funda a teoria da ficção transladando o significado da questão para o âmbito social em vez da ética. A principal diferença entre a teoria de Savigny e Gierke é, pois, que o primeiro parte dum conceito pré-jurídico de sujeito, enquanto Gierke parte dos efeitos sociais reconhecidos pelo direito e considera como sujeito aquele ao qual os referidos efeitos lhe são atribuídos. Savigny é teoricamente denominativo, enquanto Gierke é descritivo. Gierke – Reitor da Universidade de Berlim em 1902 – afirmou peremptoriamente que só um ente com vontade pode ser sujeito de Direito, concluindo que a capacidade de ser sujeito de Direito significa personalidade jurídica.[550] Gierke detectou, pela primeira vez, que a *pessoa jurídica*, não é algo que existe junto ou frente aos seus membros, mas que precisamente existe através deles e que, por conseguinte, não é um ente sem alma nem corpo.[551] A teoria orgânica possibilita considerar os entes colectivos tanto capazes de acção como de culpa, i.e., actuam e delinquem através dos seus órgãos, na medida em que os órgãos actuam dentro do âmbito das suas competências delimitadas estatutariamente: é uma ideia defendida por Gierke, tanto em relação aos delitos de Direito privado como de Direito Penal.[552]

G) Franz von Liszt

Von Liszt considera que é aconselhável e juridicamente possível o reconhecimento da responsabilidade penal dos entes colectivos. É deveras famosa e citada – ou constitui fonte de inspiração! – por quase todos os Autores, a seguinte sustentação de Liszt: «quem pode concluir contratos, também pode concluir contratos ilícitos ou usurários ou incumprir os contratos de abastecimento – StGB § 329! – concluídos»: «...*wer Verträge schließen kann, der kann auch betrügerische oder wucherische Verträge schließen, oder die geschlossenen Lieferungsverträge – StGB § 329! – nicht halten*».[553] Apesar da sua teoria da «culpabilidade psicológica»

---

[550] Cfr. Gierke in «*Deutsches Privatrecht*», tomo I, p. 265: «...*Die Fähigkeit, Rechtssubjekt zu sein, heißt Persönlichkeit*»; *apud* Silvina Bacigalupo in op. cit. pp. 65 e ss.
[551] *Vide* Silvina Bacigalupo *idem ibidem*.
[552] *Vide* Silvina Bacigalupo *idem ibidem*.
[553] Cfr. Von Liszt in «*Das deutsche Reichstrafrecht...*», p. 101; *apud* Silvina Bacigalupo *idem ibidem*.

pouco compatível com a acção do ente colectivo, o importante na sua concepção de culpa está na colocação em manifesto da ideia de que a culpa jurídica nada tem em comum com a culpa ética e, muito menos, religiosa, embora também esta ideia seja igualmente filosófico-controvertida. A sanção aos entes colectivos justifica-se, sobretudo, por razões de utilidade e segurança. Logo, o seu sistema só pode ser de «dupla via» através da introdução de medidas de segurança. Von Liszt reconhece, pois, capacidade de acção ao ente colectivo e, por conseguinte, capacidade do mesmo cometer um delito, mas ao não poder afirmar a capacidade de culpa do ente colectivo – no sentido psicológico que construiu! – somente pode aplicar medidas de segurança.[554]

H) Hafter

Foi Hafter quem mais brilhantemente transladou as ideias de Gierke para o Direito Penal, apesar de Von Lizst também se ter debruçado sobre esse tema. Para Hafter, a pessoa *jurídica* é uma «configuração natural» que responde ao instinto de associação do indivíduo e como tal é um ser vivente que comporta uma «vontade especial» (*Sonderwillen*) constituída pela totalidade das vontades individuais dos sujeitos que a integram. Esta «vontade especial» (*Sonderwillen*) é, segundo Hafter, «a maior prova de que este ser realmente existe e que é algo mais do que a soma de indivíduos».[555] Hafter constata que, para certas actividades, é mais fácil actuar conjuntamente do que de forma individual. Quando tem lugar uma associação de pessoas, nasce imediatamente a organização da associação: a organização é a única forma de articular o funcionamento da associação e de assegurar que esta perdure no tempo: deste conceito de organização é possível determinar a vontade e acção da associação.[556] Organização significa, pois, a configuração semelhante à dum órgão dum ser imaterial e

---

[554] *Vide* Silvina Bacigalupo *idem ibidem*.

[555] Cfr. Hafter in «*Die Delikts – und Straffähigkeit der…*», p. 45; *apud* S. Bacigalupo in op. cit. pp. 72 e ss..

[556] *Vide* Silvina Bacigalupo *idem ibidem*. Hafter distingue entre «órgão»; «organismo»; e «organização: os dois primeiros conceitos são provenientes das ciências naturais e determinam fenómenos corporais, enquanto o último é proveniente das ciências sociais e refere-se à criação de corpos similares aos órgãos.

não necessariamente real. O essencial da união de pessoas, numa associação, é a expressão da vontade individual que configura uma vontade especial ou, igualmente, uma «organização da vontade» (*Willensorganisation*). Deste modo, é possível a Hafter afirmar que enquanto os órgãos de um indivíduo actuam sem vontade própria – são «ferramentas sem vontade», i.e., «*willenslose Werzeuge*» – já os órgãos de actuação duma associação expressam a vontade dos indivíduos que a compõem. Assim, toda a acção realizada por um indivíduo na sua qualidade de membro dum órgão duma associação, estará igualmente composta da vontade individual dele mesmo.[557] Embora partindo da teoria de Gierke, Hafter chega à conclusão (contrária neste ponto) em relação ao Direito Penal, de que a capacidade de acção e vontade não só existe nas associações com personalidade jurídica, mas na totalidade das associações que por meio da sua organização sejam capazes de formar e expressar uma vontade especial (*Sonderwillen*) independente da vontade dos seus membros, não importando para nada que a referida capacidade se encontre expressamente reconhecida de modo jurídico. Para Hafter, o carácter do Direito Penal como sistema de protecção de bens jurídicos colectivos ou individuais obriga-o a «combater» o crime onde o mesmo se encontre. Nesta perspectiva, o sujeito delinquente é um objecto do Direito e por isso não necessita de ser um sujeito de direito em sentido técnico. Pelo que, para sustentar a responsabilidade penal dos entes colectivos, não é necessário exigir que estes tenham capacidade jurídica como sujeitos de Direito: o sujeito do crime não é necessariamente um sujeito de Direito.[558] A vontade especial (*Sonderwillen*) não é a mera soma das vontades individuais. No contexto da formação da vontade especial a organização tem extrema importância. As leis e os estatutos estabelecem para cada associação em particular a sua própria von-

---

[557] Cfr. Hafter in «*Die Delikts – und Straffähigkeit der Personenverbände...*», pp. 50-53; *apud* Silvina Bacigalupo *idem ibidem*. É que na designada acção da associação existe algo mais do que a mera vontade individual: o órgão considera-se parte dum todo, quer mais do que somente actuar para outro, i.e., mais do que ser um mero representante. A vontade que expressam os órgãos é uma unidade composta por várias vontades. É a vontade do todo através duma parte. Como diz Hafter, se se assentassem uma vez por todas estas diferenças entre órgão e representante (devida a Gierke) então podia-se ultrapassar o óbice que se faz à possibilidade da comissão dum delito pela associação baseada em que a punibilidade da associação é somente uma punibilidade do representante.

[558] Cfr. Hafter in «*Die Delikts – und Straffähigkeit der...*», pp. 50-53; *apud* S. Bacigalupo *idem ibidem*.

tade. Assim, os órgãos da associação representam em cada caso particular a «vontade própria da associação». Cada membro da associação tem que fazer uma certa renúncia da sua vontade particular: esta põe-se de manifesto na subordinação da vontade individual ao estabelecido nos estatutos da associação e nas suas leis. Para Gierke, a manifestação da vontade duma associação acontece através da resolução dum órgão ou de vários dos seus membros.[559] Hafter aceita os requisitos de Gierke na formação da vontade, mas não está de acordo que estes sejam os requisitos para a existência duma acção da associação. É que para se falar de acção da associação (*Verbandshandlung*), Hafter refere que a vontade da associação já se formou. O órgão não tem que estar constituído segundo o estatuto, pois, se já se formou a vontade da associação, esta pode ser posta de manifesto por qualquer pessoa ou por um órgão, pelo que não é exigível que haja actuação do órgão para que a vontade da associação seja legítima. A vontade da associação estrutura-se pela decisão comum de diversos membros ou pela decisão dum órgão, mas esta executa-se perfeitamente, tanto pela acção comum ou pela acção dum só indivíduo, que não tem que ser necessariamente um órgão.[560] A capacidade de delinquir do ente colectivo não é afectada pela finalidade legal para a qual a associação foi constituída. Hafter diferencia, pois, a vontade da associação da vontade individual de cada membro, o que não o impede de afirmar que o ente colectivo pode ter tanto vontade, como vontade culpável; logo é capaz de delinquir. Além disso refere, também, que se pode falar de organização da consciência (*Bewubtseinsorganisation*), assim como se pode falar em vontade da organização (já Gierke o mencionava). E é precisamente neste ponto que é muito importante salientar que, como em Gierke, Hafter não só exige a punibilidade da pessoa *jurídica*, como também a do indivíduo que praticou a acção, pois a vontade do órgão não só é uma vontade conjunta como – em parte! – é também a vontade do indivíduo. Mas a pena deverá ser sofrida pelo ente colectivo e não por cada um dos seus membros. Por isso mesmo,

---

[559] *Vide* Gierke in «*Die Genossenschaftstheorie und die deutsche Rechtsprechung*», pp. 174 e ss, pp. 673 e ss; *apud* Bacigalupo *idem ibidem*. Os requisitos para a referida resolução são três: 1.º deve-se tratar duma actuação dum órgão da associação constituído segundo os seus estatutos; 2.º este deve actuar dentro dos limites estabelecidos no poder de actuação; 3.º a sua actuação deve ser conforme ao estabelecido nos estatutos.

[560] Cfr. Hafter in «*Die Delikts – und Straffähigkeit der...*», pp. 50-53; *apud* S. Bacigalupo *idem ibidem*.

é que, também os membros do ente colectivo que são inocentes deveriam receber uma indemnização do Estado (Busch afirma que isto faz resvalar esta teoria para a responsabilidade individual). O grande mérito de Hafter – segundo Busch – reside no facto de visualizar que os membros que estão por detrás do ente colectivo – fenómeno social! – podem e devem responder com os bens da corporação.

I) Busch

Busch representa uma transformação em relação aos ilustres Autores e investigadores anteriores, pois abandona o ponto de partida do sujeito de Direito determinado por uma concepção pré-jurídica do sujeito, o qual, a partir de Savigny, dominou completamente o tratamento dogmático da questão. Apoia-se num conceito de pena legitimado pela função preventiva: «fim da pena é, de acordo com o referido, a prevenção da comissão de delitos através da influência na alma humana como fonte da acção delictiva»: «*Zweck der Strafe ist dementsprechend Verhütung der Begehung von Verbrechen durch Einwircken auf die menschliche Seele als Quelle der verbrecherischen Handlung*» e, por conseguinte, sua necessária adaptação a um sujeito colectivo.[561] Toda a actuação em grupo pressupõe uma determinada ordem para a formação e execução da vontade dos integrantes do grupo. Com tal objectivo os grupos constituem «órgãos»: a partir daqui, a pluralidade de pessoas organizou-se. Os actos dos «órgãos» devem imputar-se ao conjunto: unidade vital social, i.e., *soziale Lebenseinheit*. Assim, a pessoa individual é um indivíduo e a corporação é uma comunidade organizada. Outra das diferenças fundamentais é que falta uma «realidade vital psicológica» (*psychologische Lebenswirklichkeit*), a qual se suprime nas associações organizadas pelo momento positivo da união supraindividual e da organização. A associação organizada é um fenómeno da existência social das pessoas que se uniram para a constituir.[562] Superando as concepções romanista (as associações são unidades vitais fictícias elaboradas pelo Direito) e germânica (as associações são

---

[561] Cfr. Busch in «*Grundfragen der strafrechtlichen Verantwortlichkeit…*», pp. 90--93; *apud* S. Bacigalupo *idem ibidem*.
[562] Cfr. Busch in «*Grundfragen der strafrechtlichen Verantwortlichkeit..*», pp. 10 e ss.; *apud* S. Bacigalupo *idem ibidem*.

organismos especiais equiparáveis com o organismo psicológico do homem) – em busca ambas do fenómeno psico-físico, i.e., fenómeno corporal – considera as associações organizadas como fenómenos sociais, i.e., formas constituídas por vida: *Formem aus leben*. Considerando Busch que a responsabilidade é uma das formas do dever jurídico, constata que perante o incumprimento de obrigações do Direito, este pode exigir às associações organizadas uma reparação do dano, ou seja, uma indemnização; ou, por outro lado, por imposição duma pena. Busch visualiza que as associações com ou sem capacidade possuem património. A sociedade organizada não tem que ser uma pessoa jurídica. Por outro lado, se o indivíduo tem direito à sua honra, também se pode reconhecer à associação o direito à sua honra, i.e, proteger o seu nome (cfr. v.g. o art. 187.º CP português). Logo, a associação organizada pode ser obrigada à reparação do dano, seja pela indemnização, seja pelo sofrimento duma pena.[563] Desta forma, é indiferente se a associação organizada disfruta ou não de personalidade jurídica, pois tal somente adquire importância para determinar o nível de responsabilidade dos seus membros com o seu património, mas não importuna a responsabilidade da associação com o seu património. Deparando-se com o problema da imputação, Busch considera que a responsabilidade da associação é a responsabilidade dos seus membros, pois o único real é a actividade dos seus membros orientada com uma finalidade social ou a dos seus órgãos. A capacidade de acção da associação fundamenta-se assim que se possa dizer que diversos membros tomaram uma decisão conjunta para que o órgão leve a cabo uma certa acção punível.[564] Responsabilidade penal significa, pois, que um comportamento antijurídico – exercício de poder antijurídico (socialmente danoso) ou a omissão antijurídica de certo uso do poder – tem como consequência jurídica a aplicação duma pena. O comportamento antijurídico tem como efeito a imposição duma pena: são acções que lesionam ou que colocam em perigo

---

[563] Cfr. Busch in «*Grundfragen der strafrechtlichen Verantwortlichkeit..*», pp. 10 e ss.; *apud* S. Bacigalupo *idem ibidem*.

[564] Cfr. Busch in «*Grundfragen der strafrechtlichen Verantwortlichkeit der Verbände...*», p. 158; *apud* S. Bacigalupo *idem ibidem*. Refere-nos Busch que é assim, embora reconheça que tal se poderia sustentar melhor, assim que se proporcionasse comprovar uma omissão da associação, i.e., assim que os membros não impedissem – contrariamente ao seu dever de cuidado – que se levara a cabo uma acção punível. Mas acaba por refutar esta ideia, porque tal significaria que membros inocentes fossem afectados pela pena imposta à associação.

bens jurídicos e como tal é um processo que modifica o mundo exterior. Busch diferencia desde aqui a responsabilidade penal relativamente a três géneros de comportamentos antijurídicos: a) os comportamentos antijurídicos dos membros da associação; b) os comportamentos antijurídicos dos representantes; c) os comportamentos antijurídicos de pessoas individuais que não empregados da associação.[565] Verifica-se que – afinal! – a responsabilidade da associação é, por sua vez, uma responsabilidade de cada um dos seus membros por comportamentos puníveis realizados por outras pessoas, ou seja, desde o ponto de vista do indivíduo é uma imputação por um facto alheio. Assim, a responsabilidade penal da associação é exigida, segundo Busch, pelos seguintes factores: a associação como reflexo da existência social daquelas pessoas representa uma unidade; a associação possui personalidade jurídica; são imputáveis à associação os comportamentos antijurídicos que são exteriorização do poder social e do poder da associação.[566] O problema, a partir daqui, é saber se tal responsabilidade é útil e justa. Se o delito é uma acção socialmente danosa pela convicção desaprovada, o fim da pena deve prevenir a comissão dum delito, incidindo precisamente no espírito do autor. Ora, se isto se concebe num Direito Penal de pessoas e penas individuais, é preciso introduzir certa modificação relativamente à pena que pode sofrer uma associação. Mas se a função da pena é responder à comissão dum delito, então, desde a perspectiva preventiva, é possível sustentar a necessidade de aplicar uma pena a uma associação. Busch recai numa conceptualização de função preventivo-geral da pena, i.e., não é suficiente a incidência duma medida de segurança aplicada à associação, pois no seu ponto de vista o único modo eficaz de prevenir os delitos cometidos por associações é a prevenção, que se pode alcançar através da ameaça penal.[567] A única pena, por excelência e possível de impor a uma associação, é a pena de multa. O que não significa que as medidas de segurança (dissolução, inabilitação temporal e outras), como complementos da pena de multa, não se devam empregar, assim que a associação demonstre a presença dum elevado nível de perigosidade. Assim, o primordial é fazer sobressair e sublinhar «visivel-

---

[565] Cfr. Busch in op. cit., p. 30; *apud* Silvina Bacigalupo *idem ibidem*.

[566] Cfr. Busch in «*Grundfragen der strafrechtlichen Verantwortlichkeit...*», p. 30; *apud* S. Bacigalupo *idem ibidem*.

[567] Cfr. Busch in «*Grundfragen der strafrechtlichen Verantwortlichkeit...*», pp. 89 e 90; *apud* Bacigalupo *idem ibidem*.

mente» que as referidas medidas devem ser impostas como penas acessórias e por um juiz penal para garantir a sua imposição.[568] Busch é, pois, o primeiro a partir das funções da pena na problemática da responsabilidade penal dos entes colectivos. Ora, a função principal da pena é a prevenção geral como único meio eficaz para prevenir o cometimento de delitos. E se as associações são sujeitos que cometem delitos, então é necessário exigir a sua responsabilidade penal. Mas como imputar o cometimento do delito ao ente colectivo? afastando-se da teoria da ficção e partindo da equivalência que procura estabelecer a teoria orgânica entre a pessoa e a associação, toma como ponto de imputação a acção dos membros como acção própria da associação.[569]

J) *Algumas considerações finais na perspectiva do Direito Civil e Comercial*

Perante as imperfeições do «ficcionismo» e do «organicismo», surgem as respostas do realismo (porque não é ficção) jurídico (em contraposição ao substrato). Pessoa colectiva seria então aquilo que, não sendo pessoa singular, traduzia a susceptibilidade de ser titular de direitos ou adstrito de obrigações. O realismo jurídico é praticamente a doutrina oficial em França[570]; Itália[571]; e Portugal[572]. Em Portugal merecem inevitável destaque, entre outros, pelo extremo e *sui genris* rigor de clarificação científica, os Prof. Doutor Manuel de Andrade[573] e Prof. Doutor Carlos Alberto da Mota Pinto.[574] Os Prof. Doutor José de Oliveira Ascensão

---

[568] Cfr. Busch in «*Grundfragen der strafrechtlichen Verantwortlichkeit...*», p. 148; *apud* S. Bacigalupo *idem ibidem*.

[569] *Vide* Silvina Bacigalupo *idem ibidem*.

[570] *V.g.* Alex Weill – 1970 ou Pierre Voirin – 1984.

[571] *V.g.* Francesco Ferrara – 1915 e 1938.

[572] *V.g.* José Tavares, 1928; Cunha Gonçalves, 1929; Dias Marques, 1958; Cabral de Moncada, 1959; Marcello Caetano, 1962; Castro Mendes, 1967; Paulo Cunha, 1971; Freitas do Amaral, 1973; Galvão Telles; Penha Gonçalves, 1981; Carvalho Fernandes, 1983; Brito Correia, 1991; Coutinho de Abreu, 1994.

[573] *Vide* Manuel de Andrade in «Direito Civil (Teoria Geral da Relação Jurídica)», 1944, pp. 49 e ss.; e Manuel de Andrade in «Teoria Geral da Relação Jurídica, Volume I – Sujeitos e Objecto», 1960, pp. 50-51.

[574] *Vide* Mota Pinto in «Teoria Geral do Direito...», p. 192, n.r. n.° 1 com alusão ainda a Francesco Ferrara.

(1984) e Prof. Doutor Heinrich Hörster são, entre os principais Autores, os únicos a tentar superar o realismo jurídico.

Dentro das tendências recentes queremos fazer ressaltar à vista a posição negativista de Ernst Wolf, que defende com frieza científica a simples inutilidade do conceito de pessoa colectiva.[575] Já Massimo Bianca parece engendrar um regresso a Otto Von Gierke.[576] Muito complexa – no sentido dum organicismo técnico – é a posição de Uwe John que refere que a pessoa colectiva apoia-se numa base com três partes: 1.ª organização de actuação; 2.ª centro de responsabilidade; 3.ª ponto de referência designado.[577] No Direito Civil e Comercial, propugnam agora alguns Autores que a personalidade colectiva, mormente a personalidade jurídica, não é uma categoria absoluta, pelo que é necessário relativizá-la: «as diversas "pessoas" podem ter maiores ou menores capacidades de direitos ou de adstrições; mas ou são pessoas, ou não o são».[578] Mas afinal, como refere Roberto de Ruggiero, a pessoa colectiva define-se somente pela negativa, i.e., não é singular.[579]

Da posição adoptada pelo Prof. Doutor António Menezes Cordeiro, devemos referir que «a pessoa de Direito deve surgir como uma realidade independente; ela é sistemática[580], ela deve abranger pessoas singulares e colectivas; ela deve dar azo a conceitos dogmaticamente operacionais; ela pode aproveitar as diversas teorias historicamente surgidas». Tullio Ascarelli e Floriano D'Alessandro traduzem a ideia de que a pessoa colectiva é um certo regime a aplicar aos seres humanos conexionados. Ou seja, podem ser destinatários directos de normas, como podem não o ser: no sentido de serem receptores de normas transformadas «pela presença de novas normas, agrupadas» à volta da ideia de «pessoa colectiva». Os direitos da corporação (pessoa de género corporacional) são, pois, direitos dos seus membros não obstante estarem detidos de forma diversa dos seus

---

[575] *Vide* Ernst Wolf in «*Grundlagen des Gemeinschaftsrechts*», 1973, pp. 97-123, 108; e ainda in «*Algemeiner Teil des bürgerlichen Rechts / Lehrbuch*», 1982, pp. 650 e ss.

[576] *Vide* Massimo Bianca in «*Diritto Civile I – La Norma giuridica – I soggetti*», 1978, pp. 295-296.

[577] *Vide* António Menezes Cordeiro op. cit. pp. 67-68.

[578] *Vide* António Menezes Cordeiro op. cit. pp. 68-69.

[579] *Vide* Roberto de Ruggiero in «Instituições de Direito Civil – Volume I – Introdução e Parte Geral», tradução para o português de Ary dos Santos, 1934, p. 429.

[580] *Vide* «Hans Kelsen in "*Reine Rechtslehre/Einleitung in die Rechtswissenschaftliche Problematik*", 1934, p. 54».

direitos individuais.[581] Poder-se-á perguntar que relação tem isto com o nosso trabalho e com as sociedades comerciais que praticam crimes fiscais? pensamos que uma interconexão íntima. Muitas vezes as normas vestem-se de formas indirectas que buscam, no fundo, afectar de algum modo os seus reais destinatários. «Assim, dizer que uma sociedade deve pagar os seus impostos é significar que os seus administradores o devem fazer, com fundos societários; aplicar-lhe uma multa pelo não-pagamento equivale a retirar, dos fundos societários e em detrimento dos sócios e dos credores da sociedade, a importância correspondente à sanção».[582]

As dificuldades são ainda acrescidas se pensarmos que as pessoas colectivas são extremamente diversificadas: seja o próprio Estado ou as chamadas «sociedades civis puras». Não é por mero acaso que a «centros de imputação de normas jurídicas» chamamos «pessoas». É que houve transposição pelo que, duma certa forma com muita subtileza, se verifica um retorno a Friedrich Carl Von Savigny.[583] No Direito Civil – e no Direito comercial – esse retorno está bem patente no designado «levantamento da personalidade colectiva». A este propósito, todavia, o Mestre Dr. Ricardo Costa[584], ilustre Docente da Faculdade de Direito da Universidade de Coimbra, refere ser vital o seguinte: «Desconsiderar não é algumas

---

[581] *Vide* Menezes Cordeiro op. cit. pp. 71-72. Mas este Autor ainda vai mais longe pegando em Gustav Nass in «*Person, Persönlichkeit und juristiche Person*», 1964, p. 89: «o conceito de personalidade é um *Sollenbegriffe*, a retirar da moral». Antes ainda: «Mas há que ir mais longe: a ideia de pessoa – singular ou colectiva – é, só por si, uma comunicação normativa».

[582] *Vide* Menezes Cordeiro op. cit. p. 73, o qual refere ainda (se bem que do ponto de vista do Direito Civil e Comercial, que são afinal os campos do direito que nos definem as «pessoas colectivas» que procuramos analisar do ponto de vista da sua responsabilidade criminal caso não se entenda que será necessário idealizar uma definição de pessoa colectiva apenas para efeitos penais): «Em Direito, pessoa é, pois, sempre, um centro de imputação de normas jurídicas. A pessoa é singular, quando esse centro corresponda a um ser humano; é colectiva – na terminologia portuguesa – em todos os outros casos. Na hipótese da pessoa colectiva, já se sabe que entrarão, depois, novas normas em acção de modo a concretizar a "imputação" final dos direitos e dos deveres. Digamos que tudo se passa, então, em *modo colectivo*: as regras, de resto inflectidas pela referência a uma "pessoa", ainda que colectiva, vão seguir canais múltiplos e específicos, até atingirem o ser pensante, necessariamente humano, que as irá executar ou violar».

[583] *Vide* António Menezes Cordeiro op. cit. pp. 73-74.

[584] In «Desconsiderar ou não desconsiderar: eis a questão», BOA, p. 14.

vezes tarefa imprescindível se aproveitarmos interpretativamente as normas que desconsideram, em particular as que o fazem para responsabilizar ilimitadamente os sócios. § Desconsiderar não é tarefa que, se não tiver esse apoio normativo, deva intimidar, antes impõe que se ofereça ao tribunal a conclusão de que o comportamento abusivo e fraudulento não pode ser tolerado na utilização funcional daquela sociedade ou de que aquela conduta não é substancialmente da sociedade mas do ou dos seus sócios (ou ao invés)».

No Direito Penal – como veremos a jusante, nomeadamente no Capítulo VI – a tendência actual em relação aos «entes colectivos» é de superação do ficcionismo de Savigny e do realismo de Gierke por meio do funcionalismo de Jakobs.[585]

Tentamos assim localizar a personalidade colectiva, para depois sabermos se a mesma é susceptível de responsabilização criminal. Nomeadamente queremos saber se as sociedades comerciais podem ser imputadas directamente pela prática de crimes fiscais.

Desde já, para que não fiquem dúvidas, adoptamos clara e especificamente neste contexto a definição de «pessoas colectivas» propugnada pelo Prof. Doutor Carlos Alberto da Mota Pinto: «As *pessoas colectivas* são organizações constituídas por uma colectividade de pessoas ou por uma massa de bens, dirigidos à realização de interesses comuns ou colectivos, às quais a ordem jurídica atribui a personalidade jurídica. Trata-se de organizações integradas essencialmente por pessoas ou essencialmente por bens, que constituem centros autónomos de relações jurídicas – autónomos mesmo em relação aos seus membros ou às pessoas que actuam como seus órgãos». Refere-nos ainda o ilustre Jurista de Coimbra que: «À categoria das pessoas colectivas pertencem o Estado, os municípios, os distritos, as freguesias, as associações recreativas ou culturais, as fundações, as sociedades comerciais, etc.».[586]

---

[585] O funcionalismo só deve ser aceite mediante os pressupostos que estabelecemos no Capítulo VI.

[586] *Vide* C. A. da Mota Pinto, op. cit. p. 267.

1.2.2.2. Alguns dos marcos fundamentais na Doutrina penal portuguesa recente acerca da responsabilidade penal dos entes colectivos

Consideramos «irrefutável» a ideia de que os entes colectivos são susceptíveis de responsabilidade criminal ou penal. Não só duma perspectiva funcional e social do Direito Penal, mas também porque é esse justamente o campo que melhor garante o exercício de Direitos fundamentais por parte dos próprios entes colectivos.

Como nos refere o Prof. Doutor Jorge de Figueiredo Dias[587] «Já o mesmo se não dirá, porém, do *princípio da individualidade da responsabilidade penal*, nas suas implicações com a problemática dos tipos-de-ilícito no Direito Penal secundário. Tornado praticamente em dogma na transição do séc. XVIII para o séc. XIX – à luz, sobretudo, das chamadas "teorias da ficção" sobre a essência das pessoas morais (...) – aquele princípio voltou a ser discutido a partir do Congresso Internacional de Direito Penal de Bucareste (1929), em nome da convicção de que as exigências pragmáticas da política criminal devem passar à frente dos preconceitos filosóficos (...). Se é certo, todavia, que uma parte da doutrina actual – sobretudo de expressão inglesa, francesa e holandesa (...) – procura fazer frutificar praticamente a aceitação da responsabilidade penal das pessoas colectivas, a maior parte dela, aí incluída a doutrina portuguesa prevalente (...), continua a negá-la na base dos dogmas da sua incapacidade de acção e/ou de culpa. § Se em *sede político-criminal*, se conclui pela alta conveniência ou mesmo imperiosa necessidade de responsabilização das pessoas colectivas em Direito Penal secundário, não vejo então razão dogmática de princípio a impedir que elas se considerem *agentes possíveis* dos tipos-de-ilícito respectivos. A tese contrária só pode louvar-se numa ontologificação e autonomização inadmissíveis do conceito de acção, a esquecer que a este conceito podem ser feitas pelo tipo-de-ilícito exigências normativas que o conformem como uma certa unidade de sentido social (...) (...) Certo que, na acção como na culpa, tem-se em vista um "ser-livre" como centro ético-social de imputação jurídico-penal e aquele é o do homem individual (...). Mas não deve esquecer-se que as organizações humano-sociais são, tanto como o próprio homem individual, "obras de liberdade"

---

[587] *Vide* Jorge de Figueiredo Dias in «Para Uma Dogmática...», (1983-1984), pp. 263 e ss., e ano 117.º (1984-1985) e rp. in «Direito Penal...», 1998, pp. 67 e ss..

ou "realizações do ser-livre"; pelo que parece aceitável que em certos domínios especiais e bem delimitados – de acordo com o que poderá chamar-se, seguindo Max Müller, *o princípio da identidade da liberdade* (...) – ao homem individual possam substituir-se, como centros ético-sociais de imputação jurídico-penal, as suas obras ou realizações colectivas e, assim, as pessoas colectivas, associações, agrupamentos ou corporações em que o ser livre se exprime». E ainda um pouco adiante refere o mesmo ilustre Cientista e Jurista: «Provindo hoje as mais graves e frequentes ofensas aos valores protegidos pelo Direito Penal secundário, em muitos âmbitos, não de pessoas individuais mas colectivas, a irresponsabilidade directa destas significaria sempre um seu inexplicável tratamento privilegiado perante aquelas». Contudo: «...fica ainda de pé o problema mais difícil e importante: o da definição da capacidade das colectividades para sofrerem penas e medidas de segurança e das especificidades de que deve revestir-se».[588] Os entes colectivos são, pois, organizações da liberdade ou obras da liberdade: fenómenos da existência social do homem. Criticando a teoria da ficção de Savigny, Binder considera que o erro «desta teoria consiste em confundir o sujeito psicológico com o sujeito ético, tomando como fundamento da personalidade jurídica a individualidade psicológica. Por isso, a teoria da ficção desconheceu que as comunidades organizadas são fenómenos da existência social do homem que, pela sua realidade, são igualmente titulares dum valor próprio, razão pela qual o ordenamento jurídico as investiu de personalidade jurídica e as trata como sujeitos de Direito.[589] Também a Prof.ª Doutora Teresa Beleza é favorável à responsabilização criminal das pessoas colectivas. O anterior CP português referia no seu art. 28.º que «a responsabilidade criminal recai única e individualmente nos agentes do crime ou de contravenções». Já o actual art. 11.º do CP possibilita de forma inequívoca, expressa e excepcionalmente a responsabilização penal ou criminal dos entes colectivos. Já há muito tempo que os

---

[588] Cfr. Jorge de Figueiredo Dias *idem ibidem*: «A par deste esforço, aliás, outro terá que ser feito a nível dogmático, tendente a repensar, neste âmbito, questões como a do monismo ou dualismo das sanções criminais, a da distinção entre penas principais e acessórias, a da aplicabilidade da pena de multa e do regime de prova, a da punibildiade das pessoas colectivas de direito público e das colectividades destituídas de personalidade jurídica, etc. (...)».

[589] Cfr. Binder in «*Philosophie des Rechts*», 1925, p. 447; *apud* S. Bacigalupo in op. Cit. p. 62, n. de r. n.º 86.

Direitos anglo-saxónicos permitem a responsabilização criminal dos entes colectivos. É assim afastada a regra da responsabilidade individual, por razões que vão desde ideias de prevenção geral, até obstáculos concretos e práticos em individualizar responsabilidades como, v.g., dentro duma sociedade que resolve praticar uma evasão fiscal.[590] A responsabilidade criminal dos entes colectivos é aceite pela maioria dos Penalistas e Doutrinadores portugueses. Entre outros ilustres Autores, é preciso destacar e realçar as mais recentes opiniões Doutrinais a favor da responsabilidade criminal dos entes colectivos do Prof. Doutor Faria Costa e da Prof.ª Doutora Anabela Rodrigues.[591] Como é visível, não são alheias a muitas destas movimentações Doutrinais toda a intervenção de organizações internacionais como o Conselho da Europa.[592] O art. 11.º do CP tem uma redacção

---

[590] Vide Teresa Pizarro Beleza in «Direito Penal», 2.º Volume, aafdl, pp. 113 e ss., mas também 1.º Volume, v.g., pp. 137 e ss.. *Apud*, Teresa Beleza, 2.º Volume, cfr. igualmente, G. Williams, 1978, p. 945-962 (p. 496: «*Corporate liability was slowly developed by the judges, with some help from statute on the procedural side*».

[591] Além do Prof. Doutor Figueiredo Dias (surgindo em diversas obras às quais iremos recorrer), da Prof.ª Doutora Anabela Rodrigues (no «Comentário Conimbricense» como veremos em pormenor mais adiante) e da Prof.ª Doutora Teresa Beleza, entre muitos outros, a responsabilidade criminal dos entes colectivos é hoje admitida pela maioria dos Autores (contra Prof. Doutor Cavaleiro Ferreira in «Lições de Direito Penal, I, 1988, pp. 191-192), nomeadamente nos domínios da criminalidade económica e social, do consumidor e da protecção do ambiente (cfr. Prof. Doutor Eduardo Correia in «Introdução ao Direito Penal Económico» [com a colaboração do Prof. Doutor José de Faria Costa], RDE, 3 (1977), pp. 3 e ss., Lopes Rocha in «A responsabilidade penal das pessoas colectivas...», DPE, p. 162; J. de Figueiredo Dias e Costa Andrade in «Problemática geral das infracções antieconómicas», BMJ, n.º 262, pp. 5 e ss.; o Prof. Doutor J. de Faria Costa in «A responsabilidade jurídico-penal da empresa e dos seus órgãos...», RPCC, ano 2.º, fasc. 4.º, Out./Dez., 1992, p. 537. Por outro lado, era a seguinte a opinião do Dr. Mário Corrêa Arez in «Da responsabilidade penal das pessoas colectivas», RTPB, 1962, p. 531: «Se me é permitido um alvitre, será ele, no sentido de as pessoas colectivas serem sujeitos activo de crimes e contravenções, sendo-lhes aplicadas simples medidas de segurança e a pena pecuniária ou de multa».

[592] Como veremos melhor no Capítulo IV deste trabalho sobre o Direito Comparado cfr.: Resolução n.º (77) 28, de 27 de Setembro de 1977 (para revisão dos princípios da responsabilidade que possibilite a incriminação de entes colectivos); Recomendações n.os R(81) 12, de 25 de Junho de 1981; R(88) 18, de 20 de Outubro de 1988 (criminalidade económica) e R(82) 15, de 24 de Setembro de 1982 (Direito Penal do consumidor), onde se prevê a possibilidade de instituir a responsabilidade criminal das pessoas colectivas. Toda esta informação *apud* Ac. n.º 212/95 – Proc. n.º 490/92, publicado no DR – II Série, n.º 144, p. 6988.

muito clara.⁵⁹³ A regra geral na zona do Direito criminal é a de que (em princípio) só as pessoas físicas são susceptíveis de responsabilidade. Não obstante e excepcionalmente, razões pragmáticas conexionadas a uma importante necessidade de repressão e prevenção de determinadas práticas criminais podem conduzir a outra solução, pelo que se considerou útil a ressalva expressa, por forma a possibilitar ao legislador escolher o sancionamento das pessoas colectivas. Não se encontrando o princípio da individualidade da responsabilidade criminal inscrito na natureza das coisas, a ressalva da disposição em contrário só se entende assim que se vê naquele princípio uma pura opção normativa do legislador que não um suposto ôntico a ela previamente imposto; donde a viabilidade e adequação das pessoas colectivas com as opções político-criminais do legislador.⁵⁹⁴

1.2.3. Os arts. 12.º/2 e 2.º da CRP e a Responsabilidade Criminal dos Entes Colectivos ⁵⁹⁵,⁵⁹⁶

O Decreto-Lei n.º 28/84, de 20 de Janeiro, consagra em normas como o seu art. 3.º a excepção que o art. 11.º do CP precisamente permite. Ora, a redacção do art. 12.º/2 da CRP em nada afecta a responsabilidade criminal dos entes colectivos. Bem pelo contrário! É muito importante fazer sobressair que o princípio da individualidade da responsabilidade criminal não tem consagração constitucional expressa em Portugal, sendo precisamente certo que a norma, que no Direito ordinário, estabelece tal princípio, está concebida de modo a admitir as já referidas excepções: art. 11.º do CP. Podemos ler neste regime jurídico com a epígrafe de «*Carácter pessoal da responsabilidade*» o seguinte: «*Salvo disposição em contrário,*

---

⁵⁹³ Cfr. art. 11.º do CP (igualmente transcrito por nós no 1.º § do ponto seguinte).
⁵⁹⁴ Vide J. de Figueiredo Dias in «Pressupostos da punição e causas que excluem a ilicitude e a culpa», pp. 50-51; cfr igualmente o Ac. n.º 212/95 – Proc. n.º 490/92, publicado no DR – II Série, n.º 144, p. 6988.
⁵⁹⁵ Cfr. Arts. 12.º/2 e 2.º da CRP.
⁵⁹⁶ No Ac. n.º 212/95 – Proc. n.º 490/92, publicado no DR – II Série, n.º 144, p. 6988, estava precisamente em causa a (in)constitucionalidade dos arts. 3.º, 7.º e 8.º do DL 28.º/84, de 20 de Janeiro: a recorrente sustentava «a inconstitucionalidade das normas dos artigos 3.º, 7.º e 8.º por violação dos artigos 12.º, n.º 2 e 29, n.º 5, ambos da Constituição». Mais a jusante a nossa atenção recairá sobre este último.

só as pessoas singulares são susceptíveis de responsabilidade criminal». Além disso, a ideia de que as pessoas colectivas podem cometer infracções – como as pessoas físicas! – não é propriamente uma ideia nova.[597] No entanto, como já vimos noutras perspectivas, sempre existiram grandes obstáculos à consagração da responsabilidade criminal dos entes colectivos: incapacidade de acção; insusceptibilidade de serem alvo dum juízo de censura; inadequação das sanções cominadas pelo Direito criminal.[598] A responsabilidade dos entes colectivos aceite no presente, fundamentalmente, na vertente do Direito Penal administrativo[599] – ou Direito Penal secundário – ou do Direito Penal económico, no Direito Penal do ambiente ou no Direito Penal do trabalho, alicerça-se numa necessidade imperiosa de utilizar os meios repressivos específicos e próprios do Direito criminal de «combate» (confessamos que não gostamos desta palavra, pois função do Direito Penal não é «combater»!) a novas formas colectivas de delinquência associada à ineficácia das sanções criminais comuns face aos entes colectivos.[600] Destas premissas, só se pode concluir que normas como o art. 3.º do Decreto-Lei n.º 28/84, de 20 de Janeiro, ou como o art. 7.º do RGIT – e, portanto, como os anteriores arts. 7.º do RJIFNA e RJIFA! -, não contrariam o art. 12.º CRP.[601] Mas também se poderá legitimar a consagração da responsabilidade criminal dos entes colectivos no art. 2.º da CRP. Assim, a responsabilidade penal dos entes colectivos – como escolha legislativa – é um problema que se integra na área de determinação do poder punitivo do Estado, como parte do sistema total do con-

---

[597] Cfr. no Ac. n.º 212/95 – Proc. n.º 490/92 *idem ibidem*: Mestre in *«Les personnes morales et le problème de leur responsabilité pénale»*, Thése, Paris, 1899, citado em *«Les conditions de fond de la résponsabilité pénale des personnes morales em droit du travail»* de Jean-Florian Eschyle, *Droit Social*, n.º 7-8, juilet.aout 1994 p. 638.

[598] *Vide* Lopes Rocha in op. Cit., 1985, pp. 119 e ss.; *apud* Ac. n.º 212/95 – Proc. n.º 490/92 (*idem ibidem*) pp. 6988-6989.

[599] Entendido na versão do Prof. Doutor Jorge de Figueiredo Dias in «Para uma dogmática...» *passim*.

[600] Cfr. Ac. n.º 212/95 – Proc. n.º 490/92 *idem ibidem*.

[601] Cfr. no Ac. n.º 212/95 – Proc. n.º 490/92 *idem ibidem*: «Dado que na decisão recorrida a norma questionada veio a ser desaplicada por se ter entendido que não era possível compatibilizar a responsabilização das pessoas colectivas com a sua específica natureza, pelo que a sua aplicação violaria o preceito constitucional do artigo 12.º, n.º 2, chegando-se à conclusão de que não ocorre aqui uma tal incompatibilidade estrutural, deve proceder o presente recurso quanto a este fundamento invocado na decisão como razão da inconstitucionalidade daquela norma».

trolo social, i.e., relaciona-se com a concepção e objectivos do Estado de direito democrático tal como, ainda, está concretizada no artigo 2.º da Constituição da República.[602] Temos por assente – não é demais referi-lo e por isso há que reafirmar e difundir essa ideia! – que a função de todo o Direito Penal é a protecção de bens jurídicos individuais ou colectivos como interesses socialmente relevantes, cuja defesa é *conditio sine qua non* do livre desenvolvimento da personalidade do Homem (Prof. Doutor Jorge de Figueiredo Dias). Assim, na medida em que a CRP (art. 2.º) comete ao Estado de Direito democrático – do qual a República portuguesa vai colher a sua essência – o respeito e a garantia de efectivação dos direitos e liberdades fundamentais («e na separação e interdependência de poderes») «visando a realização da democracia económica, social e cultural e o aprofundamento da democracia participativa», terá que ser esta norma constitucional o verdadeiro padrão de conformidade com a lei fundamental da responsabilização penal dos entes colectivos, uma vez mostrado que a preservação da confiança é um valor essencial da vida económica e que a perseguição da maioria das infracções ao direito económico atravessa a necessidade de punir penalmente – ao lado das pessoas individuais que agem como seus órgãos ou representantes (mas não necessariamente, nos seus pressupostos de imputação, a eles subordinados, como veremos a jusante essencialmente no último Capítulo deste trabalho) – o próprio ente colectivo ou pessoa colectiva *lato sensu*.[603]

1.2.3.1. O art. 29.º/5 da CRP – ou o princípio *non bis in idem* – e a Responsabilidade Criminal dos Entes Colectivos

Ab initio se verifica que também este artigo constitucional não sofre qualquer violação pela consagração da responsabilidade criminal dos entes colectivos. Refere este princípio que «Ninguém pode ser julgado mais do

---

[602] Cfr. Ac. n.º 212/95 – Proc. n.º 490/92 *idem ibidem*: Quanto a este preciso e primordial aspecto do art. 2.º da CRP, a Lei de Revisão Constitucional n.º 1/97, de 20 de Setembro – que provocou alterações nesta importante norma -, não veio modificar a essencialidade da afirmação elaborada pelo Acórdão em causa e que foi realizado em 1995 como se verifica. Do nosso ponto de vista até a reforçou.

[603] Cfr. Ac. n.º 212/95 – Proc. n.º 490/92 *idem ibidem*. Não esquecer, contudo, a Lei de Revisão Constitucional n.º 1/97, de 20 de Setembro, que alterou levemente o art. 2.º CRP.

que uma vez pela prática do mesmo crime». Mas, como referem os ilustres e marcantes Constitucionalistas da Universidade de Coimbra, Prof. Doutor Gomes Canotilho e Prof. Doutor Vital Moreira, este princípio abarca duas dimensões que não podem ser descuidadas.[604] O princípio *non bis in idem* não impede a que pelo mesmo facto objectivo venham a ser perseguidas penalmente duas pessoas jurídicas distintas, sendo igualmente passíveis de sanções diversas.[605] Concordamos em absoluto com a afirmação de que a punição penal de quem age em nome de outrem – prevista no artigo 12.º do CP – não pode dispensar a responsabilização directa da pessoa colectiva: «as pessoas colectivas são, actualmente, as entidades que cometem as maiores e mais graves violações dos valores que o direito penal secundário deve proteger, pelo que a mera responsabilidade dos seus órgãos ou representantes sem a correspondente penalização do próprio ente colectivo implicaria um tratamento privilegiado destes em relação àqueles».[606] Mas é precisamente isso que sucede no nosso CP onde crimes – como, v.g., o de «poluição»[607] – não podem ser imputados à autoria dum ente colectivo, quer seja público ou privado! Pode-se concluir por uma necessidade de responsabilização dos entes colectivos. Igualmente se pode deduzir a ideia de que a consagração legal da responsabilidade individual ao lado da responsabilidade do ente colectivo pelos mesmos factos não viola o princípio *non bis in idem* pois não existe um duplo julgamento da mesma pessoa pelo mesmo facto, não se concretizando, deste modo, uma

---

[604] *Vide* Gomes Canotilho e Vital Moreira in «Constituição da República Portuguesa Anotada», p. 194: «O n.º 5 dá dignidade constitucional ao clássico princípio *non bis in idem*. Também ele comporta duas dimensões: (a) como direito subjectivo fundamental, garante ao cidadão o direito de não ser julgado mais de uma vez pelo mesmo facto, conferindo-lhe, ao mesmo tempo, a possibilidade de se defender contra actos estaduais violadores deste direito (direito de defesa negativo); (b) como princípio constitucional objectivo (dimensão objectiva do direito fundamental), obriga fundamentalmente o legislador à conformação do direito processual e à definição do caso julgado material de modo a impedir a existência de vários julgamentos pelo mesmo facto».

[605] No caso dos autos sobre o qual recai o Ac. n.º 212/95 – Proc. n.º 490/92 *idem ibidem* tal princípio não é posto em causa.

[606] Cfr. Ac. n.º 212/95 – Proc. n.º 490/92 (*idem ibidem*), p. 6990.

[607] Cfr. art. 279.º do CP. Na realidade prática o «quem» aqui referido é quase sempre um ente colectivo público ou privado. Muitas das vezes o próprio Estado é o *autor* do crime de poluição (*vide* o nosso Capítulo IV, nomeadamente no sector referente à Holanda).

qualquer violação do artigo 29.º/5 da CRP.⁶⁰⁸ Por isso mesmo, a decisão do Acórdão n.º 212/95, de 20 de Abril de 1995, só poderia ser no sentido da constitucionalidade da norma do art. 3.º do Decreto-Lei n.º 28/84, de 20 de Janeiro, que consagra a «responsabilidade criminal das pessoas colectivas e equiparadas». Por outro lado, aplaudimos a decisão, pois não poderíamos – entre outros aspectos de importância idêntica ou superior! – compactuar com um possível esmagamento da resistência eficaz à actual tendência de desnaturalizar as condições da culpa pelo acto e as normas processuais com o único objectivo de reprimir as empresas.⁶⁰⁹

Uma última nota para declaração de voto da – na época – Ex.ma Juíza do Tribunal Constitucional, Dr.ª Maria da Assunção Esteves que refere, entre outros aspectos, que «Não é pelo facto de o legislador haver qualificado como "responsabilidade penal" aquela que se prevê no artigo 3.º e como "penas" as reacções jurídicas do artigo 7.º do Decreto-Lei n.º 28/84, de 20 de Janeiro, que a estrutura destas reacções há-de ser conceitualizada nos quadros da teoria da acção penal. (...) § A discussão é aqui provocada por um "uso mágico" da linguagem [cf. Alf Ross "Tü-tü", in Uberto Scarpelli (ed.), *Diritto e Analiso Del Linguaggio*, Milão, 1976, pp. 165-181]. Afastando esse "uso mágico" da linguagem, temos que as reacções atípicas que o legislador qualificou como "penas" e que afectam a pessoa colectiva não são teorizáveis nos quadros do Direito Penal. E porque o não são, perde sentido a questão de constitucionalidade». Como veremos ao longo deste trabalho, é perfeitamente possível que se verifique a «burla ou fraude de etiquetas»: nesse aspecto estamos de acordo. Mas, não só pensamos que no caso das normas citadas – como outras similares em outros diplomas: v.g. art. 7.º do RGIT! – do Decreto-Lei n.º 28/84 estamos ine-

---

⁶⁰⁸ Cfr. Ac. n.º 212/95 – Proc. n.º 490/92 *idem ibidem*, no qual ainda se refere: «Quanto aos artigos 7.º e 8.º do DL n.º 28/84, a recusa da sua aplicação resulta somente de se ter recusado a aplicação da norma principal (artigo 3.º) que estabelece a responsabilidade penal das pessoas colectivas, isto é, a sua inconstitucionalidade seria meramente consequencial. § Face ao que fica exposto, é manifesto que os fundamentos invocados na decisão para recusa da aplicação do artigo 3.º e, consequencialmente, dos artigos 7.º e 8.º do DL n.º 28/84, de 20 de Janeiro, não se verificam, pelo que a conclusão a que se chega vai no sentido da procedência do recurso».

⁶⁰⁹ Cfr. Ac. n.º 212/95 – Proc. n.º 490/92 *idem ibidem*. «Nestes termos, decide-se conceder provimento ao recurso e, em consequência, ordena-se a reformulação do despacho recorrido, substituindo-o por outro em conformidade com o que agora se decidiu em termos de constitucionalidade».

quivocamente perante verdadeira «responsabilidade penal» e verdadeiras «penas» como nos parece estar a acontecer precisamente o contrário: catalogar de Direito de Mera Ordenação Social ou Administrativo verdadeiro Direito Penal, suprimindo assim garantias perante a *potestas* do Estado[610]. A ideia que nos governa é de que as sanções disfrutam de carácter penal se os seus requisitos dogmáticos, a sua cominação, imposição e aplicação seguem determinados critérios e ideias penais básicas. O Direito Penal está em íntima conexão com o princípio da culpa e os seus requisitos para estabelecer a responsabilidade são bem mais estreitos do que os do Direito Civil ou Administrativo. Por isso mesmo é que as sanções não têm natureza penal somente por serem etiquetadas como tal ou porque se podem reconduzir aos critérios do Direito Penal individual. O que interessa é se sobra a sua natureza preventivo-geral.[611] Refere-nos ainda o Prof. Doutor Günter Heine no Capítulo IV, Introdução (A)[612], em relação às funções do Direito Penal (a.1) e referindo-se ao Direito Administrativo e Direito Civil: «Ambas disciplinas não poderiam sem embargo cumprir funções coercitivas próprias, enquanto estas sejam necessárias como *ultima ratio*: o Direito Civil porque a sua actuação depende dos particulares; o Direito administrativo, ainda menos, porque depende de diversos processos de oportunidade e de cooperação social e política com as empresas (...). Se se considera necessário a coerção estatal para os âmbitos mencionados; se não se quer sobrecarregar o Direito Civil e o Administrativo de elementos sancionadores; se se deseja conservar o Direito Penal individual para a solução dos conflitos que lhe são inerentes; e, finalmente, se se quer opor resistência eficaz à actual tendência de desnaturalizar as condições da culpa pelo acto e as normas processuais, com o único objectivo de reprimir as empresas, devem encontrar-se novas respostas ao Direito Penal "em sentido amplo". Esta é a única maneira de sair deste círculo vicioso. A evolução observada em França mostra que um Direito Penal dos agrupamen-

---

[610] Cfr. Zúñiga Rodriguez in «*Bases para un Modelo de Imputacíon de Responsabilidad Penal a las Personas Jurídicas*», *RDPP*, 2000, pp 193 e ss.. 64.

[611] *Vide* Günter Heine in «*Die strafrechtliche Verantwortlichkeit von Unternehmen, von individuellen Fehlverhalten zu kollektiven Fehlenwicklungen, insbesondere bei Grossrisiken*», 1995; igualmente in «*La responsabilidad penal de empresas: Evolución internacional y consequencias nacionales*», «*Responsabilidad Penal De Las Personas Juridicas*», *ADP*, 1996, n. de r. n.° 34.

[612] *Idem ibidem* c.n.t..

tos pode contribuir em princípio a um equilíbrio entre a culpa individual e a responsabilidade colectiva: a ampla responsabilidade penal objectiva, até agora vigente, o actuar em nome de outrem (*responsabilité du fait d'autri*) deve ser desterrada mediante a introdução no núcleo do Direito Penal da responsabilidade das empresas[613]». Como veremos ao longo deste trabalho, as designadas «reacções atípicas que o legislador qualificou como "penas"» e que afectam a pessoa colectiva, não só são teorizáveis nos quadros do Direito Penal como, pela exigência de respeito pelos Direitos Fundamentais e Garantias dos Entes Colectivos, o deverão inevitavelmente – do ponto de vista do Direito Penal funcional e social de protecção de bens jurídicos individuais e colectivos – ser! *To be or not to be!*

Já nos dizia o Dr. António Crespo Simões de Carvalho, com o nosso grifo, nos anos de 1937-1938[614]: «O certo é que, entre nós, as pessoas colectivas podem sofrer dissolução e outros castigos aplicados por via administrativa. Basta compulsar as nossas leis administrativas para encontrarmos vários casos desta ordem. Tais medidas, por não serem de aplicação jurisdicionalizada, não podem ser consideradas penas *pròpriamente* ditas. Cremos todavia que, numa futura remodelação do nosso *antiqüado* sistema penal, essas medidas tomarão o carácter de jurisdicionais. Com efeito, já atrás expusemos as razões que a tal conclusão nos levavam e julgamos ter provado que essas medidas têm todos os requisitos naturais para que de futuro venham a ser jurisdicionalizadas e aplicadas com as garantias que actualmente rodeiam a aplicação de penas».

Pelo que, também nós – do ponto de vista de todo este Capítulo III – só podemos concluir pela constitucionalidade de normas penais como são o art. 7.° do RJIFNA, o art. 7.° do RJIFA ou o art. 7.° do presente RGIT.[615]

---

[613] Cfr. Desportes/Le Gunehec, *Juris-Classeur pénal*, art. 121-2, *Responsabilité pénale des personnes morales* [1994], n. 31; Pradel, Le nouveau *Code pénal français*, *Revue de droit pénal et criminologie* [1994], p. 932; *apud* Günter Heine ibidem idem.

[614] In «A responsabilidade penal das pessoas colectivas», RDJP, 1937-1938, n.° 74, p. 18

[615] Cfr., contudo, o Acórdão do T. Consti. 90-122-1 (Proc. 89-0159), cujo Relator foi o Dr. Monteiro Dinis, de 18 de Abril de 1990, que sumariamente refere o seguinte: «Aplica a declaração de inconstitucionalidade, com força obrigatória geral, constante do Acórdão n.° 414/89 relativa à norma do artigo 21.° do Decreto-Lei n.° 187/83, de 13 de Maio, que respeita à responsabilidade criminal das pessoas colectivas por crimes de contrabando. § Declarada inconstitucional com força obrigatória geral determinada norma, o Tribunal Constitucional limita-se a aplicar a declaração nos casos concretos submetidos a sua apreciação».

CAPÍTULO IV

DIREITO COMPARADO E DIREITO COMUNITÁRIO

1. Introdução ao Direito comparado

Nas nossas incursões de investigação em termos de direito comparado e direito comunitário não vamos, propositadamente, cingir-nos à responsabilização das pessoas colectivas no âmbito do Direito Penal fiscal. Tal perspectiva iria prejudicar irremediavelmente este nosso trabalho, designadamente neste capítulo, que pretende perscrutar, ainda que duma forma singela e minimalista, como são responsabilizadas as pessoas colectivas em ordenamentos jurídicos diversos do português – com particular destaque para o Direito de alguns dos actuais Estados membros da União Europeia, como o francês, alemão, italiano e espanhol (*passim* nos Capítulos V, VI e VII); e do próprio Direito da UE; não esquecendo, por outro lado, o direito anglo-saxónico –, mas também vamos, abordar a forma como são responsabilizadas as pessoas colectivas noutros ramos do Direito, que não somente o Direito Penal fiscal. Tal intento – que nos parece não poder ser demasiado redutor, mas com toda a certeza também o não será demasiado desenvolvido – procura captar de forma muito sintética os princípios e regras fundamentais do direito comparado que regem a responsabilidade das pessoas colectivas.

As tentativas de harmonização do Direito Penal no contexto da UE exigem uma aprofundada atenção ao estudo do Direito comparado[616]

---

[616] Seguimos sobretudo, embora sem recair impossivelmente sobre todos, os textos do livro Doelder/Tiedemann in «*La Criminalisation du Comportement Collectiff/Criminal Liability of Corporations*, The Hague/London/Boston, Kluwer Law International, 1996, no

como pressuposto adequado de oposição ao desenvolvimento da macrocriminalidade transnacional organizada e às tendências de homogeneização da justiça criminal. A globalização ou mundialização da criminalidade organizada, no contexto duma sociedade do risco, está a levantar novos desafios duma forma bilateral[617] ao Estado de Direito democrático e à própria sociedade.

Uma nota fica desde já retida: actualmente não existe grande discussão político-criminal acerca do facto de ser necessário introduzir a responsabilidade das pessoas colectivas. O grande desencontro de opiniões doutrinárias centra-se na temática da sua compatibilidade com os princípios que governam a imputação de actos no Direito Penal.[618]

2. França

Na sequência da Revolução Francesa[619], verificou-se o triunfo da ideia individualista de não responsabilizar as pessoas colectivas: arquitectou-se um Direito Penal estruturado na responsabilidade pessoal e na cul-

---

qual destacamos, entre muitos outros que também merecerão a nossa atenção, em francês o texto de Klaus Tiedemann, com ligeiras diferenças em relação aos artigos doutrinais seguintes, in «*La criminalisation du comportement collectif*», *Rapport Général au XIVe Congrés International de Droit Comparé, La Criminalisation du Comportement Collectiff/Criminal Liability of Corporations*, The Hague/London/Boston, Kluwer Law International, 1996, pp. 11-29; Klaus Tiedemann em castelhano in «*Responsabilidad Penal De Personas Jurídicas Y Empresas En Derecho Comparado*», RBCC, ano 3, n.º 11 – Julho-Setembro – 1995, pp. 21-35; ou ainda em castelhano, numa tradução diferente (Diego Iniesta – Albacete), in «*Responsabilidad penal de personas jurídicas, otras agrupaciones y empresas en Derecho Comparado*», em «*La Reforma de la Justicia Penal*», Publicaciones de la Universitat Jaume I, Castelló de la Plana, 1997, pp. 43-44; ou, também em castelhano, in «Responsabilidad Penal De Las Personas Juridicas», em «*Anuario de Derecho Penal*», Lima-Perú, 1996, Universität Freiburg, Prof. José Hurtado Pozo.

[617] Dizemos bilateral, porque não só não queremos que a macrocriminalidade ponha em perigo ou danifique o Estado de Direito democrático, como também não corroboramos dum Direito Penal global de carácter *paternalista*, qual instrumento político, que apenas por razões de eficácia se torna espezinhador dos mais elementares Direitos Fundamentais e garantias, que permitem o livre desenvolvimento e realização da pessoa na comunidade.

[618] *Vide* Silvina Bacigalupo in «*La Responsabilidad Penal De Las Personas Jurídicas*», 1998, p. 313.

[619] Para uma análise histórico-envolvente *vide* o nosso Capítulo III deste trabalho.

pabilidade fundada na reprovação moral do delinquente.[620] A responsabilidade das pessoas colectivas era então impensável para as Câmaras de Justiça que sistematicamente sentenciavam a impossibilidade de lhes ser aplicada uma pena, nem que fosse simplesmente uma pena pecuniária.[621] Segundo o Professor Universitário francês de Direito Penal de *Poitiers*, Jean Pradel, a Ordenança de 1 de Dezembro de 1986 previa, no seu art. 13.º, a possibilidade de impor uma «sanção pecuniária» a uma empresa, a qual o mesmo considerava ser uma sanção quase-penal.[622]

Justamente a responsabilidade penal das agrupações de pessoas, foi um dos principais assuntos a ser tratado pela Comissão de Reforma do Código Penal de 1974. O Anteprojecto de 1983[623] alvitrava uma respon-

---

[620] O Código Napoleónico Penal de 1810 consagrou o princípio da responsabilidade penal pessoal.

[621] *Vide* J. Pradel, em castelhano, in «*Anuario de Derecho Penal*», 1996, p. 82, com diversa indicação de jurisprudência nesse sentido na n. de r. n.º 10, onde cita o seguinte, c. n. t. l.: «Com efeito "a multa é uma pena e toda a pena é pessoal; salvo as excepções previstas pela lei; esta não pode portanto ser pronunciada contra uma pessoa jurídica, a qual não pode ser responsável senão civilmente"». O mesmo ilustre Autor refere um exemplo legislativo anterior e, portanto, com uma outra posição, c. n. t. l.: «A Ordenança criminal de 1670 (título 21) assinalava, em cinco artigos, as formas de processar as colectividades e indicava as penas que lhes podiam ser impostas (especialmente, multas e privação de privilégios)».

[622] *Vide* J. Pradel in op. cit., p. 83, onde refere, c. n. t. l., que: « (...) esta sanção é quase penal por duas razões: o seu conteúdo assemelha-se a uma multa, o processo (no castelhano *procedimiento*) é bastante similar ao processo seguido perante um juiz penal». *Vide*, contudo, no Capítulo I, o Prof. Doutor Figueiredo Dias, acerca das diferenças entre Direito Penal clássico, Direito Penal secundário e direito contra-ordenacional.

[623] Podemos remeter-nos ainda ao anteprojecto – definitivo – do *Code Pénal* de 1978. Nos artigos 37-39 alargavam-se as regras da responsabilidade penal a «toda a agrupação cuja actividade seja de natureza comercial, industrial ou financeira» (art. 37.º). Além desta declaração geral de responsabilidade, precisava-se no art. 38.º, as condições ou requisitos necessários para poder imputar um delito a uma pessoa jurídica: a) que o delito tenha sido cometido por vontade deliberada dos seus órgãos; b) que o delito fosse cometido no seu nome; e c) que o delito fosse cometido no interesse colectivo. Por seu lado, este art. 38.º referia na sua parte final que: «quando o delito não tenha sido cometido no interesse colectivo, serão penalmente responsáveis pela infracção os membros da agrupação, pessoas físicas ou grupos, por cuja vontade e por cujo interesse os factos tenham sido realizados. Por outro lado, só se considerava dentro das disposições as «pessoas morais», excluindo as que careciam de tal personalidade, assim como as pessoas físicas que houvessem actuado por sua conta (v.g., as pessoas jurídicas ainda em fase de constituição). Quanto a isto tudo *vide* Mireille Delmas-Marty in «*Strafbarkeit und Strafhaftung multinationaler Unterneh-*

sabilidade mais alargada, abarcando inclusivamente as agrupações sem personalidade jurídica e as pessoas jurídicas (para nós, colectivas) de direito público, assim como – chamamos a atenção para este facto! – a própria responsabilidade penal da pessoa colectiva (os franceses preferem pessoa moral), sem necessitar dum facto vinculante.[624]

O fruto da discussão resultou na luz que acabou por ficar plasmada no art. 121-2 do *Noveau Code Pénal*[625], a consagração, ao nível do designado Direito Penal comum, da responsabilidade penal das pessoas colectivas mediante certos pressupostos. Entretanto, é importante salientar que tanto o *Conseil d'Etat* como o *Conseil Constitutionnel* não viram qualquer problema de constitucionalidade na assunção desta responsabilidade.[626] Parece-nos também bastante relevante anotar o facto do art. 121-2 (em conjugação com o princípio da territorialidade do art. 113-2) permitir submeter ao Direito Penal francês as pessoas jurídicas estran-

---

men», apud Klaus Tiedemann in «*Multinationale Unternehmen und Strafrecht*», 1980, pp. 73 e ss.; igualmente Mireille Delmas-Marty/Teigen-Colly in «*Vers un droit administratif pénal*?», p. 175; *apud* Silvina Bacigalupo in op. cit., p. 326.

[624] *Vide* Mireille Delmas-Marty in «*La responsabilité pénale des groupements*», RIDP, 1980, pp. 39 e ss.; p. 45, *apud* Laura del Carmen Zúñiga Rodríguez in op. cit., p. 112. Parece-nos que se refere ao facto de ligação ou facto de conexão (facto ou eixo de conexão ou nexo de imputação do facto de ligação: *Anknüpfungstat/Bezugstat*) da actuação culposa da pessoa singular (normalmente agindo na qualidade de órgão ou representante) que se comunicará à pessoa colectiva, responsabilizando-a desta forma.

[625] *Lois du 22 de Juillet 1992*. Contudo o novo CP francês entrou em vigor apenas em 1 de Março de 1994. É o seguinte o texto do art. 121-2 do CP francês já depois da última revisão:

(*Loi n.° 2000-647 du 10 juillet 2000 art. 8 Journal Officiel du 11 juillet 2000*) § «*Les personnes morales, à l'exclusion de l'Etat, sont responsables pénalement, selon les distinctions des articles 121-4 à 121-7 et dans les cas prévus par la loi ou le règlement, des infractions commises, pour leur compte, par leurs organes ou représentants.* § *Toutefois, les collectivités territoriales et leurs groupements ne sont responsables pénalement que des infractions commises dans l'exercice d'activités susceptibles de faire l'objet de conventions de délégation de service public.* § *La responsabilité pénale des personnes morales n'exclut pas celle des personnes physiques auteurs ou complices des mêmes faits, sous réserve des dispositions du quatrième alinéa de l'article 121-3*».

[626] Uma decisão do *Conseil Constitutionnel* de 30 de Julho de 1982 referia que «Não existe nenhum princípio constitucional que proíba impor sanções pecuniárias ou multas às pessoas jurídicas». *Vide*, novamente, Mireille Delmas-Marty in «*Die Strafbarkeit juristischer Personen nach dem neuen französischen Code Pénal*», *Bausteine des europäischen Wirtschaftsstrafrecht*, Madrid, *Symposium für* Klaus Tiedemann, 1994, pp. 304 e ss..

geiras.⁶²⁷ O requisito essencial para responsabilizar as pessoas colectivas, é que estas estejam constituídas com personalidade jurídica.⁶²⁸

O Estado não pode ser responsabilizado penalmente, pois detendo o monopólio do direito de penalizar, não pode castigar-se a si mesmo.⁶²⁹ A grande novidade do CP francês reside no facto de estar consagrada a responsabilidade penal das pessoas jurídicas (colectivas) de Direito Público. Os principais argumentos da punibilidade das mesmas são os seguintes⁶³⁰: a) parte-se do facto de que a pessoa colectiva de Direito público é capaz de delinquir, já que é capaz de formar (ou formular) uma vontade unitária; b) tende-se a fazer referência à realidade criminológica, onde, as pessoas colectivas de direito público, dispõem de enorme influência e poder em áreas de importância tão fulcral como são as da saúde pública, do meio ambiente, da economia, da legislação de carácter social e muitas outras.⁶³¹ Além disso, parece-nos – e por isso acrescentamos – que a gestão da coisa pública, quando (ainda que não só) exercida por pessoas colectivas de

---

⁶²⁷ Não obstante, o juiz deverá certificar-se, antes de se poder processar uma pessoa jurídica estrangeira se, de acordo com o Direito estrangeiro em causa, se reconhece à empresa em questão capacidade jurídica. *Vide* B. Bouloc in «*La criminalisation du comportement collectif – France*», *La criminalisation du Comportement Collectif/Criminal Liability of Corporations,* 1996, pp. 239-240, o qual acrescenta que: «*Réciproquement, une société française commettant des agissements à l'étranger pourra être poursuivie en France, si les règles de la compétence internationale justifien la compétence des tribunaux français*», i.e., verifica-se também a possibilidade de responsabilizar penalmente uma sociedade francesa que cometa delitos no estrangeiro, se as regras de direito internacional assim justificarem a competência dos tribunais franceses. O ilustre Autor chama ainda atenção para a complexidade do problema, quando estão em causa grupos de sociedades multinacionais.

⁶²⁸ Ou seja, nem as sociedades transnacionais, *holdings*, multinacionais, grupos económicos e outros similares, se não tiverem personalidade jurídica – o que é contraditório face à sua crescente importância no contexto da globalização/mundialização e da sociedade de risco -; nem as sociedades de facto e as sociedades de participação reguladas nos artigos 1871 e 1873 do Código Civil francês, estão abrangidas por tal responsabilização penal. Ora, o art. 7.º do RGIT refere a possibilidade de responsabilidade das pessoas colectivas, sociedades, ainda que irregularmente constituídas e entidades fiscais equiparadas.

⁶²⁹ *Vide* Jean Pradel in op. cit., p. 83; mas também *vide* B. Bouloc in op. cit., p. 238.

⁶³⁰ Ferrier chama a atenção para a própria necessidade de sancionar também os organismos públicos in «*Une grave lacune de notre démocracie: L'irresponsabilité pénale des personnes administratives*», 1983, *RSC*, pp. 395 e ss..

⁶³¹ *Vide* Silvina Bacigalupo in op. cit., p 328.

direito público, deverá ser manifestamente exemplar.[632] Assim, existe uma importante excepção à não penalização do Estado e que está positivada no 121-2, 2.º parágrafo, do CP francês: as colectividades territoriais e as suas agrupações[633] serão responsabilizadas penalmente quando se trata de infracções cometidas no exercício de actividades que podem ser objecto de convenções de delegação de serviço público.[634] O princípio da especialidade – em relação à penalização das acções ou omissões das pessoas singulares – também está consagrado no art. 121-2 do CP francês, pois só em casos previstos na lei ou em regulamento (técnica do *numerus clausus*) é possível que exista responsabilidade penal das pessoas colectivas: objectivamente, pela prática de delitos ou infracções (por acção ou omissão), por um seu órgão ou representante e, subjectivamente, por sua conta. Por isso mesmo, muitos domínios de importância extrema escapam[635] à responsabilidade das pessoas colectivas. É o caso do tema – também – deste trabalho, i.e., o direito tributário ou aduaneiro, mas igualmente o direito das sociedades comerciais, o direito do consumidor e grande parte do direito do trabalho, embora este último com algumas excepções. De resto, o novo CP francês prevê a responsabilidade das pessoas colectivas no que concerne, v.g. e entre outros, ao genocídio, homicídio, tráfico de estupefacientes e branqueamento de capitais, experimentação médica, «proxenetismo», «violação da vida privada», furto, extorsão, burla, abuso de confiança, receptação, «danos», insolvências fraudulentas, atentados aos sistemas informáticos, espionagem, «atentado», corrupção, tráfico de influências, falsificação de documentos e de moeda, terrorismo, usurpação

---

[632] Cfr., novamente, o n.º 2 do art. 12.º da CRP (Princípio da Universalidade).

[633] *Vide* B. Bouloc in op. cit., p. 238: «*collectivités territoriales et leurs groupements (régions, départements, communes notamment)*».

[634] Esta limitação é importante pragmaticamente, pois é frequente que as comunas explorem através de concessões um serviço de transporte escolar, de distribuição e água, de parques de estacionamento e muitos outros. Em tais casos, tanto a comuna como a sociedade concessionária podem ser responsabilizadas. *Vide* Jean Pradel in op. cit., p. 83. Quer dizer que essas actividades podem ser asseguradas por outras pessoas de Direito público ou Direito privado: *vide* B. Bouloc in op. cit., p. 239. Não se trata do exercício de *potestas* pela administração pública, mas duma actividade que pode ser realizada por outra pessoa distinta da administração pública ou privada.

[635] Nesse sentido *vide* J. Pradel in op. cit. pp. 86-87. Franchi, criticando as escolhas de disposições contempladas que são susceptíveis de permitirem a responsabilidade das pessoas colectivas, chega mesmo a perguntar «*A quoi peut bien servir la responsabilité pénale des personnes morales?*», 1996, in *RSC*, pp. 277 e ss..

de funções ou de título e muitos outros. No contexto das *contravenções* francesas, por seu lado, a responsabilidade das pessoas colectivas também está prevista para, por exemplo, os atentados voluntários à integridade das pessoas, a difusão de mensagens indecentes, a utilização de pesos e medidas diferentes às estabelecidas por lei. Existem também diversas leis posteriores ao novo CP francês, como a Lei de adequação de 16 de Dezembro de 1992, que prevê várias vezes a responsabilidade das pessoas colectivas. É o caso dos atentados aos interesses fundamentais da nação em tempos de guerra, as infracções ao direito de autor ou as infracções ambientais. Um grande número de leis posteriores consagrou a referida responsabilidade, como por exemplo: a Lei de 29 de Janeiro de 1993 sobre infracções em matéria de preços; a Lei de 20 de Dezembro de 1993 em matéria de Direito do trabalho; a Lei de 2 de Fevereiro de 1995 acerca da protecção do meio ambiente, para certas infracções tratadas no Livro II do novo Código Penal francês (preservação dos meios aquáticos e protecção do património piscícola), no Decreto de 9 de Janeiro de 1952 sobre a pesca marítima, na Lei de 7 de Julho de 1976 sobre a poluição marinha e numa outra da mesma altura sobre a poluição do mar por actos de incineração (art. 81.º); uma Lei de 13 de Maio de 1996 sobre a responsabilidade das pessoas colectivas no branqueamento de capitais (art. 324-9 do CP francês) e muitas outras.[636]

2.1. *Exigência de cometimento da infracção por um órgão ou representante da pessoa colectiva*

Os anteprojectos do *Nouveau Códe Pénal* tinham ido muito mais longe ao consagrarem a própria *imprudência* da sociedade como fundamento da responsabilidade penal das pessoas colectivas.[637] No entanto, acabou por se positivar a chamada responsabilidade delegada – Donnedieu

---

[636] *Vide* J. Pradel in op. cit., pp. 86 e ss., o qual refere que a técnica utilizada pelo legislador acarreta o perigo de conduzir a que, sobretudo teoricamente, os juízes, desejosos de castigarem uma pessoa colectiva, incorram na eleição duma norma que preveja a responsabilidade das pessoas colectivas e não uma qualificação «vizinha» que não o preveja igualmente (v.g., abuso de confiança e não abuso dos bens sociais, ou então, pôr em perigo uma pessoa e não violação pelo empregador das regras de higiene e segurança).

[637] *Vide* Mireille Delmas-Marty in «*La responsabilité pénale des groupements*», RIDP, 1980, p. 45.

de Vabres falava em *substratum* humano – [638] (ou responsabilidade cumulativa), pois o facto vinculante (de conexão) devia ser praticado por um representante ou órgão da pessoa colectiva. Plasma-se penalmente, deste modo, a teoria do órgão. Exige-se, pois, a acção (ou omissão) duma ou mais pessoas físicas que actuam como órgão ou representante legal da pessoa colectiva. A pessoa colectiva só actua por intermédio de um acto ou omissão dum ser humano, os quais constituem razão da sua eventual responsabilidade penal. Ora, surgem precisamente aqui duas dificuldades: 1.ª o representante ou órgão de facto[639] vinculará a pessoa colectiva?; 2.ª e se o representante ou órgão de direito ultrapassam as suas atribuições? Embora reine o silêncio no actual CP francês quanto à primeira questão, parece que continua a imperar a influência da Ordenança de 5 de Maio de 1945 sobre as empresas de comunicação que houvessem colaborado com o inimigo. É que os actos do gerente só responsabilizavam a pessoa colectiva se o mesmo tivesse sido nomeado de acordo com a lei e os estatutos[640]; no que diz respeito à segunda questão, parece que a pessoa colectiva não poderá deixar de ser responsabilizada por actos excessivos dum gerente legalmente nomeado, pois caso contrário deixaria de ter qualquer sentido a própria responsabilidade das pessoas colectivas.[641]

---

[638] *Vide* Jean Pradel in op. cit., p. 89.

[639] Precisamente o contrário do homem de palha ou falso gerente que dispõe do título de direito, mas não tem o verdadeiro poder.

[640] *Vide*, contudo, Paris, 21 de Dezembro de 1949, D. 1950, 434, nota de Donnedieu de Vabres, sentença na qual se decidiu no sentido contrário, *apud* Jean Pradel in op. cit., n. de r. n.º 19.

[641] *Vide*, v.g., os pressupostos da pena de dissolução prevista na alínea g) do n.º 1 do art. 17.º do RGIT; *vide* ainda J. Pradel in op. cit. p. 89. Diz-nos A. Cœuret in «*Les propositions "Espace judiciaire européen" confrontées à la situation en France*», 1996, subordinado ao tema: «*La responsabilité pénale dans* l'entreprise...», *RSCDPC*, 1997, p. 307, referindo-se ao «agir em nome do agrupamento» que surgiu como complemento do modelo clássico de imputação derivado do Direito civil baseado nos actos ou omissões dos órgãos ou representantes juridicamente qualificados, para agir em nome da pessoa colectiva: «*La première précision permet de trancher une difficulté d'interprétation qui est celle du sort de l'infraction commise par un organe ou représentant en situation de dépassement de compétence, puisqu'alors celui-ci est au moins toujours une personne qui agit au nom du groupement (Y compris pour le représentant, sur la base d'un mandat apparent. Sur les prises de position contradictoires des commentateurs français relativement à cette question, voir en faveur de l'inclusion*: Merle et Vitu, *Traité de droit pénal*, n.º 505)».

No que diz ainda respeito à primeira questão, i.e., se entendermos que os actos ou omissões criminosos dos órgãos ou representantes de facto não são susceptíveis de responsabilizar a respectiva pessoa colectiva, segundo o actual Código Penal francês, então correremos o risco de resvalar num excessivo formalismo que vai deixar incólumes – do ponto de vista desta responsabilidade colectiva – uma série de actos (ou omissões) de altos cargos directivos que disfrutam de enorme e pragmático poder fáctico, sem qualquer exigência de nomeação formal, no seio das mais variadas pessoas colectivas. De qualquer forma, para um Estado de Direito legitimado democrático-constitucionalmente pode ser mais pernicioso violar o princípio da legalidade do que ser excessivamente formalista por respeitá-lo.

2.2. Exigência de actuação por um órgão ou representante por conta da pessoa colectiva

Mas afinal não é fácil discernir quando é que o órgão ou representante actua (ou omite) «por conta» da pessoa colectiva. Em França passou-se do polémico «*en son nom et dans l'interêt collectif*», o qual é semelhante àquilo que está previsto no n.º 1 do art. 7.º do RGIT, para o, não menos problematizante, «*pour leur compte*». Ambas as expressões são dúbias quanto à sua interpretação. Actuar por conta da pessoa colectiva significa actuar em seu proveito ou interesse e, como é lógico, a pessoa colectiva não é responsável se o representante ou órgão actuou ou omitiu uma acção por interesse próprio ou de um terceiro – face a essa pessoa colectiva – e inclusive contra os interesses da própria e mesma pessoa colectiva. No entanto, em algumas das situações, torna-se difícil definir qual é esse interesse. O interesse do representante ou órgão coincide muitas das vezes com um grupo da sociedade em questão; ou com certos accionistas importantes; ou com um conjunto de trabalhadores e não com o interesse geral da sociedade.[642]

---

[642] Cfr. este assunto – o qual continua a oferecer enormes dificuldades de interpretação –, no Capítulo V.

2.3. A designada responsabilidade paralela, reflexa ou derivada (ou cumulativa)

O busílis da questão é, pois, indicar com precisão a vinculação e/ou conexão ou ligação entre a responsabilidade da pessoa colectiva e a responsabilidade do seu órgão ou representante. É de destacar[643] que, conforme o terceiro parágrafo do art. 121-2 do CP francês, a verificação da responsabilidade penal da pessoa colectiva não exclui, de forma alguma, a responsabilidade penal na qual ingressou a pessoa física singular pelos mesmos factos, sob reserva do disposto no quarto parágrafo do art. 121-3 do CP francês.[644] A solução legislativa parece apontar indubitavelmente para uma responsabilidade paralela de ambos, i.e., a pessoa colectiva e o seu órgão ou representante. Isto significa que a responsabilidade penal da pessoa colectiva não prescinde da imputação da responsabilidade penal respectiva do órgão ou representante. Todavia, o que, também na nossa opinião, não está perfeitamente esclarecido na lei, ou seja, encontra-se sujeito a interpretação dos Tribunais e da Jurisprudência – pelo menos até este ponto da nossa investigação! -, é saber se a responsabilidade penal dos órgãos ou representantes é realmente vector duma exigência «*sine qua non*» de responsabilidade da pessoa colectiva (v.g. sociedade), ou se, pelo contrário, se pode sancionar essa mesma pessoa colectiva apenas por inter-

---

[643] Nomeadamente na sequência dos pontos 2.1 e 2.2 deste Capítulo.

[644] Refere o seguinte o art. 121-3 do CP francês: § *(Loi n.° 96-393 du 13 mai 1996 art. 1 Journal Officiel du 14 mai 1996)* § *(Loi n.° 2000-647 du 10 juillet 2000 art. 1 Journal Officiel du 11 juillet 2000)* «*Il n'y a point de crime ou de délit sans intention de le commettre. § Toutefois, lorsque la loi le prévoit, il y a délit en cas de mise en danger délibérée de la personne d'autrui. § Il y a également délit, lorsque la loi le prévoit, en cas de faute d'imprudence, de négligence ou de manquement à une obligation de prudence ou de sécurité prévue par la loi ou le règlement, s'il est établi que l'auteur des faits n'a pas accompli les diligences normales compte tenu, le cas échéant, de la nature de ses missions ou de ses fonctions, de ses compétences ainsi que du pouvoir et des moyens dont il disposait. § Dans le cas prévu par l'alinéa qui précède, les personnes physiques qui n'ont pas causé directement le dommage, mais qui ont créé ou contribué à créer la situation qui a permis la réalisation du dommage ou qui n'ont pas pris les mesures permettant de l'éviter, sont responsables pénalement s'il est établi qu'elles ont, soit violé de façon manifestement délibérée une obligation particulière de prudence ou de sécurité prévue par la loi ou le règlement, soit commis une faute caractérisée et qui exposait autrui à un risque d'une particulière gravité qu'elles ne pouvaient ignorer. § Il n'y a point de contravention en cas de force majeure*».

médio da responsabilidade objectiva do órgão ou representante, sem exigência de prova da sua culpabilidade individual. *Brevitatis causa*, o problema é saber se é exigível um facto vinculante (ou um facto de conexão) duma pessoa física autorizada que realize o delito com dolo ou negligência, ou se é suficiente uma actuação ou omissão ilícita. É preciso desemaranhar se estamos perante uma responsabilidade delegada por facto de outro ou duma responsabilidade da própria pessoa colectiva.[645]

É curioso que nos trabalhos parlamentares do novo CP francês se assinalou que a responsabilidade penal das pessoas colectivas «evitará pôr em jogo a responsabilidade do patrão o qual, muitas vezes, não tem nada a ver com o delito, mas a quem se procura perseguir porque é o responsável da empresa».[646]

Os Tribunais e Magistrados têm duas alternativas: 1.ª ou processam e condenam somente uma das pessoas, v.g., a pessoa colectiva: teoria da responsabilidade alternativa; 2.ª ou, em contrapartida, responsabilizam a pessoa física e a pessoa colectiva: teoria da acumulação de responsabilidades. Numa decisão do Tribunal Correccional de Paris, de 3 de Novembro de 1995, consagrou-se a teoria da realidade da pessoa colectiva ou da sua própria responsabilidade, i.e., «a que reconhecendo à agrupação uma vontade própria, permite libertar-se claramente da constatação prévia da responsabilidade dos indivíduos». Fala-se ainda duma sociedade que «cometeu uma negligência grave susceptível de dar lugar à sua responsabilidade». Por seu lado, numa sentença do Tribunal Correccional de Versalhes, de 18 de Dezembro de 1995, assinala-se que o delito «é fruto duma política deliberada da empresa». Nestas duas decisões jurisprudenciais pressupõe-se que existem duas infracções: uma praticada pela pessoa física e outra cometida pela pessoa colectiva, a qual dispõe duma vontade própria. Já num lote de decisões jurisprudenciais diversas, procede-se como se não existisse mais do que uma só infracção imputada a duas pessoas distintas: a pessoa colectiva e o directivo. O que corresponde ao art. 121-2, parágrafos primeiro e terceiro, do novo CP francês. Neste contexto é considerada uma decisão do Tribunal Correccional de Verdun, de 12 de Julho de 1995, onde é compreendida tanto a pessoa colectiva como a pessoa física. Nestes casos, a responsabilidade da pessoa colectiva deduz-se da crimina-

---

[645] *Vide* em sentido similar Zúñiga Rodríguez in op. cit., pp. 117-118.
[646] *Vide* J. Hyest, 12 de Outubro de 1989, p. 3405, segunda coluna, *apud* J. Pradel in op. cit.., n. de r. n.º 20.

lidade – por actuação ou omissão – da pessoa física (*emprunt de criminalité*).[647] Parece – afinal! – tratar-se duma responsabilidade deduzida.

A responsabilidade penal do órgão ou representante é *l'élément intentionnel du délit* para responsabilizar a pessoa colectiva (v.g. sociedade). Desta forma, o órgão ou representante tem que necessariamente actuar (ou omitir) com dolo ou negligência e tem que ser efectivamente culpado, i.e., não pode actuar ao abrigo de causas de justificação, em estado de erro ou ser inimputável. Ora, a doutrina parece ser largamente favorável à tese da responsabilidade delegada ou reflexa, pois exige uma omissão ou actuação culpável do órgão ou representante legal.[648] Esta arquitectura de responsabilidade jurídica acarreta, pois, a exigência de marcação do *injusto* (ilícito) e da culpa das pessoas individuais autoras que actuam ou omitem em representação ou como órgãos da pessoa colectiva. Para chegar à responsabilidade da pessoa colectiva, teremos que fazer derivar a imputação da responsabilidade da pessoa física, que terá que actuar ou omitir com dolo ou negligência devidamente comprovadas: daí também rotular-se de responsabilidade derivada. Deste modo, torna-se fácil concluir das dificuldades encontradas para localizar individualmente o órgão ou representante – como autores aos quais se tem que imputar subjectivamente o facto, seja por dolo ou negligência –[649], em complexas organizações estruturadas horizontal e verticalmente. Assim, a grande dificuldade estará sempre em dissecar a responsabilidade dos factos produzidos ou causados por organizações estruturadas complexas, i.e., pessoas colectivas, os quais são factos extremamente difusos e disseminados. Isto é, será que o facto praticado (ou omitido) por uma pessoa colectiva é o mesmo facto que é praticado por uma pessoa física imputável? Voltaremos com maior pormenor a toda esta questão.

Jean Pradel distingue essencialmente duas situações:[650] 1.ª Infracções intencionais (ou de negligência grave) onde a acumulação de respon-

---

[647] Quanto a tudo isto *vide* Jean Pradel in op. cit., pp. 84 e ss.

[648] *Vide*, por todos, J. Pradel in «*La responsabilité pénale des personnes morales en droit français. Quelque questions*», numa conferência apresentada na Universidade de Friburgo, 1998, p. 6. Contra esta posição está Delmas-Marty in «*La responsabilité pénale des groupements*», RIDP, 1980, p. 45; *apud* Z. Rodríguez in op. cit., p. 118.

[649] *Vide* Zúñiga Rodríguez *ibidem*.

[650] Vamos seguir de perto o próprio Jean Pradel – como não poderia deixar de ser – in op. cit. pp. 91-93.

sabilidades Lhe parece razoável. Tanto a pessoa física, primeiro, como a pessoa colectiva, depois, podem ser penalmente «perseguidas», pois esta resulta beneficiada do crime e está representada pelos seus dirigentes que são o seu cérebro e que com a mesma se identificam. Ou seja, a culpa dos directivos poderá ser assimilada à culpa da pessoa colectiva ela mesma, ao ponto de se lhe poder atribuir[651]; 2.ª infracções não intencionais e *contravenções* onde admite a responsabilidade isolada da pessoa colectiva que foi submetida a uma gestão deficiente. Jean Pradel admite esta responsabilidade única da pessoa colectiva como uma regra geral. Nesse sentido evoca a circular de aplicação de 14 de Maio de 1993, «com relação às infracções por negligência e por omissão», a qual refere o seguinte[652] «a responsabilidade penal de uma pessoa moral pode ser considerada ainda quando não se estabeleceu a responsabilidade penal da pessoa física: com efeito, estas infracções podiam haver sido cometidas pelos órgãos colectivos da pessoa moral sem que seja possível descobrir o papel de cada um dos seus membros e de imputar a responsabilidade pessoal da infracção a um indivíduo determinado».[653] Por outro lado, considera-se ainda uma sub-segunda e outra situação: o processo penal estabelece a actuação (v.g. criminal) do directivo ou dirigente, mas a mesma é excessivamente ténue.[654] Ora, nestes dois últimos casos o ilustre Autor considera possível aplicar o princípio da perseguição penal isolada da pessoa colectiva: o que possibilita a designação dum representante no interesse das vítimas.[655] No

---

[651] Neste sentido, a teoria jurisprudencial inglesa da identificação in Pradel, *Droit pénal comparé*, 1995, n. 219; *apud* Jean Pradel in op. cit., n. de r. n.º 26. O ilustre autor francês ainda aponta uma outra imposição de perseguição penal c.n.t.: «os casos em que a pessoa colectiva houvesse sido criada com o fim de cometer infracções», mas parece-nos que as pessoas colectivas cuja actividade ou finalidade sejam a prática de infracções (v.g. crimes fiscais) são associações criminosas: cfr. art. 299.º do CP.

[652] C.n.t..

[653] Na nossa opinião, parece-nos que antes dessa dificuldade está o obstáculo de responsabilizar as pessoas colectivas por factos criminais que foram praticados no seu seio e por sua causa, mas que não são atribuíveis a seus órgãos ou representantes, ainda que colectivos.

[654] Ou a mesma prática de crime individual – acrescentamos nós – só poderia ser feita no seio da complexidade duma organização colectiva (não esquecendo os outros pressupostos que determinam a responsabilidade da pessoa colectiva).

[655] Refere J. Pradel in op. cit. *ibidem* c.n.t.: «Ademais, isto adequa-se, senão ao conteúdo literal da lei (o art. 121-2 CP), pelo menos à vontade do legislador, expressada na exposição de motivos de Fevereiro de 1986»!

entanto, acrescenta-nos ainda o ilustre Autor que, excepcionalmente, se a *falta* do directivo ou delegado é séria e se encontra provada, o processo poderá alcançar tanto a pessoa moral (i.e., para nós, colectiva) como a pessoa física.

O cerne da questão será, pois, saber se estamos perante uma responsabilidade própria da pessoa colectiva ou reflexa ou derivada do órgão ou representante.

3. Alemanha

No que concerne especificamente ao «Direito Penal fiscal» alemão estava outrora prescrito o seguinte: quando o representante duma pessoa colectiva ou física cometesse, em realização do seu poder de representação, uma infracção fiscal, a pessoa representada era responsável «civilmente» a respeito da multa (coima) inflingida ao representante (§ 416 RAO [anterior Código Geral dos Impostos]). Esta regulamentação foi revogada em 1967. Actualmente, no Direito *«penal»* fiscal, a regulamentação do parágrafo 30 OWiG – sobre o qual nos debruçaremos adiante – e as regulamentações acerca da perda de direitos e confiscação são aplicáveis a respeito das pessoas colectivas.[656]

O Tribunal Constitucional Federal alemão (*BVerfG*) afirmou em 1966 (*BVerfGE* 20, 323) que o princípio da culpa tem ressonância constitucional e que as suas consequências também são aplicáveis à responsabilidade sancionatória das pessoas colectivas.[657]

---

[656] *Vide* Hans Joachim Hirsch in «*La criminalisation du comportement collectif – Allemagne*», *La criminalisation du Comportement Collectif/Criminal Liability of Corporations*, 1996, p. 53. Será este último texto, entre outros, que igualmente seguiremos de muito perto e cuja versão no original alemão pode ser encontrada in «*Strafrechtliche Verantwortlichkeit von Unternehmen*», *Zeitschrift für di gensamte Strafrechtswissenschaft*, n.º 107, 1995. O ilustre Autor utiliza a expressão *«droit pénal fiscal»*. Contudo o OWIG corresponde ao nosso RGIMOS.

[657] *Vide*, contudo, Hans Achenbach in «*Sanciones con las que se puede castigar a las empresas y a las personas que actúan en su nombre en el derecho alemán*», p. 382, c.n.t.: «Não obstante, a imputação à empresa como tal não está inteiramente excluída. O Tribunal Constitucional, na decisão de *Berlsmann-Lesering* de 25 de Outubro de 1966, no fundamental não a rechaçou; ainda que tenha aclarado que quando uma pessoa jurídica (colectiva) é demandada pelo seu comportamento culpável em sentido penal, então "só

Assim, o Direito alemão sublinhamos –, destrinça três degraus de imputação:[658] 1.º a sanção pode dirigir-se à pessoa individual que actua em nome da empresa. Por este prisma, no contexto da hierarquia da empresa, não se terá em conta o cargo do que actua, por forma que se dará uma imputação tipicamente *para abaixo*; 2.º a sanção pode igualmente ser dirigida aos responsáveis na direcção da empresa pelo comportamento da pessoa que actuou de forma mais imediata. Este nível de imputação *para acima* procura reagir contra a insofismável separação que se produz entre a responsabilidade e o comportamento. Separação essa que se deve à divisão do trabalho e à organização hierárquica das empresas, por forma a aumentar a eficácia da sanção; 3.º a empresa, como destinatária da imputação ela mesma. Com isso – no Direito alemão – exclui-se a imposição de penas propriamente ditas. Todavia é possível encontrar outras consequências jurídicas – à margem do âmbito nuclear do sistema de sanções – que são capazes de se impôr directamente à empresa como unidade supra-individual.

No que se refere ao Direito Penal clássico ou de justiça (o âmbito nuclear do Direito Penal ou *Direito Penal nuclear* ou *Kernstrafrecht*) vigora na Alemanha o princípio de que a sociedade não pode delinquir, i.e., o princípio da não responsabilidade penal da pessoa colectiva: *societas delinquere non potest*. Nesta linha de raciocínio, o sustentáculo do conceito de acção penal é que o mesmo seja realizado pelo Homem com sentimentos e pensamentos, pelo que as pessoas colectivas e as associações de pessoas são incapazes de realizar uma acção penal em sentido estrito. Só a pessoa humana e física é considerada susceptível de punição penal e já não a colectividade.[659]

---

pode ser determinante (*BVerfGE* 20, 323, 336) a culpabilidade das pessoas que actuaram no seu nome de forma responsável"».

[658] *Vide* Hans Achenbach in op. cit., pp. 382-383, a Quem seguimos as explicações teóricas.

[659] Cramer in Schönke/Schröder, StGB, 24.ª ed. 1991, *Vor* § 25 n. de r. n.º 113; Jescheck, *Strafrecht, Allgemeiner Teil*, 4ª ed. 1988, p. 204; Maurach/Zipf, *Strafrecht, Allgemeiner Teil*, t. I, 8ª ed., 1992, p. 187, et s.; Roxin, *Strafrecht, Allgemeiner Teil*, t. I, 1992, § n. de r. n.º 55 e ss.; Schmidhäuser, *Strafrecht, Allgemeiner Teil, Studienbuch*, 2.ª ed., 1984, p. 83; R Schmitt, *Strafrechtliche Maßnahmen gegen Verbände*, 1958, p. 196 e ss., 231. No mesmo sentido a jurisprudência constante de: RGSt. 16, 121, 123; 28, 103, 105; 33, 261, 264; 44, 143, 147 et BGHSt. 3, 130, 132 (BGHSt. 5, 28, 32 ...); *apud* H. J. Hirsch in op. cit., 1996, p. 31, n. de r. n.º 1.

Todavia, desde a década de 20 – do séc. XX passado – que se reconhecem sanções contra as pessoas colectivas e associações de pessoas, em diversas leis reguladoras do mercado e da economia. Normas que acabariam por ser sintetizadas e melhor especificadas no *Ordnungswidrigkeitgesetz* (OWiG), o qual corresponde, homonimamente, ao RGIMOS[660] português e onde se plasmam igualmente coimas (*Geldbusse*) e não multas penais (*Geldstrafe*). Até 1986 o § 30 desta lei alemã previa a coima como consequência acessória para a pessoa colectiva ou associação de pessoas assim que os seus órgãos praticassem ilícitos como representantes daquelas mesmas. Depois da reforma de 1986 a sanção passou a ser directamente contra a própria pessoa colectiva ou associação de pessoas.[661]

A doutrina dominante na Alemanha pensa e defende que as pessoas colectivas e as associações de pessoas actuam por meio dos seus órgãos, pelo que são eles que devem ser sancionados, caso concretizem a sua potencialidade de preenchimento do tipo, objectivo e do tipo subjectivo do tipo (-de-ilícito) penal. Neste caminho do pensamento, o poder de actuação da pessoa colectiva é delegado nos seus representantes, pelo que só a actuação destes de acordo com o mandato vincula aquela.[662]

---

[660] Convém aqui recordar que este Regime Geral do Ilícito de Mera Ordenação Social foi aprovado pelo DL n.º 433/82, de 22 de Outubro, com as essenciais novas redacções do DL n.º 356/89, de 17 de Outubro, do DL n.º 244/95, de 14 de Setembro e da Lei n.º 109/2001, de 24 de Dezembro, embora – como vimos supra – já antes de 1982 existissem em Portugal inúmeras sanções contra pessoas colectivas.

[661] *Vide* Zúñiga Rodríguez in op. cit., pp. 102-103. Não seguimos rigorosamente, contudo, por razões de possíveis equívocos, o baptismo do *Ordnungswidrigkeitsgesetz* alemão como «*Derecho administrativo-penal*» – posição esta da ilustre Autora espanhola, aliás, apoiada em Hans J. Hirsch in op. cit. p. 36 ou 31-32 – pois, conforme referimos *passim* no Capítulo I deste trabalho, distinguimos, com o Prof. Doutor Jorge de Figueiredo Dias, entre, por um lado, «Direito Penal Administrativo ou Secundário» na sua manifestação actual; «Direito Penal de Justiça», por outro lado; e, ainda, o «Direito das contra-ordenações», cuja lei-quadro é o RGIMOS português, ao qual nos parece justamente corresponder o OWiG alemão. No sentido da similitude do OWiG ao RGIMOS *vide*, por exemplo, Silvina Bacigalupo in op. cit., p. 338. Não nos parece ser Direito Penal, mas a Doutrina espanhola trata-o como Direito penal, pois pode-se entender o direito contra-ordenacional como Direito Penal em sentido amplo (ou «burla de etiquetas»?): eis a questão.

[662] *Vide* Zúñiga Rodríguez *idem ibidem*.

3.1. A *designada responsabilidade* para abaixo

Não vamos desenvolver demasiado a problemática jurídica controvertida pelas redes da «actuação em nome de outrem». Tal responsabilidade também está plasmada na Parte Geral do principal tronco do Direito Penal português.[663] Refere-nos o Prof. Doutor Jorge de Figueiredo Dias[664] sobre o art. 12.º do CP que: «Ele pretende unicamente estender a punibilidade dos tipos legais da parte especial, que supõem determinados elementos pessoais ou uma actuação no interesse próprio, também aquelas pessoas em que tais elementos típicos se não verificam (e que portanto não são destinatários próprios ou possíveis da norma incriminadora), mas que todavia actuaram como órgãos ou representantes de uma pessoa relativamente à qual se verificavam aqueles elementos pessoais ou aquele interesse próprio. Será patentemente o caso, *v.g.*, de um crime de frustração de créditos, de falência, ou de favorecimento de credor, em que a actuação caiba, não ao devedor – pessoa individual ou colectiva -, mas antes a um seu órgão ou representante». E ainda um pouco mais à frente, com duas notas: «A primeira é a de que uma "transferência" total da responsabilidade, que verdadeiramente deva caber a uma pessoa colectiva *qua tale*, para o nome individual de quem actue como seu órgão ou representante poderia conduzir muitas vezes – sobretudo nos delitos económicos de grandes empresas, *v.g.*, multinacionais, com diversificadas esferas de administração donde deriva uma muito acentuada repartição de tarefas e de competências – à completa impunidade, por se tornar impossível a comprovação do nexo causal entre a actuação de uma ou mais pessoas individuais e a agressão do bem jurídico produzida ao nível da pessoa colectiva. O reconhecimento da punibilidade da actuação em nome de outrem não substitui pois a necessidade de em certos casos – nomeadamente no âmbito do direito penal secundário ou especial –, a lei consagrar expressa e directamente a punibilidade da pessoa colectiva. § A segunda nota (...). O art. 12.º não regula nem quer regular qualquer problema de *comparticipação*».[665]

---

[663] Cfr. art.º 6.º do RGIT e art. 12.º do CP.
[664] In «Pressupostos da Punição...», pp. 51-52.
[665] Ainda com grande interesse *vide* M. Maia Gonçalves in op. cit., art. 12.º do CP anotado, pp. 227-228, onde refere que: «(...) em regra, só o homem individualmente considerado é passível de reacções criminais. Daí o preceito do art. 11.º. § Isto não significa,

Trata-se, como já se disse acima, da responsabilidade *para abaixo*. A sobejamente conhecida *handeln für einen anderen* ou «actuação em nome de outrem» que está consagrada no CP alemão (parágrafo 14 StGB) e no parágrafo 9 OWiG. Há, no entanto, várias ideias interessantes a anotar, das quais não poderemos deixar passar em branco alguns aspectos. É que: de acordo com os parágrafos 14 StGB e 9 OWiG, a responsabilidade do representante e do mandatário – tal como se perscruta da palavra «também» (traduzida do alemão) utilizada nos pontos 1 e 2 – não tem *nenhum efeito exculpante para o representado ou mandante*. Isto só teria consequências práticas de admitir o Direito positivo em geral, sanções para as unidades supra-individuais, o que não acontece no próprio Direito criminal.[666]

Por outro lado, a chamada teoria da relação funcional[667] entre os órgãos ou representantes e a pessoa colectiva, por seu lado, veio tentar preencher as lacunas proporcionadas – mesmo assim – pela Segunda Lei de Luta contra a Criminalidade Económica: *Zweite Gesetz zur Bekämpfung der Wirtschaftskriminalität*, a qual veio reformar o anterior e original sentido demasiado restritivo dos parágrafos 14 StGB e 9 OWiG. Ora, esta segunda lei de 1986 veio ampliar o círculo de autores que podem actuar

---

porém, que não devam ser punidos os indivíduos que praticam infracções na qualidade de membros de uma pessoa colectiva ou em representação de outrem. Daí a formulação deste art. 12.º, na esteira dos mais modernos códigos e projectos».

[666] *Vide* Hans Achenbach in op. cit., pp. 384-385, nas quais refere, com interesse, um pouco antes que, c.n.t.: «De acordo com os parágrafos 14 StGB, 9 OWiG o autor deve ter actuado "como" *representante*, ou seja "com base no" *mandato*. O significado destes elementos é discutido: § De acordo com a *fórmula dos interesses* (*Interessenformel*), desenvolvida pela jurisprudência, o gerente (*Geschäftsführer*) duma sociedade de responsabilidade limitada (GmbH) actua "como" seu representante quando pelo menos actua no seu interesse; pelo contrário, os parágrafos 14 StGB, 9 OWiG não podem utilizar-se quando se actua por motivos meramente egoístas (...). Todavia deve averiguar-se (...) até que ponto esta fórmula dos interesses é realmente susceptível de ser generalizada e a questão de se saber se pode ser transposta ao comportamento baseado no mandato descrito no ponto 2. § De todos os modos, a doutrina maioritária rejeita-a, e propõe no seu lugar, com razão, uma *relação funcional*. Segundo ela, verifica-se um comportamento de representante, ou antes, baseado no mandato, sempre que e, unicamente no caso de que o representante ou o mandatário ponham em marcha e aproveitem as possibilidades de comportamento que nascem (...) da sua posição de representante ou mandatário». A tese da jurisprudência dos interesses formais (*Interessenformel*), também é criticada pelo facto de não responder aos delitos por omissão e aos tipos negligentes: *vide* Klaus Tiedemann in «*Die strafrechtliche Vetreter und Unternehmenshaftung*», *Neue Juristische Wochenschrift*, 1986, n.º 30, pp. 1842 e ss..

[667] *Vide* a nota de rodapé imediatamente anterior.

vinculando a pessoa colectiva: aquelas pessoas autorizadas expressamente pelo titular da empresa que actuem dentro do desempenho dos seus deveres. Mas, então – a dúvida permanecia -, quais seriam os critérios de imputação da conduta que vincula a pessoa colectiva? Além disso, as condutas criminosas causadas por mandato não expresso de representantes de facto e voluntários da pessoa colectiva cometidas em seu nome – muitas das vezes as de maiores consequências – ficam impunes.[668]

Uma ideia que pensamos dever ser retida aqui, porque também poderá constituir uma janela de abertura para novos desenvolvimentos no estudo da responsabilidade das pessoas colectivas, é a seguinte: sem a transposição dos elementos fundamentadores da punição da pessoa física e natural que actuou poderia faltar – em qualquer caso com excepção do § 130 OWiG que analisaremos mais à frente – o facto de conexão para impor uma coima (*multa*) à associação; ora, será precisamente nestes casos, que a possibilidade de sancionar se construirá antes de tudo através dos parágrafos 14 StGB ou 9 OWiG.[669]

3.2. As sanções contra a própria empresa

O CP alemão ou StGB dispõe de medidas contra as pessoas colectivas (jurídicas) e agrupações ou associações de pessoas nos seus parágrafos 73 e 74. Antes de mais, o confisco (*comiso*, para a Doutrina espanhola) da remuneração (*Tatengelt*) e dos lucros (*Tatgewinn*) ganhos de forma ilícita através da prática do facto: *Verfall* (73). Por outro lado, também o confisco dos bens utilizados para a comissão do crime ou *delito* ou que são fruto da infracção: *Entziehung* (74), e, se estiver legalmente permitido de forma especial, os chamados objectos da relação (*Beziehungsgegenstände*: 74-74f StGB) podem igualmente (75 StGB) impor-se às pessoas colectivas e outras associações de pessoas quando os seus órgãos, i.e., os repre-

---

[668] Vide Hans Achenbach in «*Das Zweite Gesetz zur Bekämpfung der Wirtschaftskriminalität*», *Neue Juristische Wochenschrift*, 1986, n.° 30, pp. 1840 e ss., *apud* Zúñiga Rodríguez in op. cit., p. 104.

[669] Vide Hans Achenbach in penúltima op. cit., p. 396. A questão que se põe, consiste em saber se esta ideia interpretativa não poderá também ser aplicada aos art.os 6.° e 7.° do RGIT. E, por outro lado, como se poderão conjugar os n.os 3 e 4 do art. 7.° do RGIT com o art. 6.° do mesmo RGIT.

sentantes da propriedade da associação se tenham constituído para cometer crimes ou *delitos*. Pelo que, ao contrário do parágrafo 73 StGB, o 75 StGB pressupõe, não obstante, na imputação à associação de pessoas, uma posição específica fundamentada do que actua.[670] Mas a dúvida permanece, face ao *Entziehung* (74), em saber que pessoas individuais é que vinculam a pessoa colectiva. Referindo a doutrina que o *Verfall* (73 StGB) tem a natureza penal, já o legislador fala numa medida similar a uma pena que exige uma infracção, mas não a determinação da culpa de um autor. Norma similar no OWiG é o parágrafo 29 a): *Verfall von Vermögensvorteilen*.

Klaus Tiedemann tentou várias vezes demonstrar a cada vez maior importância do Direito Penal económico na sociedade moderna e das enormes dificuldades dos instrumentos da teoria do crime para se opôr a tal fenómeno.[671]

A, já por diversas vezes mencionada por nós neste trabalho, reforma de 1986 plasmou uma coima associacional não cumulativa e, portanto, isolada ou directamente aplicável às pessoas colectivas e associações de pessoas no parágrafo 30 OWiG, sem qualquer carácter acessório. Esta coima poderá ir até 1 milhão de marcos alemães quando os órgãos ou representantes da pessoa colectiva lesionem através de comportamentos anti-jurídicos deveres da empresa relacionados com a mesma ou quando tenham obtido ou tentado obter o seu enriquecimento. O grande óbice desta coima é que se exige para a sua aplicação a individualização dum facto cometido por um indivíduo responsável: a tal designação da doutrina alemã de «facto de conexão ou facto vinculante»: no original *Anknüpfungstat*. Ora, o problema essencial, como se tem vindo a referir ao longo deste trabalho, é estabelecer a individualização de responsabilidades em estruturações e organizações altamente hierarquizadas[672] e complexas. Pelo que se torna

---

[670] *Vide* Hans Achenbach in antepenúltima op. cit., p. 390.

[671] Aquando dos debates nos anos 70 acerca da Segunda Lei de Luta contra a Criminalidade Económica. *Vide* Klaus Tiedemann in «*Wirtschaftsstrafrecht und Wirtschaftskriminalität*», *AT*, *Band 1*, *Rowohlt*, *Hamburg*, 1976, *passim*, *apud* Zúñiga Rodríguez in op. cit., p. 105.

[672] Os vínculos estabelecidos pelo Direito do trabalho, sobretudo nas empresas privadas, permitem uma obediência quase cega que visa muitas das vezes a simples manutenção do posto ou a ambição de subir na hierarquia. Mas também o mesmo poderá acontecer na designada *função pública* onde, por outro lado, o «emprego para a vida» poderá levar à desresponsabilização e negligência pessoais.

necessário delimitar a culpa da pessoa física individual – e portanto a mesma tem que ser imputável – que agiu para a pessoa colectiva.[673] Mas afinal o problema permanece o mesmo: qual o naipe de pessoas individuais autoras cujos actos delituosos, como representantes ou órgãos, vinculam a respectiva pessoa colectiva? Mas há quem considere que o § 30 OWiG prevê a possibilidade de proceder autonomamente contra a pessoa colectiva sem necessidade de empenhar uma perseguição do autor do facto de vinculação e sem necessidade de identificar o autor. Além disso, tal possibilidade de punição não estaria limitada às corporações que exploram uma empresa, mas estaria estendida a todas as corporações.[674]

3.3. A designada responsabilidade para acima

A tipificação do 130 OWiG prevê a violação do dever de vigilância do titular da empresa: *Aufsichtspflichtverletzung* por forma a sancioná-lo pela omissão das medidas de vigilância que tenham, por sua vez, proporcionado delitos ou contravenções. O empresário como que tem uma posição especial para – preventivamente – tomar as acções necessárias ao controlo de vigilância de todos os factores de risco gerados pela e dentro da própria empresa em questão. A ideia parece ser nobre: um repto a todos os responsáveis da empresa para que empreguem a totalidade dos esforços exigíveis de cuidado, por forma a evitar que se produzam delitos ou contravenções resultantes de actuações ou omissões dos seus subordinados.

Não vamos igualmente desenvolver demasiado aqui a chamada responsabilidade *para acima* da qual já demos antes algumas indicações. A doutrina alemã pensa que não só é necessária – e que realmente existe – uma imputação de responsabilidade *para abaixo* mas também *para acima*, i.e., em direcção às pessoas que dirigem a empresa.[675] Além dum círculo

---

[673] Vide Hans Achenbach in op. cit., pp. 392-393; e Zúñiga Rodríguez in op. cit., p. 106.
[674] Vide Hans Joachim Hirsch in op. cit., 1996, pp. 68-69.
[675] No entanto, também consideramos importante apresentar aqui umas breves notas. Nas situações de *cooperação activa* dos dirigentes ou directivos poderá existir uma punição *stricto sensu* de acordo com as regras gerais dos parágrafos 25 e ss. do CP alemão (StGB) por *autoria* e *participação*; No caso dos directivos *omitirem*, no exercício da sua direcção, o evitar crimes (ou *delitos*) ou contravenções dos seus subordinados, põe-se a questão relativa a uma imputação do facto não evitado segundo as regras dos delitos de comissão por omissão regulados nos parágrafos 13 StGB, 8 OWiG. Ainda que se aceite a

de autores bastante restrito[676], o parágrafo 130 OWiG foi sendo interpretado com a bitola penal da teoria da comissão por omissão. Não obstante, a Segunda Lei de Luta contra a Criminalidade do Meio Ambiente de 1994 – *Zweites Gesetz zur Bekämpfung der Umweltkriminalität*[677] – determinou que não é exigível que o titular da empresa tenha podido prever a contravenção ou delito. Deste modo, já não é necessário que a infracção tenha podido ser evitada com uma vigilância devida, mas basta somente que a omissão do dever de vigilância provoque uma agravação de riscos. Assim, é estendida enormemente a responsabilidade penal dos empresários (apontados) e das empresas.[678]

O aspecto valorativo da norma também é posto em questão. Sem qualquer destrinçamento, o 130 OWiG aplica uma coima (ou *multa*) tanto se a infracção se realiza com dolo ou com negligência, ou se foi cometido um delito ou uma contravenção, como se estas são produzidas com dolo

---

responsabilidade de garante do «titular do negócio» (*Geschäftsherrn*) ou do «titular da unidade de produção» (*Getriebsinhabers*), tal responsabilidade está relacionada com o tipo. Assim, exige-se nos delitos dolosos, o conhecimento do facto não evitado em particular e, nos delitos negligentes – tanto quanto estejam previstos pelo tipo (parágrafos 15 StGB, 10 OWiG) – é necessária no mínimo a sua concreta previsibilidade. Ora, deverão ser os obstáculos de provar o conhecimento ou a cognoscibilidade do facto concreto que fazem com que a jurisprudência em regra não vincule directamente a responsabilidade do directivo da empresa com esta. Por outro lado, a jurisprudência limita-se a utilizar o tipo de infracção do *dever de vigilância em unidades de produção e empresas* previsto no parágrafo 130 OWiG. Não obstante, parece-nos importante referir neste preciso ponto, que o círculo de autores deste parágrafo 130 OWiG é muito limitado. O tipo é somente válido para os titulares da unidade de produção ou da empresa e para os altos directivos. São eles os representantes legais, membros do órgão duma pessoa colectiva e sócios com direito de representação de sociedades mercantis personalistas, assim como os encarregados de parte ou de toda a direcção da empresa. Abaixo deste nível não estão as pessoas incumbidas ou encarregadas *ex professo* da vigilância nem os responsáveis gerais; Quanto a isto tudo *vide* Hans Achenbach in op. cit. pp. 385 e ss, para maiores desenvolvimentos. Este mesmo ilustre Autor fala-nos dum projecto de ampliação do círculo de autores in Projecto de um 2ª UKG, *JuS*, 1990, 604. *Vide*, por outro lado, ainda Claus Roxin in «*Problemas de autoria...*», 1998 e Jorge de Figueiredo Dias, em castelhano, in «*Autoria y participación en el dominio...*», 1999.

[676] *Vide* a nossa n. de r. imediatamente anterior.
[677] *Vom 27.6.1994, Bundesgesetzblatt* I, 1994, p. 1440.
[678] *Vide* G. Dannecker, em francês, in «*La responsabilité pénale dans l'entrepise...* », p. 283, *RSCDPC*, 1997, referindo que: «*Pourtant, le modèle allemand des amendes infligées aux entreprises reste obligé à la théorie dite des organes*».

ou negligência ou são produzidas por subordinados, colaboradores ou dirigentes da empresa.[679]

A finalidade principal da tipificação do 130 OWiG – que é legítima – é evitar o desaparecimento de toda e qualquer responsabilidade do órgão directivo da empresa nas situações em que os instrumentos penais comuns saem frustrados. Todavia – e contraditoriamente –, o seu campo de aplicação é diminuto, pois na sua execução prática apenas se aplica às situações de delitos de resultado nos quais somente é punível a comissão dolosa. Também será aplicável naqueles casos nos quais não exista a possibilidade de punição por cumplicidade, devido ao facto de que ou o órgão directivo ou o subordinado – basta um dos dois – tenham actuado sem dolo.[680]

Praticamente consagra-se a responsabilidade objectiva do titular da empresa como *contravenção*, pois com a referida reforma, acima mencionada de 1994, basta que a omissão de vigilância suponha um aumento de risco. O 130 OWiG funciona assim como um «tipo de *injusto*» (ilícito) para estabelecer a coima (*multa*) do parágrafo 30 OWiG: é que os obstáculos para estabelecer o facto de conexão e as pessoas cuja actuação, ou omissão, vinculam a empresa, são muito acentuados.[681]

Autores há que defendem a possibilidade de elevar o § 130 OWiG a uma infracção de direito criminal ou penal no que concerne à violação do dever de vigilância pelos dirigentes em vista das infracções penais dos empregados subalternos.[682]

---

[679] *Vide* Hans Achenbach in op. cit., pp. 397-401, o qual defende a «teoria decisionista limitada» (*eingeschränkt dezisionistische Theorie*): fica em princípio ao arbítrio do legislador decidir se reacciona frente a uma infracção normativa com o meio do Direito Penal ou com o Direito de *contravenções* (pensamos que se poderá ler contra-ordenações?). São rejeitadas a «teoria do aliud» (*aliud –Theorie*), segundo a qual existe uma diferença essencial entre delito e *contravenção* ou o «modelo de explição quantitativa» (*quantitive Erklärungsmodell*) – ou «teoria minus» – tornado conhecido a partir da descriminalização dos delitos de bagatela nos anos sessenta.

[680] *Vide* Wolfgang Frisch in «*Problemas fundamentales de la responsabilidad penal de los órganos…*», 1996, pp. 125-126, onde procura demonstrar a inadequação de estabelecer uma regulação global como a do 130 OWiG.

[681] *Vide* K. Tiedemann in «*Die "Bebussung" von Unternehmen nach dem 2. Gesetz zur Bekämpfung der Wirtschaftskriminalität*», *Neue Juristische Wochenschrift*, n.° 41, 1988, p. 1173, *apud* Rodríguez in op. cit., p. 108.

[682] Hans J. Hirsch in op. cit. p. 69.

3.4. Algumas conclusões

As normas constantes dos parágrafos 30 OWiG e 130 OWiG mostram-se, contudo e muitas das vezes, ineficazes e deficitárias para contrariarem a ilicitude e reafirmarem o direito na área dos delitos económicos e com grande acutilância no meio ambiente. Fala-se na Alemanha em «défice de execução» (*Vollzugsdefizit*) e «défice de penalidade» (*Defizit an Strafgerechtigkeit*), pois o sistema penal está demonstrando ser ineficaz perante o Direito Penal económico.[683] O principal desafio ou problema jurídico-controvertido posto à ciência do Direito Penal, nesta zona, continua a ser a determinação das condutas e dos autores ou sujeitos que as realizam e que provocam a vinculação da pessoa colectiva, i.e., responsabilizam-na. Pragmaticamente continua a ser exigível a individualização de responsabilidades, o que – repete-se! – se torna tarefa em muitos dos casos impossível de solucionar no âmbito de organizações estruturadas de forma complexa e altamente hierarquizada com forte divisão do trabalho, i.e., no seio de muitas das actuais empresas. A tipificação da infracção do dever de vigilância do titular da empresa demonstra, *per si*, ser não só dogmaticamente limitada mas, sobretudo, atentatória de diversas garantias. Além disso mantém-se em aberto o discernimento da natureza jurídica da coima (*multa*) do parágrafo 30 OWiG e a correspectiva aplicação ou não aplicação dos princípios do Direito Penal.[684]

Todas estas dificuldades estão novamente a fazer ressurgir «à tona da água» trocas de ideias e pontos de vista discursivos – qual *akademeia* de Platão – relativos à responsabilidade penal das pessoas colectivas, não só nos níveis legislativo e jurisprudencial, mas também – e talvez de forma acentuada – no grau doutrinal, o que – tudo em conjunto – provoca análises de estudo, simultâneas ou parciais, quer *de jure condito*: localizando deficiências e ineficácias, quer *de jure condendo*: realizando propostas sistemáticas e extra-sistemáticas. É toda a área do Direito Penal econó-

---

[683] Vide Seelmann in «*Atypische Zurechnungsstrukturen im Umweltstrafrecht*», *Neue Juristische Wochenschrift*, 1990, pp. 1257 e ss.; Lampe in «*Systemunrecht und Unrechtssysteme*», *Zeitschrift für di gensamte Strafrechtswissenschaft*, 1994, n.° 106, p. 745; *apud* Zúñiga Rodríguez in op. cit., p. 109.

[684] *Vide*, novamente, K. Tiedemann in «*Die "Bebussung" von Unternehmen nach dem 2. Gesets zur Bekämpfung der Wirtschaftskriminalität*», *Neue Juristische Wochenschrift*, n.° 41, 1988, p. 1174, *apud* Rodríguez in op. cit., p. 109.

mico[685], especialmente no âmbito dos grupos económicos multinacionais privados ou estatais, do Direito Penal do consumidor, do Direito Penal do meio ambiente, do Direito Penal fiscal, do Direito Penal da União Europeia e de todo o Direito anglo-saxónico, que está a conduzir ao efervescer de todos os debates e discussões na Alemanha acerca destes temas. Desde o ano, *v.g.*, de 1993 até 1996 foram publicadas sete monografias sobre a questão, sem contar com uma série de artigos publicados que influenciaram, entre outros, os debates ocorridos de penalistas alemães, austríacos e suíços, organizadas em Basileia no mês de Maio de 1993.[686]

---

[685] Embora sem fazer futurologia, prevemos um inevitável «apontar de ideias» intelectualo-científicas de investigação penal para a criminalidade organizada, especialmente no que diz respeito ao terrorismo, face aos grotescamente inqualificáveis atentados ocorridos nos Estados Unidos da América a 11 de Setembro de 2001 contra cidadãos originários de todo o mundo, de todas as cores de pele, com todos os credos religioso-políticos e de todas as classes socio-culturais (que qualificamos, sem rótulo científico e *brevitatis causa*, como crime contra a humanidade). O grande perigo será saber se tal *combate* não irá significar um recuo irreversível nos mais elementares direitos, liberdades e garantias e, igualmente de forma reflexa, nos direitos económicos, sociais e culturais dos cidadãos face ao desenvolvimento exacerbado do poder do Estado. O propalado juiz espanhol Baltazar Garçon já anunciou na «sua agenda política» este discurso, para justificar um perigoso Direito muito mais rígido e (in)*flexível*. Uma coisa é certa: prometemos, modestamente, uma investigação penal crítica, vigilante e desconfiada duma eficácia a qualquer preço, que seja desgarrada da racionalidade e interesse dos cidadãos. Com interesse, sobre o assunto do terrorismo, cfr. a Resolução da Assembleia da República n.º 40/2001, que «Aprova, para ratificação, a Convenção Internacional para a Repressão de Atentados Terroristas à Bomba, aberta para assinatura, em Nova Iorque, em 12 de Janeiro de 1998», ratificada pelo Decreto do presidente da República n.º 31/2001.

[686] *Vide* Klaus Tiedemann in penúltima op. cit. na nossa n. de r. n.º 1, onde refere as seguintes monografias: Ehrhardt in «*Unternehmensdelinquenz und Unternehmensstrafe*», 1994; Hamann in «*Das Unternehemen als Täter im europäischen Wettbewerbsrecht*», 1992; Heine in «*Die strafrechtliche Verantwortlichkeit von Unternehmen*», 1996; Hirsch in «*Die Frage der Straffähigkeit von Personenverbänden*», 1993; Otto in «*Die Strafbarkeit von Unternehmen und Verbänden*», 1993; Ransiek in «*Studien zum Unternehmensstrafrecht*», 1996; Schroth in «*Unternehmen als Normadressaten und Sanktionssubjekte*», 1993. Dos muitos artigos mencionados: Achenbach in Schünemann/Figueiredo Dias (eds.), *Bausteine des europäischen Strafrechts*, 1995, p. 300 e ss.; Alwart, *Zeitschrift für di gensamte Strafrechtswissenschaft*, vol. 105 (1993), p. 752 e ss; Heine, JZ 1995, p. 651 (653 e ss); Hirsch *Zeitschrift für di gensamte Strafrechtswissenschaft*, vol. 107 (1195), p. 285 e ss.; Lampe *Zeitschrift für di gensamte Strafrechtswissenschaft*, vol. 106 (1994), p. 683 (721 e ss.); Schünemann/Suárez González (eds.), *Bausteine des europäischen Wirtschaftsstrafrechts*, 1994, p. 265 e ss.; Volk, JZ 1993, p. 429 e ss.. Ainda Vitt sobre as jornadas de profes-

Uma coisa parece ser certa, quanto ao desenvolvimento do Direito Penal neste séc. XXI: o futuro das sanções às pessoas colectivas vai ter um papel absolutamente central e a pena contra os entes colectivos constitui, em qualquer caso, uma sanção similar à sanção penal![687] Além disso, já há projectos de lei que prevêem a aplicação de penas às pessoas colectivas. Mas há outros problemas com respostas difíceis, como são os casos da responsabilização dos grupos de pessoas colectivas: a qual poderá ser *ordinária ou extraordinária*.[688]

---

sores de Direito Penal de 1993, *Zeitschrift für di gensamte Strafrechtswissenschaft*, vol. 105 (1993), p. 803 (813 e ss.). Além destes estudos referenciados – dos quais, como se pode observar na nossa investigação, se encontram alguns igualmente traduzidos para outras línguas: francês, castelhano, italiano, inglês – será importante não esquecer todas as indicações que vamos dando ao longo deste nosso trabalho. Mais indicações são ainda possíveis de localizar em Zúñiga Rodríguez in op. cit., pp. 110-111, n. de r. n.º 30. Esta última ilustre Professora da Universidade de Salamanca dá-nos ainda conta dum sector doutrinário completamente contra a imposição de penas às pessoas colectivas, como é o caso de Stratenwerth in «*Strafrechtliche Unternehmenshaftung?*», *Festschrift für Rudolf Schmitt zum 70 Geburstag, JCB, Mohr*, 1992, Tügingen, pp. 295-307; e Hamm in «*Auch das noch: Strafrecht für Verbände!*», *Zeitschrift für di gensamte Strafrechtswissenschaft*, 1998, pp. 662 e ss. Ainda no manual de Jeschek/Weigend in «*Lehrbuch des Strafrechts*», A, 5.º auf., Ducker Humboldt. Berlim, 1996, pp. 225-229. Numa posição mista, defendendo o rótulo de sanções não-penais ou *quase-penais* às pessoas colectivas, destaca: Schünemann in op. cit. acima em alemão, o qual também pode ser encontrado em castelhano in «*La punibilidad de las personas jurídicas desde la perspectiva europea*», pp. 565-600, AA VV: *Hacia un Derecho Penal Económico Europeo, Jornadas en honor del Prof. Klaus Tiedmann*. Madrid, *Boletín Oficial del Estado*, 1995; e ainda acima, apontado por Klaus Tiedmann, em alemão: Ransiek.

[687] *Vide* C. Roxin, neste sentido, in «*El desarrollo del Derecho Penal en el siguiente siglo*», Roxin: *Dogmática penal y Política Criminal*, tradução para o castelhano de Abanto Vásquez, Idemsa, 1998, Lima, pp. 462-463.

[688] *Vide* novamente Bernd Schünemann, em inglês, defendendo ainda a posição mista, como aliás se indirectamente retira do título in «*Criticising the Notion of a Genuine Criminal Law Against Legal Entities*», *Beiträge und Materialien aus dem Max-Planck-Institut für ausländisches und internationales Strafrecht Freiburg, Herausgegeben von* Albin Eser, Band S 78, Albin Eser * Günter Heine * Barbara Huber (eds.), *Criminal Responsibility of Legal and Collective Entities, International Colloquium* Berlim 1998, *edition iuscrim*, 1999, pp. 225 e ss., onde resumidamente constrói uma terceira opção baseada na negligência organizacional de K. Tiedemann e nos conceitos americanos do regime de «*baseado no dever, baseado na negligência*» do Prof. Doutor Coffee. Contrastando com o modelo da imputação, a sua opção não necessita de pressupor a culpabilidade dum agente individual da corporação, pelo que afirma deste modo poder desviar-se das dificuldades

Parece, contudo, que a verdadeira questão não é saber se devemos reconhecer – ou não reconhecer – a responsabilidade das pessoas colectivas. O verdadeiro problema é antes o de respeitar os limites necessários duma tal responsabilidade.[689]

4. Itália

A base jurídica da rejeição italiana de toda a responsabilidade, mormente criminal, das pessoas colectivas centra-se essencialmente no art. 27.º, parágrafo I, da Constituição Italiana de 1948, no qual está prescrito que a «responsabilidade penal é sempre pessoal».[690] Por seu turno, a conexão com o princípio da reabilitação, plasmado no parágrafo III do mesmo art. 27.º da Constituição, apenas serve para confirmar a constitucionalização do princípio da culpa, o qual definitivamente triunfou com a sentença do Tribunal Constitucional n.º 364 no ano de 1988.[691]

---

teóricas associada(s) aos resultado(s) do conhecimento da corporação. Por outro lado, a sua opção está suficientemente perto do direito criminal, para que possam ser evocadas todas as salvaguardas constitucionais debaixo do desenrolar do processo: p.e. toda a carga de prova da negligência organizacional deveria ter inteiramente lugar na acusação. É de salientar ainda a designada responsabilidade de grupo (p.e. Grupo Económico) que não deverá ser estabelecida como uma forma ordinária de punição, mas somente como medida extraordinária para prevenir que um grupo de sociedades vá transferindo as suas actividades prejudiciais para outras entidades legais.

[689] Vide Hans Joachim Hirsch in «*La criminalisation du comportement collectif – Allemagne*», 1996, p. 69.

[690] Vide Crespi in «*Mauvaises pensées et autres sulle disposizioni penali del progetto di riforma delle società*», 1929, p. 628.

[691] Vide Carlo Enrico Paliero, em inglês, in «*Criminal Liability of Corporations-Italy*»,1996, pp. 255. Este texto também pode ser encontrado em castelhano: «*Problemas y perspectivas de la responsabilidad penal de la persona jurídica en el derecho italiano*» in «*Responsabilidad Penal De Las Personas Juridicas*», *ADP*, 1996; Também as sentenças do Tribunal Constitucional italiano de 1988 e 1989 (n.ºs 364/1988; 1085/1988; e 487/1989) confirmaram que o carácter restritivo do princípio da culpa constitui uma impossibilidade constitucional para abandonar o princípio «*societas delinquere non potest*»: vide Musco in «*La responsabilidad penal de las personas jurídicas en el Derecho italiano. Aspectos constitucionales*», Conferência apresentada ao IX Congresso de Alunos de Direito Penal de Salamanca, p. 3, 1997. Grosso in «*Responsabilità*», p. 713, *apud* C.E. Paliero in op. cit. *ibidem* referindo-se ao art. 27.º, parágrafo primeiro, fala em «símbolo da responsabilidade subjectiva».

Por um lado, a doutrina dominante interpretou esta decisão constitucional como uma proibição, fundamentalmente, da responsabilidade pelo facto do outro. Além disso, a ideia de «vontade culpável» está intimamente conexionada com o carácter pessoal da responsabilidade penal, ou seja, a delimitação duma pessoa física e humana à qual se pode fazer uma reprovação ético-social que supõe a pena. Por outro lado, esta visualização da imputação penal acarretaria uma ideia «causal-objectiva» simultaneamente fundamentada numa relação material «pessoa-facto».[692]

A doutrina italiana reconhece, apesar de tudo, que uma tutela mais eficaz de bens que vão adquirindo um peso crescente nas valorações colectivas – v.g., ambiente, economia e obrigações tributárias – faz reclamar instrumentos mais incisivos de intervenção penal, entre os quais está apontada uma cada vez maior atenção para uma responsabilidade directa dos grupos de sujeitos que operam na esfera económica.[693]

É na década de 70, mais precisamente após o artigo doutrinal de Bricola[694] que se denuncia o elevado custo que está associado à manutenção rígida do princípio *societas delinquere non potest*, pois tal seria um obstáculo à repressão eficaz dos delitos resultantes das actuações ou omissões das empresas. Tratava-se no fundo duma opção político-criminal de não culpar penalmente uma entidade de organização complexa como é a pessoa colectiva, a qual, na forma societária, se caracterizou por ter um papel acentuadamente predominante no desenvolvimento e progressos económicos. Mas tal protecção só terá sentido manter se o preço global para o sistema social não superar os benefícios.[695]

O *navio* italiano da segurança jurídica, em matéria de saber quem são as pessoas cuja actuação vincula a pessoa colectiva, parece, contudo, apresentar alguns *rombos no casco*. É que o CP italiano não dispõe de nenhuma norma jurídica do «actuar em nome do outro». Assim, são a doutrina e a jurisprudência que desbravam o caminho, pelo que nem sempre

---

[692] *Vide* respectivamente, por um lado, Romano in «*Societas delinquere non potest (nel ricordo di Bricola, Franco)*», *RIDPP*, 1995, p. 1037; e, por outro lado, *vide* Musco in «*La responsabilidad penal de las personas jurídicas en el Derecho italiano. Aspectos constitucionales*», 1997, p. 3; ambos *apud* Zúñiga Rodriguez in op. cit., pp. 119-120.

[693] *Vide* Vincenzo Militello in «*La responsabilidad jurídico-penal de la empresa y de sus órganos en Italia*», B. Schünemann / J. de Figueiredo Dias (coords.), p. 409.

[694] *Vide* Bricola in «*Il costo del principio "societas delinquere non potest" nell'attuale dimensione del fenomeno...*», 1970.

[695] *Vide*, no sentido destas ideias, Vincenzo Militello in op. cit., p. 413.

traçam – duma forma particularmente incisiva – vias interpretativas com idênticas saídas. Dificuldades que se tornam acrescidas em relação aos crimes específicos⁶⁹⁶ cometidos no seio das empresas.⁶⁹⁷

A Lei 24.10.1981. n.º 689, que plasmou «modificações do sistema penal», caracteriza bem a aversão italiana à solução penal.⁶⁹⁸ Tal lei não só não prescreve contra a irresponsabilidade penal directa das pessoas colectivas pelos ilícitos cometidos por elas, como reafirma o princípio clássico *societas delinquere non potest*. Este retoque legislativo afectou de forma ténue a obrigação civil da pessoa colectiva do art. 197 do CP italiano. No entanto, o ponto fraco desta norma continua a ser o seu carácter subsidiário que implica a sua aplicação somente quando a pessoa humana e física responsável não pode pagar a pena pecuniária.⁶⁹⁹

A possibilidade das sociedades poderem cometer delitos constitui um desenvolvimento previsível da passagem da sociedade moderna de simples a complexa.⁷⁰⁰ A história recente do crime organizado em sociedades

---

⁶⁹⁶ Seguindo a doutrina clássica do Direito Penal português, distinguimos os crimes específicos (os crimes específicos próprios e os crimes específicos impróprios) dos crimes comuns.

⁶⁹⁷ Vide F. Palazzo, em francês, in «*La responsabilité pénale dans l'entrepise...*», pp. 309 e ss., *RSCDPC*, 1997.

⁶⁹⁸ Tal lei, embora constituindo um *passo adiante*, ficou bastante longe do ditado pelo § 30 OWiG, o qual foi por nós acima analisado como um *sistema directo* de responsabilidade da pessoa colectiva. Pelo que não existe uma pressão em termos de intimidação sobre as decisões económicas ou de gestão da empresa. Diz exactamente o art. 6.º, parágrafo III da Lei n.º 689, de 24 de Novembro de 1981, c.n.t., que: «Se a infracção foi cometida pelo representante ou dependente da pessoa jurídica ou de um ente carente de personalidade jurídica ou, em qualquer caso, de um empresário no exercício das funções próprias da sua incumbência, a pessoa jurídica ou o ente ou o empresário estão obrigados solidariamente com o autor da infracção ao pagamento da soma devida por este».

⁶⁹⁹ O qual tem à data, a seguinte redacção c.n.t.: «os entes providos de personalidade jurídica, excepto o Estado, as regiões, províncias e povoados, no caso de que seja pronunciada condenação por delito contra o que tinha representação, ou administração, ou está com eles em relação de dependência e se trate de delito que constitua infracção das obrigações inerentes à qualidade revestida do culpado, ou bem seja cometido no interesse da pessoa jurídica, são obrigados ao pagamento, no caso de insolvência do condenado, duma soma igual ao total da multa ou da indemnização imposta». Assim, ampliou-se a aplicabilidade do art. 197.º do CP italiano também aos delitos cometidos pelos órgãos sociais e a situações em que estes os cometeram no interesse da pessoa colectiva; quanto a isto tudo *vide* V. Militello in op. cit., pp. 418-419.

⁷⁰⁰ *Vide* Niklas Luhmann in «*Legitimation durch Verfahren, Neuwied*» – Berlim,

como a italiana – e, como é obvio, em muitas outras – demonstrou o papel de relevo das sociedades por acções e *holdings* no desenvolvimento da criminalidade mais grave, mas também clássica. Assistimos a uma transição da «máfia empresária» para uma verdadeira «empresa mafiosa».[701] Ora, como refere Carlo Enrico Paliero com sarcasmo, c.n.t.: «evocar, em política criminal, o provérbio "*societas deinquere non potest*" resulta hoje em dia mais surrealista que irreal».[702] Não podemos, contudo e na nossa opinião, pensar cegamente que o próprio Estado e quaisquer pessoas colectivas de Direito público – qual centro imaculado e impoluto de poder – estão acima de qualquer suspeita, no xadrez da criminalidade organizada, como se esferas doutra dimensão, transparentes e perfeitas se tratassem, estando desligadas de todos os outros factores socio-económicos e culturais com quem estão intimamente relacionados.[703]

Embora se verificasse o obstáculo de fundo constituído pela negação da responsabilidade penal das pessoas colectivas começou a ser positivado nos anos 90 pelo legislador um figurino de leis especiais de responsabilidade directa das pessoas colectivas que regula essencialmente o mercado económico e financeiro e o qual se caracterizava pelo seguinte: 1.º a sua incorporação no sistema sancionador administrativo (Direito «*Penal*» administrativo); 2.º o carácter de excepção em relação à regra do art. 6.º, parágrafo III da Lei n.º 689, de 24 de Novembro de 1981 que acima ana-

---

1969, pp. 143 e ss.. Também será possível encontrar em castelhano do mesmo marcante Autor: «*Sistema jurídico y dogmática jurídica*», com tradução de Otto Pardo, Madrid, *Centro de Estudios Constitucionales*, 1983; e «*Sistemas sociales. Lineamientos para una teoría general*», tradução de *Pappe y Erker*, Barcelona, Editora Anthropos, 1998, 2.ª edição.

[701] Vide Catanzaro in «*Il delito come impresa*», 1988; Gambeta in «*La mafia siciliana*», 1992; Tranflaglia in «*Mafia, politica e affari nell'Italia reppublicana*», 1992; apud Paliero in «*Problemas y perspectivas de la responsabilidad penal de la persona jurídica en el derecho italiano*», ADP, 1996, pp. 50 e ss., o qual ainda refere, c.n.t., que: «Cada vez é menos esporádica a inserção destes grupos – com quotas de participação importantes – nas sociedades não criadas *ad hoc*, mas mais bem solidamente implantadas no mercado e, até esse momento, "sãs"».

[702] Vide C.E. Paliero in op. cit., pp. 50-51.

[703] Não vamos desenvolver aqui – nem sequer cabe a este trabalho enunciar – os incontáveis exemplos históricos de ambientes e sistemas em que o Estado e/ou uma ou mais pessoas colectivas de Direito público, são eles próprios a organização criminosa, muitas vezes com carácter e alcance transnacionais e, portanto, geradores de riscos complexos e mundiais ou globais.

lisamos; 3.º a especial competência do órgão designado para a imposição da sanção que, nas três leis, diz respeito ao modelo das «autoridades administrativas independentes» tributário da experiência legislativa francesa. Deste modo: a) a Lei n.º 287 de 10 de Outubro de 1990: «Normas para a tutela da concorrência e do mercado», cujo art. 19.º refere que, se as empresas (incluindo a sociedade de capitais) violam as regras propostas a impedir os fenómenos de concentração e monopólio, a Autoridade correspondente (A.A.I.) pode aplicar-lhes sanções administrativas pecuniárias, i.e., uma espécie de coimas; b) a Lei n.º 223 de 6 de Agosto de 1990 ou «Lei *Mammi*» que abarca a área das telecomunicações e transmissões de televisão. Prevê esta lei, de forma directa, sanções pecuniárias e sanções de conteúdo proibitivo, de natureza confiscadora, mas também prevê no seu art. 33.º uma sanção *ad hoc* que tudo indica dirigir-se exclusivamente às sociedades de capitais: «a venda forçada da sociedade, das participações ou quotas». Noutros designativos até se prevê a liquidação (*scorporo*) e a venda obrigatória de actividades exercitadas por sociedades «controladas». Particularmente de destacar aqui é a *zona de impacto* da imputação *penal* administrativa que reside no sujeito jurídico simbolizado (representado) pela *Holding* que usualmente administra a actividade da empresa; c) a Lei n.º 157 de 17 de Maio de 1991, referente ao *insider trading*, que faculta ao *CONSOB* a decisão de completar directamente os próprios regulamentos, em relação aos diferentes modos de publicidade do mercado mobiliário. Plasma fundamentalmente dois géneros distintos de sanções, mas ambas aplicáveis directamente à pessoa colectiva à qual se imputa o ilícito: I – sanção para-disciplinária (*richiamo*) e II – sanção administrativa pecuniária.[704] Mas as dificuldades permanecem as mesmas: a fixação da relação entre o ilícito da pessoa física e o ilícito da pessoa colectiva e a determinação daqueles cujas actuações ou omissões constituem factos que vinculam a empresa ao nível da responsabilidade.

Particularmente importante aqui é ressaltar a área do Direito «*Penal*» fiscal. É interessante observar que a jurisprudência está empenhada no caminho da responsabilidade administrativa «*penal*» das pessoas colectivas no que concerne, v.g., às violações em matéria fiscal. O motivo dessa atenção provém principalmente do facto de que a regulamentação geral da responsabilidade administrativa *punitiva* na área fiscal – no que se refere

---

[704] *Vide* C.E. Paliero in op. cit., pp. 62-63; *ibidem*, em inglês, p. 269.

à Lei de 7 de Janeiro de 1929, n.º 4 – é sem dúvida nenhuma concebida na sua exclusivamente referência à pessoa física e individual: art. 12.º, Lei n.º 4-1929. Não obstante toda esta situação, em meados dos anos setenta a jurisprudência declara a responsabilidade directa do organismo (preferimos organização) pelas sanções fiscais, aparentemente sob a influência de duas directrizes: uma de fundo e outra formal (Cordeiro Guerra). A primeira baseia-se na constatação que é no direito fiscal mais do que nas outras matérias que a organização é o único ou principal beneficiado pelas vantagens económicas provocadas pela infracção fiscal. A segunda directriz centra-se na sucessiva aparição de certas normas fiscais que, ainda que circunscritas a sectores muito precisos, afirmam expressamente o princípio da responsabilidade directa e principal da organização, enquanto a responsabilidade dos seus representantes legais é somente solidária: art. 98.º, DPR n.º 602/1973, a qual se refere à cobrança dos impostos sobre os rendimentos.[705]

Perante as patentes dificuldades, nomeadamente de forma reflexa face à criminalidade organizada mafiosa, dum sistema jurídico que nega veementemente a responsabilidade penal das pessoas colectivas, só resta à doutrina especializada italiana ir propondo a revisão do tradicional princípio que está registado no brocardo latino *societas delinquere non potest*. Por outro lado, como referimos na primeira parte deste trabalho, os bens jurídicos colectivos têm um lugar perfeitamente delimitado e paralelo aos bens jurídicos individuais, sendo ambos merecedores de tutela penal, ainda que, no nosso entender, naturalmente como *ultima ratio*. Finalmente, a responsabilidade subsidiária, por nós anteriormente descrita, tem-se revelado deveras ineficaz, pois ao estar concentrada na base da torre da organização complexa que é a pessoa colectiva, fica simplesmente sujeita a representantes físicos absolutamente fungíveis. Além disso, acrescem as dificuldades já por nós anteriormente apontadas com o deparar da ausência duma norma jurídica, no ordenamento jurídico italiano, que fosse homónima ao nosso art. 12.º do CP português. No meio deste labirinto jurídico destacamos, contudo, um outro problema que consideramos ser susceptível de se tornar mais gravoso para a defesa dos direitos, liberdades e garantias dos cidadãos e que é o alargamento ou «ampliação» de figuras da dogmática penal como são a participação (*con-*

---

[705] *Vide*, quanto a isto tudo, Francesco Palazzo in op. cit. pp. 320-321.

corso di persona nel reato), a cumplicidade e as fontes da posição de garante na omissão.[706,707]

Frente à inflexibilidade da manutenção do princípio *societas delinquere non potest*, certa doutrina italiana considerou que a única alternativa para intervir com eficácia seria através da utilização de medidas de segurança patrimoniais e interditivas – sustentadas não na culpa do agente mas na perigosidade social – como seria o caso da confiscação, da dissolução da sociedade ou do sequestro dos benefícios ilícitos.[708] Não obstante, foi contraposta a esta incursão – que visava paralisar a irresponsabilidade penal das pessoas colectivas – a argumentação de que igualmente as medidas de segurança apresentam funções e características de natureza penal, sendo que, para desviar injustas «fraudes de etiquetas», têm que estar também submetidas às mesmas garantias. Ora, precisamente, o próprio sistema das medidas de segurança atravessa, segundo alguns autores, uma crise.[709]

---

[706] Não resistimos a observar que o que parece que não se quer que entre pela *porta* (responsabilidade penal das pessoas colectivas – a qual só terá sentido se for alvo da construção de causas de justificação e exculpação ao mesmo nível e de justas garantias de defesa, pois também os entes colectivos disfrutam de Direitos Fundamentais!) está a permitir-se que entre pela janela por meio da, antes referida, «ampliação» dogmática de figuras como a da participação, pelo que o resultado final poderá ser um perigoso exercício de contorcionismo, sem regresso, das bases que sustentam os direitos, liberdades e garantias.

[707] *Vide* Vincenzo Militello in op. cit. pp. 409-411 e ss.; *vide* igualmente Francesco Palazzo in op. cit. pp. 316 e ss., o qual chega mesmo a referir, face às dificuldades geradas pela manutenção do princípio tradicional acima mencionado, que: a jurisprudência exerce uma espécie de *violentação* das normas sobre a cumplicidade, ao ponto de introduzir uma responsabilidade de posição ou (até) de presunção de culpa! (Flora [2]). Com a agravante de que fica muito claro para a consciência de que o princípio *societas delinquere non potest* arrasta uma disparidade de tratamento penal entre o *empresário* individual e o *empresário* societário.

[708] *Vide* Bricola in op. cit. pp. 1010 e ss., *apud* V. Militello in op. cit. p. 416: c. n. t.: «Para a noção de "perigosidade da empresa económica", que legitima intervenções "reeducativas" sobre a gestão dela, a fim de dirigi-la a fins sociais (art. 41.º da Constituição)»; cfr. Palazzo in «*Associazioni*», cit. n.º 19, pp. 440 e ss..

[709] *Vide* Pecorella in «*Societas delinquere non potest*», *R. G. Lav.*, 1977, pp 363 e ss.; Alessandri in «*Reati d'impresa*», cit. n. 8, pp. 60 e ss.; *ibidem* in «*Commento all'art. 27 comma 1, cit. n. 20, p. 161*; Fiandaca/Musco in «*Diritto penale*», cit. n.8, p. 131; Por outro lado, a réplica de Bricola in «*Il problema*», cit., n. 20, pp. 262 e ss.; por todos *apud* Vicenzo Militello in op. cit. p. 416.

Por outro lado, tudo indica, no plano constitucional, que o princípio da «personalidade da responsabilidade penal» não constitui uma barreira inultrapassável à aplicação às pessoas colectivas de sanções administrativas *«penais»*. Na linha de pensamento de Romano, o Tribunal Constitucional italiano estabeleceu uma orientação, segundo a qual os princípios fundamentais da infracção penal *stricto sensu* e os princípios que se referem à infracção administrativa *«penal»* são diferentes. Deste ponto de vista resulta que a falta dum conceito demasiado inflexível e unitário da matéria penal oferece desde logo a oportunidade constitucional de compreender as sanções administrativas às organizações (organismos) colectivas.[710] Poderia-se referir, contudo, que a Lei n.º 689 de 24 de Novembro de 1981 adoptou os princípios do Direito Penal *stricto sensu*, e que continua a ser necessário determinar a responsabilidade individual (e portanto estritamente penal) para estabelecer o facto de vinculação que possibilitará responsabilizar a pessoa colectiva.[711]

Se Vicenzo Militello considera que o princípio *«societas delinquere non potest»* não foi superado no ordenamento jurídico de Itália[712]; e Carlo E. Paliero – confirmando também essa opinião c. n. t.: «mantém firmemente o princípio de *societas delinquere non potest»* – não deixa de dizer, contudo, que o obstáculo dogmático representado pelo princípio *nulla*

---

[710] *Vide* F. Palazzo in op. cit. pp. 318-319. Certos Autores sugerem que naturalmente teriam que ser exploradas as doutrinas da culpa de organização e da *culpa in vigilando*, i.e., culpa por infracção ao dever de vigilância que se tem sobre a pessoa de outrem. E porque não também – dizemos nós – a *culpa in eligendo* (culpa na eleição ou na escolha), a *culpa in instruendo* (culpa nas instruções ou ordens) ou a *culpa in ommitendo* (culpa por omissão), que lhe estão, em parte, associadas? Por outro lado, voltamos a recordar aqui, conforme o nosso Capítulo I, que distinguimos Direito Penal clássico; Direito Penal administrativo ou secundário (tal como é hoje entendido); e Direito das contra-ordenações ou de mera-ordenação-social. Por seu lado, cfr. o art. 32.º do RGIMOS (direito subsidiário). Cfr. alíneas b) e d) do art. 3.º do RGIT.

[711] Não obstante, os textos legislativos italianos não permitem discernir claramente se a responsabilidade administrativa *«penal»* é exclusiva da pessoa colectiva ou se é uma responsabilidade cumulativa com as pessoas físico-humanas autoras da violação. Embora a primeira seja mais fácil de estabelecer deixará impunes os autores individuais; por seu lado, a responsabilidade cumulativa comportará o estabelecimento duma *«cumplicidade»* entre a pessoa física e a pessoa colectiva difícil de determinar; *vide* Palazzo in op. cit. p. 320. Parece que em Portugal a questão seria diferente: cfr. os arts. 12.º do CP e 6.º (e 7.º) do RGIT.

[712] *Vide* Vicenzo Militello in op. cit pp. 409-410 e ss..

poena sine culpa (art. 27.º da Constituição italiana) foi superado com a construção do modelo «paralelo» da culpa «típica» da pessoa colectiva, cuja compreensão da natureza jurídica, por seu lado, não deve ser preocupação angustiante[713]; já Francesco Palazzo baptiza de sanções administrativas «penais» aquelas que são impostas às empresas.[714]

É importante salientar que Vicenzo Mitello defende que o modo mais fácil para (re)conciliar os limites da intervenção penal com a eficácia da política criminal na matéria das pessoas colectivas, é tentar adaptar a base teórica das categorias tradicionais do Direito criminal a essas mesmas pessoas ou entidades colectivas.[715] No entanto, outros como Carlo Enrico Paliero parecem seguir a terceira via semelhante e proposta por Hassemer sob o nome de *interventionrecht*, i.e., um Direito sancionador tal e qual como o descrevemos no Capítulo I deste trabalho e que, por sinal, acarreta novos problemas de aplicação e de interacção e, porventura, a «burla de etiquetas»!

O investigador italiano Pecorella[716] explica o sentido do princípio do art. 27.º/1 da Constituição da República italiana da seguinte forma: «o titular da obrigação penalmente sancionada e o destinatário da sanção devem ser a mesma pessoa, seja ela física ou jurídica».

Por outro lado, o momento histórico, vivido em Itália por volta da década de noventa, provocava certa perplexidade derivada duma dilatação excessiva do papel da magistratura (Falcone, Di Pietro e outros) na vida socio-política do país. Ficava claro que a solução da responsabilidade penal directa das sociedades comerciais – incluindo a própria dissolução ou submissão ao controlo judicial – constitui um importante factor suplementar de incremento do poder judicial.[717]

A partir do tradicional antropomorfismo do modelo clássico de imputação do delito, seria possível elaborar novos critérios de atribuição da infracção à organização colectiva sem sujeitá-la totalmente à «dimensão

---

[713] *Vide* C.E. Paliero in op. cit., conclusões.

[714] *Vide* Francesco Palazzo in op. cit. pp. 318-319.

[715] *Vide* V. Militello, em inglês, in «*The Basis for Criminal Responsibility of Collective Entities in Italy*», *Beiträge und Materialien aus dem Max-Planck-Institut für ausländisches und internationales Strafrecht* (…), 1998, 1999, p. 185.

[716] In *ibidem* p. 367 e ss..

[717] *Vide*, nesse sentido, Francesco Palazzo in op. cit. p. 323. Pelo menos era essa a visão de vários Autores italianos de renome e talvez fosse essa também a perspectiva do poder judicial.

realista» própria do Direito Penal. Certo é que se considera possível uma responsabilidade penal das pessoas colectivas em áreas como a do Direito Penal económico.[718]

5. Holanda

Como noutros países, a perseguição jurídica duma pessoa colectiva, na esfera fiscal, já era possível há bastante tempo: no período da codificação do CP holandês (1881-1886) era possível processar legalmente a pessoa colectiva com base numa lei de impostos.[719] O CP holandês (*Wetboek van Strafrecht*) de 1886 – que se manteve até à nossa época – foi redigido, contudo, com a ideia de que apenas as pessoas físicas são susceptíveis de responsabilidade criminal.[720]

Os Países-Baixos foram, porventura, o primeiro país continental europeu a verem introduzida a punibilidade geral das pessoas colectivas. Trata-se, contudo e por isso mesmo também, dum caso típico de charneira situado entre o universo jurídico anglo-saxónico e a tradição do Direito continental, circunstâncias as quais lhe permitem atribuir redobrado interesse.[721] Situação essa que também tem que ser enquadrada em outros factores geográficos e históricos. Como nos refere o investigador da Universidade do Minho, Prof. Doutor Miguel de Melo Bandeira: a «...afirmação do comércio à escala mundial no decorrer do sécutlo XVII consolida no Norte da Europa novos impérios coloniais, sustentados, também eles, por uma classe emergente – a grande burguesia mercantil. Inicialmente os Países Baixos e a Inglaterra e, mais tarde, a França, vão protagonizar o domínio das grandes rotas marítimas, transferindo definitivamente a supremacia dos portos do Sul da Europa para os do Norte Atlântico e Báltico».[722]

---

[718] *Vide*, nesse sentido, Francesco Palazzo in op. cit. p. 323.

[719] *Vide* H. de Doelder, em inglês, in «*Criminal Liability of Corporations-Netherlands*», 1996, p. 290.

[720] *Vide* , H. de Doelder, em inglês, in *ibidem* p. 289.

[721] *Vide* Vervaele, francês, in «*La responsabilité pénale de et au sein de la personne morale aux Pays-Bas. Mariage entre pragmatisme et dogmatisme juridique*», pp. 326-327, *RSCDPC*, 1997, o qual refere precisamente que: «*C'est donc une raison supplémentaire pour s'attacher au droit néerlandais*»; ou Vervaele, castelhano, in «*La responsabilidad penal de y en el seno de la persona jurídica en Holanda. Matrimonio entre pragmatismo e dogmática jurídica*», *RDPC*, 1998.

Podemos mesmo afirmar, por outro lado, que vigora no ordenamento penal holandês o princípio *societas delinquere potest*.[723] O principal precedente do ponto de vista legal que comportava a responsabilidade penal das pessoas colectivas foi a Lei dos Delitos Económicos (ou Código Penal Económico) de 22 de Junho de 1950, i.e., a *Wet op de Economische Delicten: Act of 22 June 1950, Stb K 258*, que segundo a reforma introduzida pela Lei de 24 de Maio de 1976, incorporou o art. 15.º que possibilitava a responsabilidade das pessoas colectivas ou da sociedade, associação ou património de afectação, ou daqueles que houvessem tido a direcção de facto da acção ou omissão proibida ou contra ambos. Entretanto, o art. 15.º foi revogado, mas a sua essência de conteúdo, embora com importantes modificações, foi adoptada pelo art. 51.º do Código penal holandês (*Wetboek van Strafrecht*), o qual entrou em vigor em 1976.[724]

Ora, o art. 51.º do CP holandês refere o seguinte c. n. t.: § «1. As infracções podem ser cometidas por pessoas físicas e colectivas. § 2. Se uma infracção é cometida por uma pessoa colectiva, o processo pode ser instituído e as sanções e medidas providas pela lei, se elas são aplicáveis, podem ser impostas em: § 1.º uma pessoa colectiva, ou § 2.º contra aqueles que ordenaram a infracção, assim como contra aqueles que efectivamente dirigiram o comportamento ilícito, ou § 3.º contra as pessoas nomeadas em 1 ou em 2 conjuntamente. § 3. Para aplicação das subsecções precedentes, igual estatuto da pessoa colectiva é dado: à sociedade que não tem personalidade jurídica, à associação, *às firmas de armadores* ou à fundação».[725]

---

[722] *Vide* Miguel de Melo Bandeira in «O espaço urbano de Braga em meados do Século XVIII», pp. 32 e ss..

[723] *Vide* J. A. E. Vervaele in op. cit. pp. 157 e ss..

[724] *Vide*, quanto a toda esta matéria, H. de Doelder, em inglês, in op. cit. pp. 289 e ss.. Não obstante, refere este mesmo ilustre Autor que em relação ao parágrafo 15.º da Lei dos Delitos Económicos (ou Código Penal Económico), in *ibidem* pp. 309-310, a acção proibida poderia ser atribuída à pessoa colectiva, quando a intenção do ofensor (pessoa natural) ou a sua culpa tivesse sido provada. Tratava-se da consequência da actuação na esfera da pessoa colectiva. Em 1976, quando o novo art. 51.º do CP holandês foi introduzido, a doutrina começou a elaborar a nova teoria: as pessoas colectivas poderiam elas próprias cometer crimes, sendo que o critério era o contexto social. No entanto, ilustres Autores como Van Veen (HR 19 de Setembro de 1977, *NJ* 1977, 616 com anotação de T.W. van Veen) continuaram a preferir a anterior teoria.

[725] *Vide* H. de Doelder, em inglês, in op. cit. pp. 292, 305 e 306; *vide* Vervaele, em francês, in op. cit. p. 331.

Uma ou várias pessoas físicas tinham que ter actuado na esfera[726] da pessoa colectiva, para que fosse possível imputar-lhe o ilícito. Entretanto, a doutrina dominante passou a defender dois critérios fundamentais que permitem a imputação do ilícito à pessoa colectiva: 1.º o critério de poder, pois a pessoa colectiva tem que ter o poder de dispor sobre o comportamento punível; 2.º o critério de aceitação pois, além do requisito anteriormente referido, a pessoa colectiva deverá ter aceite, ou podido aceitar, esse mesmo comportamento.[727] Tanto a doutrina como a jurisprudência defendem a tese de que para estabelecer a autoria da pessoa colectiva não é necessária a decisão dum órgão da empresa.[728] Para determinar a autoria da pessoa colectiva em relação a uma acção, parece ser suficiente, pois, que o facto seja realizado no contexto social[729]: é, afinal, o critério de imputação.

---

[726] Vide H. de Doelder, em inglês, in op. cit. p. 309: era a situação prevista na Lei dos Delitos Económicos ou Código Penal Económico.

[727] Vide J. A. E. Vervaele, em francês, in op. cit. pp. 335 e 337; vide, igualmente, Van de Reyt in «*Landesbericht Niederlande*» *apud* Eser/Huber, ed., *Strafrechtsentwicklung in Europa* 4, *Landesberichte* 1989/1992, 1993, *Freiburg*, Teil 2, pp. 959-960. Muito interessante neste contexto é o exemplo jurisprudencial do «*fischery-case*» (HR, 1 de Julho de 1981, *NJ*, 1982, 80) dado por H. de Doelder, em inglês, in op. cit. p. 300: uma pessoa colectiva foi acusada de capturar certa espécie de peixe numa zona proibida. O Supremo Tribunal absolveu a companhia, porque não ficou provado que a companhia tenha efectuado a captura proibida. Por conseguinte, teria sido necessário – de acordo com o Supremo Tribunal – provar que a pessoa colectiva tinha sido inteirada da acção, e que a pessoa colectiva *costumasse* aceitar essas acções.

[728] Vide H. de Doelder, em inglês, in op. cit. p. 291, onde refere c. n. t. que: «Mais tarde a jurisprudência concordou com a opinião de que a decisão, dum órgão oficial da pessoa colectiva, não era em todos os casos essencial para a qualidade de autor das pessoas colectivas». Era o critério do contexto social semelhante à doutrina do Direito civil holandês; *vide* do mesmo Autor *ibidem* p. 300, o exemplo do caso «*Groningen University*» (HR, 10 de Novembro de 1987, *NJ*, 1988, 303) no qual a Universidade foi considerada responsável pelos actos de simples empregados, ainda que não tenha havido nenhuma decisão dum órgão oficial. Em todos os casos depende das circunstâncias, onde a questão mais importante é se o acto no contexto social pode ser considerado como um acto da pessoa colectiva.

[729] Vide H. de Doelder, em inglês, in op. cit. p. 292: ou seja, deixava-se de lado o critério adicional, do anterior Código Penal Económico de 1951, da actuação por uma ou mais pessoas físicas na esfera da pessoa colectiva, i..e., (...) *providing that an offence is commited by a corporation if it is commited by one or more natural persons who have acted in the sphere of the corporation. Obviously this additional provision was based on the idea, that an offence could not be actually commited by a corporation; a legal fiction was still*

Por outro lado, a sentença do Tribunal de *Haya* (13 de Fevereiro de 1988, *NJ* 1989, 707), determinou critérios extraordinários: aceitou a autoria da pessoa colectiva, porque as acções duma determinada pessoa física (designadamente o *empreendedor/empregado*) consideram-se no tráfico societário como uma acção própria da pessoa colectiva, sendo esta última que obtinha inelutavelmente os benefícios daquela acção.

Igualmente é admitida a responsabilidade penal das pessoas colectivas de Direito público: incluindo, por exemplo, uma cidade (parece-nos que no sentido de *município*) ou até o próprio Estado! Não obstante, tal responsabilidade é somente admitida quando não haja uma actuação das pessoas colectivas de Direito público no contexto do Capítulo 7.º da Constituição Holandesa (*de Grondwet*).[730] Mas, como vimos, a própria responsabilidade penal do Estado pode estar em causa segundo o ordenamento jurídico holandês.[731]

---

required». *Vide*, contudo e ainda, H. de Doelder, em inglês, in *ibidem* pp. 309-310, o qual conclui no final que, c.n.t.: «Por conseguinte seria aconselhável repor o parágrafo 51.º do CP holandês com a forma do parágrafo 15.º do Código Penal Económico, incluindo a disposição adicional».

[730] *Vide*, quanto a isto tudo, H. de Doelder, em inglês, in op. cit. pp. 297-298, c.n.t.: um exemplo duma pessoa colectiva de Direito público acusada pelo promotor de justiça (do Estado: porventura *Ministério Público*) e condenada (embora não tenha sido punida devido ao carácter simbólico do caso) pela *magistratura económica*, foi o caso do «*district East Southern Limburg*». O *district* cortou parte dum bosque, para promover a segurança dos aviões (quando voam para o campo de aviação militar). O abate das árvores era uma contravenção aos regulamentos ou às leis (*Regulamento da Floresta*) e o *district* foi condenado (HR, 9 de Junho de 1992, *NJ* 1992, 794: *Streekgewest Oostelijk Zuid-Limburg-arrest*).

[731] *Vide* H. de Doelder, em inglês, in op. cit. pp. 298-299, c.n.t. não à letra: Em meados de 1992 e mais uma vez entre muitas outras, uma grande quantidade de querosene foi derramada na base da força aérea de *Volkel*. O Ministro da Defesa, contudo, tinha evitado nas outras ocasiões a acusação criminal, aceitando uma proposta de transação extrajudicial estabelecida pelo promotor de justiça. Mas a poluição continuou a repetir-se por diversas vezes e o Estado acabou mesmo por ser acusado. O Tribunal rejeitou o argumento do defensor do Estado de que a acusação não deveria ser admitida. A defesa tinha indicado que o Estado estava envolvido com a veste duma pessoa colectiva de Direito público no mandato da lei. Enunciou que as corporações de Direito público têm uma tarefa pública, despida de responsabilidade política para o seu cumprimento e que não poderia ser alvo de acusação penal. O Estado foi considerado culpado, mas não foi imposta nenhuma sanção (*Rb Den Bosch*, 1 de Fevereiro de 1993, *NJ* 1993, 257). O Estado recorreu para um Tribunal superior. O Tribunal superior decidiu da seguinte forma: não concordou com o sistema

Tanto o art. 15 da Lei dos Delitos Económicos – que aqui parece ser lógico, como observamos – como o art. 51.º do CP holandês, permitem a acusação penal da pessoa física que usufruiu da direcção dos factos proibidos. Um dos pontos importantes na matéria de imputação do facto à pessoa física, fundamentalmente no caso do art. 51.º do CP holandês, é que esta tenha tido um papel importante da realização do facto proibido. Não obstante – e esta é uma ideia para reter que merece ser estudada – não é impreterível em todos os casos a necessidade de identificar a pessoa física que realmente cometeu a ofensa à lei, especialmente se a pessoa colectiva se confessou culpada.[732] Caso contrário, os factos têm que ser particularmente investigados e os actos do pessoal podem constituir importantes partes da evidência.[733] Além de permitir a acusação e a imposição de sanções à pessoa colectiva em si, a segunda subsecção do 2.º parágrafo do art. 51.º do CP holandês permite, como estamos a verificar, a acusação das pessoas físicas que instruiram ou dirigiram a acção proibida. A inovação desta previsão é que as pessoas físicas podem ser acusadas sem as restrições das doutrinas da cumplicidade.[734] No Tribunal somente tem que ser provado que: a) a pessoa colectiva cometeu o delito; b) a pessoa física acusada estava ciente da acção proibida – ou acções similares – e que não cumpriu o seu dever onde e quando era obrigada a tal.[735] Exemplo juris-

---

de manutenção da responsabilidade criminal do Estado pelos seus actos. Isto significava que o Tribunal deveria ter declarado inadmissível a acusação. Quanto a nós e do nosso ponto de vista, julgamos que o Estado, bem como qualquer pessoa colectiva de Direito público, podem, na realidade concreta, praticar crimes, v.g., contra o ambiente, inclusive dos mais graves e irreversíveis: basta observar alguns dos exemplos dos antigos Estados totalitários do chamado «bloco de Leste» ou de diversas ditaduras da América Latina que provocaram a destruição de inúmeros ecossistemas. A grande questão é decidir politico-criminalmente se é possível e oportuno imputar a respectiva responsabilidade criminal a tais entes.

[732] *Vide* H. de Doelder, em inglês, in op. cit. pp. 300-303. É claro que, já na nossa opinião, se poderia criticar o facto de a pessoa colectiva, deste modo, poder servir de cobertura para os verdadeiros criminosos que permaneceriam impunes, sendo aliás, facilmente substituíveis.

[733] *Vide* H. de Doelder in *ibidem* pp. 300-301.

[734] Cfr. art. 47.º do CP holandês: definição dos autores; e art. 48.º do CP holandês: definição da cumplicidade; por todos, H. de Doelder in *ibidem* p. 301.

[735] *HR*, 20 de Novembro de 1984, *NJ* 1985, 355 [*NCB*]; *HR*, 16 de Dezembro de 1986, *NJ* 1987, 321/322 [*Slavenburg*]; *apud* H. de Doelder in *ibidem* p. 301, o qual acrescenta que, c.n.t.: «Essas circunstâncias justificam a "suposição" de que a pessoa física tenha "dado direcção" para a actividade proibida».

prudencial, muito oportuno de mostrar aqui, é o caso dum Banco holandês ter criado a possibilidade para os seus clientes de usarem nomes falsos, com o objectivo de despistar as autoridades fiscais e tributárias. As actividades proibidas foram fisicamente cometidas pelos directores locais do Banco e pela pessoa colectiva. Alguns membros do Conselho de Administração de Directores do Banco, no topo da organização, foram acusados e punidos com base essencial na segunda subsecção do 2.º parágrafo do art. 51.º do CP holandês. Para instruir ou dirigir a actividade proibida, pode ser considerada qualquer pessoa que esteja directa ou indirectamente relacionada com a pessoa colectiva. Não é necessário ser um director, administrador ou gerente, pois nas condições de preencher os requisitos da segunda subsecção do 2.º parágrafo do art. 51.º do CP holandês, poderão estar empregados do menos elevado ramo hierárquico, bem como pessoas exteriores à organização, sejam eles solicitadores ou procuradores e outros.[736] Exemplo importante do que acabamos de dizer foi a condenação dum treinador de futebol com base nessa mesma segunda subsecção do 2.º parágrafo do art. 51.º do CP holandês. Referiu o Tribunal superior c.n.t.: «Ele tinha realmente dado indicação (direcção) para se fazer intencionalmente uma falsa declaração, precavida por uma lei sobre impostos, cometida pelo clube de futebol.[737]

Num lado oposto encontra-se a *Lex Mulder*, i.e. em holandês, a *Wet Administratiefrectelijke Handhaving Verkeersvoorschriften*. É que nesta Lei não se consegue discernir nenhuma norma que seja clara no sentido de dirigir sanções administrativas a pessoas colectivas. Embora a doutrina dominante considere que tais sanções são mesmo aplicáveis às pessoas colectivas. Também na legislação tributária – de que logo no início chamamos a atenção – subsistiu a todo o instante essa qualidade. Pelo que, desta forma, a jurisprudência e a doutrina dominantes consideram e acei-

---

[736] *Vide* H. de Doelder in *ibidem* pp. 301-302.

[737] Cfr. *HR*, 21 de Janeiro de 1992, *NJ* 1992, 414 *apud* H. de Doelder in *ibidem* p. 302, o qual ainda acrescenta com interesse c.n.t.: Até uma relação formal com a pessoa colectiva não requerida. Em 1981 o Tribunal superior holandês decidiu que quando o registo na Câmara do Comércio está em falta, ainda existe razão suficiente para a condenação, baseada no art. 51.º do CP holandês (*HR*, 16 de Junho de 1981, *NJ* 1981, 586). Além disto tudo, quando várias pessoas colectivas estão envolvidas, uma das pessoas colectivas pode ser condenada porque instruiu a ofensa ou *delito* cometido por outra pessoa colectiva (v.g. uma sociedade ou pessoa colectiva filha). Ora aí está, quanto a nós, uma matéria que tem implicações nas sociedades gestoras de participações sociais ou *holdings*.

tam a hipótese de infligir sanções às pessoas colectivas, seja por uma infracção administrativa, seja por um delito penal.[738]

Finalmente, no Código Geral de Direito Administrativo, i.e., *De Algemene Wet bestuursrecht* (4 de Junho de 1992, *Stb*. 1992, 315), não se estabelecem dissemelhanças entre os sujeitos responsáveis perante a sua espécie de sanções. O § 1:2 do *Awb* define «parte interessada» como a pessoa cujo interesse está directamente envolvido na matéria duma decisão (realizada por um órgão administrativo). Ora, esta pessoa, pode ser uma pessoa colectiva ou uma pessoa física. Por seu lado, o § 1:2, subsecção 3 faz menção do interesse da pessoa colectiva: os interesses da pessoa colectiva também incluem os interesses gerais e colectivos que em particular olham por esta pessoa colectiva, como se vê dos objectivos e do actual processo de trabalho. Isto significa que todas as sanções administrativas clássicas podem ser impostas a pessoas físicas como também a pessoas colectivas. Parece que esta espécie de lei pode ser comparada com o *«Ordnungswidrigkeiten»* da Alemanha que acima verificamos. Mas em contraste com esse mesmo sistema alemão, ainda não há um sistema legal geral de lei administrativa *penal* nos Países-Baixos.[739]

A doutrina holandesa – ou pelo menos parte influente e ilustre da mesma – considera que é notório que as regras clássicas *mens rea* e as regras da prova em matéria de qualidade de autor e de participação constituem um instrumento insuficiente para tratar da pessoa colectiva duma maneira efectiva no plano penal.[740]

---

[738] *Vide* H. de Doelder in *«The system of the Administrative and Penal Sanctions»*, *The System of Administrative and Penal Sanctions in the Member States of the European Communities, National Reports, Commission of the European Communities,* Vol. I, Luxemburgo, 1994, p. 301; *vide*, também, A. Mulder in *«Schets van het economisch strafrecht, Zwolle,* 1983, pp. 17 e ss..; *vide*, igualmente, E. M. Koning-De Jong in *«De totstandkoming van de Wet Mulder»*, H. de Doelder/L.J.J. Rogier/P.M. van Rusen Goren (Ed.), *De Wet Mulder in perspectief,* Arnhem 1990, pp. 13 e ss.; *vide* ainda H. de Doelder in *«La punibilidad de las personas jurídicas en Holanda»*, *Hacia un Derecho penal económico,* Madrid, 1995, p. 499; por todos *apud* Silvina Bacigalupo in op. cit. p. 325.

[739] *Vide* H. de Doelder, em inglês, in *«Criminal Liability of Corporations-Netherlands»,* 1996, p. 294, o qual refere ainda, c.n.t.: «Até agora somente a específica lei-de--trânsito [*de Wet Administratiefrechtelijke Handhaving Verkeersvoorschriften*) tem sido criadora, por causa do precedente de ofensas de tráfico criminais menores. *Vide* L.J.J. Rogier, *De Wet Mulder,* Arnhem 1992».

[740] *Vide* J. A. E. Vervaele, em francês, in op. cit. pp. 345-346.

6. Reino Unido

Até tempos muito recentes, apenas dois mecanismos, para atribuir culpa a uma pessoa, eram reconhecidos no que diz respeito à responsabilidade da pessoa colectiva no Direito criminal inglês. O princípio *vicarious* e a doutrina da identificação. A responsabilidade de vicariato – uma teoria transposta do Direito civil que cresceu com o desenvolvimento da responsabilidade do patrão (director) pelo seu criado (empregado) – facilitou o progresso das responsabilidades civil e criminal das pessoas colectivas. O princípio *vicarious* aplicou-se apenas a algumas infracções legais no campo regulamentar, e no início do Séc. XX passado foram elaboradas um certo número de previsões regulamentares visando a aplicação às pessoas colectivas. O modelo da identificação desenvolveu-se somente a partir de meados do Séc. XX. Anteriormente era considerado algo de inapropriado. A partir dos anos 40, emergiu uma forma diferente de encarar infracções não regulamentares, embora tenha sido outros 50 anos antes da questão específica do homicídio negligente corporativo (da pessoa colectiva) ser posta.[741]

Assim, o reconhecimento da capacidade criminal das pessoas colectivas foi um processo gradual e carente de sistematicidade.[742] A defesa da possibibilidade da pessoa colectiva ser sujeito de responsabilidade criminal é, contudo, uma ideia perfeitamente estabilizada desde há muito tempo na Lei inglesa.[743] Para o Prof. Doutor John R. Spencer, da Universidade de Cambridge, trata-se duma ideia jurisprudencial que se desenvolveu sobretudo ao longo do Séc. XIX. Verificaram-se fundamentalmente duas etapas: 1.ª entre 1842 e 1944 desenvolvida sob o signo das *regulatory offences*, i.e., as ofensas contra o bem estar social (*public welfare offences*)

---

[741] Vide Celia Wells in «*Developments in Corporate Liability in England and Wales*», *Beiträge und Materialien aus dem Max-Planck-Institut für ausländisches und internationales Strafrecht Freiburg, Herausgegeben von* Albin Eser, 1998, *edition iuscrim*, 1999, p. 218. Vide, contudo, mais adiante as opiniões um tanto ou quanto contraditórias – pelo menos aparentemente quanto aos períodos históricos e aos «*nomen juris*» – de John R. Spencer.

[742] Vide C. Harding in «*Criminal Liability of Corporations-United Kingdom*», 1996, p. 369.

[743] Vide; Glanville Williams in «*Texbook of Criminal Law* 82nd ed., 1983, C. p. 44; vide, também sobre o mesmo assunto, J.C. Smith & Brian Hogan in «*Criminal Law*» (7.ª ed., 1992), pp. 178-185.

– infracções normalmente sem vítima imediata cuja autoria era uma pessoa com certa qualificação como, v.g., o vendedor dum produto, o ocupante duma fábrica, o proprietário dum terreno, o detentor dum veículo e muitos outros –, que quando praticadas por pessoas colectivas provocavam o efeito dos Tribunais decidirem em princípio a sua responsabilidade penal; 2.ª sensivelmente a partir da década de 40 – e no decorrer dos anos seguintes – esta responsabilidade que era comparativamente restritiva foi considerável e paulatinamente alargada por meio duma série de decretos, segundo os quais se decidiu que uma pessoa colectiva não poderia apenas cometer uma *regulatory offence* mas também, segundo certas circunstâncias, uma qualquer infracção como um crime de homicídio ou de roubo.[744]

Por sinal, a possibilidade duma pessoa colectiva comparecer e pleitar em Tribunal através dum representante, ou a ideia da indispensabilidade da intervenção duma pessoa física para intentar acções em nome da empresa, reporta-se ao art. 33.º do *Criminal Justice Act* de 1925. Na tomada de decisão jurisprudencial *Great North of England Railway Co.* (1846) 9 QB 315; *Griffiths versus Studebackers Ltd.* (1924) 1 KB 102 é possível verificar que os Tribunais também estão de acordo com a aceitação da responsabilidade *vicarious* da empresa por factos cometidos pelos seus agentes e/ou empregados, da mesma forma que não deixam de aceitar a responsabilidade das pessoas físicas.[745]

A doutrina judicial da identificação da pessoa colectiva com as pessoas físicas que actuam e a controlam – e que são o seu *alter ego* – traduz a ideia de que todo o facto, porventura e até o facto penal, cometido por elas pode ser imputado como um facto da, v.g., empresa.[746] Segundo o

---

[744] *Vide* Spencer, em francês, in «*La responsabilité pénale dans l'entreprise en Angleterre*», pp. 290-291, *RSCDPC* 1997.

[745] *Vide* C. Harding *ibidem*.

[746] *Vide* C. Harding in op. cit. pp. 369-370; mas também John R. Spencer, em francês, in op. cit. p. 291; os quais nos referem um exemplo da declaração clássica da doutrina da identificação num juízo de Viscount Haldane, LC. em 1915 *Lennards Carrying Co Ltd versus Asiatic Petroleum Co Ltd* (1915) AC, at. p. 713 e 705: «... *a corporation is an abstraction. It has no mind of its own, any more than it has a body of its own; its active and directing will must consequently be sought in the person of somebody who for some purposes may be called an agent, but who is really the directing mind and will of the corporation, the very ego and centre of the corporation*»; Na atribuição da responsabilidade criminal às pessoas colectivas sob a lei inglesa ressaltava, pois, a antropomorfia da doutrina da identificação: era utilizada a metáfora do corpo humano para justificar a responsabili-

Prof. Doutor John R. Spencer, este «princípio da identificação» desenvolveu-se originalmente sob a moldura do Direito Civil. Porém, depois de dois juízos (sentenças) de 1944, o Tribunal da Relação decidiu que tal princípio também era aplicável ao Direito Penal, em confirmação das condenações por fraude pronunciadas com respeito a duas sociedades anónimas cujos dirigentes – eles mesmos igualmente condenados – mentiram para alcançarem benefícios para as suas sociedades. Uma jurisprudência posterior aplicou o princípio da identificação em duas direcções: uma 1.ª extensiva e uma 2.ª limitativa. Extensiva, pois as espécies de infracções que podem ser imputadas a uma pessoa colectiva não são limitadas às infracções económicas como as fraudes, mas chegam mesmo a incluir, v.g., outras infracções como o homicídio por negligência (*manslaughter*);[747] direcção limitativa, pois a *House of Lords* (Câmara dos Pares), como princípio geral, declarou que as pessoas susceptíveis de desencadear a responsabilidade da organização pelas infracções realizadas por conta desta são somente as pessoas que disfrutam ao centro dum verdadeiro poder de decisão.[748]

---

dade criminal de actores não-humanos. Tal é bem visível (e até auditível!) nas próprias palavras de Lord Denning, como por exemplo: «*A company may in many ways be likened to a human body. It has a brain and a nerve centre which controls what it does. It also has hands which hold the tools and act in accordance with directions from the centre. Some of the people in the company are mere servants and agents who are nothing more than hands to do the work and cannot be said to represent the mind or will. Others are directors and managers who represent the directing mind and will of the company and control what it does. The state of mind of these managers is the state of mind of the company and is treated by the law as such*».

[747] Cfr. *P & O Ferries (Dover) Ltd (1990) 93 CrAppR 72*. Esta acção judicial (e sua pretensão) foi uma das consequências jurídicas do catastrófico naufrágio do *Herald of Free Enterprise*, Zeebrugge, Março de 1987: *apud* John R. Spencer, em francês, in op. cit. p. 291; C. Harding in op. Cit. p. 370 considera que a doutrina da identificação tem um efeito liberatório, ao permitir a imputação de responsabilidade criminal às pessoas colectivas, inclusive em situações nas quais a responsabilidade criminal está estruturada sob os cálculos da mente humana (individual), i.e., infracções para as quais se requer a existência de *mens rea*.

[748] *Vide* John R. Spencer, em francês, in op. cit. p. 291; *Vide*, igualmente, C. Harding *ibidem* (pp. 370-371) pois exige-se a descoberta duma pessoa física específica que tenha exercido o controlo da empresa: «*In another sense it has proved to be a limiting doctrine, in that its seeks to justify liability by discovering a "unity" of person as between the corporation and specific controlling individuals*». Por outro lado, é nesta direcção que as pessoas colectivas costumam ser responsabilizadas criminalmente por factos relacionados

Deste modo, a tarefa legal é descobrir o comportamento criminal da pessoa colectiva (como requisito de imputação dessa responsabilidade) através de actores humanos, físicos e individuais que representem a «mente e vontade directas» da pessoa colectiva. Por isso mesmo, para a Lei criminal Inglesa, o raciocínio fundamental tem sido discernir quem pode ser qualificado como a pessoa que exerce o controlo (*controlling person*) desenhando a dissemelhança entre o «centro nervoso» (nerve centre) ou «cérebro» (*brain*) e as «mãos» (*hands*) – a qual parece estar ausente da doutrina da identificação – pela razão de que a actual divisão do trabalho, seja horizontal ou verticalmente constante duma organização empresarial complexa, não possibilita reportar um facto a somente uma pessoa. Ideias estas que ficaram suficientemente afloradas de forma especial por Lord Reid no «*leading English case*» de «*Tesco Supermarkets Ltd versus Natrass* (1972), AC 153, at p. 171».[749] Mas os juízes neste caso *Tesco*, como noutros similares, foram inilidivelmente confrontados com as limitações – para estabelecer a referida dissemelhança – da doutrina da identificação, a qual procura transferir a «mente» de *chaves* individuais dentro da estrutura da pessoa colectiva, para a pessoa colectiva ela mesma ao longo de linhas legalistas de comando e autoridade. A vantagem primordial desta decisão jurisprudencial recai no forte incentivo ao facto do controlo da empresa ter que permanecer circunscrito ao seu próprio estatuto, por forma a rejeitar actos de delegação indefinidos, ambíguos,[750] equivocados ou demasiado duvidosos.

É também importante salientar que a jurisprudência inglesa carateriza-se por uma certa prudência quando refuta a designada culpa colectiva.

---

com a *typical sphere of activity*, i.e., a esfera de actividade típica. É no quadro do Direito Penal económico e do Direito regulador da actividade empresarial que sucedem a maior parte das situações de responsabilidade penal das pessoas colectivas, pelo que se proporciona a imposição da sanção pecuniária.

[749] Cfr. ideias de Lord Reid *ibidem*: «*Normally, the board of directors, the managing director and perhaps other superior officers of a company carry out the functions of management and speak and act as a company. Their subordinates do not. They carry out orders from above and it can make no difference that they are given some measure of discretion. But the board of directors may delegate some part of their functions of management giving to their delegate full discretion to act independently of instructions from them. I see no difficulty in holding that they have thereby put such a delegate in their place so that within the scope of the delegation he can act as the company*»; quanto a isto tudo *apud* C. Harding in op. cit. pp. 372-373.

[750] *Vide* C. Harding in op. cit. pp. 373-374.

Como já se referiu, é exigido que um director ou directivo (dirigente) congregue todos os componentes ou elementos da infracção, pelo que na *actualidade* os Tribunais ingleses não admitem a ideia de cumular as culpas leves duma série de diferentes pessoas do interior da empresa para engendrar ou construir uma culpa grave susceptível de atribuir à própria empresa.[751] Além desta relutância dos Tribunais ingleses em adoptarem a agregação de responsabilidades individuais, igualmente a jurisprudência não aceita o modelo da designada *responsabilidade organizacional*, o que provoca que certos tipos de delinquência devidos a pessoas colectivas fiquem simplesmente impunes.[752]

Além disso, o sancionamento criminal das pessoas colectivas, no qual a principal resposta é impor uma multa, permanece duvidoso quanto à sua eficácia, «quanto mais não seja», pelo risco de se considerar tais valores como custos previsíveis nos cálculos matemáticos da «moderna gestão empresarial».[753]

Por seu lado, é importante salientar o «*Interpretation Act* de 1978» – ou seja, uma *Lei* sobre a interpretação de leis –, que menciona que a expressão «*person*» (pessoa), prevista nos textos legislativos ingleses relativos às matérias em que a questão se põe, significa não só as pessoas físicas como as pessoas colectivas, mas também as «*unicorporated association*», i.e., os agrupamentos que não disfrutam de personalidade jurídica.[754]

Precisamente pelo lado legislativo, deparamos com a lei *Natural Heritage*, i.e., qualquer coisa como «Herança Natural» da Escócia, *Act* 1991 (c. 28), de 27 de Junho de 1991, que trata das questões tão caras de protecção do ambiente e da natureza. Ora, precisamente, as normas jurídicas desta lei que têm carácter penal, recaem sobre o uso indevido de águas de rega (*s*. 16), além de existirem, por outro lado, contravenções sobre as ordenações relativas à seca. É de salientar, também, que esta lei, além de prever e punir a responsabilidade penal das pessoas colectivas, não descarta a responsabilidade individual de directores ou *altos empregados* des-

---

[751] *Vide* Celia Wells in «*Corporations and Criminal Responsibility*» (1993), pp. 111 e ss.; *apud* John R. Spencer, em francês, in op. cit. p. 291.
[752] Em sentido similar *vide* C. Harding in op. cit. p. 382.
[753] *Vide* C. Harding in op. cit. p. 382.
[754] *Vide Interpretation Act* 1978 (*c*. 30) *s*. 5, *Schedule 1, et Schedule 2, paragraphe 4* (5); *Smith et Hogan, ibidem*, p. 191; *apud* John R. Spencer, em francês, in op. cit. p. 292.

sas mesmas entidades colectivas, no caso da infracção ser cometida com o seu consentimento.[755]

Uma nota final para uma chamada de atenção àquilo que se tem a aprender – segundo certa doutrina britânica – com a experiência de «outras jurisdições» que, ainda que a título de tentativa, começaram a fazer uso de outras medidas (que não só a multa) como é o caso da «*corporate probation*» para lidar com a criminalidade das pessoas colectivas.[756] Como se verifica, há já muito tempo que o Reino Unido conhecia a problemática da responsabilidade dos entes colectivos, e não é por mero acaso – como se verá ao longo deste trabalho! – que alguns dos mais distintos e destacados juristas e Penalistas alemães, entre os quais o Prof. Doutor Klaus Tiedemann, acabam por fazer incursões na área do Direito comparado anglo-saxão e aí se sentem inspirados para a elaboração das Suas Teorias sobre este tema tão específico.

7. Estados Unidos da América

Ao contrário daquilo que se poderia pensar *a priori* – ou talvez não! – a responsabilidade criminal das pessoas colectivas tem sido aceite com uma grande extensão nos Estados Unidos da América, quando comparada com a maior parte dos outros países.[757] Aquilo que melhor diferencia (ou diferenciava) o modelo anglo-saxónico do modelo continental francês, depois do começo do Séc. XX, era de que no primeiro as pessoa colectivas poderiam ser, de maneira funcional, tidas como responsáveis no plano penal (*vicarious liability*) pelos actos ou omissões dos seus empregados.

---

[755] Vide B. Huber in «*Landesbericht Großbritanien*», A. Eser/B. Huber, *Strafrechtsentwicklung* 4, *Landesberichte* 1989/1992, *Teil* 1, Freiburg, p. 635, 1993; *apud* Silvina Bacigalupo in op. cit. p. 333.

[756] Vide C. Harding in op. cit. p. 382. Cfr., por outro lado, o segundo parágrafo da definição de *probation* in «*The Advanced Learner's Dictionary of Current English*», *Second Edition*, by A.S. Hornby, E.V. Gatenby, H. Wakefield, London, Oxford University Press: «(law) *the probation system, that by wich (esp. young) offenders are allowed to go unpunished for their first offence while they continue to live without further breaking of the law: three years probation under suspended sentence of one year's imprisonment*». Parece-nos ser em abstracto um sistema de provação, experiência e exame do (ou da) responsável.

[757] Vide E.M. Wise in «*Criminal Liability of Corporations- USA*», 1996, p. 383.

Já o modelo francês exigia uma culpa individual e não uma culpa funcional, sendo que esta última é capaz de permitir a imposição de sanções à pessoa colectiva ela mesma. Natural e essencialmente situados em antigos territórios do Império Britânico, os EUA caracterizaram-se sempre por fortes influências da Doutrina inglesa, pelo que desde o Séc. XIX que consagram a responsabilidade penal das pessoas colectivas. Não obstante, é já no início do Séc. XX que o «*mens rea*», i.e., o elemento intencional das infracções é inserido no ordenamento jurídico americano, acabando por ser posta de lado a teoria do órgão. Esta última questão implica que não só os actos ou omissões dos órgãos da pessoa colectiva, mas também os actos daquelas pessoas físicas que trabalham no interesse de/ou para a pessoa colectiva, acarretem a responsabilidade penal dessa mesma pessoa não individual.[758]

Além disso e também ao contrário do exemplo inglês, a jurisprudência dos EUA admite a possibilidade de culpa agregada ou conjunta. Mas parece que – fruto das investigações científicas – o fundamental, do ponto de vista da cultura do risco e da criminalidade, é prevenir as deficiências de organização. É o exemplo do compromisso *Health and Safety* que torna o empregador responsável pelas actuações que se realizam na empresa, o

---

[758] *Vide* J. A. E. Vervaele, em francês, in «*La responsabilité pénale de et au sein de la personne morale aux Pays-Bas. Mariage entre pragmatisme et dogmatisme juridique*», pp. 326-327, *RSCDPC*, 1997, referindo que: «*La responsabilité pénale beaucoup plus large aux Etats-Unis repose sur une décision jurisprudentielle, à savoir une décision de la Supreme Court, datant de 1909:* "*Anything done or omitted to be done by a corporation (...) which, if done or omitted to be done by any director or officer theorof, or any receiver, trustee, lessee, agent or person acting for or employed by such corporation (...) shall also be held to be a misdemeanor commited by such corporation, and upon conviction theorof it shall be subject to like penalties (...)*; *New York Cent. & Hudson River R.R. versus U.S., 212 U.S. 481, 495 (1909)*»; Esta decisão jurisprudencial já é anteriormente referida pelo Prof. Doutor E.M. Wise in op. cit. p. 385, o qual refere, contudo, o seguinte: «*But the opinion of the Court in the case suggested that a corporation would be liable for crimes committed by its employees within the scope of their employment even if statute did not explicitly so provide*». Assim, as pessoas colectivas seriam responsáveis pelos crimes cometidos pelos seus empregados dentro do escopo ou propósito do seu emprego, mesmo que o estatuto não explicite tal providência. A jurisprudência do «*United States versus Thompson-Powell Drilling Co., 196 F. Supp. 571 (N.D. Text. 1961*» refere: «*familiar law that a substantive offense commited by a corporate employee in the scope of his employment will be imputed to the corporation*».

qual será encarregado de tomar as medidas susceptíveis de evitarem os *delitos*.[759]

Ainda antes, porém, podemos distinguir três linhas fundamentais nos desenvolvimentos legislativos recentes (sobretudo, note-se, a partir dos anos 60) ao nível federal nos EUA, embora haja muito a sobrepor entre esses três tipos de desenvolvimento.[760] Assim, uma 1.ª linha de desenvolvimento diz respeito à extensão da regulamentação federal e, portanto, à responsabilidade criminal das pessoas colectivas dentro de novas áreas como a protecção do ambiente e dos consumidores; numa 2.ª linha, verifica-se a imposição de controlos mais apertados e sanções aumentadas em campos já objecto de extensiva regulamentação governamental, como será o caso da legislação relacionada com a «*securities fraud, savings and loan associations*» e branqueamento de capitais; a 3.ª linha consiste na revisão do sistema penalizador, por forma a estabelecer as sanções especificamente aplicáveis às pessoas colectivas e outros delinquentes organizacionais.

7.1. *Natureza da Responsabilidade Criminal e Model Penal Code*

Na lei dos EUA, a responsabilidade criminal duma empresa é estabelecida pela imputação da conduta e culpabilidade de agentes agindo ostensivamente em favor (ou em nome ou no interesse) da pessoa colectiva. É a chamada responsabilidade *vicarious*. Todavia, autores há que sugerem uma diferenciação entre responsabilidade *vicarious* – na medida em que as pessoas colectiva e individual são pessoas juridicamente diferenciadas – e a imputação a uma pessoa colectiva da conduta de pessoas agindo a favor (ou no interesse ou em nome) da mesma pessoa colectiva, cujas acções são com efeito *acções da pessoa colectiva ela mesma*. Ao contrário de *vicarial* esta última responsabilidade seria original ou primária.[761]

Tal distinção é estabelecida pelo § 2.07 do *Model Penal Code* proposto pelo *American Law Institut* no ano de 1962.[762] No que diz respeito

---

[759] *Vide* Wells in «*Corporations: culture, Risk and Criminal Liability*», *CLR*, 1993, pp. 564-566.

[760] *Vide* E.M. Wise in op. cit. pp. 385-386.

[761] *Vide* E.M. Wise in op. cit. pp. 388-389.

[762] *Vide* o comentário revisto contido no *Model Penal Code and Commentaries* (*Official Draft and Revised Comments*), *Part I*, §2.07 (*American Law Institute* 1985); Cfr. tam-

às infracções administrativas, uma pessoa colectiva pode ser responsabilizada vicarialmente pelos actos de quaisquer dos seus empregados resultantes dessa mesma violação. No entanto, em casos de verdadeiro crime, o *Model Penal Code* toma a posição de que uma pessoa colectiva deveria ser normalmente responsabilizada somente se a infracção foi executada, autorizada ou indiferentemente tolerada pelo, v.g, Conselho de Administração ou por agentes de *Alta* Direcção cuja conduta pode justa ou razoavelmente ser assumida para representar a política da pessoa colectiva, de maneira a significar ser essa acção, a acção da empresa ela mesma. São agentes que, por causa da sua elevada posição, são o *alter ego* da pessoa colectiva (nas palavras de Lord Haldane no caso jurisprudencial que aquando do estudo comparado do Reino Unido vimos: *Lennards Carrying Co Ltd versus Asiatic Petroleum Co Ltd* (1915) AC, at. p. 713 e 705). O *Model Penal Code* apresenta três sistemas distintos de responsabilidade criminal das pessoas colectivas.[763] 1.º sistema aplicável aos crimes ordinários como a fraude (ou burla) ou o furto ou o homicídio casual (*negligente*). Aqui, como já acima invocámos, a pessoa colectiva será somente responsável se a infracção foi cometida por uma agente da sua (*Alta*) Direcção principal; 2.º um sistema de responsanbilidade das pessoas colectivas no caso de crimes como o *price fixing* ou a *securities fraud*, os quais não são crimes de responsabilidade estrita, mas onde o propósito legislativo de impor responsabilidade específica às pessoas colectivas é aparente. Nestas situações, a pessoa colectiva é responsável pelos crimes cometidos por qualquer empregado agindo dentro do escopo do seu emprego a favor (no interesse ou em nome) da pessoa colectiva. O empregado não tem de ser um agente da (*Alta*) Direcção Principal. Contudo, é de destacar aqui, que o *Model Penal Code* permite que a pessoa colectiva sustente a sua defesa no facto do Director em causa, com responsabilidade supervisionária, ter usado da «devida diligência» na tentativa de prevenir a realização (o autor utiliza a expressão *commission*) do crime. Deste modo, sob este sistema, quando a pessoa colectiva é responsável será por negligência dos seus Directores que não fizeram uso da «*due diligence*» para tentar prevenir o

---

bém Kathleen F. Brickey, *Rethingking Corporate Liability Under the Model Penal Code*, 19 *Rutgers* L.J. 593 (1988); todos *apud* E.M. Wise in op. cit. pp. 389 e ss..

[763] Cfr. *Developments in the Law – Corporate Crime: Regulating Corporate Behavior Through Criminal Sanctions*, 92 *Harvard Law Review* 1227, 1251 (1979); *apud Vide* E.M. Wise *ibidem*.

crime; 3.º sistema aplicável às infracções administrativas ou outras infracções regulamentares para as quais a responsabilidade estrita (*strict liability*) é imposta. A pessoa colectiva é aqui geralmente responsável pela conduta de qualquer agente actuando a favor (no interesse ou nome) da pessoa colectiva que ocorre no escopo do seu emprego. Neste caso, a «*due diligence*» dos Directores na tentativa de prevenir a infracção, não é uma causa de defesa ou de afastamento da responsabilidade da pessoa colectiva como no caso do anterior segundo sistema, pois trata-se dum caso de responsabilidade estrita (porventura, na nossa opinião, algo de semelhante, *mutatis mutandis*, à, por nós indesejada, responsabilidade objectiva).

7.2. *O sistema de imputação predominante nos Estados Unidos da América*

Mesmo depois da elaboração do *Model Penal Code*, que apresenta um modelo de imputação de responsabilidade das pessoas colectivas considerado, ainda assim, «restritivo» (!), praticamente nenhum dos Estados adoptou um tal sistema, assim como os próprios Tribunais Federais, sempre sujeitos a conspícuos e notáveis casos jurisprudenciais. Segundo a regra federal predominante, uma pessoa colectiva pode ser responsabilizada criminalmente pelo acto de qualquer empregado, mesmo que seja um baixo agente subalterno (*lowly underling*) ou um simples criado (ou *menial*). O estatuto ou o lugar do agente na hierarquia da pessoa colectiva é totalmente irrelevante.[764]

Há, no entanto, «uma» limitação à imputação dum crime cometido por empregados duma pessoa colectiva e que reside no facto do empre-

---

[764] *Vide* E.M. Wise in op. cit. pp. 390-391, nas quais, citando alguma jurisprudência, refere o seguinte: «*The status or place of the actor within the corporate hierarchy is irrelevant. "No distinctions are made... between officers and agents, or between persons holding varying degrees of responsibility*" (*United States versus George F. Fisch, Inc.* 154 F. 2d 798, 801 (2d *Cir.*), *cert. denied*, 329 *U.S.* 869 [1946]). *There is no need to show participation or endorsement by top management:* «*The corporation may be criminally boun by the acts of subordinate, even menial, employees*" (*Standard Oil Co. of Texas versus United States*, 307 *F.* 2d 120, 127 [5th *Cir.* 1962]. *See also Commonwealth versus Beneficial Finance Co.*, 360 *Mass.* 188, 275 *N.E.* 2d 33 [1971], *in which the Supreme Judicial Court of Massachusets refused to adopt of the Model Penal Code that high mamagerial agents must be shown to have authorized or condoned the ilegal conduct*).

gado ter que ter agido dentro do escopo (*scope*) do seu emprego e – cumulativamente – em nome ou a favor (no interesse, i.e., *on behalf*) da pessoa colectiva. Quanto ao *scope*, o acto tem que estar directamente conexionado com um tipo de deveres que o empregado tem geralmente autoridade para desempenhar.[765] Não tem qualquer importância que o acto tenha sido praticado *ultra vires* (i.e. para além da competência do agente), de forma não autorizada, contrário à política da pessoa colectiva ou, até, contrário às instruções específicas do agente. Até a eventual justificação através da «*due diligence*» – já por nós descrita – foi maioritariamente rejeitada.[766] No que diz respeito ao requisito de actuação no *behalf* da pessoa colectiva, isso significa que o empregado deve actuar com «*intent to benefit*», i.e., qualquer coisa como intenção de beneficiar a pessoa colectiva. Assim, se o empregado actuou para seu benefício pessoal ou em benefício duma terceira parte, em detrimento da pessoa colectiva, então – esta última – não será responsável pelo o que ele fez.[767] Mas não tem que ser demonstrado que a pessoa colectiva obteve mesmo um benefício derivado do acto do empregado. A pessoa colectiva será responsável, mesmo que a actuação do empregado resulte *desencaminhada* e prejudicial para a pessoa colectiva.

Enquanto que a responsabilidade da pessoa colectiva é, por regra, dependente do cometimento do crime por agentes agindo em nome (a favor) da pessoa colectiva, não é necessário ou exigível identificar os específicos agentes que cometeram a infracção. É suficiente que certo agente ou agentes da empresa tenham que a ter cometido. Pelo que, a responsabilidade da pessoa colectiva pode fundar-se no acto dum empregado e na culpa de outro que realizou a significação do acto. Além disso, algumas decisões

---

[765] Cfr. *United States versus American Radiator & Standard Sanitary Corp.*, 433 F. 2d 174, 204-205 (3d Cir. 1970), *cert. denied*, 401 U.S. 948 (1971), *apud* E.M. Wise in op. cit. p. 391.

[766] Quanto às duas últimas ideias *vide* a jurisprudência: 1.º *Dollar Steamship Co. versus United States*, 101 F. 2d 638 (9th Cir. 1939) e *United States versus Hilton Hotels Corp.*, 467 F 2d 1000 (9 th Cir. 1972), *cert. denied*, 409 U.S. 1125 (1973), 2.º *Holland Furnace Co. versus United States*, 158 F. 2d 2 (6 th Cir. 1946) e *John Gund Brewing Co. versus United States*, 204 F. 17, *modified* 206 F. 386 (8th *Cir.* 1913); todos *apud* E.M. Wise in op. cit. p. 391.

[767] Com grande interesse cfr. a decisão jurisprudencial *Standard Oil Co. of Texas versus United States*, já referida, onde os empregados, embora cumprindo ostensivamente os seus deveres, estavam de facto cooperando com uma empresa rival que os tinha subornado; *apud* E.M. Wise in op. cit. pp. 391 e ss..

jurisprudenciais têm aceite a teoria pela qual uma pessoa colectiva pode ser condenada com fundamento no «*collective knowledge*», i.e., conhecimento colectivo, dos seus empregados como um grupo. Enquanto nenhum empregado pode ter tido suficiente informação para compreender a *mens rea* da infracção, vários indivíduos da organização podem ser detectados como possuidores dos elementos de tal conhecimento colectivo, e é este conhecimento agregado que é atribuído à pessoa colectiva.[768] Como resultado, pode ser que a pessoa colectiva venha a ser responsável, quando nenhum agente individual o é. Na lei dos EUA «a responsabilidade criminal das pessoas colectivas, quando existe, não é exclusiva ou alternativa, mas cumulativa, com a responsabilidade dos criminosos individuais».[769]

---

[768] Cfr. *United States versus Bank of New England, N.A.*, 821 F. 2d 844 (1st *Cir.*), *cert. denied*, 484 *U.S.* 943 (1987); *United States vs. T.I.M.E. – D.C., Inc.*, 381 *F. Supp.* 730 (*W.D.Va.* 1974); *apud* Wise in op. cit. p. 392.

[769] *Vide* Henry W. Edgerton, Corporate Criminal Responsibility, 36 Yale L.J. 827, 833 (1927), o qual originalmente refere o seguinte: «*the criminal responsibility of corporations, when it exists, is not exclusive or alternative, but cumulative, with the responsibility of the individual criminals*»; *apud* E.M. Wise in op. cit. p. 392. Das duas uma, ou o ilustre Autor Wise ao realizar esta citação, entra em plena contradição com a ideia anterior – «de não cumulatividade» – de que a pessoa colectiva pode ser responsável quando nenhuma pessoa individual o é – o que não nos parece plausível, pois a jurisprudência esmagadoramente maioritária dos EUA aceita essa possibilidade como o próprio procura demonstrar –; ou, por outro lado, verifica-se aqui uma forma diferente (*vide*, nesse sentido, por exemplo, I. Marques da Silva *idem ibidem*) de interpretar a designada «responsabilidade cumulativa». Ou talvez, a forma mais justa perante as entidades organizadas e complexas, pois para que a pessoa colectiva seja responsabilizada pela infracção não é necessário individualizar os agentes individuais, mas simplesmente, como acima se referiu, basta que: «certo agente ou agentes da empresa tenham que a ter cometido». Uma coisa parece ser, pois, a responsabilidade da pessoa colectiva através de actos de vários indivíduos ou de um só; outra coisa bem distinta é a responsabilidade individual que se pode tornar (im)possível de concretizar. Isso mesmo se comprova quando o mesmo ilustre Autor, *idem ibidem*, refere, com o nosso sublinhado: «*Thus, both the corporation and the individuals who acted on its behalf may be found criminally liable*». Isto é, existe a possibilidade – e não a *conditio sine qua non* – de responsabilizar os indivíduos e a pessoa colectiva pelo mesmo facto. Por isso é que: «*Acquittal of the individuals whose conduct or culpability has been imputed to the corporation does not vitiate the corporation's liability. Inconsistent veridicts, by which the corporation is convicted but all conceivable agents who participated in the wrongdoing have been absolved, are allowed* (*United States versus General Motors Corporation*, 121 F. 2d 376 [7 th Cir.], *cert. denied*, 314 *U.S.* 618 [1941])».

7.3. Breve debruçar sobre a problemática das sanções

Aproximadamente no âmbito da segunda linha acima descrita na introdução deste ponto n.º 7 – com as ressalvas antes apontadas -, assiste-se a um incremento das infracções económicas; da criminalidade organizada (que a pouco e pouco se vai tornando, na nossa opinião, numa criminalidade complexa, porque fruto dum conjunto de muitos factores, circunstâncias, coisas, riscos e actos ligados entre si); e de toda a problemática conexionada com os acidentes laborais. Nos procedimentos criminais federais, as sanções impostas às pessoas colectivas incluem multas, restituição e sanções não monetárias como ordens reparadoras, serviço comunitário e o sistema de provação (*probation*: *vide* acima Reino Unido). Estas sanções são fundamentalmente reguladas pela «*Setencing Act of 1984 and the guidelines for sentencing organizations issued by the U.S. Sentencing Commission in 1991*».[770] Neste contexto, destacamos o «*Criminal Fine Enforcement Act*» de 1984, o qual arquitecta uma gravidade acrescida para as penas pecuniárias, possibilitando a alternância ou a acumulação da pena detentiva, proporcionando, por outro lado, o pagamento quase imediato da sanção por meio do confisco.[771]

Curioso é que a chamada «*civil sanction*» imposta à pessoa colectiva pode, muitas das vezes, ser mais pesada do que a própria sanção criminal imposta pela mesma conduta.[772] O que, na nossa opinião, poderá resultar numa clara «fraude ou burla de etiquetas» em detrimento dos Direitos Fundamentais dos cidadãos e dos entes colectivos. Não obstante, a natureza punitiva das «*civil sanctions*» acabaria por ser reconhecida na jurisprudência de *United States versus Halper*, 490, *U.S.* 435 (1989).

Como também já se fez uma breve alusão no Reino Unido, a pena pecuniária imposta às pessoas colectivas desembocou numa crise, em si mesma, pela simples razão de que, v.g., a Direcção Financeira da empresa pode tratá-la contabilisticamente como custo absolutamente previsível.

Assim, o «*discussion draft*» de 1988 contemplou um papel relativamente limitado para a medida de «*probation*» das pessoas colectivas. Tal foi um tanto «ou quanto» desenvolvido ou expandido na proposta publi-

---

[770] *Vide* E.M. Wise in op. cit. p. 397.

[771] *Vide* Vervaele in «*Il sequestro e la confisca in seguito a fatti punibili nell'ordinamento degli Stati Uniti d'America*», *RIDPP*, 1998, pp. 954 e ss..

[772] *Vide* E.M. Wise in op. cit. pp. 395-396.

cada em 8 de Novembro de 1989 e nas «*guidelines*» finalmente adoptadas em 1991.[773] As *Federal Sentencing Guidelines* de 1991 acentuaram a necessidade das pessoas colectivas visionarem mecanismos directos internos para prevenir, descobrir ou denunciar comportamentos perigosos. Desta forma, a pena pecuniária desenhar-se-á como consequência da culpabilidade da empresa e esta será delimitada com fundamento nas precauções – previstas pela pessoa colectiva antes da comissão da infracção – dirigidas a prevenir e a descortinar o comportamento perigoso. Ora, justamente, a adaptação deste tipo de sentença implicará a estruturação organizacional de específicos programas de autorregulamentação. Significaria como que a elaboração dum Código interno de conduta da empresa, i.e., regulamentação de normas objectivadas ou destinadas a estabelecerem regras de comportamento no interior da pessoa colectiva.[774] Na sequência destes factos, as *guidelines* também declararam e recomendaram condições de «*probation*» (provação: *vide* acima) organizacional que um Tribunal pode ordenar à pessoa colectiva: publicação pelo próprio ente da natureza da infracção, o facto da condenação, a punição imposta e os passos que serão tomados para prevenir a reincidência ou infracções semelhantes. Também foi aberta a possibilidade de ordenar à organização que não tem um «*compliance program*» para desenvolver e submeter ao Tribunal um programa para prevenir e detectar violações da Lei, conjuntamente com relatórios ou reportagens periódicas acerca da sua implementação. Tal ordem pode igualmente acarretar que a organização se submeta a exames não anunciados e regulares dos seus livros ou documentos e a um paralelo interrogatório dos seus empregados para certificar se está realmente a ser implementado o «*compliance programe*».[775] Estes programas de controlo ou provação das empresas norte-americanas determinam normativamente o chamado «dever objectivo de cuidado» dos diversos responsáveis dessas mesmas empresas: o que é uma vantagem; mas, os mesmos constituem uma desvantagem: o perigo de se poderem comprimir as esferas dos Direitos Fundamentais ao resvalar-se num desenfreado e quase omnipresente controlo.

---

[773] *Vide* E.M. Wise in op. cit. p. 401.
[774] *Vide* De Maglie in «*Sanzioni pecuniarie e tecniche di controllo dell'impressa. Crisi e innovazioni del Diritto penale statunitense*», *RIDPP*, 1995, pp. 123-124.
[775] *Vide* E.M. Wise in op. cit. p. 401.

A evolução americana por ordem temporal parece ser, contudo, curiosa quanto à responsabilidade das pessoas colectivas, segundo as opiniões de alguns ilustres Autores: responsabilidade praticamente objectiva; teoria do órgão; e «*corporate strict liability*» ou responsabilidade estrita da pessoa colectiva.[776]

Eis a enorme evolução desde a posição original da *common law* onde a pessoa colectiva não podia cometer um crime: «*A corporation is not indictable, but the particular members of it are*».[777] Para nós, que não temos ideias pré-concebidas sobre quaisquer ordenamentos jurídicos de qualquer parte do mundo – principalmente antes de, pelo menos, entrar na sua análise -, designadamente no sistema jurídico dos EUA, não constitui surpresa o facto de ser este o modelo jurídico que acabamos de analisar.

8. Rússia [778]

Nos casos acerca da responsabilidade das empresas é necessário identificar as pessoas naturais que cometeram a infracção e uma das razões para essa identificação é a possibilidade duma futura regressiva acção legal contra essas pessoas. Mas geralmente esta regra é apenas promulgada ou declarada. Na maioria dos casos, o processo contra a empresa não requer o processo contra o perpetrador individual. Em 1996 existia um projecto de CP Russo que previa a responsabilidade criminal dos entes colectivos como no CP francês de «1992». Não obstante, em 1996 a responsabilidade da empresa implicava apenas a violação de leis administrativas.

---

[776] *Vide* Fisse in «*The duality of corporate and invidual criminal liability*»; *apud* Hochstedler (Comp.): *Corporations as Criminals, Sage Publications,* Londres, 1984, pp. 69 e ss., para quem a responsabilidade criminal individual não deve ser aceite para decidir a responsabilidade da pessoa colectiva. Por exemplo, na investigação do acidente de aviação da *Air New Zealand* DC10 em 1979, a Comissão que investigou o facto opinou que o acidente foi causado primeiramente pelos erros de muitos funcionários nos diferentes níveis de programação, pelo que não podia dever-se a uma só falha humana, mas à «incompetência administrativa da transportadora aérea» (p. 81); *apud* Zúñiga Rodríguez in op. cit., p. 130.

[777] *Vide* um anónimo, 12 *Mod.* 559, 88 *Eng. Rep.* 1518 (*K.B.* 1701) (*per Holt, C.J.*); *apud* Wise in op. cit. p. 401.

[778] *Vide* F. Reshetnikov in «*Criminal Liability of Corporations – Russia*», 1996, pp. 343-45.

9. Brasil, Argentina e Colômbia

a) Brasil

No Brasil, a norma 225.°/3 da Constituição Federal, relativamente ao meio ambiente, tem levado alguns penalistas a sustentarem, equivocadamente, que a *Carta Magna* consagrou a responsabilidade penal dos entes colectivos. No entanto, a responsabilidade ainda é, para outros ilustre Autores, somente individual e subjectiva. René Ariel Doti[779]: «no sistema jurídico positivo brasileiro, a responsabilidade penal é atribuída, exclusivamente às pessoas físicas. Os crimes ou delitos e contravenções não podem ser praticados pelas pessoas jurídicas, posto que a *imputabilidade* jurídico-penal é uma qualidade inerente aos seres humanos». No entanto, também se refere – Prof. Doutor Cezar Roberto Bitencourt nas suas «reflexões sobre a responsabilidade penal da pessoa jurídica»[780] – que o ordenamento jurídico, no seu conjunto, não pode ficar impassível perante os «abusos» que se cometam «através de pessoa jurídica». Evocando o CP Francês mais recente, fica a ideia de que a recepção legal deve ser a culminação de todo um processo, onde devem estar transparentes os pressupostos de aceitação da pessoa jurídica como sujeito de Direito Penal e os respectivos pressupostos dessa imputação, «para não se consagrar uma indesejável» responsabilidade objectiva.

b) Argentina

Já nos anos setenta, Righi[781] clamava pela necessidade de resolver o problema da responsabilidade penal dos entes colectivos. Rusconi[782] aproxima-se dum sistema de imputação normativo onde os entes colectivos poderiam estar submetidos à decisão normativa de atribuição. Por seu lado, temos a obra do ilustre Penalista David Baigún[783], onde idealiza um

---

[779] *Vide* René Ariel Doti in «A incapacidade criminal da pessoa jurídica», RBCC, 11/201, ano de 1995.

[780] V.g. www.altavista.com.

[781] *Vide* Righi in CPC, 8, 1979, p. 44; *apud* Zúñiga Rodríguez in. op. cit. p. 131.

[782] In «*Persona jurídica y sistema penal; hacia un nuevo modelo de imputación?...*», 1995, pp. 75 e ss..

[783] In «*La tipicidad en el sistema de la responsabilidad penal de las personas jurídicas, denominado doble imputación*», CDDPC, 1995, *passim*.

modelo teórico de imputação paralelo ao da responsabilidade individual e adaptado às características das sociedades que é, de resto, um trabalho fundamental da Doutrina penal argentina.[784] David Baigún chega mesmo a defender a *legítima* modificação do Estatuto do Tribunal Penal Internacional de Roma com a introdução da responsabilidade penal *de las personas jurídicas* através do, contudo, *ilegítimo* sistema da dupla imputação.[785] Trata-se, na nossa opinião, dum criticável e aberrante modelo de responsabilidade com *critérios atípicos de imputação* e *dogmáticas alternativas* donde «*resulta inadmissível a presença dos elementos subjectivos do ilícito porque, como é sabido estes ingredientes são consubstanciais com a pessoa física*», indo ao ponto de concluir que «*a categoria tradicional da culpa perde sentido no novo sistema*» (!) perante a nova figura da «*responsabilidade social*».[786] Por isso mesmo reconhece «*modificações significativas nas causas de justificação*».[787]

c) *Colômbia*

Destaca-se a sentença do Tribunal ou *Corte* Constitucional, n.º c-320 de 1998, onde se proclama que não existem razões constitucionais nem legais que impeçam criminalizar certas condutas antijurídicas desenvolvidas no seio das empresas ou sociedades. Assim, estes entes colectivos

---

[784] Contra a responsabilidade penal dos entes colectivos *vide* Lascano in «*La cuestión de la responsabilidad penal de las personas jurídicas y de sus órganos*», 1997, p. 12; *apud* Zúñiga Rodríguez *idem ibidem*.

[785] *Vide* David Baigún in «*Responsabilidad penal de las transnacionales*», 4-5 de Maio de 2001, onde refere c.n.t. na p. 7 o seguinte: «O que denominamos sistema da dupla imputação reside, essencialmente – quando se produz um facto delitivo protagonizado pela pessoa jurídica – em reconhecer a coexistência de duas vias de imputação; de um lado, a que se dirige ao ente, como unidade independente e, do outro, a atribuição tradicional às pessoas físicas que integram a pessoa jurídica».

[786] *Vide* David Baigún in op. cit. p. 9 e *passim* onde demonstra um crer quase inabalável (contudo *vide idem ibidem* n. de r. n.º 10) nos entes colectivos «Estados e Organizações Internacionais» e uma desconfiança contínua das empresas privadas, nomeadamente as que fabricam armas, sejam de defesa ou de ataque.

[787] *Vide* David Baigún *idem ibidem* c.n.t.: «Em primeiro lugar, porque somente são viáveis o estado de necessidade e a legítima defesa, esta última em contadas excepções e, em segundo termo porque, à semelhança do que ocorre no âmbito do tipo subjectivo, aqui também se eliminam os ingredientes subjectivos da justificante».

podem ser sujeitos activos dos delitos ou crimes, contra os recursos naturais, previstos no CP.[788]

10. Direito comunitário, União Europeia e empresas: introdução

A União Europeia começou por ser, como se sabe, uma mera Comunidade Económica Europeia. O objectivo – tudo indica – é desenvolver o processo de unificação político-jurídica. Num mercado com tal dimensão, os agentes económicos que surgem naturalmente como actores essenciais são as empresas, sujeitos de direitos e deveres das normas económicas, como destinatárias duma enorme fatia do Direito Comunitário de cariz económico e, portanto, alcançando uma relevância como objecto de regulação e, claro, de sanção.[789]

Aqui surge o problema da interpretação do termo «empresa» e «associações de empresas». O conceito de «empresa» é funcional e fundamentalmente retirado das decisões da Comissão Europeia: «toda a unidade que desenvolve uma actividade comercial». Ora, a expressão «actividade comercial» significa toda a actividade independente, que pode não ser privada, que tem por objectivo final a troca de mercadorias ou serviços, não sendo relevante o fim com o qual se alcançam os benefícios. Deste modo está aqui incluído não só um comerciante particular, como um grupo económico multinacional e até as empresas públicas.[790] Assim, empresas, são tanto as pessoas colectivas (e/ou jurídicas) como as pessoas físicas, assim como as sociedades e as associações sem capacidade jurídica. Não é, pois, um comportamento individual de certas pessoas, mas são simplesmente estruturas objectivas dentro da própria empresa. Pelo que resulta desnecessário determinar a acção duma pessoa física concreta para delimitar a responsabilidade da empresa.[791]

---

[788] Vide P. Perdomo in «La responsabilidad penal de la empresa en Colombia», 1998; apud Rodríguez idem ibidem.

[789] Vide Hamman in «Das Unternehmen als Täter im europäischen Wettbewerbsrecht», 1992, pp. 13-17, especialmente em relação ao Direito da Livre Concorrência e ao Direito Comparado dos seus países membros; apud Z. Rodríguez in op. cit., p. 135.

[790] Vide, novamente, Hamman in op. cit., 1992, pp. 80 e ss..

[791] Vide G. Dannecker/J. Fischer-Fritsch in «Das EG-Katellrecht in der Bußgeldpraxis», 1989, pp. 279, 288 e ss., G. Dannecker in «Sanktionen und Grundsätze des Allgemeinen Teils im Wettbewerbsrecht der Europäischen Gemeinschaft», apud Schünemann/C.

Torna-se igualmente oportuno ter em consideração a jurisprudência do Tribunal de Justiça das Comunidades Europeias no que concerne ao entendimento de «empresa»: «conjunto unitário de factores pessoais, materiais e imateriais correspondentes a um sujeito jurídico não dependente, através do qual se persegue um determinado fim económico com permanência».[792] Outro ponto importante a depreender do TJCE e das decisões da Comissão Europeia são os critérios para imputar o facto duma empresa à associação de empresas. Assim, para que seja possível aplicar uma sanção à associação ou grupo de empresas, é necessário que entre a empresa e essa mesma associação exista uma unidade empresarial, i.e., uma unidade económica entre as empresas que, no entanto, tem que ser comprovada.[793]

Verifica-se uma relação especial entre o Direito Penal e a União Europeia (UE), anteriormente designada por Comunidade Europeia (CE), e, ainda antes, por Comunidade Económica Europeia (CEE). Isto, porque a matéria penal foi sempre considerada como manifestação derradeira do poder potestativo dos modernos Estados nacionais desde a sua criação no Séc. XVIII, pelo que no presente não é viável uma delegação geral e clara do chamado *ius puniendi* às instituições comunitárias. Por outro lado, a criação de infracções criminais e penas implica um elevado grau de democratização dos órgãos que emitem as normas jurídicas penais (ou seja, exige-se o respeito pelo princípio da legalidade e da reserva de lei), que não foi ainda adquirido pelas instituições comunitárias.[794]

No sentido da homogeneização das ferramentas penais da UE para conquistar uma maior eficácia da Política Criminal na luta contra a crimina-

---

Suárez González in «*Bausteine eines europäischen Wirtschaftsstrafrecht*», 1994, pp. 331 e ss.; *apud* S. Bacigalupo in op. cit. p. 342.

[792] Cfr. Sentença Grundig/Consten – S.T.J.C.E., 1966, p. 337, *apud* Silvina Bacigalupo in op. cit. p. 343.

[793] *Vide*, com inúmeros exemplos jurisprudenciais, J. Díez-Hochleitner/C. Martínez Carpdevila in «*Derecho Comunitario Europeo- Tratados y otros textos anotados. Jurisprudencia básica del Tribunal de las Comunidades Europeas*», 1996, p. 83; *apud* Silvina Bacigalupo in op. cit. p. 343.

[794] *Vide* Ferré Olivé in «*Derecho Penal y competencias de las Comunidades Europeas*», *CPC*, 1992, pp. 829 e ss.; Bernardi in «*Vers une européanisation du droit pénal des affaires? Limites et perspectives d'un ius commune criminale*», *RDPC*, 1997, p. 9; Dannecker in «*Armonizzazione del diritto penale europeo all'a interno della Comunitá europea*», *RTDP*, 1993, p. 962; Klaus Tiedemann in «*Diritto Comunicario e Diritto Penale*», *RTDPE*, 1997, pp. 223 e 231, donde se depreende que a falta de legitimação das instituições europeias ou falta de democratização da legislação comunitária, impede ou dificulta

lidade organizada, o Tratado de Amesterdão de 1997 plasma enormes desenvolvimentos no âmbito dos objectivos e cooperação comuns, rechaçando sobretudo a delinquência organizada que forma em si mesma um pesado risco à segurança dos cidadãos europeus.[795] Todavia, o desenhar dum quadro de liberdade europeia no qual haja livre circulação de pessoas e mercadorias exige a consagração dum ideário comum de garantias que possa traduzir o espaço adequado para o desenvolvimento de tais liberdades.[796]

Parecem ser três, possivelmente entre outras, as zonas que aqui merecem preocupação: as garantias e liberdades dos cidadãos, por um lado; a eficácia do combate ao crime, por outro lado; e ainda, o poder potestativo que cada um dos Estados nacionais está disposto a ceder às Instituições centrais europeias, para tornar exequíveis e equilibradas as áreas anteriores.

11. A responsabilidade penal das pessoas colectivas e o conjunto de princípios sistemáticos de sanções da União Europeia

11.1. Sanções comunitárias directas às empresas [797]

São fundamentalmente cinco as características das sanções propriamente comunitárias e que correspondem a uma doutrina comum da

---

o reconhecimento do carácter penal das sanções que impõe a Comunidade Europeia (na altura com este designativo); Grasso in «*Le prospettive di formazione di un Diritto penale dell'Unione Europea*», *RTDPE*, 1995, p. 1172. Refere-se aqui, entre outras coisas, que o Tratado de Amesterdão foi elaborado pela Conferência Intergovernamental (CIG'96) sem ter em conta as petições do Parlamento Europeu em relação às nomeações dos Tribunais europeus; e tão pouco soube atrair suficientemente os Parlamentos nacionais. Por outro lado, o Conselho tem gravíssimos problemas de funcionamento, adopção de decisões e outros problemas similares; *apud* Z. Rodríguez in op. cit., p. 136.

[795] Cfr. arts. 29.º, 30.º, 31.º e 32.º do Tratado de Amesterdão de 1997.

[796] *Vide* Lebayle in «*L'application du Titre VI du Traité sur l'Union européenne ete la matière pénale*», *RCC*, 1995, n.º 50, p. 50; *vide*, igualmente, J.A.E. Vervaele in «*L'application du Droit Communautaire: la séparation des biens entre le premier et le troisième pilier?*», *RTDPE*, 1996 n.º 2, pp. 528 e ss.. O terceiro pilar da UE consagrado com o Tratado de Maastrich constitui um contexto institucional de cooperação nos campos judicial e administração interna, que exige harmonização dos princípios materiais e processuais penais, com o objectivo de lutar eficazmente contra a criminalidade, *apud* Zúñiga Rodríguez in op. cit., p. 140.

[797] *Vide*, essencialmente, Hamman in op. cit. *passim*; Eidam in «*Straftäter Unter-*

Comissão europeia e do TJCE[798]: 1.ª São directamente aplicadas pelas Instituições Europeias: a Comissão Europeia investiga os casos de eventual infracção à concorrência e apresenta medidas para pôr termo a essa situação. O não cumprimento acarreta uma Decisão da Comissão, que é susceptível de recurso no Tribunal de Primeira Instância das Comunidades

---

nehmen», 1997, *passim*; Z. Rodríguez in op. cit., pp. 140 e ss.. Não vamos dar aqui grande relevo às chamadas sanções comunitárias indirectas, introduzidas pela Comissão, como são aquelas que são passíveis de encontrar em vários Regulamentos comunitários relacionados com assuntos de política agrícola e pesqueira da UE. Ora, estas sanções são impostas por órgãos dos Estados nacionais e não são exclusivamente patrimoniais, embora possam apresentar conteúdo patrimonial, como por exemplo: a perda total do prémio dotado aos produtores de carne (art. 9.1 do Regulamento n.º 714/89); a diminuição das ajudas concedidas (art. 5.1 do Regulamento n.º 915/89; a exclusão do autor da violação dos benefícios obtidos para os anos sucessivos (art. 8.2 do Regulamento n.º 1738/89); ou a obrigação de restituir a soma recebida (art. 13.3 b] do Regulamento n.º 3813/89). Os destinatários destas sanções são apenas pessoas colectivas e não já as pessoas físicas. Há, pois, uma clara situação de divisão entre infracção e sanção que para alguns Autores (v.g. Bernardi in «*Vers une européanisation du droit pénal des affaires? Limites et perspectives d'un ius commune criminale*», 1997, *RDPC*, pp. 25-29) poderia levar à «desnacionalização» da substância do Direito económico, ao reunificar-se o binómio infracção-sanção em prol das Instituições comunitárias. Assim, a fonte originária da infracção é comunitária mas a sanção é imposta pelos órgãos nacionais.

[798] Cfr. arts. 85.º, 86.º e 87.º do Tratado de Roma (81.º [«São incompatíveis com o mercado comum e proibidos todos os acordos entre empresas, todas as decisões de associações de empresas e todas as práticas concertadas que sejam susceptíveis de afectar o comércio entre os Estados-Membros e que tenham por objectivo ou efeito impedir, restringir ou falsear a concorrência no mercado comum, designadamente {...}], 82.º [«É incompatível com o mercado comum e proibido, na medida em que tal seja susceptível de afectar o comércio entre os Estados-Membros, o facto de uma ou mais empresas explorarem de forma abusiva uma posição dominante no mercado comum ou numa parte substancial deste {...}], 83.º [«Os regulamentos ou directivas necessários à aplicação dos princípios constantes dos artigos 81.º e 82.º serão estabelecidos pelo Conselho, deliberando por maioria qualificada sob proposta da Comissão, após consulta do Parlamento Europeu. {...}] e 83.º/2 [«Os regulamentos e as directivas referidas no n.º 1 têm por finalidade, designadamente: § a – Garantir o respeito das proibições referidas no n.º 1 do artigo 81.º e no artigo 82.º, pela cominação de multas e adstrições. {...}] do Tratado da Comunidade Europeia, versão consolidada pelo Tratado de Amesterdão em vigor desde 1 de Maio de 1999) e art.os 47.3.º, 58.4.º, 65.5.º e 66.6.º do Tratado constitutivo da Comunidade Europeia do Carvão e do Aço. Cfr. ainda o Tratado da Comunidade Europeia, versão consolidada pelo Tratado de Nice. As apontadas sanções – como medida preventiva e repressiva contra condutas sobre cartéis de preços, acordos de distribuição, abuso de posição dominante no mercado e outros similares – são directamente impostas e executadas pelas várias autoridades comunitárias.

Europeias; 2.ª Aplicam-se essencialmente a empresas: as empresas são «autores»[799] das infracções comunitárias, mas também são sujeitos passivos, ao beneficiarem da protecção do bem jurídico no âmbito, v.g., do Direito da concorrência; 3.ª Enquadram-se – conforme aliás já vimos neste trabalho[800] – num critério funcional e económico de empresas, o qual possibilita a solução da problemática intrínseca à responsabilidade nas associações ou grupos de empresas e nas hipóteses de transferência de empresas: a doutrina e a jurisprudência destrinçam «pessoa jurídica» de «empresa», pois esta última traduz um conceito de «unidade económica» com um fim económico e não um conceito jurídico. Assim, é também possível imputar comportamentos ilícitos da empresa filial e/ou filha à empresa mãe, na estrita medida em que esta última dirige comprovadamente a unidade económica. Além disso, o conceito de «unidade económica» serviu também para solucionar as situações de sucessões, fusões, cisões ou incorporações de empresas, pois poderia acontecer que uma vez realizada a infracção, a empresa logo modificaria a razão social, ou era objecto de incorporação (ou fusão com) numa outra empresa. Ora, exactamente localiza-se a «unidade económica» para aplicar a sanção e calcular o montante da mesma. Mas, também aqui e como temos vindo a referir, a «unidade económica» tem que ser concretamente comprovada[801]: é que,

---

[799] Vide Hamman in op. cit. *ibidem* e *passim*.

[800] Cfr. terceiro § do ponto 10.

[801] Não nos parece ter sido esse o critério seguido no Acórdão do Tribunal da Relação de Coimbra, de 10 de Maio de 2001 (www.dgsi.pt). Proc. 614-2001; N.º convencional JTRC9088, com o Ex.mo Juiz de Direito Dr. Fernandes da Silva como Relator, Votação por unanimidade, negação de provimento a recurso penal, considerado no arquivo informático da área temática do «Direito contra-ordenacional. Direito Administrativo» e cujo sumário foi o seguinte: «I – As excepções ao princípio da personalização/individualização da responsabilidade criminal encontrarão fundamento em ponderosas razões de índole político-criminal, de natureza pragmática, com o aceitável objectivo de perseguir um certo tipo de infracção/delinquência que, de outra forma, se frustraria ou passaria contornavelmente impune; II – Com a inscrição da fusão no Registo Comercial extinguem-se as sociedades incorporadas, transmitindo-se os seus direitos e obrigações para a sociedade incorporante, pelo que é irrefutável que a responsabilidade passa a ser da sociedade incorporante, como se por si tivesse sido cometida, transmitindo-se-lhe, por força da lei, como uma obrigação daquela; III – No mesmo sentido os Rec. 3330/00 de 15 de Fevereiro de 2001, 439/2001 de 3 de Maio de 2001 e 529/01 de 15 de Março de 2001, nesta base de dados, respectivamente sob os n.ºs 9067, 9086 e 9073». *De lege ferenda* parece-nos ser uma ideia a (des)considerar do ponto de vista cerradamente crítico, mas *de jure constituto* surge-nos como uma conclu-

por outro lado e na nossa opinião, seria intoleravelmente ferido de inconstitucionalidade aceitar qualquer susceptibilidade de transmissão de verdadeira responsabilidade penal;[802] 4.ª Estão sujeitas a critérios subjectivos de imputação especialmente concebidos para empresas: a imputação subjectiva do comportamento realiza-se directamente à própria empresa e não às pessoas físicas que actuam em seu nome, i.e., o TJCE separou a responsabilidade da própria empresa, da responsabilidade das pessoas físicas que actuam. Assim, a quarta característica das sanções pode dividir-se em duas alíneas: a) verifica-se uma responsabilidade própria da empresa separada da pessoa física que actua, pelo que as causas que excluem a responsabilidade e que afectam a pessoa física não afectam a responsabilidade da pessoa colectiva. Por outro lado, a sanção impõe-se de acordo com o montante económico da produção da empresa como «unidade económica», ou seja, há uma proporcionalidade em relação à empresa e não em relação às pessoas físicas que actuam; b) consagram-se critérios de dolo e imprudência ao nível da empresa e não da pessoa física. A culpabilidade é normativa e similar ao defeito de organização do Prof. Doutor Klaus Tiedemann, podendo afirmar-se pela forma dolosa ou *culposa* (negligente). Para que se verifique o dolo, «não é necessário que a empresa tivesse consciência de infringir a proibição contida nas referidas normas, sendo suficiente que não pudesse ignorar que o objecto ou o efeito da conduta que se lhe imputa era restringir a concorrência no mercado».[803] Deste modo, não é necessá-

---

são demasiado forçada porque considera que a responsabilidade de mera-ordenação-social possa ser transferida, *ope legis* ou até por decisão jurisprudencial (!), sem mais como se de meros direitos e obrigações civis se tratassem. Ora, o art. 32.º do RGIMOS é claro quanto ao Direito subsidiário: cfr.! Repare-se, na perspectiva das contra-ordenações fiscais, que mesmo a alínea b) do art. 3.º do novo RGIT nos recondus ao mesmo art. 32.º RGIMOS.

[802] Como conjugar a transferência da responsabilidade com os arts. 40.º/2 e 71.º/1 CP? Penas sem culpa? art. 30.º/3 CRP? Ou, por exemplo, a culpa da organização também se transfere mesmo que a incorporação tenha sido na empresa melhor organizada do mercado? Como veremos adiante, o Direito de mera-ordenação social, mesmo que não consideremos a irrefutável aplicação subsidiária do Direito Penal, desemboca muitas das vezes numa «fraude de etiquetas», i.e., coimas, sanções ou medidas demasiado gravosas para os infractores. Não serão afinal verdadeiras penas com vestes de sanção contra-ordenacional (*lobos disfarçados de cordeiros*)? E como conjugar isto tudo com as «*garantias de processo criminal*» plasmadas no art. 32.º/10 CRP: cfr.!? Como se poderá defender, v.g., a empresa incorporadora, se desconhecia honestamente a infracção cometida pela empresa incorporada?

[803] Assento T-29/92. SPO contra Comissão, Re., 1995, t. II, p. 294, *apud* Rodríguez in op. cit., pp. 140 e ss..

ria a consciência do ilícito, mas somente o conhecimento potencial (devido) de que essa conduta restringe a concorrência no mercado. As condutas imprudentes (negligentes) sobram para uma infracção leve do conhecimento devido. Ultimamente refere-se que a empresa actuou dolosamente ou pelo menos de forma negligente (v.g. STJCE de 22 de Janeiro de 1987 [*Eurofix-Bauco/Hilti*] e STJCE de 13 de Julho de 1987 [*Sandoz*]). A fórmula reduz-se ao «soube ou houvera devido saber»;[804] 5.ª as sanções estão submetidas à jurisprudência do TJCE (e decisões da Comissão) no que diz respeito a saber que pessoas actuam de forma vinculante para a empresa: toda a pessoa que actue por conta da empresa e que tenha capacidade para comprometê-la juridicamente, i.e., qualquer pessoa que actue em nome da entidade colectiva ou tenha poder de decisão, de facto ou de Direito. Trata-se dum critério prático, onde as actuações de pessoas físicas que agem de facto em representação da empresa – não importando a sua hierarquia ou posição jurídica – também vinculam a responsabilidade dessa mesma empresa. Naturalmente, por este modo de ver, um alto funcionário ou um assessor ou conselheiro, mesmo que não sejam representantes legais, tendo capacidade para comprometer a empresa podem vinculá-la. Será o caso dum assessor jurídico, financeiro, económico, fiscal, contabilístico, comercial, operativo ou, v.g., do controlo de qualidade dos produtos.[805]

---

[804] Anteriormente cfr. as seguintes decisões jurisprudenciais a título de exemplo: 1.ª STJCE de 24 de Julho de 1969, Abril de 1967 L 175, pp. 11 e ss. (*Farbstoffe*), na qual a Comissão estabeleceu ser suficiente para aplicar a sanção a comprovação de que «a empresa soube ou tinha que saber que tais comportamentos constituem infracções contra o art. 85.º TCEE e que, desta maneira, eram aplicáveis as sanções previstas no art. 15.2 do Regulamento n.º 17»; 2.ª STJCE de 13 de Dezembro de 1989 (*Bayo-n-ox*), na qual a Comissão estabeleceu ser suficiente que: «a associação tinha que ter sabido que a obrigação de fornecer ou prover a 100% supõe ou poderia supor uma limitação da concorrência».

[805] Num grupo económico que dispõe, por exemplo, duma área de distribuição (essencialmente venda a retalho de produtos alimentares e não alimentares através de super e hiper-mercados) podemos localizar altas direcções como a «Direcção comercial do bazar pesado» ou a «Direcção comercial do bazar ligeiro», cujas decisões são quase sempre importantíssimas em todos os aspectos para a pessoa colectiva. Ou, por exemplo, as actuações dum Director dum simples hipermercado. Por outro lado, muitas das vezes e por exemplo, por honesta e manifesta falta de tempo dos restantes elementos, nomeia-se como representante legal dum processo judicial um «simples» (*mas muito útil no seu trabalho*) empregado de escritório da contabilidade, o qual serve apenas como instrumento de decisões e actuações de órgãos da pessoa colectiva ou de simples altos funcionários. Numa

11.1.2. *Carácter jurídico ou natureza das sanções comunitárias* [806]

A grande questão – em relação às sanções comunitárias directas e indirectas – é saber se têm natureza penal ou administrativa. A Comissão e a maioria da Doutrina defendem a posição de que se tratam de sanções administrativas, pois afinal não passariam duma simples restituição duma prestação indevidamente outorgada.[807] Mas o seu carácter de limitação ou afectação patrimonial e preventivo, possibilitam a sua classificação como de sanções «*lato sensu*» punitivas.[808] Se os ilícitos civis têm uma função reparadora, os ilícitos penais têm uma função punitivo-sancionatória, pelo que as diferenças dum *tertio genus* residiriam em relação à primeira categoria na não ressarcibilidade reparadora e, relativamente ao segundo grupo, numa sanção que não se dirigiria à liberdade pessoal.[809] Refere-nos a Prof.ª Doutora Zúñiga Rodríguez[810] que: «Se trata de sanções de carácter repressivo e preventivo adscríveis ao modelo punitivo sancionador ou Direito Penal-administrativo ou "*sui generis*", seguido pela OWiG alemã e por Itália e por Portugal. Não existe tão pouco consenso sobre as características fundamentais deste modelo, sobretudo se lhe seriam aplicáveis todos os princípios do Direito Penal, pois mantém-se o "impasse" com a responsabilidade penal dos entes colectivos e se sanciona com responsabilidade objectiva (pela mera infracção) ou se estabelecem critérios subjectivos para o ente». Recordemos que, contudo, em Portugal, não temos lugar para dúvidas em relação à divisão tri-partida do Prof. Doutor J. de

---

outra perspectiva, é muito usual encontrar apenas um Departamento Fiscal para todo um grupo económico, i.e., para uma *holding* (ou Sociedade Gestora de Participações Sociais) e, portanto, cuja actuação é decisiva (e pragmaticamente vinculativa) para várias sub-*holdings* (sociedades *simultaneamente* participadas) compostas cada uma por dezenas ou centenas de empresas.

[806] No essencial só as sanções comunitárias directas e indirectas são autênticas sanções comunitárias, pois as sanções protectoras dos interesses comunitários, nomeadamente financeiros, não são previamente reguladas e são delimitadas e impostas pelos órgãos nacionais dos Estados membros.

[807] *Vide* Castellana in op. cit., p. 768, *apud* Zúñiga Rodríguez in op. cit., pp. 140 e ss..

[808] *Vide* Heitzer, *passim*, in «*Punitive Sanktionen im Europäischen Gemeinschaftrecht*».

[809] *Vide* Castellana in op. cit., p. 769; *vide*, igualmente, Grasso in «*Recenti sviluppi in tema di sanzioni amministrative communitairie*», *RTDPE*, 1991, pp. 742, 748-749; *apud* Z. Rodríguez in op. cit., pp. 148 e ss.

[810] *Ibidem idem*.

Figueiredo Dias já por nós várias vezes enunciada, sobretudo na introdução deste trabalho: Direito Penal de justiça ou clássico; Direito Penal secundário ou administrativo; e Direito de mera ordenação social ou das contra-ordenações! Se os princípios do Direito Penal se aplicam claramente aos dois primeiros grupos, já no último a sua aplicação subsidiária está formal e substancialmente positivada: cfr. de novo art. 32.° do RGIMOS. Desta forma não podemos confundir – na sua pureza abstracta –, o segundo com o terceiro modelo, como parece levar a crer a descrição da ilustre Autora espanhola. A terceira via acima assinalada parece conduzir-nos também, pela sua similitude, ao *Interventionrecht* de Hassemer ou ao *Sanktionrecht* propugnado, na mesma linha, por Autores como Silva Sánchez, os quais já mereceram a nossa breve atenção no Capítulo I deste trabalho. Mas mesmo aqui permanecem as críticas.

A classificação das sanções como administrativo-*penais* respeita ao facto de não poderem ser penais devido à deficiência democrática do órgão que as define, i.e., a Comissão. Não obstante, parecem sê-lo materialmente, pela razão de abarcarem as características duma pena.[811]

Mas há uma ideia que – de facto – consideramos ser de primordial importância e a qual queremos que surja aqui devidamente sublinhada: trata-se da ideia, já por nós anteriormente referida em relação a outras situações, de perigo de «burla de etiquetas». É que, também ou pelo menos no contexto comunitário, a pessoa colectiva parece estar submetida a sanções de natureza formalmente administrativa, mas substancialmente – o que afinal é o fundamental! – em tudo idênticas às sanções de natureza penal. É caso para dizer que «o hábito não faz o monge». No Direito sancionatório da livre concorrência que foi aperfeiçoado e teve que ser desenvolvido pela jurisprudência europeia e pela Comissão, é possível focalizar os mesmos elementos da teoria geral da lei criminal estruturados analogicamente segundo as infracções criminais e dirigidos às pessoas colectivas (v.g. empresas), razões as quais nos permitem concluir estarmos perante sanções materialmente penais. Não se trata, pois, duma questão eminentemente dogmática, mas também prática, pois possibilita saber quais as

---

[811] Enunciá-las como sanções administrativas poderá significar «*matar de uma cajadada dois coelhos*»: poder-se-ia sancionar as empresas sem violar o princípio *societas delinquere non potest* e seriam utilizadas sanções com fins preventivo-gerais embora a UE sofra de falta de poder potestativo (*vide* Flora in «*L'attualità del principio "societas delinquere non potest"*», *RTDPE*, p. 15, 1995).

garantias – assunto para nós de importância única! – aplicáveis à delimitação da responsabilidade, assim como os padrões criteriosos da sua própria atribuição.[812] Podemos portanto concluir, que aceitar a responsabilidade criminal das pessoas colectivas, por comparação com os diferentes caminhos desenhados, poderá significar que se lhes atribua maiores direitos, liberdades e garantias. O TJCE aperfeiçoou uma jurisprudência essencialmente alicerçada nos princípios da Convenção Europeia dos Direitos Humanos, da culpa, da legalidade e da proporcionalidade.[813]

11.2. *A responsabilidade penal das pessoas colectivas e a tentativa de harmonização das ordens jurídicas europeias na sua vertente legislativo-penal: panorama da política legislativa comunitária*

A inevitabilidade de regular a concorrência do mercado comum e simultaneamente a procura de normas penais uniformes que permitam alcançar a eficácia da tutela dos interesses financeiros da UE, conduziu à natural tentativa de harmonização das legislações penais dos seus Estados membros no que diz respeito à parte geral do Direito Penal.[814] Mas as for-

---

[812] *Vide* Zúñiga Rodríguez in op. cit. pp. 150-151; *vide*, *apud* na mesma Autora, Eidam in «*Straftäter Unternehmen*», 1997, p. 55 onde dá o exemplo de que a multa pode chegar a um milhão de ECUS. E se a pessoa colectiva tem que ter necessariamente garantias de defesa e justificação perante multas (ou coimas) deste calibre, põe-se a dúvida de saber se realmente se poderá chamar de Direito Administrativo a um Direito que pura e simplesmente pode, através das suas «*coimas atómicas ou nucleares*», provocar a destruição massiva dum grupo de pessoas colectivas ou duma pessoa colectiva e o consequente esmagamento duma série de estilos profissionais, colectivos e individuais de vida.

[813] *Vide* Grasso in op. cit. p. 757, *apud* Zúñiga Rodríguez *ibidem*, dos quais ainda se pode depreender que, face ao princípio da culpa, a jurisprudência não perseguiu uma bitola homogénea, porque, se nuns casos requereu o elemento intencional para sancionar, em certas outras situações frutificou a sintonia da responsabilidade objectiva do titular duma empresa com o Direito Comunitário, tendo por aliados os objectivos da prevenção geral e provocando, deste modo, o potencial destinatário da norma à organização da sua empresa, por forma a garantir o cumprimento da norma regulamentar.

[814] *Vide* Bacigalupo in «*El "Corpus Juris"y la tradición de la cultura jurídico-penal de los Estados miembros de la UE*», *CDPE*, 1998, p. 432. Um dos assuntos que mais problemas provoca, pela grande diferença que ainda se verifica entre os sistemas jurídicos europeus continentais que estão afectos ao princípio da legalidade e o Direito da *commom law*, são os pressupostos de aplicação e funções das sanções que se impõem às empresas e

tes diferenças de punibilidade das sociedades, que se sentem nos diferentes Estados membros da UE, poderiam conduzir a que essas mesmas sociedades desenvolvessem as suas actividades em Estados onde não fossem responsabilizadas penalmente[815], pelo que existiriam cidadãos europeus que sofreriam uma melhor protecção de bens jurídicos do que outros. As hipóteses para as empresas, de se subtrairem a sanções penais ou administrativas – porque determinado país não as prevê, por exemplo, – entram naturalmente no cálculo previsional dos respectivos dirigentes ou empresários das pessoas colectivas (privadas ou de Direito público, se for o caso), assim como o montante das mesmas.[816]

---

outras entidades colectivas similares, quer sejam sanções mediatas relacionadas com fraudes de subvenções cujo mandato correspectivo exige que os Estados membros as imponham (*princípio da assimilação* decorrente do *princípio da fidelidade* consagrado no art. 5.º do Tratado de Roma), quer sejam sanções directas da Comissão, em zona do Direito de livre concorrência.

[815] *Vide* Devine in «*Seduta inaugurale*», *La responsabilità penale delle persone giuridiche in diritto comunitario. Atti della Conferenza de Messina, 1979*, 1981, p. 35; *apud* Rodríguez in op. cit. pp. 152-153. Refere esta última ilustre Autora na p. 152, n. de r. n.º 51 que «Holanda, França, Dinamarca admitem a punibilidade das pessoas jurídicas e Espanha, Itália, Portugal não o fazem». Ora, já sabemos que tal não é verdade, em relação a Portugal (!), pois tal punibilidade, conforme já vimos anteriormente, é admitida há muito tempo no âmbito do Direito Penal secundário e de legislação especial: antigo art. 7.º do RJIFNA e actual art. 7.º do RGIT (por outro lado as pessoas colectivas também podem ser sancionadas contra-ordenacionalmente. art. 7.º do RGIMOS), embora não o seja (apenas como princípio geral) no Direito Penal clássico: cfr. art. 11.º do CP português vigente (e mesmo aqui é discutível segundo o PGR, Dr. Souto Moura como veremos a jusante: cfr. Miranda Rodrigues in «Comentário...», a propósito do crime de poluição!). É caso para dizer que há um n.º 7 em Portugal, entre outros, capaz de *fintar* qualquer ideia de total desresponsabilização penal das pessoas colectivas ou jurídicas, i.e., entes colectivos. Entretanto devemos destacar, igualmente, a Lei n.º 52/2003, de 22 de Agosto (com Declaração da Assembleia da República de Rectificação n.º 16/2003, de 29 de Outubro) – «Lei de combate ao terrorismo (em cumprimento da Decisão Quadro n.º 2002/475/JAI, do Conselho, de 13 de Junho)»: «Décima segunda alteração ao Código de Processo Penal e décima quarta alteração ao Código Penal» – cujo art. 6.º prevê a «Responsabilidade criminal das pessoas colectivas e equiparadas e penas aplicáveis». Esta norma será analisada com maior pormenor mais adiante: cfr. a nossa p.-c. 19.ª, alínea c) e a «conclusão presentemente final», na alínea b.1): ambas no Capítulo VII.

[816] Ao nível dos organismos internacionais, a ideia de sistema de punição exclusivamente nacional começa a entrar em colapso, nomeadamente no que concerne ao «combate» (não obstante, existem vozes que criticam o uso de palavras como «luta» ou «gerra» ao crime pois não seria essa a função do Direito penal) à criminalidade organizada e transna-

11.2.1. Alguns documentos do Conselho da Europa aqui relevantes [817]

Consistem essencialmente em recomendações[818] aos Estados membros da actualmente designada UE, para que incorporem nos seus ordena-

---

cional sobretudo nas áreas do terrorismo, tráfico de drogas, criminalidade económica ou branqueamento de capitais (*vide* os nossos artigos sobre o «Branqueamento de Capitais», 1998-1999 e 2003: cfr. bibliografia) e outras, com o objectivo de obter eficácia e racionalidade das estratégias repressivas no interesse da concretização dos princípios constitucionais de todos os Estados-de-Direito e princípios da Organização das Nações Unidas no contexto duma, ainda que, controvertida «globalização do Direito Penal».

[817] *Vide* Silvina Bacigalupo in op. cit. pp. 345-346.

[818] Também podemos falar, noutra vertente, em Directivas como a Directiva do Conselho da Comunidade n.º 91/308/CEE, de 19 de Junho de 1991, in JO, n.º L 166, de 28 de Junho de 1991, p. 77, relativa à prevenção da utilização do sistema financeiro para efeitos de branqueamento de capitais, em que é preconizado um alargamento das diversas protecções preventivas. Esta Directiva, entretanto, foi transposta para o direito interno português pelo DL n.º 313/93, de 15 de Setembro, o qual não recorre (formalmente) a reacções de natureza penal, e é restrito às entidades que prestam serviços de natureza financeira; e cujo n.º 1 do art. 18.º prevê a «responsabilidade das entidades financeiras» «pelas infracções cometidas pelos membros dos respectivos órgãos e pelos titulares de cargos de direcção, chefia ou gerência, no exercício das suas funções, bem como pelas infracções cometidas por representantes da pessoa colectiva em actos praticados em nome e no interesse delas»; o n.º 2 do mesmo art. 18.º refere que: «A invalidade e a ineficácia jurídicas dos actos em que se fundamenta a relação entre o agente individual e a entidade financeira não obstam a que seja aplicado o disposto no número anterior». Não obstante, quanto ao aspecto da criminalização em Portugal do branqueamento de capitais, é de referir o seguinte: o DL n.º 15/93, de 22 de Janeiro, que entretanto sofreu algumas alterações com a Lei n.º 45/96 de 3 de Setembro, começou por criminalizar o branqueamento de capitais somente provenientes do tráfico ilícito de drogas através do seu artigo 23.º. Por seu lado, o DL n.º 325/95 de 2 de Dezembro, que entretanto sofreu pequenas alterações com a Lei n.º 65/98 de 2 de Setembro, passou a criminalizar também o branqueamento de capitais provenientes dos crimes de terrorismo, tráfico de armas, extorsão de fundos, rapto, lenocínio, lenocínio e tráfico de menores, tráfico de pessoas, corrupção ou das demais infracções referidas no número 1 do art. 1.º da Lei n.º 36/94, de 29 de Setembro, as quais são as seguintes: a) Corrupção, peculato e participação económica em negócio, b) Administração danosa em unidade económica do sector público; c) Fraude na obtenção ou desvio de subsídio, subvenção ou crédito; d) Infracções económico-financeiras cometidas de forma organizada, com recurso à tecnologia informática; e) Infracções económico-financeiras de dimensão internacional ou transnacional. Entretanto a Directiva 91/308/CEE foi alterada pela Directiva 2001/97/CE do Parlamento Europeu e do Conselho, de 4 de Dezembro de 2001. Esta última directiva foi entretanto transposta para a ordem jurídica interna portuguesa pela Lei n.º 11/2004, de 27 de Março: salienta-se o aditamento ao Código Penal do novo «artigo

mentos nacionais a responsabilidade penal das pessoas colectivas: a) Resolução (77) 28 acerca de Direito Penal do ambiente, cujo § 2.° sugere o reexame dos princípios da responsabilidade penal das pessoas colectivas visando avaliar fundamentalmente a introdução de alguns casos de responsabilidade penal das pessoas colectivas ou públicas; b) Recomendação R (81) 12 acerca da criminalidade económica ou dos negócios, cujo § III.2 analisa a possibilidade de instituir a responsabilidade penal das pessoas colectivas ou criar, no mínimo, diferentes medidas aplicáveis às infracções dos negócios tendentes ao mesmo objectivo; c) Recomendação R (82) 15 acerca da tarefa do Direito Penal do consumidor, cujo § 6.° vislumbra uma ocasião favorável para introduzir na legislação a responsabilidade penal das pessoas colectivas ou de outras instituições que tenham os mesmos fins; d) Recomendação R (88) 18, sobre a responsabilidade da empresa,

---

368-A.°» que p. e p. o crime de «Branqueamento». De salientar são também os artigos 36.°, 37.°, 38.° e 39.°, os quais constam da respectiva Secção I do Capítulo III (disposições gerais das contra-ordenações) da Lei n.° 11/2004, de 27 de Março: art. 36.° («Responsáveis»): «Pela prática das infracções a que se refere o presente capítulo podem ser responsabilizadas: § a) As entidades financeiras; § b) As pessoas singulares e colectivas referidas no artigo 20.°, salvo os advogados e os solicitadores; § c) As pessoas singulares que sejam membros dos órgãos das pessoas colectivas referidas nas alíneas anteriores ou que nelas exerçam cargos de direcção, chefia ou gerência, ou actuem em sua representação, legal ou voluntária, e, ainda, no caso de violação do dever previsto no artigo 10.°, os seus empregados e outras pessoas que lhes prestem serviço permanente ou ocasional»; art. 37.° («Responsabilidade das pessoas colectivas»): «1 – As pessoas colectivas são ainda responsáveis pelas infracções cometidas pelos membros dos respectivos órgãos, pelos titulares de cargos de direcção, chefia ou gerência, ou por qualquer empregado, se os factos forem praticados no exercício das suas funções, bem como pelas infracções cometidas por representantes da pessoa colectiva em actos praticados em nome e no interesse delas. § 2 – A invalidade e a ineficácia jurídicas dos actos em que se fundamenta a relação entre o agente individual e a pessoa colectiva não obstam a que seja aplicado o disposto no número anterior»; art. 38.° («Negligência»): «Nas contra-ordenações previstas no presente capítulo a negligência é sempre punível»; art. 39.° («Responsabilidade das pessoas singulares»): «A responsabilidade das pessoas colectivas não exclui a responsabilidade individual das pessoas singulares que actuem como membros dos seus órgãos ou nelas exerçam cargos de direcção, chefia ou gerência, as quais serão punidas mesmo quando o tipo legal de contra-ordenação exija determinados elementos pessoais e estes só se verifiquem na pessoa do representado ou que o agente pratique o acto no seu próprio interesse e o representante actue no interesse do representado». Como veremos melhor mais adiante este modelo de responsabilidade dos entes colectivos é susceptível de muitas críticas. Além disso o crime penal de «Branqueamento» é integrado no Código Penal com a agravante de não ser feita qualquer referência à responsabilidade penal dos entes colectivos.

que sugere igualmente aos Estados membros a introdução nos correspondentes ordenamentos nacionais da responsabilidade penal das pessoas colectivas.

11.2.2. *Resolução da Assembleia da República n.º 86/2000*

In DR n.º 288, Série I-A, a qual aprova para ratificação, a Convenção, estabelecida com base no art. K.3 do Tratado da União Europeia, Relativa à Protecção dos Interesses Financeiros das Comunidades Europeias; o Protocolo, estabelecido com base no art. K.3 do Tratado da União Europeia, Relativo à Interpretação a Título Prejudicial pelo Tribunal de Justiça das Comunidades Europeias da Convenção Relativa à Protecção dos Interesses Financeiros das Comunidades Europeias; o Protocolo, estabelecido com base no art. K.3 do Tratado da União Europeia, da Convenção Relativa à Protecção dos Interesses Financeiros das Comunidades Europeias; e o Segundo Protocolo, estabelecido com base no art. K.3 do Tratado da União Europeia, Relativo à Protecção dos Interesses Financeiros das Comunidades Europeias; Igualmente in DR n.º 288, Série I-A, é possível localizar o Decreto do Presidente da República n.º 82/2000, de 15 de Dezembro de 2000, que ratifica os documentos anteriormente apontados, nos termos do art. 135.º, alínea b), da CRP, com algumas especificidades de pormenor que não podem deixar de ser tidas em atenção, pelo que se remete aqui para a sua leitura.

Já dum outro ponto de vista, deva-se referir que o art. 31.º (ex-artigo K.3),[819] da «Versão consolidada» do Tratado da União Europeia, cujo Título VI, o qual foi reformulado pelo Tratado de Amesterdão, tem como epígrafe as «Disposições relativas à cooperação policial e judiciária em matéria penal», refere o seguinte: «A acção comum no domínio da cooperação judiciária em matéria penal terá por objectivo, nomeadamente: § a) Facilitar e acelerar a cooperação entre os ministérios e as autoridades ou outras equivalentes dos Estados-Membros, no que respeita à tramitação dos processos e à execução das decisões. § b) Facilitar a extradição entre os Estados Membros. § c) Assegurar a compatibilidade das normas aplicáveis nos Estados-Membros, na medida do necessário para melhorar a

---

[819] Cfr. sítio da *Internet* oficial *Eur-Lex* – http://europa.eu.int/eur-lex/pt/treaties/livre107.html.

referida cooperação. § d) Prevenir os conflitos de jurisdição entre Estados-Membros. § e) Adoptar gradualmente medidas que prevejam regras mínimas quanto aos elementos constitutivos das infracções penais e às sanções aplicáveis nos domínios da criminalidade organizada, do terrorismo e do tráfico ilícito de droga». Aliás, o Tratado de Maastrich – que entrou em vigor em 1 de Novembro de 1993 e que tinha sido assinado em 7 de Fevereiro de 1992, com a versão consolidada resultante das alterações introduzidas pelo Tratado de Amesterdão, procura (e procurava) estabelecer no seu Título VI, acima referenciado, uma série de posições comuns: «prevenindo e combatendo a criminalidade, organizada ou não, em especial o terrorismo, o tráfico de seres humanos e os crimes contra as crianças, o tráfico ilícito de droga e o tráfico ilícito de armas, a corrupção e a fraude» (art. 29.°, ex-artigo K.1); o conteúdo da «acção em comum no domínio da cooperação policial» (art. 30.°, ex-artigo K.2); os objectivos, já referidos da «acção em comum no domínio da cooperação judiciária em matéria penal» (art. 31.°, ex-artigo K.3); a possibilidade das autoridades competentes poderem intervir no território de outro Estado-Membro (art. 32.°, ex-artigo K.4); o não prejuízo dos «Estados-Membros em matéria de manutenção da ordem pública e de garantia da segurança interna» (art. 33.°, ex-artigo K.5); uma profunda coordenação na troca de informações mútua entre todos os Estados-Membros (art. 34.°, ex-artigo K.6); o nível de competência do TJCE (art. 35.°, ex-artigo K.7); a instituição dum Comité de Coordenação (art. 36.°, ex-artigo K.8); o princípio da adopção duma posição comum ao nível das instâncias internacionais aos Estados-Membros (art. 37.°, ex-artigo K.9); a possibilidade de celebrar acordos com Estados ou organizações internacionais aos Estados-Membros (art. 38.°, ex-artigo K.10 e art. 24.°, ex-artigo J.14); a obrigação de consulta do Parlamento Europeu (art. 39.°, ex-artigo K.11); a possibilidade dos Estados-Membros estabelecerem entre si uma cooperação reforçada (art. 40.°, ex-artigo K.12 e art.os 43.° e ss., ex-artigos K.15 e ss).[820]

---

[820] Cfr. ainda arts. 41.° (ex-artigo K.13) e 42.° (ex-artigo K.14). Cfr. igualmente Tratado de Nice.

11.2.2.1. Convenção, estabelecida com base no artigo K.3 do Tratado da União Europeia, Relativa à Protecção dos Interesses Financeiros das Comunidades Europeias, assinada em Bruxelas em 26 de Julho de 1995 [821]

Procurando garantir a eficácia das legislações penais para a protecção dos interesses financeiros das Comunidades Europeias, reconhecem-se determinados vectores e ideias fundamentais:[822] o perigoso poder das redes criminosas transnacionais organizadas; a necessidade de recorrer ao Direito Penal com definições comuns face a comportamentos fraudulentos; a convicção no uso de sanções penais efectivas, proporcionadas e dissuasoras, sem prejuízo doutras sanções, embora para os casos mais graves se reafirme a pena de prisão privativa da liberdade e possibilidade de extradição; o reconhecimento da importância (fundamental na nossa opinião) das empresas nas Comunidades Europeias, com a ideia de que «as pessoas que exercem poder de decisão nas empresas não devem ser isentadas de responsabilidade penal em determinadas circunstâncias»[823]; e compromissos de competência, cooperação mútua e extradição. Por outro lado, a Convenção, não exige que se sancione penalmente em todas as situações[824] no que diz respeito à «fraude lesiva dos interesses financeiros das Comunidades Europeias.[825]

---

[821] Publicada in JOCE, n.º C 316, de 27 de Novembro de 1995, p. 49.

[822] Cfr. preâmbulo da Convenção, acima identificada, relativa à tutela dos interesses financeiros das Comunidades Europeias, de 26 de Julho de 1995.

[823] O art. 3.º, cuja epígrafe é «Responsabilidade Penal dos Dirigentes de Empresas», da Convenção, de 26 de Julho de 1995, melhor referenciada anteriormente, menciona exactamente o seguinte: § «Artigo 3.º § Responsabilidade penal dos dirigentes de empresas § Cada Estado membro deve tomar as medidas necessárias para permitir que os dirigentes de empresas ou quaisquer outras pessoas que exerçam poder de decisão ou de controlo numa empresa possam ser responsabilizados penalmente, de acordo com os princípios definidos no respectivo direito interno, caso um membro do pessoal que lhes esteja subordinado pratique, por conta da empresa, actos fraudulentos que lesem os interesses financeiros das Comunidades Europeias, tal como referidos no artigo 1.º».

[824] Cfr. art. 2.º da Convenção relativa à tutela dos interesses financeiros das Comunidades Europeias, de 26 de Julho de 1995.

[825] Cfr. art. 1.º da Convenção relativa à tutela dos interesses financeiros das Comunidades Europeias, de 26 de Julho de 1995.

11.2.2.2. O Protocolo, estabelecido com base no artigo K.3 do Tratado da União Europeia, Relativo à Interpretação a Título Prejudicial pelo Tribunal de Justiça das Comunidades Europeias da Convenção Relativa à Protecção dos Interesses Financeiros das Comunidades Europeias [826]

É o seguinte o teor do seu art. 1.º: § «Artigo 1.º § O Tribunal de Justiça das Comunidades Europeias é competente, nas condições estabelecidas no presente Protocolo, para decidir a título prejudicial sobre a interpretação da Convenção Relativa à Protecção dos Interesses Financeiros das Comunidades Europeias e do seu Protocolo de 27 de Setembro de 1996 (ver nota 1), adiante designado Primeiro Protocolo».

11.2.2.3. O Protocolo, estabelecido com base no art. K.3 do Tratado da União Europeia, da Convenção Relativa à Protecção dos Interesses Financeiros das Comunidades Europeias, assinado em Dublim em 26 de Setembro de 1996 [827]

Neste Protocolo constata-se e procura-se superar essencialmente o facto de «que a legislação penal de vários Estados membros em matéria de delitos relacionados com o exercício de funções públicas em geral, e em matéria de delitos de corrupção em particular, abrange apenas os actos que dizem respeito aos respectivos funcionários nacionais ou que são por estes cometidos, não englobando, ou englobando apenas em casos excepcionais, os comportamentos em que estão implicados funcionários comunitários ou funcionários de outros Estados membros».[828] É, pois, de primordial importância, a adopção dos conceitos de «corrupção passiva» e «corrupção activa».[829]

---

[826] JO, n.º C 151, de 20 de Maio de 1997, p. 1. A ratificação operada pelo Decreto do Presidente da República n.º 82/2000, de 15 de Dezembro refere ainda: «(...) incluindo a declaração relativa à adopção simultânea da Convenção Relativa à Protecção dos Interesses Financeiros das Comunidades Europeias e do Protocolo Relativo à Interpretação a Título Prejudicial pelo Tribunal de Justiça das Comunidades Europeias da referida Convenção, assinado em Bruxelas em 29 de Novembro de 1996».

[827] JO, n.º C 313, de 23 de Outubro de 1996, p.2.

[828] Cfr. preâmbulo do Protocolo em análise.

[829] Cfr.: § «Artigo 2.º § Corrupção passiva § 1 – Para efeitos do presente Protocolo, constitui corrupção passiva o facto de um funcionário, intencionalmente, de forma directa

11.2.2.4. O Segundo Protocolo, estabelecido com base no art. K.3 do Tratado da União Europeia, Relativo à Protecção dos Interesses Financeiros das Comunidades Europeias [830]

Reportando-se ao acto do Conselho da UE de 19 de Junho de 1997 e reconhecendo a importância tanto da Convenção de 26 de Julho de 1995 como do Protocolo de 27 de Setembro de 1996, este Protocolo demonstra a consciência de que os interesses financeiros das CE podem ser lesados ou ameaçados por actos cometidos por conta de pessoas colectivas e por actos que envolvam o branqueamento de capitais. Pelo que se acrescenta, assim que isso seja necessário, a necessidade de adaptar as legislações nacionais para estabelecer que as pessoas colectivas podem ser consideradas responsáveis em situações de fraude ou corrupção activa e de branqueamento de capitais cometidos em seu benefício, que lesem ou sejam susceptíveis de lesar os interesses financeiros das CE.[831] É especialmente,

---

ou por interposta pessoa, solicitar ou receber vantagens de qualquer natureza, para si próprio ou para terceiros, ou aceitar a promessa dessas vantagens, para que pratique ou se abstenha de praticar, em violação dos deveres do seu cargo, actos que caibam nas suas funções ou no exercício das mesmas e que lesem ou sejam susceptíveis de lesar os interesses financeiros das Comunidades Europeias».

[830] A ratificação operada pelo Decreto do Presidente da República n.º 82/2000, de 15 de Dezembro, refere ainda: «(...) incluindo a declaração, assinado em Bruxelas em 19 de Junho de 1997.»

[831] Cfr. preâmbulo do Segundo Protocolo em análise. Por outro lado cfr. o art. 1.º do Segundo Protocolo: alíneas b) A «Fraude» é entendida como os tipos de comportamento definidos no art. 1.º da Convenção relativa à tutela dos interesses financeiros das Comunidades Europeias, de 26 de Julho de 1995; c) «Corrupção passiva» é o comportamento referido no art. 2.º do protocolo, estabelecido com base no art. K.3 do TUE, da Convenção Relativa à Protecção dos Interesses Financeiros das CE, de 27 de Setembro de 1996 (*vide* acima); e) «Branqueamento de capitais» é «o comportamento definido no terceiro travessão do artigo 1.º de Directiva n.º 91/308/CEE, do Conselho, de 10 de Junho de 1991, relativa à prevenção da utilização do sistema financeiro para efeitos de branqueamento de capitais relacionado com os produtos da fraude, pelo menos nos casos graves, e da corrupção activa ou passiva» (*vide* publicação acima); cremos ainda ser importante a definição de «Pessoa Colectiva», na alínea d) do mesmo art. 1.º do Segundo Protocolo como: «qualquer entidade que beneficie desse estatuto por força do direito nacional aplicável, com excepção do Estado ou de outras entidades de direito público no exercício das suas prerrogativas de autoridade pública e das organizações de direito internacional público». Entretanto cfr. a Directiva n.º 2001/97/CE, do Parlamento Europeu e do Conselho, de 4 de Dezembro e a Lei n.º 11/2004, de 27 de Março e o novo art. 368-A.º do Código Penal.

também, de sublinhar, a convicção demonstrada, da necessidade de adaptar as legislações nacionais – igualmente quando seja necessário – de modo a evitar a recusa de auxílio mútuo, somente pelo facto de as infracções abarcadas pelo Protocolo em questão se referirem a infracções fiscais ou aduaneiras ou serem consideradas como tal.[832]

Muito aproxidamente dentro deste âmbito, o art. 3.° do Segundo Protocolo – aqui em análise – consagrou com claridade, e elevado grau de amplitude, a responsabilidade das pessoas colectivas que aqui achamos importante transcrever *ipsis verbis*: § «1 – Cada Estado membro deve tomar as medidas necessárias para que as pessoas colectivas possam ser consideradas responsáveis por fraude, corrupção activa e branqueamento de capitais cometidos em seu benefício por qualquer pessoa, agindo individualmente ou enquanto integrando um órgão da pessoa colectiva, que nela ocupe uma posição dominante baseada: § – nos seus poderes de representação da pessoa colectiva; ou § – na sua autoridade para tomar decisões em nome da pessoa colectiva; ou § – a sua autoridade para exercer controlo dentro da pessoa colectiva; § bem como por cumplicidade ou instigação de fraude, corrupção activa ou branqueamento de capitais ou por tentativa de fraude. § 2 – Para além dos casos já previstos no n.° 1, cada Estado membro deve tomar as medidas necessárias para que uma pessoa colectiva possa ser considerada responsável sempre que a falta de vigilância ou de controlo por parte de uma pessoa referida no n.° 1 tenha tornado possível a prática, por uma pessoa que lhe esteja subordinada, de fraude, corrupção activa ou branqueamento de capitais em benefício dessa pessoa colectiva. § 3 – A responsabilidade da pessoa colectiva nos termos dos n.ᵒˢ 1 e 2 não exclui a instauração de procedimento penal contra as pessoas singulares autoras, instigadoras ou cúmplices na fraude, corrupção activa ou branqueamento de capitais que tenham sido cometidos».

---

[832] Cfr., novamente, o preâmbulo do Segundo Protocolo em análise. Este Segundo Protocolo vem prever a cooperação entre a Comissão e os Estados-Membros para garantir a eficácia da acção contra a fraude, a corrupção activa e passiva e o branqueamento de capitais com elas conexionado, que lesem ou sejam susceptíveis de lesar os interesses financeiros das CE, prevendo também a troca de informações entre os Estados-Membros e a Comissão, respeitando sempre a protecção adequada dos dados pessoais (*vide* Directiva n.° 95/46/CE, do Parlamento Europeu e do Conselho de 24 de Outubro de 1995: JO, n.° L 281, de 23 de Novembro de 1995, p. 31), a protecção do segredo de justiça e a competência do TJCE.

Já se vê que uma breve observação desta norma poderia levar-nos a discorrer páginas e horas a fio a partir da mesma, dada a diversidade de problemas que com ela se levantam, mas também outros tantos – que pelo menos aparentemente – ficariam supostamente resolvidos. Mas tal tarefa não compete ao âmbito deste trabalho. Para já consideramos de importância extrema o art. 6.º deste Segundo Protocolo, que com a epígrafe de «Infracções fiscais e aduaneiras» refere que: «Os Estados membros não podem recusar a prestação de auxílio mútuo em caso de fraude, corrupção activa ou passiva e branqueamento de capitais apenas com fundamento no facto de dizerem respeito a uma infracção fiscal ou aduaneira ou de serem consideradas como tal» (*vide* anteriormente a Convenção Europeia sobre o Branqueamento, Despistagem, Apreensão e Confisco dos Produtos do Crime de 1990, cuja ratificação foi publicada no Diário da República – I Série – A, de 13 de Dezembro de 1997. Portugal depositou, em 19 de Outubro de 1998, na sede do Conselho da Europa, em Estrasburgo, o respectivo instrumento de ratificação, conforme o Aviso n.º 17/99 publicado no Diário da República – I Série – A de 1 de Fevereiro de 1999. Na sua Secção V, com epígrafe de «Recusa e adiamento da cooperação», art. 18.º/1, alínea d), era referido precisamente que: «A cooperação em virtude do presente capítulo pode ser recusada nos casos em que: § d) A infracção a que respeita o pedido seja uma infracção política ou fiscal;»). É de facto possível discernir uma potencial interconexão prática entre fraude, corrupção activa ou passiva e branqueamento de capitais, por um lado; e as infracções do âmbito do Direito (penal, v.g.) tributário, por outro lado. *Brevitatis causa*: em relação ao n.º 1 do art. 3.º do Segundo Protocolo frisa-se o facto de não ter que ser necessariamente um órgão (entendido este como individual ou colectivo) ou um representante que cometa os crimes em questão como facto de ligação (*Anknüpfungstat/Bezugstat*) à responsabilidade da pessoa colectiva, pois pode ser «qualquer pessoa» que simplesmente disponha duma posição dominante baseada «na sua autoridade para tomar decisões em nome da pessoa colectiva; ou» § «a sua autoridade para exercer controlo dentro da pessoa colectiva;» «bem como por cumplicidade ou instigação» das três infracções em causa ou por tentativa de fraude. Podem, portanto – pelo menos tudo indica – ser representantes ou órgãos de facto. É que a «autoridade» pode perfeitamente advir duma relação familiar, de confiança ou de afinidade, com, v.g., um membro do Conselho de Administração ou ser proveniente – ainda como exemplo – do alto cargo que uma pessoa individual ocupa numa empresa distinta, embora integrada no mesmo Grupo Económico. Os crimes têm é que ser cometidos no benefício dessa pessoa colectiva. Verificam-se, pois, possibilidades muito alargadas para estabelecer factos de ligação. Além disso, conforme o n.º 2 do art. 3.º, uma pessoa colectiva poderá ser «considerada responsável sempre que a falta de vigilância ou de controlo por parte de uma pessoa referida no n.º 1» (não nos parece que esta expressão se refira também a pessoas colectivas, caso em que seria também, *mutatis mutandis*, aplicável aos grupos económicos ou associações de empresas, mas somente se dirija a pessoas individuais: *vide* no primeiro sentido infra o n.º 2 do art. 18.º da Convenção sobre a Corrupção de 1999) «tenha tornado possível a prática, por uma pessoa que lhe esteja subordinada» das três infracções em causa desde que em benefício dessa pessoa colectiva. Tudo indica, pois, que possa ser incluída uma pessoa subordinada ao órgão ou representante de facto ou à pessoa que, com posição dominante, tenha autoridade de decisão ou controlo dentro da pessoa colectiva. Parece-nos ser um alargamento exaustivo e exasperante do facto de ligação. Por outro lado, do n.º 3 do art. 3.º parece poder tirar-se a conclusão de que a responsabilidade das pessoas colectivas não tem que ser necessariamente cumulativa (ou paralela, como no Direito Japonês) com a responsabilidade das pessoas individuais (pelo mesmo facto), pois, com o nosso *sublinhado*, a «responsabilidade da pessoa colectiva nos termos dos n.ºs 1 e 2 não exclui a instauração de procedimento penal contra as pessoas singulares (...)». Mas parece poder incluir, se for o caso, a absolvição final da pessoa singular sem que isso signifique obrigatoriamente uma absolvição negativa e cumulativamente da pessoa colectiva. Assim como, por outro lado, exclui a instauração de procedimento contra-ordenacional contra as pessoas singulares.

No que diz respeito às sanções aplicáveis às pessoas colectivas, verifica-se uma preocupação em declarar o dever de cada Estado membro tomar medidas necessárias para que as pessoas colectivas consideradas responsáveis nos termos do n.º 1 do art. 3.º, anteriormente mencionado, sejam passíveis de sanções – como a montante já referimos – efectivas, proporcionadas e dissuasoras, incluindo multas ou coimas (ou seja, abre-se a alternativa de responsabilizar penal ou administrativamente as pessoas colectivas com as ressalvas que já acima referimos à distinção entre Fraude grave e Fraude leve, plasmada no art. 2.º da Convenção de 26 de Julho de 1995), e, porventura, outras sanções como por exemplo (a lei refere uma expressão não taxativa: «designadamente»): interdição temporária ou permanente de exercer actividade comercial; exclusão do benefício de vantagens ou auxílios públicos; colocação sob vigilância judicial; ou, a «pena de morte», i.e., dissolução por via judicial. *Mutatis mutandis*, já sem a designação ou enunciação das medidas atrás mencionadas, cada Estado membro também deverá tomar as necessárias medidas para que as pessoas colectivas consideradas responsáveis nos termos do n.º 2 do art. 3.º sejam passíveis de sanções ou medidas efectivas, proporcionadas e dissuasoras.[833]

11.2.3. *A Resolução da Assembleia da República n.º 68/2001, de 26 de Outubro, que aprova «para ratificação, a Convenção Penal sobre a Corrupção, do Conselho da Europa, assinada em Estrasburgo a 30 de Abril de 1999» e que foi ratificada pelo Decreto do Presidente da República n.º 56/2001, de 26 de Outubro, publicados ambos os documentos no DR n.º 249, Série I-A*

Remetendo para a leitura integral deste diploma legislativo, destaca-se a previsão da «Responsabilidade das pessoas colectivas» no seu art. 18.º com ligeiras e criticáveis diferenças *terminológicas* – em relação ao regime legal que foi analisado no 11.2.2.4 imediatamente anterior – que acabam por criar problemas de interpretação. O que, aliás, provoca insegurança jurídica na «interpretação e transposição» do diploma. E esse facto é desde logo patente no art. 1.º, alínea d), da referida Convenção de 1999: «Entende-se por "pessoa colectiva" qualquer entidade que detenha esse estatuto nos termos do direito interno aplicável, com excepção dos Estados ou de outras entidades públicas no exercício das prerrogativas de poderes públicos e das organizações internacionais públicas». Por seu lado, embora muito semelhante ao art. 3.º do Segundo Protocolo, o art.

---

[833] Cfr. art. 4.º do Segundo Protocolo aqui analisado. Parece, assim, haver uma separação entre as sanções para as pessoas colectivas responsabilizadas pelo crivo do n.º 1 do art. 3.º, e aquelas que são igualmente responsabilizadas, mas já por outros critérios de imputação, i.e., os que estão plasmados no n.º 2 do art. 3.º. Já o art. 19.º/2 da Convenção Penal sobre a Corrupção, do Conselho da Europa, assinada em Estrasburgo a 30 de Abril de 1999 que plasma o seguinte, com o nosso *sublinhado*: «Cada Parte assegurar-se-á de que as pessoas colectivas consideradas responsáveis em conformidade com o disposto nos n.ºs 1 e 2 do artigo 18.º serão objecto de sanções efectivas, proporcionais e dissuasoras, de natureza penal ou não penal, incluindo sanções pecuniárias». Por outro lado, cfr. no Capítulo VII, p.-c. 19.ª e «Tese Final».

18.º da Convenção de 1999 apresenta a seguinte redacção com o nosso sublinhado de certas expressões terminologicamente diversas: «1 – Cada Parte adoptará as medidas legislativas ou outras que se revelem necessárias para garantir que as pessoas colectivas possam ser responsabilizadas pela prática das infracções penais de corrupção activa, de tráfico de influências e de branqueamento de capitais estabelecidas na presente Convenção, <u>cometidas por sua conta</u>, por qualquer pessoa singular, agindo individualmente ou como membro de um órgão da pessoa colectiva em causa, que nela ocupe uma posição de <u>chefia</u> baseada: § Num poder de representação da pessoa colectiva; § No <u>poder</u> para tomar decisões em nome da pessoa colectiva, § No <u>poder</u> para exercer o controlo dentro da pessoa colectiva; § bem como na participação de tal pessoa singular como cúmplice ou instigador da prática das infracções acima referidas. § 2 – Para além dos casos previstos no n.º 1 do presente artigo, cada Parte tomará as medidas necessárias para garantir que a pessoa colectiva possa ser responsabilizada sempre que a falta de <u>fiscalização</u> ou de controlo pela <u>pessoa singular referida no n.º 1</u> tenha permitido a prática das infracções penais descritas no mesmo número, <u>por conta</u> daquela pessoa colectiva, por uma pessoa singular subordinada às ordens desta. § 3 – A responsabilidade de uma pessoa colectiva prevista nos n.ºs 1 e 2 do presente artigo não exclui a instauração de procedimentos criminais contra as pessoa singulares que sejam autores, instigadores ou cúmplices das infracções penais referidas no n.º 1 do presente artigo». Por outro lado e se alguma vez os Estados-Membros da UE forem submetidos a um único Orçamento centralizado, será interessante confirmar se não se acabará por instituir uma espécie de Direito Penal Financeiro *unido-europeu*.

11.2.4. *A Lei n.º 11/2002, de 16 de Fevereiro, que «Estabelece o regime sancionatório aplicável a situações de incumprimento das sanções impostas por regulamentos comunitários e estabelece procedimentos cautelares de extensão do seu âmbito material»* [834]

Destaca-se inevitavelmente o art. 4.º deste diploma que prevê as «disposições comuns» e que tem o seguinte conteúdo: § «1 – As pessoas

---

[834] Cfr. o texto da Lei n.º 11/2002, de 16 de Fevereiro, que tem por objecto, segundo o seu art. 1.º, o seguinte teor: «A presente lei define o regime penal do incumprimento das

colectivas, sociedades e meras associações de facto são responsáveis pelas infracções cometidas pelos seus órgãos ou representantes em seu nome e no seu interesse. § 2 – A invalidade e a ineficácia jurídicas dos actos em que se funde a relação entre o agente individual e o ente colectivo não obstam a que seja aplicado o disposto no número anterior. § 3 – A sanção principal aplicável ao ente colectivo é a de multa a fixar em valor não inferior ao montante da transacção efectuada e não superior ao dobro do montante da mesma transacção. § 4 – Nos casos em que a infracção não configure uma transacção, a multa será fixada em valor entre (euro) 5000 e (euro) 2500000 e entre (euro) 2500 e (euro) 1000000, consoante seja aplicada, respectivamente, a entidade financeira ou a qualquer indivíduo ou entidade de outra natureza. § 5 – Como sanção acessória aplicável quer a pessoas singulares quer a entes colectivos, pode haver lugar à publicação da decisão condenatória. § 6 – Os actos praticados em violação das sanções referidas no artigo 1.º são nulos».

Trata-se, assim, do modelo clássico de responsabilidade dos entes colectivos baseado na teoria do Direito Civil da identificação entre órgãos e «organização» e ao qual ainda podemos reconduzir a teoria da representação. Modelo demasiado estreito porque implica a prévia individualização da imputação da responsabilidade colocando, pois, os factos não individualizáveis de lado. Modelo – neste preciso caso de consagração legal positiva (cfr. art. 4.º/2) – excessivamente lato, pois abrange claramente órgãos e representantes de facto mesmo em «organizações» de direito!

11.2.5. *O Corpus Juris 2000* [835]

a) Noção e princípios

Tendo como alicerces os princípios gerais do actual sistema sancionatório comunitário, as normas dos tratados, os princípios comuns a todos

---

sanções financeiras ou comerciais impostas por resolução do Conselho de Segurança das Nações Unidas ou regulamento da União Europeia, que determinem restrições ao estabelecimento ou à manutenção de relações financeiras ou comerciais com os Estados, outras entidades ou indivíduos expressamente identificados no respectivo âmbito subjectivo de incidência».

[835] Versão de Florença – Reunião da equipa de investigação *Corpus Juris* (*Suivi*) e dos representantes das Associações de juristas europeus para a protecção dos interesses

os Estados membros, e as sentenças do Tribunal de Justiça, trata-se dum sistema normativo supranacional para tutelar bens jurídicos individuais ou colectivos relacionados com a criminalidade organizada e a criminalidade de empresas multinacionais, sobretudo no que diz respeito às fraudes contra a União Europeia. Conforme o Anexo II, os Princípios directores do *Corpus Juris* 2000 (versão Florença) são os seguintes: Princípio da Legalidade; «Princípio da Culpabilidade Pessoal»[836]; Princípio da Proporcionalidade das Penas; Princípio da Garantia Judiciária; Princípio da Territorialidade Europeia; Princípio do Processo Contraditório.

b) *O actual art. 13.° (ex-art. 14.°) do* Corpus Juris [837]

Com a nossa tradução livre, é o seguinte o texto do actual art. 13.° (ex-art. 14.°) do *Corpus Juris* e que consagra a «responsabilidade penal dos entes colectivos»[838]: § «1 – Serão igualmente responsáveis pelas infracções definidas com anterioridade, (arts. 1-8)[839] os ente colectivos

---

financeiros das Comunidades Europeias ocorrida em Maio de 1999 no Instituto Europeu Universitário (Florença – *Fiesole*).

[836] Uma vez que não existe, estranhamente, uma versão em português do *Corpus Juris*, passamos a traduzir do francês este «Princípio da Culpabilidade Pessoal» que, como veremos já a seguir, não colide com a «responsabilidade penal dos entes colectivos» consagrada no actual art. 13.°: «A responsabilidade penal é pessoal. Ela é determinada, a título de autor, de instigador ou de cúmplice, segundo o comportamento próprio da pessoa processada e em função da sua própria culpa».

[837] Alguns juristas, nacionais e estrangeiros – com cargos de grande responsabilidade –, continuam a se referir, passados anos (!) ao art. 14.° do *Corpus Juris* e não ao actual art. 13.°! Quererá isto significar que desconhecem esta alteração sofrida pelo *Corpus Juris* e, por outro lado, o respectivo conteúdo do texto de tão importante norma europeia? Esperemos que não pois, se assim for, esse seria um lapso a evitar! E isto independentemente de já se terem verificado novas alterações posteriores a esta que nos referimos.

[838] Uma tradução à letra do francês seria «responsabilidade penal dos agrupamentos».

[839] C. n. t. são os seguintes crimes: o actual art. 1.° do *Corpus Juris* p. e p. a «*Fraude dos interesses financeiros das Comunidades europeias e delitos assimilados*» (ou «*semelhantes*»); art. 2.°: «*Fraude em matéria de outorga de mercados*»; art. 3.°: «*Branqueamento e receptação*» (anterior art. 7.°); art. 4.°: «*Associação criminosa*» (à letra seria «*associação de malfeitores*» na tradição francesa: anterior art. 8.°); art. 5.°: «*Corrupção*» (anterior art. 3.°); art. 6.°: «*Defraudação*» (do francês à letra: «*Malversação*»: anterior art. 4.°); art. 7.°: «*Abuso de poder*» (do francês à letra: «*Abuso de função*» ou «*cargo*»: anterior art. 5.°); e, finalmente, art. 8.°: «*Revelação de segredos de função*» (também se poderia dizer «*Revelação de segredos profissionais*»: anterior art. 6.°).

que tenham personalidade jurídica, assim como os que tenham a qualidade de sujeito de Direito e sejam titulares dum património autónomo, quando a infracção tenha sido realizada por conta do ente colectivo, por um órgão, um representante ou qualquer outra pessoa que tenha actuado em seu[840] nome ou que disponha dum poder de decisão de direito ou de facto; § 2 – A responsabilidade penal dos entes colectivos não excluirá a das pessoas físicas, autores, instigadores ou cúmplices dos mesmos factos».

Cremos que se trata duma responsabilidade dos entes colectivos que segue um modelo indirecto[841], pois tem que existir necessariamente uma individualização prévia da imputação da responsabilidade num órgão, representante ou qualquer outra pessoa *activa*[842] em seu nome, ou que disponha dum poder de decisão de direito ou de facto. Por isso mesmo é que, em nosso entender, o «Princípio da Culpabilidade Pessoal»[843] não colide com a responsabilidade dos entes colectivos, prevista e punida no actual art. 13.º do *Corpus Juris*.[844]

---

[840] Não concordamos com a tradução de S. Bacigalupo in op. cit. p. 347 quando refere: «*nombre proprio*».

[841] Não estamos de acordo com Silvina Bacigalupo *idem ibidem* que refere que este art. 13.º do *Corpus Juris* (cuja redacção corresponde ao anterior art. 14.º), c.n.t., «estabelece a responsabilidade penal directa das pessoas jurídicas com carácter geral, de maneira tal que não é dependente da responsabilidade dos seus representantes». O Grupo de Especialistas, Delmas-Marty/Verveale (Eds.): «*The implementation of the Corpus Juris in the Member States*», 2000, pp. 74 e 75; *apud* Z. Rodríguez in op. cit., p. 158. O Grupo de Especialistas pensa que se devem seguir os princípios do TJCE. Pelo que se segue o modelo da responsabilidade indirecta. Mas, nas situações de negligência («imprudência») grave, a responsabilidade estaria fundada na atitude da organização ou na sua política. Pensamos que, tal como está expressa a responsabilidade dos entes colectivos no art. 13.º do *Corpus Juris* – com base na teoria de Direito civil da identificação embora aqui alargada a representantes e qualquer pessoa com poder de decisão de Direito ou de facto! –, tem que existir necessariamente uma individualização prévia da imputação da responsabilidade numa pessoa física *seja ela qual for* (!), desde que preencha os pressupostos da norma em questão. Não entendemos, pois, como, com base nesta norma, se pode fundar a responsabilidade do ente colectivo na atitude da organização ou na sua política: tal não tem correspondência na Lei: o art. 13.º/2 do *Corpus Juris*. A responsabilidade das pessoas físicas, autores, instigadores ou cúmplices dos mesmos factos nem está expressamente excluída!

[842] Por acção ou omissão como é óbvio: cfr. art. 10.º do CP português.

[843] Cfr. alínea a) deste ponto 12.2.3.

[844] O que traduz a ideia – aliás! – de que há uma culpa e autorias colectivas pensadas em termos «análogos» às categorias correspondentes e integradas no Direito Penal clássico: cfr. o último § do 11.2.2.3.

O *Corpus Juris* visa naturalmente a ideia dum Direito Penal europeu ou Comunitário, menos ou mais patente, nos Tratados Europeus de Roma, Maastrich, Amesterdão ou Nice.[845] Mas – atenção! – é preciso lembrar «*aos mais esquecidos*», entre os poderes executivo, legislativo e judicial, que em todo este processo está em causa não só a efectividade e integração europeia, mas, primordialmente, as garantias jurídicas dos cidadãos e dos entes colectivos: os seus valiosos Direitos Fundamentais.

---

[845] Cfr. *Internet Eurolex*: http://europa.eu.int/eur-lex/pt/treaties/livre1_c.html.

CAPÍTULO V

A RESPONSABILIDADE CUMULATIVA[846] (OU PUNIÇÃO PARALELA) ENTRE REPRESENTANTES E REPRESENTADOS[847]: ENTES COLECTIVOS, ÓRGÃOS, REPRESENTANTES E RESPONSABILIDADES

---

[846] O modelo que triunfa em alguns países (cfr. Capítulo IV) é uma espécie de combinação entre as duas soluções extremadas, por forma a impor sanções ao autor físico e ao ente colectivo cfr., v.g., terceiro parágrafo do art. 121-2 do CP francês (com, contudo, nova redacção!): podemos designá-lo *originalmente* como responsabilidade cumulativa ou de «punição paralela» como no Direito japonês. Parece que «as duas responsabilidades se complementam e se reforçam mutuamente» (*vide* Constant in 10.º Congresso Internacional de Direito Comparado). Quanto a tudo isto e à expressão terminológica «responsabilidade cumulativa» *vide* Klaus Tiedemann in «*Responsabilidad penal de personas jurídicas...*», 1997 (1995), p. 43, ilustre Autor, o qual refere ainda c. n. t: «Fica por resolver a questão de saber que autor material pode desencadear, neste modelo de responsabilidade cumulativa, a responsabilidade da agrupação». O Prof. Dr. Augusto Silva Dias baptiza a «responsabilidade cumulativa» de várias formas e feitios in «O Novo Direito Penal Fiscal Não...», 1990, p. 16 e ss; e republicado in «Direito Penal Económico E Europeu...», 1999, p. 249: «modalidade bizarra de "comparticipação necessária"» ocultadora duma «forma larvar de dupla punição»; e ainda: «multa» «projectada reflexamente», «transladação da punição» e, por fim «responsabilidade derivada, reflexa». Ainda segundo o mesmo ilustre Penalista: se algum dos autores for dono da empresa haverá violação do princípio constitucional *«non bis in idem»* (ninguém pode ser condenado duas vezes pela mesma *coisa*!). Cfr., porém nosso ponto n.º 2.5.5. Esta *sui generis* forma de responsabilidade poderá pois designar-se como: responsabilidade desencadeada, simultânea, unida, originada, deduzida, projectada, reflexa ou reflectida, indirecta ou por facto de outrem, atribuída, imputada, condicionada e até quase *«ficcionada»*. Como veremos, este tipo de responsabilidade não se confunde, de forma alguma, com a «comparticipação». Trata-se, como iremos ver, duma responsabilidade identificada, porque assente na teoria civilista da identificação dos órgãos com as pessoas colectivas (*lato sensu*).

[847] No que diz respeito à actuação dos órgãos e representantes, seguiremos os incisivos e claros ensinamentos do Histórico Docente de Coimbra, Prof. Doutor Manuel

1. A designada responsabilidade cumulativa dos órgãos e representantes e das respectivas pessoas colectivas (e equiparadas) por crimes por aqueles praticados no exercício das suas funções

1.1. A questão

Surgem *ab ovo* questões problemáticas relacionadas com a imputação objectiva e subjectiva num sistema que consagra a responsabilidade criminal das pessoas colectivas, mas também a dos titulares dos seus órgãos e representantes. A localização do problema centra-se em saber qual a relação de responsabilidade da pessoa colectiva e da pessoa física.[848] A Mestra, e Docente da Faculdade de Direito da Universidade Católica Portuguesa, Isabel Marques da Silva[849] defende a tese de que o sistema português é o da *responsabilidade cumulativa integral diferenciada* pois «a pessoa colectiva só será penalmente responsável por crimes fiscais, quando um titular de um seu órgão ou um seu representante o seja também, independentemente das penas concretamente aplicáveis a cada responsável, que essas podem variar pela própria natureza das coisas». Refere ainda a mesma ilustre Autora que «Só assim, no estádio actual da nossa legislação neste domínio, nos parece que o sistema se mantém fiel ao princípio de que não há responsabilidade criminal sem culpa, pois a culpa da pessoa colectiva pelo facto criminoso há-de aferir-se pela culpa do seu órgão ou representante, já que, se a pessoa colectiva é obra da liberdade humana, o facto culpável que lhe é imputado e que é pressuposto da sua responsabilidade há-de ser ainda *obra* de uma pessoa física que age pela pessoa colectiva ou em representação da pessoa colectiva».[850] *De jure*

Domingues de Andrade in «Teoria Geral da Relação Jurídica», 1960. Quanto a este tema para o âmbito do Direito Penal fiscal *vide* com uma qualidade de exposição e rigor invulgares, Isabel Marques da Silva in op. cit. pp. 51 e ss e *passim*.

[848] *Vide* Isabel Marques da Silva in op. cit. p. 51, a qual refere ainda que: «Em teoria são possíveis sistemas diversos, desde a responsabilidade autónoma à responsabilidade cumulativa, relativa ou absoluta, isto é, só atinente à culpa ou à culpa e ao facto, respectivamente».

[849] *Vide* in op. cit. pp. 51-52.

[850] *Vide* tudo o que já dissemos, aquando do nosso comentário do Acórdão n.º 212/95 – Processo n.º 490/92 – 1.ª Secção do Tribunal Constitucional, nomeadamente em relação à identificação das organizações humano-sociais como «obras da liberdade» ou «realizações do ser livre» focalizada pioneiramente pelo Prof. Doutor Jorge de Figueiredo Dias.

condito ou *de jure constituto* ou *de lege lata*, tais factos não são facilmente contestáveis e serão, em princípio, até aceitáveis do ponto de vista analítico. Mas de *jure condendo* ou de *jure constituendo* ou *de lege ferenda* serão político-criminalmente sustentáveis perante organizações hipercomplexas? E se não o forem, em que medida poderão, em quaisquer circunstâncias – eis a nossa firme e inabalável convicção! -, ser salvaguardadas as essenciais conquistas do Direito Penal no campo dos direitos, liberdades e garantias e de todos os Direitos Fundamentais individuais ou colectivos (que afinal constituem consagrações do Estado de Direito como património cultural inalienável)?[851]

Será suficiente imputar a responsabilidade criminal duma pessoa colectiva somente através dos actos dos seus órgãos? Ou dos actos dos seus órgãos e representantes? Ou ainda, também, por meio de actos de outros elementos físicos e individuais? Na macrocriminalidade globalizada (ou mundializada) característica duma sociedade de risco, é quase sempre impossível individualizar responsabilidades.

Aliás, não é pelo facto do *Corpus Juris* (*vide* o que dissemos em relação ao Direito comparado) ter como princípio tradicional, e director, o Princípio da culpabilidade pessoal (*vide* Anexo II da versão de Florença de 1999) que deixa de reconhecer e consagrar a responsabilidade penal das organizações (ou agrupamentos; para nós entes colectivos ou pessoas colectivas) no seu art. 13.º com critérios de imputação bastante amplos (embora só em relação às infracções compreendidas entre os arts. 1.º e 8.º), pois o *facto de ligação* pode consistir em infracções de pessoas sigulares, por sua conta, que não só órgãos ou representantes, mas também toda a pessoa agindo em seu nome e (contudo a versão de Florença refere em francês «ou») com um poder de decisão, de Direito ou de facto.

[851] Hassemer e os seus discípulos fazem duras críticas à perspectiva do «Direito Penal de risco» pois estariam a abandonar-se os princípios tradicionais do Direito Penal liberal traindo com isso os paradigmas do Estado de Direito. *Vide apud* Laura del Carmen Zúñiga Rodríguez in «*Bases para un Modelo...* », RDPP, 2000, p. 64, nota de rodapé n.º 23, acrescentando ainda: «*Como ya se ha expuesto en diversas partes, no compartimos esta postura en su totalidad. Sí en el aspecto crítico que una desmedida concepción del riesgo pudiera acarrear en cuanto falta de referentes racionales y garantistas para delimitar la intervención penal, pues se justifica la normativización total del injusto; pero de ninguna manera considero que deba volverse al viejo, bueno y sano Derecho Penal liberal*». Quanto a nós, perfilhamos um caminho que poderá ser designado de Direito Penal liberal social (semelhante ao do Prof. Doutor Claus Roxin) – e não já, por exemplo, de «Direito Penal sociolo-funcional» ou até «Direito Penal sociolo-funcional liberal» cujo rótulo poderia incutir ao Direito Penal uma função que não lhe pertence, conforme verificamos no primeiro capítulo deste trabalho.

Podemos dizer que uma das principais linhas distintivas do capitalismo económico de finais do século XX e começos do século XXI, é a concentração de grandes capitais com as fusões (ou «cisões-fusões» e incorporações) e absorções de empresas e sociedades comerciais. Disto resultam gigantescas e complexas sociedades que operam em diversos países: «*holdings*» ou conglomerados económicos; grupos de empresas ou económicos; complexos empresariais ou de companhias. Estas podem desenvolver-se trans e multi-nacionalmente por forma a que a repartição do processo de produção, distribuição e comercialização se realiza com diferentes empresas, havendo normalmente uma «mãe» e «filhas-filiais», embora cada uma conserve a sua personalidade jurídica própria. A funcionalidade destas «associações de associações» reside precisamente na optimização de recursos, reduzindo custos e repartindo riscos e responsabilidades.[852]

---

[852] *Vide*, nas áreas do Direito Penal do consumidor e do Direito Penal do ambiente, mas que ajuda a compreender a complexidade de certas pessoas colectivas, Terradillos in «*Delitos societarios y grupos de empresas*», 1994, *apud* Zúñiga Rodríguez in op. cit., pp. 80-81; páginas nas quais se pode ainda depreender, com nossa adaptação, que: as sociedades comerciais, cujo paradigma é a empresa (acrescentamos nós: também o próprio Estado e certas pessoas colectivas de direito público, assim como empresas públicas que podem, v.g., praticar crimes ambientais. Cfr., por outro lado quanto à responsabilidade civil do Estado e entidades públicas, o importante art. 22.º da CRP), representam uma importante fonte de riscos para bens jurídicos fundamentais como a vida ou a saúde (e porventura o bem jurídico visado pelo Direito Penal fiscal – *vide* acima – no caso do objectivo ser defraudar criminosamente o Fisco, à excepção do Estado e outras pessoas colectivas similares com base territorial, ou não, que não podem violar esse bem jurídico) e que se desenvolvem em três momentos: a) No próprio processo de produção: v.g. no caso dos números preocupantes de acidentes de trabalho seja nas obras privadas ou públicas: mais de três acidentes diários mortais em Espanha em 1997; por seu lado, dados da Inspecção-Geral do Trabalho de Portugal confirmam nos seis primeiros meses de 2001, 148 pessoas mortas em acidentes de trabalho, mais de metade das quais na construção civil, sendo que nos últimos onze anos foram os seguintes os *sinistros* números de óbito: 1989-278; 1990-337; 1991-314; 1992-313; 1993-253; 1994-321; 1995-353; 1996-373; 1997-285; 1998-294; 1999-307; 2000-287: em relação a Portugal cfr. jornal «Público» de 15 de Agosto de 2001, p. 26; b) Com os resultados produzidos pela actividade industrial: v.g. as enormes dificuldades na determinação da responsabilidade pelos produtos defeituosos, pois, perante a produção massiva e comercialização a grosso ou a retalho por grandes cadeias de distribuição, deparamos com um incomensurável número de processos causais que interferem desde a concepção/elaboração do produto até que este chegue ao consumidor final; c) Riscos com os resíduos industriais: fumos tóxicos; produtos radioactivos e outros que poderiam pôr em perigo ou provocar delitos contra o meio ambiente, património histórico, urbanístico e outros tantos.

No que se refere ao Direito Penal fiscal e, nomeadamente, a primeira das grandes dificuldades, perante um mercado globalizado ou mundializado e numa sociedade de risco, estará em saber se é legítimo impedir (intervir), i. e., possível – até! – que uma empresa procure ambientes mais favoráveis de concorrência fiscal, sabendo que em centésimos de segundo podemos fazer rodar o dinheiro por todo o mundo, com um simples telefone e/ou computador. Parece-nos que tal actuação dificilmente poderá ser obstaculizada. A segunda grande dificuldade será imputar um eventual crime fiscal a um conglomerado de sociedades disseminadas pelo mundo e cujos colaboradores humanos individuais são – desde o Presidente do Conselho de Administração ao simples operário ou trabalhador – absolutamente fungíveis. E daqui decorre um outro obstáculo: só as acções dos órgãos e representantes (que actuam no seu nome e interesse colectivo) dessa pessoa colectiva ou sociedade, ainda que irregularmente constituída, e outras entidades fiscalmente equiparadas (cfr. art. 7.º/1 RGIT), possibilitam a respectiva e eventual responsabilidade criminal da mesma? É que quanto maior e mais internacionalizada esteja a sociedade (organização/ /estruturação) comercial, maior será o número de factores que compõem a realização dum só *facto* e maior será o número de pessoas físicas intervenientes e intermediárias que não são efectivamente, só e apenas, os órgãos e representantes respectivos, podendo até ser simples «testas-de-ferro».

Por outro lado, a responsabilidade na comparticipação criminosa não se identifica com a já apontada responsabilidade cumulativa. Na primeira existem vários responsáveis pelo mesmo facto na dimensão objectiva, mas no plano subjectivo «cada comparticipante é punido segundo a sua culpa, independentemente da punição ou do grau de culpa dos outros comparticipantes».[853] Na responsabilidade cumulativa, a pessoa colectiva a quem se alarga a responsabilidade do agente, somente é responsável subjectiva e objectivamente, na estrita porção em que os agentes o sejam igualmente. Aquilo que se poderá diferenciar, conforme já se referiu acima, será a medida e o género da pena, por estar sujeita a faculdades legais diferentes.[854]

Ainda dentro deste sistema que – podemos dizer[855] – está consagrado

---

[853] Cfr. art. 29.º do CP.
[854] Por isso a Dr.ª Isabel Marques da Silva, in op. cit., p. 52, fala em «*responsabilidade cumulativa diferenciada*».
[855] No que diz respeito às contra-ordenações tributárias cfr., contudo, o art. 7.º/4 do RGIT, a jusante.

no ordenamento jurídico português quanto aos crimes fiscais, podemos referir que nos deparamos com obstáculos de discernimento da culpa da pessoa, se o órgão respectivo se apresentar como de composição plural, caso consideremos – como estamos a pressupor! – que essa culpa mencionada há-de ser o espelho da culpa das pessoas físicas que actuaram como seu órgão. Se o órgão for composto por uma pessoa física, a identificação da culpa é total. Já não será assim no caso dum órgão composto por várias pessoas individuais, i.e., a vontade colectiva corresponderá neste caso à harmonização de diversas vontades individuais que poderão ser divergentes.[856]

Não obstante esta perspectiva – que também poderá ser perfeitamente defendida e até conjugada com aquela que nós defendemos – nós seguimos claramente a posição que enunciámos no ponto 1.2.1 do Capítulo III, e que é aquela que considera que quando a lei fala de órgãos, não se trata do «centro institucionalizado de poderes funcionais» mas, como já se disse, dos indivíduos cujas vontades servem os órgãos (*vide*, contudo, o art. 3.º do designado Segundo Protocolo na parte final do Capítulo IV).

2. Pressupostos (ou *conjecturas* positivadas) da responsabilidade das pessoas colectivas [857]

2.1. *Introdução – facto ou eixo de conexão ou nexo de imputação do facto de ligação (Anknüpfungstat/Bezugstat)*

A nossa análise recai, neste momento, sobre os n.ºs 1 e 2 do art. 7.º do RGIT[858]. A responsabilidade do ente colectivo requer um pressuposto que reside num eixo de conexão (nexo de imputação ou facto de ligação) entre o comportamento delituoso de quem actuou e esse mesmo ente

---

[856] *Vide* Isabel Marques da Silva, in op. cit., p. 52, a qual refere que: «Parece que as regras do funcionamento dos órgãos colegiais é que hão-de servir de ponto de partida para a definição da vontade em que se concretiza a deliberação do órgão».

[857] Cfr. o nosso Capítulo III e os comentários ao Ac. do TC n.º 212/95.

[858] O qual, no que diz respeito à matéria do nexo de imputação (facto/eixo de conexão) que permite/potencia a responsabilização das pessoas colectivas e equiparadas (agora também «sociedades, ainda que irregularmente constituídas, e outras entidades fiscalmente equiparadas»), não sofreu qualquer alteração substancial em relação às segundas partes dos n.ºs 1 e 2 do art. 7.º do RJIFNA. Não obstante, o novo RGIT será analisado com maior pormenor mais à frente. Contudo cfr. 7.º/4 do RGIT.

colectivo a quem a infracção (v.g. crime) fiscal é imputada. O nexo de imputação ou eixo/facto de ligação ou conexão (do alemão) *Anknüpfungstat/Bezugstat* verifica-se, assim que a infracção fiscal plasmada no RGIT seja praticada por um seu órgão ou representante em nome e no interesse da pessoa colectiva (não podendo ser praticada a infracção contra ordens ou instruções expressas de quem de direito).

2.1.1. *Facto individual*[859] *como facto da entidade colectiva*[860]

A pena de multa (porque é o Direito Penal que mais interessa a este trabalho, mesmo que apresente outro «rótulo»), v.g., é tanto aplicável a pessoas singulares como a pessoas colectivas, sociedades, ainda que irregularmente constituídas, e outras entidades fiscalmente equiparadas.[861] Neste preciso ponto – Cfr. art. 7.º do RGIT – está, pois, consagrada uma responsabilidade criminal das pessoas colectivas[862] e uma responsabilidade criminal de pessoas singulares.[863] É possível, pois, responsabilizar criminalmente as pes-

---

[859] Com as ressalvas já acima apontadas para o caso do órgão ser plural e caso se defenda essa perspectiva que não é presentemente a nossa, como já mencionamos, embora possa igualmente ser utilizada.

[860] Cfr. Teresa Serra in «Contra-ordenações: responsabilidade de entidades...», RPCC, 1999, pp. 189 e ss..

[861] Cfr. art. 12.º do RGIT.

[862] Segundo o novo RGIT: as pessoas colectivas «sociedades, ainda que irregularmente constituídas, e outras entidades fiscalmente equiparadas», embora, como se verá, o nosso trabalho venha a recair sobretudo sobre as sociedades comerciais ou sociedades civis sob a forma comercial, ainda que irregularmente constituídas, positivadas no ordenamento jurídico português. A epígrafe do art. 7.º RJIFNA («Responsabilidade penal das pessoas colectivas e equiparadas») é praticamente igual – compreensivelmente suprimindo somente a expressão «penal» – ao frontispício do art. 7.º RGIT («Responsabilidade das pessoas colectivas e equiparadas»). A pergunta que se põe é: será que o n.º 1 do art. 7.º do RGIT, no que diz respeito aos entes colectivos que enuncia, já estava incluído no n.º 1 do art. 7.º do RJIFNA? É que as «sociedades, ainda que irregularmente constituídas, e outras entidades fiscalmente equiparadas» podem ser designadas somente por «pessoas colectivas» ou, se se preferir, por «pessoas colectivas e equiparadas». O ideal talvez fosse falar em, *brevitatis causa*, responsabilidade das organizações (acrescentando, ou não, o termo «impessoais»).

[863] O regime jurídico que prevê e pune a responsabilidade criminal das pessoas colectivas, como já se viu supra, constitui disposição em contrário ao carácter pessoal da responsabilidade previsto para o Direito Penal clássico, a qual, por sua vez, está devidamente ressalvada pelo art. 11.º do CP.

soas colectivas através do facto de se ter verificado a prática de um crime fiscal por um ou mais indivíduos especialmente qualificados. Ou seja, no caso concreto, os órgãos (ou, depois, os representantes, como se verá) da pessoa colectiva, em nome da mesma e no interesse colectivo.[864] O n.º 1 do art. 7.º do RGIT estabelece o critério de imputação que possibilita responsabilizar as pessoas colectivas, sociedades, ainda que irregularmente constituídas, e outras entidades fiscalmente equiparadas. É o modelo de imputação clássico[865] que baseia a responsabilidade de entes colectivos na realização de uma infracção por um ou mais indivíduos mediante certos requisitos circunstanciais.[866] A teoria da identificação funda-se originalmente numa concepção orgânica conceptualizada na ideia de que apenas os órgãos do ente colectivo exprimem a vontade que, pelo direito, é tomada como juridicamente relevante.[867] A vontade individual é, pois, imputada (e catalogada) *ab initio* como sendo a própria vontade colectiva. O ente colectivo exerce os seus actos por meio dos seus órgãos. Como só a infracção cometida por um certo número circunscrito de pessoas pode ser imputada ao ente colectivo como acção dele próprio, qualquer alargamento dessa panóplia de nexos de imputação humano-individuais[868]

---

[864] Cfr. art. 7.º/1 do RGIT.

[865] A Teoria da Identificação originalmente só compreende os órgãos e não já os representantes.

[866] *Vide* Teresa Serra in op. cit., p. 190.

[867] *Vide* Manuel A. Domingues de Andrade, 1960, in «Teoria Geral da Relação Jurídica», p. 114 e ss.; e José de Oliveira Ascensão, 1997, in «Teoria Geral do Direito Civil», Vol. I, p. 240 e ss.; *apud* Teresa Serra in op. cit., p. 190, acrescentando que: «Essa vontade é assumida pelo direito como originária da entidade colectiva, sendo-lhe o respectivo acto imputado desde o início».

[868] Pensamos que a breve trecho, na realidade concreta – e já não na área da ficção científica –, onde a fronteira entre o Homem a comandar a máquina e a máquina a comandar o Homem é cada vez mais ténue, não será difícil, dizíamos, imaginar a robótica, v.g., ao serviço (indirecto) da poluição do ambiente ou sofisticados computadores capazes de ludibriarem qualquer possível rasto para perseguição de capitais ou até do detectar de fraudes fiscais em série no contexto, por exemplo, da «factura electrónica» (Cfr., por outro lado, a Portaria n.º 1214/2001 que «estabelece normas relativas ao envio por correio electrónico da declaração periódica de rendimentos e das declarações anuais de informação contabilística e fiscal aos sujeitos passivos de IRC e IRS») e da automaticidade informática. É claro que também aqui se suscitam problemas que resvalam para as zonas da criminalidade informática e do branqueamento de capitais. Neste contexto, será cada vez mais difícil imputar objectiva e subjectivamente um crime a uma pessoa colectiva através dos actos de pessoas individuais. Foi aliás curioso observar a recente realização dum campeo-

constitui uma decisão jurídico-controvertida de grande acutilância político-criminal.[869]

2.1.2. Formas de estabelecer o nexo de imputação e alargamento ou extensão da punibilidade [870]

Vamos focalizar a nossa atenção sobre três medidas de imputação, i.e., trata-se de resolver a questão de discernir que autor material pode desencadear, neste modelo de responsabilidade cumulativa, a responsabilidade, para já, da pessoa colectiva: 1.ª A responsabilidade do ente colectivo somente pode suceder através dos actos ou omissões dos seus órgãos (ou, depois, a dos seus representantes legais, como se verá adiante) juridicamente qualificados para actuar em nome da organização, v.g., empresa. Trata-se duma opção com origem na teoria do Direito Civil e no pensamento clássico de que o ente colectivo actua por meio dos seus órgãos, e somente os actos destes implicariam a responsabilidade desse mesmo ente.[871] É uma solução,

---

nato mundial de futebol entre mini-*jogadores artificiais* da robótica que fizeram transparecer – perdoai-nos o atrevimento! – «*decisões e acções próprias*» que extravasaram a direcção humana e efectiva da máquina. E parece-nos que estamos apenas no começo. Muito interessantes, também, são as investigações da Associação Norte-Americana de Inteligência Artificial, nomeadamente o sistema de intelegência artificial que lhe foi recentemente apresentado por um grupo de cientistas com o nome de «*Author*» que se trata duma máquina capaz de escrever histórias convincentes a partir dum simples conjunto de informações. Também um dos últimos filmes de ficção científica de Steven Spielberg, qual Júlio Verne dos tempos modernos, com o título de «Intelegência Artificial», que teve a sua estreia em Portugal em Outubro de 2001, levanta curiosas questões neste campo. Ainda voltaremos a este assunto

[869] *Vide* Teresa Serra in op. cit., p. 191.

[870] Seguimos Klaus Tiedemann em castelhano in «*Responsabilidad Penal De Personas Jurídicas Y Empresas...*», 1995, pp. 21-35; em francês com ligeiras diferenças in «*La criminalisation du comportement collectif*», 1996, pp. 11-29; em castelhano, numa tradução diferente in «*Responsabilidad penal de personas jurídicas, otras agrupaciones y empresas...*», 1997, pp. 43-44; ou, também em castelhano, in «*Responsabilidad Penal De Las Personas Juridicas*», ADP, 1996; mas também Teresa Serra in op. cit., pp. 191-192.

[871] *Vide*, principalmente, Klaus Tiedemann in «*Responsabilidad penal de personas jurídicas...*», em «*La Reforma de la Justicia Penal*», 1997 (1995), p. 44. Por outro lado, defende-se a ideia de responsabilidade «directa», pois os actos dos órgãos são os actos do próprio ente colectivo. *Vide* José de Oliveira Ascensão, 1997, in op. cit., pp. 242 e ss; e Guy Stessens in «*Corporate Criminal Liability: a Comparative Perspective*», International and

logo se vê, demasiado restritiva[872]; 2.ª No extremo oposto, a responsabilidade do ente colectivo poderia suceder através dos actos de quaisquer pessoas que ajam no interesse e em nome ou a favor da empresa. É uma concepção claramente pragmática mas que facilita (desvaloriza) demasiado a prova e acaba por incluir qualquer representante, inclusive propiciando dificuldades na distinção entre o representante de direito e o representante de facto e, portanto, alargando a responsabilidade[873]. Trata-se duma ideia de vicariato da qual frutifica uma responsabilidade derivada do ente colectivo integrada contextualmente na teoria do *respondeat superior*[874]; 3.ª Por fim, os modelos mistos que se localizam entre os dois tipos opostos anteriores, pois introduzem um leque de pessoas individuais traduzido num «*managerial test*» que permite limitar a responsabilidade excessivamente alargada do segundo modelo por forma a desconsiderar as acções de pessoas que não disfrutam de nenhum poder decisório.[875] O excessivo circunscricionismo (restricionismo) da primeira representação modelar provocou o alastramento do naipe de agentes individuais susceptíveis de

---

Comparative Law Quarterly, pp. 493-520; quanto aos dois últimos *apud* Teresa Serra in op. cit., p. 191.

[872] Mas curiosa e contraditoriamente trata-se da solução consagrada no RGIMOS, i.e., no art. 7.º do DL n.º 433/82, de 22 de Outubro; com as essenciais novas redacções do DL n.º 356/89, de 17 de Outubro; e do DL n.º 244/95, de 14 de Setembro; Este último mereceu o certeiríssimo comentário do Prof. Doutor Jorge de Figueiredo Dias in «Oportunidade e Sentido...», 1996, p. 31. n. de r. n.º 3: «o qual, sob o pretexto infundado de uma mais consistente defesa das garantias das pessoas, representa a muitos títulos uma verdadeira *contra-reforma* do direito – administrativo – de mera ordenação social». Entretanto a Dr.ª Teresa Serra in op. cit., p. 187, n. r. n.os 1 e 2 refere-nos que: tudo indica estar em preparação uma reforma extensa e profunda do regime geral do ilícito de mera ordenação social (introduzido pelo DL n.º 232/79, de 24 de Julho), do qual «foi já aprovada uma proposta de lei em Conselho de Ministros». Entretanto o RGIMOS sofreu igualmente modificações com a Lei n.º 109/2001, de 24 de Dezembro.

[873] *Vide* Klaus Tiedemann in op. cit., p. 44.

[874] Quanto à ideia de vicariato *vide* Guy Stessens in op. cit., p. 507, *apud* Teresa Serra in op. cit., p. 192 ; no que diz respeito à teoria do *respondeat superior vide* Teresa Serra in op. cit., p. 192, n.r. n.º 16: «Teoria de raiz civilista, adoptada pelo Direito Penal americano no âmbito da *corporation liability*, de acordo com a qual uma pessoa é responsável pelos actos cometidos, em seu benefício e no âmbito da sua actividade, pelos seus agentes. Explanação e crítica, John C. Coffee Jr. (1983) – "*Corporate Criminal Responsibility*", pp. 253-264». Cfr., contudo, o nosso Capítulo IV, nomeadamente Reino Unido e EUA.

[875] *Vide* Klaus Tiedemann in op. cit., p. 44.

desenvolverem acções potencialmente provocadoras de responsabilidade dos entes colectivos. Esse alargamento atingiu inicialmente os representantes legais e depois os representantes em geral, incluindo os representantes voluntários. Em sentido estrito, tal extensão de responsabilidade só poderia fundar-se na teoria da representação; contudo – do ponto de vista clássico – tal modelo é integrado na teoria da identificação. É que, embora os actos do representante sejam dele próprio, os mesmos produzem efeitos *sic* na esfera do representado.[876] Refere o Prof. Doutor José de Faria Costa em relação à pessoa jurídica,[877] enquanto centro de imputação jurídico-penalmente relevante e, portanto, destinatária das normas penais, o seguinte: «Mas para se assumir como tal, para se assumir como pessoa jurídica, tem de actuar *necessariamente* através de órgãos ou representantes. Nesta perspectiva, a pessoa jurídica vive ou só vive, se com ela automaticamente se perfizer uma relação de interna alteridade, para que assim possa agir de um modo jurídico-penalmente relevante».[878] No que se refere aos actuais desenvolvimentos da responsabilidade da empresa, a ciência do direito parece estar-nos a conduzir para caminhos de extensão dessa mesma responsabilidade: os agentes – nexo de imputação através da actuação – já não serão somente os órgãos e representantes mas também os «*high managerial agents*» ou «*top management*»[879] com responsabilidades de controlo, supervisão e aditivada decisão de influência. Enfim, julgamos que as pessoas com «*sufficient seniority*»; «*some influence*»; ou «*with decision-marking power*» também poderão – no quadro das modernas técnicas de gestão –, *de lege ferenda*, constituir nexo de imputação da

---

[876] *Vide* José de Faria Costa in «A responsabilidade jurídico-penal da empresa e dos seus órgãos», RPCC, 1992, pp. 537-559; e republicado in «Direito Penal Económico E Europeu...», 1998, pp. 501 e ss..; *vide* igualmente Günter Stratenwerth in «*Strafrechtliche Vertreter – und Unternehmenshaftung*». Neue Juristische Wochenschrift, pp. 1842-1846; quanto a este último *apud* Teresa Serra in op. cit., pp. 192-193, que refere ainda: «Digamos que se parte de um grupo de pessoas que, de certo modo, se identificam com a entidade colectiva ou com a empresa em nome da qual actuam, porque se entende que a unidade funcional que representam só pode agir através delas. Nessa precisa medida, não apenas elas se identificam com a entidade colectiva, como esta se deixa identificar com elas».

[877] Preferimos pessoa colectiva, em vez de «pessoa jurídica» conforme adoptamos por via da análise histórica que fizemos mais acima neste nosso trabalho. Embora a jusante, face ao art. 7.º do RGIT, se chegue à conclusão de que a expressão terminológica mais correcta será, porventura, «ente colectivo».

[878] *Vide* José de Faria Costa in op. cit., p. 514.

[879] *Vide* Teresa Serra in op. cit., p. 193.

responsabilidade criminal das pessoas colectivas, que mais não seja já o constituem em certo direito comparado.[880] O Prof. Doutor Klaus Tiedemann refere ainda que deveria haver inclusão – para além dos órgãos e representantes como desencadeadores da responsabilidade *«quase penal»*[881] da empresa e no quadro das soluções mistas ou intermédias que aponta(va) como ideais – não só aquilo que refere como *middle management*, mas também os dirigentes (ou representantes) de facto (no francês *dirigeants «de fait»*), pelo menos quando o acto jurídico pelo qual eles foram nomeados seja nulo ou viciado.[882] Tal caminho está a ser ajudado a traçar pelo *Corpus Juris* no seu art. 13.º (anterior 14.º).[883]

---

[880] Cfr. o nosso Capítulo IV sobre o núcleo do Direito comparado, mas também, *vide*, igualmente, Klaus Tiedemann in op. cit., p. 45 que nos refere que: «O modelo misto é antes de tudo conhecido em Inglaterra que restringe *a priori* o círculo de pessoas capazes de desencadear a responsabilidade da empresa, às que possuem um *«sufficient seniority»*. Da mesma forma, o direito holandês declara como decisiva a autoridade de uma pessoa para tomar decisões e determinar o curso dos acontecimentos; *«some influence»* é considerada suficiente nos Países Baixos. O projecto de Lei finlandês igualmente aponta as pessoas *«with decision-marking power»* e a omissão de controlo pelo agrupamento. Da mesma maneira, na Austrália o empregado deve dispor duma certa autoridade, não sendo uniforme a situação em todos os Estados e em todas as leis».

[881] Em sentido estrito não é, pois, responsabilidade penal (quando o Prof. Doutor Klaus Tiedemann se refere a sanções «quase-penais» ou «médio-penais» está a falar de sanções do ilícito de mera ordenação social: cfr. Klaus Tiedemann in *«Responsabilidad penal de personas jurídicas...»*, 1997 (1995), p. 33) embora se possa discutir – como veremos mais a jusante neste trabalho – a chamada «burla de etiquetas».

[882] Mais exactamente: *«au moins dans les cas (visés par exemple par le droit allemand) oú l'acte juridique, par lequel ils sont nommés, est nul ou vicié»*: vide Klaus Tiedemann in *«La responsabilité pénale dans l'entrepise: vers un espace judiciaire européen unifié? Rapport introdutif»*, p. 272, *RSCDPC*, 1997; Chamando a atenção para a necessidade de considerar o *middle management*, dadas as limitações de estabelecimento de prova através da Teoria da Identificação nas grandes empresas, como já fizemos uma breve alusão no Capítulo anterior, *vide*, ainda antes, Brent Fisse & Jonh Braithwaite in *«The Allocation of Responsibility for Corporate Crime»*, 11, 1988, *Sydney Law Rewiew*, pp. 504 e ss., 468: «*...offences commited on behalf of large concerns are often visible only at the level of middle management whereas the* Tesco *principle requires proof of fault on the part of a top-level manager. By contrast, fault on the part of a top-level manager is much easier to prove in the context of small companies. Yet that is the context in which there is usually little need to impose corporate criminality liability in addition to or in lieu of individual criminal liability»*. Vide o Capítulo com o núcleo do Direito comparado, nomeadamente Reino Unido e EUA.

[883] Cfr. parte final do Capítulo IV referente ao núcleo do Direito comparado.

2.2. A infracção deverá ser praticada por um órgão ou representante da pessoa colectiva [884]

«De lege lata», perante o passado art. 7.º do RJIFNA[885], convém-nos racionalizar juridicamente os conceitos de órgão e representante. Naturalmente – e à primeira vista – poderemos referir que os órgãos ou representantes, que podem praticar crimes, os quais sejam imputáveis às pessoas colectivas, são os que, conforme a Lei e os estatutos, podem exercer a vontade das mesmas e vinculá-las perante terceiros.[886] Perante isto suscitam-se desde logo duas questões[887]: 1.ª será necessário que os órgãos ou representantes tenham agido nos pressupostos exigidos por lei?; 2.ª O facto criminoso praticado por um representante ou dirigente de facto é imputável à pessoa colectiva?[888]

---

[884] Recordemos tudo o que já referimos, *mutatis mutandis* em relação ao art. 3.º do DL n.º 28/84, de 20 de Janeiro, no Capítulo III deste trabalho.

[885] Correspondente, neste aspecto da responsabilidade criminal, ao art. 7.º do RJIFA, embora este último se aplique também à responsabilidade contra-ordenacional das pessoas colectivas, pois não refere «penal» em epígrafe: «Responsabilidade das pessoas colectivas e equiparadas». Actualmente cfr. o art. 7.º do RGIT.

[886] Cfr. os Capítulos III e este mesmo V acerca do conceito de «órgão» e da posição apontada pela Dr.ª Teresa Serra que seguimos. *Vide*, contudo, distinguindo poderes de gestão e representação: Oliveira Ascensão in «Direito Comercial», IV, 1993, pp. 313-314 e Raúl Ventura in «Sociedades por Quotas», III, 1991, pp. 127 e ss.; Quanto aos órgãos das sociedades: Brito Correia in «Direito Comercial», 2.º Volume, 1989, pp. 278-282 e Ferreira dos Reis in «Pessoas Colectivas e Sociedades Comerciais», pp. 63 e ss; *apud* Isabel Marques da Silva in op. cit. p. 80; *vide* ainda C. A. da Mota Pinto, estabelecendo, entre outros factos, o seguinte: «Constata-se, portanto, que o instituto da representação, legal ou voluntária, não importa qualquer responsabilidade dos representados pelos actos ilícitos extracontratuais dos seus representantes, salvo no caso particular do artigo 500.º, que prevê uma hipótese sem analogia com a situação das pessoas colectivas. § Ora no artigo 165.º estatui-se a responsabilidade civil dos entes colectivos. Logo as pessoas físicas que agem em seu nome e no seu interesse são ou integram *verdadeiros órgãos* e portanto as pessoas colectivas – é legítimo afirmá-lo – *têm capacidade para o exercício de direitos*. § Tal princípio só sofrerá limitações quando, para quaisquer efeitos, for necessária a autorização de certas entidades alheias à pessoa colectiva». Critério que nos permite concluir, *idem ibidem*, serem os chamados órgãos da pessoa colectiva verdadeiros órgãos e não simples representantes através do problema da responsabilidade civil extracontratual das pessoas colectivas in «Teoria Geral do Direito Civil», pp. 267 e ss. e 313 e ss..

[887] *Vide* Isabel Marques da Silva in op. cit. p. 80.

[888] Estas perguntas são, para já, feitas ainda no contexto dos anteriores RJIFNA e RJIFA.

Tal e qual como estava constituída (e está, face ao art. 7.º do RGIT, no que concerne aos entes colectivos *regularmente* estruturados), a responsabilidade criminal das pessoas colectivas no âmbito do Direito Penal fiscal, i.e., duma forma excepcional relativamente ao regime jurídico geral consagrado no art. 11.º do CP, parece-nos que será de exigir uma actuação no contexto das competências definidas por lei, estatutos ou título, pelo que o representante de facto tem que ser, simultaneamente, um representante de direito.[889]

À semelhança do que já dissemos[890] em relação ao art. 3.º do DL n.º 28/84, de 20 de Janeiro, também o anterior art. 7.º do RJIFNA, que – já o sabemos – prevê, em epígrafe, a «responsabilidade penal das pessoas colectivas e equiparadas», não tem uma norma semelhante ao n.º 2 do art. 6.º do mesmo RJIFNA, a qual refere que: «o disposto no número anterior vale ainda que seja ineficaz o acto jurídico fonte dos respectivos poderes».[891] Deste modo, está salvaguardada a ineficácia do acto que sustenta

---

[889] Num sentido oposto ao do texto – defendido também pela Dr.ª Isabel Marques da Silva – *vide* a Mui ilustre Autora Mireille Delmas-Marty, a qual busca evitar lacunas de punição procurando responsabilizar os reais infractores, in «*Droit pénal des affaires*», p. 119, 1990: *apud* Isabel Marques da Silva in op. cit. p. 80, n. de r. n.º 174. Contudo, na nossa opinião, já antes M. Delmas-Marty traduzia essa opinião in «*La responsabilité pénale des groupements*», *RIDP* (*L'Avant-projet définitif de révision du Code Pénal, Prémieres Journées Françaises de Droit Pénal, Coloque tenu sous les auspices de l'Association Française de Droit Pénal*, Pau, 28-30 de Setembro de 1978), Ano 50.º, 1.º e 2.º trimestres de 1980, p. 41, onde: «Contra os que pensam que não haveria responsabilidade penal onde não existisse uma vontade comum dos seus membros, à autora parecia difícil excluir a possibilidade de pôr em causa a responsabilidade penal de uma sociedade por um dirigente de facto», *apud* Manuel Lopes Rocha in «A responsabilidade Penal das Pessoas Colectivas...», CEJ, 1985, pp. 107-187 e republicado in «Direito Penal Económico E Europeu...», 1998, p. 467. No presente, *de jure condito* – perante o novo regime jurídico do art. 7.º do RGIT –, será difícil defender outra posição, em relação à totalidade das «pessoas colectivas, sociedades, ainda que irregularmente constituídas, e outras entidades fiscalmente equiparadas», já que também aqui, pelo menos, cabem, como veremos, as organizações de facto. De qualquer forma, face ao exemplo que demos no Capítulo III deste trabalho, a posição da Autora francesa é a mais eficaz embora sacrificando algumas garantias de defesa da pessoa colectiva.

[890] Cfr. o nosso ponto 1.2.1 do Capítulo III.

[891] Norma semelhante ao regime geral do art. 12.º/2 do CP, ao art. 6.º/2 do RJIFA e também ao actual art. 6.º/2 RGIT, contudo, as redacções do n.º 1 do art. 7.º RGIT («pessoas colectivas, sociedades, ainda que irregularmente constituídas, e outras entidades fiscalmente equiparadas») e o art. 8.º/1, que trata da «Responsabilidade civil pelas multas e

a representação apenas para os casos de actuação em nome de outrem. Pelo que, mais uma vez, – pelo menos por esta via – se poderá concluir *in extenso*, relativamente aos pressupostos da responsabilidade das pessoas colectivas e por este trilho de raciocínio, que não estão abrangidos os designados órgãos ou representantes de facto. Ao contrário, por exemplo, do RGICSF.[892]

Mesmo que para além dos órgãos e representantes estivessem previstos, v.g., quaisquer mandatários e trabalhadores cuja prática de crimes serviria de nexo de imputação da responsabilidade da pessoa colectiva, tal não deixaria de constituir uma limitação[893] – plasmada em tal pressuposto da punibilidade – traduzida, afinal, na necessidade de individualização do agente pertencente à empresa a partir do qual é possível atribuir a prática da infracção. A individualização e, portanto, imputação dum crime fiscal (v.g.), ao agente em causa é, pois, *conditio sine qua non*, neste sistema, da responsabilização da pessoa colectiva. Mas no mundo da robotização, automatização e informatização surgem condutas que contêm por vezes parcelas de processamento automático através do sistema informático que dificultam – senão mesmo impossibilitam – de sobremaneira a imputação individual.[894]

---

coimas» («Os administradores, gerentes e outras pessoas que exerçam, ainda que somente de facto, funções de administração [...]») são diferentes, respectivamente, dos anteriores n.º 1 do art. 7.º e art. 7.º/A do RJIFNA e n.º 1 do art. 7.º e art. 8.º do RJIFA.

[892] No mesmo sentido, invocando igualmente a *mens legis*, em relação aos RJIFNA e RJIFA, *vide* Isabel Marques da Silva in op. cit., pp. 80-81; mas principalmente *vide* Teresa Serra in op. cit., pp. 198-199 e n. de r. n.º 35 que em relação ao RGICSF – Regime Geral das Instituições de Crédito e das Sociedades Financeiras – nos dá o oportuno exemplo baseado no seguinte: «Sublinhe-se que, nestes regimes, se prescreve, pela primeira vez, no n.º 2 do artigo 203.º e no n.º 2 do artigo 18.º, respectivamente, que a invalidade e ineficácia jurídicas dos actos em que se funde a relação entre o agente individual e a entidade colectiva não obstam à responsabilidade desta última. O que significa que estão igualmente abrangidos os chamados órgãos e representantes de facto». Igualmente art. 4.º da Lei n.º 11/2002, de 16 de Fevereiro.

[893] Indo de encontro a este sistema (do ponto de vista do Direito Penal fiscal anterior) só é possível responsabilizar e punir criminalmente as pessoas colectivas e equiparadas, por meio do nexo de imputação do facto de ligação à mesma pessoa colectiva e equiparada – o facto há-de ter sido cometido pelo agente em nome e no interesse colectivo – e por meio da, *grosso modo*, ausência (ou da existência não credível, conforme vimos e veremos) de ordens ou instruções expressas de quem de direito em contrário. Cfr. tudo o que já dissemos no ponto 1.2.1 do Capítulo III.

[894] *Vide*, quanto a tudo isto, Teresa Serra in op. cit., p. 200 – e n. de r. n.º 39 – na qual se refere o seguinte, *mutatis mutandis* para o CdMVM, com bastante interesse para

2.3. A infracção deverá ser praticada em nome e no interesse colectivo (antes: interesse da pessoa colectiva) [895]

Verifica-se, desde logo, a exigência da actuação do órgão ou representante ter que ser em nome da pessoa colectiva e não, por exemplo, em seu próprio nome ou no nome duma eventual terceira pessoa (estranha a todo o processo). Por uma via de logicidade de raciocínio está implicada, nessa mesma actuação do órgão ou representante em nome da pessoa colectiva, a prática do acto no exercíco das suas funções, i.e., com uma conexão directa de causalidade e não de simples e indirecta ocasionalidade com as mesmas.[896]

---

toda esta questão: «Obviamente, é muito mais fácil responsabilizar desta maneira a entidade colectiva. Todavia, dada a elevada automatização e informatização em que se processam as operações de intermediação financeira, por exemplo, as operações entre instituições de crédito e as respectivas sociedades de corretagem, nem sempre é tão fácil ou sequer possível imputar a um indivíduo a prática de uma contra-ordenação. Não raras vezes, parte da conduta descrita como conduta típica é processada automaticamente pelo sistema informático, em consequência de um *input*, que poderá não integrar em si mesmo qualquer ilícito, *input* esse devido a alguém exterior à empresa no âmbito da qual é cometida a contra-ordenação».

[895] Recordemos, novamente, tudo o que já referimos, *mutatis mutandis* em relação ao art. 3.º do DL n.º 28/84, de 20 de Janeiro, no ponto 1.2.1 do Capítulo III deste trabalho.

[896] Estamos, pois, do ponto vista extra-penal, a ir de encontro aos ensinamentos do Prof. Doutor Manuel de Andrade in op. cit., pp. 150-151 que, no contexto da responsabilidade civil extracontratual das pessoas colectivas, afirma: «Importa ainda que exista conexidade entre o facto ilícito e as funções do respectivo órgão ou agente. (...) será mister que o órgão ou agente tenha procedido em tal veste ou qualidade; que tenha actuado ao gestionar os negócios da pessoa colectiva, na medida em que estejam a seu cargo; que, mais precisamente, tenha praticado o facto ilícito no desempenho das suas funções (...) e por causa dessas mesmas funções, que não apenas por ocasião delas»; Quanto a isto *vide* especialmente Manuel Lopes Rocha in «A responsabilidade Penal das Pessoas Colectivas...», 1985, pp. 107-187 e republicado in «Direito Penal Económico E Europeu...», 1998, p. 472, onde afirma: «Com efeito o legislador não poderia mostrar-se aqui menos exigente do que no caso da responsabilidade civil extracontratual (...)»; *vide* igualmente, no que diz respeito ao requisito da acção ser no «exercício das funções», João Castro e Sousa in op. cit., p. 232, *mutatis mutandis*, a propósito do art. 3.º do DL n.º 28/84, de 20 de Janeiro, o qual tem uma redacção similar neste aspecto ao art. 7.º do RGIT e do qual já fizemos várias alusões ao longo deste trabalho; *vide* ainda Carlos Emílio Codeço in op. cit., p. 34; *vide* também Isabel Marques da Silva in op. cit., p. 81, que relembra – com dúvidas nossas face ao Direito da UE: Capítulo IV – o facto de o agente ter que estar «legitimado por lei, pelos estatutos ou pelo acto do qual derivam os seus poderes de representação, a actuar em nome da pessoa colectiva». Finalmente é de chamar a atenção para o n.º 2 do art. 7.º do DL n.º 433/82,

Tudo indica que o critério fundamental para discernir quando se verifica uma actuação do órgão ou representante no «interesse colectivo» estará nas vantagens, utilidades, ganhos ou proveitos para a pessoa colectiva (ou sociedade, mera associação de facto e outras) pretendidos ou possíveis e distintos ou diferenciados daqueles que resultariam ou se produziriam para um ou mais sujeitos individualmente observados e considerados.[897] Julgamos, pois, que não será necessário concretizar esse resultado, pois poderá até, eventualmente, advir um prejuízo inesperado para a pessoa colectiva, estando mesmo assim verificado o pressuposto de acção no interesse colectivo: trata-se, pois, duma pretensão ou possibilidade de adquirir essas vantagens ou proveitos. Por outro lado, não nos parece que as vantagens ou proveitos visados tenham que ser necessária, sempre e estritamente económicos. Assim, o benefício pode ser eventual ou actual; directo ou indirecto; moral ou material. O cometimento, v.g., duma série de crimes fiscais, entre outros, visando abortar quaisquer lucros para pura e simplesmente encerrar/liquidar uma empresa (*privada ou pública*) por razões de puras opções de gestão ou engenharia financeiras dentro dum grupo de sociedades comerciais – o «interesse colectivo» do Grupo de Sociedades pode ser bem distinto do interesse duma só «sociedade comercial» sua componente: *vide* abaixo Mireille Delmas-Marty – poderá visar vantagens ou proveitos sociais e políticos e de influências que não só económicos que ainda assim visam o interesse colectivo. Concordamos[898] com a ideia de que: «tal pressuposto se encontra preenchido quando a prática da infracção fiscal pretenda obter uma vantagem económica em benefício da pessoa colectiva» mas acrescentamos que se verifica igualmente esse mesmo preenchimento, em situações muito precisas e minuciosamente analisadas, nas quais se pretenda obter

---

de 22 de Outubro, com as essenciais novas redacções do DL n.º 356/89, de 17 de Outubro e do DL n.º 244/95, de 14 de Setembro, i.e., o RGIMOS que prevê a responsabilidade das pessoas colectivas ou equiparadas e cuja redacção fazemos questão de transpor aqui: «As pessoas colectivas ou equiparadas serão responsáveis pelas contra-ordenações praticadas pelos seus órgãos no exercício das suas funções».

[897] *Vide*, «originalmente» e, em termos ligeiramente diferentes, Manuel Lopes Rocha in op. cit., p. 473. Cfr., contudo, no Capítulo do núcleo do Direito comparado dos EUA, a decisão jurisprudencial – e toda a problemática que lhe é circundante – de *Standard Oil Co. of Texas versus United States*.

[898] *Vide* Isabel Marques Silva in op. cit., p. 83.

uma vantagem não económica em benefício da pessoa colectiva.[899] Aproximamo-nos naturalmente, portanto e com as nossas reticências, do inte-

---

[899] *Vide* Mireille Delmas-Marty in «*La responsabilité pénale des groupements*», *RIDP*, 1980, *apud* Manuel Lopes Rocha in op. cit., pp. 467-468, refere que: «(...) a propósito da responsabilidade penal dos "agrupamentos", consagrada nos artigos 37.° a 39.° do Anteprojecto de Código penal francês de 1978 (...)». § «O critério essencial dessa responsabilidade residia na comissão do crime "em nome e no interesse" do ente colectivo, mas logo surgia a grande dificuldade: como definir tal "interesse"?». A ilustre Autora Mireille Delmas-Marty entendia o «interesse colectivo» como «interesse pessoal da colectividade», pelo que o «interesse colectivo» estaria próximo do «interesse social». Assim «(...) a infracção cometida no «interesse colectivo» poderia ser definida como «a que é susceptível de produzir um proveito (patrimonial ou extrapatrimonial) para o agrupamento». Outra dificuldade interessante que é posta pela Autora e que é importante para este nosso trabalho, será definir o «interesse colectivo» dum «agrupamento sem personalidade colectiva» (além de saber quais seriam os seus órgãos). O problema avoluma-se perante «"abusos de bens sociais" cometidos no seio de um grupo de sociedades», pois, conforme já indiciamos acima, «o interesse do grupo pode distinguir-se do das sociedades que o constituem, mas nem por isso o interesse do grupo fica convenientemente definido.» O Anteprojecto de Código penal francês (já de 1983) acabou por eliminar, não só, a referência a «agrupamentos» limitando a responsabilidade penal às «pessoas colectivas», mas também o próprio conceito de «interesse colectivo» que foi considerado demasiado ambíguo. O referido Anteprojecto passou a contentar-se com as «infracções praticadas por sua conta e pelos seus órgãos». No fundo (na nossa opinião) passou-se dum duvidoso e incerto «*en son nom et dans l'interêt collectif*» para um não menos incerto e duvidoso de definição «*pour son compte et par ses organes*». Entretanto, Mireille Delmas-Marty in «*Les conditions de fond de mise en jeux de la responsabilité pénal*», 1993, pp. 302 e ss., permanece com muitas dúvidas relativamente às novas fórmulas. Cfr. o ponto 2 do Capítulo IV quanto à redacção do primeiro parágrafo do art. 121-2 do Código Penal Francês; *Vide*, com o sentido que julgamos mais correcto, Jean Pradel, em castelhano, in «*Anuario de Derecho Penal*», 1996, onde refere o seguinte sobre este requisito: «*¿Cómo se puede entender la expresión "por cuenta" utilizada por el artículo 121-2, inc. 1 C.P.? Es evidente que la persona moral no es responsable si el órgano o representante ha actuado por interés propio o de un tercero (con relación a la persona moral) e incluso contra los intereses de la persona moral.* § *Actuar por cuenta de la persona moral significa actuar en su provecho o interés. Puede tratarse de un beneficio material o moral, actual o eventual, directo o indirecto. Citemos el ejemplo de un directivo que coopta irregularmente a un colaborador a fin de obtener un mercado o que realiza una publicidad engañosa para afectar a una sociedad concurrente.* § *Si este requisito es lógico, su aplicación es delicada porque "en la mayoría de las infracciones el interés particular se encuentra insertado en el interés colectivo*" (27. J. Borricand, *Pour une responsabilité pénale de tous les groupements?*, in *AFD C.-F.*, 1981, p. 143)»; Por seu lado, *vide* B. Bouloc in «*La criminalisation du comportement collectif – France*», 1996, pp. 240-241: «*Pour leur compte, cela signifie que les infractions commi-*

resse colectivo como «interesse comum», o qual o Direito Civil traça como o objectivo daqueles que se agrupam para a constituição de associações.[900] Como se verifica, não é uma tarefa fácil descortinar o que significa realmente o conceito «interesse colectivo». Num ponto julgo estarmos todos de acordo: a actuação dos respectivos órgãos ou representantes no seu próprio e exclusivo interesse exclui inequivocamente a responsabilidade da pessoa colectiva em causa.[901]

Por outro lado, é fundamental não olvidar que os pressupostos «em nome e no interesse da pessoa colectiva» são cumulativos.

---

ses pour le compte personnel du dirigeant ou d'une autre personne sont exclues. (...Desportes in *"Le nouveau régime de la responsabilité pénale des personnes morales"J.C.P.* 1992, 219) *Il s'ensuit que ce sont les faits qui ont été accomplis dans l'intérêt de la personne morale, et notamment ceux qui lui profitent (directement ou indirectement) comme c'est l'hypothèse d'une économie réalisée»*; Vide ainda Alain Cœuret in sua comunicação, *«Les propositions "Espace judiciaire européen" confrontées à la situation en France»*, 1996, subordinado ao tema *«La responsabilité pénale dans l'entrepise vers un espace judiciaire européen unifié?»*, *RSCDPC*, 1997, pp. 305-306, onde refere que a actuação *«pour le compte»* permite evitar que sejam imputados à pessoa colectiva certos comportamentos ilícitos, mais precisamente: *«Elle est réelle enfin à propos de ce que l'on pourrait appeler la condition d'imputation morale de l'infraction au groupement puisque l'exigence, dans l'article 121-2 du nouveau code pénal et dans la proposition, que l'infraction ait été accomplie pour le compte du groupement permet d'éviter que soit imputé à la personne morale un comportement illicite qui serait sans lien avec ses intérêts voire contraire à ceux-ci».* Em Portugal também o, *v.g.*, DL n.º 187/83, de 13 de Maio, não exigia a ligação do facto ao «interesse colectivo» considerando bastante que tal tenha sido praticado pelos órgãos da pessoa colectiva «no exercício das suas funções». Por fim, cfr. o nosso Capítulo do núcleo do Direito comparado, em relação aos EUA, a decisão jurisprudencial *Standard Oil Co. of Texas versus United States*.

[900] I.e., o elemento teleológico que se diferencia do escopo individual. Vide Lopes Rocha in op. cit., p. 473.

[901] Além daquilo que já referimos a montante, vide João Castro e Sousa, 1971-1972 (publicado em 1985), in op. cit., pp. 232-233, o qual refere ainda: « (...) ou seja, sem qualquer conexão com os interesses do ente colectivo»; igualmente *mutatis mutandis* Manuel Lopes Rocha, 1985, in op. cit., p. 467, primeiro parágrafo. Resta-nos acrescentar que obviamente – conforme as regras de processo penal: 141.º e 344.º do CPP – não bastará ao «órgão» ou «representante» confessar que agiu no seu exclusivo interesse para que esteja excluída *ab initio* a responsabilidade da pessoa colectiva.

2.4. O agente não pode praticar a infracção contra instruções ou ordens expressas de quem de direito [902]

Segundo o n.º 2 do art. 7.º do RJIFNA a responsabilidade da pessoa colectiva é excluída quando o agente tiver actuado contra ordens ou instruções expressas de quem de direito.[903] Devemos referir, antes de mais, que nos parece que para que se verifique esta causa de exclusão da responsabilidade da pessoa colectiva não bastará a simples prova de transmissão de ordens em contrário às pessoas individuais, mas um pouco mais do que isso: será necessário provar que essas mesmas pessoas individuais actuaram contra instruções ou ordens expressas desencadeadas por quem tem poderes de direito na estrutura da pessoa colectiva.

As semelhanças entre o n.º 2 do art. 7.º do RJIFNA e o n.º 2 do art. 3.º do DL n.º 28/84, de 20 de Janeiro, são, dizíamos, por demais evidentes. Pelo que nos parece merecer este ponto alguma investigação paralela. Neste desiderato – no que diz respeito ao terceiro requisito enunciado e portanto ao n.º 2 do art. 3.º do DL n.º 28/84 e *mutatis mutandis* o n.º 2 do art. 7.º do RGIT (e dos RJIFNA e RJIFA) – deparamos, v.g., com o Acórdão da Relação de Coimbra de 5 de Abril de 2000 (R. 618/00), o qual trata de «crimes contra a qualidade de géneros alimentícios», in Col. de Jurisprudência, 2000, II, 60. Da leitura deste acórdão podemos retirar a nossa conclusão de que, para que a pessoa colectiva capte ou adquira vantagem com a exclusão da responsabilidade criminal ou contra-ordenacional, não é suficiente a prova de que transmitiu às suas pessoas singulares (visadas pela lei como susceptíveis de nexo de imputação, ou de ligação do facto da responsabilidade, em relação à pessoa colectiva em causa, i.e., no nosso entendimento na *qualidade* de

---

[902] Cfr. ponto 1.2.1 do Capítulo III deste trabalho.

[903] Corresponde *ipsis* verbis, no cerne da questão (segunda parte do n.º 2), à redação do art. 7.º /2 do RJIFA: cfr.; e, igualmente, à redação da segunda parte do art. 7.º /2 do RGIT: cfr.. No entanto há ligeiras diferenças em relação à primeira parte do art. 7.º/2 do anterior RJIFNA que apenas refere «pessoa colectiva» e não já «pessoas colectivas e entidades equiparadas» como o art. 7.º/2 RJIFA (cfr. art. 7.º/1 do RJIFA). Na primeira parte do n.º 2 do art. 7.º do RGIT também há claras diferenças de redacção em relação aos art[os] 7os/2 dos RJIFA e RJIFNA. A grande dificuldade está, actualmente perante o art. 7.º/2 RGIT, em saber quem é o «quem de direito» das «pessoas colectivas, sociedades, ainda que irregularmente constituídas, e outras entidades fiscalmente equiparadas». Quem, v.g., é o «quem de direito» duma organização de facto?

órgãos ou representantes) instruções no sentido de actuarem com o máximo cuidado quanto ao estado, por exemplo, dos produtos. O que se torna fundamental é provar que essas pessoas singulares agiram contra instruções ou ordens expressas, precisas, directas, claras, concretas, perfeitamente perceptíveis a um ser humano e determinadas pela própria pessoa colectiva, nomeadamente por quem tem poderes legais, estatutários e orgânicos para tal na estrutura interna do ente colectivo. Queremos contudo só fazer notar que este acórdão refere que «não basta a prova de que transmitiu aos seus empregados» enquanto o DL n.º 28/84, de 20 de Janeiro, menciona no n.º 2 do seu art. 3.º «o agente». É claro que o acórdão se dirige a um caso concreto e definido da vida real, mas só queremos aqui chamar a atenção que esse «agente» não poderá ser, em princípio, nas hipóteses teóricas, um «empregado». Um «órgão» ou «representante» não é um «empregado». Aliás, se só a imputação de infracções aos «órgãos e representantes» da pessoa colectiva geram a sua respectiva responsabilidade, porque é que «a responsabilidade é excluída quando o agente tiver actuado contra ordens ou instruções expressas de quem de direito» (com o nosso sublinhado cfr. art. 3.º/2 do DL n.º 28/84)? Se esse agente somente for «órgão ou representante»[904] haverá um equilíbrio entre possibilidades de responsabilização/desresponsabilização da pessoa colectiva. Contudo, parece-nos que este «agente», conforme a interpretação do referido acórdão, pode não ser alguém que actue *na qualidade* de «órgão ou representante» do ente jurídico, pelo que as possibilidades de excluir a responsabilidade da pessoa colectiva seriam incompreensivelmente muito mais alargadas do que aquelas que possam estabelecer um nexo duma eventual e justa (ou injusta e, portanto, contestável e susceptível de recurso) responsabilização como por exemplo a imputação dum crime fiscal. Não podemos confundir os «órgãos» ou «representantes» do art. 3.º do DL n.º 28/84, de 20 de Janeiro ou do art. 7.º do RGIT com, por exemplo, a responsabilidade civil das sociedades referida no art. 8.º do DL n.º 41 204 que pressupunha que os seus representantes ou empregados agiriam nessa *qualidade* ou no *interesse* da sociedade, salva a prova de que procedessem contra ordem da administração[905]. É claro que o termo

---

[904] Como pensamos: *vide* Manuel Lopes Rocha in op. cit., p. 472, n. de r. n.º 84, 2.ª parte.
[905] *Vide* Manuel Lopes Rocha in op. cit., p. 472, n. de r. n.º 84, 1.ª parte.

«agente» se pode referir por exemplo a uma situação em que o «órgão» seja o autor mediato ou o instigador: mas quem será aqui, contudo, o «quem de direito»?

Por outro lado, poderemos dizer que as simples cartas circulares, missivas ou directivas de carácter mais ou menos genérico não serão suficientes para excluir a responsabilidade, pelo menos, da pessoa colectiva.[906] Por seu lado, as ordens ou instruções expressas deverão ser veiculadas «por quem de direito», ou seja, por alguém que tem competência para decidir e estabelecer as fronteiras do «interesse colectivo».[907]

---

[906] *Vide*, nesse mesmo sentido, J. Lobo Moutinho e H. Salinas Monteiro in «*La responsabilité pénale des personnes morales...*», 1994, pp. 336-337; Pensamos, contudo – tal qual como está plasmada no direito positivo português a responsabilidade penal cumulativa que, repetimos, apresenta critérios muito estreitos para que se considere verificada e um amplo e concreto diapasão que permite excluí-la – que, v.g., um parecer jurídico interno duma empresa elaborado «por quem de direito» e enviado por faxe ou correio electrónico em resposta inequívoca e afirmativa a uma pergunta concreta de saber se é legal ou não legal determinada actuação, poderá permitir a verificação da exclusão da responsabilidade da pessoa colectiva prevista no, por exemplo, n.º 2 do RGIT, em relação à «pessoa colectiva». É claro que, como já se disse, terá que estar provada a acção contra ordens ou instruções expressas e não somente o seu simples envio. Feita esta prova, e mesmo assim, pelo menos de *jure constituendo*, caso se verifique um benefício para a pessoa colectiva, o mesmo – na sua estrita medida – será da responsabilidade da mesma, a qual deverá, antes de mais, proceder à sua reposição. Como conclusão, poder-se-á afirmar que será fácil elaborar *a posteriori* e fraudulentamente ordens ou instruções expressas que permitam a exclusão da responsabilidade da pessoa colectiva. Apesar de tal constituir crime contra a realização da justiça (art.ᵒˢ 359.º e ss. do CP) não nos parece menos verdade que a própria lei o convida a fazer com relativa facilidade. Por outro lado, numa empresa moderna e de grande dimensão, com as divisões horizontais e verticais milimétricas do trabalho, o problema estará sempre, igualmente, no excesso de ordens e instruções expressas das quais muitas vezes não existe sequer tempo para a sua leitura, dada a incomensurável quantidade de produção de nova legislação *versus* – porventura uma solução – o aumento do número de colaboradores/trabalhadores que acarretaria, eventualmente, uma inusitada ou mesmo indesejada multiplicação de custos.

[907] *Vide* o ponto 2.3 deste Capítulo. Parece-nos que a separação entre, por um lado, «quem de direito» e, por outro lado, o «agente» (na qualidade de «órgãos» ou «representantes») – que pode agir contra as suas ordens ou instruções expressas – é mais uma demonstração da existência duma vontade distinta entre a pessoa individual e a pessoa colectiva e equiparada: cfr., v.g., art. 7.º RGIT (ou art. 7.º do RJIFNA). Não obstante, *vide* Diogo Leite de Campos, Benjamim Silva Rodrigues e Jorge Lopes de Sousa in «Lei Geral Tributária Anotada», p. 470, onde é referido que a expressão «quem de direito» deve ser entendida como «abarcando apenas os órgãos competentes da organização impessoal para

Podemos dizer, como conclusão e regressando um pouco acima, que quem actuou nesses termos – *pessoas individuais actuaram contra instruções ou ordens expressas desencadeadas por quem tem poderes de direito na estrutura da pessoa colectiva* – actuou contra o «interesse colectivo».[908] Verificado tal pressuposto, a responsabilidade será totalmente da pessoa individual, pois a pessoa colectiva ficará penalmente irresponsabilizada.[909]

Contudo e eventualmente, não se deverá confundir, por um lado, a responsabilidade cumulativa pelo mesmo facto, o qual é praticado pelos titulares dos seus órgãos e representantes – que têm que actuar com culpa – e que é o mesmo que permite responsabilizar a pessoa colectiva; por outro lado, com a responsabilidade na comparticipação.[910] Consideramos, aliás e como nos parece óbvio, que a teoria penal acerca das formas de participação e, portanto, de toda a problemática da autoria e comparticipação

---

expressar a sua vontade e a vincular perante terceiros de acordo com a lei e os respectivos estatutos».

[908] *Vide* Manuel Lopes Rocha in op. cit., p. 472; *vide* igualmente João Castro e Sousa in op. cit., p. 233.

[909] *Vide* I. Marques da Silva in op. cit., p. 84: «A solução da irresponsabilidade da pessoa colectiva bem se compreende e justifica neste caso, em face dos requisitos exigidos para a imputação da infracção fiscal à pessoa colectiva, já analisados. De facto, falta a esta actuação do órgão ou representante a característica de ser uma actuação no interesse colectivo, já que o órgão competente para o definir expressamente manifestou a falta de interesse naquela conduta ou até o interesse em que tal conduta não fosse praticada».

[910] Por isso as causas de exclusão da culpa do «órgão» ou «representante» se comunicam à pessoa colectiva. Não obstante *vide* Carlos Emílio Codeço in op. cit., p. 34: «Pode, contudo, suceder: a) – que as ordens ou instruções (ou seja, as novas ordens ou instruções) não tenham sido recebidas pelo agente, que vem a cometer a infracção; b) – que as contra-ordens ou instruções novas sejam recebidas pelo agente. Na hipótese da alínea a), o agente e a pessoa jurídica são autores da infracção, embora esta beneficie desse condicionalismo. Na hipótese da alínea b), dois casos se podem ainda equacionar: ou o agente não cometeu a infracção, acatando, pois, a contra-ordem do ente colectivo, ou cometeu. No primeiro caso, o ente colectivo e o agente não são considerados co-autores, como é evidente; na segunda hipótese, a pessoa colectiva ficará fora da comparticipação criminosa, ficando apenas para solucionar a posição do agente ou representante (Para maiores desenvolvimentos, Carlos Codeço, O *Furto no Código Penal e no Projecto*, 1981, 137)». *Vide* contudo o nosso ponto 1.1 deste Capítulo onde distinguimos a responsabilidade na comparticipação criminosa da responsabilidade cumulativa que, portanto, não se identificam!

se aplica, *qua tale*, aos crimes fiscais.[911,912]. Assim, podemos concluir que as formas de participação na infracção fiscal são as formas de participação no crime comum, constituindo na maioria dos casos, delitos específicos.[913]

---

[911] A nossa *luta* – esta sim! – em defesa, clara e equilibrada, do Direito Penal, de cultura de protecção dos direitos, liberdades e garantias individuais e dos direitos e deveres económicos, sociais e culturais e de organização económica constitucionalmente consagrados e reconhecidos por esta ordem, não nos deixa alternativa. Conforme verificado no Capítulo I deste trabalho a aplicação de penas e de medidas de segurança visa a protecção de bens jurídicos – individuais e colectivos – e a reintegração do agente na sociedade (cfr. art. 40.º/1 do CP). A alínea a) do art. 3.º do novo RGIT não poderia ser mais transparente: são aplicáveis subsidiariamente «quanto aos crimes e seu processamento, as disposições do Código Penal, do Código de Processo Penal e respectiva legislação complementar». Além do mais, são válidas para a infracção fiscal (não só crime fiscal) as formas de participação no crime, exceptuando os casos muito precisos impostos pelo direito fiscal, assim como as situações de ressalva de legislação sancionatória ou punitiva fiscal expressamente plasmadas (cfr. também o art. 3.º do novo RGIT) em qualquer dos casos nunca violando os princípios constitucionalmente consagrados e reconhecidos.

[912] Fundamentalmente, quanto à autoria e comparticipação, *vide* José Francisco de Faria Costa in «Formas do Crime», CEJ, 1983, pp. 169 e ss.; *vide* também Eduardo Correia in «Direito Criminal», com a colaboração de Jorge de Figueiredo Dias, 1963, II, 1993, pp. 245 e ss.; *vide* também Manuel Cavaleiro Ferreira in «Lições de Direito Penal», 1992, pp. 443 e ss..

[913] Nesta matéria de delitos específicos como forma de delitos de dever, além do que já dissemos acima, *vide* Figueiredo Dias in «Para Uma Dogmática…», RLJ, (1983-1984-1985) e rp. in «Direito Penal Económico…», 1998, pp. 44-45; *Vide* ainda Figueiredo Dias in «Direito Penal», 1976, p. 54: «O domínio do facto não vale para todos os casos, desde logo por estar limitado por critérios normativos, como quando a lei define o possível círculo de autores. Recordem-se os delitos específicos próprios e os delitos de dever. Impondo a lei um dever especial, agente será então aqui, não quem detenha o domínio do facto, mas só quem, para além disso, se encontre vinculado pelo dever contido no tipo». Nestas situações, podemos depreender que a componente que define a autoria não é o domínio do facto, mas somente a característica típica objectiva ou subjectiva que o respectivo tipo-de-ilícito descreve. Nos crimes omissivos, aquele que omite é sempre autor. Nos crimes de omissão imprópria, que acarretam o evitar dum resultado, quaisquer colaboradores são autor se foram portadores dessas mesmas características típicas. Mas se não interviu no acontecimento, não se pode defender que ele exerceu o domínio do processo. Deste modo, o crivo do domínio do facto é aqui inadequado para destrinçar entre autor e cúmplice; *Vide* também M. Puig Santiago in «*Derecho Penal*», 1990, p. 396: «Uma possibilidade de concretizar o conceito de domínio do facto consiste em entender que o sujeito tem o poder de interromper a realização do tipo. Mas a teoria limita o seu âmbito de aplicação aos crimes dolosos, acompanhando o conceito restritivo de autor, o que se explica pelo sentido originariamente subjectivo da teoria, vinculado à ideia de finalidade. Nos crimes negligentes,

Sendo a maior parte dos infractores fiscais empresas, comerciantes e profissionais independentes a quem a lei fiscal impõe a maior parte e os mais complexos «deveres tributários acessórios», «tal não exclui que os não obrigados por lei ao cumprimento de tais deveres possam ser agentes das infracções fiscais que pressuponham a violação de específicos deveres tributários, quando comparticipem com o obrigado no crime ou na contra-ordenação tributária ou actuem em sua representação na comissão do crime ou contra-ordenação fiscal».[914]

São notáveis, de resto, as investigações em matéria de autoria e comparticipação no domínio da criminalidade organizada.[915]

É interessante notar que a autoria mediata (e a instigação) têm grande importância pragmática em matéria de infracções fiscais «através das pressões frequentemente exercidas por detentores do capital social de empresas sobre os respectivos gerentes ou administradores e destes sobre os técnicos de contas, despachantes» e muitos outros.[916] Devemos lembrar que a instigação à instigação é punível se, no final, estiver um autor principal.

---

que se caracterizam precisamente pela perda de domínio final do facto, não se pode distinguir a autoria da participação: é autor quem causa o facto por forma negligente – é um conceito unitário».

[914] Vide José Luís Saldanha Sanches in «A Quantificação da Obrigação Tributária», Cadernos de Ciência e Técnica Fiscal, n.º 173, Lisboa, 1995, pp. 85 e 479, e Henrique Salinas Monteiro in «O Regime da Comparticipação nos Crimes Especiais no Código Penal», Tese de Mestrado, Polic., Lisboa, 1996, Parte II, pp. 94 e ss., ambos estes dois últimos apud Isabel Marques da Silva in op. cit., pp.75-76.

[915] No domínio da criminalidade organizada vide C. Roxin in «*Problemas de autoria y participación en la criminalidad organizada*», RP, 1998 e J. de Figueiredo Dias, em castelhano, in «*Autoria y participación en el dominio de la criminalidad organizada: el "dominio de la organización"*», Delincuencia organizada. Aspectos penales, procesales y criminológicos, 1999. Com a Douta orientação do Prof. Doutor Figueiredo Dias nas palavras deste Seu último trabalho citado, não pretendemos igualmente elaborar «alternativas à dogmática» incompatíveis com o Estado de Direito e como tal democraticamente ilegítimas. Não se trata duma postura conservadora, mas duma atitude mais progressista que deve presidir à actividade do jurista: o esforçar-se por proporcionar as melhores condições possíveis à livre realização da pessoa na comunidade.

[916] Vide P. Soares Martínez in «Direito Fiscal», 1998, pp. 361-362: «A *autoria moral* de infracções fiscais foi expressamente admitida pelo *Acórdão* do *Supremo Tribunal Administrativo* de 23 de Abril de 1969, publicado in "*Acórdãos Doutrinais*", VIII, pp. 1275 e ss.(...)»; No mesmo sentido vide I. Marques da Silva in op. cit., pp. 72-73, onde dá exemplos da jurisprudência francesa, incluindo a culpabilização dum gerente de facto.

É instigador quem instiga outrem a instigar um terceiro à prática do facto.[917]

Finalmente, em jeito de pré-conclusão podemos referir que não achamos impossível que uma pessoa colectiva seja responsável caso a pessoa singular que tiver agido em seu nome e no seu interesse não seja igualmente responsabilizada. Mesmo *de lege lata* aí temos o actual n.º 4 do art. 7.º do RGIT que – em relação ao ilícito de mera ordenação social – refere, já o sabemos, o seguinte: «A responsabilidade contra-ordenacional das entidades referidas no n.º 1 exclui a responsabilidade individual dos respectivos agentes».[918]

2.5. *A responsabilidade penal fiscal das sociedades (lato sensu) enquadrada no novo RGIT*

Como é possível observar o art. 7.º RGIT plasma, segundo assinala o seu frontispício, a «Responsabilidade das pessoas colectivas e equipara-

---

[917] Na «instigação em cadeia», o instigador nela inserido não precisa de ter conhecimento do número, nome dos escalões intermédios; nome do autor principal, sendo suficiente uma representação concreta do facto principal. Quanto a isto vide H.-H. Jescheck in «*Lehrbuch des Strafrechts: allgemeiner Teil*», 1988, 4.ª ed., com existência de tradução em castelhano; *Vide* G. Stratenwerth in «*Derecho Penal*», I, 1982 : o § 30, I e II, do StGB, que incide na tentativa de participação, prevê também a figura da «participação em cadeia».

[918] Não obstante, como veremos, em abstracto os passos que temos que seguir, continuam a ser a teoria de Direito Civil da identificação (art. 7.º/1 do RGIT), pelo que antes de responsabilizar a pessoa colectiva contra-ordenacionalmente, é preciso individualizar a responsabilidade num «órgão» ou «representante» conforme o n.º 1 do art. 7.º do RGIT. A exclusão de responsabilidade individual é posterior à imputação de responsabilidade contra-ordenacional ao ente colectivo. Ou seja, só é possível responsabilizar o ente colectivo contra-ordenacionalmente depois de imputar a contra-ordenação em abstracto a título de culpa (dolo ou negligência) a um órgão ou um representante individuais. Outro caminho (*de lege ferenda*) que desenvolveremos a jusante, será discernir directamente o dolo de grupo ou negligência de grupo, mas para isso a base não pode ser a teoria de Direito Civil da identificação. Totalmente de lado fica a responsabilidade objectiva por violação constitucional do Princípio da culpa, embora consideremos que este problema jurídico não está definitivamente resolvido. A coerência entre a norma do n.º 4 do art. 7.º do RGIT e o RGIMOS será outro problema que não compete a este trabalho desenvolver aqui, mas ao qual ainda retornaremos. Cfr., igualmente e *mutatis mutandis*, aquilo que referimos no Capítulo acerca do núcleo do Direito Comparado em relação ao art. 3.º/3 do designado Segundo Protocolo.

das» por infracções tributárias.[919] O n.º 1 do art. 7.º do RGIT concretiza um pouco mais e refere, como de resto já vimos, que: «As pessoas colectivas, sociedades, ainda que irregularmente constituídas, e outras entidades fiscalmente equiparadas são responsáveis pelas infracções previstas na presente lei (...)». Verifica-se textualmente uma equiparação das sociedades irregulares[920] às pessoas colectivas com objectivos contra-ordenacionais e criminais no que diz respeito à matéria tributária. No CSC consagram-se três géneros de sociedades irregulares: 1.º sociedades com criação de falsa aparência de que existe um contrato de sociedade (cfr. art. 36.º/1 CSC); 2.º sociedades com acordo de constituição mas antes da celebração da escritura pública cujos sócios iniciaram a sua actividade (cfr. art. 36.º/2 CSC) – estes dois primeiros géneros de sociedades integram-se nas relações anteriores à celebração da escritura pública, ao contrário do último - ; 3.º sociedades com celebração de escritura pública mas antes do registo (cfr. art. 37.º/1 CSC)[921]. Ora, perante estes diversos tipos fazem-se corresponder desiguais espécies de responsabilidade civil das pessoas que formam a sociedade irregular mas, para efeitos de responsabilidades contra-ordenacional e criminal por infracções tributárias, a totalidade das situações descritas sofre uma equiparação.[922] O regime jurídico do art. 7.º RGIT vai ao ponto, pois, de se alargar às pessoas colectivas, às sociedades regularmente constituídas, às sociedades irregularmente constituídas e a

---

[919] O art. 7.º RGIT está integrado no Capítulo I que tem como epígrafe «Disposições Comuns» (cfr. art. 1.º). É não só consagrada a responsabilidade criminal das pessoas colectivas, como também a responsabilidade contra-ordenacional das mesmas. Trata-se, pois, no campo do Direito penal clássico, duma disposição contrária salvaguardada pelo art. 11.º do CP que consagra o princípio da individualidade da responsabilidade criminal o qual, aliado ao princípio da intransmissibilidade – art. 30.º/3 CRP e 127.º do CP – consagra o princípio da pessoalidade das penas: *vide* Lopes de Sousa e Simas Santos in «Regime Geral das Infracções Tributárias Anotado», 2001, pp. 81-82, acrescentando que: «Constitui tal princípio uma pura opção normativa, uma vez que se ressalva a hipótese de "salvo disposição em contrário"».

[920] *Vide* Alfredo José de Sousa / José da Silva Paixão in «Código de Procedimento e Processo Tributário...» em anotação ao art. 3.º do CPPT, pp. 37-38, onde referem que «A inscrição das sociedades irregulares e dos entes de facto equiparáveis é condição bastante do reconhecimento da respectiva personalidade tributária passiva, qualquer que seja o imposto em causa».

[921] *Vide* abaixo acerca dos efeitos civis pós-registo da sociedade comercial.

[922] *Vide* Jorge Lopes de Sousa e Manuel Simas Santos *ibidem* p. 84.

outras entidades fiscalmente equiparadas.[923] No Título II («Da relação jurídica tributária»), Capítulo I («Sujeitos da relação jurídica tributária») da LGT, deparamos com o art. 15.º, o qual refere aquilo em que consiste a «personalidade tributária»; e o art. 16.º que trata da «capacidade tributária».[924] Como princípio, a personalidade jurídica tributária coincide com a personalidade jurídica em geral.[925] Não obstante, existem entidades que têm personalidade tributária, mas não têm personalidade jurídica.[926] Alcança-se por esta via, pois, segundo o n.º 3 do art. 18.º LGT, com o nosso sublinhado, que o sujeito passivo da relação jurídica tributária «é a pessoa singular ou colectiva, o património ou a organização de facto ou de direito que, nos termos da lei, está vinculado ao cumprimento da prestação tributária, seja como contribuinte directo, substituto ou responsável».[927] São de destacar, no correspondente contexto, a equiparação da organização de facto à organização de direito e os patrimónios autónomos. Desta forma podemos enunciar os seguintes entes: as sociedades civis não constituídas sob a forma comercial[928]; as sociedades civis sob a forma comer-

---

[923] Quanto a isto *vide* Jorge Lopes de Sousa e Manuel Simas Santos *ibidem* pp. 85-86. Isto se entendermos que a expressão «pessoas colectivas e equiparadas» constante dos arts. 7.º dos anteriores RJIFA e RJIFNA não continha o elenco de organizações impessoais integrante do actual art. 7.º RGIT. Cfr. a jusante.

[924] Para uma confrontação do conteúdo dos arts. 15.º e 16.º da LGT *vide* o nosso Capítulo II.

[925] *Vide* Diogo Leite de Campos, Benjamim Silva Rodrigues e Jorge Lopes de Sousa in op. cit., p. 102, *apud* Jorge Lopes de Sousa e Manuel Simas Santos *ibidem* p. 85.

[926] Cfr. o art. 2.º do CIRC dispõe dum regime que abarca qualquer entidade que seja titular de rendimentos.

[927] *Vide* António Lima Guerreiro in «Lei Geral Tributária Anotada», 2001, em anotação ao art. 18.º LGT, pp. 113-118, onde refere o seguinte: «O número 3 do presente artigo define como sujeito passivo, na esteira do artigo 10.º do C.P.T., o devedor de facto ou de direito do tributo, seja principal, seja responsável solidário ou subsidiário»; e ainda: «A noção de sujeito passivo desenhada pela norma compreende, não só as pessoas singulares e colectivas, mas também quem, posto não gozar de personalidade jurídica comum, detiver personalidade tributária, caso esteja legalmente adstrito ao cumprimento de prestação tributária, mesmo quando for apenas substituto ou responsável, o que já era o teor do artigo 10.º do C.P.T.». Por outro lado, o n.º 4 do mesmo art. 18.º LGT refere quem não é sujeito passivo: cfr..

[928] *Vide* Fernando Andrade Pires de Lima e João de Matos Antunes Varela in «Código Civil Anotado», Volume II (Artigos 762.º a 1250.º), 3.ª Edição Revista e Actualizada, Coimbra Editora, Lda, pp. 310-311, onde se refere o seguinte citando G. Ferri: «Em harmonia com os modernos ensinamentos da doutrina, não se atribui personalidade jurídica às sociedades civis: "A personalidade jurídica pressupõe, escreve G. Ferri (*Comm.* de Scia-

cial ou comerciais (ambas) antes do registo⁹²⁹; quaisquer outras pessoas colectivas ou as sociedades civis sob a forma comercial ou comerciais depois da declaração da sua invalidade; os patrimónios autónomos como a herança jacente; as associações sem personalidade jurídica⁹³⁰; e as comissões especiais.⁹³¹ Assim, os entes sem personalidade jurídica atrás

---

loja e Branca, arts. 2247.° 2548.°), uma organização interna, isto é, uma delimitação da esfera de competência e uma atribuição de capacidade a pessoas que se encontram em situações predeterminadas, e na sociedade de base pessoal esta organização falta. (...)"». Um pouco mais à frente citando o Prof. Doutor Ferrer Correia diz-se contudo: « "De resto, todos sabem que o conceito de personalidade colectiva é de conteúdo variável, consoante os autores e as escolas. (...)"». Saber se as sociedades civis têm, ou não têm, personalidade colectiva é uma questão extremamente controversa e discutida. Cfr. arts. 980.° a 1021.° do CC no que diz respeito às simples sociedades civis.

⁹²⁹ No âmbito do Direito Civilístico-comercial e do Direito das sociedades comerciais recordemos as consequências da aquisição de personalidade pela sociedade comercial: 1.° a sociedade comercial tranforma-se em centro autónomo de imputação de direitos e deveres (art. 19 do CSC: «Com o registo definitivo do contrato a sociedade assume de pleno direito: [...]); 2.° a sociedade obtém um património de afectação geral, i.e., dirigido à satisfação das necessidades do sujeito; 3.° a sociedade é responsável pelas dívidas contraídas em seu nome, pelo que se torna desnecessário identificar quem é que participou ou consentiu no negócio; 4.° a sociedade é estável, ou seja, assume-se e continua como responsável; 5.° a responsabilidade civil por actos dos representantes legais, agentes ou mandatários das sociedades comerciais é reconduzida ao regime jurídico do art. 165.° do CC (cfr. art. 998.° do CC e art. 2.° do CSC), o qual, por sua vez, apresenta remissão para o art. 500.° do CC no que diz respeito à responsabilidade extracontratual e para o art. 800.° CC face ao universo da responsabilidade contratual.

⁹³⁰ Cfr. art. 195.° do CC. Exemplo interessante é aquele que é dado por Pires de Lima e Antunes Varela in op. cit., Volume I, com colaboração de M. Henrique Mesquita, pp. 187-188: «Numa solução curiosa, a Lei n.° 2/82, de 15 de Janeiro, com o propósito imediato de solucionar o problema do arrendamento feito para instalação de estudantes de Coimbra em regime (tradicional) de "república" considerou expressamente essas "repúblicas" e os chamados "solares de estudantes" como "associações sem personalidade jurídica"».

⁹³¹ Cfr. art. 199.° do CC. *Vide* Pires de Lima e Antunes Varela, com colaboração de M. Henrique Mesquita, *ibidem*, pp. 190-191: «Não há, por via de regra, por parte dos comissionados, a ideia de constituir uma nova pessoa jurídica, um centro autónomo aglutinador de direitos e obrigações, mas apenas a intenção de aproveitar a capacidade (individual) de várias pessoas para a realização de um *fim comum*». Por outro lado, confrontar os mesmos ilustres Autores quanto à interpretação do artigo que, do ponto de vista do Direito Civil, não deve ser levada à letra. Os Autores falam mesmo em «letra morta», pois «Onde se diz "se não pedirem o reconhecimento da personalidade da associação ou não a obtiverem", deverá ler-se: se não preencherem os requisitos de que depende a aquisição da personalidade jurídica».

mencionados são as entidades legalmente equiparadas a pessoas colectivas. Pelo que as pessoas colectivas, como também os entes apontados sem personalidade jurídica, podem não dispor de representantes. Será precisamente aqui que a respectiva representação no processo e no procedimento tributário será garantida por aqueles que efectivamente administram tais entes e tais pessoas colectivas imediatamente antes referidas. Logo, a administração efectiva destes entes, surge como relevante para a representação dos entes sem personalidade jurídica, não interessando se quem administra é quem legalmente detém poderes de administração.[932] Assim, parece-nos (embora uma coisa seja a representação no processo e no procedimento e outra distinta seja saber o que são órgãos e representates no sentido do art. 7.º/1 do RGIT), perante o novo RGIT, que poderão existir órgãos e representantes de facto cuja actuação (em «seu nome» [da *organização*] e no interesse colectivo) responsabiliza as organizações enunciadas. Julgamos que, pelo menos, em relação às organizações de facto – abrangidas efectivamente conforme vimos pelo regime de imputação de responsabilidade às pessoas colectivas previsto no art. 7.º RGIT, i.e., em conjugação com os art. 2.º CIRC e art. 18.º LGT – *só* poderemos encontrar órgãos ou representantes de facto capazes de cometerem, em («seu») nome da organização e no interesse colectivo, as tais infracções desencadeadoras (cumulativamente) da responsabilidade penal e (não cumulativamente) contra-ordenacional tributária (incluindo fiscal portanto): das organizações. Infracções, estas últimas as quais, estão previstas no mesmo RGIT. As organizações de facto (e não de direito) têm logicamente órgãos e representantes de facto (e não de direito)!

2.5.1. *A representação no procedimento e no processo tributário das «pessoas colectivas, sociedades, ainda que irregularmente constituídas, e outras entidades fiscalmente equiparadas»* [933]

Além daquilo que já foi referido anteriormente, é de salientar, por outro lado, no ainda actual RGIMOS – e, portanto, no que diz respeito somente ao Direito contra-ordenacional -, no seu art. 87.º que tem como

---

[932] *Vide* Jorge Lopes de Sousa e Manuel Simas Santos *ibidem* p. 86.
[933] Cfr. Jorge Lopes de Sousa e Manuel Simas Santos *ibidem* p. 86, com a nossa interpretação.

epígrafe o «Processo relativo a pessoas colectivas ou equiparadas», que as pessoas colectivas e as associações sem personalidade jurídica são representadas no processo – sublinhamos – por quem legal ou estatutariamente as deva representar.[934] Ora, face ao art. 3.º, alínea b) RGIT, o RGIMOS é aplicável subsidiariamente às contra-ordenações e respectivo processamento. Pelo que parece que tal norma e regime jurídicos prevalecem sobre o art. 8.º CPPT.[935] Ora, terá lógica ser a lei mais exigente nesta matéria – também – de representação no direito de mera ordenação social do que nos campos penal clássico e secundário, pois parece-nos que, por uma questão lógica, o art. 87.º RGIMOS só se aplica às contra-ordenações e não já aos crimes: cfr. arts. 3.º/a) do RGIT; arst. 3.º e 4.º do CPP e art. 22.º do CPC? Verifiquemos, pois, a representação das «pessoas colectivas», das associações sem personalidade jurídica e das sociedades comerciais (aquelas que, entre outras, mais interessam a este trabalho). Assim, conforme o n.º 1 do art. 163.º do CC, a «representação da pessoa colectiva, em juízo e fora dele, cabe a quem os estatutos determinarem ou, na falta de disposição

---

[934] Cfr. o n.º 1 do art. 87.º do RGIMOS. Por seu lado, cfr. o n.º 2 do mesmo artigo.

[935] Cfr. o art. 8.º CPPT. Por maioria de razão, parece que também se verifica uma prevalência do art. 87.º sobre o n.º 3 do art. 16.º da LGT (o qual está em consonância com o art. 8.º do CPPT): cfr.. Diz-nos, em anotação a esta norma jurídica, A. Lima Guerreiro in op. cit. p. 109: «Por outro lado, quem representa as associações de facto sem personalidade jurídica, mas com personalidade tributária, são as pessoas que efectivamente dirijam os respectivos interesses, devendo ser consideradas relevantes para o efeito a publicidade e habitualidade da sua actuação». Mais excactamente *vide* também Alfredo J. de Sousa / J. da Silva Paixão *idem ibidem* em anotação ao art. 3.º CPPT, invocando o art. 22.º do CPC, os quais referem o seguinte: «A representação dos patrimónios autónomos, das sociedades, associações e demais entes de facto, que, carecendo de personalidade jurídica, têm personalidade tributária, cabe às pessoas que ajam como seus gerentes, directores ou administradores». Também será oportuno cfr. os mesmos autores em anotação ao art. 8.º CPPT. Assim, numa interpretação correctiva, onde se refere personalidade tributária deve obviamente ler-se personalidade jurídica. Estes dois últimos autores em anotação ao art. 3.º do CPPT in op. cit. p. 36, corroborando a ideia de que pode haver personalidade tributária sem personalidade jurídica, caso para o qual dão vários exemplos, acrescentam: «Para efeitos de incidência pessoal, o direito fiscal basta-se, apenas, com qualquer *situação de facto ou realidade económica* reveladora de capacidade contributiva, desde que se apresente como *unidade económica*, para lhe conferir personalidade tributária e assim suprir a carência de personalidade jurídica»; e ainda: «Onde quer que o Direito Fiscal depare com um ente individualizável, sob o ponto de vista da sua actividade económica, aí ele reconhece matéria a personalizar (Pedro Soarez Martinez, *Da Personalidade Tributária*, p. 320)».

estatutária, à administração ou a quem por ela for designado».⁹³⁶ Por outro lado, de acordo com o n.º 1 do art. 195.º do CC, à «organização interna e administração das associações sem personalidade jurídica são aplicáveis as regras estabelecidas pelos associados e, na sua falta, as disposições legais relativas às associações, exceptuadas as que pressupõem a personalidade destas».⁹³⁷ No que se refere a um dos vectores do busílis da questão do nosso trabalho – i.e., as sociedades comerciais – rege o princípio da tipicidade, o qual é válido no que concerne aos tipos de sociedade que terão que ser necessariamente adoptados, mas igualmente no que diz respeito aos órgãos de administração e representação positivados e plasmados para cada figura jurídica ou tipo de sociedade.⁹³⁸ Assim, conforme o art. 192.º/1 do CSC, a administração e a representação das sociedades em nome colectivo compete aos gerentes. Por seu lado, o art. 252.º/1 do CSC menciona que a sociedade por quotas é administrada e representada, igualmente, por um ou mais gerentes que podem ser escolhidos de entre estranhos à sociedade e devem ser pessoas singulares com capacidade jurídica plena. Para as sociedades em comandita simples o art. 474.º do CSC estabelece que se aplicam as disposições relativas às sociedades em nome colectivo na medida em que forem compatíveis com as normas do «capítulo anterior e do presente», pelo que também aqui a representação e gestão será obrigatoriamente exercida por gerentes. Por fim, mas não por último, no art. 390.º do CSC (Capítulo VI, Secção I) está previsto um Conselho de Administração para as sociedades anónimas.⁹³⁹ Ora, às socieda-

---

⁹³⁶ Vide Pires de Lima e Antunes Varela, com colaboração de Henrique Mesquita, *ibidem*, pp. 166-167, que referem o seguinte: «As pessoas a quem a lei confere o poder de representação da pessoa colectiva, assim como adquirem direitos que ingressam imediatamente na esfera jurídica dela, também a vinculam às obrigações que contraem em nome dela, e a responsabilizam pelo cumprimento dessas obrigações».

⁹³⁷ Vide Pires de Lima e Antunes Varela (Henrique Mesquita), *ibidem*, pp. 187-188, nas quais mencionam o seguinte ainda em relação ao «texto primitivo» do art. 195.º do CC: «O princípio geral deste preceito é o da aplicação das regras que regulam as associações, exceptuadas as que pressupõem a personalidade».

⁹³⁸ Cfr. Acórdão do STJ de 5 de Março de 1992, proferido no recurso n.º 81918, publicado no BMJ n.º 415, p. 666, *apud* Jorge Lopes de Sousa e Manuel Simas Santos *ibidem* p. 86.

⁹³⁹ Se bem que o contrato de sociedade com determinado capital social pode dispor que só exista um administrador. Por outro lado os administradores podem não ser accionistas, mas devem ser pessoas singulares com capacidade jurídica plena. É importante salientar que uma pessoa colectiva pode ser designada administrador, devendo, não obs-

des em comandita por acções aplicam-se as disposições relativas às sociedades anónimas (na medida em que forem compatíveis com as normas do Capítulo I e do presente).[940] Se a sociedade anónima adoptar a administração e fiscalização da sociedade estruturada segundo a modalidade da «direcção, conselho geral e revisor oficial de contas»[941], então haverá impreterivelmente um órgão colegial com poderes essencialmente de controlo do exercício das funções de direcção da sociedade.[942]

Por outro lado, é certo que a totalidade das sociedades comerciais deverá comportar a presença duma assembleia geral. Trata-se dum órgão com poderes deliberativos da sociedade que é plural e onde se reúnem os detentores das participações sociais.[943]

Existem também órgãos de fiscalização nas sociedades anónimas e por quotas, e não só órgãos com poderes deliberativos e de gestão. Consoante as situações, trata-se do conselho fiscal, do revisor oficial de contas ou do fiscal único. Conforme se referiu acima – no que concerne à correspondência da modelação estrutural da sociedade anónima – poderá haver um conselho de fiscalização ou um revisor oficial de contas.[944] No que diz respeito às sociedades por quotas, o contrato de sociedade pode determinar que a sociedade disponha dum conselho fiscal que se pauta pelo disposto para as sociedades anónimas. As sociedades que não tiverem um conselho fiscal deverão, então, designar um revisor oficial de contas para proceder à revisão legal, assim que se verificarem determinadas circunstâncias.[945]

Já sabemos, entretanto, que os órgãos das sociedades civis sob a forma comercial são respectivamente os órgãos que correspondem ao género de sociedade comercial adoptado.[946]

---

tante, ser nomeada uma pessoa singular para exercer o cargo em nome próprio (a pessoa colectiva responde solidariamente com a pessoa designada pelos actos desta). O contrato de sociedade pode autorizar a eleição de administradores suplentes até número igual a um terço do número de administradores efectivos. Quanto a isto cfr. *in extenso* o art. 390.º do CSC.

[940] Cfr. art. 478.º do CSC integrado no Capítulo III.
[941] Em vez de «conselho de administração e conselho fiscal»: cfr. art. 278.º/1 do CSC.
[942] Cfr. arts. 434.º e ss., nomeadamente: art. 441.º; 442.º; 443.º; 444.º e 445.º do CSC.
[943] Cfr. arts. 189.º/1; 248/1; 373.º a 389.º; e 472.º; todos do CSC.
[944] Cfr. novamente o art. 278.º do CSC.
[945] Cfr. art. 262.º do CSC.
[946] Quanto às empresas públicas *vide* Isabel Marques da Silva in op. cit. p. 128.

2.5.2. Sociedades e Sociedades Coligadas ou Grupos de Sociedades

Dentro de todas as «pessoas colectivas, sociedades, ainda que irregularmente constituídas, e outras entidades fiscalmente equiparadas», vamos destacar as sociedades, ainda que irregularmente constituídas, para, no meio destas, fazer sobressair as sociedades comerciais, ainda que irregularmente constituídas (a par das sociedades civis sob a forma comercial, por um lado, e as empresas públicas[947], por outro). A lei fiscal obriga[948], pois, ao cumprimento de deveres tributários cujo desrespeito pode fazer incorrer em infracção fiscal as diversas sociedades já acima referidas: simples sociedades civis; sociedades civis sob a forma comercial, sociedades comerciais em nome colectivo, por quotas, anónimas e em comandita e sociedades irregulares.[949] O art. 1.º CSC (cfr.) abrange duas ideias fundamentais: a ideia de sociedade e a ideia de sociedade comercial.[950] Para discernirmos a ideia de sociedade basta confrontarmos o art. 980.º do CC[951]

---

[947] Cfr. a jusante.

[948] Cfr. o CIRC no DL n.º 198/2001, de 3 de Julho, que «Revê o Código do Imposto sobre o Rendimento das Pessoas Singulares, o Código do Imposto sobre o Rendimento das Pessoas Colectivas e o Estatuto dos Benefícios Fiscais e legislação avulsa que dispõe sobre regimes de benefícios fiscais». Cfr. igualmente a Lei n.º 109-A/2001 (1.ª parte), de 27 de Dezembro e a Lei n.º 109-B/2001, de 27 de Dezembro (Orçam. 2002).

[949] *Vide* Isabel Marques Silva in op. cit. p. 123, n. de r. n.º 289, na qual refere o seguinte ainda em relação aos RJIFNA e RJIFA: «Muitas outras entidades, dotadas de personalidade jurídica ou equiparadas às que o são pela lei fiscal, são susceptíveis de caber na noção de pessoas colectivas e entidades equiparadas, utilizada pelos arts. 7.º dos regimes das infracções fiscais – *v.g.* associações civis (arts. 167.º a 201.º do CC), fundações (arts. 185.º a 194.º do CC), cooperativas (art. 2.º do Código Cooperativo), agrupamentos complementares de empresas (Lei n.º 4/73, de 4 de Junho, base IV), associações patronais e sindicais (arts. 7.º e 10.º do Decreto-Lei n.º 215-B/75, de 30 de Abril)».

[950] Parece-nos indispensável fazer aqui uma pequena aproximação ao Direito das sociedades comercias, pelo que vamos seguir essencialmente o Prof. Doutor Vasco da Gama Lobo Xavier in «Sociedades Comerciais...», 1987, *passim*. Num ou noutro ponto também recorremos às aulas teóricas do curso de Direito Comercial, do Prof. Doutor Orlando de Carvalho, dadas ao 4.º ano jurídico da Faculdade de Direito da Universidade de Coimbra no ano lectivo de 1994-1995 e de que não temos publicação.

[951] *Vide* Pires de Lima e Antunes Varela, com colaboração de M. Henrique Mesquita, *ibidem*, pp. 307 e ss, onde se refere o seguinte: «A definição do artigo 980.º não esquece o elemento *organização* da sociedade, situado para além do simples *aspecto negocial* que retrata a origem da sociedade. É que o artigo 980.º não dá uma definição de *sociedade*, mas *de contrato de sociedade*».

que nos diz que o «Contrato de sociedade é aquele em que duas ou mais pessoas se obrigam a contribuir com bens ou serviços para o exercício em comum de certa actividade económica, que não seja de mera fruição, a fim de repartirem os lucros resultantes dessa actividade».[952] Desta maneira, não são sociedades, nem as cooperativas; nem os agrupamentos complementares de empresas. As cooperativas não são sociedades, pois há cooperativas que não exercem uma actividade económica como é o caso de certas cooperativas que têm um cariz cultural, além disso existem cooperativas que não visam um lucro distribuível como são as cooperativas de consumo. Finalmente as cooperativas não adoptam nem o princípio da maximização do lucro, nem o princípio da livre decisão sobre a distribuição do excedente. E isto por causa da limitação da remuneração das entradas de capital ou devido à afectação duma fatia importante dos excedentes a reservas de diversa índole. Além da proibição da repartição dos excedentes anuais gerados por produtores não membros vigente nas cooperati-

---

[952] Quanto à ideia de sociedade como contrato e como pessoa é preciso assinalar vários pontos. Para os requisitos da sociedade como contrato cfr. o art. 980.º do CC; para os requisitos da sociedade como pessoa cfr. os seguintes regimes jurídicos: 1.º arts. 7.º/2 e 273.º/1 do CSC, mas também o art. 488.º/1 do CSC, os arts. 143.º/1 CSC e 1007.º/d) CC e os arts. 273.º/2 e 464.º do CSC. E ainda para as sociedades constituídas *ope legis* o DL n.º 330/82, de 18 de Agosto; 2.º arts. 25.º e ss. e sobretudo 26.º e 28.º CSC; 3.º art. 11.º CSC. Ora, o exercício dessa certa actividade económica deverá ser «em comum». Segundo o Prof. Doutor Vasco da Gama Lobo Xavier *ibidem* pp. 12 e ss. tal «quer dizer apenas que a sociedade está organizada de modo a assegurar-se a todos os sócios uma qualquer participação, ainda que apenas indirecta, na *condução* da actividade em causa (*maxime*, através da designação dos que a irão dirigir) ou, pelo menos, na supervisão ou controlo da mesma»; 4.º ainda o art. 980.º CC quanto ao escopo da sociedade como obtenção do lucro. O Prof. Doutor Pires de Lima e o Prof. Doutor Antunes Varela in op. cit. p. 309 referem-nos com interesse que: «Se os lucros se destinam, por exemplo, a um fim de beneficência ou a um terceiro, também não há sociedade, embora possa existir uma pessoa colectiva. (...) O lucro é alguma coisa mais do que o simples *correspectivo* ou *contraprestação* da actividade despendida pelos sócios, visto que ele visa não só remunerar a *organização* da sociedade, como compensar os *riscos* de perda que os sócios correm através da sociedade»; 5.º o art. 992.º CC quanto à submissão da totalidade dos sócios ao *risco* da actividade social à possibilidade duma perda. *Brevitatis causa*, a sociedade é um agrupamento voluntário de pessoas (sócios) que, por meio do fundo patrimonial que constituem, se propõe exercer em comum uma actividade económica que não se reduza à mera fruição de bens, a fim de obterem um lucro a repartir entre todos, sujeitando-se todos, do mesmo passo, às perdas que para si possam derivar de tal actividade. Para muito maior desenvolvimento – aqui desnecessário – cfr. Vasco da Gama Lobo Xavier *idem ibidem*.

vas de produção operária.[953] Por outro lado, os agrupamentos complementares de empresas não são, também como as cooperativas, sociedades, pois o seu fim não é a obtenção dum lucro a distribuir pelos sócios. O fim do agrupamento complementar de empresa é potenciar os lucros a obter pelos sócios.[954] No que diz respeito às empresas públicas – as quais são pessoas colectivas de direito público[955] – pode-se dizer que também estas estão sujeitas ao âmbito de aplicação do art. 7.º RGIT, i.e., podem ser responsabilizadas por infracções tributárias. Embora não possam, em nossa opinião, ser catalogadas de «sociedades» em sentido estrito, pois a própria lei distingue.[956] Por outro lado, «Difíceis decisões terão de ser aqui tomadas, nomeadamente em matéria de responsabilização de pessoas colectivas de direito público, de escolha das penas e medidas de segurança aplicá-

---

[953] Esta é a opinião do Prof. Doutor Vasco da Gama lobo Xavier e é também a nossa. Eis as nossas razões: perante a nova redacção do n.º 1 do art. 7.º RGIT que separa (mas também perante as redacções dos anteriores art.os 7.os dos RJIFNA e RJIFA que não separavam) pessoas colectivas de sociedades (embora pensemos que estas, *lato sensu*, se podem integrar naquelas), não podemos equiparar as cooperativas às sociedades (*vide* Isabel Marques da Silva in op. cit., p. 123, ligeiramente diverso ao nosso, embora *passim* tivesse dado a entender um sentido similar). As cooperativas não são sociedades. Podemos é dizer que as cooperativas são pessoas colectivas (cfr. art. 2.º do Código Cooperativo aprovado pelo DL n.º 454/80, de 9 de Outubro, alvo posteriormente duma série de rectificações: *vide* Abílio Neto *ibidem*, p. 682) e por isso mesmo submetê-las à potencial aplicação do art. 7.º RGIT (cfr. art. 2.º/1, alínea a]; art. 3.º/1, alínea]; art. 17.º; art. 46.º; art. 115.º, todos do CIRC e art. 2.º/1, alínea a) do CIVA). Recordemos que, conforme o art. 99.º do Código Cooperativo, o Capítulo V do Título II do Livro II do Ccom que tinha como epígrafe: «Disposições especiais aplicáveis às sociedades cooperativas», foi revogado. *Vide*, para um exemplo jurisprundencial (Ac.. TRP, de 5 de Abril de 1989, CJ, Ano XIV, II, p. 242: «as sociedades cooperativas têm personalidade jurídica diferente da dos sócios [...]), Isabel Marques da Silva *idem ibidem*.

[954] Entidades constituídas por duas ou mais pessoas singulares ou colectivas, com o objectivo de melhorar as condições de exploração das respectivas empresas: Lei n.º 4/73 e DL n.º 430/73. Não deixam, contudo de ser, como a montante vimos, entidades susceptíveis de serem enquadradas no art. 7.º RGIT.

[955] Cfr. art. 1.º/2 do DL n.º 31/84, de 21/Janeiro e Parecer da PGR n.º 134/76, de 9 de Dezembro, n. 6, BMJ, n.º 270, p. 38.

[956] Cfr. arts. 2.º/1, alínea a); 3.º/1, alínea a); 46.º; 115.º; e 119.º, todos do CIRC. No sentido da possibilidade de imputação de infracções fiscais às empresas públicas no contexto do anterior RJIFNA *vide* a Dr.ª Isabel Marques da Silva in op. cit. pp. 124-125, chamando a atenção para o facto das mesmas desenvolverem actividades reguladas pelo direito privado (cfr. art. 3.º/1 do DL n.º 260/76, de 8 de Abril: Bases Gerais das Empresas Públicas).

veis, de especialidades de processamento e de relações entre uma tal responsabilidade e a das pessoas individuais que ajam como seus órgãos ou representantes».[957] Por seu lado, a Prof. Doutora Anabela Rodrigues, em relação à questão de saber se se pode agir penalmente contra as pessoas colectivas de direito público que praticam crimes contra o ambiente[958] refere que: «Com efeito, com base numa interpretação literal das disposições que consagram a responsabilidade das pessoas colectivas e equiparadas, poder-se-á dizer que essas disposições se estendem às pessoas colectivas de direito público, designadamente, às empresas públicas ou institutos públicos». É igualmente dado o exemplo *do Canadian Criminal Code* que se aplica às autoridades públicas, federais e provinciais nestes casos. Também o Prof. Doutor Klaus Tiedemann[959], no sentido da criminalização da responsabilidade refere: «A forma jurídica do agrupamento (pessoa moral, etc.) não deveria tão pouco ser decisiva, e as empresas públicas deveriam estar incluídas como é o caso da maior parte dos ordenamentos jurídicos considerados». Finalmente parece que também o próprio Estabelecimento Individual de Responsabilidade Limitada, como entidade equiparada a pessoa colectiva, pode ser responsável pelas infracções tributárias cometidas pelos titulares da sua administração no âmbito do art. 7.º RGIT.[960]

Quanto à ideia de sociedade comercial, a nossa atenção recai fundamentalmente sobre o n.º 2 do art. 1.º do CSC[961]. Por outro lado, também o n.º 4 do art. 1.º do CSC[962] é muito importante.

---

[957] *Vide* Jorge de Figueiredo Dias, «Para Uma Dogmática Do Direito Penal Secundário...», RLJ, 1983-1984-1985 e republicado in «Direito Penal Económico...», 1998, p. 74. Cfr. igualmente a nossa n. de r. n.º 2 no Capítulo I. De resto remetemos para o nosso Capítulo IV, designadamente nos casos como o da Holanda onde o próprio Estado foi processado por crimes ambientais.

[958] Em anotação ao art. 279.º do CP, in «Comentário Conimbricense...», pp. 976-977 (cfr., entre nós, neste sentido, J. Lobo Moutinho/H. Salinas Monteiro, «*La responsabilité pénale des personnes morale...*», 1994, p. 257).

[959] In «*Responsabilidad penal de personas jurídicas...*», 1997 (1995), p. 42, c. n. t..

[960] Cfr. DL n.º 248/86, de 25 de Agosto). No mesmo sentido *vide* a Drª Isabel Marques da Silva *ibidem*.

[961] Cfr. n.º 2 do art. 1.º do CSC. Quanto à ideia de sociedade comercial: as sociedades podem ser, como já se sabe, civis ou comerciais. Cfr. art. 1.º/4, art. 5.º, art. 4.º/1 *a contrario* e art. 1.º/2 e 3 do CSC. As formas de sociedades comerciais são, por outro lado e como também é conhecido, quatro: a) sociedade em nome colectivo; b) sociedade por quotas; c) sociedade anónima, d) sociedade em comandita (simples ou por acções); cfr. res-

O regime jurídico das sociedades coligadas ou dos grupos de sociedades encontra-se plasmado sobretudo entre os arts. 481.º e 508.º, no Título VI do CSC.[963] Quanto ao regime jurídico do CSC[964] é de referir o seguinte: no Capítulo I temos os arts. 481.º e 482.º do CSC com as disposições gerais; Capítulo II – arts 483.º a 487.º com a epígrafe de «Sociedades em relação de simples participação, de participações recíprocas e de domínio»; Capítulo III – arts. 488.º a 508.º sobre «Sociedades em relação de grupo»; Capítulo IV – arts. 508.º A a 508.º E: «Apreciação anual da situação de sociedades obrigadas à consolidação de contas». O n.º 1 do art. 481.º CSC refere o âmbito de aplicação do título: «relações que entre si estabeleçam sociedades por quotas, sociedades anónimas e sociedades em comandita por acções». Entretanto, o critério geográfico, estabelecido no n.º 2 do art. 481.º do CSC, já não se aplica às sociedades anónimas, as quais se regulam presentemente pelos arts. 325.º-A e 325.º-B e que foram introduzidos pelo DL n.º 328/95, de 9 de Dezembro. Por sua vez, o art.

---

pectivamente art. 175.º, art. 198.º e art. 197.º CSC. Não obstante, e quanto às sociedades anónimas, *vide* críticas do Prof. Doutor Vasco da Gama Lobo Xavier à redacção do art. 271.º do CSC – «caraterísticas» – «Acção» in Polis. Cfr. ainda art. 465.º/1 CSC *in fine*, art. 465.º/3 CSC. Caso as participações dos sócios comanditários não sejam representadas por acções, verifica-se uma sociedade em comandita simples: art. 465.º/3 do CSC. Para maiores desenvolvimentos cfr. Vasco da Gama Lobo Xavier in «Sociedades Comerciais...», 1987, *passim*.

[962] Cfr.: «As sociedades que tenham exclusivamente por objecto a prática de actos não comerciais podem adoptar um dos tipos referidos no n.º 2, sendo-lhes, nesse caso, aplicável a presente lei».

[963] Cfr. Vasco da Gama Lobo Xavier in op. cit. pp. 22-23, que nos refere que, quanto às sociedades gestoras de títulos pertencentes à própria sociedade, a situação mais importante é a da *sociedade de controlo* ou *«holding»* (anteriormente regulada no DL n.º 271/72, de 2 de Agosto, cuja vigência se encontrava ressalvada no art. 3.º/2 do DL n.º 262/86, de 2 de Setembro e hoje também sujeita ao CSC, nomeadamente ao art. 483.º). É evidente que a administração das acções pela *sociedade de controlo* não se reflecte somente no exercício do direito aos lucros respectivos através da percepção destes últimos. Mas sim, e principalmente no exercício doutros direitos inerentes às acções – *maxime* do direito de voto, o qual por meio da designação dos titulares dos órgãos sociais possibilitará influenciar a gestão da empresa em causa. Ora é dessa «orientação dada pela *"holding"* às empresas controladas» que «resultará provavelmente o aumento da rentabilidade do conjunto económico por elas formado, em benefício dos sócios da própria entidade controladora» (Ferrer Correia in «Direito Comercial», II, p. 18, *apud* V. da G. Lobo Xavier *ibidem*).

[964] Além do próprio Título VI do CSC para o qual remetemos aqui a leitura integral, cfr. o Prof. Doutor António Menezes Cordeiro in op. cit. pp. 75-80.

482.º do CSC considera que são sociedades coligadas: a) as sociedades em relação de simples participação; b) as sociedades em relação de participação recíproca; c) as sociedades em relação de domínio; c) as sociedades em relação de grupo. O Título VI, Capítulo II, dispõe de cinco artigos, cujos frontispícios são correspectivamente os seguintes: art. 483.º: sociedades em relação de simples participação; art. 484.º: dever de comunicação; art. 485.º: sociedades em relação de participações recíprocas; 486.º: sociedades em relação de domínio; 487.º: proibição de aquisição de participações sociais. Segundo o n.º 1 do art. 483.º do CSC, «Considera-se que uma sociedade está em relação de simples participação com outra quando uma delas é titular de quotas ou acções da outra em montante igual ou superior a 10% do capital desta, mas entre ambas não existe nenhuma das outras relações previstas no art. 482.º» (cfr. art. 482.º e art. 484.º/1 do CSC). Paralelamente o art. 485.º do CSC refere nos seus dois primeiros números o seguinte: 1 – As sociedades que estiverem em relação de participações recíprocas ficam sujeitas aos deveres e restrições constantes dos números seguintes, a partir do momento em que ambas as participações atinjam 10% do capital da participada; 2 – A sociedade que mais tardiamente tenha efectuado a comunicação exigida pelo art. 484.º/1 donde resulte o conhecimento do montante da participação referido no número anterior, não pode adquirir novas quotas ou acções na outra sociedade. O n.º 3 prevê certas inibições à sociedade que não cumpra o n.º 2 do mesmo art. 484.º do CSC. O n.º 1 do art. 486.º do CSC menciona que se considera «que duas sociedades estão em relação de domínio quando uma delas, dita dominante, pode exercer, directamente ou por sociedades ou pessoas que preencham os requisitos indicados no art. 483.º/2, sobre a outra, dita dependente, uma influência dominante». Os já anteriormente mencionados arts. 325.º-A («Subscrições, aquisição e detenção de acções») e 325.º-B («Regime da subscrição, aquisição e detenção de acções») do CSC (DL n.º 328/95, de 9 de Dezembro) regulam a aquisição de acções da sociedade dominante pela dependente, pelo que – parece – que o art. 487.º do CSC somente se aplica às sociedades por quotas. Passemos, então, a especificar melhor aquilo que é referido no n.º 1 do art. 486.º do CSC (acima mencionado).[965] Ora, o n.º 2 do art. 486.º do CSC refere precisamente que se presume «que uma sociedade é dependente de uma outra se esta, directa

---

[965] «Como nos refere» o Prof. Doutor Menezes Cordeiro (*ibidem*) a chamada «influência dominante» é um conceito, naturalmente, indeterminado.

ou indirectamente»: a) detém uma participação maioritária no capital; b) dispõe de mais de metade dos votos; c) tem a possibilidade de designar mais de metade dos membros do órgão de administração ou do órgão de fiscalização. São, pois, critérios objectivos. Destacamos todas as presunções, especialmente a designação de membros dos órgãos de administração ou de fiscalização. Ou seja, o CSC, assume que são de importância equivalente os órgãos de administração e de fiscalização para o exercício concreto e efectivo da «influência dominante» acima mencionada. Isto é, v.g., se houver possibilidade de designar mais de metade dos membros do órgão de fiscalização (mesmo que não haja a possibilidade de designar mais de metade dos membros do órgão de administração) verifica-se uma situação presumida de «sociedades em relação de domínio». De acordo com o art. 483.° do CSC a titularidade do capital por parte da sociedade dominante é não só a directa como a indirecta, pelo que o domínio total pode prolongar-se por uma cadeia sucessiva de participações. O grau de participação detido de forma indirecta é calculado por multiplicação das percentagens no capital detido pela sociedade dominante e pelas sociedades dependentes com a qual estão em relação de grupo[966] Assim[967], confrontando o art. 483.°/2[968] com o art. 486.° do CSC observam-se três situações: «– *titularidade de acções de outra sociedade, que dela seja dependente, directa ou indirectamente*: temos uma remissão para o art. 486.° que define, com precisão, a relação de domínio, donde deriva uma sociedade dominante e outra, *dependente*; § *ou com ela esteja em relação de grupo*: desta feita, tem-se em vista o grupo *stricto sensu*, tratado nos artigos 488.° e seguintes e que abrange três hipóteses: (a) do domínio total – artigos 488.° ss.; (b) contrato de grupo paritário – artigos 492.° ss.; (c) contrato de subordinação; § – *acções de que uma pessoa seja titular por conta de qualquer outra dessas sociedades*: trata-se de situações comuns

---

[966] *Vide* Abílio Neto in «Código Comercial, Código das Sociedades Comerciais, Legislação Complementar», Anotados, 12.ª Edição, 1996, Ediforum, Edições Jurídicas, Lda, Lisboa, p. 648.

[967] Segundo o Prof. Doutor Menezes Cordeiro, *ibidem*.

[968] Cfr. art. 483.°/2 e 1 (transcrito a montante) do CSC: «À titularidade de quotas ou acções por uma sociedade equipara-se, para efeito do montante referido no número anterior, a titularidade de quotas ou acções por uma ou outra sociedade que dela seja dependente, directa ou indirectamente, ou com ela esteja em relação de grupo, e de acções de que uma pessoa seja titular por conta de qualquer dessas sociedades».

de interposição de pessoas, de mandato sem representação ou de gestão de negócios. § Em qualquer destes casos, a lei entendeu que tudo se poderia passar como se a entidade "principal" fosse titular efectiva. Donde a equiparação de regimes, que vem prescrita». No que se refere à relação de grupo *stricto sensu*, podemos encontrá-la projectada do art. 488.° ao art. 508.° do CSC inclusive. Segundo o art. 488.°/1 do CSC «Uma sociedade pode constituir, mediante escritura por ela outorgada, uma sociedade anónima de cujas acções ela seja inicialmente a única titular». Neste caso o domínio total pode ser inicial. Mas este domínio também poderá ser superveniente no caso previsto pelo art. 489.°/3 do CSC. No que concerne ao n.° 1 do art. 492.° do CSC (regime do contrato de grupo paritário) consagra-se o seguinte: «Duas ou mais sociedades que não sejam dependentes nem entre si nem de outras sociedades podem constituir um grupo de sociedades, mediante contrato pelo qual aceitem submeter-se a uma direcção unitária e comum». Já o art. 493.° refere-nos que uma «sociedade pode, por contrato, subordinar a gestão da sua própria actividade à direcção de uma outra sociedade, quer seja sua dominante, quer não». Os grupos de sociedades são, pois, uma realidade concreta que está positivada devidamente na lei. É possível, pois, detectar «unidades económicas».

Como se sabe, por outro lado, existe um regime especial de tributação dos grupos de sociedades.[969]

2.5.3. *Capacidade de acção das pessoas colectivas*

O facto da pessoa colectiva poder ser considerada um *real construído*, ou um centro de imputação construído[970] (teoria da identificação),

---

[969] Cfr. arts. 63.°; 64.°; e 65.° do CIRC. E ainda os arts. 83.°/6; 97.°/5 e 7; 98.°/5; 107.°; 112.°/6; 121.°/3, igualmente todos do CIRC.

[970] O Prof. Doutor José de Faria Costa in «A responsabilidade jurídico-penal da empresa...», RPCC, 1992, pp. 537-559; e republicado in «Direito Penal Económico...», 1998, pp. 515-516, refere o seguinte: «A relação entre a pessoa colectiva e os seus órgãos ou representantes assume, pois, um carácter essencial; por isso, aqui, não se trata de uma relação para com o outro, mas antes de uma relação em que o "outro" (o órgão ou representante da pessoa colectiva) está *necessariamente* presente. Tal forma de olhar e ponderar os segmentos fundamentais desta específica problemática permite, assim pensamos, mais bem perceber, ou até talvez superar, algumas dificuldades levantadas ao juízo daqueles que, como nós, defendem a responsabilização penal das pessoas colectivas». E ainda um pouco

não é necessariamente incompatível com o facto do reconhecimento da participação das pessoas colectivas no tráfico jurídico, com o devido reconhecimento de direitos e obrigações, implicar necessariamente a consagração reconhecida de capacidade de acção das mesmas. Ainda que a acção das pessoas colectivas deva ser executada por pessoas físicas («agindo como órgãos ou representantes»), a imputação da acção deve ser feita à própria pessoa colectiva.[971] Pelo contrário, autores como Engisch[972] ou Schmitt[973], consideram que a pessoa colectiva não tem capacidade natural de acção, pois todas as acções consigo conexionadas são, justamente, realizadas por pessoas sigulares e físicas que na sua qualidade de membros integram os órgãos da mesma. Questão diferente será, então, destrinçar a acção natural da imputação da mesma acção como figura jurídica.

Parece-nos que afirmar que as pessoas colectivas não são capazes de acção é uma consequência irrefutável do facto de partirmos dum conceito psicológico de acção.[974] A pessoa colectiva ao actuar «para fora» através das acções humanas dos seus órgãos, está a proporcionar a formação de acções que são simultaneamente as suas próprias acções. Como consequência, é uma forma do actuar próprio por meio de outro, condicionada pela estrutura da pessoa colectiva. Pelo que, as pessoas colectivas são por si mesmas capazes de acção. Se as pessoas colectivas são destinatárias de

---

mais à frente: «Neste sentido, só pelo «outro» (órgão ou representante) – que é também um elemento estrutural da sua natureza construída – a pessoa ascende à discursividade jurídico-penalmente relevante».

[971] Neste sentido *vide* H. E. Rotberg, inspirado em Otto Von Gierke, in *«Für Strafe gegen Verbände – Einige Grundsatzfragen»*, Ed. Caemmerer, *Hundert Jahre deutsches Rechtsleben, Festschrift zum 100 jährigen Deutschen Juristen Tages*, 1860-1960, 1960, p. 197, o qual acrescenta que é indiferente que os entes colectivos se considerem ficção ou não, pois tudo indica ser óbvia a existência da capacidade de acção das pessoas colectivas.

[972] *Vide* K. Engisch in *«Empfiehlt es sich, die Strafbarkeit der juristischen Person gesetzlich vorzusehen?»*, *Verhandlungen zum 40. Deutschen Juristentages*, 1954, pp. 23 e ss.

[973] *Vide* Schmitt in *«Strafrechtliche Maßnahmen gegen Verbände – Gleichzeitig ein Beitrag zur...»*, 1958, pp. 216 e ss.

[974] Nesse sentido Miguel Bajo Fernández, evocando a posição de Mourullo Rodríguez (*Derecho Penal*, p. 228) in *«Derecho penal económico aplicado a la actividad empresarial»*, 1978, pp. 111-112: *«La voluntad como elemento integrante de la acción jurídico-penal está considerada desde el punto de vista psicológico, no normativo, por lo que sólo puede ser atribuida a una persona física».*

deveres jurídicos, então, não só podem cumpri-los, como violá-los.[975] Deste ponto de vista, talvez possamos falar numa culpa pela falta de condicionamento adequado da estruturação da pessoa colectiva que permitisse às pessoas individuais, consigo relacionadas, actuar «livremente» de acordo com o Direito, i.e., uma culpa (ou falta) de adequado condicionamento estrutural da organização. Günther Jakobs[976] refere-nos que na determinação do conceito de acção não só se trata de imputar uma acção a um sujeito, mas é o conceito de acção que define, por sua vez, o sujeito. A acção é uma categoria da teoria da imputação, e a finalidade da imputação depende da finalidade da pena: o restabelecimento da vigência da norma. Desta forma, a imputação determina que pessoa deve ser castigada para a estabilização da vigência da norma. O estatuto e os órgãos duma pessoa colectiva podem-se definir como um sistema, no qual (como na pessoa física) os elementos internos não são relevantes. Pelo que, as acções dum órgão duma pessoa colectiva realizadas de acordo com o estatuto da mesma, são acções próprias da pessoa colectiva.

No entanto, parece que estamos num *«beco sem saída»*: a acção penal é um comportamento humano final – voluntariedade –, pelo que as pessoas colectivas não são capazes de realizar uma acção penal.[977] Mas parece que a acção penal já deixou de ser «ponto de arranque» da imputação penal, passando a ser o tipo de *injusto* (ilícito) como expressão valorativa de sentido, a qual está condicionada por fins político-criminais da norma penal, i.e., prevenção e protecção de bens jurídicos. Na criminalidade moderna (da sociedade de risco) os ilícitos são realizados principalmente em e por entes colectivos, os quais constituem a matriz de complexos nexos causais (*por isso já falámos supra de macrocriminalidade transnacional e complexa*). Ora, neste contexto de emaranhados enredos de causas e efeitos, o importante não é a acção penalmente relevante (a teoria da acção cumpre com precisão a sua função negativa de saber o que

---

[975] *Vide* H. J. Hirsch in «*La cuestión de la responsabilidad penal de las asociaciones de personas*», 1993, (*Rheinisch-Westfälische Akademie der Wissenschaften*): *Die Frage der Straffähigkeit von Personenverbänden*, 1993, 1106-1108.

[976] *Vide* Günther Jakobs in «*Strafrecht Allgemeiner Teil – Die Grundlagen und die Zurechnungslehre*», 1991, pp. 1 e ss., *apud* Silvina Bacigalupo in op. cit. pp. 152 e ss.. Para Jakobs, a acção define-se como a evitabilidade individual da produção de um resultado: *individuell vermeidbare Erfolgsverursachung*.

[977] *Vide* Zúñiga Rodriguez in op. cit. pp. 227 e ss..

não é acção penal relevante)⁹⁷⁸, mas a danosidade social evitável, o resultado que vem a ser a plasmação do risco desaprovado pelo ordenamento jurídico: efeito evitável que lesiona ou põe em perigo bens jurídicos de relevo. Trata-se, por outro lado, da jurídico-controvertida concepção dominante na teoria da imputação objectiva.⁹⁷⁹ Dizía-nos o Prof. Doutor Faria Costa⁹⁸⁰ que uma coisa parece ser, pois, a aceitação e assunção (sem hesitações, por nós aqui corroboradas) do princípio da culpa (cfr. art. 13.º do CP) para fundamentar ou limitar a responsabilidade penal da pessoa singular e física – onde há acordo generalizado de toda a doutrina, política

---

⁹⁷⁸ Vide Jorge de Figueiredo Dias in «Resultados y Problemas en La Constrcción de un Sistema de Derecho Penal Funcional y "Racionalmente Final"», p. 450, onde refere o seguinte, c.n.t.: «Opino, com Schünemann, que é imprescindível, proporcionar ao conceito geral de acção um papel de segunda ordem (rango) no sistema: exclusivamente, a função negativa (ou uma "função delimitadora", para falar como Jakobs), que excluia da construção do sistema as formas de conduta que ab-initio são penalmente irrelevantes».

⁹⁷⁹ Cfr. Claus Roxin in «La imputación objetiva en el Derecho penal», 1997, pp. 109 e ss.; Claus Roxin in «Acerca de la consolidación político-criminal del sistema de Derecho Penal», Roxin: Dogmática penal y Política Criminal, 1998, p. 27, apud Zúñiga Rodriguez ibidem. Vide, contudo, José de Faria Costa in «Aspectos Fundamentais da Problemática da Responsabilidade Objectiva...», BFDC, 1981, pp. 3-4, n. de r. n.º 1: «Convém, todavia, ter-se presente que a noção de responsabilidade (civil) objectiva nasce eivada de uma finalidade de justiça (...) enquanto que, ao invés, a pressuposição de uma responsabilidade objectiva em Direito Penal viola o sentimento e a ideia de justiça presentes na comunidade».

⁹⁸⁰ Vide Faria Costa in op. cit., pp. 43-44, n. de r. n.º 47 na Sua primeira posição acerca da matéria correspondente, onde referia que: «A aceitação de um princípio material de culpa, tal como o tentamos desenhar na sua forma compreensiva, não se coaduna, em geral, com uma responsabilidade "penal" das pessoas colectivas. É, por isso, muito mais curial aceitar-se que a responsabilidade das pessoas colectivas deva ficar a cargo de um direito de mera ordenação social». E ainda: «E mais intricado se nos apresenta quando pensamos na responsabilidade das pessoas morais de direito público e na das empresas públicas que hoje – e nomeadamente no caso português – à partida não podemos ter como excluídas do âmbito de uma qualquer responsabilidade que possa ser enquadrada nos termos da chamada ciência total do Direito Penal (gesamte Strafrechtswissenschaft)». No que diz respeito à Teoria da Acção e citando o Prof. Doutor Eduardo Correia in «Direito Criminal», Coimbra, I, p. 234: «a irresponsabilidade jurídico-penal das pessoas colectivas deriva assim logo da sua incapacidade de acção e não apenas, como querem alguns da sua incapacidade de culpa». Como já vimos anteriormente, numa posição mais recente do Prof. Doutor Faria Costa, a responsabilidade penal das pessoas colectivas e dos seus órgãos é aceite (se bem que na base da «Teoria da Identificação») no Seu artigo: «A Responsabilidade Jurídico-Penal (...)», 1991, in op. cit..

e ideológica⁹⁸¹ – outra é a aceitação duma mesma nomenclatura formal para contemplar situações que têm raízes diferentes mas que o seu tratamento é unitário (caso do *common law* e agora o direito holandês) e em nada fere os mais elementares direitos, liberdades e garantias do homem. Como temos vindo a verificar – não só através do instrumento do Direito comparado, e de acordo, por um lado, com as mais recentes posições do Prof. Doutor Faria Costa de que temos conhecimento –, tudo se está a alterar com a consagração, por outro lado, da responsabilidade penal das pessoas colectivas em ordenamentos jurídicos tradicionalmente adversos a tal ideia como, v.g., é o caso do francês. Indo de encontro ao pensamento de Arthur Kaufmann⁹⁸², o primordial é conservar o essencial do princípio (da culpa) e «não ter pretensões político-normativas de querer encontrar ou construir um sistema que em toda a extensão consagre o princípio da culpa na sua forma mais pura. Ele deverá antes, neste sentido, funcionar como a ideia-força, historicamente determinada, de obstáculo a qualquer tendência disseminadora à sua própria unidade, bem como defesa contra quaisquer veleidades de intromissão de um princípio de responsabilidade objectiva, nem sempre facilmente apreensível».⁹⁸³

---

⁹⁸¹ Cfr., actualmente, o art. 40.º/2 do CP; o art. 70.º/1 do CP; e, claro, maxime, o art. 18.º CRP que será escusado transcrevermos aqui. É óbvio que nenhum destes regimes entra em contradição com a consagração da possibilidade de responsabilidade criminal plasmada no art. 11.º do CP.

⁹⁸² Discípulo de Gustav Radbruch – famoso penalista, filósofo e Ministro da Justiça social-democrata na República de Weimar – e Mestre do actual penalista, que não só nós consideramos de qualidade absolutamente excepcional, Winfried Hassemer, o qual é catedrático de Direito Penal, teoria e sociologia do Direito na Universidade de *Frankfurt am Main* e ilustre magistrado do Tribunal Constitucional Federal alemão em Karlsruhe e que tem como discípulo, entre outros, o não menos conhecido e *Mui* distinto penalista Félix Herzog, ambos pertencentes, como se sabe, à influente Escola de *Frankfurt am Main*.

⁹⁸³ *Apud* José de Faria Costa in op. cit., 1981, pp. 33-34; Não obstante, refere-nos o Prof. Faria Costa um pouco atrás (pp. 10-14) com uma visão para nós extremamente clarificadora: «Isto é – em termos necessariamente simples –, quer se entenda a culpa como fundamento e limite de toda a pena, quer se a veja tão-só como seu limite (...), ela é, em última análise e em ambos os casos, a fronteira para lá da qual a inflicção de uma sanção se faz excepcionalmente e sempre teleologicamente apoiada a valores – de matriz caracteristicamente supra-individual – que não podem colidir com os direitos fundamentais do homem (...)». Ora, estando o Direito Penal do ambiente e o Direito Penal económico (criminalidade organizada e mundializada) intimamente conexionados com a tutela de bens jurídicos colectivos e sendo as pessoas colectivas as autoras de fatia importante das violações neste campo, não deixamos de preferir que o princípio da culpa seja inquebrantável perante a res-

Retomando as ideias um pouco atrás, parece que, pelo menos para certos Autores, o ilícito (ou *injusto*) e a culpa funcionam como critérios valorativos de utilidade da intervenção penal para cumprir com os fins de prevenção e protecção de bens jurídicos. Nesta perspectiva, o ilícito (*injusto*) penal é uma lesão evitável dum bem jurídico. Ora, estando o ilícito penal (*injusto*) fundamentado na danosidade social do facto evitável – fins de prevenção e protecção de bens jurídicos plasmados na norma penal – dificilmente se poderá dizer que as pessoas colectivas não cometem infracções.[984] Nesta visão, parece que o carácter da norma de determinação da norma penal está vinculado aos destinatários da norma: *normadressaten*[985] quem se pretende motivar para que contenha riscos para os bens jurídicos, i.e., é o apontado efeito de prevenção especial.[986] Na nossa opinião, todo o sistema de Direito Penal que reclama os rótulos de funcional e «teleológico-racional» implica a distinção entre ilícito (*injusto*) e culpa.[987]

Como conclusão, julgamos que um sistema de Direito Penal funcional e «teleológico-racional» – do qual também somos apologistas – deverá respeitar sempre o princípio da culpa, o qual por si só é uma consequência

---

ponsabilidade individual e que, mesmo que se aceite a culpa da organização de Klaus Tiedemann ou a culpa da associação de Hans J. Hirsch, haja sempre a possibilidade de construir um sistema de imputação de responsabilidade colectiva guarnecido de causas de justificação e de exclusão da culpa. Sendo que, sem colidir com os direitos fundamentais dos indivíduos ou dos entes colectivos, poderia ser encontrado um papel para a responsabilidade não objectiva.

[984] Vide Shünemann in «*La punibilidad de las personas jurídicas desde la perspectiva europea*»,1995, p. 589, *apud* Zúñiga Rodriguez in op. cit. pp. 229-231.

[985] Vide Klaus Tiedemann in «*Die "Bebussung" von Unternehmen nach dem 2. Gesets zur Bekämpfung der Wirtschaftskriminalität*», *Neue Juristische Wochenschrift*, n.º 41, 1988, p. 1172; *vide* igualmente Schroth in «*Unternehmen als Normadressaten. Eina Studie zum Unternehmensstrafrecht*», Brühlscher Verlag, 1993, pp. 14-25; por todos *apud* Zúñiga Rodriguez *ibidem*. A imputação de responsabilidade penal surge como vinculação entre um resultado e um sujeito ao qual reconhecemos deveres jurídicos de protecção de bens (jurídicos).

[986] Vide Hans Joachim Hirsch in op. cit., p. 1113: «*La asociación penada se cuidará aún mas que lo que ocurre con las personas naturales, de volver a entrar en conflictos con la ley respectiva. Investigaciones empíricas realizadas en los EU confirmaron, en esa medida, la suposición de que las empresas económicas, al encontrarse expuestas a la opinión pública, se esfuerzan en impedir nuevos daños a su imagen (...)*».

[987] Vide Jorge de Figueiredo Dias in op. cit., p. 452. Pôr em dúvida esta distinção seria um retrocesso de cem anos no desenvolvimento científico do Direito penal.

do respeito da dignidade humana, por forma a enveredarmos naquele que é o caminho adequado dum Estado de Direito democrático e pluralista.⁹⁸⁸ E num sistema funcional e «racional-teleológico», as pessoas colectivas são autor idóneo de factos penais, pois o conceito de acção – naturalístico, normativo, final, social ou pessoal – não pode ser eleito como figura compreensiva de todas as formas de aparição do facto penal: doloso e negligente, activo ou omissivo.⁹⁸⁹ Presentemente, com a delimitação do conceito de tipo como imputação objectiva, deixa-se a decisão a critérios, como o âmbito de protecção, a finalidade de protecção da norma, o consentimento – isso (cor)responde, para o Prof. Doutor Figueiredo Dias, sem nenhuma dúvida, ao que se deduz da essência do ilícito jurídico penal ele mesmo e da sua função no sistema.⁹⁹⁰ Não vamos pois, ao ponto de eliminar a culpa como elemento constitutivo do sistema, substituindo-o por outras categorias como a proporcionalidade.⁹⁹¹

Desta forma, o problema da imputabilidade objectiva não se confunde com o problema da causalidade. Não se trata de desprezar a imputação objectiva como questão a decidir face ao estrito convencimento do juiz, mas antes da sua normativização definitiva, apoiada numa objectivação mínima, em respeito à função que a categoria adquire no sistema e para a qual o critério da criação ou da potenciação de um perigo não permitido – tudo indica – estar dirigido a conquistar uma importância cada vez maior.⁹⁹²

---

⁹⁸⁸ *Vide* Jorge de Figueiredo Dias in op. cit., pp. 447-448.
⁹⁸⁹ *Vide* Jorge de Figueiredo Dias in op. cit., p. 450.
⁹⁹⁰ *Vide* Jorge de Figueiredo Dias in op. cit., p. 451.
⁹⁹¹ *Vide* Jorge de Figueiredo Dias in op. cit., p. 453, c.n.t.: «mas não pode duvidar-se que a culpabilidade é, para mim, a forma mais perfeita e convincente, que até hoje descobriu o pensamento penal, e é a melhor garantia tendo em conta que legitima os requisitos da prevenção integradora e da prevenção socializadora para o autor imputável. Por isso vejo no princípio da culpabilidade, uma cultura legítima – e um princípio da humanidade; e, por este motivo, é-me impossível encontrar uma alternativa ao Direito penal da culpabilidade». E se Claus Roxin distingue as subcategorias da culpa propriamente dita da responsabilidade, não é menos verdade que a culpa deve ser limite ao poder estatal de intervenção em nome da protecção e da dignidade humana, por um lado, e que, por outro lado, além do tipo de ilícito e do tipo de culpa, podemos falar doutra categoria: a *punibilidade*, i.e., a ideia de merecimento da pena.
⁹⁹² *Vide* Jorge de Figueiredo Dias in «Temas Básicos da Doutrina Penal...», 2001, «O Direito Penal da "Sociedade do Risco"», pp. 179-181, onde refere ainda o seguinte: «Que, no domínio próprio do risco, intervenham com mais frequência formas de imputa-

Se se entender, por outro lado, o facto penalmente relevante como o comportamento de sujeitos destinatários da norma penal (como valoração e determinação), i.e., entes susceptíveis de se motivarem pela referida norma, então não há – também por esta via – qualquer inconveniente em defender que as pessoas colectivas (*lato sensu*) podem ser sujeitos activos de infracções fiscais ou ser capazes de realizarem ou produzirem uma acção penal.[993] Por outro lado, há problemas típicos de imputação jurídico-criminal na «criminalidade de empresa» devido à divisão empresarial entre responsabilidade e acção. Assim, a lesão do bem jurídico é muitas vezes concretizada por uma pessoa que não é verdadeiramente responsável ou, quando muito, não tem a responsabilidade exclusiva da acção.[994]

2.5.4. *Os órgãos sociais susceptíveis de terem poderes capazes de responsabilizar a sociedade comercial*[995]

Antes de mais, remetemos para tudo aquilo que já dissemos anteriormente nos pontos 2.5 e 2.5.1. e que nos escusamos de repetir aqui. Não obstante, não é demais frisar que nos interessa saber sobretudo, pois, quem são os órgãos sociais com poderes para responsabilizarem as sociedades comerciais, ainda que irregularmente constituídas e por uma questão de lógica de remissão, as sociedades civis sob a forma comercial. Embora todos os órgãos mencionados a montante sejam órgãos sociais, parece ser certo que os poderes de vinculação da sociedade são monopolizados pelos órgãos com funções de administração.[996] Embora o novo art. 7.º do RGIT

ção paralela, acumulativa (nomeadamente em matéria de riscos para o ambiente [...]) e outras que venham a ser determinadas é coisa que poderá, em nosso parecer, integrar-se sem contradição na suma de conhecimentos de que a este respeito já dispõe a dogmática jurídico-penal». Um pouco adiante, dando relevo à importância dos crimes de perigo ou perigo abstracto e à existência inegável de bens jurídicos colectivos, refuta eventuais «critérios atípicos de imputação» que ponham definitivamente em jogo os princípios da legalidade e da culpa jurídico-penal.

[993] *Vide* Zúñiga Rodriguez in op. cit. p. 231.
[994] *Vide* Anabela Miranda Rodrigues in «Comentário Conimbricense...», 1999, p. 959.
[995] *Vide*, contudo, no ponto seguinte, as críticas à utilização do conceito civilista de «representação» em áreas do foro do âmbito do Direito Penal.
[996] *Mutatis mutandis*, face ao novo RGIT, vamos seguir, nesta parte, a Dr.ª Isabel Marques da Silva in op. cit. pp. 128 e ss., que nos remete para os arts. 189.º, 246.º/e) e

se refira somente a órgãos, sem mais, tudo indica referir-se aos órgãos com poderes de gestão e de representação das sociedades. Isto é, o Conselho de Administração e a comissão executiva, se for o caso, nas empresas públicas; a gerência, nas sociedades por quotas, sociedades em nome colectivo e sociedades em comandita; o conselho de administração, nas simples sociedades civis e em certas sociedades anónimas e a direcção, num outro tipo de sociedades anónimas. Parece que, não obstante os órgãos não executivos poderem participar em infracções fiscais, não podem estas ser consideradas cometidas por aqueles.[997]

Como já referimos anteriormente[998], a expressão jurídica «órgãos» refere-se aos indivíduos cujas vontades servem os órgãos e são seus suportes ou titulares.[999]

Por outro lado, verifica-se que a vinculação das sociedades perante terceiros é realizada normalmente através da prática de actos de um qualquer membro dos órgãos de administração, direcção ou gerência[1000] ou

---

441.º/f) do CSC; e, no que se refere às empresas públicas, para os art.ᵒˢ 8.º/1 e 9.º/1, alínea i) do DL n.º 260/76, de 8 de Abril.

[997] O art. 376.º/1, alínea a), do CSC refere que a assembleia deve reunir para «Deliberar sobre o relatório de gestão e as contas do exercício, quando a assembleia seja o órgão competente para isso». Ora, tal função não poderá constituir prática de infracção fiscal. Cfr. I. Marques da Silva in op. cit. p. 129 que, em relação aos órgão de fiscalização nos remete para os arts. 262.º; 420.º c); e 446.º/4 do CSC. Os órgãos de fiscalização que estão encarregados de zelar pela regularidade dos livros de registo de contabilidade e documentos similares, se não dispuserem de poderes de representação nesse ponto – como aqui nos parece –, não podem praticar actos que, por si só, responsabilizem penalmente a sociedade comercial. O conselho fiscal, como órgão de fiscalização, pode ter uma importância extrema numa sociedade comercial: cfr., v.g., o art. 408.º/4 do CSC.

[998] Cfr. o Capítulo III.

[999] Vide, no mesmo sentido, I. Marques da Silva in op. cit., pp. 129-131: «Parece-nos que o legislador terá querido imputar a prática da infracção fiscal à sociedade quando a infracção tenha sido cometida por uma pessoa física a quem caiba a qualidade de órgão singular da sociedade ou membro de um órgão colegial». É claro que, como muito bem refere a mesma ilustre Autora, tal não se circunscreve às situações em que: «a infracção seja cometida por um órgão singular ou membro singular de um órgão colegial e nada impede que uma infracção fiscal seja praticada *em comparticipação de duas ou mais pessoas físicas* membros de um órgão colegial e com poderes para a vincularem». A distinta Autora dá-nos depois uma série de exemplos práticos em que nos concretiza esta ideia e acrescenta: «Questão é que as pessoas físicas, isoladamente ou em conjunto, tenham poderes de representação da sociedade».

[1000] Vide Isabel Marques da Silva in op. cit., pp. 131.

até, no caso das S.A., dum ou mais administradores delegados, se o contrato de sociedade assim dispuser e dentro dos limites da delegação do Conselho.[1001] Assim, no que concerne a essas mesmas sociedades anónimas e segundo o actual art. 408.º do CSC, «os poderes de representação do conselho de administração são exercidos conjuntamente pelos administradores, ficando a sociedade vinculada pelos negócios jurídicos concluídos pela maioria dos administradores ou por eles ratificados, ou por número menor destes fixado no contrato de sociedade».[1002] No que diz respeito à composição da gerência nas sociedades por quotas, «a sociedade é administrada e representada por um ou mais gerentes, que podem ser escolhidos de entre estranhos à sociedade e devem ser pessoas singulares com capacidade jurídica plena».[1003] Igualmente existe a faculdade da gerência nomear mandatários ou procuradores da sociedade, objectivando a prática de certos actos ou categorias de actos sem se exigir cláusula contratual expressa.[1004] Chama-nos, contudo, a atenção, o facto de que, se faltarem definitivamente todos os gerentes, todos os sócios assumem por força de lei os poderes de gerência até que sejam designados novos gerentes.[1005] Poderão, pois, encontrar-se gerentes judicialmente

---

[1001] Cfr. o art. 408.º/2 do CSC.
[1002] Cfr. os restantes parágrafos do art. 408.º do CSC. Contudo, e duma forma paralela, sabemos que na prática o que muitas das vezes acontece é que, por exemplo, as procurações passadas por sociedades anónimas a advogados com o objectivo de que estes litiguem em juízo (mesmo no âmbito do Direito fiscal em sentido amplo) apresentam apenas uma assinatura dum administrador (mesmo que os estatutos correspondentes exijam duas assinaturas), pois não é costume ser invocada por quem quer que seja qualquer eventual invalidade de legitimidade jurídica. Já as vulgarmente designadas «credenciais de representação legal», com vista por exemplo a tomar posse como presidente ou simples membro duma comissão de credores conforme ao CPEREF (cfr. entretanto a Lei n.º 39/2003, de 22 de Agosto, o qual autoriza a aprovação do «Código da Insolvência e Recuperação de Empresas» e o Comunicado do Conselho de Ministros de 3 de Dezembro de 2003) comportam duas assinaturas de dois administradores da sociedade anónima. Em ambas as situações, com todas as possíveis consequências jurídicas daí decorrentes. Isto só para chamar a atenção do facto de que na prática deste campo jurídico se constatam costumes de tal forma sólidos, intensos, credíveis, racionais, eficazes e no interesse das próprias empresas e dos tribunais que, podendo até divergir da própria lei, não deixam de ser quase unanimemente aceites.
[1003] Cfr. o n.º 1 do art. 252.º do CSC.
[1004] Cfr. o n.º 6 do art. 252.º do CSC.
[1005] Cfr. n.º 1 do art. 253.º do CSC. Pensamos, pois, que nesta precisa situação e segundo este modelo de imputação, qualquer sócio que se encontre nestas condições

nomeados.¹⁰⁰⁶ Pode também existir uma gerência plural, pelo que, se se constatarem diferentes gerentes e salva cláusula do contrato de sociedade que disponha de modo diverso, os respectivos poderes são exercidos conjuntamente, considerando-se válidas as deliberações que reunam os votos da maioria e a sociedade vinculada pelos negócios jurídicos concluídos pela maioria dos gerentes ou por ela ratificados.¹⁰⁰⁷ É curioso, contudo, verificar, que podem existir até Gerentes delegados, embora mediante certos pressupostos.¹⁰⁰⁸ Por seu lado, nas sociedades em nome colectivo, e à excepção de convenção em contrário, se houver mais do que um gerente, todos têm poderes independentes e iguais para representar e administrar a sociedade.¹⁰⁰⁹ Na apreciação que recai sobre as sociedades em comandita resta reafirmar e completar que «só os sócios comanditados podem ser gerentes, salvo se o contrato de sociedade permitir a atribuição da gerência a sócios comanditários. Contudo, quando o contrato o autorize, a gerência pode delegar os seus poderes em sócio comanditário ou em pessoa estranha à sociedade.¹⁰¹⁰

2.5.5. *O problema terminológico da figura da «representação» no âmbito do Direito penal – breve introdução* ¹⁰¹¹

Podemos referir que as sociedades comerciais (ou sociedades civis sob a forma comercial) são responsáveis pelas infracções previstas no RGIT quando cometidas pelos seus órgãos ou representantes (em seu nome e no

---

poderá desencadear a responsabilidade penal fiscal da pessoa colectiva até que seja designado o gerente.

¹⁰⁰⁶ Cfr. o n.º 4 do art. 252.º do CSC.
¹⁰⁰⁷ Cfr. o n.º 1 do art. 261.º do CSC.
¹⁰⁰⁸ Cfr. o n.º 2 do art. 261.º do CSC.
¹⁰⁰⁹ Não obstante, qualquer dos gerentes pode opor-se aos actos que outro pretenda realizar, cabendo à maioria dos mesmos decidir acerca do mérito da oposição: cfr. o n.º 1 do art. 193.º do CSC. Cfr. o n.º 2 do art. 193.º do CSC.
¹⁰¹⁰ Cfr. n.ᵒˢ 1 e 2 do art. 470.º do CSC. Parece-nos que, verificados os pressupostos mencionados, a pessoa estranha à sociedade ou o sócio comanditário – com os poderes delegados pela gerência e com a autorização do contrato – podem praticar actos susceptíveis de responsabilidade penal das sociedades comerciais em comandita em causa. Por outro lado, cfr. novamente o art. 474.º/1 do CSC quanto às sociedades em comandita simples e o art. 478.º do CSC quanto às sociedades em comandita por acções.
¹⁰¹¹ Cfr. o Capítulo VI.

interesse colectivo). Ora, numa perspectiva integrada no contexto terminológico das ciências jurídico-criminais, quando surge a questão de saber qual é a definição de «representante», o Direito Penal clássico através do art. 12.º do CP, define-a como alguém que «actuou em nome de outrem». Este princípio alarga a responsabilidade ao caso duma pessoa que age em representação legal como àquela situação em que a pessoa age em representação voluntária.[1012] Além disso, no que concerne ao art. 12.º do CP, o «actuar no interesse de outrem» não é elemento essencial típico desta figura jurídica, a qual compreende os factos que o agente realize com o objectivo de prosseguir um interesse próprio do representado ou mesmo dum terceiro alheio à relação.[1013] Parece, pois, que alguém que seja só parcialmente responsável por executar uma tarefa não pode, de acordo com o Código Penal, ser considerado um «representante» duma entidade colectiva.[1014] Por outro lado, como já referimos e disso demos indício anteriormente, a norma jurídica consagrada no art. 6.º do RGIT afasta, no âmbito que aqui está em especí-

---

[1012] *Vide* em termos similares, se bem que não idênticos, Teresa Serra in «*Establishing a Basis for Criminal Responsibility of Collective Entities*», *Beiträge und Materialien aus dem Max-Planck-Institut für ausländisches* (...), 1998, 1999, p. 212, onde refere o seguinte em inglês e que propositadamente não traduzimos dado tratar-se já duma tradução de português para inglês realizada por uma terceira pessoa (o que provocaria ainda um maior acréscimo do *risco* de não corresponder fielmente ao pensamento da ilustre Autora): «*Within secondary criminal law, collective entities are responsible for crimes commited by their organs or representatives. When the question arises as to the definition of the representative, art. 12 of the Penal Code, (...) defines it as somebody who acts in its name. This principle extends liability in the case of a person who acts in legal representation of a third party as well as anyone who acts voluntarily in representation of that third party. At first glance, this may appear to broaden the scope of liability, but in relation to art. 12, a representative of corporation is defined according to his or her specific institutional function or task.* (...)». Assim o art. 12.º do CP (representação em Direito Penal!) não fere o princípio da culpa.

[1013] *Vide* Paulo Saragoça da Matta in «O artigo 12.º do Código Penal...», 2001, p. 18; *vide*, igualmente, *Luis* Gracia Martin in «*El actuar en lugar de otro...*», 1985, pp. 354 e ss.; e ainda, o mesmo ilustre Autor espanhol, in «*La responsabilidad penal del directivo, órgano y representante de la empresa...*», 1995, 97 e ss..

[1014] *Vide*, em sentido similar, Teresa Serra *idem ibidem*. O que nos faz desconfiar penalmente da pertinência da figura da «representação» de Direito Civil e da teoria de Direito Civil da identificação que, no fundo, é utilizada, talvez equivocamente, como eixo de conexão para responsabilizar os entes colectivos no Direito Penal secundário (v.g art. 7.º do RGIT). Questão diferente, conforme vimos a montante, é a problemática da autoria e comparticipação.

fico estudo, o art. 12.º do CP – embora o tenha por base – pois se o primeiro artigo está inserido num regime especial de Direito Penal secundário, já o segundo se encontra enquadrado no Direito Penal comum. Repare-se que, ainda que não existam diferenças substanciais entre as duas normas jurídicas, as mesmas não são totalmente idênticas.[1015] Destacamos, na primeira parte do n.º 1 e por um lado, a diferença identificada no termo «membro» que a lei distingue formalmente dos termos «órgão» ou «representante»; e, por outro lado, a sociedade «ainda que irregularmente constituída». O termo «membro» não se encontra no n.º 1 do art. 7.º do RGIT. Ora, *parece-nos injusto*» que um «membro» que cometa uma infracção fiscal em nome e no interesse colectivo duma organização seja punido de acordo com o art. 6.º do RGIT e não desencadeie simultaneamente através desse mesmo acto (realizado por iniciativa e autoria imediatas suas, sem qualquer espécie de comparticipação) a responsabilidade colectiva dessa mesma organização, que porventura representa de alguma forma. A organização deveria neste caso repor, rectificar ou devolver a vantagem por si adquirida. Para não falar nos casos em que grande parte da conduta criminalmente típica, em organizações altamente complexas, é sustentada e realizada em máquinas e computadores em ambientes cada vez mais eivados pela *robotização* e pela (quase) *intelegência artifical*.[1016]

[1015] Para dar maior autonomia a este nosso estudo, fazemos questão de as transcrever aqui, sublinhando as diferenças mais importantes:
«Artigo 12.º do CP: § Actuação em nome de outrem § 1 – É punível quem age voluntariamente como titular de um órgão de uma pessoa colectiva, sociedade ou mera associação de facto, ou em representação legal ou voluntária de outrem, mesmo quando o respectivo tipo de crime exigir: § a) Determinados elementos pessoais e estes só se verificarem na pessoa do representado; ou § b) Que o agente pratique o facto no seu próprio interesse e o representante actue no interesse do representado. § 2 – A ineficácia do acto que serve de fundamento à representação não impede a aplicação do disposto no número anterior»;
«Artigo 6.º: § Actuação em nome de outrem § 1 – Quem agir voluntariamente como titular de um órgão, membro ou representante de uma pessoa colectiva, sociedade, ainda que irregularmente constituída, ou de mera associação de facto, ou ainda em representação legal ou voluntária de outrem, será punido mesmo quando o tipo legal de crime exija: § a) Determinados elementos pessoais e estes só se verifiquem na pessoa do representado; § b) Que o agente pratique o facto no seu próprio interesse e o representante actue no interesse do representado. § 2 – O disposto no número anterior vale ainda que seja ineficaz o acto jurídico fonte dos respectivos poderes».
[1016] O revogado art. 6.º do RJIFNA referia ainda no anterior n.º 1: «ou de contra-ordenação exijam». Das duas uma: ou há um lapso do legislador, pois o art. 6.º RGIT tam-

Resta referir, numa outra perspectiva, que a expressão «actuação em nome de outrem» ainda merece algumas outras críticas além das já referidas mais atrás. É que, *ab initio*, é irrelevante para o Direito Penal o conceito civilista de representação.[1017] O mesmo se passa em relação à distinção entre produção de efeitos na esfera do agente ou do «representado». A razão é que nesta sede tudo se direcciona à volta do valor ou desvalor das acções. Além disso, é perfeitamente natural aparecerem «actuações em nome próprio» mas no «interesse de outrem», as quais deverão ser abarcadas pela figura do art. 12.º do CP (ou, se for o caso, do art. 6.º do RGIT). Pode-se, então, concluir que a representação que aqui interessa (à «actuação em nome de outrem») só pode ser outra que não a que é alvo de utili-

---

bém se aplica ao direito de mera ordenação social (Capítulo I; *«Disposições Comuns»* do RGIT); ou o legislador pretendeu salvaguardar a exclusão da responsabilidade contra-ordenacional individual dos respectivos agentes, prevista no n.º 4 do art. 7.º do RGIT. Mas esta última posição parece ter um *difícil* provimento (ou cria certas dificuldades: o agente pode praticar uma contra-ordenação nos termos do n.º 2 do art. 7.º do RGIT! Ou então haveria uma lacuna de sancionamento contra-ordenacional: v.g. art. 31 do RGIT!), pois, como se sabe, o «outrem ou representado» do art. 6.º do RGIT não é necessariamente sempre uma pessoa colectiva como a própria letra da lei esclarece. Além da responsabilidade por «actuação em nome de outrem» não se cingir no domínio da representação das pessoas colectivas (*lato sensu*), ela chega mesmo a estar excluída na situação da infracção constituir uma contra-ordenação (art. 7.º/4). Não obstante, qualquer que seja a solução, parece-nos que tais factos conduzem à ideia (*não necessariamente tautológica*) de que existe uma estreita conexão entre os regimes jurídicos dos art.os 6.º e 7.º do RGIT. Ou seja, se um «órgão» ou «representante» (parece que já não um «membro»?) actuar «em nome de outrem» nos termos do art. 6.º RGIT e simultaneamente em «nome e no interesse colectivo» duma pessoa colectiva, sociedade, ainda que irregularmente constituída, e outras entidades fiscalmente equiparadas (e se não tiver actuado contra ordens ou instruções expressas de quem de direito), está a desencadear a responsabilidade da organização de acordo com o art. 7.º do RGIT.

[1017] A «representação» do ponto de vista do Direito Penal a que nos referimos refere-se ao art. 12.º do CP e, portanto, abrange aqui os «titulares de um órgão duma pessoa colectiva» e os «representantes legais ou voluntários de outrem». Já em relação ao art. 6.º do RGIT, abarca o «órgão, membro ou representante duma pessoa colectiva, sociedade, ainda que irregularmente constituída, ou de mera associação de facto, ou ainda em representação legal ou voluntária de outrem». Como nos refere Francisco Muñoz Conde in *«La responsabilidad penal de los órganos de las personas jurídicas...»*, 1977, p. 171, c.n.t. e a nossa nota entre parênteses: «a responsabilidade penal dos órgãos que actuam em nome ou no interesse das pessoas jurídicas não é mais que uma parte de um problema mais global e igualmente importante: a responsabilidade da totalidade daqueles representantes legais ou voluntários de pessoas naturais ou jurídicas».

zação pelos Civilistas nos moldes e objectivos específicos do Direito Civil.[1018] Por tudo isto (e muito mais que neste trabalho não cabe desenvolver) surgiu uma nova denominação nos anos oitenta do séc. XX, através da qual se tentou adaptar a designação da figura à arquitectura do próprio instituto em causa, arquitectura esta que é respectiva à ideia de *An eines anderen Stelle stehens*, ou seja, a «estar em lugar de outrem».[1019]

O modelo da responsabilidade dos órgãos e dos representantes previsto em normas jurídicas como o art. 12.º do CP ou o art. 6.º do RGIT, ou nas palavras de Achenbach, o «*modelo de responsabilidade para abaixo*»[1020], porque penaliza os representantes (legais e, por vezes, de facto) mais baixos da cadeia funcional da organização que executam planos concebidos em lugares cimeiros, não ataca a possível «atitude criminal de grupo».[1021] Esses

---

[1018] Vide Paulo Saragoça da Matta in op. cit. pp. 17-18 quanto à questão terminológica da «representação» inserida no art. 12.º do CP. Refere ainda o mesmo ilustre Autor na pp. 33-34 que o ilustre Autor alemão «Wiesener (...) fez assentar a sua crítica à fórmula da dissociação no facto de no Direito Penal não ter qualquer relevância o instituto civilístico da representação, entendido como *instrumento técnico-jurídico de imputação de efeitos jurídicos a um sujeito distinto do da acção*». Posição esta – escusada da transcrição integral – que o Dr. Paulo Saragoça da Matta considera, entre outros argumentos, como «Banal porque visa demonstrar algo que é patente – que no Direito Penal não cabe a imputação de condutas alheias».

[1019] Vide Paulo Saragoça da Matta in op. cit. p. 19 e que acrescenta ainda o seguinte: «Ou seja, alude-se a uma *substituição* ou *recolocação* de sujeitos, uma *Ersetzung*, não a uma *representação* em sentido técnico, com o que se adequaria o *nomem iuris* da figura aos fundamentos do instituto e seria neutra». Recordemo-nos que esta posição é próxima de Gracia Martín in op. cit., a qual, por sua vez está muito estreitamente conexionada com as opiniões de Schünemann in «*Unternehmenskriminalität und Strafrecht*», 1979, pp. 127 e ss., 227 e ss. ou in «*Cuestiones básicas de dogmática y de politica criminal acerca de la criminalidad de empresa*», ADPCP, 1988, pp. 542 e ss.; apud Jesús-María Silva Sánchez in «*Responsabilidad Penal de las Empresas y de sus òrganos en Derecho Español*», pp. 378-379, nas quais acrescenta com interesse: «*En opinión de* Gracia Martín, *lo que fundamenta la sanción del que actua por otro, es una equivalente material (valorativa) de la conducta de éste con la del sujeto idóneo del delito especial*»; e ainda um pouco mais à frente: «*...sin embargo, se sostiene la necesidad de incriminar, dentro del precepto relativo al "actuar por otro", conductas de órganos representantes fácticos, e incluso casos en que un sujeto actúa por otro (persona física o jurídica) quien, a su vez, actúa por otro. Aunque, ciertamente, no sea posible incluir todo ello en una interpretación de la lex lata del artículo 15 bis, se propone como solución de lege ferenda*».

[1020] Cfr. o nosso Capítulo IV: Alemanha.

[1021] Vide Luis Gracia Martín in «*La Cuestión De La Responsabilidad Penal De Las Propias Personas Jurídicas*», 1996, pp. 35 e ss. Vide, especialmente, pp. 54-55, onde o

representantes são facilmente trocados, pois são fungíveis e meros executantes dentro da organização funcional onde o importante são as funções e não as pessoas, pelo que são anulados quaisquer efeitos preventivo-gerais das normas.[1022]

---

ilustre Autor, não negando a sua realidade, fala dum novo substrato «*susceptible de valoración jurídica que permita configurar un supuesto de hecho al que vincular y desde el que legitimar la imposición de una consecuencia jurídica sancionadora a la propia empresa*». A Doutrina alemã designa-o por *Verbandstat* ou *Verbandsdelikt*. O Prof. Doutor Gracia Martín traduz por «*delito de hecho cometido en el curso de la actividad de una agrupación*». Schünemann (*apud*), em relação a este substrato e depois de identificar a organização hierárquica e a divisão do trabalho refere que o crime cometido no seio dum agrupamento é favorecido por uma «*atitude criminal do agrupamento*» (*Kriminelle Verbandsattitüde*): factor criminógeno de primeira magnitude por consequência do escasso ou nulo poder de resistência do indivíduo integrado no agrupamento frente à atitude colectiva. Neste sentido, Marxen (*apud*) fala duma «*disposição criminal do agrupamento*» (*Kriminelle Disposition des Verbandes*). Brender (*apud*), seguindo Busch, fala dum «*espírito do agrupamento em sentido normativo*» (*normativen Verbandsgeist*).

[1022] Vide Shünemann in «*Cuestiones básicas de dogmática jurídico-penal y de política criminal acerca de la criminalidad de empresa*», ADP, 1994, p. 533; vide, igualmente, Alessandri in «*Parte General*»: *Manuale di Diritto penale dell'impresa*, 1998, p. 29; apud Zúñiga Rodríguez in op. cit. pp. 177 e ss., ilustre Autora a qual nos apresenta seis razões fundamentais para que o modelo da «actuação em nome de outrem» seja insuficiente para estabelecer a responsabilidade penal das infracções cometidas dentro da empresa: 1.ª existem uma série de normas no CP espanhol (mas também no CP português: v.g. o crime de poluição p.p.p.p. 279.º) como por exemplo os crimes cometidos contra os direitos dos trabalhadores (arts. 311.º a 318.º), crimes contra a Fazenda Pública e a Segurança Social (arts. 305.º a 310.º), crimes de insolvências puníveis (arts. 257.º a 261.º), crimes relativos à propriedade industrial (arts. 273.º a 277.º), crimes relativos ao mercado e aos consumidores (arts. 278.º a 286.º), crimes relativos à energia nuclear e às radiações ionizantes (arts. 341.º a 345.º), crimes societários (arts. 290.º a 295.º), crimes relativos à manipulação genética (arts. 149.º a 162.º) e muitos outros que se dirigem a autores em forma de pessoas colectivas (sentido amplo) ou empresas. De tal facto resulta a falácia prática da formalidade de que o CP espanhol de 1995 só se dirige a pessoas singulares. Klaus Tiedemann in «*Responsabilidad penal de personas jurídicas…*»; in «*Responsabilidad penal de personas jurídicas, otras agrupaciones…*», 1997, 1995, p. 25 chama a atenção para tal falha; 2.ª «nos delitos com elementos subjectivos pessoais ou transcendentes não poderia ser aplicado ao representante ou órgão quando o sujeito actua fora do âmbito de representação, com tendência subjectiva egoísta»; 3.ª se o representante for uma pessoa colectiva (habitual hoje em dia), não pode aplicar-se a figura da «actuação em nome de outrem»; 4.ª se o órgão ou representante realizar o facto típico mas não seja responsável porque actua em erro ou em situação de não exigibilidade não será sancionado; 5.ª nos grupos de empresas ou consórcios o representante pode ser autor do facto e directivo do grupo, mas as qualidades con-

Aliás, os penalistas franceses sentem-se fortemente *constrangidos* perante a utilização dos termos do novo CP francês, como nomeadamente são os conceitos de «*organes ou représentants*». O argumento de base para tal posição consiste fundamentalmente em invocar a autonomia conceptual do Direito Penal em comparação ao Direito Civil.[1023]

Por outro lado, em duas decisões jurisprudenciais dos Tribunais alemães, no âmbito do Direito do Ambiente, – *processos «Erdal-Lederspray»* (1990) e «*meio de protecção da madeira*» (B.G.H., 1995) onde se reconheceu responsabilidade da direcção da empresa por prejuízos gerados por abusos de produção industrial – o Prof. Doutor Günter Heine chama a atenção para o facto do respectivo teor ser sobre a base do princípio (*precisamente derivado do Direito Civil*) da responsabilidade geral e de colectividade da direcção empresarial, estendendo pontes ao Direito Penal e desta forma determinando a culpa pela actividade da empresa.[1024]

O Prof. Doutor Augusto Silva Dias chega mesmo a afirmar que: «É incorrecto afirmar, como fazem os partidários da capacidade de acção das pessoas colectivas, que estas praticam condutas jurídico-penalmente relevantes através da actividade dos seus órgãos e representantes, porquanto o mecanismo da representação não faz parte das estruturas típicas do Direito Penal».[1025] Nós pensamos, por outro lado, que as disposições do CP como é o caso do seu art. 12.° (ou § 14 do CP alemão ou art. 31.° do CP espanhol ou, indubitavelmente, do art. 6.° do RGIT face ao seu art. 7.°) partem

---

correm numa das pessoas colectivas do grupo mas já não em outras tantas. *Quid iuris*?; 6.ª se se põe em causa a pena de prisão ao representante com base na «actuação em nome de outrem», porque não sancionar pecuniariamente a empresa representada, se for o caso?. Face às grandes dificuldades desta figura jurídica aqui elencadas, a jurisprudência (casos do «*Colza*» e do «*Lederspray*») e o Direito comparado utilizaram outro modelo para responsabilizar a criminalidade cometida no seio da empresa: transladar o centro de gravidade da responsabilidade da base para os dirigentes ou directivos e titulares da empresa, os quais devem garantir a salvaguarda de bens jurídicos em risco na actividade empresarial.

[1023] *Vide* not. F. Desportes et F. Le Gunehec in «*Le nouveau droit pénal*», Tomo 1, n.° 608; *vide* igualmente G. Couturier et G. Viney in «*Revue sociétés*», précit. 1993; por todos *apud* Alain Cœuret in «*Les propositions "Espace judiciaire européen" confrontées à la situation en France*», 1996, «*La responsabilité pénale dans..*», p. 307, *RCCDC*, 1997.

[1024] *Vide* Günter Heine, «Catedrático de Direito Penal na Universidade de Giessen», in «*Derecho penal del medio ambiente. Especial referencia al Derecho penal aleman*», *CPC*, 1997, pp. 64-65.

[1025] *Vide* Augusto Silva Dias, «O Novo Direito Penal Fiscal Não Aduaneiro... », 1990, p. 16 e ss; e republicado in «Direito Penal Económico E Europeu...», 1999, p. 249.

claramente do conceito de que o ente colectivo pode ser o destinatário principal de normas de Direito Penal fiscal e outras.[1026]

Como conclusão, devemos referir que a nossa opinião é de que quem age como titular dos órgãos (ou representante legal ou voluntário de outrem) de uma pessoa colectiva (*lato sensu*) está a agir no contexto duma «actuação em nome de outrem», i.e., segundo o art. 12.° do CP, ou seja, de acordo com a representação para o Direito Penal.[1027] É esta uma problemática que é impossível de excluir no presente estudo![1028] Achamos perfeitamente possível a utilização dum conceito de tipo associado ao tipo original (*dem Ausgangstatbestand assoziierter Tatbestand*) para o tipo que resulta aplicado ao órgão ou ao representante em virtude da conexão do tipo da Parte Especial à regra de imputação que estabelece a cláusula de actuação por outro já acima mencionada (*Handeln für einen anderen*) do art. 14.° do CP alemão (StGB) equivalente ao art. 12.° do CP português (art. 6.° do RGIT).[1029] Seria um tipo configurado por pressupostos que determinem a aplicação duma sanção à pessoa jurídica desde a realização do tipo da Parte Especial por outros sujeitos. Sanções que podem ser penais, embora no caso de prisão houvesse reconversão automática em pena de multa. Ou seja, o facto de conexão, para responsabilidade da pessoa colectiva, poderia ser praticado por uma pessoa individual nos termos do art. 12.° do CP (art. 6.° do RGIT), o qual alargaria, *de lege ferenda*, o excessivo circunscricionismo no modelo de imputação baseado na teoria do Direito Civil que está consagrado em normas como é o caso do art. 7.°/1 do RGIT. Desta forma, também se afastaria uma teoria Civil da identificação (e, como vimos, extensivamente da representação) que é um *corpo estranho* ao Direito Penal. Não obstante, o grande problema é que quem pratica tarefas ultra-repartidas não é representante para o Direito Penal (cfr. art. 12.° do CP e tudo o que referimos neste Ponto).

[1026] *Vide* Klaus Tiedemann in «*Responsabilidad penal de personas jurídicas...*», 1997, p. 38.

[1027] *Vide* Jorge de Figueiredo Dias in «Para Uma Dogmática Do Direito Penal Secundário... », RLJ, (1983-1984-1985) e republicado in «Direito Penal Económico E Europeu...», 1998, p. 69.

[1028] Com uma opinião aparentemente contrária – se bem que em um trabalho sucinto dado o carácter intrínseco de obrigatoriedade de economia de espaço e de tempo do mesmo – *vide* Jorge dos Reis Bravo in «Critérios de Imputação Jurídico-Penal de Entes Colectivos...», RPCC, 2003, p. 216.

[1029] *Vide* Marxen in *Juristenzeitung*, 1988, p. 287.

Capítulo V – A Responsabilidade Cumulativa (ou punição...   383

2.5.5.1. Os representantes susceptíveis de terem poderes capazes de responsabilizar a sociedade comercial e a figura da «representação» no enquadramento da área do Direito Civil e do Direito Comercial – termos gerais

A acepção jurídica e rigorosa da expressão «representantes», no campo do Direito Civil *lato sensu*, como aqueles que podem fundadamente agir em nome e no interesse de outrem, sendo elementos essenciais do conceito de representação a actuação em nome de outrem, a actuação no interesse de outrem e a atribuição de poderes representativos[1030], não pode fazer esquecer, dizíamos, que os factos praticados quer pelo «órgão» quer por o «representante» – expressões utilizadas no art. 7.º do RGIT – são ligação (*Anknüpfungstat/Bezugstat*) desencadeadora da responsabilidade (porventura e nomeadamente penal fiscal) das sociedades comerciais e das sociedades civis sob a forma comercial, ainda que irregularmente constituídas (aqui, porventura, serão também os órgãos de facto).[1031] Parece-nos ser indubitável que entramos nestes termos na área do Direito Penal. Trata-se claramente do desencadeamento de responsabilidade penal. Chegados aqui, a questão é saber se para definirmos o significado de «órgão» e «representante» (ambos constituem «representação» em sentido amplo) nos basta socorrer do art. 12.º do CP (ou art. 6.º do RGIT no nosso caso concreto) ou teremos que recorrer à «representação» do âmbito do Direito Civil.[1032] Pensamos que a representação que nos interessa em

---

[1030] Cfr. Luís Carvalho Fernandes in «Teoria Geral do Direito Civil», Vol. II, 2.ª ed., Lisboa, 1996, p. 168; *apud* Isabel Marques Silva in op. cit. pp. 132-133.

[1031] E, naturalmente, das pessoas colectivas, das restantes sociedades ainda que irregularmente constituídas, e outras entidades fiscalmente equiparadas.

[1032] Uma coisa nos parece ser, contudo, a «representação» em termos gerais para o Direito Penal, a qual, como vimos, está definida no art. 12.º do CP (ou art. 6.º no que se refere ao RGIT); outra, bem distinta, é discernir quem são os «órgãos» ou «representantes» cujas infracções por si cometidas em nome e no interesse colectivo de todas as organizações (mais precisamente aquelas que interessam a este trabalho: as sociedades comerciais e as sociedades civis sob a forma comercial, ambas ainda que irregularmente constituídas) elencadas no art. 7.º do RGIT desencadeiam a responsabilidade destas mesmas últimas. Ora, para realizar esta última tarefa, parece-nos, por uma questão de segurança e certeza jurídicas, que teremos que perguntar necessariamente ao Direito comercial, nomeadamente ao Código das Sociedades Comerciais (e subsidiariamente ao Direito Civil). E isto porque o art. 7.º do RGIT refere expressamente «pelos seus órgãos ou representantes» e não, por exemplo, «pelos seus órgãos, membros ou representantes definidos conforme o artigo ante-

sentido amplo é a «representação penal» que se encontra em figuras jurídicas como a do art. 12.º do CP ou do art. 6.º do RGIT. O que não implica, *de jure condito* e face à letra do art. 7.º do RGIT, que não tenhamos que indagar junto do Direito comercial e do Direito Civil acerca de saber quais os «órgãos ou representantes» que podem praticar infracções desencadeadoras de responsabilidade criminal fiscal de sociedades comerciais ou sociedades civis sob a forma comercial, ainda que irregularmente constituídas (aqui, porventura, serão também os órgãos de facto). É, aliás, isso que temos vindo precisamente a tentar fazer. A imputação ao mandante dos actos jurídicos celebrados pelo representante fundamenta-se na autonomia da vontade que já Immanuel Kant tinha concebido como o maior dos princípios da moralidade, i.e., da *Sittlichkeit*.[1033]

Numa perspectiva específica, já sabemos que o princípio geral da capacidade tributária[1034] é de que os actos em matéria tributária praticados pelo representante em nome do representado produzem efeitos na esfera jurídica deste nos limites dos poderes de representação que lhe forem con-

---

rior ou art. 6.º, em seu nome e no interesse colectivo» ou então «pelos seus *representantes* em sentido penal (abrangendo, portanto, órgãos, membros e representantes em sentido estrito) definidos conforme o artigo anterior ou art. 6.º, em seu nome e no interesse colectivo».

[1033] Vide Immanuel Kant in «*Grundlegung der Metaphysic der Sitten*», 2.ª ed., Riga 1786, reimpressão, Reclam, Stuttgart, 1988; Valentiner, Th., (Ed.), 1961, pp. 95 e ss; Num sentido semelhante *vide* Georg Wilhelm Friedrich Hegel in «*Grundlinien der Philosophie des Rechts*», 1821, §§ 72 e ss.; No que se refere ao carácter público do Direito Penal, a questão relaciona-se com o fundamento da obrigatoriedade das leis. No contexto da teoria contratualista este fundamento é também a vontade do contrato social (*volonté générale*). Pelo que também aqui parece inexistir qualquer obstáculo à representação. Ainda Georg Hegel in op. cit. p. 258: «*Der Staat ist als die Wirklichkeit des substantiellen Willens, die er in dem zu einer Allgemeinheit erhobenen desonderen Selbsbewußtsein hat, das an für sich Vernünftige*»; Vide, ainda, G. Jakobs in «*Strafrecht Allgemeiner Teil – Die Grundlagen und die Zurechnungslehre*, 2. ed. Walter de Gruyter, *Berlin/New York*, 1991, 6/44: pode-se, pois em princípio, sustentar que a acção do representante se pode impor às pessoas colectivas; por todos *apud* Silvina Bacigalupo in op. cit. pp. 379 e ss., nas quais refere o seguinte c.n.t.: «Com o qual, se deve determinar qual é o *círculo de representantes* que neste sentido pode desencadear a responsabilidade penal duma pessoa jurídica ou sociedade. Quer dizer, deve-se determinar as pessoas que podem ostentar uma *representação válida* duma pessoa jurídica para cuja possível acção ilícita possa ser imputada à pessoa jurídica».

[1034] Cfr. o art. 16.º da LGT, bem como as notas que já fizemos ao mesmo neste mesmo Capítulo.

feridos por lei ou por mandato.[1035] E que, justamente, os direitos e deveres das entidades sem personalidade jurídica são exercidos pelas pessoas que administrem os respectivos interesses.[1036] Os representantes poderão ser legais (poderes representativos provenientes da lei) ou voluntários (poderes representativos provenientes de um acto voluntário do titular do interesse).[1037] A representação legal das sociedades é conferida pela lei aos correspondentes administradores, gerentes ou directores, os quais são órgãos sociais ou membros de órgãos sociais.[1038] Não obstante, e como já vimos, tais factos não são obstáculo a que a sociedade disponha igualmente de representantes voluntários designados pelos órgãos com poderes de representação dessa mesma sociedade.[1039] Deste modo, constituem representantes voluntários os procuradores, sendo que a procuração é o acto pelo qual alguém atribui a outrem, voluntariamente, poderes representativos.[1040] Também os mandatários, com poderes de representação, são representantes voluntários.[1041] Já os actos dos mandatários sem pode-

---

[1035] Cfr. novamente o art. 16.º da LGT.
[1036] Cfr. novamente o art. 16.º da LGT.
[1037] *Vide* Isabel Marques Silva in op. cit. pp. 133 e ss., a quem – neste ponto – seguiremos.
[1038] Cfr. os arts. 192.º, 252.º e 408.º do CSC já por nós anteriormente apontados, mas também o art. 431.º igualmente do CSC e os arts. 985.º e 996.º do CC. Por outro lado, cfr. a «Jurisprudência n.º 1/2002», de 24 de Janeiro de 2002, do STJ, DR n.º 20 Série I-A, que no seu sumário refere: «A indicação da qualidade de gerente prescrita no n.º 4 do artigo 260.º do CSC pode ser deduzida, nos termos do artigo 217.º do CC, de factos que, com toda a probabilidade, a revelem».
[1039] Cfr. novamente o n.º 6 do art. 252.º do CSC. Por outro lado, o n.º 1 do art. 163.º do CC menciona-nos o seguinte: «A representação da pessoa colectiva, em juízo e fora dele, cabe a quem os estatutos determinarem ou, na falta de disposição estatutária, à administração ou a quem por ela for designado». *Vide*, entretanto, Pires de Lima e Antunes Varela in op. cit., Volume I (Artigos 1.º a 761.º), p. 166, que nos referem o seguinte em anotação a esta norma jurídica. «A ordem por que se fixa a representação da pessoa colectiva é a seguinte: 1.º designação estatutária; 2.º administração; 3.º designação pela administração. A representação designada pelos administradores está sujeita à limitação do n.º 2». Cfr. art. 163.º/2 do CC.
[1040] *Vide*, entretanto, Pires de Lima e Antunes Varela in op. cit., Volume I (Artigos 1.º a 761.º), p. 166.
[1041] Cfr. art. 1178.º do CC. Como nos referem os Prof. Doutor Pires de Lima e Prof. Doutor Antunes Varela in «Código Civil Anotado», p. 744: «Ao lado do mandato, que impõe ao mandatário a obrigação de celebrar um acto *por conta* do mandante, existe a procuração, que, uma vez aceite, obriga o mandatário-procurador, em princípio, a celebrar o

res de representação, em vez de produzirem os seus efeitos na esfera jurídica do mandante (cfr. art. 258.º do CC) acabam por produzi-los na esfera do mandatário. Este género de mandatários, assim como os comissários, agem em nome próprio e não em nome do representado: tais espécies de figuras jurídicas não se tratam, pois, de representantes em sentido próprio.[1042] Por seu lado, os actos em matéria tributária que não sejam de natureza puramente pessoal podem ser praticados pelo gestor de negócios, produzindo efeitos em relação ao dono do negócio nos termos da lei civil.[1043] Logo, verifica-se a gestão de negócios assim que uma pessoa assume a direcção de negócio alheio no interesse e por conta do respectivo dono sem para tal estar autorizada.[1044] Por esta via, para que exista gestão de negócios é necessário que o gestor assuma a direcção do negócio alheio; que o gestor actue no interesse e por conta do dono do negócio; e que não haja autorização desse mesmo dono do negócio. Ora, ainda que a gestão de negócios possa vir a ser ratificada, o gestor de negócios também não é um representante em sentido próprio, pois age destituído de poderes de representação. Embora se saiba que podem existir as chamadas «*gestão representantiva*» no caso do gestor agir em nome do *dominus negotii* ou

---

acto *em nome* daquele. Nestes casos, a que poderemos chamar de *mandato representativo*, são de aplicar as disposições do mandato, e são de aplicar *também* as disposições relativas à representação. São, pois, de aplicar *conjuntamente* as normas dos dois institutos e não apenas as do mandato. É o que dispõe o n.º 1 deste artigo».

[1042] Cfr. respectivamente art. 1180.º do CC e art. 266.º do CCm. Muito curiosas, do ponto de vista científico, são as palavras do Prof. Doutor Pessoa Jorge *apud* Pires de Lima e Antunes Varela in op. cit, p. 747: «O mandato sem representação vem responder a certas necessidades sociais, perfeitamente dignas de protecção legal. Sucede, na verdade, com frequência que uma pessoa, desejando realizar certo negócio, tem interesse legítimo em não intervir pessoalmente na sua efectivação e em se manter oculta, a fim de que as outras pessoas, especialmente a parte contrária, ignorem ser ela o interessado real. A ocultação do verdadeiro interessado não é ilícita nem significa simulação; (...) Aliás, ocultar a verdade pode constituir uma obrigação, se há o dever de guardar segredo sobre essa verdade; é o que acontece normalmente na comissão, em que o comissário deve *guardar segredo* sobre quem é o comitente, segredo que também aqui é, muitas vezes, a alma do negócio». O problema é saber se isto não pode desembocar na utilização de «testas de ferro» e «homens de palha» manobrados, qual marionetes, por «homens de detrás».

[1043] Cfr. art. 17.º da LGT. Confirma-se, em termos globais, a possibilidade de se verificarem actos de índole tributária por meio de gestor de negócios, i.e., por terceiro que actua em nome do contribuinte, carecido de poderes de representação ou extravazando os poderes de representação que lhe foram outorgados.

[1044] Cfr. art. 464.º do CC.

«*gestão não representativa*» na situação em que o gestor age em nome próprio.[1045] No caso das sociedades comerciais e das sociedades civis sob a forma comercial, parece-nos que o n.º 1 do art. 7.º do RGIT, assim que menciona as infracções cometidas pelos representantes, se dirige aos representantes em sentido próprio e não a figuras similares à representação, como são a comissão ou o mandato sem poderes de representação.[1046] À mesma conclusão não podemos chegar no que diz respeito às sociedades comerciais ou sociedades civis sob a forma comercial, antes do registo; as mesmas bem como outras pessoas colectivas após a declaração da sua invalidade; assim como outras sociedades ainda que irregularmente constituídas.[1047]

2.5.5.2. Representação de entidades não residentes e gestores de bens ou direitos de não residentes [1048]

Os actuais artigos 19.º LGT, 29.º CIVA e 118.º CIRC – e paralelamente o art. 103.º CIRS no que diz respeito especificamente às pessoas individuais – obrigam os sujeitos passivos não residentes em território por-

---

[1045] Cfr. art. 471.º, que remete para o art. 268.º, ambos do CC. *Vide* Pires de Lima e Antunes Varela in op. cit., Volume I (Art.ºs 1.º a 761.º), pp. 445-446; *idem ibidem*, pp. 248-249. No entanto, parece-nos que se for um «órgão» ou um «representante» da sociedade comercial ou sociedade civil sob a forma comercial, ainda que irregularmente constituída, a ratificar um acto com, porventura, conhecimento e vontade de preencher os tipos objectivo e subjectivo dum qualquer tipo-de-ilícito criminal fiscal ou por mera negligência cuja punição esteja prevista, celebrado por um «gestor representativo», então, neste caso, a organização em causa incorrerá em responsabilidade criminal plasmada no art. 7.º do RGIT. O gestor poderá ter sido mero instrumento do «órgão» ou «representante» ou verdadeiro participante, em diversos níveis, do crime.

[1046] Cfr. com o nosso aplauso e no mesmo sentido, em relação ao anterior art. 7.º/1 do RJIFNA (e art. 7.º/1 do RJIFA), a Dr.ª Isabel Marques Silva in op. cit. p. 154, ilustre Autora a qual invoca como argumento decisivo o n.º 3 do art. 9.º do CC.

[1047] Como já indiciamos a montante e como vamos reforçar a jusante no local próprio, pois os entes legalmente equiparados a pessoas colectivas para efeitos tributários, entre outros, são entidades sem personalidade jurídica, pelo que muito naturalmente podem ter – até e somente! – «órgãos ou representantes» radicalmente de facto.

[1048] *Vide* Alberto Xavier in «Direito Tributário Internacional», 1993, pp. 368-369; Isabel Marques Silva in op. cit. pp. 134-135 e Jorge Lopes de Sousa e Manuel Simas Santos in op. cit. pp. 656-659.

tuguês, sem estabelecimento estável, mas que nele obtenham rendimentos, a designarem[1049] uma pessoa singular ou colectiva com residência, sede ou direcção efectiva naquele território para as representar perante a administração fiscal quanto às suas obrigações referentes aos diversos tipos de impostos em causa.[1050] A falta de designação de representantes constitui, por sinal, uma contra-ordenação preceituada no tipo-de-ilícito de mera ordenação social plasmado no actual art. 124.º do RGIT.[1051] Na situação das condutas serem imputáveis a pessoa colectiva, sociedade, ainda que irregularmente constituída, e outra entidade fiscalmente equiparada, de acordo com aquilo que está plasmado nos n.os 1 e 2 do art. 7.º do RGIT, não serão igualmente responsabilizados os agentes individuais da infracção que em nome daquela organização agiram.[1052]

Também os gestores de bens ou direitos de não residentes são alvo de determinada responsabilidade.[1053] Os gestores de bens ou direitos de não residentes sem estabelecimento estável em território português são solidariamente responsáveis em relação a estes e entre si por todas as contribuições e impostos do não residente relativos ao exercício do seu cargo.[1054]

[1049] Assim como os sócios ou membros referidos no art. 5.º/9 do CIRC: para efeitos da imputação prevista no art. 6.º CIRC (regime de «Transparência fiscal»), considera-se que os sócios ou membros das entidades nele referidas que não tenham sede nem direcção efectiva em território português obtêm esses rendimentos através de estabelecimento estável nele situado.

[1050] Cfr. o n.º 4 do art. 19.º do RGIT; cfr. também o n.º 2 do art. 118.º CIRC. Cfr. ainda o n.º 1 do art. 29.º do CIVA. Não obstante, poderá haver dispensa de registo e da nomeação de representante, quando os sujeitos passivos referidos efectuem somente transmissões de bens mencionados no anexo C e isentas ao abrigo da alínea d) do n.º 1 do art. 15.º do CIVA (cfr. n.º 4 do art. 29.º do CIVA).

[1051] Cfr. o art. 124.º do RGIT.

[1052] Cfr. art. 7.º/4 do RGIT. Por outro lado e no que diz respeito às organizações aqui identificadas, os limites máximo e mínimo das coimas aqui previstas são elevados para o dobro (cfr. art. 26.º/4 do RGIT). Resta referir que não podem ser aplicadas sanções acessórias (cfr. arts. 23.º/2 e 28.º/1 do RGIT) e que a tentiva não é punível, pois não consta a previsão da sua punibilidade (art. 27.º/4 do RGIT).

[1053] Cfr. art. 27.º da LGT.

[1054] Cfr. o n.º 2 do art. 27.º da LGT: «consideram-se gestores de bens ou direitos todas aquelas pessoas singulares ou colectivas...». Ou seja, se o gestor de bens ou direitos for uma sociedade comercial ou sociedade civil sob a forma comercial – que surge aqui como representante, por exemplo, duma outra sociedade comercial ou sociedade civil sob a forma comercial – temos que saber que tipo de nexo de imputação nos permite potencialmente responsabilizar esta mesma organização. *De jure constituto*, parece-nos que per-

Ora, o representante fiscal do não residente, quando pessoa diversa do gestor dos bens ou direitos (*porque podem ser entidades diferentes*), deverá obter a identificação deste e apresentá-la à administração fiscal sempre que solicitado. Tanto os representantes fiscais de sociedades não residentes, nomeadamente incumbidos de cumprir os deveres fiscais que a lei obriga aos seus representados, por um lado; como os gestores de bens ou direitos de não residentes, assim que a direcção dos negócios lhes tenha sido atribuída por acto jurídico válido e eficaz (no caso de pessoas colectivas ou sociedades regularmente constituídas), por outro lado, podem praticar infracções fiscais que, se forem em nome e interesse dos representados ou dos destinatários da gestão, possibilitam a correspondente imputação de responsabilidade colectiva.

2.5.5.3. A (des)responsabilização da sociedade comercial ou sociedade civil sob a forma comercial por factos típicos e ilícitos dos seus empregados ou trabalhadores [1055]

O problema – muito controverso na Doutrina![1056] – é, pois, saber se

---

manecerá o recurso à teoria da identificação (embora de segundo grau) *lato sensu*, i.e., a individualização dum acto praticado por um «órgão ou representante», de Direito, da «pessoa colectiva» em nome desta mesma organização e no seu interesse colectivo. Em sentido semelhante *vide* Isabel Marques Silva in op. cit. p. 135, n. de r. n.º 333: «Para que as infracções por eles cometidas sejam imputadas à sociedade não residente é, porém, necessário que sejam *de jure* órgãos ou representantes desta, não bastando que sejam gestores de negócios, mandatários sem poderes de representação ou que tenham sido designados por acto jurídico inválido ou ineficaz». Outra parece-nos ser a solução no caso do «representante fiscal do não residente ou gestor de bens ou direitos referidos» ser uma sociedade irregularmente constituída ou entidade fiscalmente equiparada, pois neste caso, como veremos poderá dispor de «órgãos ou representantes» de facto. Assim como a direcção dos negócios atribuída aos «gestores de bens ou direitos dos não residentes» pode, porventura, ser através dum acto de facto (e não de Direito) no caso de tal atribuição ser proveniente dum «não residente» na forma de sociedade irregularmente constituída ou entidade fiscalmente equiparada (ou, por exemplo, associação sem personalidade jurídica).

[1055] Cfr. o Capítulo IV sobre o Direito comparado, nomeadamente a análise dos modelos de responsabilização das pessoas colectivas na Alemanha (OWiG ou diploma básico do ilícito de mera ordenação social alemão), Holanda, Reino Unido (neste caso não são quaisquer empregados, mas dirigentes dum determinado «grau hierárquico», pelo menos para certa jurisprudência, conforme vimos no Capítulo IV) e os Estados Unidos da América, onde claramente em certos sectores da doutrina ou jurisprudenciais se admite que os empregados ou trabalhadores poderão ser catalogados de representantes das respectivas sociedades comerciais ou sociedades civis sob a forma

---

os actos dos empregados ou trabalhadores podem provocar a responsabilidade da pessoa colectiva. Nos EUA, como já se disse, pode mesmo ser um baixo agente subalterno (*lowly underling*) ou um «simples criado» (*menial*) a praticar esse acto. O que interessa é que actue no «*scope*» e «*on behalf*» da pessoa colectiva. Na Austrália e na Finlândia, o empregado deverá dispor de certa autoridade para que os seus actos sejam vinculantes e, portanto, desencadeadores da responsabilidade da pessoa colectiva.

[1056] Nas palavras da Prof. Doutora Mireille Delmas-Marty in «*Les conditions de fond de mise en jeu de la responsabilité pénale*», AA VV, pp. 301-306: «*Certains systèmes admettent que la personne morale puisse être engagée pénalement par le comportement d'un simple employé: c'est la conception retenue, non seulement en droit américain, mais aussi aux Pays-Bas, et certains auters en préconisent l'application en Allemagne dans le domaine des OWI (v. Tiedemann, Neue Juristische Wochenschrift 1986, p. 1843). En revanche le droit anglais privilégiant la doctrine de l'indentification («personal liability») sur celle de la délégation («vicarious liability») ne prévoit pas en règle générale la mise en cause par un simple employé et exige qu'il s'agisse d'un dirigeant d'un certain niveau (...) House of Lords, Tesco supermarkets Ltd versus Nattras, 1972, A.C. 153*». Confrontar no nosso Capítulo IV, referente ao Reino Unido, a passagem de tal decisão jurisprudencial na língua inglesa original. Com posição similar surge o Prof. Doutor Geneviève Viney in «*Conclusions*», op. cit. do mesmo Colóquio ou op. cit., p. 384, onde chama a atenção para a ainda grande diferença entre responsabilidade civil e penal das pessoas colectivas, no que diz respeito ao valor para as diferentes ciências do Direito, dos factos praticados por «vulgos» empregados (e não somente «órgãos» ou «representantes»): «*Ce faisant, il a clairement écarté en effet la responsabilité pénale des personnes morales pour le fait de leurs employés: un décalage considérable a ainsi été maintenu entre le domaine de la responsabilité civile des personnes morales – qui est, dans l'immense majorité des cas, une responsabilité du fait des préposés – et celui de la responsabilité pénale. § C'est également une différence entre le système français et bien des système étrangers puisque, semble-t-il, aussi bien le droit américain que le droit néerlandais admettent la responsabilité pénale des personnes morales du fait de leurs employés*». Em França, Mireille Delmas-Marty, *idem ibidem*, (nomeadamente fazendo eco dos projectos de 1978 e 1983) aponta a exclusão duma concepção mais larga do que aquela que se baseia nos actos de «órgãos e representantes», contudo acrescenta *idem ibidem*: «*Sauf à transposer aux personnes morales la jurisprudence sur la responsabilité du "décideur"; ce qui impliquerait une scission entre l'élément moral de l'infraction (la faute), commise par l'organe ou représentant et imputée comme telle à la personne morale, et l'élément matériel (l'acte au sens large), accompli par un employé, pour le compte de celle-ci. Si cette transposition était retenue, la responsabilité pénale de la personne morale pourrait se trouver engagée par le comportement matériel dún simple employé, mais à la condition que la faute relève dún organe ou dún représentant, notions qu'il reste à préciser*». Para compreender melhor o pensamento de Mireille Delmas-Marty, entretanto, vide «*La criminalité d'affaires*», *1974*, pp. 45-55,

comercial.[1057] Refere-nos ainda o Prof. Doutor Klaus Tiedemann: «Igual justificação encontra-se na doutrina japonesa para explicar a responsabilidade penal dos agrupamentos pelos factos criminais realizados por empregados de "grau" inferior. No anteprojecto suiço queria-se da mesma forma estabelecer a responsabilidade da empresa "quando, como consequência de carências de organização, a violação dum dever jurídico reprimido penalmente não possa ser imputado a uma pessoa determinada". O *Model penal Code* estado-unidense, ao contrário da situação jurídica da Federação e dos Estados federados reserva a responsabilidade penal do agrupamento aos comportamentos dos *"high managerial agents"* no caso de crime ordinário (burla, etc....) enquanto que para os crimes e delitos mais específicos de pessoas morais e outras empresas (delitos de concorrência, etc.) onde cada autor pode desencadear a responsabilidade da empresa, a defesa da *"due diligence"* dos funcionários revestidos *"With supervisory responsibility"* exclui esta responsabilidade». Ora aí está uma fonte para uma causa de justificação! E prossegue o mesmo ilustre Autor alemão um pouco mais à frente: «A nível comunitário europeu, e sobretudo em direito de concorrência, o estudo centra-se pelo contrário, como no Japão e na prática dos Estados Unidos, no princípio do acto de cada autor material (...). O mesmo é verdade na Dinamarca onde a responsabilidade penal da empresa se desencadeia por actos ou omissões de todas as pessoas *"on all levels, from the presidente to the workmann"*. A mesma tendência existe em Itália onde a questão não está expressamente regulada pela lei, inclinando-se a prática até uma interpretação que segue o modelo comunitário do direito da concorrência. Sem embargo, um excesso de poder exclui-se em todo o caso e faz responsável somente aquele que cometeu a infracção».

À excepção das situações em que a infracção se baseia em acto jurídico praticado por empregado ou trabalhador no campo da sua função

---

RSCDC; in «*Le droit pénal, l'individu et l'entreprise e culpabilité du fait d'autri ou du dévideur?*», Paris, 1985, *La semaine juridique*. *Doctrine*; em italiano com tradução de Guiliana Toso in «*Il diritto penale delle società commerciali in Francia*», 1988, pp. 599-617, *RTDPE*. Cfr., contudo e novamente, o nosso Capítulo IV sobre o Direito comparado no que diz respeito à França.

[1057] *Vide* Klaus Tiedemann in «*Responsabilidad penal de personas jurídicas...*», 1997 (1995), pp. 44-45, que invocando o art. 130.º do OWiG (cfr. Alemanha no Capítulo sobre Direito comparado), onde é estabelecida uma responsabilidade do órgão, representante e outros pela omissão de controlo, organização e vigilância em relação, inclusive, aos actos dos empregados de «nível vertical baixo» da, v.g., empresa.

laboral, tendo sido alvo simultaneamente de concessão de poderes por força da celebração de contrato de trabalho (ou, v.g., por *credencial* avulsa que outorga poderes de representação para determinado acto, conforme os estatutos da sociedade), parece-nos que a resposta será não.[1058] É claro que esta situação que acabamos de delimitar não pode ser confundida com o leque completo das clássicas formas de autoria *lato sensu* (compreendendo, portanto, também a comparticipação): (não só) autoria imediata; autoria mediata; co-autoria; instigação e cumplicidade que, se aplicadas a cada caso concreto poderão impor naturalmente a responsabilidade penal do «órgão ou representante» (*p.e. como instigador, desde que haja cumprimento da acessoriedade na execução ou começo de execução*)[1059] e do «empregado ou trabalhador» *in concreto* (*p.e. como instigado*), pelo que a pessoa colectiva será responsabilizada cumulativamente. Por outro lado, poderá verificar-se a co-autoria entre «órgão ou representante» e «empregado ou trabalhador»: ambos responderão por culpa, mas só a culpa pelo facto praticado pelo «órgão ou representante» desencadeará a responsabilidade da pessoa colectiva. Caso o trabalhador pratique uma infracção fiscal no enquadramento das suas funções, mas sem dar seguimento a instrução ou ordem de órgão ou representante da sociedade, a sociedade não pode ser responsabilizada por esse acto, desde que tal seja à margem das situações em que o trabalhador disfruta igualmente das funções de representante.[1060] Como decorre do art. 7.º/1 do RGIT, as sociedades comerciais, bem como as sociedades civis sob a forma comercial «são responsáveis pelas infracções previstas na presente lei quando cometidas pelos seus

---

[1058] *Vide* Isabel Marques da Silva in op. cit. pp. 135-137 que exprime a opinião que defendemos (*mutatis mutandis* em relação aos RJIFA e RJIFNA anteriores) – acrescentando que «verdadeiramente nem sequer há aqui qualquer excepção, antes forma especial de atribuição de qualidade de representante» – e que é a mesma da maioria da doutrina francesa quando comenta o art. 121-2 do CP francês, embora em alguns casos (p.e. Mireille Delmas-Marty), como vimos na nossa n. de r. anterior, tente colmatar essa potencial lacuna. Cfr. o n.º 3 do art. 5.º, do DL n.º 49 408 de 24 de Novembro de 1969 (Regime Jurídico do Contrato de Trabalho), que trata do objecto do contrato de trabalho. No nosso sentido *vide* António Lima Guerreiro in op. cit. p. 438: «Não incrimina a pessoa colectiva a conduta de mero empregado sem poderes de direcção ou representação, sem prejuízo das regras legais sobre o mandato tributário». Cfr. agora a Lei n.º 99/2003, de 27 de Agosto: Código de Trabalho.

[1059] *Vide* tudo aquilo que já dissemos a montante neste Capítulo sobre a autoria e comparticipação.

[1060] *Vide*, *mutatis mutandis*, em relação aos RJIFNA e RJIFA, Isabel Marques da Silva in op. cit. pp. 136-137.

órgãos ou representantes, em seu nome e no interesse colectivo». Em relação às sociedades irregulares – quer sejam estas sociedades comerciais ou sociedades civis sob a forma comercial – que são, pois, equiparadas a pessoas colectivas, a resposta já atinge um maior grau de dificuldade no que concerne a discernir quem são os seus «órgãos e representantes» e como se distinguem estes dos «trabalhadores».[1061] Deste modo, em sociedades comerciais ou sociedades civis sob a forma comercial, perfeita e regularmente constituídas e estruturadas num grau de complexidade máximo, podem constatar-se grandes dificuldades para estabelecer somente através de «órgãos» e «representantes» – simultanea e formalmente de direito e de facto – factos vinculantes da responsabilidade colectiva, deixando impunes uma série de condutas. É que a exclusão dos trabalhadores ou empregados sem poderes de representação como pessoas capazes de praticarem infracções desencadeadoras da responsabilidade colectiva, tem consequências na definição dos «órgãos» e «representantes» susceptíveis de despoletarem a responsabilidade das sociedades comerciais ou sociedades civis sob a forma comercial regularmente constituídas: existem com efeito à «cabeça» das empresas – ou muito perto da «cabeça» – pessoas físicas que, tendo assumido funções de direcção, têm o estatuto de assalariados.[1062] Uma coisa parece ser certa: se parece ser relativamente fácil

---

[1061] Estamos a pensar, p.e., nos obstáculos de interpretação jurídica que existem, em saber distinguir quais são os «órgãos, representantes e trabalhadores» duma sociedade (comercial ou civil sob a forma comercial) *aparente* e, portanto, irregularmente constituída, nos termos do n.º 1 do art. 36.º do CSC. Não existindo contrato social, mas uma falsa aparência da sua existência, deparamos com uma organização de facto onde há *«órgãos e representantes de facto»*, os quais poderão afinal não passar juridicamente em si mesmos de meros *«trabalhadores»* (cfr. art. 1.º do DL n.º 49 408 de 24 de Novembro de 1969 ou art. 1152.º do CC: prestação, retribuição e subordinação; cfr., agora a Lei n.º 99/2003, de 27 de Agosto: Código de Trabalho) ainda que assumidos factualmente naquelas vestes. Ora, parece-nos que as infracções destes *«trabalhadores»*, com poderes de representação de facto ou actuando como se *«órgãos ou representantes se tratassem»* – verificados que estejam os diversos, respectivos e restantes pressupostos de imputação de responsabilidade colectiva exigíveis pelo n.º 1 do art. 7.º do RGIT em cada caso concreto – desencadeiam inevitavelmente a responsabilidade da sociedade comercial ou sociedade civil sob a forma comercial irregularmente constituídas, se cometidas em seu nome e no interesse colectivo. Numa organização de facto, nomeadamente numa sociedade aparente sem contrato social (art. 36.º do CSC), pode verificar-se facilmente uma *«con-fusão»* entre o que são *«órgãos, representantes e trabalhadores assalariados»*.

[1062] *Vide* Geneviève Viney in «Conclusions» *idem ibidem* p. 384.

encontrar a noção de órgão, i.e. *grosso modo*, por meio duma coincidência com o chefe de empresa ou decisor principal, já o mesmo não se passa em relação a um delegatário, mero empregado ou assalariado do agrupamento, dos quais não é evidente que possam a todo o momento ser reputados representantes no sentido do Direito Civil.[1063]

Pensamos, contudo, que estando em causa Direitos Fundamentais invividuais ou colectivos e – paralelamente – bens jurídicos individuais e colectivos, a solução formal será sempre o maior garante da sua efectivação. A jurisprudência holandesa foi, neste ponto, talvez demasiado longe ao decidir que não é necessário sequer que os praticantes e ofensores directos estejam oficial e legalmente empregados pelo ente colectivo, i.e., pela organização: no caso «*Papa Blanca*» ou «*Nut-case*» os verdadeiros ofensores directos não eram sequer empregados do ente colectivo, mas o juiz aceitou a autoria delitual ou criminal do ente colectivo, pelo facto de que se podia afirmar que «no contexto social» o ente colectivo tinha sido o ofensor.[1064] Por isso é que o problema da responsabilidade criminal dos entes colectivos só pode ser pensado *de lege ferenda* em termos «análogos» à responsabilidade penal individual.

2.5.5.4. O desencadeamento (ou não desencadeamento) de responsabilidade penal fiscal das sociedades comerciais ou sociedades civis sob a forma comercial, ainda que irregularmente constituídas, através de infracções fiscais praticadas por órgãos de facto e representantes de facto, em seu nome e no interesse colectivo [1065]

Parece-nos ser incontestável que, em muitas das situações reais e concretas, existem igualmente dirigentes de facto, – sejam órgãos ou representantes –, ainda que às vezes fora da própria hierarquia oficial das sociedades comerciais ou civis sob a forma comercial.[1066]

[1063] *Vide* Alain Cœuret in op. cit. pp. 307-308.

[1064] *Vide* H. de Doelder, em inglês, in «*Criminal Liability of Corporations-Netherlands*», 1996, p. 299. Decisão jurisprudencial in *HR*, 16 de Junho de 1980, *NJ* 1981, p. 586.

[1065] *Vide* o nosso ponto 2.1.2 deste Capítulo nomeadamente a posição de Klaus Tiedemann in «*La responsabilité pénale dans l'entrepise...*», p. 272, *RSCDC*, 1997.

[1066] *Vide* Geneviève Viney in «Conclusions» *idem ibidem* p. 384. É evidente que cremos que uma coisa é dizer que existem «órgãos e representantes de facto», estejam eles onde estiverem, fora ou dentro da hierarquia da organização comercial, o que nos surge como difícil de rebater, pelo menos, em sistemas comerciais complexos; outra é saber se

Como temos vindo a indiciar, julgamos oportuno fazer uma distinção entre, por um lado, as sociedades comerciais ou sociedades civis sob a forma comercial regularmente constituídas e os seus «órgãos ou representantes»; e, por outro lado, as sociedades comerciais ou sociedades civis sob a forma comercial irregularmente constituídas e os seus «órgãos ou representantes». Em relação às primeiras e numa visão rigorosamente de *jure constituto*, de *jure condito* ou *de lege lata* – face ao art. 7.º/1 do RGIT na sua redacção presente –, pensamos que a lei reclama manifestamente um exercício de acção por parte dum órgão ou representante e não só um exercício de acção no interesse e no nome colectivo, pelo que se impõe ou infunde-se a restrição da responsabilização das sociedades comerciais ou sociedades civis sob a forma comercial regularmente constituídas às infracções fiscais por aqueles que disfrutam de Direito e de facto a característica ou categoria de órgão ou de representante, ou não fossem organizações de Direito conformemente estabelecidas.[1067] Pelo contrário, a jurisprudência aceita que possam ser imputadas ou atribuídas às sociedades comerciais ou sociedades civis sob a forma comercial[1068] infracções cometidas por aqueles que são somente administradores ou representantes de facto. Tornando-se, desta forma, suficiente que o indivíduo que singularmente ou em comparticipação praticou a infracção tenha uma influência decisiva no rumo da sociedade comercial ou civil sob a forma comercial em consequência do concreto accionar de poderes de gestão ou de representação.[1069] Ilustres Autores como o Prof. Doutor

---

os seus actos, e as suas infracções, desencadeiam paralela ou cumulativamente a responsabilidade colectiva: é aqui que as opiniões divergem não só de *lege lata* mas também *de lege ferenda*.

[1067] No mesmo sentido *vide* Isabel Marques da Silva in op. cit. p. 138 acrescentando, com a nossa adesão opinativa neste preciso e concreto ponto, que: «Na determinação dos pressupostos da responsabilidade das sociedades não é aceitável menor exigência no domínio da responsabilidade penal fiscal do que no da responsabilidade civil e comercial, tanto mais que a responsabilidade pessoal de quem efectivamente cometeu a infracção não é excluída pela não responsabilização cumulativa da sociedade».

[1068] Leia-se, aqui, sociedades comerciais ou civis sob a forma comercial regularmente constituídas.

[1069] Cfr. Ac. do STJ, de 11 de Outubro de 1995, in «C. T. Fiscal», n.º 380, p. 322; Ac. do Tribunal Colectivo de Loulé, in C.J., T. III, Ano IV, 1996, p. 270; *vide*, igualmente, Jacques Bruron in «*Droit pénal fiscal*», 1993, pp. 25-28, dando vários exemplos jurisprudenciais franceses, os quais, sendo embora no contexto da punição de autores morais e cúmplices em fraudes fiscais, cumpre-nos destacar aqui um: «o do gerente de facto de um

Alain Cœuret[1070] consideram que – mesmo em sociedades regularmente constituídas – a referência alternativa[1071] às pessoas individuais que detêm um «poder de decisão» (cfr. novo art. 13.°/1 do *Corpus Juris*) permite incluir sem hesitação os dirigentes de facto dentro do círculo de pessoas físicas aptas a desencadear a responsabilidade da pessoa colectiva[1072], para lá de permitir a articulação da responsabilidade dos decisores (*quais possuidores do poder de decisão*) com a responsabilidade da pessoa colectiva.[1073]

No entanto, não nos convence, ainda assim, a ideia *de lege lata* – no contexto de sociedades comerciais ou sociedades civis sob a forma comercial regularmente constituídas[1074] – de que a expressão «órgãos ou repre-

---

bar discoteca, verdadeiro dono do negócio, que assumia de facto a direcção do estabelecimento no plano do controlo das receitas, da contabilidade e da redacção das declarações fiscais, enquanto o principal réu no processo não era senão um dócil executante do plano criminoso»; por todos *apud* I. Marques da Silva in op. cit. pp. 73 e 138. Cfr. igualmente tudo o que referimos no nosso Capítulo sobre Direito comparado, nomeadamente, em relação à França, já que esta grande nação optou também pelo modelo clássico derivado do Direito Civil, segundo o qual a responsabilidade da empresa somente é desencadeada pelos actos ou omissões imputáveis aos seus órgãos ou representantes juridicamente qualificados para actuarem em nome da pessoa colectiva: *vide* Klaus Tiedemann *apud* Alain Cœuret in *«Les propositions "Espace judiciaire européen" confrontées à la situation en France»*, 1996, subordinado ao tema: *«La responsabilité pénale dans l'entreprise: vers un espace judiciaire européen unifié?»*, p. 301, *RSCDC*, 1997.

[1070] Professor Universitário na Universidade de *Cergy-Pontoise*.

[1071] Como complemento do modelo de imputação clássico derivado do Direito Civil, já diversas vezes por nós apontado neste trabalho, surgiu oportunamente a referência à pessoa que «age em nome do agrupamento» ou, em alternativa, «quem detém um poder de decisão»: *vide* Alain Cœuret in op. cit. p. 307.

[1072] V.g., Sociedade comercial ou sociedade civil sob a forma comercial regularmente constituídas.

[1073] Por forma a: «...*que l'infraction imputée aux premiers puisse l'être au groupement dans un second temps, si les autres conditions spécifiques sont satisfaisantes*»: *vide* Alain Cœuret in op. cit. p. 307, o qual menciona que, sob reservas quanto à interpretação que inclui *dirigentes de facto*, está por exemplo: «J.F. Barbieri, *Petites affiches*, 1993, n.° 13». Não obstante, acrescenta que a interpretação dominante vai já dentro do sentido da referida inclusão dos dirigentes de facto. Como se sabe, a ilustre Autora Mireille Delmas-Martry, nas suas obras, defende uma posição no sentido de responsabilizar as pessoas colectivas, v.g., sociedades comerciais ou civis sob a forma comercial, ainda que regularmente constituídas, através de acções dos seus órgãos de facto por forma a não deixar incólumes as sociedades nas quais os seus decisores são simples «testas de ferro».

[1074] Mas também, ao que parece e conforme vimos a montante, no que diz respeito a um outro ponto de vista, i.e., a representação de sociedades comerciais ou sociedades

sentantes» devesse ser entendida num qualquer sentido amplo, abarcando todos os serviços da pessoa colectiva incumbidos da prática de actos de relevância fiscal (*e não exclusivamente as situações de representação orgânica ou voluntária*), podendo, por conseguinte, os actos desencadeadores da responsabilidade colectiva ser praticados por simples empregados por conta de outrem ou até por terceiros, abrangendo advogados e solicitadores, assim que actuem sob o mandato tributário. Tal ponto de vista incriminativo atingiria também técnicos de contas, empresas de consultadoria e despachantes oficiais, se estivessem encontradas as legais condições para vincularem ou exprimirem a vontade da pessoa colectiva.[1075] Mas não é isso que o art. 7.º RGIT diz expressamente. Parece-nos que uma coisa é definir, segundo a lei, o que são, por um lado, «órgãos» e, por outro lado, «representantes» no contexto supramencionado; outra – bem diferente – é afirmarmos que há mandatários, os quais podem não ter poderes ou ter poderes de representação (art. 1178.º do CC), que existem igualmente procuradores (art. 262.º do CC) ou que se verifica o mandato tributário.[1076] O art. 5.º do CPPT – mandato tributário – visa justamente a representação *voluntária*, estruturada por meio do *mandato*, do sujeito passivo ou dos seus representantes legais, assim como doutros interessados para a prática dos actos (ou eventualmente omissões) que lhes incumbam e que não disfrutem de carácter pessoal.[1077] Nestes casos, como já

---

civis sob a forma comercial ainda que irregularmente constituídas (*lato sensu*) nos processo e procedimento do ilícito de mera-ordenação-social, face ao art. 87.º do RGIMOS, o qual prevalece sobre o art. 8.º CPPT.

[1075] *Vide* neste último sentido, embora em anotação ao revogado art. 111.º da LGT (cfr. tudo o que dissemos acerca deste regime jurídico no nosso Capítulo II), António Lima Guerreiro in «Lei Geral Tributária Anotada», 2001, pp. 438-439. Outras situações completamente diversas – das expostas por este último ilustre Autor – são aquelas em que as pessoas singulares tenham executado a decisão do órgão social, mas não usufruam da qualidade de representantes nem da categoria de órgãos da sociedade. Nestes casos, a prática da infracção fiscal poderá ser naturalmente atribuída como responsabilidade da sociedade, pois os agentes seguiram a direcção dum órgão social. Para chegar a esta solução, basta socorrer-nos da teoria geral de participação do crime, na qual o órgão social surgiria como autor mediato ou moral da infracção cometida, por forma a solidificar uma razão formal suficiente que possibilite estabelecer o nexo de imputação da infracção à sociedade: cfr. Isabel Marques Silva in op. cit. pp. 130-131, n. de r. n.º 317.

[1076] O mandato tributário está previsto no art. 5.º do CPPT: cfr..

[1077] *Vide* Alfredo José de Sousa / José da Silva Paixão in op. cit., em anotação ao art. 5.º do CPPT, pp. 41-42, os quais acrescentam que revestindo em regra os actos do contri-

vimos, se os diversos elementos, a montante indicados, forem considerados, no mínimo, representantes voluntários, torna-se evidente que os seus actos ou omissões, caso constituam infracções, poderão, desde que preenchidos os restantes pressupostos, gerar a responsabilidade colectiva.[1078] Quanto ao problema, por outro lado, de deixar «órgãos e representantes de facto» de fora do naipe de potenciais despoletadores da responsabilidade de sociedades regularmente constituídas, não nos parece que o perigo de impunidade seja em grau elevado, pois usualmente verificar-se-á comparticipação dum administrador de direito com um administrador ou representante simplesmente de facto.[1079]

Não obstante, noutros casos a resposta poderá ser diferente, pois também as sociedades comerciais ou sociedades civis sob a forma comercial irregularmente constituídas são responsáveis pelas infracções previstas no RGIT quando cometidas pelos seus órgãos ou representantes, em seu nome e no interesse colectivo.[1080] Ou seja, as organizações, porventura, de

---

buinte a forma escrita, «é óbvio que o mandatário que assina pelo contribuinte a declaração terá que exibir procuração reduzida a escrito». Por outro lado, caso os actos de natureza procedimental ou processual tributária sejam praticados por terceiros em nome dos interessados, independentemente de poderes de representação por estes conferidos ou para além dos limites em que o foram, verifica-se a figura de *gestão de negócios* (*vide* Alberto Xavier, Manual, vol. I, p. 385) *apud* Alfredo José de Sousa / José da Silva Paixão *idem ibidem*. Por outro lado, confrontar novamente o art. 16.° (capacidade tributária), n.° 1 da LGT. Por fim, é de referir que a responsabilidade contra-ordenacional e criminal pelo incumprimento das obrigações fiscais por parte dos representantes voluntários (mandatários) dos sujeitos passivos estava prevista no anterior art. 6.° do RJIFNA (o art. 6.° do RGIT não prevê responsabilidade contra-ordenacional: cfr. o 2.5.5 deste Capítulo).

[1078] Mas não vemos francamente onde haja qualquer «sentido amplo» para a expressão «órgão ou representante». Bem pelo contrário, pois ao se exigir a representação, pelo menos voluntária, restringimos as possibilidades de encontrar indivíduos cujos factos vinculantes sejam desencadeadores de responsabilidade colectiva: defendemos um «sentido restrito».

[1079] *Vide* I. Marques da Silva in op. cit. p. 139, que refere ainda: noutras situações «...os factos praticados...» pelos administradores ou representantes de facto serão imputados aos administradores ou representantes de direito «...ou a título de dolo eventual, nomeadamente quando se tratar de infracções puníveis a título de negligência pela via da *culpa in vigilando*, quando se tratar de infracções puníveis a título de negligência, como são a generalidade das contra-ordenações fiscais». Cfr. art.os 64.°; 192.°; 252.°; e 405.° do CSC.

[1080] Cfr. tudo o que já dissemos a montante neste Capítulo acerca deste assunto, nomeadamente ponto 2.5 e antepenúltima n. de r. do ponto 2.5.5.3..

facto são responsáveis pelas infracções previstas no RGIT quando cometidas pelos seus órgãos ou representantes, *necessariamente* de facto, em seu nome e no interesse colectivo.[1081] Não podemos esquecer que a nossa lei atribui responsabilidade às «pessoas colectivas e equiparadas»: «pessoas colectivas, sociedades, ainda que irregularmente constituídas, e outras entidades fiscalmente equiparadas».[1082] Ora, os «órgãos e representantes» das diferentes organizações em causa não serão sempre, em todas as ocasiões, discerníveis do ponto de vista do Direito. No n.º 1 do art. 7.º do RGIT está estabelecido o princípio de responsabilização criminal das pessoas colectivas e entidades equiparadas. Assim, defendemos que, também neste domínio, não releva para a imputabilidade a natureza jurídica do ente colectivo, nomeadamente o seu reconhecimento como pessoa colectiva – estão abrangidas as organizações de facto! –, sendo suficiente a localização dum agrupamento de facto no qual exista uma vontade colec-

---

[1081] Cfr. os arts. 36.º/1 e 2 e 37.º do CSC; e, também, os arts. 2.º do CIRC e 18.º/3 da LGT. Poder-se-á pensar, v.g., numa sociedade comercial ou civil sob a forma comercial aparente (art. 36.º/1 do CSC) que nem sequer tem órgãos ou representantes, pois não existe até contrato social; ou, então, numa sociedade comercial ou civil sob a forma comercial após a declaração da sua invalidade por não ter quaisquer órgãos ou representantes de Direito. Numa organização de facto, os «órgãos e representantes» poderão, quando muito, ser aparentemente de Direito. Não obstante, Autores há que consideram que, c. n. t., «Em qualquer dos casos o decisivo é que a sociedade de facto corresponda segundo a sua estrutura, organização e finalidade a uma sociedade mercantil constituída»: cfr. R. Pohl-Sichtermann in *«Die von § betroffenen Verbände und Personen»*, VOR 1973, p. 425; K. Rebmann/W. Roth/S. Herrmann in *«Gesetz über Ordnungswidrigkeiten*, Stuttgart, 1992, § 30, NM 9; K. Boujong (Ed.), Karlsruher Kommentar zum Gesetz über Ordnungswidrigkeiten, München, 1989 – P. Cramer, § 30, NM 55; *apud* Silvina Bacigalupo in op. cit pp. 376-37, que refere ainda c. n. t.: «As sociedades de facto aparecem no exterior, quer dizer, no tráfico jurídico como sociedades formalmente constituídas mas carecem de todos os requisitos jurídicos da sua constituição (...). Neste sentido, têm os seus órgãos de administração ou conselhos directivos que podem levar a cabo a vulneração de deveres, assim como um enriquecimento antijurídico da sociedade de facto».

[1082] Ao contrário da lei penal comum francesa onde se verifica uma limitação aos agrupamentos de Direito dotados de todos os atributos da personalidade civil. O que suscita em muitos ilustres Autores profundas críticas, entre as quais a da Prof.ª Doutora M. Delmas-Martry, *apud* Alain Cœuret in op. cit. pp. 306-307: *«La restriction de la responsabilité pénale aux personnes morales proprement dites est historiquement dépassée dans certains pays et ne correspond plus à la réalitéde de la vie des affaires ainsi qu'aux solutions modernes envisagées dans les ordres juridiques nationaux et l'échelle communautaire* (M. Delmas-Marty in *«Vers un espace judiciaire européen»*, Corpus juris, p. 37).

tiva real e um património separado. No enquadramento destas situações, *de lege ferenda*, parece-nos ser extremamente difícil de contestar, que o conceito de órgão (ou representante) utilizado duma forma generalizada no n.º 1 do art. 7.º do RGIT é aplicável às pessoas singulares que agem de facto como actuariam órgãos ou representantes se as pessoas ou organizações de facto em causa fossem pessoas colectivas (*lato sensu*) de direito e os tivessem[1083]: seria um conceito similarmente elaborado pelo legislador com a mesma incidência daquela que é utilizada no art. 12.º do CP: «representação» para o Direito Penal, i.e., *estar no lugar de outrem*,[1084] embora no caso do art. 7.º/1 do RGIT, ainda se exige que a acção seja «em seu nome e no interesse colectivo», daí existirem diferenças incontornáveis no Direito positivo. Por fim, cremos ser dificilmente defensável que mandatários e trabalhadores ou colaboradores sem poderes de representação possam desencadear a responsabilidade duma pessoa colectiva (*lato sensu*) de direito regularmente constituída.[1085] Entretanto, no n.º 5 do art. 7.º do RGIT plasma-se um alargamento do princípio da responsabilidade das pessoas colectivas e equiparadas.[1086]

[1083] *Mutatis mutandis*, no âmbito do Direito das contra-ordenações – art. 7.º do RGIMOS –, *vide*, conforme ressalta à nossa interpretação, no mesmo sentido Jorge Lopes de Sousa e Manuel Simas Santos in op. cit. pp. 83, 85-86. Recorde-se que – como dissemos a montante – para efeitos tributários, os entes legalmente equiparados a pessoas colectivas são as entidades sem personalidade jurídica. Quanto ao art. 12.º do CP cfr., contudo, o nosso ponto 2.5.5. Também, com a opinião similar, no contexto das pessoas colectivas sem personalidade jurídica responsáveis por contra-ordenações nos termos do RGIMOS, parece que será possível imaginar «órgãos» de facto: «O membro que actua, presumidamente, tem autorização para o fazer, embora falte o reconhecimento – art. 195.º do CC». *Vide*, quanto ao RGIMOS, Manuel Ferreira Antunes in «Reflexões sobre o Direito contra-ordenacional», S.P.P. Editores, p. 80.

[1084] Cfr., contudo, o nosso ponto 2.5.5..

[1085] *Vide* Teresa Serra in «Contra-ordenações: responsabilidade de entidades...», 1999, pp. 208 e ss..

[1086] Cujo teor, de duvidosa constitucionalidade, é o seguinte: «Se a multa ou coima for aplicada a uma entidade sem personalidade jurídica, responde por ela o património comum e, na sua falta ou insuficiência, solidariamente, o património de cada um dos associados».

2.6. O art. 8.° do RGIT: «Responsabilidade civil pelas multas e coimas»

Distinta da responsabilidade criminal e contra-ordenacional por meio das infracções imputáveis às pessoas colectivas ou entidades equiparadas é a responsabilidade *civil* subsidiária prevista no art. 8.° para os administradores, gerentes e outras pessoas que exerçam, ainda que somente de facto, funções de administração em pessoas colectivas, sociedades, ainda que irregularmente constituídas, e outras entidades fiscalmente equiparadas.[1087] No art. 8.° do RGIT estão consagradas uma série de hipóteses de responsabilidade pelo pagamento de multas e coimas por aqueles que não são agentes da infracção, sendo que no seu n.° 6 se chega mesmo ao ponto dessa mesma responsabilidade ser independente da responsabilidade que possa haver como agente da infracção. Torna-se muito difícil de contestar que quem realiza o pagamento duma sanção pecuniária é quem está a cumprir. Verifica-se, pois, uma transmissão do dever de cumprimento da sanção do responsável pela infracção para outras pessoas. Ora, neste enquadramento, desenvolve-se um altíssimo risco de estarmos a pisar terreno inconstitucional.[1088] No enquadramento deste n.° 1 do art. 8.° do RGIT[1089] ressalta à vista o facto da imputabilidade da falta de pagamento não se presumir, pelo que não é à pessoa que exerce a administração que cabe o ónus da prova da insuficiência do património ou do facto da falta de pagamento não lhe ser imputável. Recordemos que, conforme mencionamos no nosso Capítulo II, todo o Título V da LGT – onde precisamente se encontrava a alínea b) do n.° 1 do art. 112.° que, na nossa opinião, previa uma, *ab initio* insuportável, violação da Constituição derivada da falta de respeito pelo seu preceito 32.°/2 e que consistia na consagração duma brutal presunção de imputabilidade da falta de pagamento, ou seja, pelas multas ou coimas vencidas no período do seu mandato, os administradores, directo-

---

[1087] *Vide* Jorge Lopes de Sousa e Manuel Simas Santos in op. cit. pp. 85, 89-95.

[1088] *Vide* Jorge Lopes de Sousa e Manuel Simas Santos *idem ibidem*: «Nestas condições, é duvidosa a constitucionalidade material destas responsabilidades, por não assentar (ou não depender, na situação prevista no n.° 6) na verificação em relação ao responsável dos pressupostos legais de que depende a aplicação da respectiva sanção». Cfr. igualmente os artigos 18.°/2 e 30.°/3 da CRP. *Mutatis mutandis*, com uma opinião contrária, mas sem se socorrer de qualquer argumento de igual força constitucional, *vide* António Lima Guerreiro in op. cit. p. 441 (ponto 3). Em relação à inconstitucionalidade da «responsabilidade civil solidária da pessoa colectiva» já antes *vide* Augusto Silva Dias in op. cit. p. 250.

[1089] Cfr. art. 8.°/1 do RGIT.

res, gerentes e outras pessoas que exerçam, ainda que somente de facto, funções de administração em pessoas colectivas e entes fiscalmente equiparados eram responsáveis «salvo quando provarem que a falta de pagamento lhes não foi imputável» – foi, dizíamos, revogado pela alínea g) do art. 2.º da Lei n.º 15/2001, de 5 de Junho. Não se trata, pois, duma simples eliminação da anterior presunção da alínea b) do n.º 1 do art. 112.º da LGT[1090], mas da própria e radical revogação de todo o Título V da LGT e, portanto, da totalidade do seu ex-art. 112.º. A diferença fundamental entre a responsabilidade prevista no art. 8.º do RGIT e a responsabilidade prevista no artigo imediatamente anterior, das pessoas colectivas, sociedades, ainda que irregularmente constituídas, e outras entidades fiscalmente equiparadas, é de que a primeira está somente prevista para as infracções praticadas por subordinados, o que, desde logo, exclui da zona de aplicação daquela norma aquelas pessoas singulares que, accionando funções de órgão ou representante, determinam a vontade da organização, pois assim que as infracções são imputáveis à actuação destes, no interesse e em nome colectivo, a pessoa colectiva ou entidade equiparada é já directamente responsável nos termos do disposto no art. 7.º do RGIT.[1091] Por outro lado, parece que nos n.ᵒˢ 3, 4 e 6 do art. 8.º do RGIT está-se perante uma solidariedade em primeiro plano onde as dívidas podem ser *ab initio* exigidas aos responsáveis solidários independentemente da existência de bens do autor da infracção.[1092] Parece-nos que o n.º 3 do art. 8.º do RGIT toca as raias da inconstitucionalidade, mais uma vez face ao art. 32.º da CRP, ao plasmar que as «pessoas a quem se achem subordinados aqueles que, por conta delas, cometerem infracções fiscais[1093] são solidariamente responsáveis pelo pagamento das multas ou coimas àqueles aplicadas, salvo se» – *sublinhamos* nós! – «tiverem tomado as providências necessárias para os fazer observar a lei». Trata-se, pois, duma presunção.[1094] Isto,

---

[1090] *Vide*, neste sentido, Jorge Lopes de Sousa e Manuel Simas Santos in op. cit., p. 91. Curiosamente não fazendo sequer referência à inconstitucionalidade do revogado art. 112.º da LGT e mais propriamente da tentativa de estabelecer a presunção da sua alínea b), vide António Lima Guerreiro in op. cit. pp. 439-442.

[1091] *Vide* Jorge Lopes de Sousa e Manuel Simas Santos *ibidem idem*.

[1092] *Vide* Jorge Lopes de Sousa e Manuel Simas Santos *ibidem idem*.

[1093] Deve ler-se por interpretação correctiva: «infracções tributárias» no sentido de infracções fiscais aduaneiras e infracções fiscais não aduaneiras, conforme a terminologia do RGIT.

[1094] *Vide*, todavia, J. Lopes de Sousa e M. Simas Santos *ibidem idem*. Para atenuar e

obviamente, não deixando de ter em consideração que, na nossa opinião, o art. 8.º do RGIT já viola o art. 30.º/2 da CRP. Finalmente, é de referir que, não obstante se denominar como *civil*[1095] a responsabilidade prevista no art. 8.º do RGIT, estamos perante a imposição da obrigação do cumprimento de sanções pecuniárias, pelo que se aparta a hipótese da sua efectivação ser conduzida por meio da instauração ou reversão da execução, sem fornecer àquele que se quer imputar a responsabilidade, os direitos de defesa e de audiência que estão constitucionalmente garantidos aos arguidos de infracções criminais e contra-ordenacionais pelos n.os 1, 5 e 10 da CRP.[1096,1097]

Assim, a «responsabilidade *civil*» dirigida a entes colectivos não resolve tudo. A responsabilidade *civil* nomeadamente apontada a multas pronunciadas contra os dirigentes da organização pode ser *cumulativa* ou subsidiária. Portugal mantém, assim, em relação aos entes colectivos (e aos do art. 8.º do RGIT: pessoas singulares) e ao lado da responsabilidade penal e *quase-penal*, uma responsabilidade *civil*. O fundamento teórico desta responsabilidade *civil* é estruturado pela ideia de que a multa (ou a

---

mesmo evitar uma norma jurídica que, na nossa opinião, põe em perigo o preceito 32.º da CRP deveria prever-se uma redacção alternativa onde se consagrasse a exclusão de tal responsabilidade com a seguinte proposta de redacção: «A responsabilidade solidária pelo pagamento das multas ou coimas das pessoas a quem se achem subordinados aqueles que, por conta delas, cometerem infracções tributárias e aos quais foram aplicadas tais sanções é excluída se não se provar que não tomaram as providências necessárias para os fazer observar a lei». Propomos uma nova redacção porque temos a seguinte opinião: não se pode entender que caberá às pessoas, responsabilizadas pelo n.º 3 do art. 8.º do RGIT, provar que recomendaram aos agentes da infracção que, por sua vez, fosse observada a lei. O Princípio da Presunção da Inocência não o permite!

[1095] O que – para nós – constitui uma verdadeira «fraude ou burla de etiquetas» (ou responsabilidade *civil* ficcionada, como veremos a jusante), quer no que diz respeito às multas ou coimas (onde o Direito Penal se aplica de forma subsidiária, podendo referir-se como sendo Direito Penal em sentido amplo e portanto matéria indiferentemente sancionatória de acordo com as instâncias da UE), quer na pretensa transmissibilidade duma apelidada «responsabilidade *civil*» que afinal acaba por violar o n.º 3 do art. 30 da CRP. Pergunta-se onde é que está aqui o «princípio de Direito Civil do pedido»?

[1096] Vide Jorge Lopes de Sousa e Manuel Simas Santos *ibidem idem*.

[1097] Por fim, cfr. também o n.º 4, por um lado, quanto à «responsabilidade *civil*» dos pais e representantes legais dos menores ou incapazes pelas multas e coimas; e, por outro lado, o n.º 6 (e 7), quanto à «responsabilidade *civil*» solidária pelas multas e coimas aplicadas pela prática da infracção, independentemente da sua responsabilidade pela infracção, quando for o caso, a «quem colaborar dolosamente na prática de infracção tributária».

coima) constitui, desde o momento em que ela adquire ou ganha força de coisa julgada, um *crédito de Direito Civil*. Alvo de grande controvérsia, sobretudo em Portugal, esta teoria é rejeitada com inteira razão[1098] pela esmagadora maioria dos ordenamentos jurídicos modernos que chamam a atenção para o carácter pessoal e retributivo da multa. Tal classe de garantia da execução da multa pronunciada contra os (v.g.) autores físicos – cfr. art. 8.º/3 e 5 do RGIT[1099] não é, pois, aceite, entre outros países e respectivos ordenamentos jurídicos, pela Alemanha, Austrália, Grécia, Holanda, Inglaterra, Irlanda, Japão e Rússia![1100]

Pensamos que é de rejeitar qualquer consagração legal e positivada da «burla ou fraude de etiquetas».

[1098] Cfr. «Tiedemann, *NJW* 1988 p. 1170 (*y ss.*) *y ya GA* 1964 p. 353 (371 *y* s.)»; *apud* Klaus Tiedemann in «*Responsabilidad penal de personas jurídicas...*», 1997 (1995), pp. 32-33.

[1099] É uma «pena inconstitucional e forçadamente transmitida e solidária» que deverá ser refutada. Cfr., v.g., o anterior n.º 3 do art. 6.º do RJIFNA.

[1100] *Vide* Klaus Tiedemann *idem ibidem* que distingue desta responsabilidade: «a responsabilidade civil (ou administrativa) da pessoa moral pelas dívidas fiscais ou aduaneiras no caso de fraude fiscal ou aduaneira cometida pelos dirigentes ou representantes (*vide*, p.e. Alemanha) e sua responsabilidade solidária para restituições de danos e prejuízos (p.e. Bélgica, Luxemburgo; Espanha sob a forma de responsabildade civil subsidiária, v. art. 120 Código penal de 1995)». Refere, finalmente, que estas medidas de Direito Civil são demasiado débeis e conclui: «Hoje praticamente todo o mundo está de acordo na necessidade de medidas punitivas, ao menos num sentido amplo do termo».

CAPÍTULO VI

OS CONTRASTES DOS PRINCIPAIS MODELOS
DE RESPONSABILIDADE DOS ENTES COLECTIVOS:
DE LEGE LATA E *DE LEGE FERENDA*

1. **Quatro dos principais modelos, através de três das principais vias, que procuram superar as objecções dogmáticas à tese de que as pessoas colectivas não podem ser sancionadas –** *societas delinquere non potest* **– por** *supostamente* **carecerem de capacidade de acção e culpa** [1101]

1.1. *Introdução*

Antes de passarmos, propriamente, à designada regra de «responsabilidade penal cumulativa» entre (cert)as sociedades e os seus órgãos ou representantes, parece-nos ser premente enquadrar desde já o modelo de imputação penal que estamos a estudar e que está consagrado no Direito positivo português. Para tal desiderato, nada melhor do que recorrer, da forma mais rápida e concisa possível, à Doutrina, Legislação e Jurisprudência alemãs, pela importância sobejamente conhecida que aqui nos escusamos de esmiunçar. Assim, o Tribunal Constitucional Alemão sentenciou[1102] que é constitucionalmente legítimo o «modelo de imputação» – *Zurechnungsmodell* (trata-se, pois, dum problema de responsabilidade

---

[1101] Cfr. Joachim Vogel in «*La responsabilidad penal por el producto en...*», *RP*, Julho de 2001, p. 104, n. de r. n.º 74.

[1102] BverfGE 20, 323 (335 e ss.), *apud* Joachim Vogel *idem ibidem*. Já antes *vide* Klaus Tiedemann in «*Responsabilidad penal de personas jurídicas...*», 1997 (1995), p. 38, n. de r. n.º 14.

ou imputabilidade ou *zurechnungsfähigkeit*) – o qual temos, até aqui, vindo a analisar, i.e., o modelo através do qual se pode imputar à pessoa colectiva a acção e a culpa dos seus órgãos responsáveis.[1103] Podemos, todavia, referir outros modelos, como é o caso dum segundo – da autoria do Prof. Doutor Klaus Tiedemann[1104] – e que vai ainda mais além do que o primeiro: o *Modell des Organisationsverschuldens* ou «modelo da culpa pela organização»[1105] (ou pela falta dela), que tem origem numa culpa própria da empresa e se sustenta na tese criminológica da «atitude criminal do grupo». O grupo pode constituir um contexto idóneo que outorgue determinações para a produção de factos puníveis. Não obstante, para Joachim Vogel (*idem ibidem*), resulta duvidoso se esta razão justifica uma imputação, pois realmente são os seus membros os portadores desta «atitude criminal do grupo», com o que a «culpa pela organização» constitui uma culpa pela organização que realizam as pessoas competentes. Contudo, o «modelo da culpa analógica» procura ultrapassar este óbice, ao afirmar que os princípios de acção e culpa só são aplicáveis por analogia às empresas. Este modelo tenta ser uma «terceira via» dentro do Direito Penal[1106], juntamente com as medidas de segurança: «segunda via» e as penas indi-

---

[1103] O que, segundo J. Vogel *ibidem idem*, supõe uma responsabilidade por factos alheios, já que as pessoas jurídicas, só existem como sujeito de imputação. O estudo deste modelo ainda será mais desenvolvido por nós, pois é aquele que está consagrado, seguramente ao nível dos crimes fiscais, no novo RGIT, art. 7.°.

[1104] *Vide* K. Tiedemann, v.g., em castelhano, já que conforme verificado a montante, outras obras deste ilustre Professor podem ser consultadas, in «*Responsabilidad penal de personas jurídicas...*», 1997 (1995), pp. 25-45.

[1105] *Vide* K. Tiedemann in *Neue Juristische Wochenschrift*, 1989, pp. 1169 e ss.; *apud* Joachim Vogel *idem ibidem*.

[1106] *Vide* G. Heine in «*Die strafrechtliche Verantwortlichkeit von Unternehmen...*», 1995. Porém, já muito antes, *vide* J. Figueiredo Dias in «Para Uma Dogmática...», RLJ, 1983-1984-1985 e republicado in «Direito Penal Económico...», 1998 – Segundo o próprio ilustre Penalista, p. 35: «O presente artigo foi escrito, em fins de 1981, com vista à participação num livro de homenagem ao Prof. Doutor Manuel Cavaleiro de Ferreira. (...) A ideia que preside...fiz, em Outubro de 1977, no quadro das provas de concurso para professor catedrático da Faculdade de Direito da Universidade de Coimbra». Na p. 68 menciona exactamente o Prof. Doutor J. de Figueiredo Dias: «Que se torna necessário usar aqui de um *pensamento analógico*, relativamente aos princípios do Direito Penal clássico (Profundamente sobre este pensamento no domínio do direito, Artur Kaufmann in "*Analogie und Natur der Sache*", Kahrlsruhe: Müller, 1965) – onde a máxima da responsabilidade individual deve continuar a valer sem limitações –, é evidente. Mas talvez agora já seja

viduais: «primeira via». O «modelo da culpa analógica» considera que as pessoas colectivas podem ser destinatárias de normas e que a culpa da

claro o erro que cometeria quem confundisse um tal pensamento analógico com uma utilização de "ficções" que aqui não está em causa». *Vide* igualmente J. de Figueiredo Dias in «Pressupostos da Punição...», 1983, pp. 50-51: «Por isso, se me é permitido dizê-lo, vejo eu neste art. 11.º a confirmação da minha ideia já antiga e segundo a qual é viável e adequado considerar as pessoas colectivas – através de um processo de pensamento filosófico *analógico* – capazes de acção e de culpa jurídico-penais. Se e quando deve isto acontecer, é uma decisão político-criminal do legislador em cuja dilucidação não devo penetrar»; Pensamos – *justamente* – que o funcionalismo supera a antítese entre «ficcionismo» e «realismo» no que diz respeito à compreensão do conceito de «pessoas colectivas», como veremos melhor adiante. Mas o Direito Penal funcional só tem sentido para nós no contexto que lhe demos no nosso Capítulo I, nomeadamente respeitando Direitos Fundamentais dos indivíduos e dos entes colectivos. A função do Direito Penal é tutelar bens jurídicos individuais ou colectivos, de acordo com a Constituição. Estamos, por isto tudo e como veremos ainda mais acrescidamente – do ponto de vista da Razão Científica e Kantiana: a única a quem devemos obediência! – em desacordo com a seguinte afirmação: «Ora, o processo de uma eventual transposição ou adaptação de tais formas de imputação dos agentes individuais para os entes colectivos, nunca encontrou qualquer esforço dogmático sério de "adequação" às especificidades de uma conduta empreendida e levada a cabo por este tipo de sujeitos (colectivos), designadamente no que tange à criminalidade no âmbito das empresas» (*vide*, o brilhante artigo, ainda que naturalmente muito condicionado pelo espaço e pelo tempo, do ilustre Procurador da República Dr. Jorge dos Reis Bravo in «Critérios de Imputação Jurídido-Penal ...», 2003, p. 231). Cfr. toda a nossa indicação bibliográfica e, especialmente, o Capítulo IV referente à França e à Alemanha, entre muitos Outros países como a Argentina (de uma forma que rejeitamos) ou Espanha e ainda, pormenorizadamente, o 3.4 do mesmo Capítulo IV. Este nosso trabalho é mais um humilde esforço dogmático muito sério, e com muito sacrifício, nesse mesmo sentido cujas principais ideias já tinham sido concluídas nos anos de 1999-2000 e cuja primeira apresentação (bastante mais longa) à Universidade Católica se realizou em Janeiro de 2002. Já nos finais de 1999 chamamos a atenção para a necessidade de existir um modelo uniforme de imputação de responsabilidade aos entes colectivos em todo o direito sancionatório (mesmo sob a «burla de etiquetas»). Outros fizeram-no, um pouco por todo o direito comparado de todo o mundo, muito antes de nós! Estamos, pois, neste muito concreto e preciso ponto, em acordo total com o oportuno artigo do ilustre Procurador da República, Dr. Jorge dos Reis Bravo (in op. cit. p. 250). Todavia, não basta detectar a dúvida, pois é indispensável construir e/ou deslocalizar esses critérios – ainda que o mesmo possa ser feito dentro da dogmática clássica penal – por forma a chegar à nova solução. Este nosso trabalho visa isso mesmo. Acusamos, entre muitos outros (em Espanha por exemplo onde são elaboradas igualmente teorias com todos os requisitos), o superior esforço do, v.g., Prof. Doutor Jorge de Figueiredo Dias e do Prof. Doutor Günther Heine (já com todos os pressupostos também) precisamente na zona de actuação das «empresas» e aguardamos, naturalmente, novos e futuros trabalhos.

empresa não é só classificada no Direito Civil, mas também constitui – *de per se* ou *per si* – uma realidade social (*sozial Wirklichkeit*). Dum outro ponto de vista, e ainda segundo Joachim Vogel (*idem ibidem*), este terceiro modelo permite produzir as transformações oportunas no Direito Penal individual. É o caso, por exemplo, do dolo de grupo que se pode fundamentar num conjunto de conhecimentos que este disponha, sem necessidade de que estes conhecimentos se devam concentrar em determinadas pessoas.[1107] Por fim, mas não por último, ainda se pode apontar um quarto modelo: o «modelo preventivo», (*Präventionsmodel*) estruturado por Schünemann[1108], que coloca a responsabilidade penal das pessoas colectivas dentro das medidas de segurança, i.e., na segunda via, devido a razões originadas num estado de necessidade preventivo.[1109]

Facto, que não é de menor importância salientar, é que a Comissão criada para a actual reforma do Direito sancionador na Alemanha sustenta ainda a opinião de que a imposição de preceitos como as sanções administrativas e o *comisso* dos lucros ilícitos das empresas (segundo as normas do OWiG) têm dado bons resultados, pelo que se torna como não necessária qualquer responsabilidade penal das agrupações.[1110]

[1107] Voltaremos a esta problemática um pouco mais adiante.

[1108] Ultimamente em: (Hrsg.) ders./Suárez (not. 45), 1994, pp. 265 e ss.), *apud* Joachim Vogel *ibidem idem*.

[1109] A. Silva Dias in op. cit. pp. 250-251, afastando o primeiro modelo, como já vimos a montante, dava-nos conta em Julho de 1990 duma proposta de «Schünemann» designada por «multa anónima» (in «*Cuestiones básicas de dogmática jurídico-penal...*», ADP, 1988, n.° 2, p. 551 e ss.; e igualmente Jescheck, *Lehrbuch*, § 23, V, 2, «apreciando a solução do § 30 da OWiG, que é diferente daquela "multa anónima"»): «se no domínio da empresa for praticado em regime fiscal que redunde em seu benefício e não se conseguir provar quem são os seus autores, aplicar-se-á uma sanção pecuniária à própria empresa, uma espécie de "multa anónima dirigida ao grupo". Tal sanção, que se aplicaria em alternativa e não cumulativamente com as penas infligidas aos autores (pois neste caso já se sabem quem são), não se baseia em considerações ou exigências de culpa, mas na gravidade do dano produzido e em imperativos de prevenção geral». Parece tratar-se duma responsabilidade meramente objectiva. Mais recentemente, porém, o Prof. Doutor A. Silva Dias, in «Crimes e Contra-Ordenações...», «Direito Penal Económico E Europeu...», 1999, p. 450, refere o seguinte: «A responsabilidade da pessoa colectiva, quando prevista, deve ser configurada, quanto a nós, como uma responsabilidade derivada (resultante da prática de um facto típico e ilícito por parte de uma pessoa singular) e subsidiária (se o autor singular, por qualquer razão, não for punido).

[1110] Cfr. «Informação Final» da Comissão para a reforma do sistema de sanções penais 2000 in www.bmj.bund.de/ggv007.pdf, *apud* Joachim Vogel *ibidem idem*.

1.2. Introdução de lege lata, *no contexto do art. 7.º do RGIT, à responsabilidade penal tributária (nomeadamente fiscal) «cumulativa» (ou punição paralela) das sociedades comerciais ou sociedades civis sob a forma comercial, ainda que irregularmente constituídas, e dos seus órgãos ou representantes*

Estando, pois, de volta ao Direito positivo português, e, mais exactamente, ao art. 7.º do RGIT, depois de nos situarmos na geografia Doutrinal, deparamos com aquilo que, no anterior 1.1 deste Capítulo, designamos como sendo o primeiro modelo de responsabilidade das pessoas colectivas, entre outros possíveis, alguns dos quais chegamos mesmo a enunciar anteriormente, como se viu.[1111]

A responsabilidade penal fiscal das sociedades comerciais ou sociedades civis sob a forma comercial, ainda que irregularmente constituídas, – alicerçada na actuação de indivíduos, que agindo como membros de órgãos sociais ou representantes da sociedade cometem a infracção fiscal no interesse e em nome destas organizações empresariais –[1112] exige, dizíamos, uma ou várias omissões ou acções humanas sobre as quais o legislador estrutura essa mesma responsabilidade, por forma a orientar cientificamente o rigor do intérprete no estabelecimento da correspondente imputação.[1113] Neste texto identificam-se as *organizações empresariais*

[1111] Dentro do ordenamento jurídico português interessa-nos salientar que – no contexto da responsabilidade penal fiscal das sociedades comerciais ou civis sob a forma comercial, ainda que irregularmente constituídas, consagrada no art. 7.º/1 do RGIT – o primeiro modelo deverá ser observado desde a perspectiva *de jure condito*, enquanto os restantes ainda estão imbuídos dum espírito, pelo menos de forma potencial ao nível das pretensões finais dos Seus Autores, *de lege ferenda*.

[1112] Para as definições que seguimos de organização, empresa e direito comercial, cfr. as aulas teóricas do Prof. Doutor Orlando de Carvalho dadas ao Curso de Direito Comercial do 4.º ano jurídico da licenciatura em Direito da Faculdade de Direito da Universidade de Coimbra nos anos de 1994-1995, e que não estão publicadas. Não obstante tais elementos têm em consideração os manuais e sebentas do Prof. Doutor Ferrer Correia e do Prof. Doutor Vasco da Gama Lobo Xavier já a montante mencionados (op. cit.).

[1113] A maior dificuldade deste modelo de imputação de responsabilidade ao ente colectivo continua a ser a indispensável e prévia individualização da prática por uma pessoa singular dum facto típico e ilícito qualificado pela lei como crime (ou contra-ordenação). Mesmo na proposta do Dr. Frederico Isasca refere-se o seguinte: «a infracção cometida por pessoa singular, ligada com carácter de permanência à pessoa colectiva, no interesse dessa pessoa colectiva, no âmbito normal da mesma e levada a cabo com o auxí-

com as sociedades comerciais ou sociedades civis sob a forma comercial, ainda que irregularmente constituídas, embora pensemos que o primeiro termo possa ser, eventualmente, mais amplo do que o segundo.

Não obstante, é importante fazer uma distinção clara – que de resto já está expressa nos n.ᵒˢ 3 e 4 do art. 7.º do RGIT – entre, por um lado, a responsabilidade individual dos agentes das infracções – nos casos em que elas são imputáveis a sociedades comerciais e sociedades civis sob a forma comercial, ainda que irregularmente constituídas – por crimes fiscais; e, por outro lado, a responsabilidade individual dos mesmos agentes das infracções, nos casos em que elas continuam a ser imputáveis às mesmas organizações empresariais, mas já por contra-ordenações fiscais. É que, no que diz respeito aos crimes fiscais, ainda que exista responsabilidade dessas organizações empresariais, os agentes individuais que agiram no seu nome e no interesse colectivo, são também criminalmente responsáveis pelos crimes. Por seu lado, no que se refere às contra-ordenações fiscais, caso a responsabilidade seja imputável às supramencionadas organizações empresariais, ficarão excluídas as hipóteses de responsabilizar os agentes individuais das infracções.[1114]

Daqui poderemos concluir que a responsabilidade criminal fiscal das sociedades comerciais e sociedades civis sob a forma comercial, ainda que irregularmente constituídas, deverá – em princípio – ser paralela (ou coexiste) necessariamente com a responsabilidade de pelo menos uma pessoa física («órgão ou representante») que cometa a infracção no interesse e em nome dessa organização empresarial. É aquilo que se designa por responsabilidade cumulativa (ou punição paralela) pelo mesmo crime fiscal através da qual é responsável a sociedade e o seu agente.[1115] Neste caso, este agente individual será punido autonomamente pelo seu crime segundo o

---

lio do poderio da pessoa colectiva, deve ser punida, *devendo tal punição recair na própria pessoa colectiva». Apud* J. Albuquerque in «Reforma do Código penal – (...) crime de poluição...», BID n.º 11, www.pgr.pt, pp. 16-17. Cfr., igualmente, Frederico Isasca in «Responsabilidade civil e criminal das pessoas colectivas», 1988.

[1114] Cfr. 2.5.5 deste Capítulo, nomeadamente quanto às nossas dúvidas face à nova redacção do n.º 1 do art. 6.º do RGIT que somente fala em «tipo legal de crime» e não de contra-ordenação.

[1115] *Mutatis mutandis* em relação aos RJIFNA e RJIFA anteriores, onde havia responsabilidade cumulativa em relação aos crimes fiscais, mas também em relação às contra-ordenações fiscais (cfr. arts. 6.º e 7.º dos dois diplomas) *vide* Isabel Marques da Silva in op. cit. pp. 145 e ss..

art. 6.º do RGIT. O mesmo já não se poderá dizer, como em cima se viu, em relação à responsabilidade contra-ordenacional fiscal das sociedades comerciais e sociedades civis sob a forma comercial, ainda que irregularmente constituídas, face aos novos art.ᵒˢ 6.º/1 e 7.º/4 do RGIT. É que aqui a responsabilidade contra-ordenacional das organizações empresariais exclui, expressamente por via da letra da Lei, a responsabilidade dos respectivos agentes.[1116]

Voltando ao art. 7.º/2 do RGIMOS, Autores há que defendem tratar-se duma dupla responsabilização dos entes colectivos e das pessoas singulares que agem no exercício de funções a elas ligadas.[1117] Recorde-se, por outro lado, que o n.º 3 do art. 3.º é similar ao n.º 3 do art. 7.º do RGIT. Pensamos que o n.º 2 do art. 7.º do RGIMOS consagra a teoria da identificação. Logo, para responsabilizar a pessoa colectiva (*lato sensu*), é claramente necessário individualizar primeiro o acto do seu «orgão» no exercício das suas funções. Por outro lado, é evidente que o RGIMOS não se dirige somente a pessoas colectivas (*lato sensu*), pois também as pessoas singulares podem praticar contra-ordenações.[1118] Logo, só se concretiza a «Responsabilidade das pessoas colectivas ou equiparadas», se se verificar anterior e paralelamente, a responsabilidade dos seus «órgãos» no exercício das suas funções (cfr. n.º 2 do art. 7.º do RGIMOS). Neste caso con-

---

[1116] Repare-se que o RGIMOS não prevê no seu art. 7.º («Responsabilidade das pessoas colectivas ou equiparadas») uma qualquer alusão à exclusão ou não exclusão da responsabilidade individual dos respectivos agentes, nem prevê a responsabilidade contra-ordenacional da «actuação em nome de outrem». Significa que, pelo menos aqui, pode não existir responsabilidade cumulativa? Uma coisa parece ser certa: como veremos mais adiante existe, pelo menos, imputabilidade cumulativa! Embora num âmbito específico, a conclusão 7.ª do Parecer n.º 102/89, de 27 de Setembro de 1990, do C.C. da PGR, publicado no DR, 2.ª Série, de 7 de Março de 1991, n.º 55, refere o seguinte: «Os titulares dos órgãos das pessoas colectivas que hajam cometido contra-ordenações de segurança social pelas quais essas pessoas sejam responsáveis só são responsáveis por elas a título individual se o tipo contra-ordenacional respectivo não incluir certas qualidades que só tais pessoas colectivas tenham».

[1117] *Vide* António Joaquim Fernandes in «Regime Geral das Contra-ordenações», pp. 30-31, o qual acrescenta, com algumas reticências nossas, e mesmo com a nossa discordância, que: «No que respeita aos entes colectivos, trata-se de uma responsabilidade autónoma e não de uma responsabilidade subsidiária como se verifica no n.º 3 do art. 2.º do Decreto-Lei n.º 28/84, de 20 de Janeiro (aplicável aos crimes e contra-ordenações aqui previstas), pois a lei não a contempla».

[1118] Cfr., v.g., art. 10.º e ss. ou art. 17.º e ss. do RGIMOS.

creto, a culpa da pessoa colectiva afere-se pela culpa do órgão, i.e., a pessoa singular dessa pessoa colectiva que cometeu o facto[1119]. O mesmo acontece, na nossa opinião, em relação às contra-ordenações fiscais face ao teor do art. 7.º/1 do RGIT. Simplesmente, depois de estabelecida a responsabilidade da organização, haverá exclusão reflexiva da responsabilidade dos respectivos agentes individuais: o argumento é formal e conforme ao teor expresso do n.º 4 do art. 7.º do RGIT. O que não implica, como é óbvio, que as contra-ordenações fiscais também não possam ser praticadas por pessoas singulares: cfr. arts. 113.º e ss. do RGIT: é que só haverá exclusão da sua responsabilidade nos termos desse n.º 4 do art. 7.º do RGIT. Ainda em relação ao art. 7.º do RGIMOS a Mestra Dr.ª Isabel Marques Silva – referindo-se ao anterior e problemático art. 6.º do RJIFA e comparando-o com o art. 6.º do RJIFNA – parece ter uma opinião ligeiramente diferente[1120]: «Este regime, no que se refere às contra-ordenações, não tem paralelo no regime das infracções fiscais aduaneiras, em que a responsabilidade por actuação em nome de outrem se encontra limitada aos crimes, pois só a estes se refere, não se estendendo às contra-ordenações fiscais aduaneiras, sujeitas assim ao regime geral estabelecido na Lei-Quadro das Contra-Ordenações, que não prevê responsabilidade contra-ordenacional por actuação em nome de outrem nem parece exigir a responsabilidade cumulativa das sociedades e dos seus órgãos, bastando-se com a responsabilidade da sociedade». A ilustre Autora poderá ter razão se se considerar que não existe responsabilidade cumulativa mas existe «*imputação cumulativa*»! É que, na nossa opinião, a responsabilidade – e a punibilidade – das entidades colectivas segundo o art. 7.º do RGIMOS continua textualmente a ter que passar pelo crivo da imputação individual, i.e., pela mediação de «órgãos», com todas as vicissitudes de estreiteza (de imputação!) aí inerentes e para as quais, como referiremos a jusante, já se prevêem transformações legislativas. Parece ser essa também a opinião que podemos depreender das palavras da Mestra Dr.ª Teresa Serra, com a

---

[1119] Vide Manuel Ferreira Antunes in op. cit. pp. 74 e ss., o qual acrescenta o seguinte, com a nossa concordância: «Entre a "imputação" da culpa do titular do órgão da pessoa colectiva à própria pessoa colectiva – nos termos expostos – e a imputação de responsabilidade objectiva à mesma p.c., entendemos que, em obediência ao princípio da culpa, parece mais harmonioso e coerente com o sistema, aquela primeira imputação. É o que defendemos, em nome do princípio da culpa, que nos parece completamente consagrado no actual regime das contra-ordenações».

[1120] In op. cit. p. 152.

qual concordamos inteiramente[1121]: «Como se verifica, trata-se do modelo clássico de imputação que ancora a responsabilidade de entidades colectivas na realização, em determinadas circunstâncias, de uma infracção por um ou mais indivíduos (Distancio-me, assim, completamente da recente interpretação de Costa Pinto [1999, 312 e segs.] acerca do art. 7.° do RGIMOS. Com efeito, entendo que, no n.° 1 do art. 7.°, se delimita, a par das pessoas singulares, o círculo de entidades colectivas destinatárias das normas contra-ordenatórias, enquanto, no n.° 2, se estabelece o critério da imputação que permite responsabilizar aquelas entidades. Em rigor, não é neste plano que se configuram diferenças fundamentais em relação ao actual § 30 da *Ordnungswidrigkeitengesetz* [OWiG], preceito este que, aliás, não é, como se verá, fonte do artigo 7.° do RGIMOS». É isso que pensamos, independentemente do art. 7.° do RGIMOS não ter uma norma idêntica ao n.° 3 do art. 7.° do RGIT: uma coisa é haver ou não haver exclusão da responsabilidade individual; outra – bem diferente! – é o facto vinculante e nexo ou critério/crivo de imputação da teoria da identificação, o qual funciona plenamente tanto no n.° 2 do art. 7.° do RGIMOS como no n.° 1 do art. 7.° do RGIT no que às contra-ordenações concerne.[1122] É o modelo da responsabilidade identificativa que a Lei adopta. Não é por isso que tal teoria é afastada. Uma coisa é o modelo e nexo de imputação consagrado (art. 7.°/1 do RGIT); outra coisa, bem distinta, é a exclusão de responsabilidade decidida formal e posteriormente pelo legislador depois de ser estabelecida a imputação. De contrário, seria afastar, neste preciso contexto, o princípio da culpa (arts. 1.° e 25.°/1 da CRP) do ilícito de mera ordenação social (v.g. art. 32.°/10 CRP): o que constituiria o estabelecimento para o legislador duma zona franca de punição em sentido amplo, através da «fraude de etiquetas» e em «burla à própria CRP», que impede a «responsabilidade objectiva», só capaz de ser ultrapassada, como projecto *de lege ferenda* da Doutrina penal, pelo, v.g., «modelo ana-

---

[1121] In op. cit. pp. 200 e 209, p. 190.
[1122] Estamos, por conseguinte, em desacordo com o nosso caríssimo ilustre Procurador da República Dr. Jorge dos Reis Bravo in op. cit. p. 238 quando apresenta a seguinte justificação: «Tratava-se, também aí, de uma responsabilidade penal cumulativa, pois dispunha a norma "sem prejuízo da responsabilidade individual"...». Ao contrário deste Distinto Autor (in op. cit. p. 235) distinguimos a figura da responsabilidade da figura da imputação (cfr. este estudo na sua totalidade e, v.g., ponto n.° 6 das pré-conclusões e novos desenvolvimentos: pré-conclusão 53.ª alínea b).

lógico», que por sua vez, não é o modelo consagrado no art. 7.º/1 do RGIT, o qual plasma a teoria da identificação!

Inadmissível parecia ser, face ao RJIFNA anterior e por outro lado, a consagração de um critério de imputação em matéria de responsabilidade criminal mais largo (o n.º 1 do art. 7.º do RJIFNA, omitindo qualquer referência às contra-ordenações prescrevia que «as pessoas colectivas e equiparadas são responsáveis pelos *crimes* previstos no presente regime jurídico quando cometidos pelos seus órgãos ou representantes») do que em matéria de responsabilidade pelo ilícito contra-ordenacional (o n.º 2 do art. 7.º do RGIMOS refere somente «órgãos» e seria aplicável por via do art. 4.º/2 do RJIFNA): o que carecia duma justificação material para uma tal diferença de critérios.[1123]

De duvidosa constitucionalidade continua a parecer-nos o critério de imputação do ilícito de mera ordenação social às pessoas colectivas, sociedades, ainda que irregularmente constituídas, e outras entidades fiscalmente equiparadas, que está definido no art. 7.º do RGIT.[1124] É que se aqui os pressupostos da respectiva punibilidade passam pelos desencadeadores individuais que se designam por «órgãos ou representantes», já no art. 7.º do RGIMOS[1125] deparamo-nos somente com os «órgãos».[1126] Verifica-se,

---

[1123] Exactamente neste sentido *vide* Teresa Serra in «Contra-ordenações...», RPCC, 1999, pp. 197-198.

[1124] Como já o era seguramente em relação aos arts. 7.º dos RJIFNA e RJIFA.

[1125] Cfr. DL n.º 433/82, de 27 de Outubro, com as modificações essenciais do DL n.º 244/95, de 14 de Setembro.

[1126] *Mutatis mutandis* em relação aos RJIFNA e RJIFA anteriores, *vide* Teresa Serra in op. cit. pp. 202-203: É na estruturação dos pressupostos da respectiva punibilidade «que, pelo menos em abstracto, pode residir um maior perigo para os direitos fundamentias em causa. A determinação desses pressupostos, que implicará uma maior ou menor punibilidade, caberá sempre na competência reservada da Assembleia da República. Assim o decidiu com maior clareza o Acórdão do Tribunal Constitucional n.º 414/89, de 7-6, in *Diário da República*, I Série, de 3-7, ao declarar a inconstitucionalidade com força obrigatória geral do art. 40.º do Decreto-Lei n.º 424/86, de 27-12, por violação do disposto no artigo 168.º, n.º 1, alínea d), da Constituição, na medida em que estabelecia um regime de responsabilidade contra-ordenacional daqueles que agem em nome de outrem e das pessoas colectivas e equiparadas, diverso do previsto no artigo 7.º do RGIMOS». À objecção das «leis de autorização legislativa que habilitam o Governo», respondia a Prof. Dr.ª Teresa Serra que: «Comum a *todas* estas leis é, todavia, a ausência de autorização para alterar o critério de imputação, no sentido de uma maior amplitude da punibilidade». Quanto ao chamado *«privilégio sancionatório»* das pessoas colectivas que daqui poderia resultar em relação às pessoas singulares (cfr. actual art. 7.º do RGIMOS), era a seguinte a conclusão da

pois, uma derrogação do regime geral. Resta saber se a mesma tem legitimidade constitucional.[1127] É uma questão que deixamos aqui em aberto: o

---

ilustre Autora: «Mas, ainda que se entenda que estas soluções são materialmente não inconstitucionais, tal não significa que seja sanável a inconstitucionalidade orgânica de que padecem as normas que as prevêem».

[1127] Poder-se-á referir que o RGIT foi aprovado pela Lei n.º 15/2001, de 5 de Junho e, portanto pela Assembleia da República, o que significaria a devida autorização, mas continuamos a ter dificuldades em discernir uma autorização claramente específica para modificar o critério de imputação no caminho duma maior amplitude da punibilidade. Por outro lado, pensamos que a RCM n.º 119/97, de 14 de Julho, com as alterações da RCM n.º 10/98, de 23 de Janeiro; a Lei n.º 41/98, de 4 de Agosto a qual autorizou «o Governo a publicar uma lei geral tributária donde constassem os grandes princípios substantivos que regem o direito fiscal português...»; bem como a própria LGT, aprovada pelo DL n.º 398/98, de 17 de Dezembro, que «enuncia e define os princípios gerais que regem o direito fiscal português...» continuam a não resolver o problema: cfr. o nosso Capítulo II. Deparamos com dificuldades, inclusive de simples raciocínio jurídico-lógico, em conciliar o art. 7.º do RGIT com a ideia de que as normas contidas no art. 7.º do DL n.º 433/82 consubstanciam princípios fundamentais do regime geral do ilícito de mera ordenação social. Daí, talvez, a proposta de alteração do RGIMOS «recentemente aprovada no Conselho de Ministros e cujo processo legislativo decorre ainda» prever no seu novo n.º 2 do art. 7.º o seguinte: «as pessoas colectivas ou equiparadas são responsáveis pelas contra-ordenações praticadas pelos seus *órgãos*, *mandatários*, *representantes* ou *trabalhadores*, quando os mesmos actuem no exercício das suas funções». *Vide*, contudo, as críticas da Dr.ª Teresa Serra in op. cit. pp. 208 e ss.. Não querendo de forma alguma encerrar esta questão da eventual e respectiva (in)constitucionalidade sempre podemos enunciar mais algumas razões a favor da possível (mas porventura inexistente!) inconstitucionalidade (a resposta final só poderá ser dada, como é evidente e se o caso se colocar efectivamente, pelo Tribunal Constitucional, o qual, em um ou outro sentido, terá sempre que fundamentar o melhor possível a sua resposta): 1.ª Como refere Morais (*apud* Teresa Serra in «Contra-ordenações...», RPCC, 1999, pp. 200 e ss. que refere ainda antes daquele ilustre Autor: «...parece possível afirmar que, em última análise, o regime geral se configura como uma lei interposta, nos termos e para os efeitos do art. 112.º, n.º 3, *in fine*, da Constituição») [1998-652] «...a parametricidade interposta dos regimes gerais não parece ser explicitamente determinada pela Constituição, de modo que não deixam de existir fundadas dúvidas sobre o seu "status" de proeminência, para efeitos do respectivo reconhecimento como leis de valor reforçado». Estas dúvidas não são obstáculo, todavia, para o próprio Autor mencionado referir claramente (p. 319) o seguinte: os regimes gerais «admitindo a emissão de leis especiais que introduzam regimes jurídicos particulares que regulem diferencialmente várias dimensões de um objecto comum, não aceitam contudo leis excepcionais ou equivalentes que derroguem ou contrariem os seus princípios essenciais ou subvertam os seus fins principais»; 2.ª o problema das «autorizações genéricas» que violam o Princípio das Especialidades das Autorizações Legislativas coloca-se não só no âmbito do «Decreto-Lei» mas

que não nos impede de pensar e sugerir novas soluções para os eventuais problemas da respectiva (in)constitucionalidade.

Não obstante, mesmo no contexto duma responsabilidade cumulativa, como aquela que é consagrada em termos de crimes no art. 7.º do RGIT[1128], ilustres Autores há – quer pertencentes à Doutrina, quer representantes de certa Jurisprudência – que defendem ou descrevem a possibilidade de se verificar somente a responsabilidade das pessoas colectivas (*lato sensu*).[1129]

1.2.1. *Breve afloramento entre, por um lado, a responsabilidade penal cumulativa das sociedades comerciais ou sociedades civis sob a forma comercial, ainda que irregularmente constituídas, e dos seus «órgãos ou representantes»; e, por outro lado, os pressupostos do art. 30.º OWiG* [1130]

A responsabilidade das sociedades comerciais ou sociedades civis sob a forma comercial, ainda que irregularmente constituídas, por infrac-

---

também no campo da própria «Lei» (como por exemplo a Lei n.º 12/83, de 24 de Agosto ou a Lei n.º 7/89, de 21 de Abril e muitas outras). É que as leis de autorização deverão ser muito precisas no que concerne à definição do sentido e da extensão das alterações legislativas a introduzir, v.g., no RGIMOS; 3.ª no nosso entender tem que existir uma autorização muito específica, do ponto de vista técnico-jurídico, para alterar o critério de imputação no sentido de uma maior amplitude da punibilidade (não basta enunciar a nova norma jurídica; é preciso especificar e autorizar com transparência o novo critério de imputação); 4.ª o art. 7.º do RGIT, ao alargar os critérios de imputação do art. 7.º do RGIMOS – o qual continua, de um modo muito mais restritivo na sua estrutura, a permanecer válido em termos gerais –, poderá, por outro lado, estar a violar os Princípios constitucionais da universalidade, da igualdade e da proporcionalidade que regem, também de uma forma precisa, um critério de imputação que deveria ser igual para todos, sobretudo dentro da mesma área do Direito como é o caso do ilícito de mera ordenação social: pensamos que é essa a melhor forma de contribuir para a construção das ciências jurídicas. Todavia, toda esta questão permanece, para nós, em aberto.

[1128] Mais exactamente em relação ao art. 121-2 do CP francês, cujas semelhanças são por demais evidentes: cfr. o nosso Capítulo IV.

[1129] *Vide* Alain Cœuret, in op. cit. p. 308, a quem regressaremos um pouco mais a jusante.

[1130] O *Ordnungswidrigkeitengesetz* (OWiG) – que poderíamos designar como a lei quadro do ilícito de mera ordenação social alemão – e mais propriamente o seu § 30 não é fonte do art. 7.º do RGIMOS, como já a montante referimos, nem o é naturalmente do art.

ções fiscais (quer sejam crimes ou contra-ordenações) é edificada sobre a conjectura do procedimento de pessoas singulares[1131], membros de órgãos ou representantes da sociedade, que actuam em nome e no interesse social. A mencionada responsabilidade não dispensa, assim, uma ou várias acções humanas, as quais têm necessariamente de se apresentar como tipicamente ilícitas e culposas. Assim o requer a essência contra-ordenacional ou criminal destes mesmos tipos de responsabilidade.[1132]

Todavia, conforme pudemos observar de forma clara no nosso Capítulo IV[1133], não é esta, de modo nenhum, a única saída, *de lege ferenda*, para estabelecer o nexo de imputação da responsabilidade – e punibilidade – das organizações. O facto vinculante da responsabilidade organizacional colectiva, em diversos ordenamentos jurídicos, não passa sequer pela localização duma precisa e definida autoria individual. É que há outros inconvenientes para a justiça material. Refere-nos Mui Doutamente o Prof. Doutor Jorge de Figueiredo Dias[1134]: «...uma "transferência" total da responsabilidade, que verdadeiramente deva caber a uma pessoa colectiva *qua tale*, para o nome individual de quem actue como seu órgão ou representante poderia conduzir muitas vezes – sobretudo nos delitos económicos de grandes empresas, v.g., multinacionais, com diversificadas esferas de administração donde deriva uma muito acentuada repartição de tarefas e de competências – à completa impunidade, por se tornar impossível a com-

---

7.º do RGIT (ou dos anteriores arts. 7.º dos RJIFNA e RJIFA). Cfr. o nosso Capítulo IV no que diz respeito à Alemanha.

[1131] Embora se verifique – posteriormente à aplicação do facto vinculante do nexo de imputação da teoria da identificação que está plasmada, quer para crimes quer para contra-ordenações, no n.º 1 do art. 7.º do RGIT – a exclusão da responsabilidade individual dos respectivos agentes no que ao ilícito de mera ordenação social diz respeito: cfr. n.º 4 do art. 7.º do RGIT.

[1132] Vide, *mutatis mutandis*, I. Marques da Silva face aos RJIFNA e RJIFA in op. cit. p. 146, ilustre Autora, a qual ainda refere: «Cfr. os arts. 1.º, n.º 1 e 13.º do Código penal e os arts. 2.º e 8.º, n.º 1 da Lei-Quadro das Contra-Ordenações, aplicáveis subsidiariamente às infracções fiscais por força do art. 4.º, alíneas a) e b) do RJIFA, e do art. 4.º do RJIFNA. É esta subsidiariedade expressa, reforçada pelo art. 8.º do Código Penal, que segundo» o Prof. Doutor «José Faria Costa» impõe que valham no âmbito do Direito Penal económico as concepções próprias do Direito Penal sobre a ilicitude e a culpa. Cfr. Faria Costa in «O Direito Penal Económico...», 1985, p. 45».

[1133] Cfr. igualmente o 3.1 deste Capítulo.

[1134] In «Pressupostos da Punição e Causas...», CEJ, 1983, pp. 50-51; ou in «Para uma dogmática do...», p. 69.

provação do nexo causal entre a actuação de uma ou mais pessoas individuais e a agressão do bem jurídico produzida ao nível da pessoa colectiva. O reconhecimento da punibilidade da actuação em nome de outrem não substitui, pois, a necessidade de, em certos casos – nomeadamente no âmbito do Direito Penal secundário ou especial –, a lei consagrar expressa e directamente a punibilidade da pessoa colectiva». Por outro lado não podemos, do ponto de vista do raciocínio jurídico, pactuar com a ideia, *a torto e a direito*, da responsabilidade *civil* das pessoas colectivas (*lato sensu*) que se traduz – afinal muitas vezes! – numa responsabilidade penal de facto dessas mesmas entidades. Sem colocar em causa a ideia de que está consagrada a teoria da identificação no n.º 1 do art. 7.º do RGIT e de que, portanto, para estabelecer abstracta e concretamente a responsabilidade da pessoa *colectiva (lato sensu)* será necessário discernir previamente o facto vinculante praticado individualmente que servirá de nexo de imputação da responsabilidade que derivará depois para a organização, independentemente de em momento posterior se verificar uma exclusão formal, legislativa e reflexa da responsabilidade ao nível dos agentes individuais que praticaram contra-ordenações (naquele caso concreto: aliás, trata-se dum incentivo aos agentes individuais para praticarem contra-ordenações nos termos do art. 7.º do RGIT, pois a sua responsabilidade será concretamente excluída embora possa existir em abstracto um critério de imputação ao ente colectivo através dos mesmos!), urge aderir à ideia de desconfiança relativamente a uma possível «burla ou fraude de etiquetas».[1135]

[1135] *Vide* M. Lopes Rocha in op. cit. p. 451. É precisamente esta situação que nos parece ter estado patente no art. 42.º/5 dum dos anteriores regimes das infracções fiscais aduaneiras, i.e., no DL n.º 424/86, de 27 de Dezembro (cfr. igualmente art.os 31.º: responsabilidade pessoal por actuação em nome de outrem e 32.º: responsabilidade penal das pessoas colectivas pelos crimes e contra-ordenações dolosas cometidas pelos seus órgãos ou representantes em nome e no interesse colectivo), o qual referia: «se a infracção fiscal for cometida na actividade exercida por qualquer pessoa colectiva de direito privado ou empresa pública e não se descobrir o indivíduo que, fazendo parte delas, a cometeu, respondem solidariamente as referidas pessoas e os seus representantes constituídos à data da infracção ou da sua descoberta, se aquela não for conhecida». É a Mestra Dr.ª Isabel Marques Silva que nos dá este exemplo in op. cit. na p. 147, mas com uma determinada opinião: «Parece resultar da conjugação destes preceitos que quando não fosse encontrada uma pessoa física responsável pela infracção não existia também responsabilidade penal da pessoa colectiva, mas apenas responsabilidade civil pelo cumprimento da sanção pecuniária». Não pondo de forma alguma em causa a opinião da ilustre Autora, a qual, de resto, sufragamos de forma inequívoca, e salvo o devido respeito, pensamos ser este art. 42.º/5

Voltando a fazer uma breve incursão no ilícito de mera ordenação social alemão, e mais propriamente no parágrafo 30 do OWiG, analisemos, pois, como mero exercício de investigação, como se podem processar os factos em tal campo de acção interpretativa, onde se prevê aquilo que designaremos como coima associacional.[1136]

De forma «*analógica*» ao disposto pelo Tribunal Constitucional Federal Alemão (*BverfGE* 20, 323, 335 e ss.)[1137], a coima associacional exige como facto vinculante, que uma pessoa natural e plenamente imputável cometa uma infracção. Por outro lado, a coima associacional é dirigida de forma limitativa à esfera de pessoas constituídas somente pelas «pessoas *jurídicas*».[1138] Igualmente, o naipe de autores que cometeram o facto que serve de referência para impor a coima associacional está circunscrito aos membros dos órgãos e às pessoas a quem foram facultados poderes para representar a pessoa colectiva (*lato sensu*) em causa. É um círculo limitado aos mais altos níveis de direcção. Refere-nos Hans Achenbach (*idem ibidem*) que não se prevê de modo algum uma responsabilidade substituitória.[1139] Fundamental parece-nos ser a ideia, do mesmo ilustre Autor, de que «a exigência de que se trate de um comportamento realizado "como" órgão etc. deve interpretar-se aqui como os parágrafos 14 StGB e 9 OWiG» (respectivamente, como se sabe, CP e «RGIMOS» alemães).[1140] É também importante referir que o facto que serve de

---

do DL n.º 424/86 – além duma situação de duvidosa constitucionalidade: cfr. *mutatis mutandis* o nosso 2.6 deste Capítulo – precisamente um caso de responsabilidade penal de facto, com o «rótulo fraudulento» de «responsabilidade civil».

[1136] Cfr. novamente a primeira n. de r. deste ponto. Conforme se pode observar nos nossos Capítulos I e IV, preferimos «coima» e não «multa». Este nosso percurso de invasão quer significar apenas que existem outros caminhos doutrinalmente possíveis que, sendo embora na zona contra-ordenacional, não deixam de abarcar o território do Direito sancionatório e punitivo em geral e, portanto, importunador dos Direitos Fundamentais dos cidadãos individuais e das próprias pessoas colectivas (*vide* a jusante).

[1137] Segundo o qual na imposição de sanções com as quais se castigam um ente colectivo é decisiva a culpa da pessoa responsável que actuou para aquela: cfr. H. Achenbach in «*Sanciones con las que se...*», pp. 391-392.

[1138] *Vide* Hans Achenbach in *idem ibidem*.

[1139] Refere-nos o mesmo ilustre Autor alemão várias tentativas para ampliação deste círculo de autores na área da reforma do Direito Penal do meio ambiente: *JuS*, 1990, p. 606.

[1140] Cfr. correspondentemente os nossos art. 12.º do CP ou 6.º do RGIT: «actuação em nome de outrem». Cfr. o nosso 2.5.5. Segundo esta interpretação não parece, pois, haver recurso ao Direito Civil.

conexão deve ou devia ter lesionado deveres relacionados com a empresa.[1141] Particularmente impressiva e útil à discussão das ciências jurídicas, particularmente neste tema que estamos a tratar, parece-nos ser a distinção que é feita por Hans Achenbach (*idem ibidem*) no que diz respeito ao procedimento que se siga na imposição da coima: a) a designada coima associacional cumulativa que se impõe num «processo único» ao autor do facto que serve de referência e à associação de pessoas[1142]; b) a designada coima associacional isolada que se imporá num processo independente à empresa, sempre que não se tenha começado ou suspendido novamente um processo penal ou um processo por coima («multa»), ao autor do facto vinculante, bem como sempre que num processo penal contra o autor, o tribunal prescinda da pena.[1143] Precisamente pelo motivo de que a coima associacional isolada não está dependente de se sancionar o facto que serve de conexão, deixa de ser obrigatoriamente imprescindível discernir individualmente o autor que cometeu o mencionado facto. Mas – atenção! – isto só sucederá nas situações em que fique perfeitamente claro, no sentido do parágrafo 30 OWiG, que existe algum autor idóneo que tenha cometido um facto típico, antijurídico e reprovável, apropriado para servir de ponto de vinculação.[1144]

Retornando, *de lege lata*, ao nosso art. 7.º/1 do RGIT é de referir que o modelo consagrado para a responsabilidade das sociedades comerciais ou sociedades civis sob a forma comercial, ainda que irregularmente constituídas, é claramente um sistema de imputação que não dispensa o facto e culpa do agente da infracção e, portanto, dos seus respectivos órgãos ou representantes[1145], com as ressalvas que a montante procuramos enunciar

---

[1141] Cfr. parágrafo 30 I OWiG. Por seu lado, o parágrafo 30 II OWiG estabelece o limite máximo da coima.

[1142] Cfr. parágrafo 30 I OWiG.

[1143] Refere-nos H. Achenbach *idem ibidem*, c. n. t, que: «Impedimentos legais tais como uma amnistia, a ausência de querela ou a prescrição do facto que serve de conexão excluem a imposição da coima associacional isolada (parágrafo 30 IV OWiG)».

[1144] Cfr. Achenbach, *JuS*, 1990, 606; Cramer, *KKOWiG*, par. 30, Rn. 170, 171; Göhler, *OWiG*, par. 30, Rn. 40; Rebmann/Roth/Herrmann, *OWiG*, par. 30, Rn. 52; por todos *apud* Hans Achenbach *idem ibidem*.

[1145] Idependentemente da posterior não exclusão quanto aos crimes (art. 7.º/3 do RGIT) ou exclusão quanto às contra-ordenações (art. 7.º/4 do RGIT) da responsabilidade individual dos respectivos agentes.

Capítulo VI – Os contrastes dos principais modelos de... 421

quanto às sociedades comerciais ou sociedades civis sob a forma comercial, ambas irregularmente constituídas. Por isso mesmo, face ao novo art. 7.º do RGIT e ao contexto da teoria da identificação evocado múltiplas vezes ao longo deste trabalho, continua a nos parecer impossível que possa existir responsabilidade das organizações empresariais por infracções fiscais sem que seja simultaneamente possível imputar igualmente essa mesma infracção ao agente que tenha cometido os factos típicos-ilícitos e que o tenha feito com culpa.[1146] As sociedades comerciais ou sociedades civis sob a forma comercial[1147] actuam, pois, necessariamente, por meio dos titulares dos seus órgãos ou dos seus representantes, por forma a que os factos ilícitos que estes pratiquem, em seu nome e interesse, são trata-

---

[1146] Cfr. Brender in «*Die Neuregelug der Verbandstäterschaft im Ordnungswidrigkeitenrecht*», Schäuble Verlag, Freiburg/Berlin, 1989, p. 14 e ss.; e Schünemann, Wistra, 1982, p. 50: a multa contra pessoas jurídicas só pode justificar-se nos casos em que não possa identificar-se o autor do facto; *vide*, por outro lado, Stratenwerth in «*Festschrift...*» pp. 300 e ss, que adverte com razão: «precisamente a exigência de um facto antijurídico e culpável do órgão como elemento do pressuposto de facto da imputação à pessoa jurídica tem que levar a regulação ao fracasso nos casos em que não se pode descobrir o autor do facto, o que determina que tal exigência não corresponde às necessidades práticas duma responsabilidade da empresa»; ambos *apud* L. Gracia Martín in «*La Cuestión De La Responsabilidad Penal De Las...*», 1996, p. 66, *Vide, mutatis mutandis* em relação aos RJIFNA e RJIFA anteriores, I. Marques Silva no mesmo sentido in op. cit. p. 149, que faz, por Seu lado, referência à opinião contrária de J. Lobo Moutinho e H. Salinas Monteiro, traduzidos para a língua francesa, in «*La criminalisation du comportement collectif*», 1996, pp. 335-336: «*donc, ne semble pas exclue l'hypothèse selon laquelle la persone morale est responsable, même s'il n'est pas possible de déterminer quelle est la personne qui a commis le fait (...)*». Poder-se-á objectar que nos regimes anteriores citados não existia uma norma de exclusão de responsabilidade individual semelhante ao n.º 4 do art. 7.º do RGIT. Recorde-se tudo o que já mencionamos sobre este assunto a montante: uma coisa é estabelecer a responsabilidade das pessoas colectivas através do n.º 1 do art. 7.º do RGIT segundo o modelo de imputação consagrado; outra – bem distinta –, é excluir formalmente a responsabilidade dos agentes individuais num caso muito preciso: o direito das contra-ordenações (art. 7.º/4 do RGIT). Uma exclusão de responsabilidade só tem lógica se a mesma é passível de ter existido. Outro problema de que ainda falaremos a jusante, consiste em saber se estas contra-ordenações não constituem, *per si*, uma «burla ou fraude de etiquetas».

[1147] Com as ressalvas a montante apontadas acerca das sociedades comerciais ou civis sob a forma comercial irregularmente constituídas, onde é bastante mais complexo (ou mais simples) definir o que é um «órgão ou representante». De qualquer modo, a ideia de indentificação é essencialmente a mesma.

dos pelo direito como factos daquelas, designadamente quando deles advenha responsabilidade criminal, contra-ordenacional ou civil.[1148]

Situação diferente é aquela em que a responsabilidade das sociedades comerciais ou sociedades civis sob a forma comercial, ainda que irregularmente constituídas[1149], é excluída quando o agente tiver actuado contra ordens ou instruções expressas de quem de direito.[1150]

[1148] Cfr., em relação ao conceito mais abrangente das «pessoas colectivas e equiparadas», o ponto n.º 1 do Parecer do C. C. da PGR n.º 10/94, de 7 de Julho de 1994, DR, II Série, de 28 de Abril de 1995, p. 4576, o qual é extremamente citado por múltiplos e diversos Autores. Não obstante, o ponto n.º 3 do mesmo Parecer parece entrar em contradição. Senão repare-se com o nosso sublinhado: «A responsabilidade da pessoa colectiva, *qua tale*, normalmente cumula-se com a responsabilidade individual dos agentes que levaram a cabo a prática concreta de cada infracção». Pensamos que «*normalmente*» surge aqui com um significado de «usual, ordinária ou regularmente» (cfr. Dicionário Lello, Porto, 1990). O que, significa que se defende a ideia de que pode não existir sempre a apontada cumulatividade. Não obstante, pensamos que isso só terá uma certa lógica, nomeadamente nos seguintes casos: o ponto n.º 7 do Parecer n.º 102/89, de 27 de Setembro de 1990, do C.C. da PGR, publicado no DR, 2.ª Série, de 7 de Março de 1991, n.º 55 que acima transcrevemos; na actual situação de exclusão da responsabilidade contra-ordenacional individual do n.º 4 do art. 7.º do RGIT aprovado pela – sublinhe-se! – Lei n.º 15/2001, de 5 de Junho, i.e., bem depois da elaboração deste Parecer (cfr., contudo, aquilo que dissemos a montante em relação ao OWiG alemão). Não parece ser exactamente esta a opinião da Dr.ª Isabel Marques Silva in op. cit. p. 150. Entretanto, no ponto n.º 2 deste mesmo Parecer fundamenta-se a responsabilidade criminal ou por contra-ordenações que se imputa às pessoas colectivas, em domínios como o fiscal, na «pragmática de combate a esses tipos de criminalidade, em abono progressivo do já nosso conhecido brocardo *societas delinquere non potest*.

[1149] E de «restantes» pessoas colectivas, sociedades, ainda que irregularmente constituídas, e outras entidades fiscalmente equiparadas.

[1150] Cfr. ponto n.º 4 do Parecer do C. C. da PGR n.º 10/94, de 7 de Julho de 1994, DR, II Série, de 28 de Abril de 1995, p. 4576; n.º 4 do art. 7.º do RGIT; e tudo o que já dissemos ao longo deste trabalho acerca deste assunto, nomeadamente em relação ao termo «quem de direito». É que as pessoas colectivas, sociedades, ainda que irregularmente constituídas, e outras entidades fiscalmente equiparadas somente são responsáveis pelas infracções previstas no RGIT quando cometidas pelos seus «órgãos ou representantes», em seu nome e no interesse colectivo. Se o agente não é «órgão ou representante» (com a especialidade de quaisquer sociedades irregularmente constituídas), e também não é executor do facto, (*e muito menos cúmplice*), não há sequer preenchimento dos respectivos pressupostos de imputação. E se o «órgão ou representante» podem actuar contra as ordens ou instruções expressas de «quem de direito», é porque é possível encontrar outras vontades na pessoa colectiva que não só a do «órgão ou representante». Por outro lado, I. Marques da Silva *idem ibidem* refere-nos que: «para que uma sociedade seja responsável por infrac-

1.2.2. *A designada identidade do facto no modelo de responsabilidade não alternativa (ou cumulativa) que está consagrado no art. 7.º/1 e 3 do RGIT*

De jure constituto, perante o art. 7.º/1 do RGIT e a consagração da teoria da identificação – extensível como vimos, embora não originalmente, aos representantes -, parece-nos ser incontestável que o facto tipicamente ilícito cometido pela pessoa singular física e facto ilícito de que resulta a responsabilidade da sociedade comercial, sociedade civil sob a forma comercial, ainda que irregularmente constituídas, são um só e o mesmo facto.[1151]

Analisemos brevemente, por recurso ao Direito comparado similar, o novo[1152] terceiro parágrafo do art. 121-2 do CP francês, o qual, recordemos, nos refere o seguinte: «*La responsabilité pénale des personnes morales n'exclut pas celle des personnes physiques auteurs ou complices des mêmes faits, sous réserve des dispositions du quatrième alinéa de l'article 121-3*». Podemos dizer que a regra da «responsabilidade cumulativa» está consagrada neste parágrafo 3.º do art. 121-2 do CP francês. Mas, como também podemos reparar, verifica-se uma ressalva, com o nosso *sublinhado*: «A responsabilidade penal das pessoas morais não exclui a das pessoas físicas autoras ou cúmplices dos mesmos factos, sob reserva das disposições da quarta alínea do artigo 121-3».[1153] Salva melhor opinião,

---

ções fiscais necessário é que a infracção seja cometida por outrem, que não deixa também de ser responsável por ela». O que – já se viu! – é verdadeiro: há claramente duas entidades distintas.

[1151] *Vide*, neste sentido, *mutatis mutandis* em relação aos RJIFNA e RJIFA anteriores, I. Marques Silva in op cit. p. 153: «As sociedades não praticam factos por si mesmas, praticam-nos através da actuação dos seus órgãos ou representantes (Recordemos só que facto é o comportamento valorado e proibido pela norma incriminadora e nela descrito como modelo. Cfr. Manuel Cavaleiro Ferreira, Lições de Direito Penal, pp. 133 e ss.)». Neste modelo de imputação, tal ideia parece-nos ser *de lege lata* incontestável. Não já – pelo menos potencialmente – *de lege ferenda* como, de resto, vimos no nosso 2.5.3 deste Capítulo.

[1152] *Loi n.º 2000-647 du 10 juillet 2000 art. 1 Journal Officiel du 11 juillet 2000*. A anterior redacção era: «*La responsabilité pénale des personnes morales n'exclut pas celle des personnes physiques auteurs ou complices des mêmes faits*».

[1153] O art. 121-3 do CP francês – já com as redacções da *Loi n.º 96-393 du 13 mai 1996 art. 1 Journal officiel du 14 mai 1996* e *Loi n.º 2000-647 du 10 juillet 2000 art. 1 Journal Officiel du 11 juillet 2000* – cfr. 2.3 do Capítulo IV.

parece-nos – principalmente depois desta nova redacção – que poderá estar excluída a responsabilidade das pessoas físicas, autoras ou cúmplices dos mesmos factos, se não se verificarem as situações previstas nos parágrafos 4.° e 3.° do art. 121-3 do CP francês.[1154] De contrário, não teria qualquer lógica que a Lei expressasse tal reserva.[1155]

Mesmo em relação à anterior redacção[1156] do 3.° parágrafo do art. 121-2 do CP francês, as opiniões estavam profundamente divididas quanto ao facto de se ter que verificar ou não obrigatoriamente uma «responsabilidade cumulativa» das pessoas colectivas e das pessoas singulares. Muitos criticaram o facto de, neste modelo legislativo-positivado, existir um peso excessivo sobre as pessoas físicas.[1157] Os pontos de vista dividiram-

---

[1154] I.e., se não estiver verificada a situação descrita, não haverá «responsabilidade cumulativa». Ou seja, se, por exemplo, *«Dans le cas prévu par l'alinéa qui précède»* (parágrafo 3.° do art. 121-3 do CP francês a montante transcrita), as pessoas físicas que não causaram directamente o dano, mas que *ont créé* «tenham criado» ou contribuído para criar a situação que tenha permitido a realização do dano, ou que não tenham tomado as medidas «permitidas para» evitá-lo, são responsáveis penalmente, se está estabelecido que elas violaram, *«soit violé»* de modo manifestamente deliberado, uma obrigação particular de prudência ou de segurança prevista pela lei ou pelo regulamento, *«soit commis»*, uma *falta «característica»* e que expôs outrem a um risco duma particular gravidade que elas não podiam ignorar.

[1155] Se não existir, igualmente, autoria e cumplicidade individual também a responsabilidade dos entes colectivos estará excluída: é que está consagrada a «Teoria da Identificação». Se não se verificarem as situações previstas nos parágrafos 4.° e 3.° do art. 121-3 do CP francês, não há responsabilidade das pessoas físicas, autores ou cúmplices dos mesmos factos (se estes, também, não os praticaram «directamente»: «órgãos e representantes»). Logo não há responsabilidade dos entes colectivos (se as pessoas físicas, autoras ou cúmplices dos mesmos factos não os praticaram «directamente» e «indirectamente»: através, v.g., da obrigação de vigilância prevista, como paradigma, no art. 130.° OWiG. A melhor justificação desta interpretação são, como veremos melhor mais adiante, as críticas de Heine e Vogel à *«Haftungstheorie vom Organisationsverschulden»*: é que a decisão individual incorrecta e errada continua a ser uma *conditio sine qua non* neste modelo de responsabilidade. Daí o facto de *Deruyck* tentar ultrapassar este obstáculo. Deste modo, quando não se consegue saber quem é o autor ou cúmplice individual e não se consegue saber quem são as pessoas do art. 121-3 do CP francês (parágrafos 3.° e 4.°) não haverá responsabildiade penal dos entes colectivos.

[1156] Cfr. a montante a anterior redacção.

[1157] *Vide* Alain Cœuret in op. cit. p. 308: «Os trabalhos parlamentares na altura da votação da Lei de 22 de Julho de 1992 relativa ao primeiro livro do novo CP francês são eloquentes a esse respeito. *Vide* igualmente a exposição de motivos do projecto de Lei de Fevereiro de 1986, p. 6».

se claramente entre o campo do princípio do cúmulo e a responsabilidade ordinariamente alternativa, passando por outros níveis, como seria o caso de, porventura, se ter em conta a natureza da infracção em causa.[1158] A solução do parágrafo 3.º do art. 121-2 era justificada, sobretudo, pela ideia de que a responsabilidade penal das pessoas colectivas não deveria servir «d'écran» para mascarar a responsabilidade das pessoas individuais.[1159] Prova, contudo, absolutamente transparente, de que não havia, nem haverá, respostas definitivas no campo da interpretação deste parágrafo 3.º do art. 121-2 – e, portanto, da aplicação da chamada «responsabilidade cumulativa» –, mesmo antes da sua nova redacção, são a elaboração pela jurisprudência francesa, de diversas sentenças acentuado-expressivas e diametralmente opostas.[1160]

Continua, contudo, para nós, a ser de muito difícil compreensão, que se possa intelectualmente aceitar *de lege lata* – quer perante o n.º 1 do art. 7.º do RGIT quer perante o primeiro parágrafo do art. 121-2 do CP francês – a responsabilidade das pessoas colectivas, se não estiver prévia e perfeitamente estabelecido que um «órgão ou representante» cometeu uma infracção em seu nome e no interesse colectivo, ou, no caso francês, «por sua conta» (*pour leur compte*).[1161] *De jure condito*, podemos afirmar que a sociedade comercial – ou civil sob a forma comercial, ainda que irregularmente constituída – não comparticipa na comissão do facto: é que o facto que lhe é atribuído é cometido por outrem e não por ela própria. Segundo este modelo, poder-se-á ainda dizer duma outra forma: o facto é

[1158] *Vide* Jean Pradel in «*Le noveau code pénal*, (...)», *apud* Alain Cœuret *idem ibidem*, para quem, só a pessoa moral (colectiva) deveria ser processada judicialmente por todas as infracções de imprudência e negligência. Quanto à matéria particular de acidentes de trabalho *vide* G. Couturier in *R. Sociétés*, 1993.

[1159] Cfr. *Avant-project définitiv de Code pénal, la Documentation française, 1978*, p. 42 et *Exposé des motifs du project de loi de février* 1986, p. 6; *apud* Alain Cœuret *idem ibidem*.

[1160] À volta do sentido da cumulatividade: *tribun. corr. Verdun, 12 de Julho de 1995, précit., trib. corr. Strasbourg, 9 févr. 1996, Petites affiches, 1996, n.º 38, p. 19, note TH. Dalmasso*: no sentido da condenação da pessoa moral (colectiva) somente. *Trib. corr. Versailles, 18 déc. 1995, JCP 1996.II.22640, note J.H. Robert, trib. corr. Paris, 3 nov. 1995, précit.; apud* Alain Cœuret *idem ibidem*.

[1161] Problema distinto, é que exista depois uma exclusão de responsabilidade por via expressa e formal, como é o caso daquela que está prevista no n.º 4 do art. 7.º do RGIT, quanto à responsabilidade individual por contra-ordenações tributárias.

cometido pela própria sociedade comercial ou sociedade civil sob a forma comercial ainda que irregularmente constituída por meio dos seus «órgãos ou representantes», sendo posteriormente, impreterível justificar a responsabilização dos titulares dos «órgãos», assim que estes não agem por si e para si, mas pela «organização empresarial» e para a própria «organização empresarial».[1162] Por outro lado e ainda segundo este modelo de imputação, tudo indica que a responsabilidade das sociedades comerciais ou sociedades civis sob a forma comercial, ainda que irregularmente constituídas, possa também ser qualificada como cumplicidade[1163] em face da identidade do facto que lhe é imputado, com o facto cometido por quem actuou por ela. Assim, as causas de exclusão da ilicitude do facto são inteiramente válidas tanto para o «órgão ou representante», como para a sociedade comercial ou sociedade civil sob a forma comercial, ainda que irregularmente constituídas.[1164]

Mas um dos problemas que mais nos preocupa neste trabalho – e que na verdade mais nos motivou a empreendê-lo! – são os factos penais fiscais, «*expelidos*» pelas sociedades comerciais (ou sociedades civis sob a forma comercial ainda que irregularmente constituídas, i.e., organizações de carácter empresarial, mercantil ou comercial)[1165] altamente complexas, que acabam por ficar órfãos do diapasão do «modelo de imputação» que está positivado na Lei vigente (v.g. art. 7.º do RGIT), o qual temos vindo a apresentar e que é, *ab initio*, devedor da teoria da identificação, ou seja, cuja raiz é jurídico-civilista. O que significa, portanto, um óbice: um facto criminoso insusceptível de individualização jurídico-penal e produzido

---

[1162] *Vide* nesse sentido, *mutatis mutandis* em relação aos RJIFNA e RJIFA, I. Marques da Silva in op. cit. pp. 153-154. A ilustre Autora recorre ao Prof. Doutor Manuel D. de Andrade (in op. cit. p. 142) – como o fazem ilustres Penalistas já citados – o que parece ser mais um sinal de que no n.º 1 do art. 7.º do RGIT está em causa a teoria do Direito Civil da identificação. Ora, tal facto – cfr. 2.5.3 deste Capítulo – não tem plena justificação para todos os Penalistas, pois a representação para o Direito penal está consagrada classicamente no, v.g., art. 12.º do CP português: «Esta responsabilidade será directa ou por facto próprio (ou pessoal) quanto aos actos ilícitos dos órgãos da pessoa colectiva – uma vez admitida a teoria organicista; e será indirecta ou por facto de outrem quanto aos factos ilícitos dos simples agentes – ou mandatários, sendo caso disso». Distinto problema é o facto cometido, ter sido em comparticipação com outros agentes.

[1163] Que, como bem se sabe, é uma das formas de autoria.

[1164] Quanto a tudo isto *vide* Isabel Marques da Silva in op. cit. pp. 155-157.

[1165] Mas também todas as pessoas colectivas *lato sensu*, embora não seja esse o busílis deste trabalho.

por uma organização ficará, por via deste modelo, totalmente impune. Mas tal tarefa ficará sempre incompleta ou deficiente para ser positivada – se alguma vez o for! – enquanto não se construirem ou estruturarem causas de justificação ao mesmo nível, pois, também as pessoas colectivas (*lato sensu*) têm, obviamente, Direitos Fundamentais[1166]. Deste último ponto jamais poderemos abdicar face à nossa inata desconfiança ao nível das ciências jurídico-criminais da *potestas* do Estado e do risco que seria a instrumentalização política do Direito Penal ao serviço duma qualquer «nova moral *cultural*»!

1.2.3. *A culpa no contexto da «responsabilidade cumulativa»*

Naturalmente que todas as conclusões a tirar neste campo são de carácter tautológico em relação às do ponto anterior. A nossa perscrutação investigativa permanece, para já, no território *de jure constituto* e, sobretudo, no contexto do art. 7.º do RGIT. Deste modo, assim como o facto típico e ilícito imputado à sociedade não é um facto próprio, igualmente a culpa da sociedade comercial (civil sob a forma comercial, ainda que irregularmente constituídas) é a culpa do agente que comete ou perpetra a infracção como «órgão ou representante» da mesma, em seu nome e no interesse colectivo. É que, segundo o modelo de imputação instituído, só se verifica uma infracção fiscal, segundo o art. 7.º do RGIT, quando uma pessoa física individual tenha cometido um facto típico, ilícito e culposo.[1167] Recordamos que a exclusão, expressa e formal, da responsabilidade individual por contra-ordenações propugnada pelo n.º 4 do art. 7.º do RGIT só é possível, em nossa opinião, posteriormente ao estabelecimento abstracto e lógico-dedutivo do facto vinculante do critério/nexo de imputação ao nível do cometimento de factos típicos, ilícitos e culposos, por parte de (titulares de) «órgãos ou representantes» da organização, em seu nome e no interesse colectivo. Esta situação não se confunde de forma

---

[1166] Cfr. art. 12.º da CRP. Ainda voltaremos, mais a jusante, à questão do facto.

[1167] *Vide* I. Marques da Silva in op. cit. pp. 157 e ss., que nos acrescenta com extrema precisão: «Ora, não estabelecendo a lei regras especiais ou excepcionais para as pessoas colectivas e, pelo contrário, exigindo expressamente como elemento essencial do crime a culpa, é à culpa da pessoa física, titular do órgão ou representante, que há-de atender-se e esta será também a culpa da sociedade».

alguma – como aliás já o referimos – com uma qualquer ausência de punição da pessoa singular, apesar da punição da pessoa colectiva motivada por um quadro em que, embora «*conhecendo*» (mas desconhecendo a própria pessoa colectiva *lato sensu* como tal: dizemos nós ao nível *de lege ferenda*) a infracção, não seja possível, na organização, a localização do centro preciso da culpa. *De lege lata*, tal interpretação é absolutamente errónea e até ferida de inconstitucionalidade. Neste modelo tem que existir culpa das pessoas singulares.[1168]

Perdoai-nos o atrevimento, mas, ao contrário doutras posições, pensamos que o pressuposto, de que a construção da acção e a culpa da pessoa colectiva (*lato sensu*) sobre a acção e a culpa da pessoa singular que comete a infracção como seu órgão ou representante – que está claramente plasmado no art. 7.º do RGIT (e que é uma hipótese[1169] de modelo de imputação absolutamente legítima) -, e se reconduz ao «pensamento analógico relativo aos princípios do Direito Penal clássico» propugnado pelo

---

[1168] No sentido da interpretação que, salvo o devido respeito, *rejeitamos*, vide A. Lima Guerreiro in op. cit. p. 437 em anotação ao revogado art. 111.º da LGT. Esta posição que *rechaçamos* e que descamba numa responsabilidade tipicamente objectiva, no preciso contexto em que é apresentada e tendo em conta o modelo de imputação consagrado no actual art. 7.º do RGIT (ou no revogado art. 111.º da LGT), viola o princípio da culpa (cfr. tudo o que já dissemos a montante acerca deste princípio), o qual deriva fundamentalmente da dignidade da pessoa humana e está consagrado nos art.os 1.º e 25.º/1 da CRP (também art. 13.º/1 segundo M. Maia Gonçalves in «CP Anotado...», 1996, p. 229), articulando-se com o direito à integridade moral e física. No âmbito do Direito penal, ressalta em diversas zonas: obsta a responsabilização objectiva; impede a punição sem culpa; impede a punição que exceda a medida da culpa; veda a incriminação de condutas carecidas duma qualquer ressonância ética. No nosso entender tal princípio aplica-se igualmente às pessoas colectivas (*lato sensu*): cfr. v.g. art. 12.º do CRP. Mas, o mais curioso, é que o próprio ilustre Autor, Dr. António Lima Guerreiro, acaba por nos dar razão um pouco mais à frente onde entra em contradição com aquilo que refere na p. imediatamente anterior in op. cit. p. 438, onde refere com as Suas palavras, entre outras alíneas, que: «À responsabilidade das pessoas colectivas prevista no presente artigo aplicam-se os pressupostos seguintes: (...) e) A infracção supõe a culpa das pessoas singulares que ajam em nome e no interesse das pessoas colectivas, inexistindo responsabilidade objectiva da pessoa colectiva»! Consideramos, não obstante, que a questão da (in)constitucionalidade da responsabilidade objectiva não está resolvida em definitivo.

[1169] *Vide* J. de Figueiredo Dias in «Para uma dogmática...», 1977-1971, p. 69, n. de r. n.º 125, parte inicial: «Indispensável, por ser seguro que no direito penal (secundário) português vigente estão consagradas hipóteses de responsabilização penal das pessoas colectivas».

Prof. Doutor Jorge de Figueiredo Dias, não é inteiramente verdadeiro.[1170] É que o ponto de partida do modelo do art. 7.º do RGIT é afinal o mesmo do modelo clássico de imputação individual: não há aqui qualquer analogia, mas simplesmente a projecção duma responsabilidade. Só assim compreendemos as palavras do Prof. Doutor Jorge de Figueiredo Dias[1171]: «E tão pouco me parece impensável ver nas pessoas colectivas destinatárias possíveis do juízo de censura em que a *culpa* se traduz». E ainda[1172] «Fica assim aberto, do ponto de vista dogmático, o indispensável caminho (...) para se admitir uma responsabilidade no Direito Penal secundário, *ao lado* da eventual responsabilidade das pessoas individuais que agem como seus órgãos ou representantes».[1173] E finalmente (*idem ibidem*): «Tudo leva a concluir, pois, que a pretensa dispensabilidade *político-criminal* da responsabilização penal das pessoas colectivas, encobre o preconceito *dogmático* de que só os órgãos individuais daquela são capazes de acção e/ou de culpa, jurídico-penal». É que o princípio da responsabilidade penal dos entes colectivos não tem que estar necessariamente subordinado à responsabilidade penal invidual. «Ao lado», não significa «subordinado». «Aceite, ao lado da responsabilidade penal individual (e não necessariamente a ela subordinado), o *princípio da responsabilidade penal dos entes*

[1170] Neste sentido, I. Marques da Silva in op. cit. p. 158. A tese do Prof. Doutor J. de Figueiredo Dias aproxima-se muito mais daquela tese que viria a ser desenvolvida bastante tempo depois pelo actual Prof. Doutor G. Heine (cfr. 1.1). Cremos que a resposta é dada pelo próprio Prof. Doutor Figueiredo Dias in «Para uma dogmática...», 1977-1981, p. 68, n. de r. n.º 120, parte final: «Sabido que também no direito das contra-ordenações se põem problemas dogmáticos análogos aos do direito penal – de dolo e negligência, erro, consciência da ilicitude, imputabilidade, tentativa, autoria, etc.: cfr. art.os 8.º a 16.º do Decreto-Lei n.º 433/82 –, a aceitação neste campo da responsabilidade das pessoas colectivas reforça de algum modo o "procedimento analógico" a que em seguida o texto se apega». Ou seja, todo o Direito contra-ordenacional está sujeito a estes problemas dogmáticos! Se não estiver consagrada a teoria da identificação, teremos que recorrer à responsabilidade directa do ente colectivo, recorrendo de forma «analógica» à responsabilidade penal individual de figuras como o «dolo de grupo» ou a «atitude criminal de grupo».

[1171] *Vide* Jorge de Figueiredo Dias in op. cit. p. 68.

[1172] *Vide* Jorge de Figueiredo Dias in op. cit. p. 69.

[1173] Ainda o Prof. Doutor Jorge de Figueiredo Dias *idem ibidem*: «Não parece, com efeito, que proceda o argumento segundo o qual a punibilidade por "actuação em nome de outrem" (...) – e portanto de quem age como titular dos órgãos de uma pessoa colectiva – tornaria dispensável, em perspectiva político-criminal, a responsabilização directa da pessoa colectiva».

colectivos, torna-se todavia necessário e urgente saber muito mais sobre ele, sobre a sua desimplicação prático-normativa, sobre as suas relações com a responsabilidade individual, sobre as exigências que dele resultarão no plano do direito a constituir».[1174]

Regressando novamente ao modelo de imputação que está plasmado na Lei, i.e., ao art. 7.º do RGIT, urge referir que parece existir – de facto – uma «*responsabilidade cumulativa diferenciada*» entre pessoas individuais e colectivas (*lato sensu*).[1175] Com o novo n.º 4 do art. 7.º do RGIT – que exclui a responsabilidade individual nas contra-ordenações – poder-se-á afirmar com maior exactidão que existe uma «responsabilidade penal cumulativa diferenciada». Podemos até mencionar que existe uma «*responsabilidade semi-cumulativa dessemelhante*» em termos de crimes e contra-ordenações fiscais, já que neste último campo há uma exclusão formal da responsabilidade individual: é a «responsabilidade alternativa». O que não implica que para se estabelecer a responsabilidade colectiva contra-ordenacional, conforme o art. 7.º/1 do RGIT, não se tenha primeiramente que detectar a imputabilidade contra-ordenacional individual – que será projectada no ente colectivo desencadeando a sua responsabilidade derivada! -, i.e., um facto contra-ordenacional típico, ilícito e culposo praticado por um «órgão ou representante» da organização em nome e no interesse colectivo da mesma.[1176]

[1174] *Vide* Jorge de Figueiredo Dias, pois as palavras são Suas, in «Temas Básicos da Doutrina Penal...», 2001, «O Direito Penal da "Sociedade do Risco"», pp. 179 e ss., que clarifica ainda mais a Sua posição: «O que parece, sim, é que os critérios da dogmática mais recente podem aqui continuar a ser utilizados no essencial relativamente aos casos em que se indague da eventual responsabilidade jurídico-penal *individual*; enquanto, no capítulo já atrás reputado central de toda esta problemática, ainda estão por determinar com o necessário rigor e concreção os critérios de imputação sempre que se trate de indagar da eventual responsabilidade jurídico-penal de *entes colectivos*: nada porém permite afirmar *a priori* que os critérios dogmáticos que venham a ser considerados válidos, nesta matéria, para o direito penal tradicional, não possam também ser utilizados, com êxito, no âmbito dos problemas postos pela "sociedade do risco"».

[1175] *Vide*, *mutatis mutandis* em relação aos RJIFNA e RJIFA anteriores, I. Marques da Silva in op. cit. p. 159: «Não obstante a responsabilidade da sociedade e do agente assentar no mesmo facto e no mesmo juízo de culpa, a punição é diferenciada, pois é a lei que estabelece penalidades diversas consoante o infractor seja uma pessoa singular ou colectiva». Nos regimes anteriores e assim continua a ser no RGIT: v.g. art. 12.º.

[1176] A exclusão é posterior, ou de segundo grau. Poder-se-á reforçar tal ideia – embora não seja para nós argumento decisivo! – com a aplicação da Lei-quadro das con-

Resta referirmos que o crime fiscal poderá ser praticado individualmente ou em comparticipação.[1177] Segundo este modelo de imputação, é evidente que a culpa da sociedade comercial, ou civil sob a forma comercial, ainda que irregularmente constituídas, não é uma culpa dela própria, mas a culpa daqueles que actuaram no interesse colectivo e em seu nome.[1178] É uma culpa condicionada. Parece-nos, contudo, que este modelo parece esquecer um pouco que esta culpa individual está integrada nos moldes e condicionalismos – estaríamos perante uma forma do actuar próprio através de outro condicionada pela estrutura da corporação! – da pessoa colectiva (*lato sensu*).[1179] No fundo, parece que este modelo *ficciona* a culpa da pessoa colectiva (*lato sensu*), pois a culpa é verdadeiramente do «órgão ou representante»: a culpa da pessoa colectiva (*lato sensu*) é como que a «projecção da sombra» da actuação típica e ilícita dos

tra-ordenações: art. 7.°/2 do RGIMOS. Fundamental é que no n.° 1 do próprio art. 7.° do RGIT está consagrada a teoria da identificação.

[1177] Cfr. art. 29.° do CP. A individualização da responsabilidade ao nível contra-ordenacional só tem sentido para estabelecer o nexo de imputação da responsabilidade à pessoa colectiva (*latu senso*) ao nível abstracto segundo o n.° 1 do art. 7.° do RGIT, o qual consagra um sentido alargado da teoria da identificação. Num momento posterior operará a exclusão de responsabilidade prevista no n.° 4 do art. 7.° do RGIT.

[1178] Vide, *mutatis mutandis*, em relação aos RJIFNA e RJIFA anteriores, I. Marques da Silva in op. cit. pp. 159-160 nesse sentido, que acrescenta, com a nossa inteira concordância: «Se a culpa da sociedade e a culpa de quem actuou em seu nome é a mesma culpa, então a verificação de qualquer causa de exculpação na pessoa do agente comunicar-se-á à sociedade, exculpando-a também».

[1179] *Vide* Hirsch in «*Die Frage de Straffähigkeit von Personanenverbände*», 1993, p. 10. Ora, muitas das vezes, a responsabilidade individual surge completamente esquartejada nas complexidades vertical (princípio da hierarquia: Schünemann, «*Unternehmenskriminalität...*», 1979, pp. 30 e ss), horizontal (princípio da divisão do trabalho: Schünemann, «*Unternehmenskriminalität...*», 1979, pp. 30 e ss) e diagonal (princípios da hierarquia e divisão do trabalho *de facto* em grupo económico ou *holding*: v.g. um colaborador duma empresa do grupo tem obediência de facto a um administrador doutra empresa do grupo ou desempenha tarefas para todo o grupo económico, embora tenha contrato de trabalho com uma só empresa: nossa opinião) da organização, sendo, pois, impossível localizá-la e reconstruí-la do ponto de vista processual. É que se os moldes abstractos e concretos de funcionamento da pessoa colectiva (*lato sensu*), dentro dos quais actuam necessariamente os indivíduos em tarefas ultra divididas e parcialmente (des)informadas, constituem – *per si* – um perigo abstracto para bens jurídicos individuais e colectivos, então, todas as actuações individuais serão produzidas, *ab initio*, com «mal-formações» e será mais fácil «*encontrar uma agulha num palheiro*» do que localizar uma culpa individual. Neste sentido, haverá uma culpa estrutural da própria organização.

seus «órgãos ou representates» em seu nome e no interesse colectivo. Nos crimes, a responsabilidade dos agentes individuais não é aqui – no contexto anteriormente descrito – excluída. Nas contra-ordenações, a responsabilidade dos agentes individuais é aqui excluída. Só há culpa colectiva se houver previamente culpa individual.

Como já referimos anteriormente[1180], quando a lei fala de órgãos, não se trata do «centro institucionalizado de poderes funcionais», mas dos indíviduos cujas vontades servem os órgãos e são seus suportes ou titulares. Não obstante, esta ideia – no contexto deste modelo de imputação baseado na teoria da identificação – não parece ser incompatível com a ideia de que nos órgãos colegiais, a culpa da sociedade comercial, ou civil sob a forma comercial, ainda que irregularmente constituídas, corresponde, dizíamos, à culpa dos titulares dos órgãos que formaram a deliberação.[1181] Mas só não há incompatibilidade se aceitarmos que a culpa da organização é sempre reconduzível a pelo menos um indivíduo[1182] cuja vontade serve os órgãos e é seu suporte ou titular. O modelo de imputação instituído no art. 7.º do RGIT obriga a isso mesmo. É claro que é possível existir comparticipação, como aliás já vimos anteriormente.[1183] O problema é que, em muitas das situações – como veremos melhor mais adiante –, o ente colectivo parece ter uma culpa diversa (da totalidade) dos titulares dos seus órgãos, pois a culpa do *órgão*, assim como a vontade expressa pelo *órgão*, não são coincidentes com a culpa ou vontade de cada membro, dado que resultam de regras aritméticas ou de maioria.[1184] Embora seja coincidente na pessoa de alguns. Como conclusão, parece-nos que se detectam aqui algumas dificuldades do modelo de imputação consagrado no art. 7.º do RGIT, o qual é, como temos várias vezes refe-

---

[1180] Cfr. os ponto 1 e ponto 2.5.4 do Capítulo V e as remissões que aí realizamos, bem como o Capítulo III.

[1181] *Vide* I. Marques Silva, in op. cit. pp. 129-131 e pp. 160-162, onde nos dá o seguinte exemplo: «(...) num conselho de administração constituído por três membros, se dois deles deliberam com plena consciência das circunstâncias do facto e consciência da ilicitude, o facto será imputado à sociedade a título de dolo, ainda que um deles tenha participado na deliberação em erro sobre as circunstâncias do facto excludente do dolo ou sem consciência da ilicitude, não censurável».

[1182] Através de autoria directa; autoria mediata; co-autoria; instigação; cumplicidade.

[1183] A comparticipação sob a forma de cumplicidade ou co-autoria, coloca, como já se sabe, três problemas fundamentais: cfr. art. 25.º, art. 28.º e art. 29.º, todos do CP.

[1184] As palavras são da Dr.ª Isabel Marques da Silva *idem ibidem*.

rido, baseado na teoria de Direito Civil da identificação: há afinal duas culpas? uma do «órgão ou representante» individual e outra da pessoa colectiva (*lato sensu*)? Constatam-se dificuldades (ressalvando todos os casos de possível comparticipação) *de* – sublinhamos! – *lege lata*, perante o art. 7.º do RGIT ou os arts. 7.º dos RJIFNA e RJIFA, perante a ideia da Mestra Dr.ª I. Marques da Silva[1185] quando refere: «Pensamos, porém, que se a vontade relevante, nos termos expressos da lei, é a vontade do órgão que vincula a sociedade, essa vontade não se confunde com as vontades particulares de cada um dos seus membros desse órgão. Se assim fosse, a lei não se deveria referir às infracções cometidas pelos seus órgãos, mas às infracções cometidas por membros dos seus órgãos». É que, neste modelo de imputação, os «órgãos» são os indivíduos cujas vontades servem os órgãos e são seus suportes ou titulares! [1186]

2. Outros modelos de responsabilidade (penal e/ou administrativa) das pessoas colectivas (*lato sensu* [1187]) em si mesmas, desde a perspectiva *de jure constituendo*

2.1. Introdução

O modelo de responsabilidade individual, que estivemos anteriormente a analisar com detalhe, é sempre originado no princípio de que as

---

[1185] In op. cit. pp. 161-162.

[1186] *Vide* Teresa Serra in «Contra-ordenações...», RPCC, 1999, pp. 193-194! Refere a Dr.ª I. Marques da Silva in op. cit. pp. 129-131: «... prática da infracção fiscal à sociedade quando a infracção tenha sido cometida por uma pessoa física...». Mas, *de lege ferenda*, a situação pode ser encarada doutra forma. É que, afinal, parece que há uma vontade da pessoa colectiva e uma vontade dos seus «órgãos ou representantes», que não se confundem e que não podemos desprezar. Por outro lado, no contexto da responsabilidade penal com fundamento na adopção colectiva de acordos, parece-nos ser indispensável o texto de Günter Jakobs in «*Responsabilidad Penal en Supuestos de Adopcion Colectiva de Acuerdos*», *Responsabilidad penal de las empresas y sus órganos y responsabilidad por el producto*, 1996, pp. 75 e ss. *Vide*, especialmente, as conclusões nas pp. 97-98.

[1187] *Lato sensu* em contraposição ao *stricto sensu* que nos parece ser descrito no n.º 1 do art. 7.º do RGIT. Já se sabe que nos interessam sobretudo as sociedades comerciais, sociedades civis sob a forma comercial, ainda que irregularmente constituídas, às quais daqui em diante trataremos por organizações empresariais, *passim*, quando julgarmos conveniente, pelas razões acima apontadas, e por economia de espaço.

pessoas colectivas (*lato sensu*) agem por meio das pessoas físicas. Desta forma, o próprio ente colectivo fica como que desresponsabilizado, de modo que a carga da responsabilidade recai na base da torre societária (responsabilidade dos representantes) ou no topo da mesma (responsabilidade dos titulares ou directivos ou dirigentes). Parece tratar-se – afinal! – duma questão de imputação: saber onde cai o dever de garante dos bens jurídicos em jogo.[1188]

É, cada vez mais, tarefa quase impossível – à medida que a «sociedade de risco» se vai desenvolvendo, refinando e criando «anti-corpos» – rejeitar a necessidade de engendrar um modelo de responsabilidade ao próprio ente colectivo pelos factos antijurídicos que produzam uma lesão a bens jurídicos. Ora, tal missão implica, não só, *construir* combinações transparentes de imputação de responsabilidades visando sanções condizentes com as organizações, como – sobretudo –, elaborar garantias fundamentais ao mesmo nível que permitam impor sanções somente justas. Do ilícito e da culpa que se dirigem à pessoa física, assistimos a movimentos de funcionalização do sistema aos fins da norma penal, (perigosas) flexibilizações das categorias da infracção, plasmação de novos comportamentos de risco e normativização da omissão imprópria, da posição de garante ou da imputação objectiva.[1189] O fundamental é atender aos comportamentos irradiadores de riscos para os bens jurídicos, que são gerados por organizações altamente complexas, por meio de mecanismos ou combinações de imputação de responsabilidade que não esmaguem – ou simplesmente burlem – os limites dum Estado de Direito, democrático, cons-

---

[1188] Cfr. o nosso ponto n.º 2.5.5 do Capítulo V. O primeiro modelo (de responsabilidade para «abaixo»: art. 14.º do CP alemão ou art. 12.º do CP português) não afecta a «atitude criminal de grupo» (*vide* ponto n.º 2.5.5: Achenbach e já antes Tiedemann citado por Vogel ponto n.º 1.1; também Schünemann in *ADPCP*, 1988, p. 533: Anabela Miranda Rodrigues in «Comentário Conimbricense...», 1999, p. 957); o segundo modelo (de responsabilidade do titular da empresa por infracção do dever de garante: v.g. art. 130 OWiG) pode cair no perigo de desprezar os princípios da proporcionalidade (não há diferenciação de quem gera um risco com o seu comportamento, daquele que não realiza suficientemente o seu dever de vigilância) e da culpa (não há diferenciação da responsabilidade de quem não cumpre os seus deveres por «imprudência» grave ou leve). Quanto a isto *vide* Zúñiga Rodríguez in op. cit. pp. 188-190. Por isso se fala em «irresponsabilidade organizada» ou «défice de justiça».

[1189] Em relação às pessoas individuais, rejeitamos qualquer movimento que lhes diminua os seus Direitos Fundamentais (como os direitos, liberdades e garantias), os quais são a principal fonte da CRP vigente.

titucional e social. Perante este panorama, desenham-se dois caminhos essenciais entre os possíveis: 1.º utilizar o sistema de responsabilidade penal individual como até aqui – onde incluímos nos seus pressupostos de imputação de responsabilidade o art. 7.º do RGIT, por exemplo, pois é sempre a partir da pessoa singular que se atribui responsabilidade à organização colectiva; 2.º arquitectar um sistema de imputação «análogo» para as entidades colectivas.[1190]

2.2. Breve incursão na responsabilidade das pessoas colectivas (lato sensu) no sistema sancionatório administrativo com recurso a determinado Direito comparado [1191]

Bens jurídicos colectivos como a «Fazenda Pública», a «Economia», os «Direitos do Consumidor», a «Saúde Pública», o «Meio Ambiente», os «Direitos dos Trabalhadores» e muitos outros, que seria impossível aqui nomear exaustivamente, têm adquirido uma importância económica, social, política, cultural e mental cada vez maior. Se no caso do Regime Geral das Infracções Tributárias (cfr. art. 7.º) as pessoas colectivas (*lato sensu*) são responsabilizadas por contra-ordenações, mas também por crimes; já o mesmo acontece também em relação à matéria de infracções antieconómicas e contra a saúde pública», conforme o art. 3.º do Decreto-Lei n.º 28/84, de 20 de Janeiro. Só que, conforme vimos acima, tanto num caso como no outro, o «modelo de imputação» de responsabilidade penal assenta «estranhamente» – ou talvez não! – na teoria de Direito Civil da

---

[1190] *Vide* Zúñiga Rodríguez in op. cit. pp. 191-192, que nos refere como premissa a inevitabilidade de estabelecer sanções, sejam elas administrativas, penais ou *quase penais*. Entendemos «sistema análogo», além da ilustre Autora citada, no sentido da «analogia» propugnada pelo Prof. Doutor J. de Figueiredo Dias em 1977 (pelo menos assim o pensamos!), ou, mais recentemente, pelo Prof. Doutor Günter Heine – a quem, de resto, daremos grande atenção – in «*Die strafrechtliche Verantwortlichkeit von Unternehmen, von individuellen Fehlverhalten zu kollektiven Fehlenwicklungen, insbesondere bei Grossrisiken*», 1995 ou, também, em castelhano, in «*La responsabilidad penal de empresas: Evolución internacional y consequencias nacionales*», *ADP*, 1996.

[1191] Cfr. ponto 1 do Capítulo I em relação à tese distintiva entre Direito das contra-ordenações, Direito Penal clássico e Direito Penal secundário, à qual aderimos, mas o que não implica que não intentemos analisar esta problemática a partir doutras visões que constituam, *per si*, um enriquecimento do debate do tema.

identificação entre pessoas individuais e entes colectivos.[1192] Na importante matéria do «Direito do Ambiente», a «criminalidade de empresa» cometida por pessoas colectivas (*lato sensu*) também sofre dum *sui generis* privilégio sancionatório.[1193] Refere o Prof. Doutor Jorge de Figueiredo Dias[1194]: «Punível deveria ser por isso toda a pessoa – individual ou colectiva – que, no exercício da sua actividade, desobedecesse às exigências e prescrições que as instâncias competentes em matéria de tutela do meio ambiente lhes dirigissem validamente, ou que não observassem os condicionamentos ou proibições relativos ao exercício da sua actividade, editados por aquelas instâncias». E ainda um pouco adiante evocando o Seu anterior escrito[1195]: «E tanto mais quanto se tenha em conta que a Comissão não deixou de enfatizar, para consideração de quem de direito – o Governo, depois a Assembleia da República –, a necessidade de, porventura em legislação especial de carácter ambiental, consagrar a *responsabi-*

[1192] Cfr. art. 7.°/1 do RGIT e art. 3.°/1 do RIAESP (D L n.° 28/84).

[1193] *Vide* Anabela Miranda Rodrigues in «Comentário Conimbricense...», 1999, pp. 954 e ss., onde nos refere o seguinte, face à estranheza da redacção do crime de poluição, p. e p. no art. 279.° do CP: «...no entanto, Souto de Moura (Textos 24) que, defendendo que "o art. 11.° do CP não obsta à consagração no próprio CP da responsabilidade penal das pessoas colectivas", propunha, no âmbito das alterações ao CP de 1982, que no art. 279.° se estabelecesse essa responsabilidade nos mesmos termos do art. 3.° do DL n.° 28/84, de 20 de Janeiro "criando-se assim o primeiro caso de responsabilidade penal das pessoas colectivas no próprio Código Penal"), abre-se na protecção jurídico-penal do ambiente uma grave lacuna». E ainda a mesma ilustre Autora e nossa Professora, um pouco mais à frente em relação ao Dr. Leones Dantas: «...aquele último Autor chama a atenção para a possibilidade de *responsabilidade simultânea* das pessoas colectivas e dos seus órgãos pelas contra-ordenações praticadas por estes no exercício das suas funções». E ainda: «Assim, perante o inaceitável tratamento privilegiado das pessoas colectivas face às pessoas individuais que o carácter pessoal da responsabilidade jurídico-penal implica, uma solução possível teria sido integrar os crimes ecológicos em legislação penal extravagante (...). § Esta via não foi, no entanto, seguida pelo legislador português (...)». As razões do legislador são todas contestadas pela ilustre Autora, que refere ainda que não será por via do alargamento da punibilidade consagrada no art. 12.° do CP «que se tornará desnecessária a responsabilidade penal das pessoas colectivas».

[1194] In «Sobre A Tutela Jurídico-Penal Do Ambiente – Um Quarto De Século Depois», 2000, destinado a fazer parte do Livro de Homenagem ao ilustre Jurista e ex-Procurador Geral da República, Dr. J. N. Cunha Rodrigues com colaboração da Mestra Cláudia C. Santos e que me foi mui gentilmente cedido pelo Senhor Prof. Doutor Jorge de Figueiredo Dias antes da sua publicação), p. 1.

[1195] «Sobre o papel do direito penal na protecção do ambiente», RDE, 1976, p. 3.

lização de entes colectivos: cf. logo em Actas, como na nota 5, p. 359, o n.º 4 do art. 273.º do anteprojecto por mim então apresentado: "A responsabilidade de pessoas colectivas pelas condutas previstas neste artigo é regulada em lei especial"».

No que diz respeito ao Regime Geral do Ilícito de Mera Ordenação Social (RGIMOS) – como já várias vezes evocámos – está prevista a «responsabilidade das pessoas colectivas ou equiparadas» no seu art. 7.º, mas, conforme o seu n.º 2, também o modelo de imputação de responsabilidade ao ente colectivo baseia-se na teoria do Direito Civil da identificação: «contra-ordenações praticadas pelos seus órgãos no exercício das suas funções».[1196] É sobretudo nesta última área que se tem assistido a um forte multiplicar de legislação sancionatória – já que nesta área não há qualquer «preconceito» em responsabilizar e punir pessoas colectivas –, «burlando», em nossa opinião, e muitas das vezes, as «etiquetas».[1197] Existem, contudo, outros ordenamentos jurídicos onde tais factos ainda são mais acentuados.[1198] Nestas novas áreas ou subsistemas afectam-se grande-

---

[1196] Nesse sentido, o Acórdão do STJ, de 8 de Outubro de 1997 (P. 1157/97), BMJ, 470, 162, o qual refere o seguinte: «As pessoas colectivas ou equiparadas actuam necessariamente através dos titulares dos seus órgãos ou dos seus representantes, pelo que os factos ilícitos por estes praticados, em nome e no interesse daquelas, são tratados pelo direito como factos das mesmas, nomeadamente quando deles advenham responsabilidade criminal, contra-ordenacional ou civil». São inúmeros os diplomas que, no ordenamento jurídico português, prevêem sanções de mera ordenação social, seja no campo das infracções ao trânsito, seja, por exemplo, no campo do «Direito do Consumidor e da Economia». Cfr. Ângela Frota, C.E.D.C., Colectânea de Legislação, 1997; cfr., igualmente, Graça Lopes, Rui Correia de Sousa e José Venâncio in «Defesa do Consumidor, Colectânea de Legislação»; cfr. igualmente Carlos Emílio Codeço in op. cit..

[1197] Cfr., v.g., o art. 28.º/1 e) do RGIT: «Encerramento de estabelecimento ou de depósito». Será uma sanção acessória contra-ordenacional ou uma verdadeira «pena de morte» para o ente colectivo? Ou o montante da coima estabelecido na alínea a) do n.º 1 do art. 26.º do RGIT: 110.000 € ou PTE 22.053.020$00? Não será este valor um verdadeiro abuso do poder potestativo do Estado se aplicado, p.e., a certas pessoas colectivas (mesmo cfr. o art. 27.º do RGIT) com o rótulo de «coima». Não será «burla de etiquetas ou rótulos»? Parece tratar-se duma verdadeira pena numa economia como é a portuguesa. Mais grave do que muitas penas do CP, onde está o «designado» Direito Penal clássico: art. 47.º/1.

[1198] Em Espanha existe uma situação ainda mais gritante, pois se no Direito Administrativo sancionador se sancionam os entes colectivos sem hesitações (v.g. Lei Geral Tributária espanhola: agora *Ley 58/2003 de 17 de diciembre, General Tributaria, BOE, 18/12/2003*), já no âmbito penal tal não se passa, assim como veremos. *Vide* K. Tiedemann

mente os princípios da taxatividade, da proporcionalidade, mas também da subsidiariedade, o que acaba por traduzir-se numa quase nova forma dos tipos penais socio-económicos: leis penais em branco, normas de reenvio, tipos abertos, problema da acessoriedade administrativa, técnicas de adiantamento da intervenção (como os crimes de perigo abstracto), infracções que sancionam a mera desobediência (v.g. o crime de poluição p. e p. no art. 279.º do CP)[1199], ampliação da omissão imprópria e outros aspectos similares. Factos estes que nos levam a concluir estar perante um Direito Penal meramente sancionatório onde a norma penal é um «mero instrumento de fecho do sistema de controlo» ou o «braço armado».[1200] Assiste-se a uma espécie de «administrativização do Direito Penal», raciocinando neste último como no Direito Administrativo (v.g. *Kumulationdelikte*).[1201] Tudo isto desenvolveu fortes críticas dos sectores minimalistas ou garantistas dos Penalistas[1202], pois o Direito penal deixou de cumprir a sua função de *«ultima ratio»*, para passar a ser *«primera ratio»* nas «mãos livres» do Estado. É como que uma fuga ao Direito Penal de tradição, cultura e civilização continental ocidental europeias: assiste-se à própria flexibilização das categorias da dogmática penal. São – afinal! – as dificuldades postas pela «sociedade do risco» à subsistência do paradigma penal

---

in «*Lecciones de Derecho Penal...*», 1993, p. 229: «*El futuro del Derecho Penal económico depende de la clasificación de las infracciones em injusto penal, injusto administrativo o injusto privado*», *apud* Zúñiga Rodríguez in op. cit. pp. 193 e ss., que nos refere ainda que o legislador do CP espanhol de 1995 criou uma situação de dupla incriminação em relação a infracções no campo do Direito tributário, laboral, da segurança social, trânsito e muitos outros, e deixa a pertinente pergunta: «*Se justificaba la intervención penal quando muchas de esas condutas ya eran sancionadas por el ordenamiento administrativo sancionador?*».

[1199] *Vide* Anabela Miranda Rodrigues in «Comentário Conimbricense..., II, ...202.º A 307.º», 1999, p. 961.

[1200] Cfr. Foffani in «*Infedilità patrimoniale e comflito d'interessi nella gestione d'impresa*», 1997, p. 414, mas sobre o tema *vide* pp. 413-450; *apud* Zúñiga Rodríguez *idem ibidem*.

[1201] Cfr. Capítulo I, mas sobretudo Silva Sánchez in «*La expansión del Derecho Penal....*», 1999, pp. 100-108.

[1202] Trata-se da defesa convicta dum Direito Penal liberal social. O que não implica que não possamos investigar formas de responsabilização das pessoas colectivas dentro das premissas do Direito penal e, portanto, dando garantias máximas e instrumentos de defesa dos Direitos Fundamentais das pessoas colectivas, o que terá menos probabilidades de acontecer se nos deixarmos iludir pela «burla de etiquetas».

actual: um Direito Penal liberal e antropocêntrico perante (na nossa opinião não necessariamente *versus*) riscos mundiais ou globais. O que suscita ao Direito Penal «problemas novos e incontornáveis». Devem, contudo, recusar-se posições extremadas. Deve recusar-se «por igual (embora por razões diversas e opostas) tanto uma acentuação funcionalista, empirista e eficientista do paradigma penal, que se sustentaria numa tentativa de reforçar e levar ainda mais longe o dogma da razão técnica instrumental; como uma radicalização da perspectiva individualista e liberal, que por completo se desinteressaria do papel que ao direito penal deve caber na protecção de gerações futuras».[1203] Mas, e por isso mesmo, atenção, pois a «sociedade do risco» não significa o fim da protecção dos bens jurídicos, i.e., «*das Ende der Rechtsgüterschutzes*» (Claus Roxin), pois ao lado dos bens jurídicos individuais e com o mesmo nível de exigência autónoma, existem autênticos bens jurídicos sociais, trans-individuais, trans-pessoais ou colectivos.[1204] Parece que estamos, pois, perante um «*ius puniendi*» de carácter geral, o qual se exprime, para alguns Autores, indiferenciadamente num Direito Administrativo sancionador ou num Direito Penal.[1205] Como já a montante mencionamos, o Prof. Doutor Jorge de Figueiredo Dias considera que o Direito das contra-ordenações é um limite normativo (negativo) do Direito Penal administrativo ou «secundário», onde reentram totalmente as condutas que, sem contar com as proibições que as atingem, se revelam axiologicamente neutras. A diferença fundamental entre Direito Penal clássico e Direito Penal administrativo – para o mesmo ilustre Penalista – é a relação, respectivamente aproximada, entre bens jurídicos individuais e bens jurídicos colectivos.[1206] Existem, assim, duas gran-

---

[1203] Vide J. de Figueiredo Dias in «Temas...», 2001, «..."Sociedade do Risco"», pp. 155 e ss. (pp. 184-185).

[1204] Vide Jorge de Figueiredo Dias in op. cit. pp. 174-175.

[1205] Cfr. o Tribunal Constitucional espanhol na Sentença do Tribunal Constitucional n.º 18/1987 (*Repertorio Aranzadi del* Tribunal Constitucional 1987, 18), *apud* Zúñiga Rodríguez *idem ibidem*, que também nos refere que a penalização de infracções que antes eram somente sancionadas administrativamente, põe a questão – que o Tribunal Constitucional não resolve – de quais condutas devem *de lege ferenda* permanecer na vertente sancionadora administrativa e quais as que deverão ser colocadas no âmbito penal. Ora, esta questão é fundamental para saber se devemos penalizar ou sancionar administrativamente as pessoas colectivas.

[1206] Vide J. de Figueiredo Dias in «Para uma dogmática...», 1977-1971, p. 60. *Vide*, contudo, J. de Figueiredo Dias in «Temas...», 2001, «..."Sociedade do Risco"», pp. 171-

des opções neste campo entre, por um lado, o Direito Penal e, por outro lado, o Direito Administrativo: a distinção qualitativa e a distinção quantitativa entre os ilícitos ou, de forma correspondente, as teses diferenciadoras e as teses identificadoras. Muito curiosa – e extremamente enriquecedora em termos de Direito comparado – é a situação decorrente do ordenamento jurídico espanhol, onde a esmagadora maioria da Doutrina defende a identificação dos ilícitos, pois só há diferenças de grau, ou quantitativas, entre infracção penal e administrativa, sendo que as mais graves devem pertencer ao sistema penal, e as mais leves ao ordenamento administrativo sancionador.[1207] Este argumento serviu para aplicar os princípios e garantias penais no âmbito sancionador administrativo. Mas tal boa intenção ficou-se no princípio doutrinal, já que o legislador procedeu a regular alguns ilícitos administrativos com sanções mais graves do que as próprias sanções penais! Facto que se denunciou como infractor do princípio da proporcionalidade, que deve governar toda e qualquer forma de intervenção dos poderes públicos na esfera dos indivíduos, e igualmente como «fraude de etiquetas», pois burlam-se rigorosamente as garantias e os princípios com a regulação da infracção no âmbito administrativo.[1208] Como já vimos, *mutatis mutandis*, parece-nos que sucedeu – e está a suceder igualmente – uma acção atentatória dos Direitos Fundamentais (das pessoas individuais e entes colectivos) no ordenamento jurídico português, nomeadamente no RGIT.[1209] Se o objectivo era «descriminalizar», o resul-

---

-172: «Não deve contestar-se o bom fundamento da divisão do direito penal em dois âmbitos relativamente autónomos. (...) deve estabelecer-se (...) a distinção entre um direito penal clássico ou de justiça e um direito *penal* administrativo ou secundário (que nada tem a ver com as categorias das contra-ordenações ou mesmo das contravenções). Este último, por seu lado (...) deve ser penetrado com princípios dogmáticos relativamente autónomos; tendo sido precisamente nesta base que chegámos a propor formalmente, para a ordem jurídica portuguesa, a elaboração de uma lei-quadro do direito penal económico-social (...)».

[1207] *Vide* Zúñiga Rodríguez in op. cit. p. 196, onde nos dá o exemplo de variados Autores que defendem esta tese: García de Enterria; Parada Vásquez; Suay Rincón; Berdugo/Arroyo/García Rivas/Ferré Olivé/Serrano Piedecasas; Martínez Pérez; García Arán; Navarrete; González Guitián.

[1208] *Vide* Zúñiga Rodríguez idem ibidem.

[1209] E isto apesar da alínea a) do art. 3.º do RGIT, que aplica subsidiariamente, quanto aos crimes e seu processamento, as disposições do Código Penal, do Código de Processo penal e respectiva legislação complementar; da alínea b) do art. 3.º do RGIT que aplica, subsidiariamente quanto às contra-ordenações e respectivo processamento, o regime geral do ilícito de mera ordenação social; e do art. 32.º do RGIMOS.

tado pode tornar-se inadmissivelmente em «desgarantizar» os cidadãos, individualmente ou em conjunto, perante a sempre periclitante *potestas* do Estado. Do mesmo modo, a Jurisprudência tem muita dificuldade em aplicar ao Direito de mera ordenação social as garantias e princípios do Direito Penal.[1210] Parece, então, que o problema da responsabilidade penal ou administrativa é mais complicado do que uma mera diferença quantitativa ou qualitativa: seria, antes, uma questão de critérios de imputação racionalmente delimitados, com base na funcionalidade das sanções. O ilícito penal estaria alicerçado no desvalor social da conduta ou comportamento, e o ilícito administrativo estaria fundamentado na desobediência ao Estado, pelo que se poderia detectar um núcleo duro do Direito Penal regido pela danosidade social: protecção do bem jurídico-penal. É a refutação do «Direito Penal de risco».[1211] Todavia, inexactidão em si é pensar

---

[1210] *Vide* novamente o Acórdão do Tribunal da Relação de Coimbra, de 10 de Maio de 2001 (www.dgsi.pt): cfr. o ponto 12.1 do Capítulo IV. Estamos em crer que este Acórdão viola claramente o art. 32.º do RGIMOS e, sobretudo, o art. 30.º/3 da CRP. Não podemos violar a Constituição em nome do preenchimento de lacunas legislativas ou de punibilidade, sob pena de se «burlarem as etiquetas» dos poderes legislativo e judicial, ambos consagrados na democracia. Ou, então, desprezar a aplicação subsidiária do Direito Penal ao Direito contra-ordenacional. A jurisprudência espanhola, por exemplo e por seu lado, simplesmente não aplica, «tal e qual», os princípios e garantias do Direito Penal ao Direito administrativo sancionador. Verifica-se uma aplicação atenuada. Cfr., v.g., a *Sentencia del Tribunal Constitucional* n.º 246/1991, 1.ª, de 19 de Dezembro (*Repertorio del* Tribunal Constitucional 1991, 246, *ponente* Tomás y Valiente), a qual, embora evocando a Sentença do mesmo Tribunal Constitucional n.º 18/1987, refere c. n. t.: «Esta operação não pode fazer-se de forma automática, porque a aplicação das ditas garantias ao procedimento administrativo somente é possível na medida que resultem compatíveis com a sua natureza (*Sentencia del Tribunal Constitucional* n.º 22/1990 [*RTC* 1990, 22])». Embora seja rejeitada a responsabilidade objectiva, o princípio da culpa surge-nos como que relativizado no sistema punitivo sancionador administrativo conforme ainda é referido nesta Sentença c. n. t.: «isto não significa, em absoluto, que para o caso das infracções administrativas cometidas por pessoas jurídicas se tenha suprimido o elemento subjectivo da culpa, mas simplesmente que esse princípio se há-de aplicar necessariamente de forma distinta como se faz com as pessoas físicas»; *apud*, última parte, Jesús-María Silva Sánchez in «*Responsabilidad Penal de.......*», 1995, p. 358.

[1211] *Vide* a «Escola de Frakfurt» e os seus principais Autores: Winfried Hassemer in «*Perspectivas del Derecho penal futuro*», 1997, p. 37 (ou «*kennzeichen und Krisen des modernen Strafrechts*», 1992, p. 10; ou in «*Persona, mundo y responsabilidad*»,...*teoría de la imputación en Derecho Penal*, 1999); *vide* igualmente Félix Herzog in publicação em castelhano: «*Alguns riesgos del Derecho penal del riesgo*», 1999, p. 54 (ou in «*Limites del derecho penal para controlar los riesgos sociales*», 1993); ou Autores como Naucke ou

que o sancionamento das ofensas *hoc sensu* «inadmissíveis» possa ser atribuído a sanções administrativas, ainda que «musculadas» ou «intensificadas» (no máximo, de natureza contra-ordenacional). Também aqui caímos mais uma vez na «burla de etiquetas».[1212] Esta perspectiva do «núcleo duro do Direito Penal» pode ser vista de dois lados[1213]: 1.º uma coisa é procurar a expansão dos Direitos fundamentais através da despenalização em direcção ao Direito Penal mínimo, o qual vem do seguimento das posições de Hassemer e Ferrajoli; outra bem distinta, é restringir os Direitos Fundamentais quando se procura a flexibilização dos princípios e categorias penais, propondo um sector do próprio Direito Penal onde haja menos garantias, porque seriam casos sem sanção de pena privativa de liberdade: Prof. Doutor Silva Sánchez. Mas, da mesma forma, a posição intermédia ou *via per mezzo* da «*expansão* do Direito Penal»[1214] poderá ficar a um passo da insuportável «burla de etiquetas». Refere o Prof. Doutor Jorge de Figueiredo Dias: «…porque além de ficar, ao menos *in partibus*, de novo a um passo da insuportável "burla de etiquetas", acaba por trazer para o direito penal dois paradigmas diferentes e incompatíveis, que a breve prazo haverão de conduzir ao domínio de um sobre o outro – quando não ao esmagamento de um pelo outro – sob a forma, muito provavelmente, de uma invasão incontrolável do "cerne" pela "periferia" (…)».[1215] O Direito

---

Lüdersen. Em Itália *vide* in «*Selettività e paradigmi della teoria del rato*», RIDPP, 1998, p. 386; *vide* igualmente Moccia in «*De la tutela de bienes a la tutela de funciones: entre ilusiones postmodernas y reflujos liberales*», Silva Sánchez: *Política Criminal y nuevo Derecho Penal*, 1997, pp. 137 e ss.».

[1212] *Vide* Jorge de Figueiredo Dias in «Temas…», 2001, 6.º Tema, «…"Sociedade do Risco"», p. 167: onde acrescenta: «Com razão, até a um ponto em que uma tal solução significará nada menos que pôr o princípio jurídico-penal de subsidiariedade ou de *ultima ratio* "de pernas para o ar", ao subtrair à tutela penal precisamente as condutas socialmente tão gravosas que põem simultaneamente em causa a vida planetária, a dignidade das pessoas e a solidariedade com as outras pessoas – as que existem e as que hão de vir».

[1213] *Vide* Zúñiga Rodríguez *idem ibidem*.

[1214] *Vide* Silva Sánchez in «*La expansión del derecho penal…*», 1999. Também Silva Franco: cfr. o Capítulo I.

[1215] In «Temas…», 2001, 6.º Tema, «…"Sociedade do Risco"», pp. 170-172. Parece, pois, haver tanto «burla de etiquetas» quando se baptizam de «sanções administrativas» verdadeiras sanções penais, como quando se «rotulam» ofensas inadmissíveis a bens jurídicos, como se se tratassem de bens administrativos, diminuindo em ambos os casos os Direitos Fundamentais individuais e colectivos. Cfr. o Capítulo I.

Penal perderia a sua autonomia: seria controlado por regras extra-penais enfraquecedoras dos princípios da culpa ou da legalidade ou taxatividade.

O problema parece não passar tanto pela ampliação do Direito Penal em relação à pena privativa de liberdade, mas mais pela expansão da brutal capacidade sancionatória do Estado em geral, com muito poucas limitações e com ainda menos controlos. Nenhuma destas razões acima apontadas parece justificar – mesmo sabendo que a configuração do crime tem uma íntima relação com a configuração da pena e da sua teleologia! – que se renuncie a uma assimilação de garantias para o ordenamento administrativo sancionador ou direito das contra-ordenações.[1216] Existem uma série de Estados que, em razão do efeito punitivo das sanções do Direito de mera ordenação social, aplicam as garantias de Direito constitucional referentes ao Direito Penal (princípio da culpa, princípio da legalidade e outros).[1217]

2.2.1. As garantias penais e «sociedade do risco»

As garantias penais que custaram tantos séculos a serem conquistadas não podem de forma alguma ceder perante os efeitos da «sociedade do

---

[1216] Vide Zúñiga Rodríguez in op. cit. pp. 202 e ss.: 1.º porque a tendência moderna é de que as consequências jurídicas não se centrem na pessoa em si mesma mas nos seus bens pessoais, no seu património ou nos seus direitos; 2.º, a pena privativa de liberdade está em retrocesso, pelo que não tem sentido circunscrever o núcleo do Direito Penal aí («*sino más bien en el injusto penal que signifique dañosidad social*»): é que a administrativização de todas as infracções económicas levaria à bagatelização dos «*white collar crimes*» e, depois, à «privatização» das penas pecuniárias, com a prisão paralela dos «deserdados da terra».

[1217] Vide K. Tiedemann in «*Responsabilidad penal de personas...*», 1997 (1995), pp. 33-35: «Fala-se aqui de sanções administrativas penais que formam parte do sistema penal no sentido de que elas constituem sanções penais *sensu lato*. Estas sanções «quase» – ou «médio-penais», caracterizam-se pelo critério que elas perseguem, de direito ou de facto, ao lado do seu fim preventivo, também uma finalidade retributiva». Contudo, tanto o legislador francês (casos mais graves) como a Exposição de Motivos do Projecto Comunitário de 20 de Dezembro de 1995 (cfr. Capítulo IV) consideram necessária a responsabilidade criminal dos entes colectivos, no último dos casos, por razões de «dissuasão». Países como a Inglaterra, a Escócia, a Irlanda, a Holanda, Noruega, EUA, Canadá, Austrália, Portugal (desde 1982 em várias diplomas legislativos: art. 11.º CP), Luxemburgo (excepcionalmente em relação à matéria fiscal), Dinamarca (Leis reguladoras) ou Japão (fora do CP) consagram a responsabilidade penal dos entes colectivos.

risco» no Direito Penal. O problema, como já referimos anteriormente e porque não é demais voltar a formular tal panorama, não é neste momento a ampliação do Direito Penal no que concerne à pena privativa de liberdade, mas a acelerada expansão da capacidade sancionatória do Estado em geral sem – cada vez mais – quaisquer controlos. As garantias penais procuram limitar o arbítrio dos poderes públicos. A função específica das garantias no Direito Penal não é tanto permitir ou legitimar, mas antes condicionar ou vincular e, portanto, deslegitimar o exercício absoluto da *potestas* punitiva.[1218] A *ratio* das garantias penais está em limitar o poder do Estado, i.e., o *ius puniendi* do poder político. Existem razões de fundo para que exista uma persistente e profunda desconfiança do Penalista para com o poder público face ao temor do uso arbitrário do sistema de sanções que o Direito Penal lhe proporciona.[1219] E se agora o *ius puniendi* igualmente se exprime (às vezes maioritariamente) num outro âmbito sancionatório não propriamente penal, no sentido doutros ilícitos (ilícito de mera ordenação social) e outras sanções (qualitativa e quantitativamente diversas) devemos preocupar-nos com as garantias e os princípios de atribuição também neste contexto. Caso contrário ficaria nas mãos do Estado a *potestas* de interferir na vida e bens dos cidadãos de forma excessiva através duma simples e «fácil» «burla de etiquetas»! «Quer dizer, garantias e critérios de atribuição são – ou devem ser uma constante busca de controlo e limitação para que o poder político não possa ser arbitrário e omnipotente. Ademais, como se sabe, as garantias substantivas e materiais, assim como as categorias sistemáticas que as expressam, representam uma série de "filtros" para assegurar que os poderes repressivos se exercem rectamente e sobre os verdadeiros sujeitos que tenham realizado os factos que se imputam. Então, as garantias penais são expressão do direito constitucional à tutela judicial efectiva de todos os cidadãos».[1220] A designada «flexibilidade» ou «adaptabilidade» dos princípios face à «nova criminalidade» inerente à «sociedade do risco» deve-se, não só a razões de eficácia, mas, também, às características dos bens jurídicos, formas e sujeitos que estão em jogo. Ou seja, perante o avanço desenfreado de figuras jurídicas como é o caso dos «crimes de perigo abstracto», hipotético ou calculado – porventura pertinente e oportuno quanto à matéria da responsabilidade dos

---

[1218] *Vide* Ferrajoli in «Derecho y razón. Teoría do garantismo penal», 1995, p. 92.
[1219] *Vide* Díez Ripollés in «*Exigencias sociales y Política Criminal*», 1998, p. 51.
[1220] Cfr., com o nosso forte aplauso e c. n. t., Zúñiga Rodríguez in op. cit. p. 204.

entes colectivos como veremos a jusante! – a ampliação ou flexibilização dos princípios e, portanto, das garantias penais, deve realizar-se a partir do núcleo dos princípios penais que necessariamente manteriam a sua função de paradigma em todo o tipo de sanção pública[1221]: incluindo, pois, o Direito de mera ordenação social.[1222]

2.2.2. *O ilícito de mera ordenação social, o dolo, a negligência e os Direitos Fundamentais das pessoas singulares e dos entes colectivos*

Repugnamos, *de lege lata*, a responsabilidade objectiva penal, assim como a responsabilidade objectiva contra-ordenacional. O n.º 1 do art. 8.º do RGIMOS («dolo e negligência») é claro e transparente: «Só é punível o facto praticado com dolo ou, nos casos especialmente previstos na lei, com negligência».[1223] Aceitar a responsabilidade objectiva seria violar as normas constitucionais que plasmam o princípio da culpa.[1224] A solução possível é utilizar as categorias do dolo e da negligência (e culpa). Inclusive, em situações que aparentemente parecem ser de pura responsabilidade objectiva.

Confronte-se o art. 4.º («sujeitos responsáveis pela infracção») do Regime Geral das Contra-Ordenações Laborais (Lei n.º 116/99, de 4 de Agosto). Aqui (v.g. art. 4.º, alínea a] do RGCL: «São responsáveis pelas contra-ordenações laborais e pelo pagamento das coimas: a entidade patronal, quer seja pessoa singular ou colectiva, associação sem personalidade jurídica ou comissão especial») parece que nem sequer está consagrada a teoria da identificação (v.g. art. 7.º/1 do RGIT) que temos vindo a estudar! Mas é preciso conjugar esta norma com o art. 3.º («punibilidade da negligência») do RGCL e com, sobretudo, o art. 8.º («dolo e negligência») do RGIMOS (o art. 2.º do RGCL refere o seguinte regime: «As contra-orde-

---

[1221] *Vide* Zúñiga Rodríguez in op. cit. pp. 204-205.

[1222] O que apesar da sinistra (porque restritiva dos Direitos Fundamentais como já referimos!) reforma do DL n.º 244/95, de 14 de Setembro, ainda se vai mantendo (cfr. art. 32.º do RGIMOS), mas que deverá ser acentuado ainda mais perante o perigo da «burla de etiquetas»: a «sociedade do risco» representa um risco para as garantias penais e Direitos Fundamentais das pessoas singulares ou entes colectivos.

[1223] Cfr. igualmente os n.ºs 2 e 3 do art. 8.º e art. 32.º do RGIMOS e os arts. 13.º, 14.º e 15.º do CP.

[1224] Cfr. arts. 1.º e 25.º/1 e art. 32.º/10 CRP.

nações laborais são reguladas pelo disposto na presente lei, pelas normas da legislação do trabalho que as prevejam e, subsidiariamente, pelo regime geral das contra-ordenações»). Sem pressupostos de imputação de responsabilidade contra-ordenacional ao ente colectivo baseados na prévia individualização numa pessoa singular da prática do facto («ilícito e censurável»: cfr. art. 1.º/1 do RGCL) é necessário, contudo, utilizar o «dolo de grupo» ou a «negligência de grupo» – como pensamento «analógico» das categorias penais clássicas – que desenvolveremos neste trabalho, sob pena de incorrermos numa responsabilidade objectiva intoleravelmente inconstitucional. Trata-se de pensar critérios de imputação subjectivos para os entes colectivos. Mas antes de colocar esta hipótese potencialmente *de lege ferenda*, pensamos que é aplicável o art. 7.º/2 do RGIMOS que consagra a teoria da identificação e apresenta-se como a Lei Quadro das Contra-Ordenações. [1225]

Seguir outro percurso seria esmagar inadmissivelmente os Direitos Fundamentais vinculados à tutela judicial efectiva. Ora, também os entes colectivos têm Direitos Fundamentais![1226] A plena efectividade dos Direitos Fundamentais exige reconhecer que a sua titularidade não corresponde somente aos indivíduos isoladamente considerados, mas igualmente quando estão inseridos em organizações, grupos, agrupamentos, associações, empresas, sociedades, i.e., entes colectivos. Desta forma,

---

[1225] *Mutatis mutandis* pensamos o mesmo em relação a normas da mesma espécie do art. 14.º da Lei n.º 5/2002, de 11 de Janeiro («Estabelece medidas de combate à criminalidade organizada e económico-financeira e procede à segunda alteração à Lei n.º 36/94, de 29 de Setembro, alterada pela Lei n.º 90/99, de 10 de Julho, e quarta alteração ao Decreto-lei n.º 325/95, de 2 de Dezembro, alterado pela Lei n.º 65/98, de 2 de Setembro, pelo Decreto-lei n.º 275-A/2000, de 9 de Novembro, e pela lei n.º 104/2001, de 25 de Agosto»), a qual refere o seguinte: «1 – Constitui contra-ordenação, punível com coima de (euro) 750 a (euro) 750 000, o incumprimento das obrigações previstas no Capítulo II por parte das instituições de crédito ou sociedades financeiras. § 2 – Caso o incumprimento seja reiterado, os limites máximo e mínimo da coima são elevados para o dobro. § 3 – Em caso de negligência, o montante máximo da coima é reduzido a metade. § 4 – A instrução dos processos de contra-ordenações previstas nos números anteriores é da competência, relativamente a cada entidade, da autoridade encarregue da supervisão do respectivo sector». Pensamos que necessariamente se aplica o art. 7.º do RGIMOS. Por outro lado, repare-se que o n.º 2 do art. 14.º fala em «negligência», i.e., assume-se que tem que existir dolo ou negligência, embora não fosse necessário dizê-lo textualmente. Responsabilidade objectiva é que não poderá existir de forma alguma, pois haveria violação da CRP!

[1226] *Vide* Figuerelo in *«El derecho a la tutela judicial efectiva»*, 1990, p. 62.

reconhece-se a titularidade de Direitos Fundamentais ao ente colectivo de Direito privado[1227]!

2.2.3. O ideal do Direito Penal mínimo

O recurso ao sistema penal para sancionar os entes colectivos só aparentemente vai contra o ideal do Direito Penal mínimo. Pois, por um lado, já está amplamente consagrada a responsabilidade criminal dos entes colectivos no Direito Penal secundário português, como temos vindo a verificar; por outro lado, a própria responsabilidade criminal dos entes colectivos permite – *per se* – que lhes estejam asseguradas garantias penais, i.e., a protecção dos seus Direitos Fundamentais. O que poderá, porventura, não acontecer com a mesma intensidade, se se permitir a «burla de etiquetas», i.e., fazendo crer, por exemplo, que a responsabilidade *verdadeiramente* penal é responsabilidade contra-ordenacional. Para evitar esta «fraude», a Prof. Doutora Zúñiga Rodríguez propõe – no ordenamento jurídico espanhol onde a «burla de etiquetas» é mais evidente! – uma recolocação do sistema sancionatório administrativo e penal, ficando este último somente para os casos mais graves: bens jurídicos mais importantes frente às suas lesões mais graves; e o ilícito de mera ordenação social para os assuntos mais leves. Em ambas as situações não haveria distinção pelo facto da autoria se dever a pessoas singulares ou entes colectivos.[1228] A boa solução «final» passará sem dúvida nenhuma por uma «Lei Quadro do Direito Penal Económico», já proposta em 1978 pelo Prof. Doutor Jorge de Figueiredo Dias e que ainda hoje está por fazer.[1229]

[1227] E para nós também ente de Direito público.
[1228] Cfr. Zúñiga Rodríguez in op. cit. p. 207 que nos propõe c. n. t.: «...não parto da legislação penal tal e qual existe agora, mas "*de lege ferenda*", planeio antes um processo de despenalização de muitas figuras que deveriam estar no ordenamento sancionador administrativo, de onde o eixo da selecção deve estar dado pela importância do bem jurídico (individuais e colectivos) e pela sua forma de ataque». O facto dos destinatários das referidas normas penais serem pessoas físicas ou entes colectivos não pode decidir uma outra via, como parece resultar da Lei espanhola vigente.
[1229] Cfr. o nosso Capítulo I.

2.2.4. O art. 129.º do CP espanhol e a «burla de etiquetas» [1230]

Mesmo no ordenamento jurídico penal espanhol, onde aparentemente vigora o princípio «*societas delinquere non potest*», estão previstas no próprio CP espanhol duras e pesadas sanções, apelidadas de «consequências acessórias» para os entes colectivos, designadamente no seu art. 129.º.[1231] Verifica-se uma «fraude de etiquetas», pois existem sanções para os entes colectivos que, contudo, não se designam por sanções penais ou penas acessórias, mas como «consequências acessórias».[1232] Por razões garantistas, existem Autores[1233] que defendem a necessidade de individualização prévia do delito ou crime cometido para aplicar o art. 129.º do CP espanhol, embora não seja reconhecidamente essa a melhor solução. É que não haverá aplicação de tal sanção se não se consegue individualizar o autor do delito ou crime: esta é a maior dificuldade. Mas quando há individualização, que importância tem tal norma? Tais sanções são precisa-

---

[1230] Cfr. Silvina Bacigalupo in op cit. pp. 269 e ss.; cfr. igualmente Zúñiga Rodríguez in op. cit. pp. 208 e ss..

[1231] «*Artículo 129. § 1. El Juez o Tribunal, en los supuestos previstos en este Código, y previa audiencia de los titulares o de sus representantes legales, podrá imponer, motivadamente, las siguientes consecuencias: § a) Clausura de la empresa, sus locales o establecimientos, con carácter temporal o definitivo. La clausura temporal no podrá exceder de cinco años. § b) Disolución de la sociedad, asociación o fundación. § c) Suspensión de las actividades de la sociedad, empresa, fundación o asociación por un plazo que no podrá exceder de cinco años. § d) Prohibición de realizar en el futuro actividades, operaciones mercantiles o negocios de la clase de aquellos en cuyo ejercicio se haya cometido, favorecido o encubierto el delito. Está prohibición podrá tener carácter temporal o definitivo. Si tuviere carácter temporal, el plazo de prohibición no podrá exceder de cinco años. § e) La intervención de la empresa para salvaguardar los derechos de los trabajadores o de los acreedores por el tiempo necesario sin que exceda de un plazo máximo de cinco años. § 2. La clausura temporal prevista en el subapartado a) y la suspensión señalada en el subapartado c) del apartado anterior, podrán ser acordadas por el Juez Instructor también durante la tramitación de la causa. § 3. Las consecuencias accesorias previstas en este artículo estarán orientadas a prevenir la continuidad en la actividad delictiva y los efectos de la misma*».

[1232] O RGIT português é diferente: «penas acessórias aplicáveis aos crimes acessórios» e aos seus «pressupostos de aplicação» (art. 16.º e art. 17.º do RGIT). Mas, dentro das «disposições aplicáveis às contra-ordenações», já pomos em dúvida se as sanções acessórias do art. 28.º do RGIT, tais como o «encerramento de estabelecimento ou de depósito» (alínea e]) não serão, também, uma «burla de etiquetas».

[1233] Vide Zúñiga Rodríguez in op. cit. p. 212.

mente recomendadas, quando por problemas de imputação penal, não se conseguiu determinar a *responsabilidade* dos autores individuais do facto. Talvez mesmo por isso nos referem os ilustres Penalistas Gracia Martín, Boldova Pasamar e Alastuey Dobón[1234]: «a efectiva realização do facto antijurídico pela pessoa física que actua para a jurídica (como facto de conexão) não deve formar parte do suposto de facto destas medidas, ainda que normalmente aquela constituirá geralmente um sintoma do perigo objectivo da realização de futuras infracções».[1235] Cremos, por outro lado, que poderá eventualmente haver uma necessidade dogmática e político-criminal para elaborar um sistema uniforme de imputação penal e administrativa – na medida em que serviria ambas as ordens, pois ambas parecem seguir o «paradigma *penal*»: *jus punendi* – para sancionar o próprio ente colectivo.

2.2.5. O art. 7.º/4 do RGIT

Parece-nos ser incontestável – como já acima o referimos! – que as contra-ordenações têm que ser praticadas com dolo ou negligência.[1236] A responsabilidade objectiva está em zona violadora da Constituição.[1237] Também as contra-ordenações previstas no RGIT estão sujeitas a serem praticadas por dolo ou negligência.[1238] Facto extremamente importante é

[1234] C. n. t. in «*Las consecuencias jurídicas del delito en el nuevo CP español*», 1996, p. 458.

[1235] Na nossa opinião, como hipótese meramente de exercício teórico, pensamos que podemos utilizar aqui a «técnica-dos-exemplos-padrão» (cfr. os nossos pontos 3.5.1 e 3.5.1.1 deste Capítulo): o legislador mencionaria um conjunto de circunstâncias susceptíveis de influir na valoração de determinada conduta sem pretender estabelecer uma enumeração taxativa. Certos crimes (v.g. crime de poluição) que fossem fruto dos entes colectivos nesta «sociedade do risco» envolveriam a tipificação dum conjunto de circunstâncias susceptíveis de revelar a perigosidade do ente colectivo (norma X). Não obstante: nem só as circunstâncias da norma X revelam especial perigosidade, e nem sempre as circunstâncias da norma X revelam especial perigosidade.

[1236] Cfr. arts. 8.º e 32.º do RGMOS e 13.º, 14.º e 15.º do CP e, v.g., arts. 24.º e 26.º do RGIT.

[1237] Cfr. arts. 1.º e 25.º/1 e art. 32.º/10 CRP.

[1238] Cfr. art. 3.º/b) do RGIT quanto ao Direito subsidiário: são aplicáveis subsidiariamente «Quanto às contra-ordenações e respectivo processamento, o regime geral do ilícito de mera ordenação social». Cfr. igualmente o art. 24.º do RGIT: «Punibilidade da negligência § 1 – Salvo disposição expressa da lei em contrário, as contra-ordenações tri-

que na determinação da medida da coima, conforme art. 27.º do RGIT, refere-se o seguinte: «1 – Sem prejuízo dos limites máximos fixados no artigo anterior, a coima deverá ser graduada em função da gravidade do facto, da culpa do agente, da sua situação económica e, sempre que possível, exceder o benefício económico que o agente retirou da prática da contra-ordenação».[1239] Ou seja, os entes colectivos para praticarem contra-ordenações, terão que fazê-lo com dolo ou negligência, e na determinação da medida da coima ter-se-á que atender às exigências do art. 27.º do RGIT: *gravidade do facto praticado*, *culpa do agente*, *situação económica* e *benefício*. Ora, o n.º 4 do art. 7.º do RGIT refere o seguinte: «A responsabilidade contra-ordenacional das entidades referidas no n.º 1 exclui a responsabilidade individual dos respectivos agentes». Cremos que se abandona a regra da responsabilidade cumulativa dos entes colectivos e dos seus órgãos ou representantes em matéria de contra-ordenações tributárias.[1240] A partir daqui existem três caminhos:

1.º a responsabilidade objectiva que rejeitamos *ab initio*, e que é inconstitucional[1241];

2.º o art. 7.º/4 que abandona[1242] a regra da responsabilidade cumulativa dos entes colectivos e dos seus órgãos ou representantes em matéria

---

butárias são sempre puníveis a título de negligência. § 2 – Se a lei, relativamente ao montante máximo da coima, não distinguir o comportamento doloso do negligente, este só pode ser sancionado até metade daquele montante». Por sua vez o n.º 1 do art. 26.º do RGIT («Montante da coima») refere o seguinte: «Se o contrário não resultar da lei, as coimas aplicáveis às pessoas colectivas, sociedades, ainda que irregularmente constituídas, ou outras entidades fiscalmente equiparadas podem elevar-se até ao valor máximo de: § a) € 110 000, em caso de dolo; § b) € 30 000, em caso de negligência. (...)».

[1239] Cfr. igualmente art. 3.º/b) do RGIT, art. 32.º do RGIMOS e arts. 40.º/1 e 71.º do CP.

[1240] Cfr. o 6.º § da «Exposição de Motivos» da Proposta de Lei n.º 53/VIII que «Reforça as garantias do contribuinte e a simplificação processual, reformula a organização judiciária tributária e estabelece um novo regime geral para as infracções tributárias» e que viria a dar origem ao actual RGIT.

[1241] Se constitucional fosse, seria uma norma «fraudulentamente» constitucional: uma «norma constitucional inconstitucional» violadora de Princípios *pré*-constitucionais. Não vamos, contudo, desenvolver este ponto, pois consideramos que esta questão não está aqui definitivamente resolvida.

[1242] O que só por si pode ser criticável: «Aliás, não seria aconselhável que a possibilidade de atingir a pessoa colectiva tivesse como efeito negligenciar a descoberta da pessoa singular responsável, que assim poderia beneficiar de uma imunidade de facto inad-

de contra-ordenações tributárias não abandona – não obstante, *sublinhamos* e repetimos: não abandona! – o modelo de imputação que consagra a teoria com origem no Direito Civil da identificação e que está plasmada no n.º 1 precedente do mesmo art. 7.º do RGIT [1243]. É premente fazer aqui um *parênteses*. É que a responsabilidade dos entes colectivos referida no n.º 1 não existe antes da prática dos factos contra-ordenacionais, e os mesmos têm que ser cometidos com dolo ou negligência. Ora, conforme o n.º 1 do art. 7.º do RGIT, só há responsabilidade dos entes colectivos referidos «pelas infracções previstas na presente lei» «quando cometidas pelos seus órgãos ou representantes, em seu nome e no interesse colectivo». Ou seja, antes deste mesmo cometimento, não há qualquer responsabilidade, logo não precisa (ou não pode!) ser excluída, quando não existe. Aliás, essa responsabilidade só é excluída porque existe antes (imputada). Assim, será preciso individualizar abstractamente a imputação da responsabilidade antes de poder excluir concretamente esta última. É que se não existir pré-individualização da imputação da responsabilidade, é porque a responsabilidade dos entes colectivos não existe. A teoria da identificação entre órgãos e organização (onde ainda se pode reconduzir a teoria da representação conforme Teresa Serra in «Contra-ordenações...», RPCC, 1999) – se estiver consagrada na lei como é o caso concreto (cfr. art. 7.º/1 do RGIT)! – precede a teoria da responsabilidade cumulativa, que pode ser uma mera opção do legislador. A teoria da identificação *identifica* (identificar: tornar ou declarar idêntico; achar a identidade de; confundir o seu com o de outrem; adquirir a índole, a natureza de outrem. Ajustar-se a, conformar-se a. Cfr. Dicionário Lello, Porto) os órgãos e representantes com o ente colectivo. Por isso é que a responsabilidade dos agentes não é excluída (mas incluída!), conforme o n.º 3 do art. 7.º: trata-se, neste modelo, duma redundância do legislador, pois quem praticou os actos,

---

missível, a qual não deixaria de favorecer uma diminuição do seu sentimento de responsabilidade». Cfr. Manuel Lopes Rocha in «A responsabilidade Penal das Pessoas Colectivas...»; *apud* João Castro e Sousa in «As Pessoas Colectivas...», 1972 (1985), p. 231. Contudo, o que está em causa não é a descoberta da pessoa (na teoria da identificação ela está necessariamente descoberta). O que está em causa, é se a sua responsabilidade será ou não posteriormente excluída, depois de aplicado o critério de imputação previsto no n.º 1 do art. 7.º do RGIT, pois a responsabilidade do ente colectivo é derivada, neste modelo, da responsabilidade da pessoa física, e não o contrário!

[1243] Cfr. art. 7.º/1 do RGIT e tudo o que dissemos (Capítulos IV e V) sobre a teoria da identificação.

segundo esta teoria da identificação (7.º/1) , foi o agente individual! E por isso, também, é que a responsabilidade dos entes colectivos é excluída quando o agente *actuou* (repare-se: actuou!) «contra ordens ou instruções expressas de quem de direito». Neste modelo, se o agente não actuou não tem sentido excluir a responsabilidade de quem quer que seja, pois a responsabilidade simplesmente não existe! Para quê excluir algo que não existe? seria, neste ponto de vista, absurdo! De contrário, a norma do art. 7.º/4 estaria em contraste com a norma da Lei-quadro, i.e., o art. 7.º/2 do RGIMOS. Parece, por outro lado, que é mais compensatório às pessoas singulares praticarem contra-ordenações tributárias «no nome e no interesse colectivo» dos entes colectivos (art. 7.º/1 do RGIT), pois a sua responsabilidade ficará concretamente excluída (embora não o seja em abstracto: art. 7.º/4 do RGIT!). Mas tal facto entra em contradição, pois tanto as pessoas singulares, como os entes colectivos podem praticar contra-ordenações: v.g. art. 31.º/1 do RGIT (p.s. não entendemos, por outro lado, porque é que esta norma só fala em pessoa colectiva? e as «sociedades, ainda que irregularmente constituídas, e outras entidades fiscalmente equiparadas» enunciadas no art. 7.º/1 do RGIT?). *Mutatis mutandis* o mesmo é válido para o Direito Penal, como é ainda mais óbvio! [1244];

[1244] Situação do n.º 3 do art. 128.º («crime de desobediência») do Contrato Individual de Trabalho (DL n.º n.º 49 408, de 24 de Novembro de 1969) introduzido pelo n.º 2 do art. 1.º da Lei n.º 118/99, de 11 de Agosto, com início de vigência em 1 de Dezembro de 1999. O art. 128.º/3 refere: «As pessoas colectivas, sociedades e meras associações de facto são responsáveis pelos crimes previstos nos números anteriores quando cometidos pelos seus órgãos ou representantes em seu nome e no interesse colectivo, podendo ser-lhes aplicada, isolada ou cumulativamente, pena de multa, de interdição temporária do exercício de actividade de dois meses a dois anos ou de privação do direito a subsídios ou subvenções, outorgados por entidades ou serviços públicos, de um a cinco anos». Também aqui, só depois de individualizar a responsabilidade é que é possível aplicar uma multa isolada. De contrário, seria responsabilizar objectiva e arbitrariamente o ente colectivo: se os órgãos e representantes do ente colectivo não cometeram crimes em seu nome e no seu interesse, i.e., se a sua responsabilidade não foi individualizada, não há crimes cometidos pelo ente colectivo (uma coisa é individualizar em abstracto a responsabilidade para estabelecer o nexo de imputação do facto vinculante; outra bem diferente é excluí-la em concreto, conforme, v.g., o art. 7.º/4 do RGIT, ou aplicar uma multa isolada: art. 128.º/3 do CIT!). Aplicar-lhe uma multa, neste caso, seria fazer uma interpretação ab-rogante do modelo de imputação que está consagrado na letra da lei. *De lege lata stricto sensu*, a posição que defendemos é a que melhor evita a responsabilidade objectiva (caso do art. 128.º/3 com a agravante de ser responsabilidade penal), que é inconstitucional! Cfr., agora a Lei n.º 99/2003, de 27 de Agosto: Código de Trabalho.

3.º adaptar, por pensamento «analógico», as categorias do Direito penal clássico como o dolo (de grupo) ou a negligência (de grupo), aos próprios entes colectivos: o «modelo da culpa analógico».[1245]

3. Responsabilidade penal dos próprios entes colectivos

3.1. *Introdução*

Para encarar o problema da responsabilidade penal das próprias pessoas colectivas (*lato sensu*) ou entes colectivos – como temos vindo a referir ao longo deste trabalho – existem várias propostas que nos escusamos de repetir aqui mais uma vez.[1246] Mas desde já corroboramos a ideia de que para construir um nexo de imputação de responsabilidade penal dos entes colectivos será sempre da perspectiva hipotética *de lege ferenda* a partir das categorias dogmáticas penais, por forma a não flexibilizá-las ou enfraquecê-las, mas – bem pelo contrário –, tentando aplicá-las «analogicamente», numa linha de pensamento muito similar à do Prof. Doutor Günter Heine e – pensamos! – do Prof. Doutor Figueiredo Dias. Tal tarefa só se poderá tornar *de jure constituto* – se alguma vez o for! – quando estiverem assegurados o exercício de todas as garantias, Direitos Fundamentais e causas de justificação das entidades colectivas. Antes que o Direito Penal esteja todo «administrativizado», será preciso expandir as suas garantias e princípios de forma definitivamente subsidiária (art. 32.º do RGIMOS), por forma a evitar a «tirania dos princípios» e a «burla de etiquetas».

[1245] Enunciado no ponto 1.1 deste Capítulo e desenvolvido até ao final deste trabalho. *De lege ferenda*, é esta uma hipótese de caminho a seguir que evita, igualmente, a responsabilidade inconstitucional objectiva, mas que poderá ser eventualmente incompatível com a solução *de jure constituto* consagrada em normas como o art. 7.º/1 e 4 do RGIT; o art. 128.º/3 do CIT; o art. 3.º do RIAESP (Decreto-Lei n.º n.º 28/84, de 20 de Janeiro); art. 7.º/2 do RGIMOS e outros similares, que nos escusamos de transcrever.

[1246] Cfr. o nosso ponto n.º 1 deste Capítulo.

3.2. As hipóteses da arquitectura jurídica de imputação penal em si mesma e presente

O Direito Penal vem assumindo maioritariamente um carácter funcional do sistema dogmático. Foi o que sucedeu nos muito propalados, citados e já por nós apontados, casos jurisprudenciais «*Lederspray*» (Alemanha) e «*Colza*» (Espanha)[1247], onde foram utilizadas categorias como a imputação objectiva, a comissão por omissão ou a posição de garante, por forma a responsabilizar os directores (gerentes e/ou administradores) das empresas em causa pela produção (introdução no mercado de consumo) de produtos defeituosos. Existem duas enormes dificuldades na matéria da responsabilidade pelo produto: a autoria e a prova do nexo causal entre as lesões da vida e da integridade física e o produto consumido, que afectam ambivalentemente os crimes de lesão e os crimes de perigo concreto. É que a responsabilidade das pessoas colectivas – e aqui reside o ponto para o qual pretendemos chamar a atenção! – não está prevista para os crimes de perigo comum (v.g. CP), pelo que a imputação só se torna possível através das pessoas singulares, com todas as dificuldades extremas provenientes da individualização da responsabilidade no quadro de organizações altamente complexas. Ora, a jurisprudência antes apontada, serviu para responsabilizar pessoas singulares e não a própria organização.[1248] Mas, também esta construção dogmática poderia ter servido para responsabilizar a própria pessoa colectiva.[1249] Fundamentando os critérios de imputação na estabilização do sistema social, o ilustre Penalista alemão Jakobs – muitas das vezes apelidado de «*radical funcionalista*» – refere lapidarmente que: «um sujeito não é aquele que pode ocasionar ou impe-

---

[1247] *Vide* A. Silva Dias in «Entre "Comes e Bebes"...Acórdão da Relação de Coimbra de 10 de Julho de 1996)», RPCC 8 (1998), pp. 515 e ss., principalmente n. de r. n.ᵒˢ 108 e 109, e RPCC 9 (1999), pp. 45 e ss..

[1248] *Vide* Augusto Silva Dias *idem ibidem*.

[1249] Cfr. Zúñiga Rodríguez, in op. cit. pp. 216-217, que refere que seria precisamente essa a posição de Jakobs e de Silvina Bacigalupo (in op. cit. pp. 363-364 onde refere c. n. t.: «A restruturação da ideia do sujeito no Direito Penal significa, em consequência, uma ampliação do âmbito de imputabilidade, que abarca desde o indivíduo até uma pessoa colectiva, modificando o paradigma "*societas delinquere non potest*" [...]. E ainda no § seguinte: «A ampliação proposta, não obstante, não significa renunciar aos princípios fundamentais de um Direito penal garantista, como a maioria dos autores estão convencidos».).

dir um resultado, mas aquele que pode ser responsável por este».[1250] Este *extremado* funcionalismo é alvo de inúmeras críticas pelos mais variados autores, entre as quais destacamos: 1.ª uma funcionalização ilimitada das categorias que descamba num perigoso neo-positivismo permeável à corrente de hipertrofia do Direito Penal, o qual ficaria, por sua vez, castrado na sua função crítica à actividade legislativa; 2.ª embora seja de aderir à concepção funcionalista de Claus Roxin da década de 70: responsabilidade penal igual a função da norma penal e da pena como forma de imputação decidida político-criminalmente, geram-se dúvidas quanto à pretensa «estabilização do sistema social» de Jakobs, pois tal caminho significaria que já alcançamos o «sistema perfeito», nomeadamente e sobretudo, no que concerne à expansão dos Direitos Fundamentais (da humanidade). Como refere Ferrajoli, «o constitucionalismo produziu uma mudança de natureza da legitimidade do Estado e das suas normas, pois ela não se produz somente pela mera legalidade, mas também está condicionada pela estrita legalidade, a qual está por sua vez condicionada pelos seus conteúdos e significados relativos aos Direitos Fundamentais».[1251] Como todos sabemos, a dogmática penal serve para impedir que o Direito Penal se torne arbitrário, irracional e desprovido de qualquer legitimidade constitucionalo-democrática validamente sustentada em princípios comummente aceites.[1252] No nosso entendimento, a opção – de cariz quase tido como irremediável – por um «sistema aberto de Direito Penal»[1253] nunca poderá

[1250] *Vide* Jakobs in «*Derecho Penal. Parte General. Fundamentos e Teoría da Imputação*», 1995. Assim, os sujeitos activos das infracções podem ser, tanto as entidades colectivas, como as pessoas singulares. Ambos serão sujeitos passivos de penas, que visam a Prevenção Geral Positiva.

[1251] *Vide*, c. n. t. Ferrajoli in «*Derechos y garantías. El derecho del más débil*», 1999, p. 68; *apud* Z. Rodríguez, in op. cit. pp. 217-218, onde nos acrescenta com bastante interesse, c. n. t.: «Um sistema de imputação que não esteja limitado por esses paradigmas, parece-me que pode ser ilegítimo, e até certo ponto infrutuoso, na sua tarefa de racionalização dos conceitos e, por tanto, de constituir um limite *ao "ius puniendi"* do Estado».

[1252] Não temos que estes princípios se tornem cada vez mais mundialmente aceites, por modo não só formal mas também material, respeitando as especificidades civilizacional e culturalmente relativizáveis.

[1253] *Vide* Z. Rodríguez, in op. cit. p. 218, c. n. t.: «como diz SHÜNEMANN, "a opção por um sistema aberto do Direito penal" implica, por um lado, que segundo o conhecimento existente se dispõe uma ordem removível a qualquer momento; e, por outro, que os casos e problemas todavia não advertidos não se julgarão sem reparos pela mesma medida, pois sempre haverá ocasião para modificar o sistema dado».

implicar uma relativização (no sentido de *desfalecimento*) dos Direitos Fundamentais. Por isso mesmo, o sistema de imputação individual que permite sancionar pessoas individuais que praticam infracções no seio de organizações altamente complexas deve permanecer e, naturalmente, continuar a aperfeiçoar-se.[1254] O facto da teoria da autoria e da participação ter sido elaborada a partir da individualização dum sujeito que realizou o comportamento com dolo, por um lado; e, por outro lado, a falta de consenso à volta dos crimes negligentes ou *imprudentes* (onde até se propõe a impunidade para a participação[1255]) e dos crimes por omissão, fazem prever grandes riscos de multiplicar as lacunas de punibilidade – e de dar critérios inseguros ao juiz – face à designada criminalidade de empresa, cada vez mais complexa e anónima. Tudo indica que as catalogadas dificuldades probatórias sejam – afinal! – verdadeiros problemas de deficiências e imperfeições nos critérios de imputação.[1256] É indesmentível que as sociedades comerciais e/ou organizações empresariais (e organizações ou entes colectivos em geral) têm um lugar cada vez mais importante como sujeitos sociais dentro dum quadro social onde a colectivização das relações sociais é expressão da própria complexidade social, económica, política, cultural e mental. Neste contexto, as organizações devem ser sujeitos juridicamente responsáveis nos âmbitos jurídicos civil, administrativo e penal. Aliás, foi já no final da década de setenta que começou a ser iniciada a aplicação da teoria das organizações ao crime de «*colarinho branco*». Tal facto assentava no princípio de que, não obstante os actores do comportamento criminoso permanecerem os agentes individuais, as organizações têm uma vida própria e a sua estrutura e funcionamento vão para

---

[1254] *Vide* Anabela Miranda Rodrigues in «Comentário Conimbricense...», Artigos 202.º A 307.º», 1999, pp. 957 e ss. onde nos elenca várias propostas de colmatar a lacuna de punibilidade das pessoas colectivas derivada da sua irresponsabilidade, através da comparticipação? (Schünemann); aparelho de poder organizado? (Roxin); autor mediato? (Figueiredo Dias, J.); omissão imprópria e posições de garante? (AV: Stree; Rudolphi; Jescheck; Schünemann; Heine; Figueiredo Dias, J.).

[1255] *Vide*, v.g., Luzón Peña in «*Curso de Derecho Penal*», 1996, p. 501; *apud* Z. Rodríguez *idem ibidem*.

[1256] *Vide* Z. Rodríguez in op. cit. p. 219, c. n. t.: «Ademais, o princípio de que cada pessoa é responsável da sua própria conduta e não da conduta de outro que rege a autoria e participação, pode ser postergado com a normativização dos conceitos (como pode ser a de posição de garante), podendo o peso da responsabilidade recair nos mais débeis da cadeia funcional, como costuma suceder, por outro lado».

além dos interesses de cada sujeito. Existe, assim, uma institucionalização de padrões de conduta que passam a ser cindíveis da vontade individual.[1257] A «*atitude criminal de grupo*» – Shünemann e Tiedemann – (ou, no nosso entender, «*disposição ou postura criminal de conjunto*») poderia ficar impune. Mas – atenção! – isto só será possível, como já várias vezes mencionámos, se respeitarmos e considerarmos o direito das pessoas colectivas (*lato sensu*) à tutela judicial efectiva dos seus Direitos Fundamentais[1258] (cfr. arts. 12.° e 20.° da CRP). Parece que, numa perspectiva não definitivamente conclusiva, o caminho da flexibilidade ou maleabilidade, *ad aeternum*, das categorias penais presentes para combater a macrocriminalidade mundial ou global, incorre no risco de «corromper ou infectar» a totalidade do sistema de responsabilidade individual, com as ânsias de acomodabilidade ou «adaptabilidade», que poderá resultar drasticamente numa «asfixiante» perda de validez das garantias conquistadas e pacientemente elaboradas ao longo de centenas e centenas de anos.[1259] A questão é, pois, saber se é necessário arquitectar um modelo de imputação próprio para as organizações altamente complexas, e até que ponto

---

[1257] *Vide* Cláudia M. Cruz Santos in «O Crime de Colarinho Branco...», BFD, pp. 281-283.

[1258] Cfr. Figuerelo, c.n.t. in «*El derecho a la tutela judicial efectiva*», 1990, p. 62: o Tribunal Constitucional espanhol reconhece titularidade dos Direitos Fundamentais às pessoas jurídicas de Direito privado (art. 18.°/2 da Constituição Espanhola) e às pessoas jurídicas de Direito público (art. 20 da Constituição Espanhola). Cfr. Sentença do Tribunal Constitucional Espanhol n.° 127/1985, de 17 de Outubro (*Repertorio Aranzadi del* Tribunal Constitucional 1985, 127); *apud* Z. Rodríguez in op. cit. p. 220, que acrescenta, c. n. t.: «Se, ademais se estabeleceu que os comportamentos dos sujeitos individuais não são os mesmos quando actuam em solitário que, quando se vêem resguardados por uma organização, e que a Psicologia e a Sociologia sociais ensinam que os grupos organizados se tornam num "sistema próprio", distinto dos seus componentes, com uma filosofia, um comportamento de grupo, então, é preciso tratar juridicamente os sistemas complexos de maneira distinta das pessoas individuais». A propósito disto, cfr. Tony Poveda (*Rethinking White-Collar Crime, Westport*: Praeger, 1994, pp. 93 e ss.), *apud* Cláudia M. Cruz Santos *idem ibidem*: «depois de atribuir a Ermann e Lundman o mérito de serem os mais famosos defensores da perspectiva organizacional da *deviance*, analisa os dois critérios que, segundo aqueles, distinguem a delinquência organizacional da restante: a existência da violação de uma norma, como tal considerada por uma entidade exterior; o suporte da infracção pelas normas internas da organização, apoio este que pode ser um *peer suport* (o dado pelos colegas ou pelos trabalhadores, que toleram ou participam na conduta) ou um *elite support* (aquele que é fornecido pelo nível mais alto da direcção ou administração)».

[1259] *Vide* Zúñiga Rodríguez *idem ibidem*.

poderemos utilizar a «analogia» – no sentido do desafio do Prof. Doutor Jorge de Figueiredo Dias ou na linha de pensamento proposta pelo Prof. Doutor Günter Heine[1260] – das categorias da dogmática do Direito Penal para alcançar esse objectivo.

3.3. *Alicerces justificativos para um modelo de imputação da própria pessoa colectiva (lato sensu)*

Trata-se de saber se é possível aplicar «analogicamente» as próprias categorias penais aos entes colectivos. Os riscos e lesões de bens jurídicos individuais ou colectivos no seio duma organização empresarial são, em grande parte, fruto de deficiências duma sequência de comportamentos imputáveis (ou atribuíveis) à organização da empresa em si mesma (as designadas *políticas de empresa*), que não são passíveis de individualizar-se numa determinada resolução duma concreta pessoa, mas antes numa imperfeição de muitos anos (ou até em menos tempo) de ausência de cuidado do risco consciente. Por outro lado, em trabalhos publicados nos EUA acerca do *«corporate crime»*, constatou-se que os crimes cometidos dentro duma corporação eram produto duma sequência de políticas da própria empresa, como o incumprimento de normativas, a organização deficiente e/ou a falta de vigilância, os quais – aliados a outros vectores – provocavam o crescimento dos riscos até chegar ao ponto de despoletar a lesão de bens jurídicos individuais ou colectivos.[1261] Na nossa opinião, também elegemos como factor determinante da violação de bens jurídicos por parte das pessoas colectivas (*lato sensu*) – nomeadamente organizações empresariais ou entes colectivos não necessariamente inseridos ou

---

[1260] *Igualmente* Lampe in «*Systemmunrecht und Unrechtssysteme*», *Zeitschrift für die gensamte Strafrechtswissenschaft*, n.º 106, 1994 e Baigún in «..*responsabilidad penal de las personas jurídicas..doble imputación*», *CDDPC*, 1995, *seguiram* o actual modelo de Direito Penal estruturando *categorias análogas*, de acordo com as características de alta complexidade das organizações e sistemas colectivos. Contudo, como verificámos no Capítulo IV, ponto 9, alínea b), o Prof. Doutor D. Baigún socorre-se de *critérios atípicos de imputação,* prescindindo da culpa(!) e desvalorizando causas de justificação(!) através da «responsabilidade social»: é de rejeitar tal tese!

[1261] *Vide* Otto in «*Die Haftung für kriminelle Handlungen in Unternehmen*», 1998; e Wells in «*Corporations: culture, Risk and Criminal Liability*», *CLR*, 1993, pp. 558-567; ambos *apud* Z. Rodríguez in op. cit. pp. 221-222.

envoltos em grandes e médios grupos económicos -, o estatuto do departamento jurídico ou departamento legal e ainda do departamento de qualidade dentro da própria organização e as próprias relações que têm entre si. É que a «probabilidade de as normas de qualidade serem desrespeitadas é muito maior quando ele depende do sector de vendas do que quando está na directa dependência da administração, ou seja, quase no topo hierárquico. Esta verificação baseia-se na ideia da existência de conflitos de interesses entre os vários sectores da organização, os quais serão, regra geral, resolvidos a favor dos "mais poderosos"».[1262] Para evitar a violação individualmente anónima – muitas das vezes com carácter quase potencialmente «industrial» – de bens jurídicos individuais ou colectivos por parte das organizações, não necessariamente empresariais, é inevitável que se reforce muito sensivelmente o estatuto interno dos respectivos departamentos legais e de todos os seus juristas: outorgar-lhes – em escassas e precisas palavras! – poder organizacional efectivo, para que seja interna e externamente cumprida a lei positivada e democratico-constitucionalmente legitimada. Os juristas deverão dispor igualmente de uma possibili-

---

[1262] *Vide* Hazel Croall in «*White-Collar Crime*», *OUP*, 1992, 62-3, em relação ao «departamento de qualidade»; *apud* Cláudia M. C. Santos *idem ibidem*. Por um lado, o departamento de qualidade, na maioria das situações vividas nas grandes empresas, orienta a sua actuação jurídica em íntima cooperação com o departamento legal (ou então – situação anómala – dispõe de juristas próprios); por outro lado, o departamento de qualidade está de facto submetido à «*lei da maximização das vendas*», pois inclusive os chamados «directores de loja» – v.g. numa cadeia de distribuição ou venda a grosso ou retalho – têm um vencimento mensal em função do volume de vendas: só lhes interessa vender na maior quantidade possível e menor curto espaço de tempo, pois podem não ter muita estabilidade ao nível de contrato de trabalho (a empresa pode ser vendida a qualquer momento!) e são ciclicamente recolocados. Tal situação verifica-se nas correspondentes hierarquias intermédias. Os departamentos legais, assessores jurídicos, conselheiros jurídicos, juristas ou *advogados* de empresa, surgem aqui como verdadeiros empecilhos às vendas. É muito usual ouvir-se a «máxima» nas empresas que os «*advogados não servem para os negócios*». Embora possam existir diversos juristas nos Conselhos de Administração, os mesmos não são, normalmente e de facto, a maioria: há muitos mais engenheiros, economistas e gestores. O contrário é raro. Quanto à matéria fiscal, existem grandes grupos económicos (v.g. com mais de 300 empresas) onde, no respectivo «departamento fiscal», pode não existir qualquer jurista ou, quando muito, apenas um (embora haja alguns economistas e/ou contabilistas com vários assessores não licenciados em direito). Não obstante e normalmente, um grupo económico funciona como um só, e a prova disso, é que o departamento legal duma área como a designada «distribuição» pode assessorar juridicamente o próprio «departamento fiscal» e vice-versa.

dade permanente de formação e renovação nos seus conhecimentos jurídicos (por forma a que os mais habilitados serão naturalmente promovidos e mais remunerados): a ligação da empresa à universidade surge aqui como essencial e deverá ter um carácter imperativo.[1263]

Concordamos com a máxima de que «*mais vale prevenir que punir*», sobretudo no que diz respeito às sociedades comerciais em geral, de capitais em particular e, nomeadamente, às sociedades anónimas:[1264] «A vida das empresas é feita de uma série de actos repartidos por diferentes escalões de actuação e responsabilidade. A própria ideia que vulgarmente se tem da gestão das grandes unidades económicas é a de uma actividade que requer muito dinamismo e capacidade de decisão para harmonizar os múltiplos factores de que depende o sucesso no negócio, e onde será muitas vezes difícil "distinguir as simples imprudências das maquinações engenhosas"[1265] (...) Por outro lado, a descoberta de irregularidades pode afectar a imagem "pública" da empresa (...)». E um pouco mais à frente: «Além de que os interesses dos particulares dos diferentes grupos ligados à sorte da empresa (accionistas, terceiros credores, trabalhadores assalariados, "quadros", etc.) também ficarão, em princípio, mais bem protegidos se se prevenir o aparecimento de condutas irregulares do que pela aplicação de um sistema sancionatório que pode não reparar inteiramente o mal da infracção e as suas consequências (... L. Constantin)». E por fim: «E não pode dizer-se que o legislador tenha ignorado isso. É a mesma necessidade de prevenção que está na origem da instituição de um órgão social como é o "conselho fiscal" ou na criação dos "revisores de Contas" (... A. Touffait)». Por isso mesmo e *mutatis mutandis*, propomos a criação dum «conselho jurídico» (com direitos e deveres similares aos do «conselho fiscal», consagrado no CSC, arts. 413 e ss.) com estatuto de «órgão social» ao mesmo nível dos outros, embora com especificidades próprias que sejam devidamente plasmadas na Lei (v.g. no Código Civil, no Código

---

[1263] Profundamente errados (ou com receio de se verem ultrapassados) estão todos aqueles que pensam não existir qualquer benefício (social, económico, político, cultural e mental) para o desenvolvimento sustentado que deriva da conexão entre empresas e universidades.

[1264] *Vide* J. M. M. Pizarro Beleza in «Notas sobre o direito penal especial das sociedades comercias» in RDE, 1977, pp. 267-299; e republicado in «Direito Penal Económico...», 1999, pp. 116-117.

[1265] Cfr. A. Chavanne in «*Le droit pénal des sociétés...*», in RscCrim 1963, p. 683, *apud* Pizarro Beleza *idem ibidem*.

das Sociedades Comerciais e por aí adiante, afectando de modo adaptado todas as organizações ou entidades colectivas e com íntima relação com a proposta do Prof. Doutor J. de Figueiredo Dias de uma «Lei Quadro do Direito Penal Económico» e com a própria legislação penal como é óbvio), capaz de prevenir, controlar e vigiar com a necessária autoridade interna, a organização de forma racional e eficaz no próprio interesse do ente colectivo (e dum Estado de Direito constitucional e democrático), em evitar a violação de bens jurídicos individuais ou colectivos. Não compete a este trabalho desenvolver esta ideia, mas queremos deixar aqui a proposta geral e o desafio. Tal «conselho jurídico» não se confundiria, logicamente, com quaisquer sanções mistas como a *«corporation's probation»* ou aquelas que nos são indicadas pela criminologia crítica ou pelos penalistas austríacos e alemães modernos: a imposição à agrupação de um administrador (*«public interest director»*: cfr. Tiedemann in «Multinationale...», 1980) ou de um *séquestre* (ou tutor: cfr. *Seiler*, 1967; Lampe, 1994; Schünemann, 1996). Tais medidas compreendem a *«organizational probation»* dos EUA ou o *«community service»* Australiano e procuram evitar a maior parte das dificuldades da dogmática penal pondo o assento principal em medidas estruturais e curativas no lugar da simples punição.[1266] Klaus Tiedemann[1267]: «A desvantagem principal, ao lado doutras espinhosas questões de direito constitucional de cada país, consiste na dificuldade prática

---

[1266] *Vide*, por todos, K. Tiedemann in «*Responsabilidad penal de personas...*», 1997, pp. 29-30 (também RBCC). Salvo o devido respeito e amizade para com o nosso Amigo e Colega da Universidade de Coimbra, Dr. Mário P. Meireles, rejeitamos peremptoriamente a proposta que faz in RPCC, Ano 10, Fasc. 4.º, Outubro-Dezembro de 2000, IDPEE, nos seguintes termos nas pp. 523-524: «...por exemplo, através da intervenção de uma auditoria externa estadual (...) que pudesse fiscalizar os recursos utilizados pela empresa para cumprir a pena de multa aplicada, de modo a evitar que terceiros (consumidores, trabalhadores, outras entidades dependentes da laboração da empresa, etc.) pudessem ser os efectivamente condenados/afectados com a decisão do tribunal (...). E ainda especificando com pormenor: «...poderia, por exemplo, o juiz, através da investigação de peritos no processo crime (nomeadamente impulsionados pelo Ministério Público), saber se relativamente a uma determinada sociedade comercial era ajustada, sob o ponto de vista das finalidades da punição, a aplicação da pena de multa». Tal medida constituiria, sem sombra de dúvida, uma violação do princípio constitucional da autonomia privada que governa o comércio jurídico e uma intervenção totalmente fora da função jurisdicional digna de Estados totalitários. O próprio ilustre Autor português disso nos dá conta in op. cit. n. de r. n.º 29.

[1267] *Idem ibidem* c. n. t..

de encontrar pessoas aptas para administrar, ou vigiar, de ofício (e sem correr o risco de elevadas demandas por danos e prejuízos), grandes empresas que, ao menos nos Estados Unidos, parecem encontrar-se à cabeça da deliquência do «*corporate crime*». Na nossa opinião, seria o «conselho jurídico» que propomos, o *fiscalizador* da aplicação de quaisquer multas, e por isso mesmo, um dos responsáveis principais perante o Estado e a própria sociedade comercial. Poder-se-ia objectar que isto seria uma «ineficaz auto-regulação». Pensamos que não, pois como já é referido acima, e segundo a nossa experiência – pelo menos nas grandes organizações –, existem diferentes forças internas da organização que, cada um ao seu modo, se esforçam por executar o seu trabalho o melhor possível. O Direito do trabalho (que não é o nosso âmbito) deveria naturalmente reflectir a inversão do forte ascendente do «departamento de vendas» *(maximização dos lucros e minimização dos custos)* sobre os sectores organizacionais da qualidade e jurídico. Deveria vingar a máxima que seria obrigatória por Lei (CRP; CC; CSC e outros) de *«uma organização, tantos juristas com estatuto próprio, e relativamente independente, quantos os seus riscos de colocar em perigo ou lesionar bens jurídicos!»*. Inclusive poderiam ser criados legislativamente, por opção, uma espécie de *«revisores oficiais e independentes das práticas jurídicas que evitassem e fiscalizassem as práticas das organizações que colocassem em perigo ou violassem bens jurídicos»*. Por outro lado, como já demos a entender, deverá estar consagrado na Lei o Direito à formação e actualização do jurista sob pena de ficar ultrapassado nos seus conhecimentos. Na mesma linha, refutamos a defesa da pena de «dissolução»[1268], pois, como em Tiedemann[1269] consideramos ser uma «pena de morte» de aplicação aliás, em todo o mundo, muito «rara» (outro caso, naturalmente com tratamento diferente, seria a existência duma «associação criminosa» ou «organização terrorista»: cfr. arts. 299.º e 300.º do CP)! A mesma opinião tem a Prof. Doutora Zúñiga Rodríguez[1270], que propugna a eliminação da sanção de dissolução da «empresa» das legislações, e só o consente para *«asociaciones ilícitas»*. A ilustre Autora espanhola[1271], apresenta ainda as seguintes características gerais para as sanções não singulares apropriadas aos entes

---

[1268] Defendida por Mário P. Meireles in RPCC, 2000, pp. 524 e ss..
[1269] *Idem ibidem*.
[1270] In op. cit. p. 240, ponto n.º 5.
[1271] *Idem ibidem*.

colectivos: a) não podem ser absorvidas pela contabilidade de custos da empresa, pois perdem o seu efeito intimidatório; b) num contexto em que o ânimo de lucro aviva este tipo de deliquência, é oportuno e conveniente atacar os benefícios económicos com a eliminação das subvenções, a eliminação de direitos e o *comisso* (pensamos que no sentido não de multa, mas de uma espécie de confisco) dos ganhos ilícitos e outras medidas similares; c) uma outra, com as nossas profundas reservas é a seguinte: é preciso considerar que a pena pode lesionar interesses legítimos de terceiros como os trabalhadores ou os credores. Para isso se propõe uma intervenção da empresa que possa considerar a conciliação dos interesses em jogo (Na Alemanha estuda-se a sanção de curatela, como medida de intervenção contra a empresa, tratando de limitar os aspectos negativos que uma sanção geral poderia ter para colectivos inocentes como os trabalhadores).[1272]; d) Uma terceira via com grande interesse no nosso entender, i.e., a reparação do dano: propõe-se sancionar a empresa com a restituição à situação anterior em que se causou o dano, obrigando a mesma a repor o dano causado na medida do possível.[1273]; e) Penas privativas de liberdade impostas aos dirigentes nos crimes socio-económicos e paralelas à responsabilidade da empresa. O efeito de «*choque curto*» e de afectação da imagem e honorabilidade de «*pessoas públicas*» é reconhecidamente profundo, afectando as suas honra e imagem. Não obstante,

---

[1272] Cfr. Schünemann in «*Plädoyer zur Einfhürung einer Unternehmenskuratel*», AA VV: *Unternehmenskriminalität, Deutsche Wiedervereinigung*, München, Heymanns, 1998, *passim*. Cfr. as nossas críticas acima a esta medida.

[1273] Nos EUA ficou famoso o caso de contaminação do mar por uma empresa, a qual foi depois condenada a limpar e descontaminar/despoluir a zona. No Japão, num outro caso, uma empresa/fábrica que descarregou mercúrio durante anos a fio numa zona de mar perto da costa, acabou por contaminar e deformar toda a flora marítima e peixes, pelo que os pescadores, bem como os consumidores, contraíram doenças muito graves e irreversíveis, assim como os bébés nasceram com mal-formações. Numa nação onde o valor Honra adquire importância limite ao nível social, económico, político, cultural e mental, e até com foro religioso, a empresa, com centenas de trabalhadores – alguns dos quais também doentes –, já encerrada, foi condenada a suster as descargas, a descontaminar a área, e os seus dirigentes principais foram submetidos à humilhação e vergonhas públicas através dos desabafos, choros e protestos de centenas de mães e familiares das vítimas que, para sempre mutilados, esperavam desesperada e pacientemente numa fila, numa cerimómia pública e televisionada para todo o Japão, e depois, para todo o mundo, ouvindo pedidos de desculpas e observando «mecânicos, mas sentidos e profundos», «abaixamentos das cabeças» do Conselho de Administração e afins.

numa altura em que – justamente – se assiste a um retrocesso das penas de prisão, não parece ser oportuna uma mais que duvidosa revitalização das mesmas em certas situações, nas quais essa medida é manifesta e constitucionalmente desproporcionada.

Por outro lado e depois deste breve parênteses, a Doutrina funcionalista, através da opinião esclarecedora, nomeadamente, do Prof. Doutor Winfried Hassemer, parece identificar a responsabilidade penal como uma questão de imputação. Diz-nos este ilustre Autor que entende como «imputação colectiva», «a imputação de um resultado a um grupo de pessoas, sem que seja possível estabelecer uma diferenciação entre os distintos graus de participação de cada uma (coautor, instigador, cúmplice e figuras afins)». O ilustre Autor alemão não defende, contudo, uma intervenção penal para sancionar os entes colectivos.[1274] Mas, para quem defender o caminho da responsabilização penal dos entes colectivos, o importante é saber, pois, quais os pressupostos pelos quais um sujeito activo jurídico da infracção com capacidade de acção penal terá que responder perante um resultado relevante, i.e., face à produção de danosidade social, ou seja, quando se lesionam ou colocam em perigo bens jurídicos individuais ou colectivos. Ora, nos tempos que correm, os sujeitos jurídicos colectivos têm uma importância cada vez maior.[1275] Neste contexto, a responsabilidade penal

---

[1274] *Vide*, c. n. t., W. Hassemer in «*Persona, mundo...*», 1999, pp. 180 e ss.. A base fundamental desta teoria é-nos apresentada pelo ilustre Autor na p. 157: «A teoria da imputação em direito penal responde, segundo a nossa interpretação actual, à questão de quando e sob que condições se pode estabelecer uma relação, penalmente relevante, entre uma pessoa e um resultado, de maneira a que a essa pessoa se lhe possa aplicar uma sanção penal. § Esta simples descrição mostra-nos já a riqueza de conteúdo que o conceito de imputação tem em direito penal e a quantidade de pressupostos que requer». Não obstante refere o ilustre Autor mais adiante em castelhano: «*En cualquier caso, en tanto el derecho penal dirija su ataque a la persona de forma individualizada, no se debería extender el concepto de imputación a los casos de responsabilidad colectiva*». A alternativa seria, pois, o *Direito de intervenção*: «Para tratar estas novas formas de *delitos* dever-se-ia construir um sistema jurídico no qual, desde logo, se contenham elementos punitivos desenhados de forma estritamente preventiva e que, em qualquer caso, renunciasse a uma reprovação pessoal e à pena privativa de liberdade. Uma forma assim de direito de intervenção poderia integrar tipos de imputação colectiva».

[1275] *Vide* Z. Rodríguez (e, quanto à definição de «sujeito jurídico» Schroth in «*Unternehmen als Normadressaten. Eine Studie...*», 1993, pp. 14-25) in op. cit. pp. 222 e ss, que nos acrescenta c. n. t.: «...os sujeitos que estão tendo maior protagonismo, inclusive no mundo da criminalidade, são os sujeitos colectivos, chamam-se empresas, associações,

deverá ter uma função social, como imputação da pena através dos moldes constitucionais de protecção preventiva dos bens jurídicos.[1276] Diz-nos Luhmann, por um lado, que o ponto de intercepção ou de união de todas as concepções que tomam em consideração a sociologia na jurisprudência, é de que as decisões jurídicas se deveriam orientar para os seus efeitos; refere-nos Habermas, por outro lado, a vinculação entre teoria e prática própria da funcionalidade das ciências sociais aos fins sociais: referência latente do saber teórico à acção.[1277] Tradicionalmente, as discussões sobre a responsabilidade penal das pessoas colectivas andavam à volta sempre do mesmo ponto[1278]: somente as acções penais – compreendidas como acções pessoais – são alvo do juízo de culpa, e este juízo somente se faz a respeito de acções penais, pelo que se torna uma conclusão óbvia e redundante raciocinar que existe irresponsabilidade criminal dos entes colectivos.[1279] A partir da perspectiva do risco para os bens jurídicos – principalmente bens jurídicos colectivos! – e da função da exposição de causas que reúne a sua consideração em movimento para o lado da norma essencialmente dirigida

---

etc., os quais são chamados a proteger os bens jurídicos colectivos da nova geração (chamam-se meio ambiente, direitos dos trabalhadores, segurança e higiene no trabalho, etc.), contendo os seus riscos, não entendo porque não podemos concordar em fazer responder penalmente a uma pessoa jurídica, nos casos de grave lesão de bens jurídicos importantes, frente aos seus ataques mais graves».

[1276] Vide Zúñiga Rodríguez *idem ibidem*.

[1277] Vide Luhmann in «*Sistema jurídico y dogmática jurídica*», 1983, p. 9; e *vide* igualmente Habermas in «*Conocimiento e interés*», 1982, p. 342; ambos *apud* Z. Rodríguez *idem ibidem*, que refere com bastante interesse, com base nas ideias dos anteriores Autores e ainda de Calvo García e Flórez Miguel (*apud*): «Já não são categorias do ser (irracionais, absolutas, inapreensíveis) as que determinam os pressupostos de imputação de responsabilidade penal, mas são categorias de valor ("*Zweckrationaltät*") orientadas a satisfazer o "fim social" de protecção preventiva de bens jurídicos, o que outorga racionalidade ao processo comunicativo social que consiste em decidir a que sujeitos se lhes pode atribuir uma pena». Será que podemos considerar válida a ideia de que o método jurídico vigente na Ciência Jurídica em geral supôs a crise do positivismo e do formalismo jurídico, donde o Direito se abre a espaços não jurídicos? Cfr., contudo, J. de Figueiredo Dias in «Temas...», p. 168, n. de r. n.º 30, assim como o nosso Capítulo I.

[1278] Como aliás vimos historicamente no nosso Capítulo III.

[1279] Vide Lampe in «*Verantwortung und Verantwortlichkeit im Strafrecht*», *apud* Z. Rodríguez *idem ibidem*, c. n. t.: «Desde o momento em que a culpa deixou de ser uma reprovação pessoal por "não haver actuado de outro modo" ou não corresponder ao "homem médio" e se converteu numa função social para proteger preventivamente bens jurídicos, o movimento da discussão modifica-se».

a empresas, que disfrutam usualmente duma posição de garante face aos bens jurídicos, constata-se de forma nítida (e para nós «analogicamente» sustentada nas categorias da dogmática penal, ainda que estrita e potencialmente *de lege ferenda* como veremos), que os sujeitos activos e capazes de acção (como *facto* penal) e culpa (obra da liberdade) penais, -i.e., pessoas colectivas (*lato sensu*) ou entes colectivos ou pessoas jurídicas ou sistemas complexos (v.g. organizações empresariais como sociedades comerciais ou sociedades civis sob a forma comercial, ainda que irregularmente constituídas) -, podem ser naturalmente sujeitos de imputação penal. As organizações ou pessoas colectivas (*lato sensu*) têm vindo a provar de modo evidente no dia-a-dia, que constituem os mais importantes agentes de riscos desta «sociedade *beckiniana* do risco» configurando diversos «desastres» ou «acidentes» ou «desgraças», i.e., «*Unglück*», os quais somente de forma muita árdua e empenhada se diferenciam do *injusto*, i.e., «*Unrecht*» ou do, para nós, ilícito («*unerlaubt*»).[1280] Podemos falar duma responsabilidade social-ética que nasce necessariamente derivada da (e modelada pela) designada «terceira revolução industrial», a qual propiciou enorme poder – do qual podem derivar riscos ou violações para bens jurídicos individuais ou colectivos – ao dispor de todos os sujeitos: criminoso, terrorista, corrupto, honesto, político, professor, curioso, estudante, empresa, máfia, seita religiosa, assassino ou até «*serial-killer*», psicopata, religioso fanático, pacifista, «pessimista ou optimista»![1281] Este poder está ao dispor de todas as «cabeças». Logo é preciso «responsabilizá-lo», respeitando os Direitos Fundamentais, e não o deixando «à solta no anonimato autoral insusceptível de individualização penal». Os indivíduos isolados perdem poder, por troca com os sujeitos colectivos, devido à massificação ou colectivização da sociedade. Mas, na nossa opinião, a desconfiança do Penalista não pode ser só em relação às entidades colectivas de Direito privado, mas também em relação à pessoa colectiva, sujeito jurídico activo de nome Estado,

---

[1280] *Vide* Wells in «*Corporations..*», CLR, 1993, pp. 558-567, *apud* Z. Rodríguez *idem ibidem*: No caso de grandes acidentes de aviação e ferroviários e outros similares, verifica-se uma investigação para confirmar se existe determinada responsabildiade penal. Das últimas investigações em causa tem-se verificado uma extracção de provas inequívocas que têm apontado falhas humanas, mas, contudo, intimamente relacionadas com uma sequência de características imputáveis ou atribuíveis à própria empresa, à sua organização defeituosa, às políticas de gastos em segurança, i.e., em poucas palavras: «políticas deficitárias de empresa».

[1281] *Vide* Zúñiga Rodríguez *idem ibidem*:

nomeadamente face à sua *potestas* penal que lhe permite infligir sanções. O Penalista é por excelência um defensor dedicado das garantias e um paladino dos Direitos Fundamentais. Há, por outro lado, uma série de condicionalismos externos que obviamente – sem quaisquer margens para ingenuidades – influenciam fortemente a actividade da organização e o seu (in)sucesso, e que deverão ser tidos em conta na aplicação «análoga» dum sistema de imputação penal para os entes colectivos ou de qualquer tentativa mais ou menos similar de responsabilização colectiva. São absolutamente fundamentais, nomeadamente, as relações com o poder político, o universo das proibições com que a organização se tem que deparar e a produção legislativa ou as situações económicas gerais e concretamente conexionadas com certo(s) sector(es) de actividade(s) respectivo(s). Muito *curiosos* são os resultados da maioria dos estudos criminológicos que referem que, quanto maiores forem os obstáculos nestes vários graus enunciados, maiores serão as hipóteses de tentativa para ultrapassá-los através de comportamentos ilícitos.[1282] Ou seja, não será que ao responsabilizarmos penal, drástica e directamente os entes colectivos através da *potestas* sancionatória de *ultima ratio* do Estado, não estaremos a provocar um efeito de incentivo à multiplicação de comportamentos ilícitos, como, aliás, já aconteceu em outras áreas da criminalidade?[1283]

3.3.1. *Possível sistematização dos fundamentos dum modelo de imputação sancionatório próprio para responsabilizar as pessoas colectivas (lato sensu)* [1284]

O sistema dogmático penal idealizado para as pessoas adultas, imputáveis e responsáveis, com as suas preciosas garantias deve, sem qualquer

---

[1282] *Vide* Cláudia M. C. Santos *idem ibidem* que, contudo nos refere: «Esta posição não é, porém, pacífica, tendendo a aumentar o número daqueles para quem é mais pertinente falar em sistemas "facilitistas" do crime do que em sistemas coercivos do mesmo (Assim, Needleman e Needleman, *apud* Coleman, últ. ob. cit., p. 7): será o excesso de facilidades e de confiança, que propiciam os comportamentos ilícitos».

[1283] Perante a gravíssima crise económica que atingiu a Argentina em 2002, como se conseguiu obrigar as organizações afectadas a cumprirem a Lei? Será que a cumpriram? Será que cumprem a Lei?

[1284] *Vide* Z. Rodríguez in op. cit. pp. 225-227. Não obstante, as propostas das quais nos aproximamos são as do Prof. Doutor J. de Figueiredo Dias e do Prof. Doutor G. Heine:

dúvida, manter-se. A «flexibilização» ou «contorcionismo» demasiado acentuados das categorias dogmáticas podem desvirtuar irremediavelmente o próprio Direito Penal.[1285] Este «sistema paralelo» ou «separado»[1286] – mais exactamente de pensamento *paralelo*-analógico»! – de responsabilidade dos entes colectivos em si mesmos, tem em consideração (e legitima-se, no nosso entender) (n)uma estrutura interpretativa («jurídico-penalmente interessada, no sentido de Habermas») de unidade do ordenamento jurídico, onde é claramente concebível a racionalidade material dos *lugares inversos* (no sentido do Prof. Doutor Faria Costa), e, por isso mesmo, do «Direito Penal» de menores[1287] e dos inimputáveis.

O Prof. Doutor José de Faria Costa, legitimando a responsabilidade das pessoas colectivas nos lugares inversos (embora com actuação necessária dos órgãos e representantes como já vimos a montante), refere-nos: «Temos para nós que a legitimidade da punição das pessoas colectivas se deve, em última instância, encontrar na racionalidade material dos *lugares inversos*». E um pouco mais adiante: «Assim, despertados pelos recortes desenhados, não é difícil de compreender que, por exemplo, toda a construção jurídico-penal que envolve o problema do tratamento de menores

---

vide in «*Die strafrechtliche Verantwortlichkeit von Unternehmen...*», 1995; ou in «*La responsabilidad penal de empresas...*», ADP, 1996. Porém, já antes, *vide* J. de Figueiredo Dias in «Para Uma Dogmática...», RLJ, (1983-1984-1985), 1981, "Exposição", Outubro de 1977...*Vide* igualmente J. de Figueiredo Dias in «Pressupostos...», 1983, pp. 50-51.

[1285] *Vide* Z. Rodríguez *idem ibidem*: «Ademais este sistema pode servir para perseguir os sujeitos individuais que se sirvam duma pessoa jurídica para delinquir». Como veremos adiante, não consideramos contudo que a «analogia» de que nos falam os Prof. Doutor J. de Figueiredo Dias e Prof. Doutor G. Heine (in op. cit.) acarrete qualquer efeito devastador para o Direito Penal clássico, pois o «sistema de pensamento analógico» para responsabilizar as pessoas colectivas, é projectado a partir e dentro das próprias categorias penais de justiça, as quais não sofrem qualquer modificação no que à responsabilidade penal individual concerne.

[1286] Só aceitamos a expressão «sistema paralelo ou separado», no exacto sentido propugnado pelo Prof. Doutor Günter Heine in op. cit. *passim*. Para nós o «paralelismo ou separação» existe apenas na medida em que não viola as categorias clássicas do Direito Penal: «modelo da culpa analógica».

[1287] Matéria a qual constituiu justamente o objecto dum dos nossos «Relatórios do Mestrado em Ciências Jurídico-Criminais (1998-1999)», «O direito de intervenção junto de menores infractores como: Direito do *facto*? Direito do autor? Ou direito do autor e do *facto*? Direito penal ou direito não penal?»: cfr. bibliografia. Este nosso artigo, devidamente actualizado numa nova versão, encontra-se no prelo para publicação prevista na RPCC.

constitui um *topos* que encerra as características enunciadas. Efectivamente, ninguém pode duvidar, por um instante que seja, que uma criança (...todavia é manifesto que,..., poderíamos estender um tal modo de perceber as coisas ao mundo da inimputabilidade por anomalia psíquica....) *age* em termos onto-antropológicos, de uma forma absolutamente coincidente com o agir de um geronte ou de um adulto». E ainda: «Depois das reflexões que levamos a cabo, julgamos que não passará despercebido (...) que o lugar inverso àquele que foi desenhado, relativamente à imputabilidade, é o que envolve o problema da punição (penal) das pessoas colectivas. Efectivamente, se ali tínhamos cerceamento dos segmentos ontológicos da acção, aqui, inversamente, temos expansão do alargamento de um agir comunicacional, penalmente relevante; se ali se limita e se afasta o juízo de censura penal por razões da mais variada índole, aqui, inversamente, reconstrói-se a noção de culpa e faz-se da pessoa colectiva um verdadeiro centro de imputação; se ali o traço distintivo da força argumentativa que a necessidade arrasta ia no sentido da restrição do universo dos possíveis agentes, ia no sentido da limitação do universo dos destinatários das normas penais, aqui, inversamente, tudo aponta, como se demonstrou já, para que o universo da punibilidade se alargue».[1288]

A psicologia e a Sociologia sociais – e mais propriamente a criminologia – demonstraram de forma evidente que há um comportamento agrupacional, diverso do comportamento individual dos seus componentes[1289], pelo que tal fenómeno deveria merecer por parte do Direito um tratamento diferente.[1290] De contrário a postura, disposição ou *«atitude criminal de grupo»* – Schünemann, Tiedemann, Figueiredo Dias, Achenbach, Anabela Miranda Rodrigues, Vogel e muitos outros –, ficaria totalmente impune! É

[1288] *Vide* J. de Faria Costa in «A responsabilidade jurídico-penal...», RPCC, (1992), pp. 537-559; e republicado in «Direito Penal Económico...», 1998, pp. 511 e ss.. Entes colectivos, por um lado; menores e inimputáveis, por outro lado, são vistos por nós como *lugares inversos* na unidade da ordem jurídica e não, propriamente, como sistemas cujas propostas modernas não diferem demasiado, o que não implica que não se encontrem caminhos dogmáticos «*paralelo*-analógicos».

[1289] *Vide* Cláudia M. Cruz Santos in op. cit. pp. 281 e ss..

[1290] *Vide* Z. Rodríguez *idem ibidem* que baseia a sua posição num princípio «filosófico-fenomenológico» de que «*há que tratar por igual os iguais e desigual os desiguais*»: princípio derivado do art. 1.1 da Constituição Espanhola. No ordenamento jurídico português pensamos que podemos justificar uma posição destas com a evocação dos Princípios da Igualdade (cfr. art. 13.º da CRP) e da Universalidade (cfr. art. 12.º da CRP).

preciso aproveitar um sistema «*paralelo*» de responsabilidade penal dos entes colectivos que se ajuste funcional e «analogicamente» ao Direito Penal individual, pelo que os sujeitos jurídicos colectivos estarão naturalmente sujeitos às suas garantias e Direitos Fundamentais.[1291] Estudos científicos revelam que a empresa é um gerador de riscos para os bens jurídicos, e as infracções que produz devem-se, em muitos dos casos, a deficiências da sua própria organização, pelo que – apontando a prevenção – é à mesma organização ou estruturação que se devem pensar e dirigir sanções intimidatórias, com transparentes regras de imputação.[1292] Para a Prof.ª Doutora Zúñiga Rodríguez[1293] o «modelo *paralelo*» – de que fala – de responsabilidade da própria empresa, possibilitaria destrinçar melhor quando o ilícito fosse próprio de sujeitos individuais de quando o fosse da empresa. Seriam, pois, *ilícitos diferentes*: no primeiro, a infracção penal – como lesão ou colocação em perigo de bens jurídicos colectivos ou individuais – é praticada por um sujeito individual; no segundo, tal prática é da autoria dum ente colectivo. Usualmente, verifica-se o segundo *ilícito*, assim que a infracção resulta dum defeito de organização da própria empresa[1294] e o primeiro logo que a infracção seja devida a uma actuação dolosa de indivíduos que se aproveitam da cobertura da empresa para

---

[1291] *Vide*, quanto à «analogia», J. de Figueiredo Dias in op. cit.; *vide* G. Heine in op. cit. *passim*. A Prof. Doutora Z. Rodríguez *idem ibidem* refere-nos c. n. t. a Sua opinião: «É preciso criar critérios de atribuição sancionatórios para os entes colectivos com as garantias do sistema penal, que sirva para os sancionar penal ou administrativamente, segundo a importância do bem jurídico e das formas de ataque, porque agora sancionam-se os mesmos no ordenamento administrativo sem critérios de imputação subjectiva». Foi aquilo que estivemos essencialmente a verificar no ponto 2.2 deste Capítulo. Esse problema, que em Espanha «*foi resolvido*» pela Jurisprudência como vimos, não se verifica – ou não se deverá verificar! – no ordenamento jurídico português, pois a teoria civilista da identificação está consagrada tanto no n.º 2 do art. 7.º do RGIMOS como no n.º 1 do art. 7.º do RGIT. E não se diga que, em termos de ilícito de mera ordenação social do âmbito fiscal (e tributário) está consagrada a «responsabilidade objectiva» dos entes colectivos face à nova redacção do n.º 4 do art. 7.º do RGIT (cfr.). É que, antes de excluir a responsabilidade individual, será necessário aplicar o n.º 1 do art. 7.º ("órgãos ou representantes").

[1292] *Vide* Zúñiga Rodríguez *idem ibidem*.

[1293] *Vide* Z. Rodríguez *idem ibidem*. Recordamos que os penalistas espanhóis às vezes utilizam o termo jurídico «ilícito» e outras vezes o termo «injusto».

[1294] Cfr. G. Heine in op. cit. p. 6 e K. Tiedemann in op. cit. pp. 25 e ss.: «organização deficiente da empresa».

delinquir. Não obstante, como nos refere o Prof. Doutor Günter Heine[1295], reflectindo sobre o Direito processual, o peso principal do ilícito típico recai na administração deficiente do risco; através desta noção torna-se evidente – igualmente desde a perspectiva da culpa da empresa no «*tempo*» –, que a empresa não esteve «*consciente*» de modo algum da sua responsabilidade especial pelos procedimentos perigosos (no sentido de geradores de riscos) de funcionamento. Ora – e aqui reside um ponto conclusivo fundamental da ilustre Penalista espanhola a quem retornamos[1296]! – como são dois ilícitos (*ou injustos*) diferenciados, não se requer a determinação da responsabilidade penal de um indivíduo (como procuramos demonstrar no caso do RGIT)[1297]: o que constituía justamente o principal obstáculo à responsabilização dos entes colectivos. Desta forma, a responsabilidade da organização empresarial não está dependente da responsabilidade de certos e determinados sujeitos jurídicos individuais, os quais poderiam actuar sob causas de exclusão da ilicitude, ou causas de exclusão da culpa e outros. Não obstante, é para nós evidente, que só terá sentido estabelecer a responsabilidade penal original dos entes colectivos, se igualmente se preverem ao mesmo nível, situações justificantes e exculpantes! Por outro lado, como já verificamos a montante no nosso ponto 1.1 (e depois 2.5.5) do capítulo V, existiam dúvidas quanto à violação do princípio «*non bis in idem*», assim como, igualmente, um suposto desrespeito do princípio da culpa (neste capítulo *passim*) pelo modelo clássico de imputação de responsabilidade às pessoas colectivas consagrado, v.g., no art. 7.º/1 do RGIT e baseado na teoria do Direito Civil da identificação. Mas todas essas dúvidas, como também já mencionámos, não carecem de qualquer provimento. Numa outra perspectiva, se se aceitar que existem dois ilícitos, como vínhamos descrevendo, fica também resolvido o imbróglio da possível inconstitucionalidade: entes colectivos e pessoas singulares, como sujeitos jurídicos que são, respondem separadamente, cada um com a sua própria responsabilidade. Segundo alguns Penalistas[1298], o

---

[1295] *Vide* Günter Heine in op. cit., Capítulo V, «Conclusão», n. de r. n.º 38.

[1296] *Vide*, contudo, Günter Heine in op. cit., Capítulo IV, B.

[1297] Ou do art. 3.º do DL n.º 28/84 (ou art. 7.º do RGIMOS) ou noutros diplomas similares de legislação do Direito Penal português. Não obstante, se considerarmos que o ilícito de mera ordenação social é diferente do ilícito penal e não há «burla de etiquetas», então o problema não se põe!

[1298] *Vide* Z. Rodríguez in op. cit. pp. 226-227 que ainda refere c.n.t.: «A decisão do carácter da intervenção, não pode estar dada pela impossibilidade de sancionar penalmente

Direito Penal funcional obriga à busca de *soluções sociais*, pelo que o mesmo seria um *instrumento de ataque* à criminalidade organizada, moderna e empresarial. E se a dogmática penal se mostra insuficiente *«para dar cobro a tal tarefa»*, seria necessário construir um sistema de imputação no qual, respeitando os princípios racionais, seriam sancionados os entes colectivos. Por fim, mas não por último, constata-se que na realidade criminológica as organizações e as empresas são os principais geradores, para os bens jurídicos, de riscos, que não são contidos pelo sistema penal, o qual, por sua vez, ao nível do seu Direito teórico, nega liminarmente, em muitos dos ordenamentos jurídicos, que os entes colectivos possam cometer crimes[1299] ou, então, que só os possam cometer através de «pessoas individuais» como «órgãos ou representantes».

3.4. *Aqueles que agem vinculando as pessoas colectivas (lato sensu)*

Muito importante quanto a este tema é a ideia que nos é transmitida pelo Prof. Doutor Klaus Tiedemann com interesse:[1300] «...esta visão do actuar da empresa não é de todo uma invenção dos que defendem a responsabilidade penal dos agrupamentos. Ao contrário, a recente jurisprudência alemã admite no direito penal propriamente dito, no que se refere à responsabilidade penal individual, que a acção ou a omissão no mundo dos negócios, é da empresa, porque é ela quem vende um produto perigoso ou quem omite tomar medidas de segurança suficientes na exploração duma instalação – e esta acção ou omissão será imputada, segundo o Tribunal federal de justiça, às pessoas físicas responsáveis (*BGHSt* vol. 37 p. 106 [104]), contrariamente à ideia mais tradicional de imputar à pessoa moral

---

as pessoas jurídicas (Como parece reger na maioria das legislações, donde mediante a "fraude de etiquetas", se fundamenta que as sanções "não são penais, porque as pessoas jurídicas não podem cometer crimes", enquanto que a criminologia fala-nos do potencial criminógeno das mesmas, quer dizer que "se cometem crimes"), mas pela importância do bem jurídico ou da danosidade social do resultado».

[1299] Parece que o Direito Penal teórico nega uma realidade aceite pela criminologia?
[1300] In *«Responsabilidad penal de personas jurídicas...»*, 1997 (1995), pp. 37-38, c. n. t.. Cfr os pontos n.os 1, 2 e 3 do Capítulo V, bem como o ponto 1 deste Capítulo, nomeadamente no que diz respeito à (in)capacidade de acção dos entes colectivos. Trata-se da muito conhecida expressão de Von Liszt (cfr. o nosso Capítulo III): *«se as pessoas jurídicas podem celebrar contratos, também podem fazê-lo fraudulentamente»*.

os actos dos autores materiais». E um pouco mais à frente: «A acção duma empresa também é acção na realidade jurídica». Já antes o ilustre Autor referia in op. cit. p. 36, que o ente colectivo poderia actuar de forma antijurídica: «Se a pessoa moral pode concluir um contrato (...) ela é quem pode violar essas obrigações». E além disso: «...existem no direito económico e social normas jurídicas que se dirigem unicamente às empresas, não aos indivíduos».

Já vimos que nos diplomas legislativos, da ordem jurídica portuguesa, onde é prevista a responsabilidade das pessoas (*lato sensu*) colectivas (seja penal ou formalmente administrativa), a solução é colhida na teoria de Direito Civil da identificação, (ou representação), i.e., *grosso modo*, os actos dos «órgãos» ou, depois, dos «representantes» (e/ou, em certos casos, outros elementos ou componentes como mandatários ou trabalhadores)[1301] são vinculantes da responsabilidade dos respectivos entes colectivos. Quando entramos, contudo, no campo do «órgão de facto» (para os Penalistas alemães *«faktische Organ»*) ou «representante de facto»[1302], já estamos a introduzir elementos materiais que igualmente comprometem a organização colectiva. Significa isto que duma reflexão estritamente formal das pessoas que vinculam o ente colectivo, passamos a um sistema material de quem tem ou parece ter – afinal! – capacidade funcional para *realmente* vinculá-lo.[1303] É um sistema essencialmente funcional ou prático. O conceito de pessoa colectiva (*lato sensu*) neste contexto, já não corresponde às designadas teorias da ficção (sobretudo Friedrich Carl Von Savigny) ou teorias da personalidade real da associação (essencialmente Otto Von Gierke), mas, presentemente, a uma construção jurídica funcional. Quer dizer, em vez de tentar definir ou determinar a expressão jurídica «pessoa colectiva» (ou «pessoa jurídica»), seria mais importante focalizar o nosso raciocínio nas funções que esta mesma expressão cumpre e concretiza em diferentes contextos ou enquadramentos. Deste modo, o entendimento da actuação da empresa W que cometeu um crime tributário, *não pode ser* observado da mesma forma que a actuação dum ser humano que age com as suas mãos e vontade. Segundo esta visão do problema, a compreensão correcta desta questão passaria pela

---

[1301] Cfr. o art. 401.º/2 do Código dos Valores Mobiliários.
[1302] Cfr. os nossos pontos n.os 2.5.4 do Capítulo V, especialmente 2.5.5.4.
[1303] *Vide* Zúñiga Rodríguez in op. cit. pp. 231 e ss..

imputação jurídica dessa actuação ao ente colectivo.[1304] Nesta perspectiva: ao optar-se por uma «responsabilidade paralela ou autónoma» do ente colectivo – em relação à responsabilidade que existiria no caso concreto –, não se exige uma prévia declaração da responsabilidade individual para responsabilizar essa mesma organização ou sistema colectivos. Neste ponto de vista não interessa que tipo de actuação vincula a empresa, mas sim, que tipo de resultados são imputáveis à empresa. Assim, existem claramente dois *ilícitos* distintos para este ponto de vista: um imputável à pessoa colectiva – danosidade social evitável, i.e., actuação antijurídica na qual intervieram factores humanos evitáveis (por políticas de organização, condutas, comportamentos ou actuações contra deficiências de organização) – e, outro, imputável à(s) pessoa(s) individu*al*(ais). É precisamente a partir destas premissas que se torna muito difícil estruturar um modelo de imputação com base numa visão formal de que somente vinculariam a

---

[1304] *Vide* Nino in «*Introdución al análisis del Derecho*», 1991, pp. 232 e ss.; *apud* Z. Rodríguez in op. cit. pp. 231 e ss., que nos refere que este Autor ao seguir Hans Kelsen e Hart, transmite a ideia de que ao nos referirmos a «*pessoas jurídicas*» estamos na verdade a fazer menção a uma expressão duma série de enunciados prévios que lhe estão implícitos. *Vide* o seguinte exemplo, c. n. t., relacionado com a criminalidade fiscal e que nos é dado pelo ilustre Autor espanhol Nino *idem ibidem* e que procura demonstrar a ideia anterior: «"Uma tradução muito simplificada de «Honestidade, SA» (*p.s. que*) cometeu uma defraudação impositiva» poderia ser a seguinte: "No direito do país prevê-se a possibilidade de que vários indivíduos exerçam em comum certos negócios, de tal modo que a responsabilidade patrimonial que sofram, como consequência dos mesmos, se limite ao que cada um «aportou» (*p.s.: deu de entrada*) para efectuar tais negócios e que os direitos a receber utilidades e outros benefícios se documentem em instrumentos transferíveis sem que seja relevante quem é o possuidor destes últimos. Prevê-se que estes indivíduos podem decidir certas coisas importantes em assembleias gerais e outras questões por meio dum directório que se nomeará por assembleia. Pedro, Diego, Miguel, Raúl e Carlos decidiram negociar na venda de imóveis de acordo com as regras anteriores e convencionaram usar o nome «Honestidade, SA» em tais operações. Estabeleceram, num estatuto, o que é que se pode fazer e o que é que não se pode no cumprimento dos seus propósitos comerciais. Emitiram instrumentos representativos dos seus direitos e obrigações, alguns dos quais estão agora noutras mãos. Os que possuem tais documentos elegeram Carlos presidente do directório por um ano. Há uma norma que obriga a pagar ao fisco 5% do produto de toda a venda de imóveis. Outra regra que estabelece que, quando uma pessoa, com as funções de Carlos, oculta a venda de um imóvel para não pagar o imposto, deve abonar (*p.s.: pagar*) uma multa do dobro do evadido, podendo extrair os fundos dos «aportes» (*p.s. das participações ou entradas*) que realizaram os possuidores das acções previstas no estatuto ou nas utilidades que corresponderiam. Carlos efectivamente ocultou a venda dum imóvel».

empresa (organização, v.g., empresarial) os seus representantes legais (e os seus órgãos). Pelo contrário, tem que se entender – nesta visão do tema! – que estão em causa as actuações funcionais da globalidade das pessoas que agem concretizando e cumprindo as suas funções empresariais (organizativas): as pessoas que actuam ou agem para a empresa (organização).[1305] Poderão, contudo, existir casos mistos, onde determinados sujeitos se aproveitam das estruturas organizacionais duma, v.g., empresa que tem fins lícitos, para cometerem crimes.[1306] De forma similar a Lampe[1307], podemos dizer que o comportamento ou conduta de todos os elementos individuais (componentes ou sócios) da organização empresarial que agem para a mesma é – nada mais nada menos! –, do que a própria actuação do ente colectivo: não é, pois, um comportamento ou conduta pessoal, mas

---

[1305] Quanto a esta perspectiva *vide* Z. Rodríguez *idem ibidem*, que diferenciando esta situação do crime de associação criminosa (cfr. art. 299.º do CP: *vide* J. de Figueiredo Dias in «Comentário Conimbricense..., Artigos 202.º A 307.º», pp. 1155 e ss.; *vide*, igualmente, I. Marques da Silva in op. cit. pp. 98 e ss., mas sobretudo J. de Figueiredo Dias in «Associações Criminosas», 1988 e o nosso «Relatório do Mestrado em Ciências Jurídico-Criminais [1998-1999]»: «Branqueamento de Capitais», o qual, numa nova versão actualizada, está no prelo para ser em breve publicado), reconhece que esta construção «é muito similar à existente na União Europeia para as infracções à livre concorrência e a que recolhe o artigo 14 do *"Corpus Juris"*». Pensamos que a Autora espanhola se refere ao actual art. 13.º (ex-art. 14.º) do *Corpus Juris*, o qual prevê a «*responsabilidade penal dos agrupamentos*» (i.e. *pessoas colectivas* no termo jurídico português) e que ficou estabelecido depois da reunião de Maio de 1999 no Instituto Europeu Universitário: cfr. Capítulo IV. Ora, salvo o devido respeito, pensamos que o actual n.º 1 do art. 13.º do *Corpus Juris* continua a consagrar o modelo clássico de imputação que ancora a responsabilidade de entidades colectivas na realização, em certas circunstâncias, duma infracção por uma ou mais pessoas singulares ou indivíduos (por mais que eles sejam, a base continua a ser a teoria de identificação do Direito Civil): «*...organe, un représentant ou toute autre personne agissant en son nom ou ayant un pouvoir de décision, de droit ou de fait*» (versão oficial em francês), i.e, o acto continua a ter que ser previamente individualizado.

[1306] *Vide* Z. Rodríguez in op. cit. p. 234, c. n. t., que considera que, neste caso haveria uma dupla imputação: «Primeiro, aos próprios indivíduos, através do sistema de responsabilidade individual (que deve continuar a aperfeiçoar-se), pelas suas actuações dolosas ou culposas. Segundo, poderia existir uma situação de defeito de organização da própria empresa que propicia a comissão de actos ilícitos, muito similar à da omissão do dever de vigilância dos titulares da empresa (§ 130 OWiG), em cujo caso se perfecciona um ilícito da própria organização empresarial e, portanto, poderia impor-se-lhe uma sanção penal». Cfr. o Capítulo IV.

[1307] Cfr. Lampe in «*Systemmunrecht und Unrechtssysteme*», n.º 106, 1994, p. 732; *apud* Z. Rodríguez *idem ibidem*.

um resultado antijurídico evitável e imputável a uma, v.g., organização empresarial. Neste prisma, podemos, na nossa opinião, falar dum *prejuízo social* – ou efeito contra o Direito – escusável ou desviável e simultaneamente atribuível (no sentido de inculpável ou imputável) a um sistema organizacional mais ou menos complexo.

3.4.1. *A Imputação a título de dolo ou «culpa» (negligência)*

Antes de avançarmos, convém esclarecer alguns pontos Doutrinais que consideramos como assentes. No que diz respeito à culpa, consideramo-la, através das posições Doutrinais a que aderimos, como um juízo de censura dirigido ao agente por ter actuado em desconformidade com o direito, quando podia e devia actuar de outro modo. Numa primeira fase, a culpa aparece como pecado: como responsabilidade ética e religiosa. Numa segunda fase, com o mui ilustre Filósofo Kant, a culpa aparece como juízo material – orientado a valores – dirigido à pessoa como ser livre e auto-responsável. Numa terceira fase, com Ferri, Comte e a totalidade da corrente positivista, a culpa surge como uma perigosidade. Numa quarta fase, através da Escola normativista, a culpa volta a emergir como juízo material – orientado a valores – dirigido à pessoa como ser livre e responsável. Numa quinta fase, por meio da Escola finalista, a culpa é reapreciada como desvalor da personalidade. O juízo de desvalor sobre o facto é absorvido pela acção e pela ilicitude; sobeja para um momento posterior o juízo de desvalor sobre o criminoso, de acordo com a Doutrina do ilícito pessoal: quem ofende o Direito não é o facto, mas sim o autor do facto. Natural e presentemente surgem novas ideias e teses. O Prof. Doutor Eduardo Correia sustenta uma compreensão ética da culpa, assim como o Prof. Doutor Jorge de Figueiredo Dias, embora Este último em termos mais limitativos. É precisamente neste contexto – *brevitatis causa* – que surge uma interessante e *sui generis* compreensão funcional da culpa (e que temos vindo a evocar) defendida por Günther Jakobs. De acordo com esta compreensão funcional, a culpa não é um juízo de valor nem um elemento essencial de Direito Penal: apenas subsiste porque desempenha correctamente a função de limitação da pena reclamada pela compreensão simbólica do mundo e dos valores adoptados pela sociedade e porque, por isso, contribui para a legitimação da pena. Não obstante, nada impede que venha a ser substituída por coisa melhor. Por outro lado, o juízo de culpa pode referir-se ao facto ou à personalidade do agente. O juízo de culpa referido exclusivamente ao facto é inaceitável, pois desprotege a sociedade perante os delinquentes por tendência; o juízo de culpa referido exclusivamente à personalidade é inaceitável, pois não se conhece cientificamente formas de detecção da perigosidade completamente desligados dos factos. Por isso mesmo, o Prof. Doutor Eduardo Correia defende a teoria da culpa pela personalidade reflectida no facto. O busílis da questão é a referência da culpa à personalidade do agente. A aceitação das teorias da culpa pela personalidade é, todavia, insusceptível de resolver todos os problemas éticos filosóficos e político-criminais que essa mesma questão acarreta. O problema continua, pois, fundamentalmente em aberto.

Num modelo em que os entes colectivos são directamente responsáveis, não podemos pensar numa imputação dolosa ou *culposa* (negligente) através das pessoas singulares que actuam para essas organizações.[1308] Trata-se, antes, dum modelo que vai utilizar a «analogia» das categorias clássicas penais – da responsabilidade individual – na linha propugnada e inaugurada pelo Prof. Doutor J. de Figueiredo Dias (que, como já vimos, considera que o princípio da responsabilidade penal dos entes colectivos não está necessariamente subordinado à responsabilidade penal individual[1309]) ou sedimentada pelo Prof. Doutor Günter Heine,[1310] para responsabilizar penalmente (ou administrativamente) as pesssoas colectivas

---

[1308] A imputação de responsabilidade penal ou administrativa dos entes colectivos duma forma objectiva está (desde logo por nós) totalmente posta de parte. Recorde-se que, mesmo estando prevista do ponto de vista legislativo a responsabilidade «administrativa» objectiva dos entes colectivos no ordenamento jurídico espanhol, a jurisprudência do Tribunal Constitucional espanhol constrói um imputação subjectiva da responsabilidade das *«personas jurídicas»* e, portanto, rejeita claramente a pura objectividade (cfr. *Sentencia del Tribunal Constitucional* n.º 246/1991, 1.ª, de 19 de Dezembro – Tribunal Constitucional 1991, 246, *ponente* Tomás y Valiente, *apud* J. M. Silva Sánchez in *«Responsabilidad...* 1995, p. 358).

[1309] *Vide*, quanto ao pensamento «analógico», J. de Figueiredo Dias in «Para uma dogmática...», 1977-1981, p. 68; igualmente in «Temas Básicos...», 2001, «O Direito Penal da "Sociedade do Risco"», p. 179.

[1310] Para alguns ilustres Autores essa «analogia» entre o *«dolo» ou «culpa»* (negligência) dos entes colectivos e o *«dolo» ou «culpa»* (negligência) das pessoas singulares nunca será absolutamente perfeita: por exemplo, a «vontade» modifica o seu significado, quando surge num enunciado que se refere a uma sociedade, pois os factos que o fazem verdadeiro são diversos dos que verificam um enunciado análogo dirigido a um homem: cfr. Hart, *apud* Nino *idem ibidem*, *apud* Zúñiga Rodríguez in op. cit. pp. 235 e ss..

(*lato sensu*). Pensamos que é essencialmente a partir destas linhas de pensamento que podem ser elaboradas várias teses sobre a aplicação efectiva do método de pensamento «analógico». É neste sentido (*lato sensu*) que se considera que a estruturação do dolo (ou intenção) na realização da actuação antijurídica com ressonância penal do ente colectivo, se pode alicerçar pela via da conceptualização do dolo do Homem. No presente, discute-se justamente no Direito Penal – «individual» – o aspecto volitivo do dolo. A inexistência de possibilidade para discernir o elemento volitivo, a partir do prisma material da prova – e o escasso rendimento que este elemento tem tido na outorga da forma ou configuração das condutas penalmente relevantes, conduziu à ideia de que o componente resoluto ou decisivo do dolo não seja o volitivo – vontade do agente para a realização do tipo –, dificultoso e intrincadamente apreensível, mas o conhecimento (o elemento intelectual do dolo é o conhecimento de todas as circunstâncias e elementos indispensáveis para que a consciência ético-jurídica do agente coloque e resolva correctamente o problema da ilicitude do comportamento). I.e., a consciência do risco (*ou perigo*), para os bens jurídicos[1311] individuais ou colectivos. Embora pensemos que se trata duma estruturação aparentemente lógica do raciocínio em relação à responsabilidade (penal) das pessoas colectivas, perfeitamente enquadrada numa arquitectura funcional da infracção criminal, temos, contudo, dúvidas que se possa pura e simplesmente suprimir o elemento volitivo (muito menos em relação à responsabilidade penal «individual», como o faz Laurenzo Copello), o qual, como elemento do dolo, permite precisamente distinguir o dolo directo do dolo necessário e do dolo eventual (respectivamente n.os 1, 2 e 3 do art. 14.º do CP). Por outro lado, nesta visão do problema, esquece-se outro elemento do dolo, i.e., o elemento emocional, ou seja, a atitude de inimizade ou de indiferença perante o Direito, como elemento constitutivo do tipo-de-culpa doloso (na concepção que adoptamos do Prof. Doutor Jorge de

---

[1311] *Vide* Laurenzo Copello in «*Dolo Y Conocimiento*», 1999, 243 e ss.; *apud* Z. Rodríguez *idem ibidem*, que nos acrescenta c. n. t.: «Também, claro está, a intenção de realizar o tipo que implica um enfrentamento frontal com a norma, mas o mínimo da intervenção, que é o importante, centra-se em que a actuação evitável é aquela que é consciente do risco para bens jurídicos. Pelo demais, esta tese sustenta-se na impossibilidade ou ilegitimidade do Direito Penal de adiantar-se no aspecto volitivo (interno) do sujeito, pois aquilo que se lhe pede é um acatamento externo da norma penal». 3.º Finalmente, o elemento emocional afirma-se na inimizade ou indiferença face ao Direito revelada pelo dolo.

Figueiredo Dias).[1312] Não obstante, parece que o conhecimento do perigo concreto[1313] para os bens jurídicos (individuais ou colectivos) é o vector mais importante nos crimes dolosos, pois tem-se consciência de que o resultado pode ser uma consequência imediata da acção. Mas, para que o dolo não perca a sua função legitimadora da intervenção penal por forma a desembocar o seu conteúdo numa, mais ou menos, genuína arquitectura ampliada de «dolo de perigo»[1314], deverá exigir-se a representação[1315] do perigo concreto de produção do resultado, i.e., a consciência do risco imediato e directo que a acção acarreta ou implica para a integridade do bem jurídico.[1316] Pode-se, deste modo e não obstante, sustentar a imputação a título de dolo dum ente colectivo, se aderirmos a esta configuração ou concepção do próprio dolo, tese que é – *in abstracto* – presentemente maioritária na Doutrina alemã. Similarmente parece suceder no Direito da concorrência da União Europeia, onde o dolo está essencialmente modelado pelo elemento cognitivo. Neste âmbito, não é indispensável a verificação duma vontade adversa à norma de conduta. Basta a consciência do risco para os bens jurídicos (individuais ou colectivos). É suficiente a representação do perigo concreto que a actuação implica para a produção do resultado lesivo (injusto ou ilícito). O Tribunal de Justiça das Comunidades Europeias[1317] afirma, precisamente, na sua Jurisprudência, que «não é necessário que a empresa tivesse consciência de infringir a proibição contida nas referidas normas, é suficiente que não pudesse ignorar que o

---

[1312] No que diz respeito ao tipo-de-culpa, nomeadamente na censurabilidade pessoal da acção típica e ilícita, deparamos com o dolo como forma de culpa, i.e., atitude pessoal indiferente ou contrária à violação do bem jurídico protegido, a qual acresce, como elemento emocional, ao conhecimento e vontade de realização do tipo-de-ilícito objectivo (o dolo como forma de conduta).

[1313] Para o Direito Penal funcional bastará o conhecimento (i.e., a representação) do perigo abstracto?!

[1314] Contudo o *dolo de perigo* é a vontade conscientemente dirigida à ameaça concreta de um bem jurídico; enquanto o *dolo de dano* é a vontade conscientemente dirigida à produção de um dano: cfr. M. L.-Henriques e M. Simas Santos in «Código Penal, 1.° Volume, Anotado», 1995, p. 182. Sem o elemento volitivo, passa a ser somente um conhecimento, consciência, representação.

[1315] No contexto do paradigma emergente, recorde-se que o dolo, para efeito do preenchimento do tipo-de-ilícito subjectivo, é a representação e a vontade de um certo resultado.

[1316] *Vide* Laurenzo Copello *idem ibidem*; *apud* Zúñiga Rodríguez *idem ibidem*.

[1317] Cfr. o nosso Capítulo IV sobre o Direito comparado.

objecto ou efeito da conduta que se lhe imputa era restringir a concorrência no mercado».¹³¹⁸

Mas, a este dolo como forma de conduta, sobretudo centrado no seu elemento conhecimento com a exigência da representação, não poderá deixar de interessar uma «*atitude criminal de grupo*»¹³¹⁹ – indiferente ou contrária à violação, ou à simples aposição em perigo, dos bens jurídicos protegidos -, a qual acresce por conseguinte, como «*elemento emocional de grupo*» ao elemento cognitivo primeiramente mencionado (já não, necessariamente, à vontade, conforme as concepções acima defendidas, embora com muita cautela dogmática). Em última instância distinguiremos o dolo da negligência através dos elementos emocionais.¹³²⁰ Neste contexto surgem naturalmente problemas de distinção das categorias penais. Para alguns ilustres Autores¹³²¹, a estrutura dos crimes de perigo¹³²² é a mesma da negligência consciente, i.e., nas duas situações está patente um adiantamento¹³²³ da intervenção penal de risco para o bem

---

¹³¹⁸ Cfr. Assento T-29/92. SPO *versus* Comissão, Recompilação, 1995, t. II, pp. 294; *apud* Z. Rodríguez in op. cit. p. 236, c. n. t.: «uma empresa que actua com desprezo manifesto das normas fundamentais do mercado, comete a infracção à concorrência com dolo».

¹³¹⁹ Estamos a utilizar o «pensamento analógico» a partir do elemento emocional do dolo na responsabilidade penal individual, que acima mencionamos.

¹³²⁰ Estamos a pensar «analogicamente» em relação à seguinte ideia do Prof. Doutor J. de Figueiredo Dias in «O problema da consciência da ilicitude...», 1969, p. 72: «Daqui não resulta (...) que elementos *emocionais* fiquem neste tema, por inteiro, fora de consideração. Bem ao contrário: em casos particularmente difíceis de distinção é à própria essência do dolo e da negligência como tipos-de-culpa que terá que recorrer-se para determinar se, em último termo, o agente se decidiu pelo facto conformando-se com a produção do resultado; em espécie, é da *indiferença* ou do *grau de indiferença* da pessoa do agente pela violação do bem jurídico que derivará em último termo a qualificação como dolosa da sua conduta».

¹³²¹ Vide R. Montañes distinguindo entre «*delitos de peligro*» e «*imprudencia consciente*», in «*Delitos de peligro, dolo e imprudencia*», 1994, p. 128; *apud* Z. Rodríguez *idem ibidem*.

¹³²² Os «crimes de perigo concreto são todas as infracções criminais em que o perigo é elemento do tipo legal de crime, enquanto crimes de perigo abstracto são todos aqueles em que o perigo não é elemento do tipo, mas tão só motivação do legislador (S/S/ Cramer, cit. 2-3; Faria Costa, cit. 567 s.)»: vide J. de Faria Costa, em anotação ao art. 272.º do CP, in «Comentário Conimbricense...», Artigos 202.º A 307.º, p. 868.

¹³²³ Achamos mais correcta, em relação aos crimes de perigo, a expressão do Prof. Doutor J. de Faria Costa *idem ibidem*: «Para além disso, os crimes de perigo representam, em termos de percepção do momento de tutela, uma clara "antecipação" na defesa do bem

jurídico, no resultado «perigo». Neste enquadramento, o problema será estabelecer o tipo subjectivo da culpa. A Prof.ª Doutora Laurenzo Copello[1324] estabelece uma diferenciação entre «*dolo eventual e culpa consciente*» (negligência), com base num critério objectivo: o grau de perigosidade objectiva do facto, é maior no dolo do que na «*culpa*» (negligência).[1325] No contexto da responsabilidade penal dos entes colectivos, os critérios de imputação por «*dolo*» e por «*culpa*» devem, pois, ter um carácter associacional, i.e., previsibilidade do resultado (actuação «*culposa*», negligente) e cognoscibilidade do resultado (actuação dolosa). Sendo que uma actuação – compreendida com toda a complexidade duma empresa e não dum ser humano – que denote maior perigosidade objectiva do resultado, possibilita a imputação dolosa; e a actuação que denote menor perigosidade objectiva do resultado possibilita uma imputação «*culposa*» (negligente). «Não se trata de somar dolos, nem de somar culpas, mas de observar as actuações *no seio* organizacional».[1326] Já antes o Prof. Doutor Klaus Tiedemann[1327], pela sua «culpa da organização» de que já falamos e ainda desenvolveremos um pouco a jusante neste trabalho, referia: «Tal culpa da agrupação não é idêntica à culpa cumulativa constituída pela soma de culpas pessoais (assinalada p. e. pelo direito dos

---

jurídico. Neste sentido, o bem jurídico-penal não é só a realidade nuclear ou a sua representação ético-social, mas é também irremissivelmente o pré-campo (*Vorfeld*) indispensável, essencial à total expansão do bem jurídico em causa. (...) Só por uma questão de mais fácil e apreensível compreensão se fala, aqui, em antecipação da tutela, porquanto, tal como defendemos de há muito, essa ante-câmara de protecção é parte integrante do próprio bem jurídico».

[1324] In op. cit. p. 281; *apud* Z. Rodríguez *idem ibidem*, que neste ponto adere plenamente à Sua tese, referindo: «*La imputación a título de dolo debe provenir del grado de peligrosidad objetiva del hecho, que es mayor que la de la culpa; no de la valoración que el autor haya realizado de esa situación. Así, el eje del injusto sigue siendo el resultado lesivo evitable. Si se trata de una peligrosidad objetiva importante de la conducta o situación, estaremos ante una imputación dolosa, si la peligrosidad objetiva es menor, estamos ante una imputación culposa. La culpa se estructura, en relación a la concepción cognitiva del dolo, como la ausencia del conocimiento de la peligrosidad objetiva de la conducta*; *de ahí que estructuralmente sea similar al error de tipo vencible* (Laurenzo Copello in op. cit. pp. 287-292). *Por ejemplo cuando la empresa no tenga un conocimiento (error evitable) de que su conducta infringe la competencia, se le imputa la infracción a título de culpa*».

[1325] Um critério que é, portanto, diverso do critério que apresentamos a montante.
[1326] *Vide* c.n.t. Z. Rodríguez in op. cit. p. 237.
[1327] In «*Responsabilidad penal de personas jurídicas...*», 1997 (1995), p. 41, c. n. t..

Estados Unidos), e ela não está baseada, ou não exclusivamente, na imputação da culpa de outro. Reconhecer em direito penal tal culpa (social) da empresa não faz senão expor as consequências da sua realidade social de uma parte e as obrigações correspondentes aos direitos das empresas de outra parte, como muito bem dizem os autores de língua inglesa até chegar a uma "*corporate blameworthiness*"».

Não obstante, pensamos que tudo poderia ficar melhor resolvido com um conceito de dever objectivo de cuidado funcionalizado e teleológico a que, «paralelamente», o ente colectivo está obrigado e é capaz.[1328] Face às dificuldades levantadas ainda de forma mais acentuada pela negligência inconsciente (cfr. art. 15.°/b] do CP), o limite mínimo e inferior é a *previsibilidade do resultado*[1329], mas também não nos parece ser lícito ficar-se por uma resposta meramente objectiva.

Refere o Prof. Doutor Jorge de Figueiredo Dias a propósito da capacidade do agente para proceder com os cuidados devidos: «Há hoje uma grande unanimidade de pontos de vista (mesmo entre aqueles em quem a culpa é a capacidade de motivação pela norma) em que não está aqui em causa o indiscernível poder de agir noutra maneira na situação, e portanto uma tentativa de resposta à questão do concreto livre-arbítrio; mas também em que não será lícito ficar-se por uma resposta meramente objectiva, que fosse buscar para padrão a capacidade normal ou do homem médio. Está

[1328] «A *capacidade* de cumprimento do dever objectivo de cuidado é um elemento essencial da censurabilidade – o juízo de negligência e que se traduz pela forma já referida. § E quanto ao *dever objectivo de cuidado*? § Beleza dos Santos (*RLJ*, ano 67.° pág. 162 e ano 70.° pág. 225) sustentava que a par dos deveres concretos havia um dever geral de atenção, de cuidado, de previdência quanto ao "respeito pelos interesses alheios". Mas como se determina esse dever geral? Não havendo disposição que o defina deverá ir buscar-se à sua razão de ser que é a razão social. Para saber se, em tais condições, é culposa uma conduta, deve-se aferir a mesma pelo conceito social sobre as condições de razoabilidade em que o agente procedeu, consideradas as circunstâncias da pessoa, do tempo, do modo e lugar como se viu. (Cfr. Correia, op. cit. I, pág. 421; Cavaleiro Ferreira, op. cit., pág. 87 e Figueiredo Dias, O Problema da Consciência da Ilicitude em Direito Penal, pág. 127)»; *apud* M L.-Henriques e M. S. Santos in op. cit. p. 194.

[1329] Cfr. Nélson Hungria, *apud* M Leal-Henriques e M. Simas Santos *idem ibidem*: «Esta é a linha de fronteira, além da qual começa o império do caso fortuito e *nullum crimen est in casu*». E: «Existe previsibilidade quando o agente, nas circunstâncias em que se encontrou, podia, segundo a experiência geral, ter-se representado, como possíveis, as consequências do seu acto. É previsível o acto cuja possível ocorrência não escapa à perspicácia comum, quando a sua previsão podia ser exigida ao homem comum, ao homem médio».

aqui verdadeiramente em causa um critério subjectivo e concreto, ou individualizante, que deve partir do que seria razoavelmente de esperar de um homem com as qualidades e capacidades do agente. Se for de esperar dele que respondesse às exigências do cuidado objectivamente imposto e devido – mas só nessas condições – é que, em concreto, se deverá afirmar o conteúdo de culpa próprio da negligência e fundamentar, assim, a respectiva punição». A dificuldade surge em perguntar se se pode discernir «um critério subjectivo e concreto, ou individualizante» que parta «do que seria razoavelmente de esperar» dum ente colectivo «com as qualidades e capacidades do agente» colectivo? Pensamos que sim, em termos «análogos».

Não obstante, refere o Prof. Doutor Jorge de Figueiredo Dias[1330], mais recentemente, que «Importa reforçar a posição de todos quantos proclamam que a diferença de ilícito e de culpa entre dolo eventual e negligência consciente mal se compadece com a insegurança, a indeterminação e a obscuridade – sobretudo no momento da aplicação prática do direito –, que acompanham uma tal distinção e deve, por isso, ter-se a mais clara consciência de ser este um dos pontos em que precisamos de saber muito mais.»[1331]

3.5. Culpa do ente colectivo? – breve introdução

A problemática da criminalidade associacional poderá encontrar respostas satisfatórias, se a responsabilidade penal ou a imputação pessoal de culpa for compreendida normativamente desde a perspectiva social. É claro que se partirmos duma responsabilidade penal ou duma imputação pessoal de culpa racionalizada como reprovabilidade por não haver actuado doutro modo, alicerçada no livre arbítrio, não encontramos suficientes respostas ao nível da questão da responsabilidade penal dos entes colectivos.[1332]

[1330] Vide Jorge de Figueiredo Dias in «Temas básicos...», 2001, p. 183.
[1331] Vide Fernanda Palma in «Do sentido histórico...», 1999, pp. 418 e ss.; apud Figueiredo Dias idem ibidem.
[1332] Cfr. no mesmo sentido Z. Rodríguez idem ibidem. Também nos parece evidente que desde a perspectiva da chamada «responsabilidade penal cumulativa», que estivemos a investigar a montante, será difícil reconhecer um juízo de culpa dirigido ao próprio ente colectivo. No sentido da sociedade ser insusceptível dum juízo de culpa vide I. Marques da Silva in op. cit. p. 151 onde refere o seguinte: «Não assim na responsabilidade cumulativa;

Cremos, inclusive, que o paradigma emergente, ao promover a funcionalização das construções e dos conceitos no sentido das intenções de política criminal, pode facilitar tais objectivos e soluções. Pensamos ser útil fazer aqui uma breve descrição, dado estarmos a *mexer* em matéria ultra-sensível do Direito Penal. Assim: A. I – O paradigma emergente, como património comum da Doutrina penal moderna, estrutura uma arquitectura funcional teleológica e racional da infracção criminal, pelo que promove a funcionalização dos conceitos e das construções em intenções de política criminal. II – O programa político-criminal carregado pelo paradigma emergente, baseia-se em três factores: 1.º a promoção da prevenção geral positiva e da prevenção especial positiva como fins ou objectivos únicos das penas. A única marca da ideia de retribuição ancora no princípio da culpa encarado em sentido unilateral; 2.º descriminalização; 3.º exigência de utilidade e necessidade sociais, como condições justificativas de intervenção penal. III – Trata-se – afinal! – duma recompreensão da função do Direito Penal. O Direito Penal visa ou objectiva sempre a protecção de bens jurídicos, os quais são interesses socialmente relevantes, cuja defesa é *conditio sine qua non* do livre desenvolvimento da personalidade do Homem e do bom funcionamento duma sociedade jurídica, democrática e constitucionalmente organizada. Ora, a lesão de bens jurídicos fundamenta o desvalor da conduta. E tal desvalor será necessariamente um desvalor de resultado, sendo quase sistematicamente o resultado da acção e não a acção em si que ofende ou ameaça os bens jurídicos penalmente protegidos. Assim, o desvalor do resultado é alvo do papel principal. B. A arquitectura propriamente dita. a) O conceito de acção é desvalorizado. Segundo Claus Roxin, a acção merece um lugar autónomo na construção da infracção criminal. A acção é expressão da personalidade, i.e., tudo aquilo que pode ser imputado a um ser humano como centro de acção anímico espiritual. Assim, esta conceptualização protagoniza uma função delimitadora, pois serve para excluir os actos reflexos ou actos inconscientes: quem cai inconsciente e parte uma

---

nesta, quem actuou é responsável pelo facto, mas este é também imputável à sociedade que não podia por si mesma tê-lo cometido, bem como não podia em si mesma ser sujeito a um juízo de culpa, nem comparticipar directamente no mesmo facto com outros». Já não pensamos assim, perante um sistema de imputação de responsabilidade aos entes colectivos, que prescinde da prévia individualização da responsabilidade, mas só com potencialidade *de lege ferenda*.

mesa de vidro não agiu (Claus Roxin dá o exemplo com um vaso). E aqui reside o fundamento da sua autonomização. Não obstante, a construção de Claus Roxin tem alguns defeitos. É que a qualificação dum comportamento (essencialmente duma omissão) como expressão da personalidade depende, em muitos casos, da sua relevância jurídica. V.g.: quem cai inconsciente e parte uma mesa de vidro por não ter ingerido um medicamento que devia ter ingerido, age, e poderá ser susceptível de responsabilização e punição jurídico-criminal. Deste modo, o conceito de acção é, em muitas situações, simples antecipação da tipicidade, pelo que não merece autonomia. Para o Prof. Doutor Figueiredo Dias e o Prof. Doutor Costa Andrade, a acção apenas é jurídico-penalmente relevante como acção típica, pelo que toda a questão é remetida para o domínio da tipicidade. b) O conceito de tipicidade está no seio da polémica entre as construções bipartidas e as construções tripartidas da infracção criminal. Para o Prof. Doutor Costa Andrade, a tipicidade constitui o primeiro grau de valoração jurídico-penal duma conduta, i.e., a primeira expressão da danosidade social duma conduta. A distinção entre tipicidade e ilicitude é útil, pois permite destrinçar a eliminação dum mosquito (conduta não típica) e o homicídio praticado sob uma causa de justificação (conduta não ilícita), possibilitando igualmente compreender que o Direito não dirija qualquer censura ao primeiro comportamento, mas já dirija uma censura ao segundo sem, contudo, punir qualquer deles. Para o Prof. Doutor Jorge de Figueiredo Dias, a tipicidade constitui simples irradiação da ilicitude, i.e., mera concretização da ilicitude. Assim, sem ilícito, não há tipo, pois todo o tipo é tipo-de-ilícito. O tipo não tem qualquer autonomia, sendo mero auxiliar da ilicitude. c) Determinação da ilicitude. Para o Prof. Doutor Costa Andrade, a ilicitude apresenta uma dupla dimensão. Na dimensão formal, a ilicitude consiste na violação da ordem jurídica, enquanto na dimensão material, a ilicitude baseia-se na valoração jurídico-criminal das expressões de danosidade social previstas no tipo. A ilicitude duma conduta típica pode ser excluída pela existência de causas de justificação, i.e., reflexo da presença, na situação concreta, de interesses ou valores sensivelmente importantes para o Direito Penal e protegidos pelo tipo. Para o Prof. Doutor Jorge de Figueiredo Dias, a ilicitude, ou seja, o tipo-de-ilícito, é o específico sentido de desvalor jurídico-penal que atinge um comportamento humano concreto numa situação concreta. A concretização da ilicitude pressupõe a combinação ou confronto entre os tipos incriminadores e os tipos justificadores. Os tipos incriminadores delimitam positivamente a conduta proibida e estão inseridos na parte especial do Código Penal. Os tipos justificadores delimitam negativamente a conduta proibida. Estão inseridos ou na Parte Geral do CP (arts. 31.º; 32.º; 34.º; 36.º; 38.º; e 39.º) ou em disposições avulsas da Parte Especial (cfr. O art. 180º do CP). O tipo-de-ilícito desdobra-se num tipo-de-ilícito objectivo e num tipo-de-ilícito subjectivo. O tipo-de-ilícito objectivo refere-se ao comportamento externo do agente, enquanto o tipo-de-ilícito subjectivo refere-se quer aos elementos subjectivos da tipicidade e da ilicitude, quer ao dolo e à negligência. Com o objectivo do preenchimento do tipo-de-ilícito subjectivo, o dolo é a representação e a vontade de um certo resultado, e a negligência é a violação de um dever objectivo de cuidado. V.g., o crime de burla abarca um tipo de ilícito objectivo e um tipo de ilícito subjectivo (cfr. CP). d) A culpa é um juízo de censura dirigido ao agente por ter praticado aquele tipo-de-ilícito, naquelas circunstâncias. Os pressupostos da culpa são essencialmente três: a imputabilidade; o dolo e a negligência e a exigibilidade. Justamente, o Prof. Doutor Jorge de Figueiredo Dias diferencia dois tipos-de-culpa: o tipo de culpa doloso e o tipo de culpa negligente. Com o objectivo do preenchimento do tipo de culpa, o dolo acarreta uma atitude de inimizade ou de indiferença face ao Direito. A negligência, por seu lado, envolve a inexistência dessa atitude de inimizade e a existência de capacidade de actuar com o cuidado a que se está obrigado. Claus Roxin refere ainda um último nível, grau ou momento da arquitectura da infracção criminal, i.e., a responsabilidade. A responsabilidade é a necessidade da pena. Em muitas das situações, o agente é o bastantemente punido pelo facto, pelo que não necessita da pena. A categoria da responsabilidade ainda é muito recente e deveras desconhecida para se inserir na globalidade das construções da infracção criminal. É importante salientar que o dolo e a negligência são elementos da tipicidade, da ilicitude e da culpa (na tese defendida pelo Prof. Doutor Costa Andrade) ou do tipo-de-ilícito e do tipo-de-culpa (na tese defendida pelo Prof. Doutor Jorge de Figueiredo Dias. Como racionalizar esta problemática? É incorrecto conceptualizar o dolo e a negligência como elementos valorados duas ou três vezes. É certo engendrar o dolo e a negligência como elementos complexos, em cuja modelação intervêm duas – ou três valorações –, i.e., – a valoração da tipicidade – ; a valoração da ilicitude e a valoração da culpa.

    Presentemente, o conteúdo material da culpa está intimamente conexionado com as funções da pena, ou seja, a prevenção geral e a prevenção especial.[1333] O Prof. Doutor Klaus Tiedemann refere que as teorias que baseiam a pena somente em ideias de prevenção (geral ou especial), não são hostis à responsabilidade penal dos entes colectivos[1334]. Não obstante e ainda assim, o paradigma emergente fundamenta-se num funcionalismo teleológico-racional, onde o fim mediato das penas é a protecção de bens jurídicos sistémico-racionalmente imanentes, e os fins imediatos das penas são a reparação (ou retribuição); a prevenção geral positiva; e a prevenção especial positiva. Ora, precisamente, o paradigma emergente assenta, como bem se sabe, num funcionalismo teleológico-racional. O fim mediato das penas é a protecção de bens jurídicos sistémico-socialmente imanentes. Tal protecção resulta de normas. A imperfeição humana exige a criação de normas e conduz à violação destas. Ora, naqueles momentos em que a violação da norma ofende valores fundamentais da colectividade, bem se compreende a reacção criminal. Os fins imediatos das penas são a reparação (ou retribuição), a prevenção geral positiva e a prevenção especial positiva. Por um lado, toda a pena é pena de culpa. Ora, face ao princípio da unilateralidade da culpa (hoje comummente aceite), a culpa é o pressuposto e o limite máximo, mas não o limite mínimo da pena. Por outro lado, toda a pena objectiva é a afirmação contrafáctica da norma. Os destinatários da pena são a totalidade dos cidadãos, principalmente, os cidadãos conformistas. Finalmente, toda a pena é pena ressocializadora. A sociedade por meio da pena cumpre o seu dever de solidariedade para com o delinquente, oferecendo-lhe uma nova oportunidade, e apela para que o delinquente cumpra o seu dever de responsabilidade para com o corpus social. A prevenção especial positiva é indissociável da culpa. Na verdade, o homem é culpado por ter formado incorrectamente a sua personalidade ou a sua acção. A pena deve proporcionar-lhe a oportunidade de reflectir sobre o seu passado e de decidir emendar-se para o futuro.

Num contexto político-criminal, a atribuição de responsabilidade penal é, antes, um problema dos primeiros e delicados traços de mereci-

---

[1333] *Vide* K. Tiedemann in «*Responsabilidad penal de personas jurídicas...*», 1997 (1995), pp. 39-40. Cfr. o nosso «Honra e Liberdade de Expressão»: cfr. bibliografia, pp. 13--14.

[1334] *Vide* K. Tiedemann in «*Responsabilidad penal de personas jurídicas...*», 1997 (1995), pp. 41-42, que nos refere, por outro lado, que se «...se admitir a possibilidade duma culpa moral ou social do agrupamento (...) a ideia de retribuição também terá um importante papel neste âmbito».

mento e necessidade de pena por parte do legislador, com base em capacidades susceptíveis de serem destinatárias da norma penal.[1335] Numa concepção puramente funcionalista do Direito Penal, a responsabilidade penal do ente colectivo fundamenta-se numa decisão de política criminal, alicerçada nas necessidades de prevenção de condutas que colocam em perigo ou risco, bens jurídicos (individuais ou colectivos) importantes, e que, criminologicamente se apreendeu e estudou que podem ser violados, danificados ou lesionados por pessoas colectivas (*lato sensu*), entre as quais as organizações empresariais ou as próprias empresas.[1336] Mas, como legitimar positivamente a intervenção penal em sede de culpa?

3.5.1. *Doutrinas que fundamentam uma responsabilidade do próprio ente colectivo* [1337]

Antes de mais, a teoria da existência duma filosofia de empresa que é, para alguns ilustres Autores, oriunda essencialmente da Psicologia social e que permitiu fundar a culpa da empresa na – já por várias vezes referida ao longo deste trabalho em diferentes perspectivas! – «*atitude criminal de grupo*»[1338], a qual é demonstrada nas condutas dos seus membros

---

[1335] Vide Z. Rodríguez *idem ibidem* que nos refere: «*La culpabilidad en las concepciones funcionalistas modernas es necessidad de pena por la motivación o la prevención general, principalmente, o no exigibilidad de otra conducta*».

[1336] Vide Z. Rodríguez *idem ibidem* c. n. t.: «Se (...) as pessoas jurídicas são capazes de dirigir as suas actuações de acordo às normas jurídicas, com base na coacção que supõe uma sanção, (...) o estabelecimento da culpa da pessoa jurídica é uma decisão racional sustentada nessa capacidade de motivação e de prevenção geral (*como é a decisão de que somente respondam penalmente os adultos e não os enfermos mentais e não os menores de idade*), *nas hipóteses* em que tenha realizado um resultado lesivo evitável, com dolo ou *culpa* e não concorram...», no nosso entender, causas de justificação ou da exclusão da culpa.

[1337] Cfr. tudo o que dissemos na introdução deste Capítulo.

[1338] Como vimos na introdução, o Prof. Doutor J. Vogel (in op. cit.) *idem ibidem*, tem uma opinião muito ligeiramente diferente da Prof.ª Doutora Z. Rodríguez *idem ibidem*, pois é o «modelo da culpa pela organização de K. Tiedemann que tem origem numa culpa própria da empresa e se sustenta na tese criminológica da "atitude criminal do grupo"». De resto, é a opinião do ilustre Penalista alemão que nos parece ser a mais exacta. Isto significa que, neste preciso ponto e salvo o devido respeito, a tese da Prof. Doutora Z. Rodríguez *idem ibidem* é – afinal! – a tese do Prof. Doutor K. Tiedemann. Confirmação disso

de colocação em perigo ou lesão de bens jurídicos individuais ou colectivos. Deste modo, existiria um «*clima de empresa*»[1339] que ajudaria ao cometimento de crimes. A responsabilidade penal da empresa é, assim, fundamentada primacialmente por uma «*política de empresa*» defeituosa.[1340] Quase tudo parecendo indiciar que, na maioria das situações, os crimes resultam destas deficiências devido ao facto de durante muitos anos se incumprirem deveres e normas, assim como faltas de organização (estruturação) e de vigilância.[1341] Nós acrescentaríamos a existência duma cultura de total subserviência funcional – *ainda que não seja de forma alguma ilegal* – interna nas organizações (v.g. empresariais), do «departamento jurídico» ao «departamento economicista», i.e., da lei ao comércio: «*quod non est in cambio non est in*» mundo![1342]

Por outro lado, a teoria da organização defeituosa da empresa, i.e., o *Modell des Organisationsverschuldens* ou «*modelo da culpa pela organização*», de Klaus Tiedemann, que permite responsabilizar o ente colectivo em si mesmo (?).[1343] Para o Prof. Doutor Klaus Tiedemann, os entes colectivos, ao serem destinatários das normas de conduta, são susceptíveis de serem objecto de exigências de organização, as quais deverão ser realiza-

---

mesmo é que a «*atitude criminal do grupo*» é uma ideia que, embora desenvolvida pelo Prof. Doutor Schünemann (in op. cit. pp. 18 e ss), não é aí que este ilustre Autor funda a punibilidade dos entes colectivos – ao contrário de Tiedemann – mas num «*estado de necessidade de bens jurídicos*». Por essa razão, é que Vogel (*idem ibidem*) refere que Schünemann coloca a responsabilidade penal dos entes colectivos no seio das medidas de segurança, ou seja, devido a fundamentos originados num estado de necessidade preventivo.

[1339] Vide K. Tiedemann in «*Responsabilidad penal de personas jurídicas...*», 1997 (1995), p. 28, c. n. t.: «a sociologia ensina-nos que a agrupação cria um ambiente, um clima que facilita e incita os autores físicos (ou materiais) a cometer crimes em benefício da agrupação».

[1340] Cfr. Ehrhardt in «*Unternehmensdelinquenz und Unternehmensstrafe, Sanktionen gegen...*», 1994, pp. 205 e ss. e pp. 247 e ss.; *apud* Z. Rodríguez *idem ibidem* que refere que por esta via não se chega a cair numa «"culpabilidade pelo carácter" detestável num Direito penal do facto». Ainda voltaremos a esta problemática.

[1341] Cfr. Otto in op. cit., *Jura*, n.º 8, 1998, p. 416; *apud* Z. Rodríguez *idem ibidem*.

[1342] V.g. no Conselho de Administração duma sociedade com certa dimensão deveria ser obrigatório (v.g. CSC) a presença de um jurista, qual secretário geral incumbido de zelar pela protecção de bens jurídicos.

[1343] Modelo desenvolvido a partir das infracções contra livre concorrência no contexto da UE e do Direito sancionatório da Grã-Bretanha e dos EUA. A jusante apresentaremos algumas dúvidas, se no modelo de Tiedemann, não será necessário recorrer previamente também a pessoas singulares. Daí o «?».

das através de oportunas e propositadas medidas de controlo e vigilância que permitam evitar o cometimento de crimes pelos seus membros ou elementos.[1344] A base científica desta teoria são os ordenamentos jurídicos dos EUA, Holanda, Japão, Noruega e outros[1345], que realçam que é a falta de organização, que permite que as infracções possam ser do agrupamento, e determina a responsabilidade penal, entre outras fontes de importância fundamental. O Prof. Doutor Klaus Tiedemann[1346], além de referir a sentença do Tribunal Constitucional Federal Alemão (*BverfGE* 20, 323 [335 e ss.]) que já mencionamos – e que declara ser possível imputar a culpa duma pessoa física ao ente colectivo –, fala-nos no Tribunal de Justiça das Comunidades Europeias que várias vezes menciona a «*culpa própria da empresa*» e menciona, em relação à Alemanha: «Nós sustentamos um ponto de vista similar para o direito das *Ordnungswidrigkeiten* alemãs que partiria dum princípio de falta (e de culpa) de organização como legitimação da responsabilidade do agrupamento, permitindo assim a imputação da culpa individual dos dirigentes à empresa; imputação claramente estabelecida pelo art. 30 da lei sobre as *Ordnungswidrigkeiten* (...) e necessária também no direito japonês (com a consequência de dever provar não só a acção ou a omissão do autor físico, mas também a sua culpa)». Por outro lado, a Doutrina italiana fala da ideia de «*risco da actividade*» para legitimar a responsabilidade penal das empresas. Outro critério seria a «*vantagem económica que a empresa obteve da sua actividade delituosa*» (proposta de Klaus Tiedemann nas 49.ªs Jornadas jurídicas alemãs de 1972, Lei Federal Suiça sobre o imposto federal directo de 1990 – onde Stauffacher fala duma «*responsabilidade mais originária que por imputação*» – e o art. 30 da Lei alemã apontada, onde a bitola da vantagem económica não substitui a imputação formando antes a base da mesma) ou criminal.

Na Austrália e nos EUA chega-se mesmo a estabelecer a intenção delituosa por meio duma *corporate culture* à qual a infracção poderia ser atribuída.[1347] Neste ponto de vista, nada obstaculiza considerar os entes

---

[1344] *Vide* Klaus Tiedemann in «*Die "Bebussung" von Unternehmen ...*», 1988, p. 1172.

[1345] *Vide* o nosso Capítulo sobre o Direito comparado.

[1346] In «*Responsabilidad penal de personas...*», 1997 (1995), pp. 38-40, c.n.t..

[1347] Esta noção define-se como «*an attitude, policy, rule, course of conduct or practice existing within the body corporate*». Em sentido similar para o direito alemão *vide*

colectivos como destinatários de normas jurídicas apetrechadas dum carácter ético e ainda como organizações em posição de violar essas normas. Desta forma, a correcta organização do ente colectivo é um dever que pertence a ele mesmo, e não apenas e somente às pessoas físicas rigorosamente individualizadas, como defende Schünemann.[1348] Uma ideia que nos parece de sublinhar é que o Prof. Doutor Klaus Tiedemann considera que inserir por via legislativa a conceptualização de culpa colectiva ou de agrupamento, ao lado da culpa individual clássica, não é possível de forma monopolizadora, segundo uma dimensão ideológica que resguarde a responsabilidade na sociedade exclusivamente aos indivíduos.[1349] Assim, neste ponto de vista, o conteúdo das categorias fundamentais de Direito Penal não fica exactamente idêntico, se se pretender inserir penalmente os agrupamentos que praticam crimes. Mas o paralelismo destas categorias possibilita aceitar a responsabilidade do ente colectivo no sistema penal, ao lado da responsabilidade individual.[1350] Por outro lado, existem relações entre esta «culpa pela (falta de) organização» e o art. 130.º do OWiG.[1351] Nomeadamente, tal parágrafo n.º 130, tem importância na definição daquilo que é uma *«função dirigente»* dentro, v.g., duma organização empresarial. É preciso ter em conta o facto de que o Direito alemão (ao contrário, p.e., do espanhol) chega a uma responsabilidade mais ampla do agrupamento, pois o art. 130.º do OWiG estabelece a omissão de con-

---

Lampe, ZStW vol. 106 (1994), p. 683 (731 e ss); *apud* K. Tiedemann *idem ibidem* que nos acrescenta: «Isto é, de novo, uma expressão do conceito de culpa da organização (…) não só um critério que legitima a punição do agrupamento, mas recoloca ou constitui a culpa ela mesma, quando o agrupamento como tal não corresponde a critérios suficientes para impedir o cometimento de crimes». Refere-nos o mesmo ilustre Autor um pouco antes que c. n. t.: «Uma imputação pode pois limitar-se a questões de intenção, de motivo, etc., a própria culpa da empresa referindo-se sobretudo aos crimes *imprudentes* (e de omissão)».

[1348] *«Hacia un Derecho Penal Económico Europeo»*, 1995, p. 588 ou em Schünemann/Suárez Gonzalez (eds.), *«Bausteine des europäischen Wirtschaftsstrafrechts»*, 1994, p. 284 e ss; *apud* K. Tiedemann in op. cit. p. 41.

[1349] *Idem ibidem*: «Não negaremos que é possível este ponto de vista individualista, mas admitiremos também que para isso é obrigatório considerar, ao menos no direito penal, as pessoas morais e outras agrupações como puras ficções, consideração dificilmente compatível, sobretudo, com o enorme poder das empresas multinacionais». Esta visão contraria plenamente qualquer ideia dos entes colectivos como puras «ficções».

[1350] *Vide* Tiedemann *ibidem*:«considerando ao nível das sanções a "colectivização" da vida económico-social».

[1351] Cfr. o nosso Capítulo IV nomeadamente no sector que se refere à Alemanha.

trolo, de organização e de vigilância como infracção diversa, por forma a que um órgão (um representante legal, e outros) pode realizar esta infracção e, por esse facto, ser responsável o agrupamento pela infracção cometida por um empregado hierarquicamente «inferior». É que o órgão podia ter impedido ou diminuir o risco do cometimento da infracção.[1352] Por isso mesmo nos parece, que a conclusão do Prof. Doutor Klaus Tiedemann[1353] só possa ter um cariz intermédio entre as teorias clássicas e as necessidades de prova e *perseguição*, i.e., além dos órgãos e representantes legais, o «*middle management*» deveria estar inserido. Refere-nos o Prof. Doutor Klaus Tiedemann: «Uma particular infracção de omissão de organização, de vigilância e de controlo deveria ser incorporada com o fim de compreender os casos em que a culpa de pessoas de alto ou médio *cargo* faz possível a infracção cometida por um empregado de *cargo* inferior. Esta recomendação parte da ideia base, reconhecida em muitos dos ordenamentos jurídicos, que a correcta organização do agrupamento constitui um critério chave para a vida e a responsabilidade da mesma».[1354]

De jure condito, existem Autores que consideram inaceitável a teoria do Prof. Doutor Klaus Tiedemann relativamente à responsabilidade penal dos entes colectivos, porque, fundamentalmente, se trataria duma teoria da responsabilidade do ente colectivo independente da responsabilidade das pessoas singulares que actuam em seu nome. A Mestra Dr.ª Isabel Marques da Silva[1355] refere o seguinte: «Tiedemann construiu uma teoria da responsabilidade da pessoa colectiva independente da responsabilidade das pessoas físicas que actuam em seu nome, na base do conceito de *culpa de organização*, que se verifica quando a empresa não adoptou oportunamente os meios preventivos necessários para evitar a comissão de infracções penais (...). A culpabilidade da pessoa colectiva, que seria assim autónoma dos agentes que cometem a infracção, encontraria o seu fundamento na violação do dever de adoptar medidas de precaução tendentes a evitar a comissão do delito. § No estádio actual da legislação penal portu-

---

[1352] *Vide* Klaus Tiedemann in «*Responsabilidad penal de personas jurídicas...*», 1997 (1995), pp. 44-45.

[1353] *Vide* Klaus Tiedemann *idem ibidem*.

[1354] *Vide* K. Tiedemann *idem ibidem* c. n. t.. Contudo, cfr. a posição de K. Tiedemann em relação à inclusão dos dirigentes «de facto» (pelo menos quando o acto jurídico pelo qual são nomeados seja nulo ou viciado) in «*La responsabilité pénale dans l'entrepise...*», p. 272, *RSCDPC*, 1997, no nosso ponto 2.1.2 do Capítulo V.

[1355] In op. cit. pp. 147-149.

guesa relativa à responsabilidade das pessoas colectivas, a teoria de Tiedemann é inaceitável, porque configura uma culpa referida exclusivamente à própria organização da pessoa colectiva, do tipo da *culpa na formação da personalidade* (Eduardo Correia, Direito Criminal, I, pp. 322-330; Teresa Pizarro Beleza, Direito Penal, 2.º vol., AAFDL, s/d pp. 328-329), e não uma culpa relativa ao facto, mas é a culpa relativa ao facto que a nossa lei consagra nos artigos 13.º, 14.º e 15.º do Código penal (Manuel Cavaleiro Ferreira, Lições de Direito Penal, pp. 287 e ss.) e para os quais os regimes jurídicos das infracções fiscais remetem (Como ensinava o Prof. Manuel Cavaleiro Ferreira, Direito Penal Português, I, pp. 410-411: "a culpabilidade é fundamentalmente referida ao facto, à acção humana. O crime é facto voluntário e racional. [...] O Direito penal é, assim, um direito penal do facto, o que não obsta a que elementos da personalidade entrem como componentes variáveis na estrutura da culpabilidade; aquilo que pretende acentuar-se é que objectivo da culpabilidade é essencialmente o facto»). § Na teoria de Tiedemann o facto não é mais do que o pretexto, a ocasião, porventura a condição de punibilidade, para punir a sociedade pela deficiência da sua organização, mas dispensa qualquer referência à culpa no próprio facto, pelo que, verdadeiramente, o que consagra é uma responsabilidade objectiva. Com efeito como determinar a medida da pena em função da culpa, como impõe a lei penal portuguesa nos arts. 40.º, n.º 2, e 71.º do Código penal? (...)».[1356]

[1356] Contudo, utilizando a técnica dos «lugares inversos» (*vide* José de Faria Costa in «A responsabilidade jurídico-penal da empresa e dos seus órgãos», 1992 [1998], pp. 511 e ss.; e similarmente Zúñiga Rodríguez in op. cit., 2000, pp. 225 e 237), das modernas propostas do Direito de Menores, queremos propor o seguinte problema e desafio de raciocínio jurídico-penal: será que o facto praticado pelo «quem» (cfr. art. 19.º CP) do CP português é o mesmo «facto» que é «praticado» por um ente colectivo (pense-se, novamente, desde logo, quando parte da conduta descrita como conduta típica é processada automaticamente pelo sistema informático, em consequência de um *input*, que poderá não integrar em si mesmo até qualquer ilícito! : *vide* Teresa Serra in op. cit., p. 200 – e n. de r. n.º 39, RPCC, 1999)? Existe um equilíbrio entre o *facto* e o agente. Entre o *facto* e o ente colectivo. Enquanto o Direito Penal é cada vez mais o Direito Penal do *facto*, o caminho do direito dos entes colectivos (pode-se falar dum Direito dos entes colectivos?) não será cada vez mais o direito do *facto* praticado pelos entes colectivos? No adulto (pessoa singular) temos a culpa «perfeitamente» clarificada, enquanto que nos entes colectivos temos a ilicitude, a responsabilidade e a condicionante de ser uma organização ou um ente colectivo (i.e., no caso de ignorarmos a culpa do ente colectivo em si mesmo) onde a informação está tanto mais dividida horizontal e verticalmente, quanto maior for a organização, sendo que

Não obstante, existem os designados crimes específicos, i.e., aqueles em que a factualidade típica exige uma especial qualificação do agente. Onde está o domínio do facto? Ora, como se sabe, os crimes específicos próprios são aqueles que só podem ser praticados por pessoas com certas qualificações: as qualificações do agente constituem pressuposto da responsabilidade; enquanto que crimes específicos impróprios são aqueles que sofrem um agravamento da responsabilidade quando praticados por pessoas com certas qualificações: as qualificações do agente constituem mero factor de agravamento da responsabilidade. Os crimes que pudessem

---

muitas das vezes nem sequer chega aos «ouvidos» dos seus principais dirigentes (cfr. Rotsch, Wistra 1999, 368 [372 e ss, especialmente 374 em not. 222, *apud* Joachim Vogel in op. cit. p. 100, n. de r. n.º 44, onde se refere que: «...nas grandes empresas apenas se pode fundamentar a imposição duma sanção penal devido à segmentação da informação e a que a informação "não sobe sempre para acima". A jurisprudência não confirma esta afirmação tão global»). Pelo que, o *facto* praticado pelos entes colectivos parece não ser o mesmo *facto* que é praticado pelos adultos (i.e. pessoas singulares). A construção do *facto* do direito dos entes colectivos terá que ser diferente? *Facto* qualificado pela lei como crime representa um tipo de leitura. E neste sentido, o *facto* é o pretexto para avaliar a necessidade do ente colectivo ter que ter uma «*atitude respeitadora de grupo*» (ou *disposição ou postura de respeito de conjunto*) para o direito. É uma avaliação autónoma e desgarrada do *facto*. Até parece que o *facto* não releva, mas sim a relevância da necessidade do ente colectivo ter que ter uma «*atitude respeitadora de grupo*» (ou *disposição ou postura de respeito de conjunto*) para o Direito. Melhor ainda: o *facto* também revela. Quanto ao «Direito de menores» como «lugar inverso» com esta problemática, cfr. o nosso «O direito de intervenção junto de menores infractores como: Direito do *facto*? Direito do autor? Ou direito do autor e do *facto*? Direito Penal ou direito não penal?», pp. 28-29. Cfr. bibliografia: este nosso artigo, devidamente actualizado numa nova versão conforme já referimos, encontra-se no prelo para publicação prevista na RPCC. Quanto à importância que a «personalidade e o facto» têm no Direito Penal cfr. o mesmo trabalho pp. 12-13. Recorde-se, entre outros aspectos, que «Von Liszt e Binding quiseram conjugar a utilidade da doutrina do facto e da doutrina da prevenção. Os direitos do cidadão são resguardados pela doutrina do facto. "A doutrina do facto constitui a Magna Carta do criminoso" (Liszt). Por outro lado, a doutrina da perigosidade, isto é, doutrina da prevenção especial protege a eficácia do Direito Penal e a segurança dos cidadãos. Von Liszt continua a estruturação do facto, contudo insere-a com a adopção de medidas de segurança originadas na perigosidade de delinquentes imputáveis ou inimputáveis». E por outro lado, que: «...a aforia pragmática tem origem essencialmente na exigência dum resguardar da sociedade perante os criminosos impulsionados por tendências endógenas. São as teorias da culpa pela personalidade, que nos dão a melhor solução à aforia pragmática, que é essencialmente a seguinte: os criminosos por tendência apresentam uma menor culpa pelo facto, contudo demonstram uma maior culpa pela personalidade. Desta forma, torna-se viável estabelecer penas mais aptas à protecção da sociedade e à recuperação, no sentido estrito de regeneração, dessas mesmas pessoas».

ser praticados por entes colectivos teriam que ser parte necessariamente duma lista taxativa como no CP francês, embora se pudesse, inclusive, recorrer, em alguns deles, a uma técnica de exemplos-padrão.[1357] Por outro lado, e no entanto, contrastantemente *a contrario sensu*, a grande crítica apresentada à teoria da responsabilidade pela culpa da organização – *Haftungstheorie vom Organisationsverschulden* – arquitectada por Klaus Tiedemann (i.e. conceito de culpa normativo-social que possibilita formular uma reprovação social à própria organização!) é precisamente em sentido contrário à crítica anterior, pois, como na concepção sobre a responsabilidade de Hirsch, a decisão individual incorrecta e errada continua a ser uma *conditio sine qua non* neste modelo de responsabilidade.[1358] É o discípulo do Prof. Doutor Klaus Tiedemann, o ilustre Penalista Deruyck, que tenta ultrapassar este obstáculo e ainda vai mais longe ao referir que não é deveras decisivo que o dever de vigilância seja violado por um órgão da empresa, sendo suficiente somente que o seja pela organização, i.e., a culpa limita-se à reprovação de que não se tomou «uma decisão colectiva adequada à legalidade».[1359] Talvez por estas razões ou similares, é que o Prof. Doutor Stratenwerth defende que, a responsabilidade das organizações, só pode ser a responsabilidade pelos actos dos seus membros que desempenhem cargos dirigentes ou directivos: «qualquer outra solução conduziria a uma responsabilidade por caso fortuito».[1360] Refere ainda o

---

[1357] Cfr. o Ponto 2.2.5 deste Capítulo; cfr. Teresa Serra in «Homicídio Qualificado...», op. cit., 1997, sobre esta matéria). Cfr. igualmente o nosso Capítulo V acerca da perda de domínio do facto no Direito Penal.

[1358] Cfr., quanto ao ilustre Autor Hirsch «*Die Frage der Straffähigkeit von Personenverbänden*», p. 10 e ss., Tiedemann in «*NJW*», p. 1170 e ss.; *apud* G. Heine in «*Die strafrechtliche Verantwortlichkeit von Unternehmen...*», 1995; in «*La responsabilidad penal de empresas...*», 1996, p. 9, n. de r. n.º 26. O Prof Doutor Günter Heine acrescenta c. n. t.: «Ambos se conformam, sem justificação dogmática, com uma autoria geral. Sem aportar perspectivas construtivas, Tiedemann reconhece que, devido a que assim não se chega a determinar qual é o órgão que em concreto actua, o problema de fundo não é resolvido (irresponsabilidade individual das pessoas)». Cfr. o nosso ponto 2.4 no Capítulo V.

[1359] Cfr. Deruyck, in *ZStW* vol. 103 (1991), p. 728 e ss.; *apud* Günter Heine *idem ibidem*, que nos acrescenta uma preocupante ideia em relação à teoria do Dr. Deruyck: «Desta maneira, a premissa dum conceito penal da culpabilidade é largamente abandonada. Não é de surpreender portanto que esta posição seja coincidente, quanto às consequências, com o modelo de medidas de segurança».

[1360] Cfr. Stratenwerth in «*Festschrift für JeschecK*», 1992, pp. 298 e 304 e ss. (nota 1); *apud* G. Heine *idem ibidem*.

Prof. Doutor Günter Heine em relação ao anterior ilustre Autor alemão: «Mas o seu modelo de medidas de segurança, desprovido de limites de prevenção especial, permite-lhe sacrificar estas premissas necessárias da política criminal (...)». E ainda: «A responsabilidade da empresa entra em consideração sempre que, como sucede no planeamento de Deruyck, se tenham ultrapassado os limites do risco permitido». Parece, assim, que não é nada de admirar que os defensores desta configuração[1361] – preocupados em legitimar os seus critérios com alicerces no princípio da responsabilidade e a necessidade de prevenção (Schünemann; Hirsch, Lampe) – não se consigam pôr de acordo sobre o denominador da evitabilidade (*Vermeidbarkeit*) abstracta dos riscos. Esclarece-nos o Prof. Doutor Günter Heine[1362]: «Este critério geral de responsabilidade (...) revela uma certa preferência pelos critérios básicos da dogmática. Mas não só isto debilita a sua força persuasiva; como também o resultado obtido é por si só problemático. Não resulta claro por quem, por que meios e com que consequências deve ultrapassar-se o risco permitido. É igualmente incerto se este critério se mede de acordo às possibilidades do indivíduo ou da empresa. Se se recorre à teoria da imputação objectiva do Direito penal individual (...), teria que reconhecer-se que não há dois autores que tenham tratado de maneira semelhante a questão do risco permitido. (...) Imputação apresentada como direito penal central, mas que sacrificaria os tradicionais princípios da imputação. A consequência seria não só um esvaziamento de sentido do conceito pessoal de culpa, mas também dos fundamentos das medidas de segurança».

Por seu lado, o ilustre Penalista Lampe considera ainda que a fundamentação da «*culpa da organização*» do Prof. Doutor Klaus Tiedemann é susceptível de ser utilizada para argumentar um ilícito da empresa, mas não uma culpa da empresa.[1363] Por seu lado, a Prof.ª Doutora Zúñiga Rodríguez considera que não existe incompatibilidade, pois ilícito e culpa são dois desvalores inter-conexionados desde a imputação de responsabilidade penal. Na realidade, o conteúdo da culpa depende do conteúdo do

---

[1361] Cfr. o início deste Capítulo em relação a este modelo: Schünemann *apud* Vogel *idem ibidem*.

[1362] *Idem ibidem* em plena crítica c. n. t..

[1363] *Vide* Lampe in «*Systemmunrecht und...*», 1994, p. 729; *apud* Z. Rodríguez *idem ibidem*, n. de r. n.º 121.

ilícito penal.[1364] E, desta vez, referimo-nos à funcionalidade social da conduta do, v.g., ente colectivo, que pode pôr em risco ou violar bens jurídicos individuais ou colectivos. Neste contexto, a potencialidade do ente colectivo de risco para bens jurídicos individuais ou colectivos *pode expressar-se*[1365] (como, dizemos nós, *pode não se expressar!*) pelo facto de possuir uma «*atitude criminal de grupo*» (ou, para nós, disposição ou «*postura criminal de conjunto*») – situação a distinguir duma associação criminosa: cfr. art. 299.º CP -, ou uma *política* ou «*ambiente ou clima*» (Tiedemann *idem ibidem*) proporcionador e favorecedor do cometimento de infracções (v.g. crimes), arquitectando-se, neste preciso caso, um «*defeito de organização*» muito parecido com a construção do Prof. Doutor Klaus Tiedemann. Desta forma, a infracção do dever de vigilância, a «*culpa in vigilando*»[1366] não será susceptível para fundamentar ou alicerçar uma responsabilidade do titular da empresa, mas *pode ser uma expressão* (como, dizemos nós, *pode não ser expressão!*) do defeito de organização ou uma política (ou «*ambiente*») facilitista e/ou favorecedora à realização duma infracção (v.g. crime) do ente colectivo (v.g. organização empresarial ou empresa).[1367]

Como nos refere o Prof. Doutor *Luis* Gracia Martín[1368], em relação às medidas «não penais» (caindo quanto a nós numa «burla de etiquetas», pois até prevê o «*cierre*») que propõe para os entes colectivos, com o nosso sublinhado: «*A mi juicio la efectiva realización del hecho (como hecho de contacto) no debe formar parte del supuesto de hecho de estas*

[1364] Vide Lampe in «*Verantwortung und...*», Lampe (Hrg.) «*Verantwortlichkeit...*», 1994, p. 293 e p. 302; apud Z. Rodríguez *idem ibidem*: «A culpabilidade de um sujeito é uma relação entre a actuação desse sujeito e a lesão de bens jurídicos como pressuposto». E no parágrafo seguinte, em termos similares ao ilustre Autor alemão c. n. t.: «Essa relação (imputação), no delito naturalístico fundamentava-se na vontade má (eticamente reprovável) expressada na lesão do bem jurídico. Actualmente, essa relação fundamenta-se na funcionalidade social da conduta, expressada na potencialidade de risco do sujeito para os bens jurídicos».

[1365] Parece que a posição da Prof.ª Doutora Z. Rodríguez «tem parecenças» com a «*corporate culture*» australiana de que nos dá conta o Prof. Doutor K. Tiedemann in «*Responsabilidad penal..*», 1997 (1995), p. 40.

[1366] Culpa por infracção ao dever de vigilância que se dispõe sobre a pessoa de outrem.

[1367] Zúñiga Rodríguez in op. cit. p. 239.

[1368] In «*La Cuestión De La Responsabilidad Penal De Las Proprias Personas Jurídicas*», p. 72.

medidas, aunque normalmente aquélla constituirá por lo general <u>un síntoma</u> del peligro objetivo de la realización de futuras infracciones».

Pensamos, por outro lado, que a teoria da ilustre Penalista ibérica, Prof.ª Doutora Zúñiga Rodríguez pode permitir, não só mas também, encontrar bases sólidas – e dar novas pistas – para a ideia de utilizar a técnica dos «exemplos-padrão» (*Regelbeispieltechnik*: cfr. o Ponto 2.2.5 deste Capítulo) na responsabilidade penal dos entes colectivos, por forma a evitar a prévia determinação da responsabilização individual ao estilo da teoria de Direito Civil da identificação. Ideia que já tinha sido *anteriormente* lançada pela Mestra Dr.ª Teresa Serra[1369]. A teoria da Prof.ª Doutora Zúñiga Rodríguez, imbuída de «pensamento analógico» de forte propensão derivado da tese do Prof. Doutor Günter Heine, parece querer ir um pouco mais além do que a teoria do Prof. Doutor Klaus Tiedemann, pois, embora não deixe de ser coincidente em extremo, por lugares comuns com a «*culpa pela organização*», não deixa de chegar mesmo a sobrevoar o território da «*cultura de corporação*» australiana.[1370] Mas, como já vimos acima, na linha de pensamento do ilustre Penalista alemão Joachim Vogel (*idem ibidem*)[1371] – que critica claramente o modelo criado pelo Prof. Doutor Klaus Tiedemann! -, resulta deveras duvidoso se as razões expostas justificam uma imputação, pois na verdade são os seus membros os portadores desta «*atitude criminal do grupo*», com o que a «*culpa pela organização*» constitui uma culpa pela organização que realizam as pessoas competentes.

[1369] *Vide* Teresa Serra, em inglês, in «*Establishing a Basis for Criminal Responsibility of Collective Entities*», 1998, *edition iuscrim*, 1999, p. 215, propondo o seguinte: «*A mixed model is perhaps possible, based on a combination of both approaches which would allow the General Part of Penal Code to offer*: (a) *comprehensive model of criminal liability which be could be formulated by using the "pattern-examples" techcnique (Regelbeispieltechnik*), (Jorge de Figueiredo Dias, Direito Penal Português, As consequências jurídicas do crime, Lisboa 1993, pp. 203 e ss.; Teresa Serra, Homicídio Qualificado, Tipo de culpa e medida da pena, Lisboa 1990, pp. 47 e ss.) *and* (b) *a clear statement of the sanctions to be imposed on corporations which are found criminally liable, including a means of convertting prison sanctions into pecuniary sentences*».

[1370] *Vide* Hill, J. e R. Harmer in «*Criminal Liability of Corporations* – Australia», 1996, pp. 71 e ss..

[1371] Parece, pois, existirem umas certas diferenças entre as críticas entre o pensamento dos ilustres Penalistas alemães Joachim Vogel e Günter Heine in «*Die strafrechtliche Verantwortlichkeit von Unternehmen…*», 1995; in «*La responsabilidad penal de empresas…*», 1996, p. 9, n. de r. n.º 26.

3.5.1.1. Modelo original de responsabilidade colectiva arquitectado a partir da responsabilidade criminal individual como pensamento «análogo "puro" de modelo de culpa», dirigido aos princípios e categorias do Direito Penal clássico: algumas conclusões devidamente enquadradas

Tentamos seguir o caminho inaugurado pelo Prof. Doutor Jorge de Figueiredo Dias – e pelo Prof. Doutor Arthur Kaufmann em moldes mais gerais -, em termos específicos e jurídico-penais de responsabilidade dos entes colectivos, por meio dum pensamento «análogo» aos princípios do Direito Penal clássico e individual. É nessa senda original que incluímos, *grosso modo*, as teorias nesta matéria do Prof. Doutor Günter Heine, em parte substancial da Prof. Doutora Zúñiga Rodríguez e, segundo tudo leva a crer entre nós, pelo menos também em parte, da ilustre Docente de Direito Penal portuguesa, Mestra Dr.ª Teresa Serra[1372]. Joachim Vogel[1373] refere, precisamente, que as objecções, a montante referidas, à teoria da «culpa pela organização», são justamente evitadas pelo «modelo de culpa analógica»[1374]. É – já o dissemos! – a designada terceira via. Mas, embora a responsabilidade das organizações supraindividuais se deva estruturar de modo separado, nos seus pressupostos e consequências, à responsabilidade individual, deverá haver uma aproximação a um ponto cardeal, i.e., a organização deficiente do ente colectivo, v.g., empresa. É, portanto, uma responsabilidade originária da própria organização que é independente da culpa das pessoas individuais: sistema paralelo ou separado do Direito Penal individual. Trata-se do problema da «culpa das agrupações» e, por isso mesmo, dum problema de Direito Penal.

Como refere o Prof. Doutor Günter Heine[1375]: «Se uma decisão consciente, pessoalíssima, moralmente equivocada fora constitutiva de toda a forma de culpa penal, então aqui terminaria a discussão; o círculo jurídico

---

[1372] No preciso momento em que estamos a realizar este trabalho, a Docente e Mestra Dr.ª Teresa Serra encontra-se numa fase terminal da Sua investigação e tese de Doutoramento.

[1373] *Idem ibidem. Vide*, igualmente, o início deste nosso Capítulo.

[1374] *Vide* Günter Heine in «*Die strafrechtliche Verantwortlichkeit von Unternehmen...*», 1995; in «*La responsabilidad penal de empresas...*», 1996, pp. 10 e ss. ou n. de r. n.º 32 e ss..

[1375] *Idem ibidem*, peremptoriamente e desfazendo quaisquer equívocos c. n. t..

de língua alemã deveria abandonar o âmbito internacional. As reflexões precedentes dirigem-se a evitar que se equipare a responsabilidade colectiva com a individual. Num sistema independente, atenuam-se os problemas. Não vemos nenhuma dificuldade insuperável para admitir a premissa de "poder ser culpável" também em relação às pessoas não naturais; quer dizer de formular-se a questão de por que alguém possa ser de maneira legítima declarado especialmente responsável».

Como temos referido várias vezes ao longo deste trabalho, a «culpa» surge aqui como categoria sistemática, cujas condições exigidas para a consecução de certos fins[1376] se decidem normativamente em função a fundamentos socialmente consensuais – conceito de culpa normativa –, e cujo conteúdo conceptual se guia no Direito Penal individual consoante funções específicas: Direito Penal central, acessório ou administrativo.[1377] Parece-nos muito importante salientar que, em termos globais, as reduções das posições clássicas, de Direito Penal de justiça, fortalecem com acuidade a tendência para as *penas* às empresas, provocando-lhes uma contraditória redução de garantias. Principalmente nos últimos tempos, as posições clássicas têm vindo a enfraquecer e debilitar gradualmente, como resultado dos novos programas de política criminal.[1378] Neste prisma, terá, pois, que verificar-se um enquadramento funcional análogo (ou similar) ao Direito Penal individual. Com o objectivo de determinar a responsabili-

---

[1376] Sendo maioritárias no Direito Penal, as correntes funcionalistas modernas possibilitam idealizar – desde um substracto de realidade que é diverso ao da pessoa singular e individual e que reside no ente colectivo jurídico e funcionalmente reconhecido – padrões e critérios de imputação de responsabilidade a partir de fins preventivos, gerais e especiais, e de protecção de bens jurídicos, individuais e colectivos: cfr., no mesmo sentido, Z. Rodríguez in op. cit. p. 242.

[1377] *Vide* Stratenwerth in «*Die Zukunft des strafrechtlichen Schuldprinzips* (1977), p. 29; *vide* Arthur Kaufmann in «*Jura*» (1986), p. 228; *vide* Claus Roxin in «*Festschrift für Henkel*» (1974), pp. 171 e ss; *vide* Lampe in «*ZStW*», vol. 106 (1994) pp. 723 e ss; por todos *apud Vide* Günter Heine *idem ibidem*, que ainda menciona: «Constitucionalmente não haveria nenhuma dúvida sob condição de que se observem determinados requisitos». E ainda: «Não existem maiores inconvenientes em nos pormos de acordo sobre a "culpabilidade das organizações" dentro dum sistema paralelo de responsabilidade colectiva. § A via indicada e que deve ser seguida não é nova. Já está prevista quando a responsabilidade da organização é fundamentada numa responsabilidade pessoal intermédia (como no direito das contra-ordenações alemão ou no Direito penal administrativo austríaco – § 9 in. 7 – ou no § 20 do Código Penal)».

[1378] *Vide* Günter Heine *idem ibidem*.

dade dos entes colectivos terá que haver um recurso às categorias clássicas de imputação do Direito Penal individual, desde a causalidade e a conduta, passando pelo resultado e indo até aos elementos subjectivos, como a própria culpa: na parte especial do Código penal – por meio da trivialização do resultado e a responsabilidade para os riscos e perigos abstractos –, e, na parte geral, através da ampliação da autoria, causalidade e criação de ficções no erro (v.g. art. 183.º do CP alemão). O ponto de partida são, pois, as próprias categorias do Direito Penal individual.[1379] E é essencialmente a partir daqui que podemos falar numa «*culpa pela condução da empresa*» no lugar – i.e. com funções «*análogas*» – da «*culpa pelo acto individual*». Podemos focalizar a «dimensão temporal» como constitutiva da responsabilidade da organização: a maioria das situações que o Direito Penal deve tratar, são o resultado de um desenvolvimento deficiente da empresa que não é atribuível a decisões individuais, mas sim a uma deficiência duradoura na previsão dos riscos de exploração. Deste modo, no Direito Penal da empresa não se trata só e propriamente duma culpa individual pelo acto, mas duma verdadeira culpabilidade de facto, que se poderia caracterizar à maneira do conceito – por certo juridicamente mal visto como já vimos! –, da «*culpa pela não formação da personalidade*»[1380] ou «*culpa pela conduta de vida*», como uma «*culpa pela condução da empresa*».

[1379] *Vide* Günter Heine *idem ibidem*, que contudo refere c. n. t.: «Mas, deve ter-se sempre presente que as condições de funcionamento deste são diferentes; vale por dizer: suas dimensões temporais distintas, sua orientação futura mais acentuada, seu poder especial, etc.».

[1380] Cfr. o nosso «Relatório do Mestrado em Ciências Jurídico-Criminais (1998-1999)», Direito de Menores, pp. 12-13: A acção, tipicidade, ilicitude, culpa e condições objectivas de punibilidade, constituem os componentes de todas as elaborações dogmáticas da infracção criminal. A doutrina do facto e a doutrina da personalidade não são incompatíveis entre si. Não se podendo esquecer que o Direito Penal é sempre Direito Penal do facto, pois se a evocação da medida de segurança e da pena ao facto resguardam a segurança e confiança do cidadão, a perigosidade tem como sintoma necessário o facto. Ora, a ciência não tem instrumentos plenamente eficazes para interceptar a perigosidade sem recorrer ao facto. Por outro lado, a perigosidade relaciona-se com o facto que ataca bens jurídicos ou simplesmente os ofende, pelo que a teoria geral da infracção criminal é a teoria do facto criminoso punível. Assim, estamos perante uma teoria geral do facto que clama por uma evocação à acção. Trata-se duma teoria geral do facto criminoso, o que exige a focalização da tipicidade, ilicitude e culpa. É uma teoria geral do facto criminoso punível, pelo que se exigem as condições objectivas de punibilidade. Quanto ao problema da culpa

Seria mais correcto falar, então, numa «*culpa pela condução do ente colectivo*», pois, de contrário, ficariam apenas incluídos um certo tipo de entes colectivos, i.e., as empresas, o que seria uma manifesta violação do princípio da igualdade (cfr. arts. 13.º e 12.º da CRP). É uma espécie de culpa pela não organização ou não formação do ente colectivo de acordo com os princípios do Direito. Não obstante, conforme as definições que demos de Direito comercial e empresa capitalista no ponto 3.2 do Capítulo V – e sabendo que a causa exemplar da empresa capitalista é a organização mercantil que constitui o paradigma e primeiro motor das zonas preferenciais da economia – podemos falar, igualmente, duma «*culpa pelo processo estrutural*». As notas fundamentais da empresa moderna são as tendências para a objectivação, para a racionalização e para a extroversão, i.e., para o aparecimento no mundo externo. Quanto à objectivação: para ultrapassar a limitação e a característica estática das economias antigas e alcançar a especialização da produção (divisão do trabalho e divisão social da produção) e a procura dum excedente nas trocas que permita ao processo reproduzir-se (obrigue a uma sempre mais eficiente selecção e utilização dos factores produtivos e garanta uma melhor satisfação das necessidades), a empresa tem que constituir uma organização duradoura e autónoma do respectivo titular: a empresa dispõe de bens próprios, de capitais próprios e de direitos e deveres próprios. Neste contexto há uma culpa do ente colectivo que é distinta dos seus elementos componentes. Quanto à racionalização, temos a referir: a) a lógica do ganho; b) cálculo rigoroso dos custos e dos ganhos; c) maximização dos recursos e optimização do excedente; d) auto-financiamento e auto-reprodução; e) *corpus* de tendências e princípios entendidos em face do ambiente natural da empresa: a inter-comunicação produtiva e concorrência onde o monopólio pode surgir como degradação empresarial. Neste contexto falamos duma «*culpa pela ocupação de espaços*» de forma perigosa ou violadora de bens

---

e de encontro com a teoria da culpa pela não formação da personalidade (apoiada pelo Prof. Doutor Eduardo Correia) o Homem é responsável pela não correcção das suas tendências perigosas e opostas aos valores ético-sociais protegidos pelo Direito Penal. Face à teoria da culpa pela opção fundamental de vida (defendida pelo Prof. Doutor Figueiredo Dias e intimamente ligada à filosofia existencialista), o Homem escolhe o seu plano de vida, o qual, por sua vez, orienta a personalidade. Ora, o crime é a actualização duma personalidade jurídico-penalmente censurável. Pelo que, existindo liberdade de escolha do plano de vida, é razoável responsabilizar o agente por esse mesmo plano e pelas suas implicações, ou seja, pelo crime e pela personalidade censurável.

jurídicos individuais ou colectivos pela empresa. E inspiramo-nos na brilhante «*teoria dos espaços*» do Prof. Doutor Orlando de Carvalho como explicação de tudo isto (outros ilustres Autores como Sombart falam de «*espírito de lucro*» enquanto Weber recorre ao «*protestantismo calvinista como teoria da predestinação onde o êxito é uma prova da graça divina*») que consiste no seguinte: a possibilidade de ir mais longe implica e estimula a ampliação progressiva da produção. Assim, verifica-se um contínuo alargamento dos espaços, das iniciativas e as possibilidades – que a breve trecho ultrapassa os limites do indivíduo para ancorar numa *organização autónoma*: a empresa. Ora, esta «*organização autónoma*» tem culpa própria se, por exemplo, não respeitar os limites e conservações ambientais de tal forma que ponha em perigo a vida humana; ou, não pagando impostos de forma fraudulenta, ponha em perigo o Estado de Direito ou o sistema nacional de saúde, porventura, escrupuloso. Mas antes disso tem que ter sempre uma presunção de inocência. Há, pois, uma «*culpa supraindividual*» como poderá haver uma «*culpa empresarial*». Cremos, contudo, que a «*teoria da ocupação de espaços*» pode ser aplicada «*analogicamente*» (na linha de Figueiredo Dias e Arthur Kaufmann) a entes colectivos, de Direito Público ou Privado, que não visam uma actividade lucrativa. Todos os entes colectivos visam ocupar espaços seja desde as perspectivas económica, social, política, cultural, mental ou religiosa. E pode haver uma «*culpa de ocupação de espaços*» ao colocar em perigo ou violar bens jurídicos individuais e colectivos: violando «princípios constitucionais» constitucionais!

A largo prazo, esta perspectiva vai conquistando precisão através da responsabilidade integral da empresa pelo planeamento, investigação, desenvolvimento, produção e organização.[1381] Importa, pois, integrar este modelo de responsabilidade penal no Estado de Direito. Ora, o Direito comparado demonstra que quanto mais geral for a norma de responsabilidade das empresas, mais volúvel e permeável se tornarão as hipóteses de determinar os contornos da responsabilidade. Quem quiser evitar cláusulas que apreendam tudo colectivamente, ou quem obedeça às fronteiras estabelecidas pelo Estado de Direito, somente lhe resta a via de perceber o potencial especial de perigos de certos tipos de empresa – privadas ou

---

[1381] *Vide* Günter Heine *idem ibidem* que pergunta c. n. t.: «Quem outros senão aqueles que sistematicamente geram e se aproveitam de novos riscos, que dispõem de um conhecimento e poder especial, devem assumir esta responsabilidade especial?».

públicas, entre outros entes colectivos! – e propor soluções específicas dirigidas a esses mesmos riscos.[1382] A ideia fundamental é não resvalar para uma «fraude ou burla de etiquetas»: o cerne da questão está no facto de que as sanções têm carácter penal se os seus requisitos dogmáticos, a sua cominação, imposição e aplicação obedecem a certos critérios, padrões e ideias penais básicas! O Direito Penal disfruta duma conexão estrita ao princípio da culpa, pois as suas exigências e requisitos são mais fortes e densos do que no Direito Civil e administrativo. Por isso mesmo é que as sanções não têm a natureza penal, simplesmente porque são rotuladas ou etiquetadas como tal: é caso para dizer que «*o hábito não faz o monge*». *Mutatis mutandis*, também não existe suficiente legitimação *etiquetal* de «índole penal», simplesmente porque se podem reconduzir as sanções ao Direito Penal individual.[1383] Vamos pensar, sobretudo – como ensaio dogmático -, em procedimentos empresariais de exploração, baseados e fundamentados na tecnologia.[1384] Deveríamos considerar uma empresa vocacionada para a produção de novos riscos técnicos, como garante de controlo duma forma paralela, à responsabilidade penal individual pela direcção do estabelecimento.[1385] O dever de evitar perigos e de controlar, são fruto do facto de que os riscos próprios da exploração podem ser somente e apenas controlados através duma administração dos riscos pela empresa, e não por meio das disposições de segurança e controlo estatais. Seriam essencialmente dois pressupostos que forneceriam os critérios directivos da responsabilidade penal (ou administrativa) da organização: 1.º como *condição necessária*, deverá haver uma *administração deficiente do risco (fehlerhfte Risikomanagement)* – ou uma *gerência imperfeita do inconveniente possível ou do perigo* – e, como *condição*

[1382] *Vide* Günter Heine *idem ibidem* que nos diz c. n. t.: «Planeiam-se diferentes respostas segundo se trate de Bancos que se tenham omitido de tomar medidas de organização para evitar a lavagem de dinheiro de organizações mafiosas (organizações ilegais que através da acumulação financeira ameaçam a ordem social) ou de grandes empresas que criam o desenvolvimento técnico da sociedade».

[1383] *Vide* Günter Heine *idem ibidem*, n. de r. n.º 34, que ainda diz c. n. t.: «...mas ainda se estes resultam sobrando à causa da sua natureza preventivo-geral».

[1384] Recordemos, por exemplo e novamente, Teresa Serra quanto a possível não ilicitude dum mero *input* in «Contra-ordenações: responsabilidade de entidades colectivas...», RPCC, 1999, p. 200 – e n. de r. n.º 39.

[1385] *Vide* essencialmente o «modelo de culpa analógica» e a dogmática do Prof. Doutor G. Heine *idem ibidem*.

suficiente, a *materialização do perigo típico da empresa*.[1386] Neste sentido, fica posta de lado a conduta errada dum membro individual da empresa. Não obstante, como refere o Prof. Doutor Günter Heine[1387]: «...mantêem-se os aspectos típicos penais: o dever de responder pelo desvalor do resultado prejudicial, se foram causados "individualmente" (i. e., por empresas concretas) de modo culpável e imputável». A noção da comissão dum ilícito no cumprimento duma função conhecida no Direito Penal individual – desvalor do resultado causado «*individualmente*» de maneira culpável e imputável! –, garante o carácter penal desta responsabilidade. Em vez de falarmos do domínio do facto individual, podemos conceptualizar um domínio funcionalo-sistemático da organização.[1388] Verifica-se uma *deficiência do domínio da organização* (ou estruturação) da empresa, quando a empresa descuida e/ou despreza as hipóteses de corrigir a tempo um perigo (e/ou risco); ou omite programas de prevenção nos investimentos ou no planeamento. Facto que nos parece ser de grande importância, é que todos estes deveres podem ser precisados ao nível de cada divisão particular da empresa, consoante as funções da mesma.[1389] A materialização dos perigos típicos da empresa – i.e. os resultados –, seriam considerados como *condições objectivas de punibilidade*. «Isto pode explicar-se pelo facto de que o resultado no Direito penal das empresas não é produto de um comportamento dominado pela vontade de um autor, mas é percebido como consequência dum processo acumulativo de uma administração deficiente gerada durante largo tempo».[1390] A conexão e/ou relação entre esta *condição objectiva de punibilidade e a administração* (ou gestão) *defeituosa* (ou imperfeita) *do risco* (perigo) *governa-se* – em vez duma causalidade estrita e rigorosa característica do Direito Penal individual – por uma *teoria de aumento do risco próprio das organizações*

[1386] *V.g.* perigo comum ou, se for o caso, dano ambiental especialmente grave.

[1387] *Idem ibidem* c. n. t.. Aqui verificam-se diferenças com as propostas de Zúñiga Rodríguez in op. cit. *passim*.

[1388] Cfr. o que já dissemos em relação a esta matéria nos Capítulos I e V e Neste mesmo VI.

[1389] Conselho de Administração, Departamento Legal, Direcção Comercial e outros sectores.

[1390] *Vide* G. Heine *idem ibidem* c.n.t.. Lembramos, contudo, os possíveis problemas de constitucionalidade de quaisquer «condições objectivas de punibilidade». Fica aqui claro que rejeitamos a «responsabilidade penal ou contra-ordenacional objectiva» ou, porventura, com «máscara ou pele» de «responsabilidade civil»!

(estruturações). Isto justifica-se pelo facto de que «...não se trata de uma coordenação de acontecimentos pontuais, em função da experiência social estabelecida (como no Direito penal individual), mas do domínio de situações de risco que não parecem ser concretamente previsíveis».[1391] Face a esta situação, também será determinado de forma ou modo funcionalo-colectivo o dolo, a culpa e a consciência da ilicitude. A pergunta que se põe de imediato – como é evidente! – é se o ente colectivo, i.e., a empresa e/ou a sociedade comercial podem ter dolo? Já mencionamos que existe um *dolo de grupo*.[1392] Como a montante referimos e demos a entender, poder-se-á investigar o dolo de tal forma que possa ser utilizado «analogamente», por pensamento, na responsabilidade dos entes colectivos a partir da categoria clássica, como a conhecemos no Direito Penal clássico. Para o Prof. Doutor Günter Heine[1393], os elementos subjectivos no Direito Penal individual já não se estabelecem como um conhecimento real do autor, mas fixam-se de acordo com critérios sociais.[1394] Mas, no contexto do Direito Penal funcional, a imputação a um ente colectivo – e nomeadamente a uma empresa – é na realidade muito menos difícil e problemática do que no caso duma pessoa singular individual ou natural. É que, enquanto na situação do autor individual, a «presunção» da existência do conhecimento jurídico relacionado com, v.g., as diversas regras de segurança existentes, se vai tornando cada vez mais ficitícia (*vide* Günter Heine *idem ibidem*), já a imputação que se refere aos entes colectivos, v.g., empresas, torna-se cada vez mais real e concreta, à condição de que se possa imputar, também, ao ente colectivo autor (v.g. empresa privada ou pública autora), no seu conjunto, o conhecimento possuído pelos seus – por exemplo – departamentos legal e de segurança.[1395] Por fim, mas não por último, a categoria da «*culpa pela condução do ente colectivo, v.g., empresa*»[1396] – na

---

[1391] *Vide* Günter Heine *idem ibidem* c.n.t..
[1392] *Vide* Joachim Vogel *idem ibidem*.
[1393] *Vide* Günter Heine *idem ibidem*.
[1394] Outra via é aquela que refere que o conhecimento (cognoscibilidade) é o elemento mais determinante do dolo, ao contrário do seu elemento volitivo, i.e., a vontade. Não podemos, contudo, esquecer o elemento emocional do dolo de que nos fala o Prof. Doutor J. de Figueiredo Dias para o Direito Penal individual: cfr. o 3.4.1 (críticas!) e o «analógico» elemento (do dolo de grupo) emocional «de grupo».
[1395] *Vide* tudo o que já dissemos a montante acerca desta problemática.
[1396] *Vide* tudo o que já dissemos a montante acerca desta problemática, nomeadamente, no ponto imediatamente anterior deste Capítulo.

linha de pensamento da «*culpa pela não formação da personalidade*» – do Prof. Doutor Eduardo Correia. Esta categoria surge como específica forma de responsabilizar a empresa, pelo que o juiz será obrigado a fundamentar e justificar, que teve em consideração a «*individualidade*» do ente colectivo concreto e determinado, v.g. empresa, ao contrário normal e formalmente da matéria administrativa ou civil (i.e. indesejavelmente mesmo que se verifique a «burla de etiquetas»!). Ora, tanto «*a culpa pela condução do ente colectivo (v.g. empresa)*» como a culpa particular do Direito Penal individual seriam, de *jure constituendo* ou de *jure condito*, duas causas de responsabilidade diversas, que ornamentariam dois campos de responsabilidade diferentes: 1.º o do indivíduo; 2.º o do colectivo. Como consequência ou efeito, ambos os modos de responsabilidade devem ser considerados e reprimidos de modo paralelo.[1397] De qualquer forma, note-se que o ponto de partida são sempre as categorias clássicas do «Direito Penal individual», a partir duma perspectiva de «pensamento analógico», pelo que, na nossa opinião e em última instância, não há necessidade de construir sistemas ou critérios anómalos de imputação. Assim, necessariamente terão que se respeitar causas de justificação e exculpação e todas as garantias e princípios penais!

Como Homens e, sobretudo como muito modestos estudiosos do Direito Penal, somos, em *grau máximo*, profundamente desconfiados do *Direito Punitivo* do Estado seja qual for a *etiqueta* sob a qual o mesmo se queira apresentar aos cidadãos, administrados e todos os eventuais destinatários das normas. «Os nossos jogos linguísticos, simples e claros» – escreve o Filósofo austríaco Ludwig Wittgenstein – «não são estudos preparatórios com vista a uma regularização futura da linguagem, como se se tratasse das primeiras tentativas aproximativas, quando ainda se ignora a fricção e a resistência do ar. Os jogos linguísticos foram propostos antes como termos de comparação que pretendem lançar luz sobre os factos da nossa linguagem, não só por via de semelhanças, mas também de dissemelhanças (secção 130)».[1398] Como nos refere o actual Diplomata do Estado português e outrora Docente da Faculdade de Direito da Universidade Clássica de Lisboa, Mestre Dr. André de Melo Bandeira: a «... palavra demoníaco ou não merece atenção em Wittgenstein, ou o "daimon"

[1397] *Vide* Günter Heine *idem ibidem*.
[1398] *Vide* Cordon, Juan M. Navarro, e T. Calvo Martinez in «História da Filosofia...», 3.º Volume, 1983.

deste austríaco que o levou sucessivamente de lógico, a soldado, de soldado a jardineiro e arquitecto, a músico e a filósofo e académico, tinha indiscutivelmente autoridade mas não insistiu na "luz gélida" da primeira fase, pelo que se apagou. Ficou apenas "génio".[1399]

A defesa dos Direitos Fundamentais dos Homens – e dos Entes Colectivos! – e das Garantias e Princípios Penais será sempre, para nós, uma tarefa interminável. Pelo que, como nos dizia Luís Vaz de Camões:

«Da determinação que tens tomada
Não tornes por detrás, pois é fraqueza
Desistir-se da coisa começada.»[1400]

Nas palavras do Artista Plástico, e das Letras, César Taíbo[1401], o «...branco é a linha da vida, o fio de Ariadne, o mistério da vida, o caminho a percorrer. A linha sinuosa que Psique realiza para o encontro com o Amor, ou o tear de Aracne, a teia de aranha, branca, invisível, que as presas não vêem e onde dormirão à espera de um fim sombrio e trágico».

Podemos, pois, observar o que Thomas Mann nos diz: «Será que dessa festa da morte, dessa perniciosa febre que incendeia à nossa volta o Céu desta noite chuvosa, também o amor surgirá um dia?»[1402]

Vimos que assim foi e cremos que assim sempre será, pois *do nada só resulta o nada*! Só vemos um caminho ainda que cheio de dificuldades e obstáculos, mas também pleno de desafios: o amor pelas Gerações Pas-

---

[1399] Para uma análise e crítica – tese de dissertação de Mestrado em Ciências Jurídico-Filosóficas – do pensamento de Wittgenstein, entre muitos outros aspectos, *vide* André de Melo Bandeira in «O mal no princípio da autoridade – o problema do dever da obediência em treze, 1 – 7 de Epístola aos romanos, de S. Paulo», 1991, pp. 68-98, concluindo na p. 268: «Na verdade, nós não seguimos nada. Quando seguíamos, caímos na estrada de Damasco e, se não tivessem tido compaixão de nós, não teríamos sido levados para fora do pó. S. Paulo teve compaixão de si próprio e, em si próprio, pela humanidade inteira, ele o desesperado, filho incógnito dos falares e línguas, ele o forasteiro, ele, o Estrangeiro. § Por isso se pôs de joelhos. Mais vale renascer de joelhos que morrer em pé. § ...quod ad demonstrandum».

[1400] Cfr. «*Os Lusíadas*», 40, I, 2-4.
[1401] *Vide* César Taíbo in «Nus Trágicos de Timor», 1999, p. 5.
[1402] Cfr. Thomas Mann in «Montanha Mágica», p. 749.

sadas, pelas Gerações Presentes, mas igualmente pelas Gerações Futuras![1403] Eis a grande preocupação que nos motiva e impele a continuar a nossa investigação!

[1403] Afinal «...a vida é um contínuo reviver, e as sucessões não passam de repetições...»: *vide* Mário Escoto in «O Corvo de Wotan § Romance Histórico», 2003, p. 148.

CAPÍTULO VII

PRÉ-CONCLUSÕES COM NOVOS DESENVOLVIMENTOS
DAS QUAIS RESULTAM, ESSENCIALMENTE, 6 TESES
E A CONCLUSÃO PRESENTEMENTE FINAL E/OU A TESE
FINAL: RESULTADO DA INVESTIGAÇÃO POR NÓS
REALIZADA ATÉ AO PRESENTE MOMENTO

1. Pré-conclusões e novos desenvolvimentos I

1.ª – O Regime Geral das Infracções Tributárias (RGIT), aprovado pela Lei n.º 15/2001, de 5 de Junho, constitui actualmente o principal diploma legislativo português de Direito Penal e Contra-ordenacional Tributário (Fiscal e Aduaneiro), que está integrado no Direito Penal secundário ou Direito Penal administrativo no que aos crimes concerne; e no Direito de mera ordenação social, no que às contra-ordenações diz respeito; tal e qual como o Prof. Doutor Jorge de Figueiredo Dias os definiu (v. «Para Uma Dogmática Do Direito Penal Secundário...», 1983).

2.ª – No quadro clarificado do RGIT, são aplicáveis subsidiariamente quanto aos crimes e seu processamento, as disposições do Código Penal (CP), do Código de Processo Penal (CPP) e respectiva legislação complementar: cfr. art. 3.º, alínea a] do RGIT; quanto às contra-ordenações e respectivo processamento é aplicável subsidiariamente o Regime Geral do Ilícito de Mera Ordenação Social (RGIMOS): cfr. art. 3.º/b] do RGIT; por seu lado, o art. 32.º do RGIMOS refere que em tudo o que não for contrário à presente lei aplicar-se-ão subsidiariamente, no que respeita à fixação do regime substantivo das contra-ordenações, as normas do CP.

3.ª – Todos os caminhos vão dar ao CP: podemos afirmar neste preciso sentido que se trata da área do «*Direito Penal em sentido amplo*» pois tudo é Direito punitivo e por isso mesmo é que nos processos de contra-ordenação, bem como em quaisquer processos sancionatórios, são assegurados ao arguido (seja pessoa singular ou ente colectivo) os direitos de audiência e defesa: trata-se dum Direito Constitucional consagrado no art. 32.º/10 da Constituição da República Portuguesa (CRP). Tal constatação material não implica que não pensemos que possa existir uma legítima diferenciação formal no plano dos conceitos entre Direito Penal clássico, Direito Penal secundário e Direito de mera ordenação social, rejeitando, em todo o caso, a possível «burla de etiquetas» operada pelo legislador.

4.ª – No quadro da designada «Sociedade do Risco», onde os entes colectivos são actores principais, a função do Direito Penal permanece como a exclusiva tutela subsidiária de bens jurídico-penais individuais e colectivos, pelo que o Direito Penal não deve – nem pode! – ser instrumentalizado como modo de governo, de promoção e de propulsão de finalidades da política estadual ou de tutela de ordenamentos morais, pois aí reside justamente a secularização como superação da razão instrumental. A dogmática penal deve evoluir no sentido de atribuir ao aplicador do Direito instrumentos e critérios que, contudo, não podem constituir «dogmáticas alternativas» susceptíveis de se transformarem em «alternativas à dogmática» ilegítimas e inconstitucionais. O pensamento «analógico» para a responsabilização criminal dos entes colectivos através das categorias do Direito Penal clássico e individual, dos Professores Doutor Jorge de Figueiredo Dias, Doutor Arthur Kaufmann e Doutor Günter Heine é um dos caminhos legítimos e constitucionais, mas só o é potencialmente *de lege ferenda*.

5.ª – A eticização do Direito (Penal) Fiscal (e Tributário) deverá ser bilateral, pois só assim se completa, no sentido de que à recolha rigorosa de receitas por parte do Estado – nas vestes de hábito do Fisco! – terá necessariamente que corresponder uma não menos escrupulosa e adequada aplicação dos dinheiros públicos, por forma a abortar uma qualquer absolvição psicológica, pois se pagar impostos é um Dever Fundamental constitucional (cfr. arts. 103.º «Sistema fiscal», 104.º CRP): também a rigorosa e correcta aplicação dos meios financeiros necessários ao desenvolvimento económico e social constitui um Dever Fundamental constitucional (cfr. arts. 101.º «Sistema financeiro», 105.º, 106.º, 107.º da CRP).

6.ª – Estando em causa um bem jurídico colectivo com duas faces (ou dois bens jurídicos colectivos com a mesma face do Estado!), i.e., recolha de receitas públicas e realização de despesas públicas, há que concretizar funcionalmente na Lei ordinária, com respeito inequívoco do princípio da culpa, a equivalência ética entre a responsabilidade pelas infracções financeiras (que tem ressonância constitucional: cfr. art. 214.º/1, alínea c]) e a responsabilidade pelas infracções tributárias (fiscais e aduaneiras): Direito Penal financeiro e Direito Penal tributário (fiscal e aduaneiro). Existe um desequilíbrio actual e notório entre, v.g., a pena de multa pela infracção financeira (cfr. Lei n.º 98/97, de 26 de Agosto: com ressalvas do nosso ponto 3 do Capítulo I) e a pena de prisão do RGIT que pode atingir 8 anos (!) pelo crime de «burla tributária» (cfr. art. 87.º RGIT).

2. Pré-conclusões e novos desenvolvimentos II

7.ª – Assistiu-se a um movimento legislativo de «reforma» (consideramos que não existiram mudanças significativas para que se trate duma verdadeira reforma!) no âmbito do RJIFA e do RJIFNA, onde se destacaram os seguintes diplomas: a) Resolução do Conselho de Ministros (RCM) n.º 119/97, de 14 de Julho de 1997 -«Bases Gerais da Reforma Fiscal da Transição para o Século XXI» (nomeadamente propunha-se no n.º 2 do Ponto 11.º, da Parte IV, a regulamentação uniforme no Direito Penal tributário, quer ao nível de tipos, quer no que se refere à dosimetria das sanções aplicáveis, em relação a institutos como a responsabilidade em nome de outrem, a responsabilidade das pessoas colectivas ou os entes fiscalmente equiparados e a responsabilidade subsidiária) e subsequente RCM n.º 10/98, de 23 de Janeiro, ou «Quadros gerais para a reforma fiscal – Um sistema fiscal para o Portugal desenvolvido, no limiar do século XXI»; a Lei Geral Tributária (LGT), aprovada pelo DL n.º 398/98, de 17 de Dezembro, que, no seu art. 111.º (entretanto revogado pela alínea g] do art. 2.º da Lei n.º 15/2001, de 5 de Junho), ao contrário da Lei de autorização (Lei n.º 41/98, de 4 de Agosto) – a qual só previa a responsabilidade contra-ordenacional das pessoas colectivas! – previa a responsabilidade das pessoas colectivas por quaisquer infracções fiscais (crimes ou contra-ordenações), i.e., verificava-se a inconstitucionalidade orgânica por falta de Lei de autorização; e o próprio RGIT, aprovado pela Lei n.º 15/2001, de 5 de Junho que consagrou no seu art. 7.º a «Responsabilidade das pessoas colectivas e equiparadas».

8.ª – Incorporou-se num só texto (RGIT) o Regime Jurídico das Infracções Fiscais Aduaneiras (RJIFA), aprovado pelo DL n.º 376-A/89, de 25 de Outubro, e o Regime Jurídico das Infracções Fiscais Não Aduaneiras (RJIFNA), aprovado pelo DL n.º 20-A/90, de 15 de Janeiro, de modo a trazer unidade de forma ao Direito Penal tributário, fundindo no mesmo texto igualmente disposições sancionatórias avulsas que passaram a ter o seu assento próprio, como acontece com os crimes relativos à Segurança Social.

9.ª – No contexto da justiça fiscal portuguesa surgiram algumas novidades introduzidas pelo RGIT relativamente ao RJIFNA (e ao RJIFA) anterior(es) que vieram dar inteira razão a muitas das críticas Doutrinais e Jurisprudenciais que enunciamos e comentamos no Capítulo II deste trabalho, nomeadamente: a) colocou-se termo à penalidade cumulativa da prisão e multa nas situações de crime, plasmando-se as duas sempre como alternativa: art. 12./1 do RGIT; b) aceitou-se com transparência o princípio de que as infracções tributárias são especiais relativamente às comuns: art. 10.º do RGIT; c) estruturaram-se regras quanto ao concurso de infracções: art. 10.º e art. 25.º do RGIT; d) suprimiu-se, por meio do art. 7.º/4 do RGIT, a regra da responsabilidade cumulativa das pessoas colectivas e dos seus administradores e representantes em matéria de contra-ordenações tributárias; mas, no nosso entender, não só não se abandonou a teoria da identificação com origem no Direito Civil alargada à representação na consagração da Lei positiva no art. 7.º/1 do RGIT (cfr.): «...órgãos ou representantes...», como permanece uma possível inconstitucionalidade orgânica relativamente à directriz de pura «identificação», entre órgãos e organização do art. 7.º/2 do RGIMOS (cfr.), no qual se refere somente «...órgãos...»! Deste modo, o art. 7.º/4 do RGIT não transformou a responsabilidade dos entes colectivos por contra-ordenações tributárias em «órfã de pressupostos abstractos de imputação», o que seria aceitar uma intolerável e inconstitucional responsabilidade objectiva. Face à redacção do art. 7.º/2 do RGIMOS e do art. 7.º/1 do RGIT é, por outro lado e *de lege lata*, de recusar a aplicação do «modelo de culpa analógica» (a jusante). Não pretendemos, não obstante, aqui resolver de forma definitiva os problemas da respectiva (in)constitucionalidade: só o Tribunal Constitucional pode ter essa mesma pretensão.

10.ª – Na área fiscal (e tributária), inseriu-se um tipo-de-ilícito autónomo de burla tributária (e, portanto, fiscal ou aduaneira: cfr. art. 87.º do RGIT), susceptível de tentar terminar com as dúvidas Doutrinárias e Jurisprudenciais que envolveram e continuam a marcar a «repressão» penal de determinadas acções defraudatórias da administração tributária, e redesenharam-se os crimes de fraude fiscal e de abuso de confiança fiscal. Estamos, contudo, desconfiados de que as dúvidas ainda agora começaram: desde já por ser um completo absurdo uma pena de oito anos de prisão cujo n.º 3 do art. 87.º do RGIT prevê! Além de constituir a «*abertura dum fosso ainda maior*» entre a responsabilidade por infracções tributárias (RGIT) e a responsabilidade por infracções financeiras (art. 214.º da CRP e Lei n.º 98/97, de 26 de Agosto, do Tribunal de Contas) e orçamentais potencialmente praticadas pelos *poderes públicos* e que vai contribuir para um revés ainda maior da «eticização da consciência fiscal», cremos estar perante uma violação do «Princípio da Proporcionalidade das Penas» (que o próprio *Corpus Juris* consagra expressamente) e do «Princípio da Igualdade»: art. 13.º da CRP. Basta comparar com o ordenamento jurídico espanhol: arts. 305.º e ss. do CP, «TÍTULO XIV: «*De los delitos contra la Hacienda Pública y contra la Seguridad Social*», onde as penas são menores (6 anos no máximo: art. 305.º/1 do CP espanhol!) e os crimes estão introduzidos no próprio Código Penal, i.e., no Direito Penal de Justiça. Poder-se-á objectar que também a *estafa* ou burla qualificada prevê 8 anos de prisão: art. 250.º do CP espanhol. Pensamos, contudo, que o ponto de referência da burla qualificada p. e p. no art. 218.º do CP e cuja pena também pode atingir os 8 anos, não deveria ser referência. Para os próprios legisladores espanhóis, v.g., não o foi! A referência democrática e constitucionalmente legitimada da recolha das receitas públicas só pode ser a dos gastos das despesas públicas. 8 anos de prisão no crime de burla tributária constitui uma instrumentalização política do Direito Penal fiscal em constraste com o movimento geral de descriminalização. Além disso, se se reconhece que a «administração tributária ou a administração da segurança social» podem ser burladas então deveriam ser igualmente considerados como entes colectivos susceptíveis, nomeadamente, de incorrerem em responsabilidade penal financeira. Por outro lado, insere-se um novo tipo criminal de fraude fiscal qualificada (cfr. art. 104.º do RGIT), dirigida aos casos mais gravosos, como aqueles em que o agente se aproveita da falsificação de livros e documentos fiscalmente relevantes ou utilize a interposição de terceiros residentes em territórios com regime fiscal nitidamente mais favorável. Não obstante, como se sabe, os regimes fiscais dentro da própria UE (ou dentro dos próprios países como Portugal!) são bem diferentes e não se pode impedir a livre concorrência europeia dos sistemas fiscais enquanto não existir, pelo menos, uniformização entre os Estados membros. No contexto processual, finaliza-se com a etapa designada de «averiguações», atribuindo-se ao Ministério Público a direcção da fase primeira do processo (o inquérito), não obstante se presuma a delegação de poderes nos órgãos competentes da administração tributária. O art. 22.º do RGIT («dispensa e atenuação especial da pena») e o art. 44.º do RGIT («arquivamento em caso de dispensa da pena») continuam a demonstrar que esta é uma área do Direito Penal muito específica! No Capítulo II fizemos uma análise pormenorizada dos seguintes crimes: 1.º crimes tributários comuns de burla tributária (p. e p. no art. 87.º do RGIT), de frustração de créditos (p. e p. no art. 88.º do RGIT), de associação criminosa (p. e p. no art. 89.º do RGIT), de desobediência qualificada (p. e p. no art. 90.º do RGIT) e de violação de segredo (p. e p. no art. 91.º do RGIT); 2.º crimes fiscais como são o crime de fraude (p. e p. no art. 103.º do RGIT), o crime de fraude qualificada (p. e p. no art. 104.º do RGIT) e o crime de abuso de confiança (p. e p. no art. 105.º do RGIT); 3.º crimes contra a segurança social como são o crime de fraude contra a segurança social (p. e p. no art. 106.º do RGIT) e de abuso de confiança contra a segurança social (p. e p. no art. 107.º do RGIT). Na anotação e comentário destes «novos crimes» apresentamos novos problemas jurídicos concluindo na direcção de outras tantas tentativas de resolução, procurando demonstrar, simultaneamente, outras alternativas para – em qualquer caso! – a interpretação e aplicação *constitucional* da lei.

3. Pré-conclusões e novos desenvolvimentos III

11.ª – Chamado a pronunciar-se sobre se era constitucionalmente legítimo imputar às «pessoas colectivas» responsabilidade criminal, como acontece no art. 3.º DL n.º 28/84, de 20 de Janeiro e aplicar-lhes penas como as constantes dos art.ºs 7.º e 8.º do mesmo diploma legislativo, pois estaria em causa a violação dos art.ºs 12.º/2 e 29.º/5 (*non bis in idem*) da Constituição da República Portuguesa (CRP), o Tribunal Constitucional português (TC), por meio do Acórdão n.º 212/95 – Processo n.º 490/92 – 1.ª Secção do TC, declarou, *brevitatis causa*, o seguinte: não só, por um lado, tais normas e responsabilização colectiva aqui em causa não contrariam os arts. 12.º/2 e 29.º/5 da CRP; como, por outro lado, o próprio art. 2.º da CRP permite a opção do legislador por tal responsabilidade criminal dos entes colectivos, i.e., *societas delinquere potest*!

12.ª – A norma do art. 7.º do RGIT, que consagra a «Responsabilidade das pessoas colectivas e equiparadas» (nomeadamente criminal e contra-ordenacional) pelas infracções previstas nesse diploma legislativo, não viola a Constituição da República Portuguesa: trata-se duma norma «*absolutamente*» Constitucional!

13.ª – Independentemente das normas em causa, o Princípio da Responsabilidade Criminal ou Contra-ordenacional e, portanto, não objectiva, dos entes colectivos e equiparados, não viola a CRP.

14.ª – A regra geral na zona do Direito Criminal consagrada no art. 11.º do CP é a de que (em princípio) só as pessoas físicas são susceptíveis de responsabilidade. Não obstante, razões pragmáticas conexionadas a uma importante necessidade de repressão e prevenção de determinadas práticas criminais podem conduzir a outra solução, pelo que se considerou útil a ressalva expressa, por forma a possibilitar ao legislador escolher o sancionamento dos entes colectivos.

15.ª – As origens no Direito clássico da responsabilidade dos entes colectivos são deveras curiosas e *distantes*: como já se referiu, o Autor clássico Ulpiano procurou investigar se era possível intentar uma acusação (*actio de dolo malo*) contra o município, no caso do cobrador de impostos enganar artificiosamente uma pessoa (ou um contribuinte) por forma a causar-lhe prejuízo e a enriquecer simultaneamente a cidade. Nesta situação concreta, Ulpiano defendeu a hipótese de interpor a referida acção contra o município. A consequência (ou resultado dessa mesma acção) era de que os habitantes da cidade tinham que restituir a quantia obtida indevidamente pelos cobradores de impostos a favor dessa mesma cidade. Foi precisamente a partir deste vector que os romanistas defenderam a capacidade delitiva das corporações no direito romano e ao qual se juntaram os penalistas que advogaram a responsabilidade criminal das pessoas colectivas. A nossa conclusão é a de que deverá haver sempre igualdade de tratamento para a fiscalização de recolha de receitas públicas e para a fiscalização de realização de despesas públicas. Se um Estado, v.g., está a cobrar um valor indevidamente aos contribuintes (como, por exemplo, emolumentos notariais, etc.), quer sejam individuais ou supraindividuais, não pode devolver esse dinheiro somente às empresas e não o devolver aos particulares, e pretender evocar a «ética da consciência fiscal»; do mesmo modo, se um Estado manda fazer, v.g., uma barragem, descobrindo-se que pagou três vezes à mesma empresa pela mesma obra, também não pode evocar com toda a legitimidade *moral* a «ética da consciência fiscal»!

16.ª – A grande querela ou questiúncula da História jurídica recente, acerca da figura dos entes colectivos, entre Friedrich Carl Von Savigny com a Sua, por vezes *menos bem interpretada*, «teoria da ficção» e Otto Von Gierke com a Sua «teoria orgânica» ou teoria da personalidade real da associação, i.e., *«Theorie der realen Verbandspersönlichkeit»*, desenvolvida brilhantemente por Hafter, que transladou as ideias de Gierke para o Direito Penal, encontra-se originalmente superada por Busch, que partiu dum princípio diverso: «fim da pena é, de acordo com o referido, a prevenção da comissão de delitos através da influência na alma humana como fonte da acção delictiva»: *«Zweck der Strafe ist dementsprechend Verhütung der Begehung von Verbrechen durch Einwircken auf die menschliche Seele als Quelle der verbrecherischen Handlung»*. Busch foi o primeiro a partir das funções da pena na problemática da responsabilidade penal dos entes colectivos. Afastando-se da teoria da ficção e partindo da equivalência que procura estabelecer a teoria orgânica entre a pessoa e a associação, toma como ponto de imputação a acção dos membros como acção própria da associação. Ou seja, Busch como que retorna, neste preciso e determinado ponto, à teoria orgânica.

17.ª – Presentemente é Günther Jakobs (v. *«Das Strafrecht zwischen Funktionalismus und "alteuropäischen" Prinzipiendenken. Oder: Verabschiedung des "alteuropäischen" Srafrechts?»*, 1995, pp. 843 a 876) com o Direito Penal funcional e a inserção das suas ideias sobre a sociedade, norma e pessoa, quem mais convincentemente consegue superar a oposição entre o «ficcionismo» de Savigny e o «realismo» de Gierke, no que diz respeito à ressonância da responsabilidade criminal dos entes colectivos. As modernas correntes funcionalistas maioritárias na Doutrina penal possibilitam arquitectar desde um substrato de realidade que é diverso da pessoa física e individual, i.e., o ente colectivo cuja funcionalidade jurídica é aceite por todos, e os critérios de imputação de responsabilidade desde fins preventivos e de protecção ou tutela de bens jurídicos individuais ou colectivos.

18.ª – A grande maioria da Doutrina penal portuguesa é favorável à responsabilidade criminal dos entes colectivos, da qual destacamos actualmente, entre Vários ilustres Autores: Prof. Doutor Jorge de Figueiredo Dias; Prof. Doutor Manuel da Costa Andrade; Prof. Doutor José de Faria Costa (1992); Prof. Doutor Germano Marques da Silva; Prof.ª Doutora Anabela Miranda Rodrigues; Prof.ª Doutora Teresa Beleza; Doc. Dr. Manuel Lopes Rocha; Doc. Dr.ª Teresa Serra; Doc. Dr.ª Isabel Marques da Silva; Prof. Doutor. Mário Ferreira Monte; Doc. Dr. Frederico Isasca.

4. Pré-conclusões e novos desenvolvimentos IV

19.ª – a) Como é possível comprovar no nosso Capítulo IV (Ponto n.º 11.2.2.4) o art. 3.º/1, 2 e 3 do Segundo Protocolo, estabelecido com base no (ex-) art. K.3 do Tratado da União Europeia, Relativo à Protecção dos Interesses Financeiros das Comunidades Europeias (in DR n.º 288, Série I-A e ratificado pelo Decreto do Presidente da República n.º 82/2000, de 15 de Dezembro) consagra com claridade, e elevado grau de amplitude, a responsabilidade (penal ou contra-ordenacional e diferente, como vimos, consoante seja segundo o art. 3.º/1 ou art. 3.º/2: cfr. art. 4.º) dos entes colectivos por «fraude, corrupção activa e branqueamento de capitais». O sistema utilizado parece ser ainda o modelo clássico de imputação de responsabilidade aos entes colectivos originado na teoria da identificação, embora alargado à individualização de imputação através do cometimento da infracção «em seu benefício por qualquer pessoa» (i.e. está incluído o «*middle management*»!: cfr. o nosso Capítulo VI, ponto 3.5.1) «agindo individualmente ou enquanto integrando um órgão da pessoa colectiva, que nela ocupe uma posição dominante baseada: § nos seus poderes de representação da pessoa colectiva; ou § na sua autoridade para tomar decisões em nome da pessoa colectiva; ou § a sua autoridade para exercer controlo dentro da pessoa colectiva § bem como por cumplicidade ou instigação de fraude, corrupção activa ou branqueamento de capitais ou por tentativa de fraude» (cfr. art. 3.º/1). Por outro lado, prevê-se um outro modelo (cfr. art. 3.º/2, o que acarreta sanções diferentes: cfr. art. 4.º) que nos parece querer ir de encontro ao art. 130 do OWiG e às suas relações com a «culpa pela organização» do Prof. Doutor Klaus Tiedemann (trata-se de uma omissão de controlo, organização e vigilância ou «responsabilidade para acima»: cfr. tudo o que dissemos no Capítulo IV referente à Alemanha, ponto 3.3; e no Capítulo VI, ponto 3.5.1): consagra-se uma clara responsabilidade «contra-ordenacional» alemã «*tiedemanniana*» dos entes colectivos através da «*culpa in vigilando*» ou de controlo «por parte de uma pessoa referida no n.º 1» que «tenha tornado possível a prática, por uma pessoa que lhe esteja subordinada, de fraude, corrupção activa ou branqueamento de capitais em benefício dessa pessoa colectiva» (ou seja, a grande crítica deste modelo é ter que existir uma decisão individual incorrecta: cfr. pré-conclusão 79.ª e Capítulo IV referente à Alemanha, ponto 3.3; e no Capítulo VI, ponto 3.5.1!). Por fim, a responsabilidade da pessoa colectiva nos termos dos n.ºs 1 e 2 não exclui a instauração de procedimento penal contra as pessoas singulares autoras, instigadoras ou cúmplices na fraude, corrupção activa ou branqueamento de capitais que tenham sido cometidos». Ou seja, pode não se concretizar a responsabilidade criminal cumulativa e concretiza-se sempre a responsabilidade contra-ordenacional alternativa. Em qualquer caso parece-nos, contudo, permanecer exigível a imputação (decisão) previamente individual de uma das pessoas referidas no n.º 1 do art. 3.º além do requisito do cometimento da infracção «em benefício» do ente colectivo. A tese do ilustre Penalista Deruyck, que cai numa responsabilidade quase ou mesmo objectiva, não foi consagrada (cfr. Capítulo VI, ponto 3.5.1)! **b)** Entretanto cfr. o art. 4.º da Lei n.º 11/2002, de 16 de Fevereiro, o qual consagra um modelo clássico de responsabilidade penal dos entes colectivos, referente a certos crimes, baseado na teoria do Direito Civil da identificação, mas *textualmente* alargado a «órgãos e representantes de facto», cujas actuações desencadeiam a responsabilidade em organizações mesmo de direito, i.e., regularmente constituídas: cfr. 11.2.4 do Capítulo IV. **c)** Como já referimos no nosso 11.2 do Capítulo VI, devemos destacar, igualmente, a Lei n.º 52/2003, de 22 de Agosto (com a Declaração da Assembleia da República de Rectificação n.º 16/2003, de 29 de Outubro) – «Lei de combate ao terrorismo (em cumprimento da Decisão Quadro n.º 2002/475/JAI, do Conselho, de 13 de Junho)»: «Décima segunda alteração ao Código de Processo Penal e décima quarta alteração ao Código Penal» – cujo art. 6.º, em epígrafe, prevê a «Responsabilidade criminal das pessoas colectivas e equiparadas e penas aplicáveis». É o seguinte o teor desta norma jurídica: «1 – As pessoas colectivas, sociedades e meras associações de facto são responsáveis pelos crimes previstos nos artigos 2.º a 5.º, quando cometidos em seu nome e no interesse colectivo pelos seus órgãos ou representantes, ou por uma pessoa sob a autoridade destes quando o cometimento do crime se tenha tornado possível em virtude de uma violação dolosa dos deveres de vigilância ou controlo que lhes incumbem. § 2 – A responsabilidade das entidades referidas no número anterior não exclui a responsabilidade individual dos respectivos agentes. § 3 – Pelos crimes previstos no n.º 1 são aplicáveis às pessoas colectivas as seguintes penas principais: § *a)* Multa; § *b)* Dissolução. § 4 – A pena de multa é fixada em dias, no mínimo de 100 e no máximo de 1000. § 5 – Cada dia de multa corresponde a uma quantia entre € 5 e € 5000. § 6 – Se a multa for aplicada a uma entidade sem personalidade jurídica, responde por ela o património comum e, na sua falta ou insuficiência, solidariamente, o património de cada um dos associados. § 7 – A pena de dissolução só será decretada quando os fundadores da pessoa colectiva tenham tido a intenção, exclusiva ou predominante, de, por meio dela, praticar os crimes indicados no n.º 1 ou quando a prática reiterada de tais crimes mostre que a pessoa colectiva ou sociedade está a ser utilizada, exclusiva ou predominantemente, para esse efeito, quer pelos seus membros quer por quem exerça a respectiva administração. § 8 – Pelos crimes previstos no n.º 1 podem ser aplicadas às pessoas colectivas as seguintes penas acessórias: § *a)* Injunção judiciária; *b)* Interdição temporária do exercício de uma actividade; *c)* Privação do direito a subsídios ou subvenções outorgados por entidades ou serviços públicos; *d)* Publicidade da decisão condenatória. § 9 – É correspondentemente aplicável o disposto nos artigos 11.º, 12.º, 14.º e 19.º do Decreto-Lei n.º 28/84, de 20 de Janeiro». O n.º 1 do art. 6.º da Lei n.º 52/2003, de 22 de Agosto, com a Declaração da Assembleia da República de Rectificação n.º 16/2003, de 29 de Outubro, realiza uma remissão para os «crimes previstos nos artigos 2.º a 5.º». O art. 2.º da lei anteriormente referenciada p. e p. o crime de «Organizações terroristas» (cfr. redacção); o art. 3.º p. e p. o crime de «Outras organizações terroristas» (cfr. redacção); o art. 4.º p. e p. o crime de «Terrorismo» (cfr. redacção); e o art. 5.º p. e p. o crime de «Terrorismo internacional» (cfr. redacção). Recordemos que o art. 11.º desta Lei n.º 52/2003, de 22 de Agosto, revoga os anteriores «...artigos 300.º e 301.º do Código Penal». Como o nosso Caro Leitor, mais atento, já se deve ter apercebido existem manifestas semelhanças ainda que com algumas diferenças de redacção – em termos de modelo de imputação utilizado – entre, por um lado, o art. 6.º/1 da Lei n.º 52/2003, de 22 de Agosto; e, por outro lado, o art. 3.º/1, 2 e 3 do Segundo Protocolo, estabelecido com base no (ex-) art. K.3 do Tratado da União Europeia, Relativo à Protecção dos Interesses Financeiros das Comunidades Europeias (in DR n.º 288, Série I-A e ratificado pelo Decreto do Presidente da República n.º 82/2000, de 15 de Dezembro): cfr. o nosso 11.2.2.4 do Capítulo IV, a alínea a) desta mesma pré-conclusão 19.ª e a alínea b) da conclusão «presentemente final». O modelo de imputação utilizado pelo legislador no art. 6.º/1 da Lei n.º 16/2003 – o qual prevê a «Responsabilidade criminal das pessoas colectivas e equiparadas e penas aplicáveis» – abrange, assim, clara e textualmente as «pessoas colectivas, sociedades e meras associações de facto». Estão aqui abrangidas, portanto, quer as organizações de direito, quer as organizações de facto. Não existe qualquer dúvida, pois, de que, pelo menos neste caso concreto (art. 6.º/1 da Lei n.º

16/2003, de 22 de Agosto) as «meras associações de facto» estão incluídas. Logo, *mutatis mutandis*, tudo o que referimos em relação a este aspecto do problema da responsabilidade dos entes colectivos: as diferenças entre a responsabilidade das organizações de direito e a responsabilidade das organizações de facto, e do correspondente objecto de estudo deste trabalho, nos nossos ponto 2.5.5.4 do Capítulo V e Capítulo VI é aqui igualmente válido. O sistema utilizado pelo legislador parece ser ainda – e novamente! – o modelo clássico de imputação, de responsabilidade aos entes colectivos referidos no n.º 1 do art. 6.º da Lei n.º 16/2003 («pelos crimes previstos nos artigos 2.º a 5.º, quando cometidos em seu nome e no interesse colectivo»: cfr., v.g., no que diz respeito a estas expressões os nossos 2.3 ou 2.5.5.4 do Capítulo V), originado na teoria do Direito Civil da identificação entre órgãos e «organização» e ao qual ainda podemos reconduzir a teoria da representação embora alargado à individualização de imputação através do cometimento da infracção («, ou») «por uma pessoa» (i.e. está incluído o *middle management*»!: cfr. o nosso Capítulo VI, ponto 3.5.1) «sob a autoridade destes» (i.e. «órgãos ou representantes») «quando o cometimento do crime se tenha tornado possível em virtude de uma violação dolosa dos deveres de vigilância ou controlo que lhes incumbem». Ou seja, prevê-se um outro modelo (ainda que esteja introduzido no mesmo n.º 1 do art. 6.º da Lei n.º 16/2003, de 22 de Agosto) que nos parece querer ir de encontro – mais uma vez face ao que já referimos na alínea a) desta p.-c. 19.ª! – ao art. 130 do OWiG e às suas relações com a «culpa pela organização» do Prof. Doutor Klaus Tiedemann (trata-se de uma omissão de controlo, organização e vigilância ou «responsabilidade para acima»: cfr. tudo o que dissemos no Capítulo IV referente à Alemanha, ponto 3.3; e no Capítulo VI, ponto 3.5.1). Consagra-se uma clara responsabilidade «contra-ordenacional» (neste caso concreto, *mutatis mutandis*, uma responsabilidade penal ou «criminal») alemã «*tiedemanniana*» dos entes colectivos através da «*culpa in vigilando*» ou de controlo, i.e., «quando o cometimento do crime se tenha tornado possível em virtude de uma violação dolosa dos deveres de vigilância ou controlo que lhes incumbem». Estes «deveres de vigilância ou controlo» «incumbem» aos «órgãos ou representantes», mas também, segundo os modelos plasmados, às pessoas «sob a autoridade destes», i.e., às pessoas «sob a autoridade» desses mesmos «órgãos ou representantes». Ou seja, a grande crítica deste modelo é ter que existir, novamente, uma decisão individual incorrecta: cfr. pré-conclusão 79.ª e Capítulo IV referente à Alemanha, ponto 3.3; e no Capítulo VI, ponto 3.5.1! Não estará, por outro lado, enquadrada na respectiva tipicidade uma pessoa que não esteja «sob a autoridade» dos «órgãos ou representantes». Assim como – se optarmos por certa e rigorosa metodologia na interpretação e aplicação da lei! – é de afastar as situações em que o «cometimento do crime se tenha tornado possível em virtude de uma violação» negligente «dos deveres de vigilância ou controlo que lhes incumbem». Como refere o art. 13.º do CP: «Só é punível o facto praticado com dolo ou, nos casos especialmente previstos na lei, com negligência». Tudo isto não prejudica naturalmente a possível aplicação da teoria da «autoria e comparticipação», nem a hipótese de quaisquer agentes – a nível mais individual ou a nível menos individual – poderem preencher os requisitos dos tipos-de-ilícitos p. e p., por exemplo, nos artigos 2.º, 3.º, 4.º e 5.º da Lei n.º 52/2003, de 22 de Agosto (cfr.). Finalmente, a «responsabilidade das entidades referidas no número anterior não exclui a responsabilidade individual dos respectivos agentes» (cfr. o n.º 2 do art. 6.º da Lei n.º 52/2003, de 22 de Agosto). Significa isto que além do não afastamento, naturalmente, da correspondente e prévia imputação cumulativa, não está posta de lado, igualmente, a respectiva responsabilidade cumulativa. Ou seja, em qualquer caso, parece-nos permanecer exigível a imputação previamente individual de uma acção, além do requisito do cometimento da infracção no «nome e no interesse colectivo» do ente colectivo referido no n.º 1 do art. 6.º da Lei n.º 52/2003, de 22 de Agosto. A tese do ilustre Penalista Deruyck, que cai numa responsabilidade quase ou mesmo objectiva, não foi outra vez consagrada (cfr. Capítulo VI, ponto 3.5.1)! São também de salientar as normas previstas nos n.º 4 e n.º 5 do art. 6.º da Lei n.º 52/2003, de 22 de Agosto (cfr. a redacção que foi transcrita anteriormente). É que, em uma época em que o «terrorismo» é, na nossa opinião, justamente considerado como a «peste do Séc. XXI» não é aceitável, até do ponto de vista ético, mas também desde a perspectiva jurídico-crítica, que, por exemplo, as penas aplicáveis aos crimes tributários (cfr. o art. 12.º do RGIT: «...é aplicável a pena de multa de 20 até 1920 dias» e cfr. o art. 15.º do RGIT: «...e entre € 5 e € 5000...») possam ser quase o dobro (no seu limite máximo: € 5000 multiplicados por 1920 dias no RGIT) das penas aplicáveis segundo o art. 6.º da Lei de «combate ao terrorismo» n.º 52/2003, de 22 de Agosto (no seu limite máximo: € 5000 multiplicados por apenas – em termos relativos – 1000 dias!). De forma semelhante ao que comentamos em relação ao n.º 5 do art. 7.º do RGIT também o n.º 6 do art. 6.º da Lei n.º 52/2003, de 22 de Agosto, nos parece susceptível de poder gerar, eventualmente, problemas de (in)constitucionalidade (cfr. o 2.5.5.4 do nosso Capítulo V). Sobre a «pena de dissolução» do ente colectivo, que está prevista no n.º 7 do art. 6.º da Lei n.º 52/2003, explicamos a nossa posição nos pontos 3.2 e 2.2 do Capítulo VI: estamos contra qualquer «pena de morte» da pessoa colectiva, pois defendemos a máxima, juntamente com outros Autores devidamente referenciados, que «nada se perde e tudo se transforma»! Sobre a problemática das «penas acessórias» previstas no n.º 8 do art. 6.º da Lei n.º 52/2003, de 22 de Agosto, cfr. o 2.2.4 do nosso Capítulo VI. Defendemos, por seu lado, que é mais correcto não considerar como «pena acessória» a «pena de dissolução» como faz, por exemplo, o RGIT: «penas acessórias aplicáveis aos crimes acessórios» e aos seus «pressupostos de aplicação» (cfr. alínea h, do art. 16.º e art. 17.º do RGIT). É mais exacta a designação de pena principal (cfr. alínea b, do n.º 3 do art. 6.º da Lei n.º 52/2003, de 22 de Agosto). Finalmente, é de referir em relação à remissão do n.º 9 do art. 6.º da Lei n.º 52/2003, de 22 de Agosto, para o Decreto-Lei n.º 28/84, de 20 de Janeiro, o seguinte: o art. 11.º trata da «Injunção judiciária»; o art. 12.º trata da «Interdição temporária do exercício de certas actividades ou profissões»; o art. 13.º trata da «Privação do direito de participar em arrematações ou concursos públicos de fornecimento»; o art. 14.º trata da «Privação do direito a subsídios ou subvenções outorgados por entidades ou serviços públicos»; e o art. 19.º trata da «Publicidade da decisão».

20.ª – Na maioria dos países onde se faz uso do *ordenamento sancionador administrativo*, i.e., ilícito de mera ordenação social, para punir os entes colectivos – e, aparentemente, evitando a responsabilidade penal sob a forma duma «burla»! – constata-se a falta de garantias e a utilização *ab initio* indesejada da responsabilidade objectiva: basta confirmar o facto ou o resultado sem saber se houve negligência ou dolo. Noutros países, onde se reconhece a responsabilidade criminal das pessoas colectivas – França, Reino Unido, EUA ou Holanda! – o ponto fundamental de discórdia é discernir a imputação subjectiva, ou seja, se se trata duma responsabilidade derivada da pessoa física e singular (na França, embora art. 121-3 do CP francês, como no art. 7.º do RGIT) ou se é uma responsabilidade da própria, v.g., empresa (EUA mais recentemente). Ou seja, no primeiro caso, trata-se dum modelo baseado na teoria com origem no Direito Civil da identificação, donde pode resultar ou pode não resultar a «responsabilidade cumulativa»; no segundo caso, o modelo que se adaptará melhor será o «modelo de culpa analógica» de pensamento penal face ao Direito Penal clássico (tais modelos foram desenvolvidos nos Capítulos V e VI: o primeiro pode ser observado em Portugal *de lege lata*; enquanto o segundo somente como potencialidade *de lege ferenda*). Não cremos, contudo, que um modelo tenha que, necessariamente, acabar por esmagar o outro: v.g. modelo misto e indiciário baseado na técnica-dos-exemplos-padrão! No contexto comunitário as empresas são os principais actores e destinatários das normas económicas (*vide* Silvina Bacigalupo in op. cit. p. 349 c.n.t.: «Não se contempla de modo algum a responsabilidade das pessoas individuais que actuaram em nome das empresas ou associações de empresas»). A Comissão Europeia impõe as correspondentes sanções de forma directa ou indirecta através dos Estados membros. São sanções administrativo-punitivas impostas por um órgão administrativo. Não há, contudo, concordância jurisprudencial absoluta quanto aos pressupostos de imputação de responsabilidade colectiva e, sobretudo, no que se refere ao princípio da culpa. Não obstante, nas sanções comunitárias que tutelam a livre concorrência dos mercados, poderão existir bases para um sistema estruturado especificamente para as empresas, que poderia constituir um modelo a seguir como exemplo na elaboração do modelo de responsabilidade penal dos entes colectivos (*vide* Z. Rodríguez in op. cit., p. 159, ilustre Autora a qual tem essa opinião). Pensamos, contudo, que um modelo penal de responsabilidade dos entes colectivos que não tenha por base primeira e original o modelo de imputação construído sobre a responsabilidade individual e, portanto, da teoria da identificação entre indívíduos e organização, só poderá ser pensado penalmente em termos «analógicos» às categorias jurídicas do Direito Penal clássico tal e qual o conhecemos com os seus princípios, garantias e crivos perante a *potestas* do Estado e, eventualmente, de quaisquer Organizações Políticas Internacionais (tema aprofundado no Capítulo VI). Sendo embrião do futuro Direito Penal comunitário, o *Corpus Juris* consagra – justamente! – os mais importantes Princípios e garantias do Direito Penal (cfr. a alínea a) do 12.2.3 no Capítulo IV). Na «sociedade do risco» europeia, os entes colectivos, sejam eles de Direito privado (particularmente as empresas) ou público, têm um papel cada vez mais predominante no próprio Direito comunitário, na criminalidade organizada, nos interesses da União Europeia e em áreas como é o caso da saúde pública, da área fiscal, da vertente monetária, da zona financeira, do universo do meio ambiente, do campo do trabalho, do mundo do consumo ou de outras dimensões similares. Ora, num contexto em que os sistemas jurídicos parecem não captar os factos, os riscos são (muitas das vezes) imperceptíveis, estão por vezes dependentes do saber, são supranacionais e «expropriam», v.g., a ecologia, como se pode adaptar aqui um Direito Penal exclusivamente nacional e com fronteiras? (*vide* Ulrich Beck in «*La sociedad del riesgo...*», 1998, pp. 13-14). A União Europeia, respeitando diferenças inalienáveis, poderá ser um passo para a uniformização culturalmente *diferenciada* do Direito Penal como tutela de bens jurídicos individuais ou colectivos. A macrocriminalidade organizada e transnacional ameaça as sociedades democráticas e constitucionalmente legitimadas, mas a tutela do Direito Penal (porventura futuramente europeu!) aos bens jurídicos, sobretudo colectivos, afectados por esta problemática, não pode colocar em causa outros bens jurídicos, sobretudo individuais e outros colectivos! Seriam utilizados pretextos que se tornariam falsos transformando o próprio *Estado* num «ente colectivo do risco» ou, até, numa «associação criminosa»; seria um «*Estado de burla*».

5. Pré-conclusões e novos desenvolvimentos V: uma nova redacção, v.g., para o art. 7.º do RGIT?

21.ª – As sociedades comerciais ou sociedades civis sob a forma comercial, *ainda que irregularmente constituídas* – certo é que num ente colectivo irregularmente constituído poderá ser muito difícil saber quem é seu «órgão ou representante»! – (cfr. art. 7.º/1 do RGIT), somente são responsáveis pelos crimes fiscais (tributários) cometidos pelos seus órgãos ou representantes, em seu nome e no interesse colectivo se o agente não tiver actuado contra ordens ou instruções expressas «de quem de direito», i.e., v.g., da gerência ou administração.

22.ª – As sociedades comerciais ou sociedades civis sob a forma comercial, *ainda que irregularmente constituídas* – certo é que num ente colectivo irregularmente constituído poderá ser muito difícil saber quem é seu «órgão ou representante»! – (cfr. art. 7.º/1 do RGIT), somente são responsáveis em abstracto (*no preciso sentido de que a responsabilidade lhes é imputável* : uma coisa são os pressupostos abstractos de imputação da responsabilidade, que não podem ser objectivos, sob pena de (possível ou eventual) inconstitucionalidade; outra bem distinta é a exclusão posterior, pela letra da Lei, dessa mesma responsabilidade: v.g. art. 7.º/4 do RGIT!) pelas contra-ordenações fiscais (tributárias) cometidas pelos seus órgãos ou representantes, em seu nome e no interesse colectivo, se o agente não tiver actuado contra ordens ou instruções expressas «de quem de direito», i.e., v.g., da gerência ou administração. Verifica-se aqui uma lacuna de responsabilidade. É que se o agente tiver praticado uma contra-ordenação contra ordens ou instruções expressas «de quem de direito», não actua, em princípio, v.g., no «interesse coletivo» (i.e. porque o agente individual actua por exemplo no seu próprio interesse) ou, noutra hipótese, sem ser «em nome» do ente colectivo (os requisitos são cumulativos). Logo, o ente colectivo não será responsável. Mas o agente individual também não o será face à redacção do art. 7.º/4: «a responsabilidade contra-ordenacional das entidades referidas no n.º 1 exclui a responsabilidade individual dos respectivos agentes»? Pode referir-se que, no entanto, como não chega a verificar-se a responsabilidade contra-ordenacional das entidades referidas no n.º 1, porque foi uma actuação individual contra, v.g., o «interesse colectivo» (i.e. porque o agente individual actua por exemplo no seu próprio interesse) ou, noutra hipótese, sem ser «em nome» do ente colectivo (os requisitos são cumulativos), então não se aplica o n.º 4 do art. 7.º do RGIT e, portanto, não se exclui a responsabilidade individual do agente, pelo que o agente individual volta a ser responsável pela contra-ordenação praticada. É que só há responsabilidade dos entes colectivos (referidos no n.º 1 do art. 7.º do RGIT) pelas infracções previstas no RGIT quando cometidas pelos seus órgãos ou representantes, em seu nome e no interesse colectivo.

23.ª – Os pressupostos abstractos de imputação de responsabilidade (criminal ou contra-ordenacional) ao ente colectivo precedem necessariamente a exclusão ou inclusão da responsabilidade dos respectivos agentes individuais. É que neste modelo de imputação (com base na teoria com origem no Direito Civil da identificação) está em causa uma responsabilidade derivada do facto praticado pelo agente individual (o facto é aqui o mesmo!): logo, para atribuir a responsabilidade ao ente colectivo é preciso individualizá-la previamente no facto típico e ilícito (qualificado pela Lei como crime ou contra-ordenação) praticado pelo indivíduo (órgão ou representante) e confirmar se foi *cumulativa* ou simultaneamente executado no nome e interesse do ente colectivo. Se se pensasse o inverso, dentro deste modelo de imputação, o ente colectivo nunca poderia ser responsabilizado (objectiva e, com eventual probabilidade, inconstitucionalmente) por contra-ordenações. Este modelo de pressupostos de imputação individuais tem por base uma culpa psicológica e física: os olhos, as mãos e os pés do ente colectivo são a projecção dos olhos, as mãos e os pés do agente individual: «órgão ou representante». A *porta de entrada* da responsabilidade dos entes colectivos é, neste modelo de imputação, o acto do «órgão ou representante» individual.

24.ª – Ao nível dos pressupostos de imputação da responsabilidade por contra-ordenações aos entes colectivos (no modelo de imputação que está em causa) verifica-se contudo – como aliás já se referiu! – uma contradição entre, por um lado, o art. 7.º/2 do RGIMOS, i.e., a *Lei-quadro das contra-ordenações*; e, por outro lado, o art. 7.º/1 do RGIT: o primeiro pressupõe a acção individual de «órgãos»; enquanto o segundo pressupõe a acção individual de «órgãos ou representantes». Ou seja, a segunda norma alargou as possibilidades de imputação de contra-ordenações aos entes colectivos através do enunciamento de mais *agentes individuais*. Como já afirmamos ao longo do trabalho, verifica-se aqui um problema de uma eventual (in)constitucionalidade: onde está a Lei de autorização para alterar o critério de imputação no sentido de uma maior amplitude da punibilidade? Ainda que se entenda que estas soluções são materialmente não inconstitucionais, tal não significa que seja sanável a inconstitucionalidade orgânica de que padecem as normas que as prevêem. Pensamos que o mais correcto *seria* aplicar os pressupostos abstractos de imputação de responsabilidade do art. 7.º/2 no que diz respeito às contra-ordenações tributárias atribuíveis aos entes colectivos. No entanto, neste caso, os pressupostos de imputação da responsabilidade aos entes colectivos por crimes tributários *seriam* inadmissivelmente mais alargados do que no caso das contra-ordenações tributárias. Por isso mesmo é que a proposta de alteração do RGIMOS aprovada pelo Conselho de Ministros, prevê a seguinte nova redacção, já por nós referida, para o art. 7.º/2 do mesmo RGIMOS: «as pessoas colectivas ou equiparadas são responsáveis pelas contra-ordenações praticadas pelos seus *órgãos, mandatários, representantes* ou *trabalhadores*, quando os mesmos actuem no exercício das suas funções». Também por aqui podemos retirar um argumento de que não teria sentido nenhum não aplicar pressupostos abstractos de responsabilidade através da individualização (art. 7.º/2 do RGIMOS ou art. 7.º/1 do RGIT) das contra-ordenações tributárias atribuídas derivadamente aos entes colectivos face à redacção do art. 7.º/4 do RGIT. É que na própria proposta de alteração do RGIMOS não existe uma norma do calibre do art. 7.º/4 do RGIT. Pelo que o art. 7.º/4 não afasta os pressupostos abstractos de imputação da norma 7.ª/2 do RGIMOS, i.e., da *Lei-quadro das contra-ordenações* (nem afasta o critério de imputação do art. 7.º/1 do RGIT embora em relação às contra-ordenações tributárias este possa (eventualmente) ter inconstitucionalmente alargado o critério de imputação consagrado no art. 7.º/2 do RGIMOS).

Não querendo de forma alguma encerrar esta questão da eventual e respectiva (in)constitucionalidade – como já referimos no Capítulo VI – sempre podemos enunciar mais algumas razões a favor da possível (mas porventura inexistente!) inconstitucionalidade (a resposta final só poderá ser dada, como é evidente e se o caso se colocar efectivamente, pelo Tribunal Constitucional, o qual, em um ou outro sentido, terá sempre que fundamentar o melhor possível a sua resposta): 1.ª Como refere Morais (*apud* Teresa Serra in «Contra-ordenações...», RPCC, 1999, pp. 200 e ss. que refere ainda antes daquele ilustre Autor: «...parece possível afirmar que, em última análise, o regime geral se configura como uma lei interposta, nos termos e para os efeitos do art. 112.º, n.º 3, *in fine*, da Constituição») [1998-652] «...a parametricidade interposta dos regimes gerais não parece ser explicitamente determinada pela Constituição, de modo que não deixam de existir fundadas dúvidas sobre o seu "status" de proeminência, para efeitos do respectivo reconhecimento como leis de valor reforçado». Estas dúvidas não são obstáculo, todavia, para o próprio Autor mencionado referir claramente (p. 319) o seguinte: os regimes gerais «admitindo a emissão de leis especiais que introduzam regimes jurídicos particulares que regulem diferencialmente várias dimensões de um objecto comum, não aceitam contudo leis excepcionais ou equivalentes que derroguem ou contrariem os seus princípios essenciais ou subvertam os seus fins principais»; 2.ª o problema das «autorizações genéricas» que violam o Princípio das Especialidades das Autorizações Legislativas coloca-se não só no âmbito do «Decreto-Lei» mas também no campo da própria «Lei» (como por exemplo a Lei n.º 12/83, de 24 de Agosto ou a Lei n.º 7/89, de 21 de Abril e muitas outras). É que as leis de autorização deverão ser muito precisas no que concerne à definição do sentido e da extensão das alterações legislativas a introduzir, v.g., no RGIMOS; 3.ª no nosso entender tem que existir uma autorização muito específica, do ponto de vista técnico-jurídico, para alterar o critério de imputação no sentido de uma maior amplitude da punibilidade (não basta enunciar a nova norma jurídica; é preciso especificar e autorizar com transparência o novo critério de imputação); 4.ª o art. 7.º do RGIT, ao alargar os critérios de imputação do art. 7.º do RGIMOS – o qual continua, de um modo muito mais restritivo na sua estrutura, a permanecer válido em termos gerais –, poderá, por outro lado, estar a violar os Princípios constitucionais da universalidade, da igualdade e da proporcionalidade que regem, também de uma forma precisa, um critério de imputação que deveria ser igual para todos, sobretudo dentro da mesma área do Direito como é o caso do ilícito de mera ordenação social: pensamos que é essa a melhor forma de contribuir para a construção das ciências jurídicas.

Uma coisa é a responsabilidade do ente colectivo pela infracção praticada pelos seus «órgãos ou representantes» (i.e. respectivos *agentes individuais*), em seu nome e no interesse colectivo; outra coisa, bem distinta, é a inclusão ou exclusão da responsabilidade pessoal dos «órgãos ou representantes» pela prática dessa mesma infracção. Uma coisa é a responsabilidade excluída ou não excluída do «órgão ou representante»; outra coisa, bem diferente, é o critério de imputação de responsabilidade ao ente colectivo. Conclusão *brevitatis causa*: são responsabilidades dissemelhantes! Isto significa que a imputação da acção (infracção) está antes do estabelecimento (*da imputação*) da responsabilidade. Neste modelo de imputação, a responsabilidade do «órgão ou representante» pela prática de contra-ordenações tributárias (art. 7.º/4) do RGIT é excluída pela responsabilidade dos entes colectivos referidos no art. 7.º/1 do RGIT e conforme esta norma. Mas para existir responsabilidade dos entes colectivos referidos no n.º 1 do art. 7.º do RGIT teve que ser prévia e necessariamente praticada uma acção (infracção) por um «órgão ou representante» *individualizado* (ou só por um «órgão», se optarmos pelo art. 7.º/2 do RGIMOS). I.e., o ponto de partida de todo este modelo é a acção (infracção) do «órgão ou representante» do ente colectivo, no «seu» nome e no «seu» interesse. É a sua culpa *psicológica* que está em causa: conhecimento e vontade ou negligência. O art. 7.º/4 quebra a responsabilidade cumulativa mas não quebra a origem da responsabilidade do ente colectivo, i.e., não quebra o critério ou modelo de imputação que se baseia na teoria da identificação: a acção/infracção praticada pelo «órgão ou representante» (ou só por um «órgão», se optarmos pelo art. 7.º/2 do RGIMOS) é a acção/infracção do ente colectivo. Significa isto que antes do discernimento da responsabilidade cumulativa está a identificação da acção praticada pela pessoa física com a acção que é atribuída ao ente colectivo e que serve de pressuposto ou critério para responsabilizá-lo! Está excluída a responsabilidade individual por contra-ordenações dos «órgãos ou representantes» (ou só por um «órgão» se optarmos pelo art. 7.º/2 do RGIMOS) na hipótese do art. 7.º/4 do RGIT, mas não está excluída a sua acção, que vai despoletar a responsabilidade dos entes colectivos na hipótese do art. 7.º/1 do RGIT. Consideramos que antes da teoria da responsabilidade cumulativa está aquilo que designamos como teoria da acção paralela/cumulativa/imputada/ /ambivalente. É a teoria do acto da pessoa física atribuído ao ente colectivo: é um acto atribuído. Logo, o ente colectivo não actua por si próprio. Isto significa teoricamente, segundo o «modelo de culpa analógica» (cfr. a jusante) – e *a contrario sensu* – que, se reconhecermos e provarmos a capacidade de acção do ente colectivo, e se o quisermos responsabilizar criminalmente pela prática de crimes, já não precisamos de Lhe atribuir um facto típico e ilícito praticado por uma pessoa física, embora seja necessário imputar-lhe um facto típico e ilícito a *título de culpa* (porventura não psicológica, no sentido humano-cerebral)!

25.ª – Se o modelo de imputação, baseado na teoria com origem no Direito Civil da identificação, que está consagrado em normas como o art. 7.º/1 do RGIT implica que o ente colectivo somente possa agir por meio de pessoas físicas e individuais, i.e., órgãos ou representantes; já o «modelo de culpa analógica» permite reconhecer perfeitamente capacidade de acção ao próprio ente colectivo.

26.ª – Por um lado, os órgãos da sociedade comercial ou civil sob a forma comercial, regularmente constituídas, que as vinculam pela execução de infracções fiscais (tributárias) são somente os órgãos com poderes de representação; por outro lado, os representantes cuja acção responsabiliza a sociedade comercial ou civil sob a forma comercial, regularmente constituídas, são somente aqueles que disfrutam de reais poderes de representação da sociedade comercial ou civil sob a forma comercial, regularmente constituídas.

27.ª – Por um lado, os órgãos da sociedade comercial ou civil sob a forma comercial, irregularmente constituídas, que as vinculam pela execução de infracções fiscais (tributárias) poderão ser somente os órgãos com poderes de representação de facto; por outro lado, os representantes cuja acção responsabiliza a sociedade comercial ou civil sob a forma comercial, irregularmente constituídas, poderão ser somente aqueles que disfrutam de facto de poderes de representação da sociedade comercial ou civil sob a forma comercial, irregularmente constituídas. Os órgãos ou representantes duma organização ou ente colectivo de facto são necessariamente órgãos ou representantes de facto!

28.ª – O grande problema do modelo de imputação clássico baseado na teoria de Direito Civil da identificação – o qual está consagrado em normas como a do art. 7.º/1 do RGIT – é que pertence ao campo do Direito Civil, assim como os conceitos de «órgão ou representante» aí utilizados. Se perguntarmos ao Direito Penal o que é a representação, a resposta será dada através do clássico art. 12.º do CP, i.e., «actuação em nome de outrem», ou seja, mais *modernamente*, é a ideia de *An eines anderen Stelle stehens*: «estar em lugar de outrem». *De lege ferenda* a responsabilidade do ente colectivo poderia ser construída a partir da representação para o Direito Penal, i.e., desde uma norma como aquela que está consagrada no art. 12.º do CP ou art. 6.º do RGIT. Em exercício abstracto-teórico **poderíamos construir a seguinte norma: «As pessoas colectivas, sociedades, ainda que irregularmente constituídas, e outras entidades fiscalmente equiparadas são responsáveis pelas infracções previstas na presente lei quando cometidas pelas pessoas que estão no seu lugar, em seu nome e no interesse colectivo»**. «Em seu nome e no interesse colectivo» seria somente para restringir o nexo de imputação de responsabilidade ao ente colectivo. Tal hipótese é, contudo, de presentemente rejeitar, por estender em demasia a responsabilidade nos entes colectivos nesta matéria específica.

29.ª – As sociedades comerciais ou civis sob a forma comercial, regularmente constituídas, somente são responsáveis pelas infracções fiscais praticadas pelos seus trabalhadores quando os mesmos disfrutem de poderes de representação das sociedades comerciais ou civis sob a forma comercial, regularmente constituídas.

30.ª – As sociedades comerciais ou civis sob a forma comercial, irregularmente constituídas, poderão ser responsáveis pelas infracções fiscais praticadas pelos seus trabalhadores quando os mesmos não disfrutem de poderes de representação das sociedades comerciais ou civis sob a forma comercial, irregularmente constituídas, mas possam considerar-se «órgãos ou representantes» de facto. Um ente colectivo irregularmente constituído poderá ter trabalhadores que, embora sem poderes de representação, actuam como se fossem verdadeiros (e são mesmo!) «órgãos ou representantes».

31.ª – No art. 8.º do RGIT estão consagradas uma série de hipóteses de responsabilidade pelo pagamento de multas e coimas por aqueles que não são agentes da infracção, sendo que no seu n.º 6 se chega mesmo ao ponto dessa mesma responsabilidade ser independente da responsabilidade que possa haver como agente da infracção. Torna-se muito difícil de contestar que quem realiza o pagamento duma sanção pecuniária é quem está a cumprir. Verifica-se, pois, uma transmissão do dever de cumprimento da sanção do responsável pela infracção para outras pessoas. Ora, neste enquadramento, desenvolve-se um altíssimo risco de estarmos a pisar terreno inconstitucional: *brevitatis causa* verifica-se a violação do art. 30.º/3 da CRP.

32.ª – Assim, a «responsabilidade civil» dirigida a entes colectivos não resolve tudo. A responsabilidade civil, nomeadamente apontada a multas pronunciadas contra os dirigentes da organização, pode ser *cumulativa* ou subsidiária. Portugal mantém, assim, em relação aos entes colectivos e ao lado da responsabilidade penal e quase-penal, uma responsabilidade civil. O fundamento teórico desta responsabilidade civil é estruturado pela ideia de que a multa (ou a coima) constitui, desde o momento em que ela adquire ou ganha força de coisa julgada, um crédito de Direito Civil. Alvo de grande controvérsia, sobretudo em Portugal, esta teoria é rejeitada com inteira razão pela esmagadora maioria dos ordenamentos jurídicos modernos que chamam a atenção para o carácter pessoal e retributivo da multa. Tal classe de garantia da execução da multa pronunciada contra os (v.g.) autores físicos – cfr. art. 8.º/3 e 5 do RGIT não é, pois, aceite, entre outros, por Países como a Alemanha, Austrália, Grécia, Holanda, Inglaterra, Irlanda, Japão e Rússia!

33.ª – Pensamos que é de rejeitar qualquer consagração legal e positivada da «burla ou fraude de etiquetas». Também nós refutamos tal responsabilidade inconstitucional.

6. Pré-conclusões e novos desenvolvimentos VI: a Tese 1 (*de lege lata*) e a Tese 1.1 (*de lege lata*)

34.ª – Os quatro principais modelos que procuram superar as objecções dogmáticas à tese de que as pessoas colectivas não podem ser sancionadas – *societas delinquere non potest* – por *supostamente* carecerem de capacidade de acção e culpa são os seguintes: 1 – «modelo de imputação», i.e., *Zurechnungsmodell* ou modelo clássico de imputação colectiva, o qual temos vindo a observar e que está consagrado em normas jurídicas como é o caso do art. 7.º/1 do RGIT: a base é a teoria do Direito Civil da identificação entre órgão e organização alargada posteriormente à representação; 2 – o *Modell des Organisationsverschuldens* ou «modelo da culpa pela organização»; 3 – «modelo da culpa analógica»; 4 – o «modelo preventivo» (*Präventionsmodel*).

35.ª – Facto que não é de menor importância salientar, é que a Comissão criada para a actual reforma do Direito sancionador na Alemanha sustenta ainda a opinião de que a imposição de preceitos como as sanções administrativas e o *comisso* dos lucros ilícitos das empresas (segundo as normas do OWiG) têm dado bons resultados, pelo que se torna como não necessária qualquer responsabilidade penal das agrupações.

36.ª – As sociedades comerciais ou civis sob a forma comercial, ainda que irregularmente constituídas (*vide* contudo conclusões 27.ª e 30.ª), e os titulares dos seus «órgãos ou representantes» são cumulativamente responsáveis pelos crimes tributários (fiscais e aduaneiros) cometidos pelos mesmos titulares dos seus «órgãos ou representantes» em nome e no interesse das sociedades comerciais ou civis sob a forma comercial, ainda que irregularmente constituídas.

37.ª – As sociedades comerciais ou civis sob a forma comercial, ainda que irregularmente constituídas (*vide* contudo conclusões 27.ª e 30.ª), e os titulares dos seus «órgãos ou representantes» não são cumulativamente, mas alternativamente, responsáveis pelas contra-ordenações tributárias (fiscais e aduaneiras) cometidas pelos mesmos titulares dos seus «órgãos ou representantes» em nome e no interesse das sociedades comerciais ou civis sob a forma comercial, ainda que irregularmente constituídas.

38.ª – Neste modelo de imputação, o facto típico e ilícito e a culpa que fundamentam ou alicerçam a responsabilidade penal tributária (fiscal e aduaneira) dos titulares dos órgãos ou representantes, fundamentam ou alicerçam igualmente a responsabilidade penal tributária (fiscal e aduaneira) das sociedades comerciais ou civis sob a forma comercial, ainda que irregularmente constituídas (*vide* contudo conclusões 27.ª e 30.ª).

39.ª – Neste modelo de imputação, o facto típico e ilícito e a culpa que fundamentam ou alicerçam a exclusão da responsabilidade (cfr. art. 7.º/4 do RGIT) tributária contra-ordenacional (fiscal e aduaneira) dos titulares dos órgãos ou representantes, fundamentam ou alicerçam também, ou igualmente, a inclusão da responsabilidade tributária contra-ordenacional (fiscal e aduaneira) das sociedades comerciais ou civis sob a forma comercial, ainda que irregularmente constituídas (*vide* contudo conclusões 27.ª e 30.ª).

40.ª – Segundo o art. 7.º/4 do RGIT é precisamente a responsabilidade das «pessoas colectivas, sociedades, ainda que irregularmente constituídas, e outras entidades fiscalmente equiparadas» pelas infracções contra-ordenacionais tributárias (fiscais e aduaneiras) previstas no RGIT quando cometidas pelos seus (titulares) órgãos ou representantes, em seu nome e no interesse colectivo, que exclui (por um lado!), a responsabilidade individual (contra-ordenacional tributária) dos respectivos agentes (por outro lado!). Assim, num raciocínio estritamente lógico e abstracto, antes da responsabilidade individual dos respectivos agentes ser excluída (art. 7.º/4 do RGIT), os titulares dos órgãos ou representantes das «pessoas colectivas, sociedades, ainda que irregularmente constituídas, e outras entidades fiscalmente equiparadas» têm, necessariamente, que ter previamente cometido infracções contra-ordenacionais tributárias (fiscais e aduaneiras) previstas no RGIT, em nome e no interesse colectivo dos entes colectivos mencionados (cfr. art. 7.º/1 do RGIT), para que estes últimos possam ser responsáveis pelas mesmas infracções: é que aquilo que exclui a responsabilidade contra-ordenacional tributária dos agentes individuais é precisamente a responsabilidade contra-ordenacional tributária dos entes colectivos! Aqui reside a diferença entre a imputação de infracções contra-ordenacionais tributárias e a responsabilidade pelas mesmas. A imputação é *cumulativa*, no sentido de que a imputação ao ente colectivo é condicionada pela imputação aos titulares dos seus órgãos ou representantes. A responsabilidade é aqui alternativa e direccionada, pois a responsabilidade individual dos respectivos agentes é excluída (art. 7.º/4 do RGIT).

41.ª – Nos órgãos colegiais ou colectivos de funcionamento *democraticamente matemático*, a culpa das sociedades comerciais ou sociedades civis sob a forma comercial, ainda que irregularmente constituídas (*vide* contudo conclusões 27.ª e 30.ª) é correlativa ou corresponde à culpa dos titulares dos órgãos que produziram a deliberação. *De lege lata*, neste modelo e face à letra da lei, esta culpa tem que estar necessariamente individualizada. Não obstante, se o facto for imputado, v.g, a título de dolo ao ente colectivo, apesar dum dos votos dum órgão colectivo a favor da deliberação que formou a maioria vencedora ter sido em estado de erro, então assume-se – porventura somente *de lege ferenda* – que o ente colectivo pode ter uma culpa diferente da culpa dos titulares dos seus órgãos!

42.ª – Neste modelo de imputação (cfr. art. 7.º/1 e 3 do RGIT), a identidade do facto típico e ilícito e da culpa das sociedades comerciais ou sociedades civis sob a forma comercial, ainda que irregularmente constituídas (*vide* contudo conclusões 27.ª e 30.ª), e dos titulares dos seus órgãos ou representantes não exclui a responsabilidade penal tributária (fiscal ou aduaneira) cumulativa diferenciada (cfr. art. 12.º e art. 2.º do RGIT).

43.ª – Neste modelo de imputação (cfr. art. 7.º/1 e 4 do RGIT), a identidade do facto típico e ilícito e da culpa das sociedades comerciais ou sociedades civis sob a forma comercial, ainda que irregularmente constituídas (*vide* contudo conclusões 27.ª e 30.ª), e dos titulares dos seus órgãos ou representantes exclui a responsabilidade contra-ordenacional tributária (fiscal ou aduaneira) cumulativa diferenciada (cfr. art. 12.º, art. 2.º e art. 26.º do RGIT), i.e., não exclui a responsabilidade contra-ordenacional tributária (fiscal ou aduaneira) alternativa, ou não cumulativa.

44.ª – O *Ordnungswidrigkeitengesetz* (OWiG) – que poderíamos designar como a lei quadro do ilícito de mera ordenação social alemão – e mais propriamente o seu § 30 não é fonte do art. 7.º do RGIMOS, como já a montante referimos, nem o é naturalmente do art. 7.º do RGIT (ou dos anteriores arts. 7.º dos RJIFNA e RJIFA), pelo que o seu critério de imputação não é aqui aplicável.

45.ª – A comparticipação *criminosa* distingue-se das responsabilidade cumulativa e responsabilidade alternativa.

46.ª – As causas de justificação do facto e de exculpação do agente são válidas igual e cumulativamente para os titulares dos órgãos ou representantes, assim como para as sociedades comerciais ou sociedades civis sob a forma comercial, ainda que irregularmente constituídas (*vide* contudo conclusões 27.ª e 30.ª).

47.ª – O mesmo facto típico ilícito e culposo pode constituir simultaneamente crime e contra-ordenação.

48.ª – Vamos designá-lo por «*crime contra-ordenacional*» ou «*contra-ordenação criminal*».

49.ª – Segundo o art. 7.º/1 do RGIT: as pessoas colectivas, sociedades, ainda que irregularmente constituídas, e outras entidades fiscalmente equiparadas (i.e. estão incluídas as sociedades comerciais ou sociedades civis sob a forma comercial ainda que irregularmente constituídas) são responsáveis por todos os factos típicos, ilícitos e culposos declarados puníveis por lei tributária anterior (v.g. facto simultaneamente crime e contra-ordenação: «crime contra-ordenacional» ou «contra-ordenação criminal»), previstos no RGIT, quando cometidos pelos seus órgãos ou representantes, em seu nome e no interesse colectivo.

50.ª – O art. 2.º do RGIT refere o seguinte quanto ao conceito e espécies de infracções tributárias: «1 – Constitui infracção tributária todo o facto típico, ilícito e culposo declarado punível por lei tributária anterior. § 2 – As infracções tributárias dividem-se em crimes e contra-ordenações.

§ 3 – Se o mesmo facto constituir simultaneamente crime e contra-ordenação, o agente será punido a título de crime, sem prejuízo da aplicação das sanções acessórias previstas para a contra-ordenação».

51.ª – Está desencadeada simultaneamente pelo mesmo (*vide* p.-c. 47.ª) facto típico, ilícito e culposo a responsabilidade criminal e contra-ordenacional tributária (fiscal/aduaneira) das «pessoas colectivas e equiparadas» (i.e. estão incluídas as sociedades comerciais ou sociedades civis sob a forma comercial ainda que irregularmente constituídas) referidas no art. 7.º/1 do RGIT.

52.ª – Segundo o n.º 3 do art. 7.º do RGIT a responsabilidade criminal das entidades referidas no n.º 1 do art. 7.º do RGIT (i.e. estão incluídas as sociedades comerciais ou sociedades civis sob a forma comercial ainda que irregularmente constituídas) não exclui a responsabilidade individual dos respectivos agentes.

53.ª – **a)** Segundo o n.º 4 do art. 7.º do RGIT a responsabilidade contra-ordenacional das entidades referidas no n.º 1 do art. 7.º do RGIT (i.e. estão incluídas as sociedades comerciais ou sociedades civis sob a forma comercial ainda que irregularmente constituídas) exclui a responsabilidade individual dos respectivos agentes; **b)** Como o Prof. Doutor Claus Roxin nos ensina, é possível distinguir as subcategorias da culpa propriamente dita, da responsabilidade, não sendo menos verdade que a culpa deve ser limite ao poder estatal de intervenção em nome da protecção e da dignidade humana, por um lado, e que, por outro lado, além do tipo de ilícito e do tipo de culpa, podemos falar doutra categoria: a *punibilidade*, i.e., a ideia de merecimento da pena. A responsabilidade é a necessidade da pena, pois muitas das vezes o agente é suficientemente punido pelo facto (a responsabilidade é, pois, diferente do facto). Desta teoria queremos só retirar que é possível separar a culpa da punibilidade. Separamos o critério da imputação da responsabilidade (só aceitável constitucionalmente para nós, como princípio, através da culpa), da própria responsabilidade. Por isso é que é possível o ente colectivo ser responsável por contra-ordenações tributárias segundo o critério de imputação do art. 7.º/1 do RGIT – i.e. através da prática de infracções tributárias ou factos típicos, ilícitos e culposos pelos seus «orgãos ou representantes» – e os respectivos agentes individuais serem «simultaneamente» (i.e. *posteriormente*) irresponsabilizados (cfr. art. 7.º/4 do RGIT). A culpa dos entes colectivos é a culpa dos «órgãos ou representantes», mas só os entes colectivos é que são responsáveis!

54.ª – Segundo o art. 2.º/3 do RGIT (cfr. igualmente o art. 20.º do RGIMOS), como já anteriormente referimos (*vide* a totalidade da redacção do art. 2.º do RGIT na p.-c. 50.ª): «Se o mesmo facto constituir simultaneamente crime e contra-ordenação, o agente será punido a título de crime, sem prejuízo da aplicação das sanções acessórias previstas para a contra-ordenação».

55.ª – As sociedades comerciais ou sociedades civis sob a forma comercial ainda que irregularmente constituídas (que se inserem nos entes colectivos mencionados no art. 7.º/1 do RGIT) serão, *in concreto*, punidas a título de crime, sem prejuízo da aplicação das sanções acessórias previstas para a contra-ordenação: art. 7.º e 2.º/3 do RGIT (art. 20.º do RGIMOS); art. 21.º e art. 21.º-A do RGIMOS.

56.ª – Os respectivos agentes individuais (que se inserem no art. 7.º/1, 3 e 4 do RGIT) serão punidos, *in concreto*, a título de crime com prejuízo da aplicação das sanções acessórias previstas para a contra-ordenação cuja responsabilidade está excluída (!): art. 7.º/3 e art. 7.º/4 do RGIT.

57.ª – **Tese 1 (*de lege lata*):** A *«imputabilidade»* da responsabilidade penal tributária (fiscal e aduaneira) das sociedades comerciais ou sociedades civis sob a forma comercial ainda que irregularmente constituídas (que se inserem nos entes colectivos mencionados no art. 7.º/1 do RGIT) é *paralela* e total ou inteira, enquanto se alicerça no mesmo facto e na mesma culpa dos titulares dos seus órgãos ou representantes; mas dissemelhante enquanto permite aplicar penas diferentes aos crimes tributários (fiscais/aduaneiros) (art. 12.º do RGIT), incluindo a própria impunidade dos que estão no lugar (ou classicamente «actuação em nome de outrem») das sociedades comerciais ou sociedades civis sob a forma comercial ainda que irregularmente constituídas; e – aqui reside a novidade! – simultânea e contra-ordenacionalmente tributária (fiscal/aduaneira), se o mesmo facto constituir crime e contra-ordenação tributária (fiscal/aduaneira) e, por fim, alternativa, na medida em que está excluída a responsabilidade individual dos respectivos agentes (art. 7.º/4 do RGIT), mas *direccionada*, pois só as sociedades comerciais ou sociedades civis sob a forma comercial ainda que irregularmente constituídas (ou entes colectivos mencionados no art. 7.º/1 do RGIT) é que, *in concreto*, serão objecto das sanções acessórias para a contra-ordenação: art. 20.º, art. 21.º, art. 21.º-A do RGIMOS.

58.ª – Nas situações em que se verifica o cometimento de mais do que um facto típico e ilícito e se preenchem as hipóteses de crime e contra-ordenação já não se aplica o art. 2.º/3 do RGIT, pelo que o agente poderá ser punido, *cumulativamente*, com as sanções correspondentes a cada uma das infracções.

59.ª – Tese 1.1 (*de lege lata*): Neste caso concreto (*vide* p.-c. 58.ª), a sociedade comercial ou sociedade civil sob a forma comercial ainda que irregularmente constituída (ou outro ente previsto no art. 7.º/1 do RGIT) seria punida cumulativamente (responsabilidade punitiva tributária cumulativa horizontal: art. 10.º do RGIT) pelo crime e pela contra-ordenação tributária (fiscal/aduaneira), i.e., por diferentes factos, e seria responsabilizada cumulativamente pelo mesmo facto criminal tributário com o seu «órgão ou representante» (responsabilidade penal cumulativa vertical descendente: art. 7.º/1 e 3 do RGIT); enquanto o seu «órgão ou representante» seria, igualmente, responsabilizado cumulativamente pelo mesmo facto criminal tributário com a sociedade comercial ou sociedade civil sob a forma comercial ainda que irregularmente constituída (responsabilidade penal tributária cumulativa vertical ascendente: art. 7.º/1 e 3 do RGIT) e, por outro lado, não punido ou excluído de responsabilidade, alternativamente pelo mesmo facto contra-ordenacional tributário (responsabilidade cumulativa excluída tributária e, portanto, alternativa vertical: art. 7.º/4 do RGIT). Neste sentido, o «órgão ou representante», ficará também e simultaneamente isento da responsabilidade punitiva tributária cumulativa horizontal: art. 10.º do RGIT, pois a responsabilidade contra-ordenacional tributária está nestes casos excluída (cfr. art. 7.º/ 1 e 4 do RGIT). Uma coisa é, pois, a responsabilidade cumulativa de penas, derivada dum eventual concurso efectivo, no mesmo agente, por factos diferentes; outra coisa, diferente, é a responsabilidade cumulativa entre entes colectivos e seus «órgãos ou representantes» (*agentes*) pelo mesmo facto.

7. Pré-conclusões e novos desenvolvimentos VII

60.ª – Alguns ilícitos de mera ordenação social ou administrativos apresentam sanções mais graves do que as próprias sanções penais (cfr. art. 26.º e art. 28.º do RGIT e o CP *passim*): parece haver tanto «burla de etiquetas» na situação em que se baptizam de «sanções administrativas» verdadeiras sanções penais, como quando se «rotulam» ofensas inadmissíveis a bens jurídicos individuais ou colectivos, como se se tratassem de bens administrativos, diminuindo em ambos os casos os Direitos Fundamentais individuais e colectivos.

61.ª – A função específica das garantias no Direito Penal não é tanto permitir ou legitimar, mas antes condicionar ou vincular e, portanto, deslegitimar o exercício absoluto da *potestas* punitiva. A *ratio* das garantias penais está em limitar o poder do Estado, i.e., o *ius puniendi* do poder político. E se o *ius puniendi* igualmente se exprime (às vezes maioritariamente) num outro âmbito sancionatório «não propriamente penal», no sentido doutros ilícitos (v.g. ilícito de mera ordenação social ou a designada e inconstitucional «responsabilidade civil pelas multas e coimas»: *vide* a p.-c. 31.ª) e outras sanções (qualitativa e quantitativamente diversas), devemos preocupar-nos com as garantias e os princípios de atribuição também neste contexto. A ampliação ou flexibilização dos princípios e, portanto, das garantias penais, deve realizar-se a partir do núcleo dos princípios penais que necessariamente manteriam a sua função de paradigma em todo o tipo de sanção pública!

62.ª – É de rejeitar e evitar a responsabilidade objectiva penal ou contra-ordenacional das sociedades comerciais ou sociedades civis sob a forma comercial ainda que irregularmente constituídas, sob pena de uma eventual ou possível violação do princípio constitucional da culpa: cfr. arts. 1.° e 25.°/1 e art. 32.°/10 CRP. Cfr. igualmente os arts. 8.° e 32.° do RGIMOS e os arts. 13.°; 14.° e 15.° do CP. Por seu lado, quanto ao RGIT, cfr. os arts. 3.°/a, b; 24.°; 25.°; 26.°; 27.°. A infracção tributária fiscal ou aduaneira somente pode ser imputada ao ente colectivo a título de dolo ou negligência. No modelo/critério de imputação de responsabilidade previsto no art. 7.° do RGIT esse dolo ou negligência é aferido por meio do cometimento de infracções por «órgãos ou representantes» (no do art. 7.° do RGIMOS somente são os «órgãos»).

Como nos referem o Juiz Conselheiro do STA Dr. Lopes de Sousa e o Juiz Conselheiro do STJ Dr. Simas Santos (in op. cit. pp. 40 e ss.) vale «...aqui também o princípio da culpabilidade (*nulla poena sine culpa*), segundo o qual toda a sanção penal ou contra-ordenacional tem como suporte uma culpa concreta, apesar da não intervenção nas contra-ordenações de uma censura de tipo ético-pessoal. Referências à culpa no domínio contra-ordenacional, encontram-se em várias disposições do R.G.C.O. (arts. 8.°, n.° 2, 9.°, n.° 1, 16.°, n.° 2, 18, n.° 1, 21.°, n.° 1, 26.°, alínea a), e 51.°), ultrapassada que foi o n.° 2 do art. 1.° do R.G.C.O., na redacção inicial, em que se previa a possibilidade de a lei prever casos de imputação de contra-ordenações «independentemente do carácter censurável do facto», hipótese esta que, no entanto, foi suprimida na revisão efectuada pelo Decreto-Lei n.º 244/95, de 14 de Setembro». § «Para haver responsabilização jurídico-penal do agente não basta, pois, a realização por este de um tipo-de-ilícito (facto humano correspondente ao tipo legal e antijurídico), sendo ainda necessário que aquela realização lhe possa ser censurada em razão de culpa, o mesmo é dizer, que aquele comportamento preencha também um tipo-de-culpa».

A culpa é um dos componentes da infracção tributária (os outros, como todos sabemos, são a conduta por acção ou omissão, a tipicidade e a ilicitude). Ora, a culpa é precisamente uma relação subjectiva entre o facto típico e o seu respectivo autor que *possibilita responsabilizar* este mesmo autor pelo cometimento daquele facto típico enunciado: é uma vontade livre e racional de provocar o facto.

63.ª – O recurso ao sistema penal para sancionar os entes colectivos só aparentemente vai contra o ideal do Direito Penal mínimo. Pois, por um lado, já está amplamente consagrada a responsabilidade criminal dos entes colectivos no Direito Penal Secundário português; e, por outro lado, a própria responsabilidade criminal dos entes colectivos permite – *de per se* – que lhes estejam asseguradas clara, directa e transparentemente garantias penais, i.e., a protecção dos seus Direitos Fundamentais, ao contrário, porventura, dum ambiente dominado pela ampla *oferta* de «burla de etiquetas», onde o agente destinatário das sanções ou simples cidadão é defraudado pela *potestas* do próprio Estado.

64.ª – «Sanções acessórias» como as que estão previstas no art. 28.º do RGIT (Capítulo III: «Disposições aplicáveis às contra-ordenações»), nomeadamente o «encerramento de estabelecimento ou de depósito», cujos pressupostos se encontram previstos no art. 21.º-A do RGIMOS, ou «Consequências acessórias» como as que estão previstas no art. 129.º do CP espanhol parecem constituir verdadeiras sanções penais como aliás o são as «Penas acessórias aplicáveis aos crimes tributários» previstas no art. 16.º do RGIT (Capítulo II: «Disposições aplicáveis aos crimes tributários») cujos pressupostos de aplicação se encontram estabelecidos, por sua vez, no art. 17.º do RGIT).

65.ª – O art. 7.º/4 do RGIT abandona a responsabilidade cumulativa contra-ordenacional tributária entre os entes colectivos referidos no n.º 1 do art. 7.º do RGIT e os seus «órgãos ou representantes», mas não abandona, como já vimos, o modelo ou critério de imputação prévia da responsabilidade das contra-ordenações tributárias aos entes colectivos referidos no mesmo n.º 1 do art. 7.º do RGIT que tem por base a teoria (com origem no

Direito Civil) da identificação entre órgão e organização (alargada à teoria da representação). Este modelo rejeita *claramente* a responsabilidade objectiva penal ou contra-ordenacional tributária: cfr. p.-c. n.º 62.ª.

8. Pré-conclusões e novos desenvolvimentos VIII: a Tese 2 e a Tese 3 (hipoteticamente *de lege ferenda*)

66.ª – As organizações têm uma vida própria e a sua estrutura e funcionamento vão para além dos interesses de cada sujeito. Existe, assim, uma institucionalização de padrões de conduta que passam a ser cindíveis da vontade individual. A «atitude criminal de grupo» ou, no nosso entender, «disposição ou postura criminal de conjunto ou estruturação», poderia ficar impune. Mas – atenção! – só será possível defender a responsabilidade dos entes colectivos, se respeitarmos e considerarmos o direito à tutela judicial efectiva dos seus Direitos Fundamentais (cfr. arts. 12.º e 20.º da CRP).

67.ª – Os riscos e lesões de bens jurídicos individuais ou colectivos no seio duma organização, porventura empresarial são, em grande parte das ocasiões, fruto de deficiências duma sequência de comportamentos imputáveis à organização da empresa em si mesma (as designadas políticas de empresa) que não são passíveis de individualizar-se numa determinada resolução duma concreta pessoa, mas antes numa imperfeição *temporal* de ausência de cuidado do risco consciente. No «*corporate crime*» dos EUA constatou-se sistematicamente que os crimes cometidos dentro duma corporação eram produto duma sequência de políticas da própria empresa, como o incumprimento de normativas, a organização deficiente e/ou a falta de vigilância, os quais – aliados a outros vectores – provocavam o crescimento dos riscos até chegar ao ponto de despoletar a lesão de bens jurídicos individuais ou colectivos. Também elegemos como factor determinante da violação de bens jurídicos por parte dos entes colectivos o, porventura, atrofiado estatuto do departamento jurídico ou departamento legal – a que podem acrescer eventuais obstáculos internos nas organizações ao que deveria ser inequivocamente entendido como um legítimo direito de formação contínua e, igualmente, de renovação de conhecimentos dos juristas! – e ainda do departamento de qualidade dentro da própria organização e as relações recíprocas que têm entre si.

68.ª – A «imputação colectiva», desde a perspectiva funcional, parece ser «a imputação de um resultado a um grupo de pessoas, sem que seja possível estabelecer uma diferenciação entre os distintos graus de participação de cada uma (co-autor, instigador, cúmplice e figuras afins). Ou seja, neste prisma, a «imputação colectiva» é incompatível com o modelo ou critério de imputação de responsabilidade dos entes colectivos baseado na teoria (com origem no Direito Civil) da identificação entre órgão e organização (*alargada posteriormente à representação*) para o qual a prévia imputação individual da responsabilidade (nomeadamente penal) é *conditio sine qua non* da própria imputação da responsabilidade colectiva (porventura penal) dos entes colectivos, e que está consagrado, v.g., no art. 7.º/1 do RGIT. Ou seja, neste último modelo de imputação, a imputação é originariamente individual e derivadamente colectiva, enquanto que a responsabilidade é colectiva e individual, se for cumulativa, ou somente colectiva, se for alternativa e direccionada.

69.ª – O «modelo de culpa analógica» é entendido por alguns Autores como um «modelo paralelo» de responsabilidade da própria empresa que possibilitaria destrinçar assim que o ilícito fosse próprio de sujeitos individuais, de quando o fosse da empresa. Seriam, pois, ilícitos diferentes: no primeiro, a infracção penal – como lesão ou colocação em perigo de bens jurídicos colectivos ou individuais – é praticada por um sujeito individual; no segundo caso, tal prática é da autoria dum ente colectivo. Um *indício* do segundo ilícito seria o facto da infracção resultar dum defeito de organização da própria empresa. Como são dois ilícitos diferenciados, não se requer a determinação da responsabilidade penal de um indivíduo (como procuramos demonstrar no caso do art. 7.º/1 do RGIT onde tal é exigível): o que constituía justamente o principal obstáculo à responsabilização dos entes colectivos. Contudo, não cremos ser indispensável diferenciar ilícitos!

70.ª – Mas, numa outra perspectiva, ainda dentro do «modelo de culpa analógica», poder-se-á afirmar que o principal do ilícito típico recai na administração deficiente do risco; através desta noção torna-se evidente – igualmente desde a perspectiva da culpa da empresa no «tempo»! – que a empresa não esteve «consciente» de modo algum da sua responsabilidade especial pelos procedimentos perigosos (no sentido de geradores de riscos) de funcionamento. Trata-se duma questão presentemente não esclarecida «em definitivo».

71.ª – Verifica-se uma contradição: na realidade criminológica as organizações e as empresas são os principais geradores para os bens jurídicos de riscos, que não são contidos pelo sistema penal, o qual, por sua vez, ao nível do seu Direito teórico, nega liminarmente, em muitos dos ordenamentos jurídicos, que os entes colectivos possam cometer crimes ou, então, que só os possam cometer através de «pessoas individuais» como «órgãos ou representantes».

72.ª – No «modelo de culpa analógica» reconhece-se capacidade de acção aos próprios entes colectivos: cfr. p.-c.^{s} 24.ª e 25.ª.

73.ª – Já vimos que nos diplomas legislativos, da ordem jurídica portuguesa, onde é prevista a responsabilidade dos entes colectivos (seja penal ou formalmente administrativa), a solução é colhida na teoria de Direito Civil da identificação (ou representação), i.e., *grosso modo*, os actos dos «órgãos» ou, depois, dos «representantes» (e/ou, em certos casos, outros elementos ou componentes como mandatários ou trabalhadores) são vinculantes da responsabilidade dos respectivos entes colectivos desde que em seu nome e no interesse colectivo. Quando entramos, contudo, no campo do «órgão de facto» (para os Penalistas alemães *«faktische Organ»*) ou «representante de facto» já estamos a introduzir elementos materiais que igualmente comprometem a organização colectiva. Significa isto que duma reflexão estritamente formal das pessoas que vinculam o ente colectivo passamos a um sistema material de quem tem ou parece ter – afinal! – capacidade funcional para *realmente* vinculá-lo. Nesta perspectiva: ao optar-se por uma «responsabilidade paralela ou autónoma» do ente colectivo – em relação à responsabilidade que existiria no caso concreto – não se exige uma prévia declaração da responsabilidade individual para responsabilizar essa mesma organização ou sistema colectivos. I.e. aplicando directamente aos entes colectivos as categorias e princípios penais clássicos como o princípio da culpa.

74.ª – O princípio da responsabilidade penal dos entes colectivos não está necessariamente subordinado à responsabilidade penal individual. Num modelo em que os entes colectivos são directamente responsáveis, não podemos pensar numa imputação dolosa ou negligente através das pessoas singulares que actuam para essas organizações. É neste sentido (*lato sensu*) que se considera que a estruturação do dolo (ou intenção) na realização da actuação antijurídica com ressonância penal do ente colectivo, pode alicerçar-se pela via da conceptualização do dolo do Homem. A inexistência de possibilidade para discernir o elemento volitivo, a partir do prisma material da prova – e o escasso rendimento que este elemento tem tido na outorga de forma ou configuração das condutas penalmente relevantes, conduziu à ideia de que o componente resoluto ou decisivo do dolo não seja o volitivo (vontade do agente para a realização do tipo), dificultuoso e intrincadamente apreensível, mas o conhecimento (o elemento intelectual do dolo é o conhecimento de todas as circunstâncias e elementos indispensáveis para que a consciência ético-jurídica do agente coloque e resolva correctamente o problema da ilicitude do comportamento), i.e., a consciência do risco (ou perigo) para os bens jurídicos individuais ou colectivos. Também esta visão suscita questões que não estão resolvidas: pode-se considerar que os entes colectivos têm vontade funcional.

75.ª – O Tribunal de Justiça das Comunidades Europeias afirma na sua Jurisprudência, que «não é necessário que a empresa tivesse consciência de infringir a proibição contida nas referidas normas, é suficiente que não pudesse ignorar que o objecto ou efeito da conduta que se lhe imputa era restringir a concorrência no mercado (cfr. o nosso ponto 3.4.1 do Capítulo VI).

76.ª – Mas, em este dolo como forma de conduta, sobretudo centrado no seu elemento conhecimento, com a exigência da representação, não se poderá deixar de considerar uma «atitude criminal de grupo» – indiferente ou contrária à violação, ou à simples aposição em perigo, dos bens jurídicos protegidos -, a qual acresce por conseguinte, como «elemento emocional de grupo» ao elemento cognitivo primeiramente mencionado (já não necessariamente à vontade, conforme as concepções acima defendidas, embora com muita cautela dogmática e grandes dúvidas nossas!).

77.ª – No contexto da responsabilidade penal dos entes colectivos, os critérios de imputação por «*dolo*» e por «*culpa*» (negligência) devem, pois, ter um carácter associacional, i.e., previsibilidade do resultado (actuação «*culposa*», negligente) e cognoscibilidade do resultado (actuação dolosa).

78.ª – O paradigma emergente fundamenta-se num funcionalismo teleológico-racional, onde o fim mediato das penas é a protecção de bens jurídicos sistémico-racionalmente imanentes, e os fins imediatos das penas são a reparação (ou retribuição); a prevenção geral positiva e a prevenção especial positiva. Ora, as teorias que baseiam a pena somente em ideias de prevenção (geral ou especial) não são hostis à responsabilidade penal dos entes colectivos.

79.ª – O *Modell des Organisationsverschuldens* ou «modelo da culpa pela organização» centra-se no seguinte: os entes colectivos, ao serem destinatários das normas de conduta, são susceptíveis de serem objecto de exigências de organização, as quais deverão ser realizadas através de oportunas e propositadas medidas de controlo e vigilância que permitam evitar o cometimento de crimes pelos seus membros ou elementos. No entanto, a grande crítica apresentada à teoria da responsabilidade pela culpa da organização – *Haftungstheorie vom Organisationsverschulden* – (i.e. conceito de culpa normativo-social que possibilita formular uma reprovação social à própria organização) é precisamente que a decisão individual incorrecta e errada é uma *conditio sine qua non*.

80.ª – **Tese 2:** A principal ideia do modelo de imputação de responsabilidade aos entes colectivos, baseado na teoria do Direito Civil da identificação (cfr. v.g. art. 7.º/1 do RGIT), é evitar a «responsabilidade por caso fortuito», pois a responsabilidade das organizações só pode ser a responsabilidade pelos actos dos seus membros que desempenhem cargos dirigentes ou directivos de direito e, simultaneamente, de facto (entes colectivos regularmente constituídos)!

81.ª – Por um lado, a potencialidade do ente colectivo de risco para bens jurídicos individuais ou colectivos *pode expressar-se* – como pode não se expressar! – pelo facto de possuir uma «atitude criminal de grupo»; por outro lado, a infracção do dever de vigilância, i.e., a «*culpa in vigilando*», não será susceptível para alicerçar uma responsabilidade do titular da empresa, mas *pode ser uma expressão* – como pode não ser expressão! – do defeito de organização ou ainda um ambiente facilitista para a realização duma infracção pelo ente colectivo. Neste ponto de vista, podemos referir que a efectiva realização do facto vinculante não deveria fazer parte dos pressupostos de quaisquer *verdadeiras sanções penais acessórias* (incluindo as que formalmente não o são, incorrendo em «burla de etiquetas»!) ainda que normalmente o cometimento desse mesmo facto vinculante seria considerado em geral como um sintoma de perigo objectivo da realização de futuras infracções. *De jure constituto* é de rejeitar liminarmente tal posição.

82.ª – **Tese 3 (hipoteticamente *de lege ferenda*):** A «técnica-dos-exemplos-padrão» (*Regelbeispieltechnik*) poderia ser utilizada, potencialmente *de lege ferenda*, para responsabilizar os entes colectivos: o legislador mencionaria um conjunto de circunstâncias susceptíveis de influir na valoração de determinada conduta, sem pretender estabelecer uma enumeração taxativa. Certos crimes (v.g. crime de poluição; fraude fiscal), que fossem fruto duma *acção* não individualizável numa pessoa física, mas imputável a certo ente colectivo, a título de «dolo de grupo» ou «dever objectivo de grupo de cuidado», envolveriam a tipificação dum conjunto de circunstâncias susceptíveis de revelar a perigosidade desses mesmos entes colectivos para a violação de bens jurídicos individuais ou colectivos: norma X. Não obstante, nem só as circunstâncias da norma X revelariam a especial perigosidade para a violação de bens jurídicos individuais ou colectivos e nem sempre as circunstâncias da norma X revelariam especial perigosidade para a violação de bens jurídicos individuais ou colectivos. A figura dogmática preferencial aqui utilizada poderia ser, v.g., o crime de perigo abstracto, nunca deixando de respeitar, em caso algum, as garantias e Princípios de Direito Penal, nomeadamente, o princípio da legalidade, o princípio da culpa e a própria CRP!

83.ª – *Brevitatis causa*: a) o sistema de responsabilidade individual parece ser insuficiente para dar resposta à colocação em perigo ou violação de bens jurídicos individuais ou colectivos a partir do seio de organizações complexas; b) os crimes ou delitos realizam-se em contextos e sociedades complexas, com divisão de poderes verticais, horizontais e diagonais, hierarquias ou órgãos de decisão complexos, despoletando uma série de nexos causais e vítimas, muitas das vezes, indeterminadas; c) a imputação do delito ou crime a agentes individuais resulta numa solução incompleta outorgada pelo ordenamento jurídico, ao tutelar bens jurídicos individuais ou colectivos cuja autoria tem que estar originalmente individualizada em «órgãos ou representantes»; d) a utilização excessivamente flexível das categorias dogmáticas penais como a comissão por omissão e da posição de garante está já a colocar em perigo de violação as próprias garantias penais; e) a arquitectura dum «sistema de imputação ou modelo de culpa analógica» racional, eficaz e no interesse dos próprios entes colectivos através, por exemplo, duma «técnica-dos-exemplos-padrão» (*Regelbeispieltechnik*), tem que ser realizada sempre a partir das categorias clássicas da dogmática penal e das suas garantias em direcção à responsabilização desses mesmos entes colectivos e não o inverso: não há lugar a qualquer flexibilização de categorias penais, garantias e princípios constitucionais, nomeadamente o princípio da culpa (imputabilidade, dolo e negligência, exigibilidade); f) o ente colectivo constitui um substrato diverso da pessoa física; g) crimes como o de poluição p. e p. no art. 279.º do CP parecem dirigir-se fundamentalmente a entes colectivos; h) categorias como a culpa e o ilícito podem ser aplicadas aos entes colectivos permitindo imputar-lhes responsabilidade pela prática de crimes (ou delitos numa Lei-quadro do Direito Penal económico: Prof. Doutor Jorge de Figueiredo Dias) por forma a respeitar as garantias e princípios penais: se a culpa é a relação funcional entre o ilícito penal e um sujeito, o ilícito penal é concebido como uma danosidade social evitável realizado com conhecimento, vontade e emoção (dolo) ou por falta de cuidado objectivo (negligência).

9. Pré-conclusões e novos desenvolvimentos IX: a Tese 4; a Tese 5 e a Tese 6

84.ª – As objecções a montante referidas à teoria da «culpa pela organização» são evitadas pelo «modelo *puro* de culpa analógica».

85.ª – A «culpa» surge aqui como categoria sistemática cujas condições exigidas para a consecução de certos fins se decidem normativamente em função de fundamentos socialmente consensuais – conceito de culpa normativa – e cujo conteúdo conceptual se guia no Direito Penal individual consoante funções específicas: Direito Penal central, acessório ou administrativo.

86.ª – Com o objectivo de determinar a responsabilidade dos entes colectivos, terá que haver um recurso às categorias clássicas de imputação do Direito Penal individual, desde a causalidade e a conduta, passando pelo resultado e indo até aos elementos subjectivos como a própria culpa: na parte especial do Código penal, por meio da trivialização do resultado e a responsabilidade para os riscos e perigos abstractos; e na parte geral, através da ampliação da autoria, causalidade e criação de ficções no erro.

87.ª – A maioria das situações que o Direito Penal deve tratar são o resultado de um desenvolvimento deficiente da empresa que não é atribuível a decisões individuais, mas sim a uma deficiência duradoura na previsão dos riscos de exploração. Deste modo, no Direito Penal da empresa não se trata só e propriamente duma culpa individual pelo acto, mas duma verdadeira culpabilidade de facto, que se poderia caracterizar, à maneira do conceito da «culpa pela não formação da personalidade» ou «culpa pela conduta de vida» como uma «culpa pela condução da empresa». No nosso entendimento, uma «culpa pela ocupação de espaços» que coloca em risco ou viola bens jurídicos individuais ou colectivos. O Direito Penal vigente é Direito Penal do facto e do autor.

88.ª – O Direito Penal disfruta duma conexão estrita ao princípio da culpa, pois as suas exigências e requisitos são mais fortes e densos do que no Direito Civil e Administrativo. Por isso mesmo é que as sanções não têm a natureza penal simplesmente porque são rotuladas como tal. Também não existe suficiente legitimação *etiquetal* de «índole penal» simplesmente porque se podem reconduzir as sanções ao Direito Penal individual.

89.ª – Tese 4: Vamos pensar dogmaticamente em procedimentos empresariais de exploração baseados e fundamentados na tecnologia. Seriam essencialmente dois pressupostos que forneceriam os critérios directores da responsabilidade penal (ou administrativa) da organização: 1.º como condição necessária deverá haver uma administração deficiente do risco (*fehlerhfte Risikomanagement*) – ou uma gerência imperfeita do inconveniente possível ou do perigo – e 2.º como condição suficiente a materialização do perigo típico da empresa. Neste sentido, fica posta de lado a conduta errada dum membro individual da empresa.

90.ª – A noção da comissão dum ilícito no cumprimento duma função conhecida no Direito Penal individual – desvalor do resultado causado *«individualmente»* por um ente colectivo de maneira culpável e imputável! – garante o carácter penal desta responsabilidade: em vez de falarmos do domínio do facto individual podemos conceptualizar um domínio funcionalo-sistemático da organização.

91.ª – A materialização dos perigos típicos da empresa privada ou pública – i.e. resultados – seriam considerados como condições objectivas de punibilidade. A conexão e/ou relação entre esta condição objectiva de punibilidade e a administração imperfeita do risco governa-se – em vez duma causalidade estrita e rigorosa, característica do Direito Penal individual – por uma teoria de aumento do risco próprio das organizações. *Refutamos, contudo, a responsabilidade penal ou contra-ordenacional objectiva!*

92.ª – Nesta perspectiva, será determinado de forma ou modo funcionalo-colectivo o dolo, a culpa e a consciência da ilicitude. Existe um dolo de grupo. Os elementos subjectivos no Direito Penal individual já não se estabelecem como um conhecimento real do autor, mas fixam-se de acordo com critérios sociais. Mas, no contexto do Direito Penal funcional, a imputação a um ente colectivo – e nomeadamente a uma empresa privada ou pública – é na realidade muito menos problemática do que no caso duma pessoa singular individual ou natural. É que, enquanto na situação do autor individual, a «presunção» da existência do conhecimento jurídico relacionado com, v.g., as diversas regras de segurança existentes, se vai tornando cada vez mais fictícia, já a imputação que se refere aos entes colectivos, v.g., empresas, torna-se cada vez mais real e concreta, à condição de que se possa imputar, também, ao ente colectivo autor (v.g. empresa privada ou pública autora), no seu conjunto, o conhecimento possuído pelos seus – por exemplo – departamentos de qualidade, comercial, financeiro, legal ou de segurança (embora se possam aqui colocar dúvidas, naturalmente e se for o caso, em relação ao verdadeiro papel que o Conselho de Administração deve aqui desempenhar ou desempenhou em cada caso concreto).

93.ª – A categoria da «culpa pela condução da empresa» ou «culpa pela ocupação de espaços» que coloca em risco ou viola bens jurídicos individuais ou colectivos, surge como específica forma de responsabilizar a empresa, pelo que o juiz será obrigado a fundamentar e justificar que teve em consideração a «individualidade» do ente colectivo concreto e determinado, v.g. empresa, ao contrário normal e formalmente da matéria administrativa ou civil (i.e. indesejavelmente, mesmo que se verifique a «burla de etiquetas»!). Todas as sanções do Direito punitivo – seja qual for a «capa» sob que se apresentem – têm que estar devidamente fundamentadas e respeitar o princípio da culpa!

94.ª – A «culpa pela condução do ente colectivo (v.g. empresa)» e a culpa particular do Direito Penal individual seriam de *jure constituendo* duas causas de responsabilidade diversas que ornamentariam dois campos de responsabilidade diferentes: 1.º o do indivíduo; 2.º o do colectivo. Como consequência ou efeito, ambos os modos de responsabilidade devem ser considerados e reprimidos de modo paralelo.

95.ª – Não obstante, é de rejeitar, em definitivo, a construção de sistemas ou critérios anómalos de imputação penal ou contra-ordenacional demasiado inseguros e imprecisos que colocam em risco ou violam as categorias, garantias e princípios do Direito Penal!

96.ª – Necessariamente, qualquer que seja o modelo de responsabilidade, os entes colectivos estão submetidos a causas de justificação ou causas de exclusão da ilicitude e de exculpação como v.g.: a) a cláusula do risco (cfr. Costa Andrade in art. 235.º do CP, «Comentário Conimbricense...», pp. 553-554) que está prevista no art. 235.º/2 do CP (cfr. art. 31.º do CP) e que é aplicável aos entes colectivos de Direito público e de Direito privado (cfr. arts. 13.º e 81.º, alínea e]); b) a adequação social e o risco permitido como causas implícitas de exclusão da ilicitude (cfr. art. 31.º do CP) são igualmente aplicáveis ao âmbito do Direito Penal económico; c) o estado de necessidade desculpante como causa de exclusão da culpa (cfr. art. 35.º/2 do CP) desde que: «1.º o facto ilícito praticado tem de ser adequado a afastar um perigo actual; 2.º esse perigo não pode ser removível de outro modo; têm que estar ameaçados bens que não os do art. 35.º e, finalmente, que não seja razoável exigir do agente, segundo as circunstâncias do caso, comportamento diferente» (cfr., quanto a tudo isto, José de Faria Costa in «O Direito Penal Económico e as causas implícitas de exclusão da ilicitude», 1985-1998, p. 426 e *passim*); d) o Direito de necessidade (cfr. art. 34.º do CP) no que diz respeito, v.g., ao crime de poluição (K. Tiedemann «defende que a solução, em casos de lesão de qualquer elemento do ambiente para salvar empregos, depende da extensão e reversibilidade da lesão do ambiente, bem como da importância económica da empresa, das consequências sociais do aumento do desemprego ou mesmo do peso que o encerramento da empresa teria nas receitas fiscais do Estado», *apud* Anabela Miranda Rodrigues in art. 279.º do CP, «Comentário Conimbricense...», pp. 971 e ss.); e) sem prejuízo da nossa Tese 2, que descrevemos na p.-c. 80.ª, propomos igualmente – apenas nos casos concretos em que seja aplicável! – o seguinte: no caso de trabalhadores ou mandatários sem poderes de representação deveria estar prevista a exclusão da responsabilidade do ente colectivo sempre que se provasse que essa mesma organização cumprira todos os deveres de que é destinatária, não evitando, ainda assim, impedir a prática da infracção (cfr. Teresa Serra in «Contra-ordenações: responsabilidade...», 1999, p. 209); f) perante um Estado que se torne ele próprio uma «associação criminosa» (v.g. numa nova ditadura anti-democrática e anti-constitucional) é evidente que estaria justificada uma fuga aos impostos; g) nos casos em que, para salvar a própria empresa e o interesse social (aumento do produto nacional ou manutenção dos postos de trabalho) se desenhasse um quadro de necessidade económica: art. 35.º/2 do CP.

97.ª – Tese 5: Quaisquer que sejam os critérios de imputação e/ou os modelos de responsabilidade adoptados, os mesmos têm que respeitar, por um lado, os seguintes Princípios: Princípio da Legalidade; Princípio da Culpa; Princípio da Igualdade; Princípio da Intervenção Mínima (limites da criminalização e da punibilidade; critérios de necessidade e de subsidiariedade da intervenção penal; carácter fragmentário do Direito Penal); Princípio da Humanidade; e, por outro lado, as seguintes garantias penais: Garantias de Defesa; Princípio do Acusatório; Princípio do Contraditório; Princípio da Presunção da Inocência. *Brevitatis causa*: respeitar a CRP e os seus Princípios e Garantias.

98.ª – Tese 6: Enquanto não estiverem definidos critérios obrigatórios acerca da «administração do risco» e padrões rigorosos de Direito

Processual Penal para os entes colectivos é de rejeitar o «modelo de culpa analógica». Não é de refutar, contudo, o pensamento – que pensamos ser objectivamente útil! – da dogmática desenhada.

99.ª – Quem estiver a favor da «repressão estatal» (*no sentido do Direito Penal com a função de tutela de bens jurídicos individuais e colectivos!*) contra a delinquência económica, segurança dos produtos, branqueamento de capitais, crimes contra o meio ambiente, fraudes fiscais, criminalidade financeira privada ou pública; quem não esteja de acordo com a situação reinante de exacerbada expansão do ilícito de mera ordenação social cada vez mais legislativa e jurisprudencialmente distante das Garantias e Princípios de Direito Penal e eivada de sanções dirigidas sobretudo às empresas, as quais são impostas no Direito comparado e no português de forma ascendentemente ocasional e com critérios cada vez mais arbitrários; quem estiver contra a «burla de etiquetas»; quem estiver contra a flexibilização excessiva das categorias da dogmática do Direito Penal (*de responsabilidade individual*) a que se vem assistindo; quem estiver contra a instrumentalização *duma nova moral* política do Direito Penal, facilitada pelo contágio da *administrativização* do Direito Penal, cortando-lhe as Garantias e os Princípios, não resta outro caminho que não seja a procura da aceitação da responsabilidade criminal e «*paralela*» (i.e. de «culpa analógica»!) dos entes colectivos, ao lado da clara e transparente garantização dos seus Direitos Fundamentais.

10. Conclusão Presentemente Final

100.º – Tese Final: resultado da investigação por nós realizada até ao presente momento

a) *De lege lata* aceita-se a Tese 1 (cfr. pré-conclusão 57.ª) e a Tese 1.1 (cfr. pré-conclusão 59.ª) e o modelo de imputação aí plasmado. No entanto, conforme o modelo de imputação com origem na teoria do Direito Civil da identificação, consagrado no art. 7.º do RGIT, não tem qualquer sentido excluir a responsabilidade contra-ordenacional dos agentes individuais (art. 7.º/4 do RGIT) quando não se exclui simultaneamente a responsabilidade criminal dos mesmos agentes, pois a prévia imputação individual continua a ser sempre exigível neste sistema, e um facto pode ser simultaneamente crime e contra-ordenação (além de que, v.g., a «sanção acessória contra-ordenacional» prevista no art. 28.º/1, alínea e], ou o montante de € 110.000 constituem pesadas *penas*, pelo que se apresentam sob a «burla de etiquetas»!). Propõe-se, pois, a revogação do art. 7.º/4 do RGIT (e, portanto, nos termos respectivos do art. 6.º do RGIT) e a inclusão da responsabilidade contra-ordenacional individual no caso de responsabilidade dos entes colectivos nos termos do n.º 1 do art. 7.º do RGIT. Além disso, tem que existir uma paralela harmonização com o critério da Lei-quadro das contra-ordenações (art. 7.º/2 do RGIMOS), no qual também deverão estar previstos os «representantes», para lá dos «órgãos», sob pena do critério de imputação penal ser *inadmissivelmente* (do ponto de vista da organização metodológica das ciências jurídicas) mais alargado do que o critério de imputação contra-ordenacional e de existir contradição entre o critério-quadro de imputação de responsabilidade contra-ordenacional do RGIMOS e o critério específico correspondente do RGIT![1404] A outra opção seria restringir em todos os casos o «facto vinculante» somente à figura jurídica dos «órgãos», mas, por todas as razões enunciadas neste trabalho, nomeadamente face ao Direito comparado, comunitário e europeu, essa seria uma decisão demasiado restritiva e isolacionista;

b) O modelo misto de imputação de responsabilidade por «fraude, corrupção activa e branqueamento de capitais» (que é uma realidade do Direito da UE já publicada em DR e ratificada pelo Presidente da República de Portugal!) aos entes colectivos, apresentado na nossa pré-conclusão 19.ª, alínea a), é demasiado largo e simultaneamente «demasiado res-

---

[1404] Concluimos que o respectivo problema, que pode ser suscitado, de constitucionalidade ou inconstitucionalidade do critério de imputação contra-ordenacional do art. 7.º/1 do RGIT que representou um inegável alargamento em relação ao critério de imputação contra-ordenacional do art. 7.º/2 do RGIMOS fica aqui em aberto, pois, conforme verificamos anteriormente nos últimos parágrafos do nosso 1.2 do Capítulo VI apontamos argumentos nos dois sentidos e a decisão eventualmente final – caso seja concretamente suscitada – caberá sempre ao Tribunal Constitucional perante dada Constituição temporal e espacialmente enquadrada: seja ela, v.g. e porventura, portuguesa, europeia ou transatlântica. É que, embora o facto do RGIT ter sido aprovado pela Lei n.º 15/2001, de 5 de Junho, seja um argumento *per si* só fundamental a favor da respectiva autorização e, portanto, da constitucionalidade deste diploma legislativo – facto incontestável! -, podemos encontrar outros argumentos na doutrina comparada que nos poderão levar a concluir pela via da correspondente inconstitucionalidade. Argumentos estes que, em parte, já foram anteriormente enunciados nesse mesmo nosso Capítulo VI. Seja qual for a solução final é deveras primordial estabelecer a distinção entre inconstitucionalidade orgânica e material!

tritivo»: excessivamente largo porque «qualquer pessoa», inclusive por «*culpa in vigilando*», pode desencadear a responsabilidade do ente colectivo, desde que cometa a infracção em «seu benefício»; «excessivamente restritivo» porque, ainda assim, inclusive por «*culpa in vigilando*», tem que existir uma decisão individual errada. Ora, para ultrapassar este obstáculo desenham-se dois caminhos: 1.º o caminho do ilustre Penalista Deruyck, que pensa ser suficiente a «*culpa in vigilando*» pela organização, i.e., a culpa limita-se à reprovação de que não se tomou «uma decisão colectiva adequada à legalidade» (cfr. Capítulo VI, ponto 3.5.1), o qual é de refutar *ab initio*, pois resvala em uma responsabilidade objectiva; 2.º o «modelo da culpa analógica» e/ou «modelo de técnica dos exemplos-padrão» (aplicado este, desta vez, aos entes colectivos), dos quais tomamos posição nas alíneas d) e f).

b.1) O modelo misto de imputação de responsabilidade «criminal das pessoas colectivas e equiparadas» – já dentro da área da designada «criminalidade organizada»! – previsto no art. 6.º da Lei de combate ao terrorismo n.º 52/2003, de 22 de Agosto, descrito na nossa pré-conclusão 19.ª, alínea c), é excessivamente amplo e, de forma simultânea, imoderadamente limitativo: excessivamente amplo porque os «órgãos ou representantes, ou» «uma pessoa sob a autoridade destes», inclusive «quando o cometimento do crime se tenha tornado possível em virtude de uma violação dolosa dos deveres de vigilância ou controlo que lhes incumbem», pode desencadear a responsabilidade do ente colectivo, desde que cometa a infracção em «seu nome e no interesse colectivo; «imoderadamente limitativo» porque, ainda assim, inclusive por «*culpa in vigilando*» ou culpa no controlo – i.e. através de uma violação dolosa dos deveres de vigilância ou controlo que lhes incumbem! -, tem que existir uma decisão individual errada: uma *acção incorrecta*. Ora, como já referimos a montante, para superar este impedimento surgem, pelo menos, duas alternativas: 1.º a alternativa do ilustre Penalista Deruyck, que defende ser satisfatória a «*culpa in vigilando*» pela organização, i.e., a culpa circunscreve-se à reprovação de que não se tomou «uma decisão colectiva adequada à legalidade» (cfr. novamente o Capítulo VI, ponto 3.5.1), a qual é de recusar *ab initio*, pois se transforma em uma responsabilidade objectiva; 2.º o «modelo da culpa analógica» e/ou «modelo de técnica dos exemplos-padrão» (aplicado este, desta vez, aos entes colectivos), dos quais apresentamos o nosso ponto de vista jurídico-científico nas alíneas d) e f).

c) *De lege lata* destaca-se criticável e inevitavelmente o art. 4.º da Lei n.º 11/2002, de 16 de Fevereiro («...*regime sancionatório aplicável a situações de incumprimento das sanções impostas por regulamentos comunitários*...»: cfr. 11.2.4 do Capítulo IV. e p.-c. 19.ª, alínea b]). Trata-se, assim, duma derivação do modelo clássico de responsabilidade dos entes colectivos baseado na teoria do Direito Civil da identificação entre órgãos e «organização» e ao qual ainda podemos reconduzir a teoria da representação. Modelo demasiado estreito, porque implica a prévia individualização da imputação da responsabilidade colocando, pois, os factos não individualizáveis de lado. Modelo – neste preciso caso de consagração legal positiva (cfr. art. 4.º/2) – excessivamente amplo, pois abrange claramente órgãos e representantes de facto mesmo em «organizações» de direito! Tal modelo entra em contradição clara, v.g., com as derivações do modelo clássico consagrado no art. 7.º do RGIT e/ou no art. 7.º do RGIMOS: sugerimos, pois, a consagração dum modelo uniforme de responsabilidade (penal ou contra-ordenacional) dos entes colectivos, numa Lei-Quadro do Direito Penal e Contra-ordenacional Económico e de acordo com a CRP!

d) As Tese 3 (cfr. pré-conclusão 82.ª) e Tese 4 (cfr. pré-conclusão 89.ª) somente traduzem um potencial interesse racional *de lege ferenda* se forem indispensavelmente harmonizadas com a Tese 5 (cfr. pré-conclusão 97.ª) e a Tese 6 (cfr. pré-conclusão 98.ª) e simultaneamente alargadas a todo o *Direito punitivo*, seja o mesmo estrita e genuinamente penal ou contra-ordenacional (penal em sentido amplo) ou surja sob as *vestes* de «burla de etiquetas».

e) A «responsabilidade civil pelas multas e coimas» (v.g. art. 8.º do RGIT) é inconstitucional!

f) *De lege ferenda* optamos, presentemente, pela Tese 2 e pelo respectivo modelo de imputação (cfr. pré-conclusão 80.ª) para toda a área do *Direito punitivo*: responsabilidade penal, contra-ordenacional ou «sob a burla de etiquetas»! As principais críticas a apontar a este sistema de imputação poderão ser o facto de ser demasiado restritivo (somente «órgãos e representantes», que serão, por exigência dos respectivos requisitos, de direito e, simultaneamente, de facto, em organizações de direito); de ser baseada na teoria da identificação com origem do Direito Civil (alargada posteriormente à teoria da representação) e de exigir a prévia individualização da imputação da responsabilidade pondo de lado, portanto, os factos não individualizáveis (contudo, se conjugarmos este modelo com a teoria da «autoria e comparticipação», dificilmente ficará um facto de fora). É, contudo, presentemente preferível, por um lado, à responsabilidade penal ou contra-ordenacional objectiva[1405]; e, por outro lado, aos *constitucionais* «modelo de técnica dos exemplos-padrão» (aplicado este, desta vez, aos entes colectivos) e «modelo de culpa analógica» – tal e qual como os pintei e esculpi muito modestamente, nos seus pressupostos dos quais assumimos a respectiva responsabilidade conjunta, em esta mesma investigação – enquanto, este último, pelo menos, não estiver suficientemente desenvolvido ao nível da dogmática e de todas as garantias e Princípios Constitucionais![1406] Os paradigmas estão aí, não obstante, à disposição de Todos,

---

[1405] A responsabilidade penal ou contra-ordenacional objectiva deverá presentemente – face à actual Constituição da República Portuguesa e, sobretudo, perante o direito vigente português e a revisão efectuada pelo Decreto-Lei n.° 244/95, de 14 de Setembro, no que diz respeito ao ilícito de mera ordenação social português – ser evitada pelo legislador português. Podemos até dizer que discordamos em muitos aspectos desta revisão, mas não podemos dizer que a mesma simplesmente não existiu ou não foi válida! Quanto ao correspondente problema da possível (in)constitucionalidade cfr. a nossa pré-conclusão 62.ª. Estamos certos que as novas revisões – sejam essas mesmas *reformas* dirigidas à Constituição ou simplesmente à lei ordinária e/ou a quaisquer regimes jurídicos gerais – se seguirão! Resta saber que direcção irão tomar? Bem sabendo, definitivamente, que nenhum caminho é insusceptível de criar novos problemas e/ou críticas que sejam, igualmente e de preferência, construtivas e, simultaneamente, capazes de formularem alternativas e propostas concretas!

[1406] Depois de entregarmos a versão final da nossa tese de mestrado em meados de Fevereiro de 2002, cujas principais conclusões foram por nós alcançadas ao nível do nosso objectivo de investigação em meados de 2000 na sequência da fase lectiva de 1998-1999 e de prestarmos provas públicas de mestrado no dia 3 de Abril de 2003, foi com muito gosto, e acrescida satisfação, que tivemos conhecimento da Resolução da Assembleia da República n.° 30/2003, aprovada em 20 de Março de 2003 e publicada no Diário da República n.° 96 da Série I-A de 24 de Abril de 2003, sobre a realização de uma audição parlamentar, a ter conclusão até ao dia 30 de Junho de 2003, «dedicada, por um lado, à reavaliação das condições de efectivação e das possibilidades de aperfeiçoamento do regime legal do processo penal e, por outro, à reflexão, análise e problematização dos novos rumos da política criminal, nomeadamente nas matérias da responsabilidade penal das pessoas colectivas e da mediação penal, para a qual, através da Comissão de Assuntos Constitucionais, Direitos, Liberdades e Garantias», foram convidadas as seguintes entidades: o Conselho Superior de Magistratura; o Procurador-Geral da República; a Ordem dos Advogados; as Associações Representativas dos Magistrados Judiciais e do Ministério Público; o Centro de Estudos Judiciários; as Autoridades de Polícia que integram o Conselho de Coordenação; o Instituto de Reinserção Social; o Observatório Permanente de Justiça; o Instituto da Droga e da Toxicodependência; a Comissão de Indemnizações Devidas às Vítimas de Cri-

Capítulo VII – Pré-conclusões com novos desenvolvimentos...

nomeadamente do legislador – de modo, neste preciso caso, a permitir e/ou facilitar a tarefa do aplicador; mas simultaneamente, e sempre, a per-

mes; a Comissão Nacional de Protecção de Crianças e Jovens em Risco; as Associações Não Governamentais de Defesa dos Direitos Humanos; e finalmente, *porque os últimos são os primeiros*, as Personalidades Universitárias Especialistas de Direito Penal. Entretanto, tornou-se disponível em 14 de Abril de 2004 a partir, pelo menos, das 14 Horas e 39 Minutos, no sítio www.verbojuridico.net (e em outros sítios da rede informática interactiva) um «Anteprojecto» do actual Governo português sobre a «Reforma do Regime Jurídico das Entidades Colectivas». O teor, designadamente, do art. 2.° deste «Anteprojecto» (que tem que ser conjugado com os anteprojectos de reforma do Código Penal e de reforma do Código de Processo Penal) é o seguinte: «Responsabilidade penal das entidades colectivas e equiparadas § 1 – As entidades colectivas são responsáveis criminalmente quando, por ocasião da sua actividade, ocorram factos previstos no Código Penal: § a) Nos artigos 158.° – A e 159.° – A; § b) Nos artigos 163.° a 176.°; § c) No artigo 250.° – A; § d) Nos artigos 262.° a 271.°; § e) Nos artigos 278.° a 281.°; § f) No artigo 299.°; § g) Nos artigos 335.° e 374.°; § h) No artigo 348.°; § i) No artigo 368.° – A; § j) No artigo 371.°. § 2 – Entende-se que ocorrem por ocasião da actividade da entidade colectiva, nomeadamente, os factos: § a) Cometidos pelos titulares dos seus órgãos no exercício das suas funções; § b) Cometidos pelos seus representantes, em seu nome e no interesse colectivo; § c) Resultantes da violação de deveres destinados a evitar ou a diminuir os riscos típicos da sua actividade. § 3 – Entidades colectivas são, para além das pessoas colectivas, as sociedades civis, as meras associações de facto, as empresas e quaisquer entidades equiparadas. § 4 – A responsabilidade das entidades colectivas e equiparadas não exclui a responsabilidade individual dos respectivos agentes». Este «Anteprojecto» demonstra uma certa evolução, a qual poderá ser considerada positiva em alguns dos seus aspectos e negativa em tantos outros e, por conseguinte, susceptível de críticas como se depreende, aliás, de todo este nosso trabalho. Sempre se poderá perguntar, v.g., porque é que «...apenas se procede a uma extensão pontual da responsabilidade penal à pessoa colectiva em determinados tipos previstos na Parte Especial do Código Penal» (cfr. 4.° § do preâmbulo deste «Anteprojecto»)? E os outros crimes? Porque é que não se verifica a uniformização de critérios para todo o direito sancionatório: p.e. Direito Penal em sentido amplo? E os crimes que estão previstos fora do Código Penal? Permanecem aí – fora do Código Penal! – outros critérios, por um lado, de imputação da responsabilidade penal aos entes colectivos e, ainda por outro lado, de imputação contra-ordenacional aos entes colectivos? Existe respeito pelo Princípio da Igualdade? Não será insuportável do ponto de vista constitucional que os critérios de imputação da responsabilidade penal aos entes colectivos no Direito Penal clássico sejam mais alargados do que os critérios de imputação da responsabilidade penal aos entes colectivos no chamado Direito Penal secundário? Não será insuportável do ponto de vista constitucional que os critérios de imputação da responsabilidade penal aos entes colectivos, nomeadamente no Direito Penal clássico – se este anteprojecto for aprovado tal e qual –, sejam mais alargados do que os critérios de imputação da responsabilidade contra-ordenacional aos entes colectivos? Onde está a «Lei Quadro do Direito Penal Económico» que

mitir e/ou facilitar a legítima iniciativa de afirmação da inocência de aquele ente ao qual se aplica a norma! – mas também da investigação e da

---

deveria uniformizar critérios de imputação de responsabilidade? Porque é que não foi já introduzida de imediato, neste âmbito da imputação de responsabilidade penal aos entes colectivos, uma nova norma na parte geral do Código Penal? Onde está afinal o Código Penal? A resolução do problema fica novamente adiada? Refere o preâmbulo deste «Anteprojecto» o seguinte: «Sendo objectivo último deste Governo uma regulação *geral* em matéria de responsabilidade penal das entidades colectivas, que altere a Parte Geral do Código Penal – a ser apresentada após recolha e discussão dos contributos necessários da doutrina nacional sobre a matéria -, na lei que agora se propõe apenas se procede a uma extensão...» (cfr. restante redacção transcrita um pouco acima e cfr. novamente 4.° § do preâmbulo deste «Anteprojecto»). Estará o restante Direito Penal secundário aqui abrangido, i.e., a Parte Geral do Código Penal irá revogar as diversas Partes Gerais de toda a legislação referente ao Direito Penal Secundário? Deixa de ser Direito Penal secundário para passar a ser todo primário? Recordemos, v.g., os critérios de imputação de responsabilidade aos entes colectivos que estão previstos nos art. 3.° do RIAESP e art. 7.° do RGIT! O, por exemplo, art. 7.° do RGIT será revogado pela nova Parte Geral do Código Penal? Caso não seja revogado como é que será possível compatibilizar (ou como se irá processar exactamente, e em concreto, a conciliação entre) os diferentes critérios? É ainda mencionado no 5.° § do «Anteprojecto» do actual Governo português sobre a «Reforma do Regime Jurídico das Entidades Colectivas» o seguinte: «Esclarecidos os motivos que nortearam a presente proposta de lei, cumpre esclarecer dois pontos: por um lado, o *nexo de imputação* do crime à entidade colectiva; por outro, as penas principais e acessórias, aplicáveis à entidade colectiva. § Quanto ao nexo de imputação, determina-se que as entidades colectivas são responsáveis criminalmente quando, por ocasião da sua actividade, ocorram factos que consubstanciam certos ilícitos previstos no Código Penal. O diploma esclarece o que se deve entender por *factos que ocorrem por ocasião da actividade da entidade colectiva*, estabelecendo que são, nomeadamente, os factos cometidos pelos titulares dos seus órgãos no exercício das suas funções; os factos cometidos pelos seus representantes, em seu nome e no interesse colectivo; ou os factos resultantes da violação de deveres destinados a evitar ou a diminuir os riscos típicos da sua actividade. Pretendeu-se, deste modo, uma redacção tecnicamente adequada, que permita o cumprimento integral das decisõesquadro, assegurando, igualmente, que a responsabilidade penal das entidades colectivas não seja uma responsabilidade objectiva». É de salientar a clareza com que é rejeitada aqui a «responsabilidade objectiva». O nosso acordo é, presentemente, total em relação a este ponto. Ao conjugarmos o n.° 1 com o n.° 2 do art. 2.° do «Anteprojecto» sobre a «Reforma do Regime Jurídico das Entidades Colectivas» (projecto de norma jurídica acima transcrito), i.e., RJEC (daqui em diante) conseguimos localizar o critério de imputação da respectiva responsabilidade que permite responsabilizar as «entidades colectivas e equiparadas». O n.° 4 do art. 2.° do anteprojecto de reforma do RJEC refere conforme já vimos que a «...responsabilidade das entidades colectivas e equiparadas não exclui a responsabilidade individual dos respectivos agentes». Significa isto – ao que parece – que existem sempre

doutrina que, como bem sabemos, se encontram em constante desenvolvimento científico!

«respectivos agentes», os quais, são, por outro lado, agentes individuais face à expressão «responsabilidade individual» (cfr. n.º 4 e n.º 2 do art. 2.º do anteprojecto de reforma do RJEC). E já sabemos que uma coisa é haver ou não haver exclusão da responsabilidade individual; outra – bem diferente! – é o facto vinculante e nexo ou critério/crivo de imputação da teoria da identificação, o qual funciona plenamente tanto na alínea a) como na alínea b) do n.º 2 do art. 2.º do anteprojecto de reforma do RJEC. É o modelo da responsabilidade identificativa que a Lei adopta aí. Não é por isso que tal teoria é afastada. Uma coisa é o modelo e nexo de imputação consagrado (art. 2.º/2, alíneas a; e b); outra coisa, bem distinta, é a não exclusão de responsabilidade decidida formal e posteriormente pelo legislador depois de ser estabelecida a imputação. De contrário, seria afastar, neste preciso contexto, o princípio da culpa (arts. 1.º e 25.º/1 da CRP): cfr. o nosso 1.2 do Capítulo VI. E a responsabilidade objectiva foi, como vimos a montante, claramente afastada (vide v.g. preâmbulo do anteprojecto). Face à redacção do n.º 2 do art. 2.º deste anteprojecto de reforma do RJEC, mais exactamente em relação à expressão «por ocasião da actividade da entidade colectiva» e à expressão «nomeadamente» parece estar consagrada uma espécie de «técnica-dos-exemplos-padrão», i.e., *Regelbeispieltechnik* (cfr. as nossas pré-conclusões 82.ª ou Tese 3 e 89.ª ou Tese 4 já por nós propostas em meados de Janeiro de 2002 aquando da primeira apresentação da Dissertação de Mestrado e pensadas ainda antes durante a nossa investigação). Não obstante, na nossa opinião, não está consagrado, pelo menos com claridade, um «dolo de grupo» ou «dever objectivo de grupo de cuidado». Mesmo, na alínea c) do n.º 2 do art. 2.º do anteprojecto de reforma do RJEC, em relação aos factos «Resultantes da violação de deveres destinados a evitar ou diminuir os riscos típicos da sua actividade» são, por seu lado, exigíveis decisões individuais: «...a responsabilidade individual dos respectivos agentes» (cfr. n.º 4 do art. 2.º do anteprojecto de reforma do RJEC). E a modalidade de «técnica-dos exemplos-padrão» consagrada neste preciso e concreto contexto não evita isto. Será que os anteprojectistas se aperceberam deste facto? Além disso, a interpretação do art. 2.º do anteprojecto de reforma do RJEC tem que considerar o seu próprio objecto e as suas fontes (cfr. art. 1.º do anteprojecto de reforma do RJEC). Também é preciso – pelo menos como linha do horizonte científico e jurídico-penal europeu! – não desconsiderar a delimitação do art. 13.º do *Corpus Juris*. A nossa interpretação é, pois, presentemente restritiva em respeito ao nosso Estado de Direito, Democrático e Constitucional. Assim, o modelo misto de imputação de responsabilidade aos entes colectivos, que está consagrado no art. 2.º do anteprojecto de reforma do RJEC, é demasiado largo e simultaneamente «demasiado restritivo»: excessivamente largo porque «qualquer pessoa», inclusive por *«culpa in vigilando»* pode desencadear a responsabilidade do ente colectivo («nomeadamente» por factos resultantes «...da violação de deveres destinados a evitar ou a diminuir os riscos típicos da sua actividade»: cfr. alínea c, do n.º 2 do art. 2.º do anteprojecto de reforma do RJEC), mesmo em sociedades civis, meras associações de facto, empresas e quaisquer entidades equiparadas, desde que no caso dos órgãos seja no exercício das suas funções e no caso dos representantes «em seu nome

g) Não basta levantarmos o problema: é necessário, com muita humildade, apresentarmos hipóteses, ainda que modestas, de resolução do problema. Eis aqui a publicação da nossa presente solução!

QUOD ERAT DEMONSTRANDUM

---

e no interesse colectivo»; «excessivamente restritivo» porque, ainda assim, inclusive por «*culpa in vigilando*» («nomeadamente» por factos resultantes «...da violação de deveres destinados a evitar ou a diminuir os riscos típicos da sua actividade»: cfr. alínea c, do n.º 2 do art. 2.º do anteprojecto de reforma do RJEC), tem que existir uma decisão individual errada. Ora, para ultrapassar este obstáculo desenham-se dois caminhos: 1.º o caminho do ilustre Penalista Deruyck, que pensa ser suficiente a «*culpa in vigilando*» pela organização, i.e., a culpa limita-se à reprovação de que não se tomou «uma decisão colectiva adequada à legalidade» (cfr. Capítulo VI, ponto 3.5.1), o qual é de refutar *ab initio*, pois resvala em uma responsabilidade objectiva: o que foi igualmente rejeitado no preâmbulo do anteprojecto de reforma do RJEC; 2.º o «modelo da culpa analógica» e/ou «modelo de técnica dos exemplos-padrão» (aplicado este, desta vez, aos entes colectivos), dos quais tomamos posição nas alíneas d) e f), desde que, neste último caso, não preveja para todas as situações (alíneas a, b, e c, do n.º 2 do art. 2.º do anteprojecto de reforma do RJEC e nomeada e respectivamente os vários possíveis «exemplos-padrão» aceitáveis pela doutrina e jurisprudência) a possível «...responsabilidade individual dos respectivos agentes» (cfr. n.º 4 do art. 2.º do anteprojecto de reforma do RJEC), i.e., é pressuposta a existência de respectivos agentes individuais em todas as hipóteses abarcadas pelo n.º 2 do art. 2.º do anteprojecto de reforma do RJEC. Se têm que existir «respectivos agentes individuais» é porque as alíneas a), b) e c) do n.º 2 do art. 2.º do anteprojecto de reforma do RJEC exigem – repetimos! – uma decisão individual, impedindo, por sua vez, o funcionamento pleno, neste caso concreto, de uma típica «técnica-dos-exemplos-padrão» tal e qual como a desenhamos a montante! E isto independentemente de se afirmar no 3.º § do preâmbulo do anteprojecto de reforma do RJEC que «...já foram avançadas pela doutrina os fundamentos para a punição das pessoas colectivas, refutando as críticas de que estas não têm capacidade de suportar um juízo de censura ética (ou juízo de culpa) ou de serem até incapazes de uma verdadeira capacidade de agir. Hoje, a doutrina defende que a pessoa colectiva é perfeitamente capaz de vontade, que não é psicológica (por falta de estrutura biopsíquica), mas normativa, e que a vontade colectiva se pode traduzir no cometimento de crimes tanto quanto a expressão da vontade individual». Sobre tudo isto tomamos posição nos Capítulos anteriores deste trabalho. Desconhecedora da realidade, por seu lado, é a afirmação do 7.º § do mesmo preâmbulo do anteprojecto de reforma do RJEC que nos refere o seguinte: «É de destacar que as multas propostas têm considerável valor económico, por se defender que apenas estas poderão ter algum efeito dissuasor, uma vez que não se pode ignorar que a aplicação potencial de uma multa poderá ser encarada pela pessoa colectiva como um risco da sua actuação, repercutindo em terceiros (por exemplo, consumidores finais ou trabalhadores) as consequências da sua possível aplicação». É que, segundo o RGIT, por exemplo, pode ser aplicada uma multa no valor de € 9.600.000, 00: cfr. arts. 12.º/2 e 15.º/1 do RGIT. Quando os artigos 4.º/1 e, por exemplo, 5.º/alínea a) do anteprojecto de reforma do RJEC nos permitem a aplicação de uma multa no valor máximo de € 3.500.000, 00! O que se entende por «considerável valor económico»? Afinal o que é o Direito Penal clássico? Onde está exactamente o Direito Penal secundário? O que diferencia afinal o Direito Penal clássico do Direito Penal secundário? A eticização do crime tributário – só concebível para nós com carácter sinalagmático conforme dissemos no Capítulo I! – não pode ser maior do que a eticização do crime comum: como afirmamos no Capítulo II!

BIBLIOGRAFIA

ACHENBACH, Hans in «*Sanciones con las que se puede castigar a las empresas y a las personas que actúan en su nombre en el derecho alemán*» – tradução para o castelhano da Prof. Dr.ª Ujala Joshi Jubert – Fundamentos de um sistema europeu do direito penal, livro de homenagem a Claus Roxin por ocasião do seu doutoramento *honoris causa* pela Universidade de Coimbra, J.M. Silva Sánchez (ed. española), B. Schünemann / J. de Figueiredo Dias (coords.).

ALBUQUERQUE, José, in «Reforma do Código penal – Considerações sobre o crime de poluição previsto e punido pelo artigo 279.º do Código penal Revisto (Alguns problemas de aplicação)», Boletim de Interesses Difusos n.º 11, www.pgr.pt.

ALESSANDRI in «*Parte General*», Pedrazzi, Alessandri, Foffani, Semirnara, Spagnolo: *Manuale di Diritto penale dell'impresa*. Bologna, Monduzzi, 1998.

ALMEIDA Costa, A. M., em anotação ao art. 217.º do Código Penal in «Comentário Conimbricense Do Código Penal, Parte Especial, Tomo II, Artigos 202.º A 307.º, Dirigido por Jorge de Figueiredo Dias, Coimbra Editora», 1999.

ALTHUSIUS, Iohannes, in «*Ivrisprvdentia romana, vel potius, ivris romani ars; dvobvs libris comprehensa, et ad leges methodi Rameae conformata, Studio Iohannei Althusii* (1586)» (*apud*).

ANDRADE, Manuel Domingues de, in «Direito Civil (Teoria Geral da Relação Jurídica)», por Porfírio Augusto de Andrade, Volume I, 1944.

— in «Teoria Geral da Relação Jurídica, Volume I – Sujeitos e Objecto», 2.ª ed., publ. Ferrer Correia / Ruy de Alarcão, 1960.

— in «Teoria Geral da Relação Jurídica», Volume I, reimpressão, Almedina, 1974.

AZEVEDO, Maria Eduarda, in «O segredo bancário». Fisco, (Julho), Lisboa, 1991.

Bacigalupo, in «*El "Corpus Juris" y la tradición de la cultura jurídico-penal de los Estados miembros de la UE*», *Curso de Derecho Penal Económico*, Marcial Pons, Madrid, 1998.

BACIGALUPO, Silvina, in «*La Responsabilidad Penal De Las Personas Jurídicas*», Bosch, 1998.

BAIGÚN in «*La tipicidad en el sistema de la responsabilidad penal de las personas jurídicas, denominado doble imputación*», Cuadernos del Departamento de Derecho Penal y Criminología, Nova Série, n.º 1, Córdoba, 1995.
— in «*Responsabilidad penal de las transnacionales*», Contribution au Séminaire de Céligny organizé par AAJ et CETIM, Centre Europe Tiers Monde – *http://www.cetim.ch*; *http://www.cetim.ch/activ/activfra*.htm; Genève, 4-5 de Maio de 2001.
— in «*Responsabilidad penal de las personas jurídicas*», Editorial Depalma, 1 de Junho de 2000.
BAJO FERNÁNDEZ, Miguel, in «*Derecho penal económico aplicado a la actividad empresarial*», 1ª ed., Madrid, Civitas, 1978.
BECK, Ulrich, in «*Risikogesellschaft. Auf dem Weg in eine andere Moderne*», Frankfurt, 1986; depois, para uma tentativa de aplicação do seu pensamento ao direito penal, Prittwitz, *Strafrecht und Risiko* (1993).
— in «*La sociedad del riesgo § Hacia una nueva modernidad*», 1998, Paidós Básica.
BELEZA DOS SANTOS in *RLJ*, ano 67.º pág. 162 e ano 70.º pág. 225.
BERNARDI in «*Vers une européanisation du droit pénal des affaires? Limites et perspectives d`un ius commune criminale*», Revue de Droit Pénal et Criminilogie, 1997.
BIANCA, Massimo, in «*Diritto Civile I – La Norma giuridica – I soggetti*», 1978.
BINDER, Julius, in «*Das Problem der Juristischen Persönlichkeit*», 1907, p. 4, in «*Der Adressat der Rechtsnorm und seine Verplichtung, Abhandlungen der rechts und staatswissenschaftlichen Fakultät der Universität Göttingen*», 1927, 5, Heft, Leipzig».
— in «*Philosophie des Rechts*», Berlim, 1925.
BORGMANN in «*Steuerliche Wirtschaftsdelikte und ihre Verfolgungin Theorie und Praxis*», R. Belke/Oehmichen (hrsg.), *Wirtschaftskriminalität*, Bamberg.
BORRICAND, in «*Pour une responsabilité pénale de tous les groupements?*», Annales de la Faculté de droit de Clermont-Ferrand, fascículo 18, 1981.
BOTTKE, Wilfried, in «*Mercado, criminalidad organizada y blanqueo de dinero en Alemania*», Revista Penal, 2, *Julio* 1988, Barcelona, Praxis, 1998.
BOULOC, B. in «*La criminalisation du comportement collectif – France*», La criminalisation du Comportement Collectif/Criminal Liability of Corporations, The Hague/London/Boston, Kluwer Law International, H. De Doelder/Klaus Tiedemann (ed.), 1996.
BRAZ TEIXEIRA in «Princípios De Direito Fiscal», 1979.

BRENT FISSE & JONH BRAITHWAITE in «*The Allocation of Responsibility for Corporate Crime*», 11, 1988, *Sydney Law Rewiew*.

BRICOLA in «*Il costo del principio "societas delinquere non potest" nell'attuale dimensione del fenomeno societario*», 1970, *Rivista Italiana de Diritto e Procedura Penal*.

BRINZ, Alois, in «*Lehrbuch der Pandekten*», Volume I, 2.ª ed., 1873.

BRITO CORREIA, Luís, in «Direito Comercial», 2.° Volume, AAFDL, 1989.

BRURON, Jacques, in «*Droit pénal fiscal*», LGDJ, Paris, 1993.

BUSCH, *Gundfragen der strafrechlichen Verantwort lichkeit der Verbaende*, Leipzig, 1933.

CAEIRO, Pedro, in «Sobre a natureza dos crimes falenciais», Coimbra Editora, Coimbra, 1996.

— in «Comentário Conimbricense Do Código Penal, Parte Especial, Tomo II, Artigos 202.° A 307.°, Dirigido por Jorge de Figueiredo Dias, Coimbra Editora».

CAETANO, Marcello, (1990) in «Manual de Direito Administrativo», Coimbra, Livraria Almedina.

CANARIS, Claus-Wilhelm, in «Pensamento Sistemático e Conceito de Sistema na Ciência do Direito», 1983, Fundação Calouste Gulbenkian, Lisboa, 1989.

CASALTA NABAIS, José, in «Os Direitos na Constituição portuguesa».

— in «O Dever Fundamental de Pagar Impostos», Almedina, Coimbra 1998.

CASTRO E SOUSA, João, in «As Pessoas Colectivas em Face do Direito Criminal e do chamado "Direito de Mera Ordenação Social"», Coimbra, Coimbra Editora, 1972 (mas publicado em 1985).

CARDOSO DA COSTA, J.M., in «Curso De Direito Fiscal», Almedina, Coimbra, 1972.

CARVALHO FERNANDES, Luís, in «Teoria Geral do Direito Civil», Vol. II, 2.ª ed., Lisboa, 1996.

CATANZARO in «*Il delito come impresa*», Padova, 1988.

CAVALEIRO FERREIRA, Manuel, in «Lições de Direito penal», I, 4.ª ed., Lisboa, 1992.

— in Lições de Direito penal», II.

CERNICCHIARO, Luiz Vicente, in «Direito Penal Tributário-Observações de Aspectos da Teoria Geral do Direito Penal», Revista Brasileira de Ciências Criminais, ano 3, n° 11, Julho-Setembro (1995).

CHAVANNE, A., in "*Le droit pénal des sociétés et le droit pénal général*", in RSCC 1963.

CLINARD in «*Corporate Crime*», 1980.

CODEÇO, Carlos Emílio, in «Delitos Económicos – Decreto-Lei n.° 28/84 (comentado) – Legislação Complementar», Livraria Almedina, Coimbra (1986).

CŒURET, Alain, in «*Les propositions "Espace judiciaire européen" confrontées à la situation en France*», Comunicação apresentada no âmbito do Séminaire de L'Association de Recherches Pénales Européennes, Paris, 1996, subordinado ao tema: «*La responsabilité pénale dans l'entreprise: vers un espace judiciaire européen unifié?*», Revue de Science Criminelle et de Droit Pénal Comparé, n.° 2 Avril-Juin, 1997, Trimestrielle.

COFFEE JR., JOHN C., (1983) – «*Corporate Criminal Responsibility*», Encyclopedia of Crime and Justice (coord. Sanford H. Kadish), Vol. IV, New York, The Free Press».

COING, Helmut, in «*Europäisches Privatrecht*, II cit., p. 338, nota 11; e Jean Domat, cerca de 1756.

COPELLO, Laurenzo, in «*Dolo Y Conocimiento*», Valencia, Tirant lo Blanch, 1999.

CORDON, Juan Manuel Navarro, e Tomas Calvo Martinez in «História da Filosofia, Os Filósofos * Os Textos, Do Renascimento À Idade Moderna», 2.° Volume, Edições 70.

CORRÊA AREZ, Mário, in «Da responsabilidade penal das pessoas colectivas», *Scientia Ivridica*, Revista Trimestral Portuguesa e Brasileira, Tomo XI, 1962, Livraria Cruz & Comp.ª, Lda – Braga (Portugal).

CORREIA, Eduardo, in «Unidade e Pluralidade de infracções», 1963.

— in «*Direito Criminal*», vol. I.

— in «*Direito Criminal*», vol. II.

— in «Direito Criminal», com a colaboração de Jorge de Figueiredo Dias, 1963, I e II, Reimpressão, Livraria Almedina, Coimbra – 1993.

— in «Direito Penal e Direito de Mera Ordenação Social», XLIX, Boletim da Faculdade de Direito da Universidade de Coimbra.

— in «Os Artigos 10.° Do Decreto-lei N.° 27 153, De 31-10-1936, E 4.°, N.° 1.°, Do Decreto-Lei N.° 28 221, De 24-11-1937, A Reforma Fiscal E A Jurisprudência (...) (Secção Criminal) Do S.T.J.», Publicado in Revista de Legislação e de Jurisprudência, ano 100.° (1968), pp. 257 e ss; e republicado in «Direito Penal Económico E Europeu: Textos Doutrinários», Volume II, Problemas Especiais, Coimbra Editora, 1999.

— in «Introdução Ao Direito Penal Económico», publicado in Revista de Direito e Economia, 3 (1977), p. 3-35; publicado igualmente in «Direito Penal Económico E Europeu: Textos Doutrinários, Volume I, Problemas Gerais».

— in «Notas Críticas À Penalização de Actividades Económicas», publicado in Revista de Legislação e de Jurisprudência, ano 116.º (1984-1985), pp. 361--363, e ano 117.º (1985-1986), pp. 33-36 e republicado in «Direito Penal Económico E Europeu: Textos Doutrinários», Volume II, Problemas Especiais, Coimbra Editora, 1999.

CORTES ROSA, Manuel, in «Natureza Jurídica das Penas Fiscais», Boletim da Direcção-Geral das Contribuições e Impostos (1960, 2.º semestre), pp. 1269 e ss. e republicado in «Direito Penal Económico E Europeu: Textos Doutrinários», Volume II, Problemas Especiais, Coimbra Editora, 1999, pp. 1 e ss..

— in «O problema da aplicabilidade de multas às pessoas colectivas, por violações de deveres fiscais», II Jornadas Luso-Hispano-Americanas de Direito Financeiro (Madrid, 1968), p. 563 e ss. e republicado in «Direito Penal Económico E Europeu: Textos Doutrinários», Volume II, Problemas Especiais, Coimbra Editora, 1999, pp. 45 e ss..

COSTA ANDRADE, Manuel da, in «Sobre as proibições de prova em processo penal».

— in «Consentimento E Acordo Em Direito Penal (Consentimento Para A Fundamentação De Um Paradigma Dualista)», Dissertação de doutoramento em ciências jurídico-criminais pela Faculdade de Direito da Universidade de Coimbra; Coimbra Editora, Limitada, 1991.

— in «Comentário Conimbricense Do Código Penal, Parte Especial, Tomo I, Artigos 202.º A 307.º, Dirigido por Jorge de Figueiredo Dias, Coimbra Editora», p. 729, em anotação ao art. 192.º do CP, 1999.

— in «Comentário Conimbricense Do Código Penal, Parte Especial, Tomo I, Artigos 202.º A 307.º, Dirigido por Jorge de Figueiredo Dias, Coimbra Editora», p. 777, em anotação ao art. 195.º do CP, 1999.

— in «Comentário Conimbricense Do Código Penal, Parte Especial, Tomo II, Artigos 202° A 307°, Dirigido por Jorge de Figueiredo Dias, Coimbra Editora», p. 554, em anotação ao art. 235.º do CP, 1999.

COSTA MACEDO, Ana Maria da, in «Família, Sociedade e Estratégias de Poder § 1750-1830 § A Família Jácome de Vasconcelos da Freguesia de S. Tiago da Cividade – Braga», Secção de Artes Gráficas das Oficinas de Trabalho Protegido da (Edições) APPACDM Distrital de Braga, 1996: dissertação de Mestrado apresentada no Instituto de Ciências Sociais da Universidade do Minho em 1993.

COSTA PINTO, Frederido de Lacerda da, in «O ilícito de mera ordenação social e a erosão do princípio da subsidiariedade da intervenção penal», Revista Portuguesa de Ciência Criminal, Janeiro-Março de 1997.

COSTA, Ricardo, in «Desconsiderar ou não desconsiderar: eis a questão», Boletim da Ordem dos Advogados, n.º 30, Janeiro – Fevereiro, 2004, pp. 10 e ss..

COUTURIER, G., ET G. VINEY in «Revue sociétés», précit. 1993.

CRESPI in «Mauvaises pensées et autres sulle disposizioni penali del progetto di riforma delle società», Rass. penale, 1929.

CROALL, Hazel, in «White-Collar Crime», Open University Press, 1992.

CRUZ SANTOS, CLÁUDIA M., in «O Crime de Colarinho Branco (da Origem do Conceito e sua Relevância Criminológica à Questão da Desigualdade na Administração da Justiça Penal), Boletim da Faculdade de Direito, *Stvdia Ivridica*, 56, Universidade de Coimbra, Coimbra Editora.

DAHM in «*Das Strafrechts Italiens im ausgehenden Mittelalter – Untersuchungen über die Beziehung zwischen Theorie un Praxis im Strafrecht des Spätmittelalters, namentlich im XVI Jahrhundert, Beiträge zur Geschichte der deutschen Strafrechtslehre*», 1931, *Leipzig*/Berlim, p. 154.

DANNECKER, Gerhard, in «*Das EG-Katellrecht in der Bußgeldpraxis, Köln/Berlin*, 1989.

— in «*Armonizzazione del diritto penale europeo all'a interno della Comunitá europea*», *Rivista Trinestrale di Diritto Penale dell'economia*, 1993.

— em francês, in «*La responsabilité pénale dans l'entrepise: vers un espace judiciaire européen unifié? Les propositions "Espace judiciaire européen" confrontées à la situation en Allemagne*», p. 283, *Revue de Science Criminelle et de Droit Pénal Comparé*, n.º 2 Avril-Juin, 1997, Trimestrielle.

DELMAS-MARTY MIREILLE in «*Strafbarkeit und Strafhaftung multinationaler Unternehmen*».

— in «*Vers un droit administratif pénal?*».

— in «*La responsabilité pénale des groupements*», *Revue Internationale de Droit Pénal* (*L'Avant-projet définitif de révision du Code Pénal, Prémieres Journées Françaises de Droit Pénal, Coloque tenu sous les auspices de l'Association Française de Droit Pénal*, Pau, 28-30 de Setembro de 1978), Ano 50.º, 1.º e 2.º trimestres de 1980.

— in «*La criminalité d'affaires*», Paris, *Nouvelle série n.º 1 (janv.-mars 1974)*, pp. 45-55, *Revue de science criminelle et de droit pénal comparé*; in «*Le droit pénal, l'individu et l'entreprise e culpabilité du fait d'autri ou du dévideur?*», Paris, 1985, *La semaine juridique. Doctrine*.

— «Mireille Delmas-Marty, em italiano com tradução de Guiliana Toso in «*Il diritto penale delle società commerciali in Francia*», Eileen Servidio Delabre, Padova, Luglio-Dicembre 1988, pp. 599-617, *Rivista trimestrale di diritto penale dell'economia*.

— in «*Droit pénal des affaires*», p. 119, I, PUF, Paris, 1990.
— in «*Les conditions de fond de mise en jeux de la responsabilité pénal*», *La responsabilité pénales des persones morales*, 1993, Daloz.
— in «*Les conditions de fond de mise en jeu de la responsabilité pénale*», *La responsabilité pénale des personnes morales*; *colloque du 7 avril 1993 (organisité par) l'Université de Paris I (Panthéon-Sorbonne) (et par le) Centre de Recherches Fondamentales de Droit Privé (avec la participation de)*» AA VV.
— in «*Die Strafbarkeit juristischer Personen nach dem neuen französischen Code Pénal*», B. Schünemann/C. Suárez Gonzalez – ed. –, *Bausteine des europäischen Wirtschaftsstrafrecht*, Madrid, Symposium für Klaus Tiedemann, 1994, Colónia/Berlim/Bona/Munique.

DELMAS-MARTY/VERVEALE (Eds.), Grupo de Especialistas, in «*The implementation of the Corpus Juris in the Member States*», Antwerpen-Groningen-Oxford, 2000.

DESPORTES/LE GUNEHEC, Juris-Classeur pénal, art. 121-2, «*Responsabilité pénale des personnes morales*» [1994], n. 31.

DEVINE in «*Seduta inaugurale*», *La responsabilità penale delle persone giuridiche in diritto comunitario. Atti della Conferenza de Messina, 1979*, Milano, Giuffré, 1981.

DIAZ-SANTOS, MARIA DEL ROSÁRIO, in «*Consideraciones en torno al delito fiscal*», *Homenage al* Prof. Anton Oneca, Salamanca, 1982.

DICIONÁRIO PRÁTICO ILUSTRADO – Novo Dicionário Enciclopédico Luso-Brasileiro Publicado Sob A Direcção de Jaime De Séguier – Edição Actualizada E Aumentada Por José Lello e Edgar Lello», Lello & Irmão-Editores, Porto, 1990.

DÍEZ-HOCHLEITNER, J./C. MARTÍNEZ CARPDEVILA in «*Derecho Comunitario Europeo- Tratados y otros textos anotados. Jurisprudencia básica del Tribunal de las Comunidades Europeas*», Madrid, 1996.

DESPORTES, F., et F. LE GUNEHEC in «*Le nouveau droit pénal*», Tomo 1, n.° 608.
— in «*Le nouveau régime de la responsabilité pénale des personnes morales*» J.C.P. 1992.

DOELDER, H. de, em inglês, in «*La punibilidad de las personas jurídicas en Holanda*», *Hacia un Derecho penal económico*, Madrid, 1995.
— in «*Criminal Liability of Corporations-Netherlands*», *La criminalisation du Comportement Collectif/Criminal Liability of Corporations, The* Hague//London/Boston, Kluwer Law International, H. De Doelder/Klaus Tiedmann (ed.), 1996.

— in «*The system of the Administrative and Penal Sanctions*», *The System of Administrative and Penal Sanctions in the Member States of the European Communities, National Reports, Commission of the European Communities*, Vol. I, Luxemburgo.

DOTI, René Ariel, in «A incapacidade criminal da pessoa jurídica», Revista Brasileira de Ciências Criminais, 11/201, ano de 1995.

DUGUIT, Léon, in «*Traité de Droit Constitutionnel*», Volume I – «*La règle de droit – Le problème de l'État*», 2ª ed., 1921 e Volume II – «*La Theorie Général de l'État*», 1923.

— in «*L'État, le Droit objectif et la Loi positive*», 1991.

ENGISCH, K., in «*Empfiehlt es sich, die Strafbarkeit der juristischen Person gesetzlich vorzusehen?*», *Verhandlungen zum 40. Deutschen Juristentages*, Tübingen, Tomo II, 1954.

ENNECCERUS, L., in «*Das Bürgerliche Rechte/Eine Einführung in das Recht des Bürgerlichen Gesetzbuchs*», 1900.

ESCHYLE, Jean-Florian, «*Les conditions de fond de la résponsabilité pénale des personnes morales em droit du travail*», Droit Social, n.º 7-8, juilet.aout 1994.

ESCOTO, Mário, in «O Batedor», Edições Autores de Braga, 2001.

— in «O Corvo de Wotan § Romance Histórico», «EditorAusência», Porto, 2003.

EHRHARDT in «*Unternehmensdelinquenz und Unternehmensstrafe, Sanktionen gegen juristische Personen nach deutschem und US-amerikanischen Recht*», Duncker & Humbolt, Berlim, 1994.

FARIA COSTA, José Francisco de, in «Aspectos Fundamentais da Problemática da Responsabilidade Objectiva no Direito Penal Português», Separata do número especial do BFDC – «Estudos em Homenagem ao Prof. Doutor José Joaquim Teixeira Ribeiro», Coimbra, 1981.

— «Formas do Crime», Jornadas de Direito Criminal, O Novo Código penal Português e Legislação Complementar, Fase I, Centro de Estudos Judiciários, 1983.

— e Costa Andrade, Manuel da, in «Sobre A Concepção e Os Princípios Do Direito Penal Económico, Notas a Propósito do Colóquio Preparatório da AIDP "*Freiburg*, Setembro de 1982"», Publicado in Revista de Direito e Economia, 8 (1982).

— in «Tentativa e dolo eventual (ou da relevância da negação em direito penal)», Separata do número especial do BFD de Coimbra – Estudos em homenagem ao Professor Doutor Eduardo Correia – 1984, Coimbra, 1987.

— in «O Direito Penal Económico E As Causas Implícitas De Exclusão Da Ilicitude, publicado in Centro de Estudos Judiciários, Ciclo de Estudos de Direito Penal Económico (1985), pp. 43-67 e republicado in «Direito Penal Económico E Europeu: Textos Doutrinários», Volume II, Problemas Especiais, Coimbra Editora, 1999.
— in «O Perigo em Direito Penal», 1992, Coimbra Editora.
— in «A responsabilidade jurídico-penal da empresa e dos seus órgãos», publicado em Revista de Ciência Criminal, 2 (1992), pp. 537-559; e republicado in «Direito Penal Económico E Europeu: Textos Doutrinários», Volume I, Problemas Gerais, Coimbra Editora, 1998.
— in «O branqueamento de capitais (algumas reflexões à luz do direito penal e da política criminal)», Conferência proferida na Universidade Autónoma de Madrid em Outubro de 1992, aquando da concessão, por aquela Universidade, do grau de *Doctor Honoris Causa* ao Prof. Doutor Klaus Tiedmann.
— em anotação ao art. 272.º do CP, in «Comentário Conimbricense Do Código Penal, Parte Especial, Tomo II, Artigos 202° A 307°, Dirigido por Jorge de Figueiredo Dias, Coimbra Editora», p. 868, 1999-2000.

FERNANDES, António Joaquim, in «Regime Geral das Contra-ordenações», Ediform Edições.

FERRAJOLI in «*Derecho y razón. Teoría do garantismo penal*», Madrid, Trotta, 1995.
— in «Derechos y garantías. El derecho del más débil», Madrid, Trotta, 1999.

FERREIRA MONTE, Mário, in «O chamado «crime de facturas falsas», in *Scientia Iuridica*, 1996.

FERREIRA DOS REIS, Alcindo, in «Pessoas Colectivas e Sociedades Comerciais», Elcla Edt., Porto.

FERRIER in «*Une grave lacune de notre démocracie: L'irresponsabilité pénale des personnes administratives*», 1983, *Revue de Science Criminelle*.

FERRER CORREIA in «Direito Comercial», II [sociedades comerciais].

FEUERBACH in «*Lehrbuch des gemeinen in Deutschland gültigen peinlichen Rechts* (*mit vielen Anmerkung und Zusatzparagraphen und mit einer Darstellung der Fortbildung des Strafrechts durch die neuen Gesetzgebungen*), Mittemaier, K.J.A. (Edições), impressão de novo da 14.ª ed., *Scientia Verlag*, 1847, Aalen, 1973.

FIGUEIREDO DIAS, Jorge de, in «Responsabilidade pelo Resultado e Crimes Preterintencionais», Coimbra, 1961.
— in «Processo Criminal», 1971.

— in «Sobre o papel do direito penal na protecção do ambiente», Revista de Direito e Economia 4, 1976.
— in «Liberdade – Culpa – Direito Penal», Colecção Coimbra Editora, n° 34, 2.ª Edição: Coimbra Editora, 1983.
— in «Pressupostos da Punição e causas que Excluem a Ilicitude e a Culpa», AAVV, Jornadas de Direito Criminal, CEJ, Lisboa, 1983.
— in «O movimento da descriminalização e o ilícito de mera ordenação social», Jornadas de Direito Criminal, o Novo Código Penal Português e Legislação Complementar, Centro de Estudos Judiciários, I, Portugal, 1983.
— in «Criminologia. O Homem Delinquente e a Sociedade Criminógena», Em colaboração com M. Costa Andrade, Coimbra Editora (1985). Reedição em 1990.
— in «O Problema da Consciência da Ilicitude em Direito Penal», Coimbra, Almedina, 1969, 3.ª edição: Coimbra Editora, 1987.
— in «Direito Processual Penal, I volume, Coimbra Editora, 1987.
— in «Sobre os sujeitos processuais».
— in «Para Uma Dogmática Do Direito Penal Secundário, Um Contributo Para A Reforma Do Direito Penal Económico E Social Português», publicado in Revista de Legislação e Jurisprudência, ano 116.° (1983-1984), pp. 263 e ss., e ano 117.° (1984-1985) e republicado in «Direito Penal Económico E Europeu: Textos Doutrinários», Volume I, Problemas Gerais, Coimbra Editora, 1998.
— in «Associações Criminosas» no Código Penal Português de 1982 [arts. 287.° e 288.°], Coimbra Editora, 1988.
— in «Sobre o estado actual da doutrina do crime», RPCC, Ano I, 1991, 1.
— in «Direito Penal. Parte Geral. II – As consequências jurídicas do crime», Æquitas/Editorial Notícias, Lisboa 1993.
— in «Jornadas de Direito Criminal, Revisão do Código Penal, I Volume», que consistiram em conferências realizadas pelo Centro de Estudos Judiciários e proferidas na Aula Magna da Reitoria da Universidade de Lisboa, em 3 e 4 de Julho de 1995.
— in «*Resultados y Problemas en La Construcción de un Sistema de Derecho Penal Funcional y "Racionalmente Final"*» – tradução para o castelhano da Prof.ª Dr.ª Mirentxu Corcoy Bidasolo –, Fundamentos de um sistema europeu do direito penal, livro de homenagem a Claus Roxin por ocasião do seu doutoramento *honoris causa* pela Universidade de Coimbra, J.M. Silva Sánchez (ed. española), B. Schünemann / J. de Figueiredo Dias (coords.), 1995.

— in «Oportunidade e Sentido da Revisão do Código Penal Português», Jornadas de Direito Criminal, Revisão do Código Penal, I Volume, Centro de Estudos Judiciários, Lisboa 1996.
— e Costa Andrade, Manuel da, in «O Crime De Fraude Fiscal No Novo Direito Penal Tributário Português (Considerações sobre a Factualidade Típica e o Concurso de Infracções)», publicado in Revista Portuguesa de Ciência Criminal, 6 (1996), pp. 71-110 e republicado in «Direito Penal Económico E Europeu: Textos Doutrinários», Volume II, Problemas Especiais, Coimbra Editora, 1999.
— in «*Autoria y participación en el dominio de la criminalidad organizada: el "dominio de la organización*", *Delincuencia organizada. Aspectos penales, procesales y criminológicos*», Huelva: Universidad, 1999.
— in «Questões Fundamentais Do Direito Penal Revisitadas», Editora Revista Dos Tribunais LTDA, 1999 Brasil.
— in «Comentário Conimbricense Do Código Penal, Parte Especial, Tomo II, Artigos 202.º A 307.º, Dirigido por Jorge de Figueiredo Dias, Coimbra Editora», em anotação ao art. 205.º do CP, pp. 94-95, 1999.
— in «Comentário Conimbricense Do Código Penal, Parte Especial, Tomo II, Artigos 202.º A 307.º, Dirigido por Jorge de Figueiredo Dias, Coimbra Editora», em anotação ao art. 299.º do CP, pp. 1155 e ss., 1999.
— in «Temas Básicos da Doutrina Penal – Sobre os Fundamentos da Doutrina Penal Sobre a Doutrina Geral do Crime», Coimbra Editora, 2001, 6.º Tema, «O Direito Penal da "Sociedade do Risco"».
— in «Sobre A Tutela Jurídico-Penal Do Ambiente – Um Quarto De Século Depois» (Texto de Junho de 2000, destinado a fazer parte do Livro de Homenagem ao ex-Procurador Geral da República, Dr. J. N. Cunha Rodrigues com colaboração da Mestra Cláudia C. Santos e que me foi mui gentilmente cedido pelo Senhor Prof. antes da sua publicação).
— in «Algumas reflexões sobre o Direito Penal da Sociedade de Risco», 2000, «Problemas Fundamentais de Direito Penal – Homenagem a Claus Roxin, Editora Universidade Lusíada, Portugal, 2002.
FIGUERELO, in «*El derecho a la tutela judicial efectiva*», Madrid, Tecnos, 1990.
FLORA in «*L'attualità del principio "societas delinquere non potest"*», *RTDPE*, 1995.
FLUME, Werner, in «*Savigny und die Lehre von der juristichen Person*, FS Wieacker (1978).
— in «*Allgemeiner Teil des bügerlichen Rechts*/I, 2 – *Die juristische Person*» (1983), 3.

FOFFANI in «Infedilità patrimoniale e comflito d'interessi nella gestione d'impresa», Milão, Giuffré editore, 1997.

FOUCAULT, in «Teoria do Direito Criminal».

FRISCH, Wolfgang, in «*Problemas fundamentales de la responsabilidad penal de los órganos de dirección de la empresa. Responsabilidad penal en el ámbito de la responsabilidad de la empresa y de la división del trabajo*», Santiago Mir Puig e Diego-Manuel Luzón Peña: *Responsabilidad penal de las empresas y sus órganos y responsabilidad por el producto*, Jose Maria Bosch Editor, S.L., 1996, Barcelona.

FROTA, Ângela, Centro de Estudos de Direito do Consumo, Colectânea de Legislação, Coimbra Editora, 1997.

GAMBETA in «*La mafia siciliana*», Torino, 1992.

GERBER, Carl Friedrich, in «*System des Deutschen Privatrechts*», 2.ª ed., 1850.

GERSÃO, Eliana, in «Revisão do Sistema Jurídico Relativo À Infracção Fiscal», publicado in Cadernos de Ciência e Técnica Fiscal, n.º 112 (1976) ou Direito Penal Económico E Europeu: Textos Doutrinários, Volume II, Problemas Especiais, Coimbra Editora, 1999.

GIERKE, Otto Von, in «*Deutsches Privatrecht*», Volume I – «*Allgemeiner Teil und Personnenrecht*», Leipzig, 1895.

— in «*Das deutsche Genossenschaftrecht*», p. 170, Volume III: «*Die Staats – und Korporationslehre des Altertums und des Mittelalters und ihre Aufnahme in Deutschland*», 1881, Berlin.

GLÜCK in «*Pandekten*», cit., Volume II, 2.ª ed..

GOMES CANOTILHO, J.J. e Vital Moreira, in «Constituição da República Portuguesa», «Anotada», Coimbra Editora, 1978.

— in «Constituição da República Portuguesa», «Anotada», Coimbra Editora, 3.ª edição revista, 1993.

GRACIA MARTÍN, Professor in «*El actuar en lugar de otro en Derecho Penal. Teoría General*», *Prensa Universitas* de Zaragoza, 1985.

— in «*La responsabilidad penal del directivo, órgano y representante de la empresa en el Derecho penal español*», Hacia un Derecho Penal Económico Europeo, Jornadas en honor del Profesor Klaus Tiedemann, Madrid, 1995.

— in «*La Cuestión De La Responsabilidad Penal De Las Proprias Personas Jurídicas*», *Responsabilidad penal de las empresas y sus órganos y responsabilidad por el producto*, Coordenadores: Santiago Mir Puig e Diego-Manuel Luzón Peña, 1996, Jose Maria Bosch Editor, SL, Barcelona.

GRAÇA LOPES, Rui Correia de Sousa e José Venâncio in «Defesa do Consumidor, Colectânea de Legislação», Vida Económica.

GRASSO in «*Recenti sviluppi in tema di sanzioni amministrative communitairie*», RTDPE, 1991.

— in «Le prospettive di formazione di un Diritto penale dell'Unione Europea», RTDPE, 1995.

HABERMAS in «*Conocimiento e interés*», tradução para o castelhano de Jiménez, Ivars y Santos, Madrid, Taurus, 1982.

HAFTER, E., in «*Die Delikts – und Straffähigkeit Personeneverbände*», 1903, Berlim.

HAMMAN in «*Das Unternehmen als Täter im europäischen Wettbewerbsrecht*», *Pfaffenweiler, Centaurus Verlag*, 1992.

HARDING, C., in «*Criminal Liability of Corporations-United Kingdom*», *La criminalisation du Comportement Collectif/Criminal Liability of Corporations, The* Hague/London/Boston, Kluwer Law International, H. De Doelder/Klaus Tiedmann (ed.), 1996.

HASSEMER, Winfried in «*kennzeichen und Krisen des modernen Strafrechts*», *Zeitschrift für Rechtspolitik*, 1992.

— e Muñoz Conde, Francisco, in «*La responsabilidad por el producto en el derecho penal*», p. 46, Valencia, *Tirant lo Blanch*, 1995.

— in «*Perspectivas del Derecho penal futuro*», Revista Penal 1, 1997.

— in «*Perspectivas del Derecho penal futuro*» in *Revista Penal*, vol. 1, Huelva-Salamanca-Castilla-La Mancha, Editorial praxis, Janeiro de 1998.

— in «*Persona, mundo y responsabilidad*», *Bases para una teoría de la imputación en Derecho Penal, tirant lo blanch*, 1999.

HEGEL, Georg Wilhelm Friedrich, in «*Grundlinien der Philosophie des Rechts*», 1821.

HEINE, Günter in «*Die strafrechtliche Verantwortlichkeit von Unternehmen, von individuellen Fehlverhalten zu kollektiven Fehlenwicklungen, insbesondere bei Grossrisiken*», Baden-Baden, Nomos Verlag, 1995.

— Heine, Günter, Universidade de Giessen, in «*Derecho penal del medio ambiente. Especial referencia al Derecho penal aleman*», Tradução para o castelhano do Prof. Doutor Miguel Polaino Navarrete, Catedrático de Direito Penal na Universidade de Sevilha, *Cuadernos de política criminal*, Madrid, n.º 61 (1997).

HEINITZE in «*Empfiehlt es sich, die Strafbarkeit der juristischen Person gesetzlich vorzusehen?*», *Verhandlungen des 40. Deutschen Juristentages* Volume I, Tübingen, 1953.

HEISE, Arnold, in «*Grundriss eines Systems des Gemeinen Civilrechts zum Behuf von Pandecten – Vorslegung*», 1.ª ed., 1807.

HEITZER, com referências em diversos sítios da obra, in «*Punitive Sanktionen im Europäischen Gemeinschaftrecht*», Heidelberg, 1997, Müller.

HERZOG, Félix in «*Limites del derecho penal para controlar los riesgos sociales*», 1993, Poder Judicial.

— in publicação em castelhano: «*Alguns riesgos del Derecho penal del riesgo*», *Revista Penal*, vol. 4, Huelva-Salamanca-Castilla-la Mancha, Editorial Praxis, Julho de 1999.

HILL, J. e R. Harmer in «*Criminal Liability of Corporations* – Australia», *The* Hague/London/Boston, Kluwer Law International, H. De Doelder/Klaus Tiedemann (ed.), 1996.

HILLEBRAND, Julius Hubert, in «*Lehrbuch des heutigen gemeinen deutschen Privatrechts mit Einschluss des Handels – und Lehnrechts*», 1849, § 44 (133).

HIRSCH, Hans Joachim, in «*La cuestión de la responsabilidad penal de las asociaciones de personas*», tradução para o castelhano de Patricia S. Ziffer (Universidad de Buenos Aires) da conferência ditada pelo Autor na sessão de 17 de Março de 1993 na Academia de Ciências de Renania-Westefalia (*Rheinisch-Westfäliche Akademie der Wissenschaften*): *Die Frage der Straffähigkeit von Personenverbänden*, Dusseldorfe, 1993 (Vorträge G 324), *Anuario de Derecho Penal y Ciencias Penales*, 1993, 1106-1108.

— in «Die *Frage de Straffähigkeit von Personanenverbände*», *Westdeutscher Verlag Opladen*, 1993.

— in «*Strafrechtliche Verantwortlichkeit von Unternehmen*», *Zeitschrift für di gensamte Strafrechtswissenschaft*, n.º 107, 1995.

— in «*La criminalisation du comportement collectif – Allemagne*», *La criminalisation du Comportement Collectif/Criminal Liability of Corporations, The Hague/London/Boston, Kluwer Law International*, H. De Doelder/ /Klaus Tiedmann (ed.), 1996».

HUGO, Gustav, in «*Lehrbuch des Naturrechts, als einer Philosophie des positiven Rechts*», 1798.

HUNGRIA, Nélson in Comentário ao Código Penal brasileiro, Brasil.

ISASCA, Frederico, in «Responsabilidade civil e criminal das pessoas colectivas: conteúdo da ilicitude», Lisboa, AAFDL, 1988.

JAKOBS, Günther, in «*Strafrecht Allgemeiner Teil – Die Grundlagen und die Zurechnungslehre*», 2.ª ed. Walter de Gruyter, Berlim/New York, 1991.

— in «*Derecho Penal. Parte General. Fundamentos e Teoría da Imputação*», trad. da 29.ª edição alemã realizada por Cuello Contreras y Serrano González de Murillo, Madrid, 1995, Marcial Pons.

— com tradução do Prof. Doutor Miguel Díaz y García Conlledo, in «*Responsabilidad Penal en Supuestos de Adopcion Colectiva de Acuerdos*», *Responsabilidad penal de las empresas y sus órganos y responsabilidad por el producto*, Coordenadores: Santiago Mir Puig e Diego-Manuel Luzón Peña, 1996, Jose Maria Bosch Editor, SL, Barcelona.

— in «*Sociedad, norma y persona en una teoría de un Derecho penal funcional*», *Cuadernos Civitas*, Madrid, 1996 ou «*Das Strafrecht zwischen Funktionalismus und "alteuropäischen" Prinzipiendenken. Oder: Verabschiedung des "alteuropäischen" Srafrechts?*», conferência geral apresentada pelo Autor nas Jornadas alemãs de Professores de Direito penal em Rostock, no dia 28 de Maio de 1995, publicação *Zeitschrift für die gesamte Strafrechtswissenschaft*, 107, 1995, pp. 843 a 876.

JESCHECK, H. H., in *Tratado de Derecho Penal, P.G., 1.° V.* – tradução de S. Mir Puig e F. Muñoz Conde – Barcelona, Bosch, 1981.

— in (ou) «*Lehrbuch des Strafrechts: allgemeiner Teil*», 1988, 4.ª ed., com tradução em castelhano.

JHERING, Rudolf von, in «*Geist des römischen Rechts auf den verschiendenen Stufen seiner Entwicklung*», Verlag von Breithof und Härtel, Volume III, 2, 1865.

— in «*Geist des römischen Rechts auf den verschiendenen Stufen seiner Entwicklung*». Volume III, 1877.

KANT, Immanuel, in «*Eileitung in die Metaphysic der Sitten*», Volume VI, Academia Prussiana das Ciências (1907).

— in «*Grundlegung der Metaphysic der Sitten*», 2.ª ed., Riga 1786, reimpressão, Reclam, Stuttgart, 1988; Valentiner, Th., (Ed.), 1961.

KAUFMANN, Arthur, in «*Analogie und Natur der Sache*», Kahrlsruhe: Müller, 1965.

KELLER, D. Fried. Ludwig Von, in «*Pandekten* (publ. Emil Friedberg, 1861).

KELSEN, Hans, in «*Reine Rechtslehre/Einleitung in die Rechtswissenschaftliche Problematik*», 1934.

KOHLMANN, «*Steuerstrafrecht, Köln, 1992*».

KONING-DE JONG, E. M., in «*De totstandkoming van de Wet Mulder*», H. de Doelder/L.J.J. Rogier/P.M. van Rusen Goren (Ed.), *De Wet Mulder in perspectief*, Arnhem 1990.

LAMEIRAS PINTO, Maria da Conceição, in «Todos Diferentes, Todos Iguais...», trabalho escrito das Provas Finais de Agregação de Advogado e vencedor do prémio «João Lopes Cardoso» de 1997 atribuído pelo Conselho Distrital da Ordem dos Advogados de Portugal, passível de ser consultado na Biblioteca respectiva.

LAMPE in «*Systemunrecht und Unrechtssysteme*», *Zeitschrift für di gensamte Strafrechtswissenschaft*, 1994, n.° 106.

LARENZ, Karl, in «Metodologia da Ciência do Direito», 1983, 2.ª ed., Fundação Calouste Gulbenkian, 1989.

— in «*Allgemeiner Teil des deutschen bügerlichen Rechts*», 7.ª ed., 1989, 133.

LASCANO in «*La cuestión de la responsabilidad penal de las personas jurídicas y de sus órganos*», Conferência apresentada ao IX Congresso de Alunos de Direito Penal, Universidade de Salamanca, 1997, p. 12 (*apud*).

LEAL-HENRIQUES, Manuel, e Simas Santos, Manuel, in «Código Penal, 1.° Volume, Anotado», 1995, 2.ª Edição, Editora Rei dos Livros.

LEÃO, Paulo Roberto Dantas de Souza, Promotor de Justiça do Brasil. Mestre em Direito. Professor da Universidade Federal do Rio Grande do Norte-UFRN, da Universidade Pontiguar-UnP, do Centro de Estudos e Aperfeiçoamento Funcional do Ministério Público do RN-CEAF e da Escola Superior da Magistratura do RN-ESMARN, in www.teiajuridica.com, num texto com o título «Ilícito Fiscal: Natureza jurídica».

LEBAYLE in « *L'application du Titre VI du Traité sur l'Union européenne ete la matière pénale*», *Revue de Science Criminelle*, 1995, n.° 50.

LEITE DE CAMPOS, Diogo, e Benjamim Silva Rodrigues e Jorge Lopes de Sousa in «Lei Geral Tributária Anotada», 2.ª ed., Vislis Editores.

LÍBANO MONTEIRO, Cristina, em anotação, entre outros, ao art. 348.° do Código Penal in «Comentário Conimbricense Do Código Penal, Parte Especial, Tomo III, «Artigos 308° A 386°», Dirigido por Jorge de Figueiredo Dias, Coimbra Editora».

LIMA GUERREIRO, António, in «Lei Geral Tributária Anotada», Editora Rei dos Livros, 2001.

LOBO MOUTINHO, J., e Salinas Monteiro, H., in «*La criminalisation du comportement collectif – Portugal*», *La criminalisation du Comportement Collectif/Criminal Liability of Corporations, The* Hague/London/Boston, Kluwer Law International, H. De Doelder/Klaus Tiedemann (ed.), 1996.

LOBO XAVIER, Vasco da Gama, in «Sociedades Comerciais – Lições aos alunos de Direito Comercial do 4.° ano jurídico», Coimbra 1987, dactilografado e impresso por João Abrantes, Taveiro, Coimbra.

— in críticas à redacção do art. 271.° do CSC – «caraterísticas» – «Acção» in Polis.

LOPES ROCHA, Manuel, in «A responsabilidade Penal das Pessoas Colectivas – Novas Perspectivas», publicado in Centro de Estudos Judiciários, Ciclo de Estudos de Direito Penal Económico, 1985, pp. 107-187 e republicado in

«Direito Penal Económico E Europeu: Textos Doutrinários», Volume I, Problemas Gerais, Coimbra Editora.

LOPES DE SOUSA, Jorge, e Simas Santos, Manuel, in «Regime Geral das Infracções Tributárias Anotado», Colecção Direito, 2001, Áreas Editora.

LÖSCHNIG-GSPANDL, Marianne, in «*Fight against organized crime: recent changes to the catalogue of statuory offences and the confiscation system in austrian criminal Law*», *European Journal of Crime, Criminal Law and criminal justice, vo, 5, issue 3, 1997, pág. 210, Kluwer Law International*, 1997.

LUHMANN, Niklas, in «*Legitimation durch Verfahren, Neuwied*» – Berlim, 1969, pp. 143 e ss.. – in «*Sistema jurídico y dogmática jurídica*», com tradução de Otto Pardo, Madrid, *Centro de Estudios Constitucionales*, 1983.

— in «*Sistemas sociales. Lineamientos para una teoría general*», tradução de *Pappe y Erker*, Barcelona, Editora Anthropos, 1998, 2.ª edição.

LUZÓN PEÑA in «*Curso de Derecho Penal*», Parte Geral I, Madrid, 1996.

MAGLIE, De, in «*Sanzioni pecuniarie e tecnische di controllo dell'impressa. Crisi e innovazioni del Diritto penale statunitense*», *Rivista Italiana de Diritto e Procedura Penal*, 1995.

MAHAMUT, Rosario García, in «*La Responsabilidad Penal De Los Miembros Del Gobierno En La Constitución*», «*Temas Clave De La Constitucón Española*», Madrid: Tecnos 2000.

MAIA COSTA, Eduardo in «A revisão do Código penal: tendências e contradições», Lisboa, Cadernos da Revista do Ministério público, 30 de Junho de 1997, Volume monográfico subordinado ao tema: «As reformas penais em portugal e Espanha».

MAIA GONÇALVES, in «Código Penal Português» Anotado e Comentado, 9.ª Ed..

MALBLANC in «*Opuscula ad ius criminale spectantia*», Erlangen, 1793.

MANN, Thomas in «Montanha Mágica», tradução do original «*Der Zauberberg*» de Herbert Caro revista por Maria da Graça Fernandes, Colecção Dois Mundos, Edição «Livros do Brasil», Lisboa.

MANSILHA, Eduardo «Responsabilidade Penal das Pessoas Colectivas, *Societas Delinquere Potest*», www.verbojuridico.net, Abril de 2001 às 20 Horas e 30 Minutos.

MARINUCCI, Giorgio e EMILIO Dolcini in «*Diritto penale minimo e nuove forme di criminalitá*» in *Rivista Italiana di Diritto e Procedura Penale*, Ano XLII, Fasc. 3, pp. 802-820, Julho-Setembro de 1999.

MARQUES DA SILVA, Germano, in «Curso de Processo Penal», 3.ª edição, Verbo, Lisboa, 1996.

— in «Direito Penal Português», Verbo, I, Lisboa, 1997.

MARQUES DA SILVA, Isabel, in «Responsabilidade Fiscal Penal Cumulativa Das Sociedades E Dos Seus Administradores E Representantes», Universidade Católica Portuguesa, Lisboa 2000.

MARTÍNEZ-PUJALTE, Antonio-Luis in «*La garantía del contenido esencial de los derechos fundamentalloes, Centro de Estudios Constitucionales*», Madrid, 1997.

MARTINS, Ives Gandra da Silva, in «Sistema tributário na constituição de 1988», São Paulo, Saraiva, 1989.

MASI, Domenico de in «A Sociedade Pós-industrial», 3.ª Edição, São Paulo, Senac, 2000.

MEIRELES, Mário Pedro, in RPCC, Ano 10, Fasc. 4.º, Outubro-Dezembro de 2000, IDPEE.

MELO BANDEIRA, André Sopas de, in «O mal no princípio da autoridade – o problema do dever da obediência em treze, 1 – 7 de Epístola aos romanos, de S. Paulo», tese de dissertação de Mestrado em Ciências Jurídico-Filosóficas, apresentada na Faculdade de Direito da Universidade Clássica de Lisboa em 1991, passível de ser consultada na correspondente biblioteca, estando registado o respectivo direito de autor da obra na Inspecção-Geral das Actividades Culturais, com o n.º de série 2263/97.

MELO BANDEIRA, Gonçalo N. C. Sopas de, in «Relatório do Mestrado em Ciências Jurídico-Criminais (1998-1999)», sobre o seguinte tema: «Branqueamento de Capitais», integrado no problema da «Criminalidade organizada», o qual foi Dirigido pelo Prof. Doutor Jorge de Figueiredo Dias. Registado o direito de autor desta obra na Inspecção-Geral das Actividades Culturais: Proc. n.º 1392-1393/01; 18 de Dezembro de 2001; Ref.ª 2356/01; 30 pp.;

— in «Relatório do Mestrado em Ciências Jurídico-Criminais (1998-1999)», sobre o seguinte tema: «O direito de intervenção junto de menores infractores como: Direito do *facto*? Direito do autor? Ou direito do autor e do *facto*? Direito penal ou direito não penal?», integrado no problema do «Direito de Menores», o qual foi Dirigido pela Prof.ª Doutora Anabela Rodrigues. Registado o direito de autor desta obra na Inspecção-Geral das Actividades Culturais: Proc. n.º 1394-1395/01; 18 de Dezembro de 2001; Ref.ª 2357/01; 30 pp.;

— in versão actualizada e enriquecida do «Relatório do Mestrado em Ciências Jurídico-Criminais (2003)», com o seguinte título: «O direito de intervenção junto de menores infractores como: Direito do *facto*? Direito do autor? Ou direito do autor e do *facto*? Direito penal ou direito não penal?». No prelo para publicação da Revista Portuguesa de Ciência Criminal (Outubro//Dezembro de 2003); 43 pp.:

— in «Relatório do Mestrado em Ciências Jurídico-Criminais (1998-1999)», sobre o seguinte tema: «Honra e Liberdade de Expressão», no contexto do curso de «Causas de Justificação» integrado no problema das «Causas de Justificação», o qual foi Dirigido pelo Prof. Doutor Américo Taipa de Carvalho. Registado o direito de autor desta obra na Inspecção-Geral das Actividades Culturais: Proc. n.º 1392-1393/01; 18 de Dezembro de 2001; Ref.ª 2356/01; 30 pp.;

— in o «O Comércio Electrónico-Alguns Aspectos Jurídico-Económicos», registado na Inspecção-Geral das Actividades Culturais em 11 de Junho de 2001; Registado o direito de autor desta obra na Inspecção-Geral das Actividades Culturais: Proc. n.º 1394-1395/01; 18 de Dezembro de 2001; Ref.ª 2357/01; 117 pp.

— in Tese de Mestrado (versão original): «MODELOS DE RESPONSABILIDADE PENAL FISCAL DOS ENTES COLECTIVOS – à volta das sociedades comerciais ou sociedades civis sob a forma comercial, ainda que irregularmente constituídas», 2002, cerca de 286 pp. (espaço mínimo e letra *garamond* de tamanho 12 no texto e 10 nas notas de rodapé);

— in versão para publicação da Tese de Mestrado: «MODELOS DE *RESPONSABILIDADE* PENAL ECONÓMICA E FISCAL DOS ENTES COLECTIVOS – à volta das sociedades comerciais ou sociedades civis sob a forma comercial, ainda que irregularmente constituídas», Almedina, 2004;

— in «Anotação e Comentários ao Decreto-Lei n.º 32/2003, de 17 de Fevereiro, que estabelece o regime especial relativo ao atraso de pagamento em transacções comerciais, transpondo a Directiva n.º 2000/35/CE, do Parlamento Europeu e do Conselho, de 29 de Junho de 2000», publicado em Maio de 2003 no espaço virtual da *Internet* no sítio www.verbojuridico.net / espaço «Doutrina» cuja direcção pertence ao Ex.mo Senhor Juiz de Direito Dr. Joel Timóteo.

— in «O Crime de "Branqueamento" e a Criminalidade Organizada no Ordenamento Jurídico Português», 14 de Dezembro de 2003, no prelo.

MELO BANDEIRA, Miguel Sopas de, in «O espaço urbano de Braga em meados do Século XVIII», Edições Afrontamento, 2000: texto resultante «de uma releitura e síntese da dissertação de Mestrado em Geografia Humana apresentada em 1993 à Faculdade de Letras da Universidade de Coimbra», com prefácio do respectivo ilustre Orientador de Mestrado e, posteriormente, de Doutoramento, Prof. Doutor J. M. Pereira de Oliveira, Professor Caterático Jubilado da Faculdade de Letras da Universidade de Coimbra.

MENEZES CORDEIRO, António, in «Levantamento da Personalidade Colectiva No Direito Civil e Comercial», Almedina, 2000.

MESTRE, in «*Les personnes morales et le problème de leur responsabilité pénale*», Thése, Paris, 1899.

MILITELLO, Vincenzo, in «*La responsabilidad jurídico-penal de la empresa y de sus órganos en Italia*» – tradução para o castelhano de Dr.ª Carla Prestigia como, revista por Prof. Doutor Jesús María Silva Sánchez –, Fundamentos de um sistema europeu do direito penal, livro de homenagem a Claus Roxin por ocasião do seu doutoramento *honoris causa* pela Universidade de Coimbra, J.M. Silva Sánchez (ed. española), B. Schünemann / J. de Figueiredo Dias (coords.).

MIRANDA RODRIGUES, Anabela, in «A Determinação da medida concreta da pena privativa de liberdade e a escolha da pena (anotação ao acórdão do STJ, de 21 de Março de 1990), in RPCC, 1991.

— in «Repensar o Direito de Menores em Portugal – Utopia ou Realidade?», RPCC, 7, 1997.

— in «Contributo Para a Fundamentação De Um Discurso Punitivo Em Matéria Penal Fiscal», publicado in «Direito Penal Económico E Europeu: Textos Doutrinários, Volume II, Problemas Especiais, Coimbra Editora» – e cujo texto, segundo a Mui Ilustre Professora de Coimbra esclarece, «corresponde integralmente (e, por isso, se publica sem notas) ao que serviu de base à conferência proferida nas Jornadas Fiscais, promovidas pelas Fundação Mário Soares e Forum Social, realizadas em Lisboa (sétima sessão, 6 de Novembro de 1997)».

— in «Comentário Conimbricense do Código Penal, II, Coimbra Editora, 2000, art. 279.º. ».

MONIZ, Helena, in «Comentário Conimbricense Do Código Penal, Parte Especial, Tomo II, Artigos 202º A 307º, Dirigido por Jorge de Figueiredo Dias, Coimbra Editora».

MONTAÑES, Rodríguez, in «*Delitos de peligro, dolo e imprudencia*», Madrid, Ministerio de Justicia, 1994.

MOREIRA DOS SANTOS, Gil, in «Noções de Processo Penal».

MOTA PINTO, Alexandre Cardoso Correia da in «Do Contrato de Suprimento – O Financiamento da Sociedade entre Capital Próprio e Capital Alheio», 2002, Almedina.

MOTA PINTO, Carlos Alberto da, in «Teoria Geral do Direito Civil», 3.ª ed. actualizada, Coimbra Editora, Lda.

MOTA PINTO, Paulo da, Declaração tácita e comportamento concludente no negócio jurídico (1995).
MULDER, A., in «*Schets van het economisch strafrecht, Zwolle*, 1983.
MUÑOZ CONDE, Francisco in «*La responsabilidad penal de los órganos de las personas jurídicas en el ámbito de las insolvencias punibles*», Cuadernos de Política Criminal, n.º 3, 1977.
— in «*Derecho Penal*», Parte especial, 8ª ed., 1990.
— «*Dominio de la voluntad en virtude de aparatos de poder organizados en organizaciones "no desvinculadas del Derecho"?*», Revista Penal 6, 2000.
MUSCO in «*La responsabilidad penal de las personas jurídicas en el Derecho italiano. Aspectos constitucionales*», Conferência apresentada ao IX Congresso de Alunos de Direito Penal de Salamanca, p. 3, 1997.
NETO, Abílio, in «Código Comercial, Código das Sociedades Comerciais, Legislação Complementar», Anotados, 12.ª Edição, 1996, Ediforum, Edições Jurídicas, Lda, Lisboa.
NGAOSYVATHN, P., «*90 % de fraude fiscale. Pourquoi?*» Revue Economie, Nov. 1974.
NINO in «*Introdución al análisis del Derecho*», Barcelona, Ariel, 1991, 4.ª ed..
NOGUEIRA, Ruy Barbosa in «Curso de direito tributário» 10.ª ed. – São Paulo: Saraiva, 1990.
NOGUEIRA DA COSTA, J.M., Procurador-Adjunto do Ministério Público de Pombal, in «Contributo Para Uma Dogmática Do Direito Penal Fiscal», Relatório de pós-graduação em direito penal económico e europeu – ano de 1999/I.D.P.E.E./ /Universidade de Coimbra, trabalho o qual está registado sob o número 47 852 na Biblioteca da Procuradoria Geral da República sem páginas numeradas.
OLIVÉ, Ferré, in «*Derecho Penal y competencias de las Comunidades Europeas*», Cuadernos de Política Criminal, n.º 48, 1992.
OLIVEIRA ASCENSÃO, José de, in «Direito Comercial», IV, Lisboa, 1993, pp. 313--314 e Raúl Ventura in «Sociedades por Quotas», III, Lisboa, 1991.
— in «Teoria Geral do Direito Civil», Vol. I, p. 240 e ss., Coimbra, Coimbra Editora, 1997.
ORLANDO DE CARVALHO, aulas dadas aos 4.º ano jurídico da Faculdade de Direito da Universidade de Coimbra no ano lectivo de 1994-1995 e de que não temos publicação.
OTTO in «*Die Haftung für kriminelle Handlungen in Unternehmen*», Jura, n.º 8, 1998.

PALAZZO, Francesco, em francês, in «*La responsabilité pénale dans l'entrepise: vers un espace judiciaire européen unifié? La responsabilité pénale dans l'entreprise en Italie*», pp. 309 e ss., *Revue de Science Criminelle et de Droit Pénal Comparé*, n.º 2 Avril-Juin, 1997, Trimestrielle.

PALIERO, Carlo Enrico, em inglês, in «*Criminal Liability of Corporations-Italy*», *La criminalisation du Comportement Collectif/Criminal Liability of Corporations, The* Hague/London/Boston, Kluwer Law International, H. De Doelder/Klaus Tiedmann (ed.), 1996

— *Problemas y perspectivas de la responsabilidad penal de la persona jurídica en el derecho italiano*» in «*Responsabilidad Penal De Las Personas Jurídicas*», em «*Anuario de Derecho Penal*», Lima-Perú, 1996, *Universität Freiburg*, Prof. José Hurtado Pozo.

PALMA, Fernanda, in «Do sentido histórico do ensino do Direito Penal na Universidade à actual questão metodológica», RPCC 9, 1999.

PERDOMO, Poveda, in «*La responsabilidad penal de la empresa en Colombia*», Alé-Kumá, n.º 4, 1998.

PINTO OLIVEIRA, Nuno Manuel in «O Direito Geral de Personalidade e a "Solução do Dissentimento" Ensaio sobre um caso de "Constitucionalização" do Direito Civil», Coimbra Editora, 2002.

PIRES DE LIMA, Fernando Andrade, e Antunes Varela, João de Matos, in «Código Civil Anotado», Volume I (Artigos 1.º a 761.º), 4.ª Edição Revista e Actualizada, com colaboração de M. Henrique Mesquita, Coimbra Editora, Lda.

— «Código Civil Anotado», Volume II (Artigos 762.º a 1250.º), 3.ª Edição Revista e Actualizada, Coimbra Editora, Lda.

PIZARRO BELEZA, José Manuel M., in «Notas sobre o direito penal especial das sociedades comercias» in Revista de Direito e Economia, 3 (1977), pp. 267--299; e republicado in «Direito Penal Económico E Europeu: Textos Doutrinários», Volume II, Problemas Especiais, Coimbra Editora, 1999.

PIZARRO BELEZA, Teresa, in 1987 – A moderna criminologia e a aplicação do direito, separata da Revista Jurídica, ed. da Faculdade de direito da Universidade de Lisboa.

— in «Direito Penal», 2.º Volume, aafdl, pp. 113 e ss..

— in «Direito Penal», Volume 1.º, v.g., pp. 137 e ss..

PLANIOL, Marcel, in «*Traité Élémentaire*», Tomo I, 3ª ed..

POHL-SICHTERMANN, R., in «*Die von § betroffenen Verbände und Personen*», VOR 1973, p. 425; K. Rebmann/W. Roth/S. Herrmann *in* «*Gesetz über Ordnungswidrigkeiten, Stuttgart*, 1992, § 30, NM 9; K. Boujong (Ed.), Karlsruher Kommentar zum Gesetz über Ordnungswidrigkeiten, München, 1989 – P. Cramer, § 30, NM 55.

POVEDA, Tony, Rethinking White-Collar Crime, Westport: Praeger, 1994.

PRADEL, Jean, in «Le nouveau *Code pénal français*, *Revue de droit pénal et criminologie* [1994].

— em castelhano, in «*Anuario de Derecho Penal*», Lima-Perú, 1996, (*Universität Freiburg*, Prof. José Hurtado Pozo).

— in «*La responsabilité pénale des personnes morales en droit français. Quelque questions*», numa conferência apresentada na Universidade de Friburgo, Brisgovia, 1998.

PRITTWITZ, *Strafrecht und Risiko* (1993).

PUFENDORF, Samuel, in «*De iure naturae et gentium libri octo*» (1672).

REIS BRAVO, Jorge Manuel dos Reis in «Protecção do património cultural etnográfico, histórico e arqueológico», Separata de Mínia, série 3, ano 4, 1996, Braga.

— in «A Tutela Penal dos Interesses Difusos: A Relevância Criminal na Protecção do Ambiente, do Consumo e do Património Cultural», Coimbra Editora, Coimbra, 1997.

— in «Prescrição e Suspensão do Processo Penal Fiscal», Revista Portuguesa de Ciência Criminal, Ano 9, Fascículo 4.º, Outubro-Dezembro de 1999, pp. 627 e ss..

— in «Critérios de Imputação Jurídico-Penal de Entes Colectivos § (Elementos Para Uma Dogmática Alternativa da Responsabilidade Penal de Entes Colectivos)», Revista Portuguesa de Ciência Criminal, Ano 13, n.º 2, Abril-Junho de 2003, IDPEE, pp. 207 e ss..

RESHETNIKOV, F., in «*Criminal Liability of Corporations – Russia*», The Hague/London/Boston, Kluwer Law International, H. De Doelder/Klaus Tiedemann (ed.), 1996, pp. 343-345.

RIBEIRO DE FARIA, Paula, in em anotação ao art. 148.º do Código Penal in «Comentário Conimbricense Do Código Penal, Parte Especial, Tomo I, Artigos 131º A 201º, Dirigido por Jorge de Figueiredo Dias, Coimbra Editora», 1999, pp. 259 e ss..

RIMANN, in *Wirtschaftskriminalität*, 1973.

RIPOLLÉS, Díez, in «*Exigencias sociales y Política Criminal*», Claves de la razón práctica, n.º 85, 1998.

RODRIGUES DE ALMEIDA, Carlos, in «Os crimes contra a segurança social no Regime Jurídico das Infracções Fiscais Não Aduaneiras», Revista do Ministério Público, ano 18.º, Outubro-Dezembro de 1997.

RODRIGUEZ MORULLO in «*Infracción tributaria y delitos conexos en el derecho penal español*, relatório nacional apresentado às V Jornadas Luso-Hispano-Americanas de Estudos Tributários, Córdova, Outubro de 1972».

ROMANO in «*Societas delinquere non potest (nel ricordo di Bricola, Franco)*», *Rivista Italiana di Diritto e Procedura Penal*, 1995.

ROSS, Alf, «Tü-tü», in Uberto Scarpelli (ed.), «*Diritto e Analiso Del Linguaggio*», Milão, 1976.

ROTBERG, H. E., in «*Für Strafe gegen Verbände – Einige Grundsatzfragen*», Ed. Caemmerer, *Hundert Jahre deutsches Rechtsleben, Festschrift zum 100 jährigen Deutschen Juristen Tages*, 1860-1960, Tübingen, Tomo II, 1960.

ROTH, Paul Von, in «*System des Deutschen Privatrechts*», 1880.

ROXIN, Claus, in «*La imputación objectiva en el Derecho penal*», tradução para o castelhano de Abanto Vásquez, Lima Idemsa, 1997.

— in «*Problemas de autoria y participación en la criminalidad organizada*», *Revista Penal* 2, 1998.»

— in «*El desarrollo del Derecho Penal en el siguiente siglo*», Roxin: *Dogmática penal y Política Criminal*, tradução para o castelhano de Abanto Vásquez, Idemsa, 1998, Lima.

— in «*Acerca de la consolidación político-criminal del sistema de Derecho Penal*», Roxin: *Dogmática penal y Política Criminal*, com tradução de Abanto Vásquez, Lima, Idemsa, 1998.

RUGGIERO, Roberto de, in «Instituições de Direito Civil – Volume I – Introdução e Parte Geral», tradução para o português de Ary dos Santos, 1934.

RUSCONI, in «*Persona jurídica y sistema penal; hacia un nuevo modelo de imputación?, en el Derecho Penal Hoy*», *Homenage al Prof. David Baigún*. Editores del Puesto, Buenos Aires, 1995.

SÁ GOMES, Nuno «Notas Sobre a Aplicação no Tempo do Novo Regime Jurídico das Infracções Fiscais Não Aduaneiras» in Ciência Técnica Fiscal n.º 358, Abril-Junho (1990).

— in «Ciência e Técnica Fiscal», n.º 376.

SALDAÑA, Quintiliano, in «*Capacidad criminal de las personas sociales*», Madrid, 1927.

SALDANHA SANCHES, José Luís, in «A Quantificação da Obrigação Tributária», Cadernos de Ciência e Técnica Fiscal, n.º 173, Lisboa, 1995.

SALINAS MONTEIRO, Henrique, in «O Regime da Comparticipação nos Crimes Especiais no Código Penal», Tese de Mestrado, Polic., Lisboa, 1996, Parte II.

SANTIAGO, Mir Puig, in «*Derecho Penal*», *parte general*, 3.ª ed., 1990.

SANTIAGO, Rodrigo, in «O branqueamento de capitais e outros produtos do crime: contributos para o estudo do artigo 23.º do Decreto-Lei 15/93, de 22 de Janeiro, do regime da prevenção da utilização do sistema financeiro do branqueamento (Decreto-Lei n.º 313/93, de 15 de Setembro)», RPCC.

SARAGOÇA DA MATTA, Paulo, in «O artigo 12.º do Código Penal e a Responsabilidade dos "Quadros" das "Instituições"», Coimbra Editora, 2001, p. 18 (trabalho o qual constitui «por interesse prático uma divulgação geral» da Dissertação de Mestrado do mesmo ilustre Autor cujas provas públicas ocorreram em 30 de Junho de 1998 na FDUL).

SAVIGNY, Friedrich Carl Von, in «*System des heutigen römischen Rechts*», II Volume, 1840.

SCHAFFSTEIN in «*Die allgemeinen Lehren vom Verbrechen (in ihrer Entwicklung durch die Wissenschaft des gemeinen Strafrechts – Beiträge zur Strafrechtsentwicklung von der Carolina bis Carpov)*», 1973 (1930-1932), Aalen.

SCHMITT in «*Grundriß des deutschen Strafrechts – Zugleich eine Einführung in das Studium der beiden Entwürfe eines neuen Strafgesetzbuchs von 1919 und 1925*, Leipzig, 1925, p. 9; 2.ª ed., Leipzig, 1931.

— in «*Strafrechtliche Maßnahmen gegen Verbände – Gleichzeitig ein Beitrag zur Lehre der Unrechtsfolgen*», Stuttgart, 1958.

SCHROTH in «*Unternehmen als Normadressaten. Eina Studie zum Unternehmensstrafrecht*», Brühlscher Verlag, 1993.

SCHÜNEMANN, Bernd, in «*Unternehmenskriminalität und Strafrecht*», köln, 1979.

— in «*Cuestiones básicas de dogmática y de politica criminal acerca de la criminalidad de empresa*», ADPCP (*Anuario de Derecho Penal y Ciencias Penales*), 1988.

— in «*La punibilidad de las personas jurídicas desde la perspectiva europea*», Hacia un Derecho Penal Económico Europeo, Jornadas en honor del Prof. Klaus Tiedemann, Madrid, Boletín Oficial del Estado, 1995.

— in «*Cuestiones básicas de dogmática jurídico-penal y de política criminal acerca de la criminalidad de empresa*», Anuario de Derecho Penal, 1994.

SCHÜNEMANN, Heribert, Professor Catedrático de Direito Penal da Universidade de Münster, «*Responsabilidad Individual en la Gestión de Empresas. Observaciones sobre la "Sentencia Erdal" del tribunal Supremo Federal alemán (BGH)*», *Responsabilidad penal de las empresas y sus órganos y responsabilidad por el producto*, Coordenadores: Santiago Mir Puig e Diego-Manuel Luzón Peña, 1996, Jose Maria Bosch Editor, SL, Barcelona.

SEELMANN in «*Atypische Zurechnungsstrukturen im Umweltstrafrecht*», Neue Juristische Wochenschrift, 1990.

SERRA, Teresa, in «Homicídio Qualificado, Tipo de Culpa e Medida da Pena», Almedina, 1990.
— in «Contra-ordenações: responsabilidade de entidades colectivas – a propósito dos critérios de imputação previstos no regime geral do ilícito de mera ordenação social e em diversos regimes especiais. Problemas de (in)constitucionalidade», Revista Portuguesa de Ciência Criminal, 9 (1999).
SILVA DIAS, Augusto, «O Novo Direito Penal Fiscal Não Aduaneiro (Decreto-lei n.º 20-A/90, de 15 de Janeiro) – Considerações Dogmáticas E Político-Criminais» in Fisco, n.º 22, Julho de 1990, p. 16 e ss; e republicado in «Direito Penal Económico E Europeu: Textos Doutrinários», Volume II, Problemas Especiais, Coimbra Editora, 1999.
— in «Crimes e Contra-Ordenações Fiscais», «Direito Penal Económico E Europeu: Textos Doutrinários», Volume II, Problemas Especiais, Coimbra Editora, 1999.
— in «Entre "Comes e Bebes": Debate de Algumas Questões Polémicas no Âmbito da Protecção Jurídico-Penal do Consumidor (a propósito do Acórdão da Relação de Coimbra de 10 de Julho de 1996), RPCC 8 (1998), pp. 515 e ss., principalmente n. de r. n.ºs 108 e 109, e RPCC 9 (1999), pp. 45 e ss..
SILVA FERNANDES, Paulo in «Globalização, "Sociedade do Risco" e o Futuro do Direito Penal», Almedina, 2001.
SILVA FRANCO, Alberto, in «Globalização E Criminalidade Dos Poderosos», Revista Portuguesa De Ciência Criminal, Ano 10. Fac. 2.º. Abril-Junho 2000, Coimbra Editora.
SILVA MORAIS, Luís Domingos da, «Incriminação de Infracções Fiscais Não Aduaneiras», Lisboa, 1993.
SILVA SÁNCHEZ in «*Responsabilidad Penal de las Empresas y de sus òrganos en Derecho Español*», Fundamentos de um sistema europeu do direito penal, livro de homenagem a Claus Roxin por ocasião do seu doutoramento *honoris causa* pela Universidade de Coimbra, J.M. Silva Sánchez (ed. española), B. Schünemann / J. de Figueiredo Dias
— in «*Política Criminal y nuevo Derecho Penal*». Livro de Homenagem a Claus Roxin, Barcelona, Bosch, 1997.
— «*La expansión del derecho penal – Aspectos de la política criminal en las sociedades postindustriales*», Madrid, Civitas, 1999.
SIMÕES DE CARVALHO, António Crespo, in «A responsabilidade penal das pessoas colectivas», in Revista de Direito Justiça Portuguesa, n.º 43 a n.º 74, 1937-1938, n.º 74.

SMITH & BRIAN HOGAN, J.C., in «*Criminal Law*» (7th ed., 1992).
SOARES DE ALBERGARIA, in «A posição de garante dos dirigentes no âmbito da criminalidade de empresa», Revista Portuguesa de Ciência Criminal, Outubro-Dezembro de 1999.
SOARES MARTÍNEZ in «Direito Fiscal», 1993.».
— in «Direito Fiscal», 10.ª Edição, Livraria Almedina, Coimbra – 1998.
— in «*Da Personalidade Tributária*».
SOUSA, Alfredo José de in «Infracções Fiscais (Não Aduaneiras)», 3.ª Edição Anotada E Actualizada, Almedina.
— e José da Silva Paixão in «Código de Procedimento e Processo Tributário – Comentado e anotado», Almedina em anotação ao art. 3.º do CPPT.
— in «Crimes de Responsabilidade (Violação de Normas de Execução Orçamental)», Themis, Revista da Faculdade de Direito da U.N.L., Ano V – N.º 8 – 2004, pp. 23 e ss..
SOUSA FRANCO, in «Finanças Públicas e Direito Financeiro», vol. II, 4.ª ed..
SOUSA MAIA, in «O Leilão de Sonhos», Tipografia Valpacense de Brás e Filhos, Lda, 2001.
SPENCER, John R. em francês, in «*La responsabilité pénale dans l'entreprise en Angleterre*», pp. 290-291, *Revue de Science Criminelle et de Droit Pénal Comparé*, n.º 2 Avril-Juin, 1997, Trimestrielle.
STESSENS, Guy, in «*Corporate Criminal Liability: a Comparative Perspective*», *International and Comparative Law Quarterly*.
STRATENWERTH, Günter, in «*Derecho Penal*», *parte general*, I, *el hecho punible*, 1982.
— in «*Strafrechtliche Vertreter – und Unternehmenshaftung*». *Neue Juristische Wochenschrift*, 1992.
SUTHERLAND, E., in «*White collar crime*», 1961.
TAÍBO, César; Martins, Pompeu Miguel, in «Lugar dos dias», Braga, 1998.
— in «Nus Trágicos de Timor», Braga, 1999.
TAIPA DE CARVALHO, Américo A. in «Pessoa Humana, Direito, Estado e Desenvolvimento Económico», Coimbra: Coimbra editora, 1991 Américo Taipa de Carvalho.
— in «A legítima Defesa», Coimbra Editora, 1995.
— in «Successão de Leis Penais», 2.ª Edição Revista, Coimbra Editora, 1997.
— e Damião da Cunha, José M., in « "Facturas Falsas": Crime de Fraude Fiscal ou de Burla?», «*Juris Et De Jure*, Nos vinte anos da Faculdade de Direito da Universidade Católica Portuguesa – Porto, 1998».

TERRADILLOS in «*Delitos societarios y grupos de empresas*», Baylos/Collado (eds.): *Grupos de Empresas y Derecho del Trabajo*. Madrid, Trotta, 1994.
TIEDEMANN, Klaus in *Wirtschaftsstrafrecht und Wirtschaftskriminalität*, 2.° vol. e Zirpins-Terstegen, *in Wirtschaftskriminalität*, Lübeck.
— «*Wirtschaftsstrafrecht und Wirtschaftskriminalität, 2. Besonderer Teil, Hamburgo*, 1976».
— in «*Wirtschaftsstrafrecht und Wirtschaftskriminalität*», AT, Band 1, Rowohlt, Hamburg, 1976.
— in «*Multinationale Unternehmen und Strafrecht*», 1980.
— in «*Poder Económico Y Delito E Introduccion Al Derecho Penal Economico Y De La Empresa*», Tradução de Amelia Mantilla Villegas, *1.ª edición. Barcelona, septiembre 1985, Editorial Ariel, S.A.*.
— in «*Die strafrechtliche Vetreter und Unternehmenshaftung*», Neue Juristische Wochenschrift, 1986, n.° 30.
— in «*Die "Bebussung" von Unternehmen nach dem 2. Gesetz zur Bekämpfung der Wirtschaftskriminalität*», Neue Juristische Wochenschrift, n.° 41, 1988, p. 1173.
— in *Neue Juristische Wochenschrift*, 1989.
— in «*Lecciones de Derecho Penal Económico*», Barcelona, PPU, 1993, p. 229: «*El futuro del Derecho Penal económico depende de la clasificación de las infracciones em injusto penal, injusto administrativo o injusto privado*».
— in «*La criminalisation du comportement collectif*», Rapport Général au XIVe Congrés International de Droit Comparé, *La Criminalisation du Comportement Collectiff/Criminal Liability of Corporations*, The Hague/London/Boston, Kluwer Law International, 1996.
— em castelhano in «*Responsabilidad Penal De Personas Jurídicas Y Empresas En Derecho Comparado*», Revista Brasileira de Ciências Criminais, ano 3, n.° 11 – Julho-Setembro – 1995, pp. 21-35; ou ainda em castelhano, numa tradução diferente (Diego Iniesta – Albacete).
— in «*Responsabilidad penal de personas jurídicas, otras agrupaciones y empresas en Derecho Comparado*», em «*La Reforma de la Justicia Penal*», Publicaciones de la Universitat Jaume I, Castelló de la Plana, 1997.
— em castelhano, in «*Responsabilidad Penal De Las Personas Juridicas*», em «*Anuario de Derecho Penal*», Lima-Perú, 1996, Universität Freiburg, Prof. José Hurtado Pozo.
— in «*Diritto Comunicario e Diritto Penale*», RTDPE, 1997.

TORRE, Gómez de la, e Olivé, Ferré, in «*Todo sobre el fraude tributário*», Editorial Praxis.

TRANFLAGLIA in «*Mafia, politica e affari nell'Italia reppublicana*», Bari, 1992.

VALDÁGUA, Maria da Conceição, in «Colóquio Internacional De Direito Penal – Relatório de Síntese», publicado in Revista Portuguesa de Ciência Criminal, Ano 10-Fasc. 3.°- Julho-Setembro 2000, p. 479-497, nomeadamente relatando a «comunicação de fecho dos trabalhos, proferida pelo Prof. Doutor Jorge de Figueiredo Dias, que versou sobre "Algumas reflexões sobre o direito penal na «sociedade de risco» " ».

VAN DE REYT in «*Landesbericht Niederlande*» apud Eser/Huber, ed., *Strafrechtsentwicklung in Europa* 4, *Landesberichte* 1989/1992, 1993, *Freiburg*, Teil 2.

VAZ, Manuel Afonso, in «Direito Económico», 2.ª edição, Coimbra Editora, 1990.

VERVAELE, J. A. E. em francês, in «*L'application du Droit Communautaire: la séparation des biens entre le premier et le troisième pilier?*», *RTDPE*, 1996 n.° 2.

— «*La responsabilité pénale de et au sein de la personne morale aux Pays-Bas. Mariage entre pragmatisme et dogmatisme juridique*», pp. 326-327, *Revue de Science Criminelle et de Droit Pénal Comparé*, n.° 2 Avril-Juin, 1997, *Trimestrielle*.

— in «*La responsabilidad penal de y en el seno de la persona jurídica en Holanda. Matrimonio entre pragmatismo e dogmática jurídica*», *Revista de Derecho Penal y Criminología*, 2.ª época, n.° 1, 1998.

— in «*Il sequestro e la confisca in seguito a fatti punibili nell'ordinamento degli Stati Uniti d'America*», *Rivista Italiana de Diritto e Procedura Penal*, 1998.

VIERIA DE ANDRADE, José Carlos, in Vieira de Andrade, Os Direitos Fundamentais nas Relações entre Particulares, BMJ, Doc. e Dir. Comp., n.° 5 (1981).

— in «Direito Administrativo e Fiscal – Lições ao 3.° Ano do Curso de 1993-1994», publicações policopiadas da «secção de textos» da Faculdade de Direito da Universidade de Coimbra.

VINEY, Geneviève, in «Conclusions» *idem ibidem* p. 384 in «*Les conditions de fond de mise en jeu de la responsabilité pénale*», *La responsabilité pénale des personnes morales*; colloque du 7 avril 1993 (organisité par) l'Université de Paris I (Panthéon-Sorbonne) (et par le) Centre de Recherches Fondamentales de Droit Privé (avec la participation de)» AA VV.

VOGEL, Joachim, Tübingen – Alemanha, in «*La responsabilidad penal por el producto en Alemania: Situación actual y perspectivas de futuro*», tradução do Senhor Dr. Adán Nieto Martín, Universidad de Castilla-la Mancha, *Revista*

Penal 8, Julho de 2001, Publicação semestral de La Ley, SA, em colaboração com as Universidades de *Huelva*, Salamanca, *Castilla-La Mancha* e Pablo de Olavide de Sevilha, p. 104, n. de r. n.° 74.

WELLS, Celia, in «*Corporations: culture, Risk and Criminal Liability*», *The Criminal Law Review*, 1993.

WILLIAMS, Glanville, in «*Texbook of Criminal Law*», 82nd ed., 1983.

WISE, E.M., in «*Criminal Liability of Corporations- USA*», *La criminalisation du Comportement Collectif/Criminal Liability of Corporations, The Hague/London/Boston, Kluwer Law International*, H. De Doelder/Klaus Tiedmann (ed.), 1996.

WOLF, Ernst, in «*Grundlagen des Gemeinschaftsrechts*», AcP 173, 1973.

— in «*Algemeiner Teil des bürgerlichen Rechts / Lehrbuch*», 3.ª ed., 1982.

XAVIER, Alberto in «Manual De Direito Fiscal, I», 1974.

— in «Direito Tributário Internacional», Coimbra, Almedina, 1993.

ZIEGLER, Jean in «Os senhores do crime – as novas máfias contra a democracia», Portugal, Terramar, 2000.

ZÚÑIGA RODRÍGUEZ, LAURA DEL CARMEN in «*Bases para un Modelo de Imputacíon de Responsabilidad Penal a las Personas Jurídicas*», *Revista de Derecho y Proceso Penal*, monografía, *Aranzadi* Editorial, 2000.

ÍNDICE

Conteúdo 5

Sumário 7

Primeira dedicatória 13

Júri 15

Abreviaturas 17

Nota de Advertência 21

CAPÍTULO I

**Direito Penal Económico e Direito Penal Fiscal
na «sociedade do risco»**

1. Introdução 25
2. A «Sociedade do Risco» e a função do Direito Penal de Tutela subsidiária dos Bens Jurídicos Individuais e Colectivos 31
2.1. O Direito Penal na «sociedade do risco» e uma breve visão da Doutrina do Prof. Doutor Jorge de Figueiredo Dias num dos Seus mais recentes escritos sobre esta matéria 43
3. A questão da eticização parcial ou unilateral do Direito Penal Fiscal ... 56

CAPÍTULO II

A Legislação do Direito Penal Fiscal Português

1. O movimento legislativo de reforma (ou revogação e alteração) do sistema fiscal, no âmbito das infracções fiscais não aduaneiras 67

1.1. Resolução do Conselho de Ministros n.º 119/97, de 14 de Julho de 1997
– «Bases Gerais da Reforma Fiscal da Transição para o Século XXI» ... 67
1.2. A Lei Geral Tributária: análise de alguns aspectos, nomeada e principalmente os crimes fiscais 70
1.3. O novo Regime Geral para as Infracções Tributárias 77

2. A Legislação Penal Fiscal imediatamente anterior ao RGIT e alguns aspectos do RGIT 79
2.1. O Regime Jurídico das Infracções Fiscais Não Aduaneiras e o RGIT 79
2.2. O art. 23.º do RJIFNA e algumas notas aos arts. 87.º, 103.º e 104.º do RGIT 90
2.3. O art. 24.º do RJIFNA e algumas notas ao art. 105.º do RGIT 114
2.4. O art. 25.º do RJIFNA e algumas notas ao art. 88.º do RGIT 126
2.5. O art. 27.º do RJIFNA e algumas notas ao art. 91.º do RGIT 142
2.6. O art. 27.º-A do RJIFNA e algumas notas ao art. 106.º do RGIT ... 146
2.7. O art. 27.º-B do RJIFNA e algumas notas ao art. 107.º do RGIT ... 151
2.8. O art. 27.º-C do RJIFNA e mais algumas notas ao art. 88.º do RGIT 154
2.9. O art. 27.º-D do RJIFNA e mais algumas notas ao art. 91.º do RGIT 155
2.10. Uma breve nota crítica 160
2.11. O art. 89.º do RGIT e algumas notas ao art. 299.º do CP 163
2.12. O art. 90.º do RGIT e algumas notas ao art. 348.º do CP 174

3. As origens, *brevitatis causa*, imediatamente anteriores das Infracções Fiscais Não Aduaneiras 182

CAPÍTULO III

A constitucionalidade da responsabilidade penal dos entes colectivos

1. A responsabilidade criminal das pessoas colectivas e a Constituição da República Portuguesa – análise e breve comentário do Acórdão n.º 212/95 – Processo n.º 490/92 – 1.ª Secção do Tribunal Constitucional 187
1.1. O Relatório 187
1.2. Os Fundamentos 190
1.2.1. O DL n.º 28/84, de 20 de Janeiro e a responsabilidade criminal das pessoas colectivas e equiparadas prevista no seu art. 3.º 190
1.2.2. *Societas delinquere non potest?* 195
1.2.2.1. Alicerces Históricos do Preceito *Societas Delinquere Non Potest* e Personalidade Colectiva – algumas ressonâncias do Direito Civil e Comercial 199

A) Introdução	199
B) O Direito Clássico	202
C) Glosadores, Canonistas e Pós-glosadores	203
D) Humanismo, Jurisprudência Elegante e Jusracionalismo	206
E) Friedrich Carl Von Savigny e a «teoria da ficção»	209
F) Otto Von Gierke e a «teoria orgânica» ou teoria da personalidade real da associação, i.e., «*Theorie der realen Verbandspersönlichkeit*»	214
G) Franz von Liszt	217
H) Hafter	218
I) Busch	221
J) Algumas considerações finais na perspectiva do Direito Civil e Comercial	224
1.2.2.2. Alguns dos marcos fundamentais na Doutrina penal portuguesa recente acerca da responsabilidade penal dos entes colectivos	228
1.2.3. Os arts. 12.º/2 e 2.º da CRP e a Responsabilidade Criminal dos Entes Colectivos	231
1.2.3.1. O art. 29.º/5 da CRP – ou o princípio *non bis in idem* – e a Responsabilidade Criminal dos Entes Colectivos	233

CAPÍTULO IV
Direito comparado e Direito comunitário

1. Introdução ao Direito comparado	239
2. França	240
2.1. Exigência de cometimento da infracção por um órgão ou representante da pessoa colectiva	245
2.2. Exigência de actuação por um órgão ou representante por conta da pessoa colectiva	247
2.3. A designada responsabilidade paralela, reflexa ou derivada (ou cumulativa)	248
3. Alemanha	252
3.1. A designada responsabilidade *para abaixo*	255
3.2. As sanções contra a própria empresa	257
3.3. A designada responsabilidade *para acima*	259
3.4. Algumas conclusões	262
4. Itália	265
5. Holanda	274
6. Reino Unido	281

7. Estados Unidos da América	286
7.1. Natureza da Responsabilidade Criminal e *Model Penal Code*	288
7.2. O sistema de imputação predominante nos Estados Unidos da América	290
7.3. Breve debruçar sobre a problemática das sanções	293
8. Rússia	295
9. Brasil, Argentina e Colômbia	296
a) Brasil	296
b) Argentina	296
c) Colômbia	297
10. Direito comunitário, União Europeia e empresas: introdução	298
11. A responsabilidade penal das pessoas colectivas e o conjunto de princípios sistemáticos de sanções da União Europeia	300
11.1. Sanções comunitárias directas às empresas	300
11.1.2. Carácter jurídico ou natureza das sanções comunitárias	305
11.2. A responsabilidade penal das pessoas colectivas e a tentativa de harmonização das ordens jurídicas europeias na sua vertente legislativo-penal: panorama da política legislativa comunitária	307
11.2.1. Alguns documentos do Conselho da Europa aqui relevantes	309
11.2.2. Resolução da Assembleia da República n.º 86/2000	311
11.2.2.1. Convenção, estabelecida com base no artigo K.3 do Tratado da União Europeia, Relativa à Protecção dos Interesses Financeiros das Comunidades Europeias, assinada em Bruxelas em 26 de Julho de 1995	313
11.2.2.2. O Protocolo, estabelecido com base no artigo K.3 do Tratado da União Europeia, Relativo à Interpretação a Título Prejudicial pelo Tribunal de Justiça das Comunidades Europeias da Convenção Relativa à Protecção dos Interesses Financeiros das Comunidades Europeias	314
11.2.2.3. O Protocolo, estabelecido com base no art. K.3 do Tratado da União Europeia, da Convenção Relativa à Protecção dos Interesses Financeiros das Comunidades Europeias, assinado em Dublim em 26 de Setembro de 1996	314
11.2.2.4. O Segundo Protocolo, estabelecido com base no art. K.3 do Tratado da União Europeia, Relativo à Protecção dos Interesses Financeiros das Comunidades Europeias	315

11.2.3. A Resolução da Assembleia da República n.º 68/2001, de 26 de Outubro, que aprova «para ratificação, a Convenção Penal sobre a Corrupção, do Conselho da Europa, assinada em Estrasburgo a 30 de Abril de 1999» e que foi ratificada pelo Decreto do Presidente da República n.º

56/2001, de 26 de Outubro, publicados ambos os documentos no DR n.º
249, Série I-A 319
11.2.4. A Lei n.º 11/2002, de 16 de Fevereiro, que «Estabelece o regime sancionatório aplicável a situações de incumprimento das sanções impostas por regulamentos comunitários e estabelece procedimentos cautelares de extensão do seu âmbito material» 320
11.2.5. O *Corpus Juris* 2000 321
a) Noção e princípios 321
b) O actual art. 13.º (ex-art. 14.º) do *Corpus Juris* 322

CAPÍTULO V

A responsabilidade cumulativa (ou punição paralela) entre representantes e representados: entes colectivos, órgãos, representantes e responsabilidades

1. A designada responsabilidade cumulativa dos órgãos e representantes e das respectivas pessoas colectivas (e equiparadas) por crimes por aqueles praticados no exercício das suas funções 326
1.1. A questão 326
2. Pressupostos (ou *conjecturas* positivadas) da responsabilidade das pessoas colectivas 330
2.1. Introdução – facto ou eixo de conexão ou nexo de imputação do facto de ligação (*Anknüpfungstat/Bezugstat*) 330
2.1.1. Facto individual como facto da entidade colectiva 331
2.1.2. Formas de estabelecer o nexo de imputação e alargamento ou extensão da punibilidade 333
2.2. A infracção deverá ser praticada por um órgão ou representante da pessoa colectiva 337
2.3. A infracção deverá ser praticada em nome e no interesse colectivo (antes: interesse da pessoa colectiva) 340
2.4. O agente não pode praticar a infracção contra instruções ou ordens expressas de quem de direito 344
2.5. A responsabilidade penal fiscal das sociedades (*lato sensu*) enquadrada no novo RGIT 350
2.5.1. A representação no procedimento e no processo tributário das «pessoas colectivas, sociedades, ainda que irregularmente constituídas, e outras entidades fiscalmente equiparadas» 354

2.5.2. Sociedades e Sociedades Coligadas ou Grupos de Sociedades 358
2.5.3. Capacidade de acção das pessoas colectivas 365
2.5.4. Os órgãos sociais susceptíveis de terem poderes capazes de responsabilizar a sociedade comercial 372
2.5.5. O problema terminológico da figura da «representação» no âmbito do Direito penal – breve introdução 375
2.5.5.1. Os representantes susceptíveis de terem poderes capazes de responsabilizar a sociedade comercial e a figura da «representação» no enquadramento da área do Direito Civil e do Direito Comercial – termos gerais 383
2.5.5.2. Representação de entidades não residentes e gestores de bens ou direitos de não residentes 387
2.5.5.3. A (des)responsabilização da sociedade comercial ou sociedade civil sob a forma comercial por factos típicos e ilícitos dos seus empregados ou trabalhadores 389
2.5.5.4 – O desencadeamento (ou não desencadeamento) de responsabilidade penal fiscal das sociedades comerciais ou sociedades civis sob a forma comercial, ainda que irregularmente constituídas, através de infracções fiscais praticadas por órgãos de facto e representantes de facto, em seu nome e no interesse colectivo 394
2.6. O art. 8.º do RGIT: «Responsabilidade civil pelas multas e coimas» 401

CAPÍTULO VI

Os contrastes dos principais modelos de responsabilidade dos entes colectivos: *de lege lata* e *de lege ferenda*

1. Quatro dos principais modelos, através de três das principais vias, que procuram superar as objecções dogmáticas à tese de que as pessoas colectivas não podem ser sancionadas – *societas delinquere non potest* – por *supostamente* carecerem de capacidade de acção e culpa 405
1.1. Introdução 405
1.2. Introdução *de lege lata*, no contexto do art. 7.º do RGIT, à responsabilidade penal tributária (nomeadamente fiscal) «cumulativa» (ou punição paralela) das sociedades comerciais ou sociedades civis sob a forma comercial, ainda que irregularmente constituídas, e dos seus órgãos ou representantes 409

1.2.1. Breve afloramento entre, por um lado, a responsabilidade penal cumulativa das sociedades comerciais ou sociedades civis sob a forma comercial, ainda que irregularmente constituídas, e dos seus «órgãos ou representantes»; e, por outro lado, os pressupostos do art. 30.º OWiG ... 416
1.2.2. A designada identidade do facto no modelo de responsabilidade não alternativa (ou cumulativa) que está consagrado no art. 7.º/1 e 3 do RGIT 423
1.2.3. A culpa no contexto da «responsabilidade cumulativa» 427
2. Outros modelos de responsabilidade (penal e/ou administrativa) das pessoas colectivas (*lato sensu*) em si mesmas desde a perspectiva *de jure constituendo* 433
2.1. Introdução 433
2.2. Breve incursão na responsabilidade das pessoas colectivas (*lato sensu*) no sistema sancionatório administrativo com recurso a determinado Direito comparado 435
2.2.1. As garantias penais e «sociedade do risco» 443
2.2.2. O ilícito de mera ordenação social, o dolo, a negligência e os Direitos Fundamentais das pessoas singulares e dos entes colectivos 445
2.2.3. O ideal do Direito penal mínimo 447
2.2.4. O art. 129.º do CP espanhol e a «burla de etiquetas» 448
2.2.5. O art. 7.º/4 do RGIT 449
3. Responsabilidade penal dos próprios entes colectivos 453
3.1. Introdução 453
3.2. As hipóteses da arquitectura jurídica de imputação penal em si mesma e presente 454
3.3. Alicerces justificativos para um modelo de imputação da própria pessoa colectiva (*lato sensu*) 458
3.3.1. Possível sistematização dos fundamentos dum modelo de imputação sacionatório próprio para responsabilizar as pessoas colectivas (*lato sensu*) 467
3.4. Aqueles que agem vinculando as pessoas colectivas (*lato sensu*) ... 472
3.4.1. A Imputação a título de dolo ou «*culpa*» (negligência) 476
3.5. Culpa do ente colectivo? – breve introdução 483
3.5.1. Doutrinas que fundamentam uma responsabilidade do próprio ente colectivo 488
3.5.1.1. Modelo original de responsabilidade colectiva arquitectado a partir da responsabilidade criminal individual como pensamento «análogo "puro" de modelo de culpa», dirigido aos princípios e categorias do Direito Penal clássico: algumas conclusões devidamente enquadradas 499

CAPÍTULO VII

Pré-conclusões com novos desenvolvimentos das quais resultam, essencialmente, 6 teses e a conclusão presentemente final e/ou a tese final: resultado da investigação por nós realizada até ao presente momento

1. Pré-conclusões e novos desenvolvimentos I 511
2. Pré-Conclusões e novos desenvolvimentos II 513
3. Pré-Conclusões e novos desenvolvimentos III 516
4. Pré-Conclusões e novos desenvolvimentos IV 519
5. Pré-Conclusões e novos desenvolvimentos V: uma nova redacção, v.g., para o art. 7.º do RGIT? 526
6. Pré-Conclusões e novos desenvolvimentos VI: a Tese 1 (*de lege lata*) e a Tese 1.1 (*de lege lata*) 533
7. Pré-Conclusões e novos desenvolvimentos VII 539
8. Pré-Conclusões e novos desenvolvimentos VIII: a Tese 2 e a Tese 3 (hipoteticamente *de lege ferenda*) 542
9. Pré-Conclusões e novos desenvolvimentos IX: a Tese 4; a Tese 5 e a Tese 6 548
10. Conclusão Presentemente Final § Tese Final: resultado da investigação por nós realizada até ao presente momento 552

Bibliografia 563

Índice 593

Índice analítico de assuntos 601

ÍNDICE ANALÍTICO DE ASSUNTOS

A

Abuso de confiança contra a segurança social, 78, 129, 151, 153, 160, 516
Abuso de confiança fiscal, 95, 96, 103, 105, 114, 115, 116, 117, 119, 123, 124, 126, 127, 144, 146, 151, 162, 515
Abuso do direito, 42
Acção (v. D; capacidade de), 204, 214, 218, 219, 222, 366, 381, 405, 464, 531, 533, 544
Acção e bem jurídico, 49
Acção incorrecta, 554
Actio de dolo malo, 202
Acto atribuído, 531
Actuação em nome de outrem, 77, 91, 255, 256, 339, 377, 378, 380, 382, 383, 411, 412, 418, 532, 538
Adequação, 50, 87, 94, 116, 134, 231, 245, 407, 550
Adequação social, 116, 550
Administração deficiente do risco (*fehlerhfte Risikomanagement*), 504
Administração tributária, 56, 70, 73, 75, 76, 104, 105, 106, 118, 122, 123, 145, 181, 514, 515, 516
Administradores, 74, 141, 183, 184, 197, 198, 204, 226, 339, 349, 355, 356, 357, 374, 385, 395, 398, 401, 454, 514
Administrativização, 438, 443, 552
Agente(s), 33, 35, 44, 54, 55, 60, 72, 73, 77, 90, 91, 94, 96, 98, 101, 102, 104, 105, 107, 108, 113, 114, 119, 120, 121, 122, 123, 124, 125, 127, 133, 135, 136, 137, 138, 143, 145, 147, 148, 150, 152, 169, 171, 172, 177, 179, 191, 194, 200, 264, 271, 289, 290, 291, 292, 309, 310, 321, 329, 334, 339, 340, 344, 345, 346, 347, 348, 353, 376, 377, 378, 390, 397, 401, 403, 407, 410, 411, 417, 420, 421, 422, 427, 430, 431, 450, 480, 482, 493, 502, 515, 526, 527, 528, 532, 536, 537, 538, 539, 541, 545, 551, 557, 558, 559, 560
Agir, 57, 246, 335, 346, 361, 377, 382, 383, 386, 469, 482, 531, 560
Alteração de documentos fiscalmente relevantes, 78
Alteridade, 335
«Analogia» (v. P), 435, 458, 468, 477
An eines anderen Stelle stehens, 379, 532
Anknüpfungstat/Bezugstat, 242, 258, 317, 330, 383
Antecipação da tutela, 155, 481

«Anteprojecto» do actual Governo português sobre a «Reforma do Regime Jurídico das Entidades Colectivas», 557, 558
Aplicação no tempo, 82 108
Apropriação (v. F), 114, 115, 119, 120, 121, 122, 123, 124, 125, 126, 162
Arquivamento do processo, 26, 80, 95, 96
Arquivamento em caso de dispensa de pena, 96
Art. 3.º DL n.º 28/84, 89, 188, 193, 337, 340, 471, 516
Assistente, 22, 53
Associação criminosa (v. O), 78, 164, 165, 166, 167, 168, 170, 171, 172, 174, 322, 462, 475, 497, 516, 526, 551
Associação de facto, 341, 377, 378
Atenuação especial da pena, 78, 96, 516
Atenuação especial das coimas, 78, 96
Atitude criminal de grupo (disposição ou postura criminal de conjunto ou estruturação), 379, 429, 434, 457, 469, 480, 488, 489, 498, 542, 545, 546
Atraso de declarações, 78
Atraso na apresentação ou exibição de documentos (ou de declarações), 78
Atitude pessoal, 479
Auto de notícia, 186
Autoria (mediata; e comparticipação), 52, 194, 347, 348, 349, 376, 377, 392, 432, 523, 556

B

Bem (bens) jurídico(s) (individuais e colectivos; universal) (tutela subsidiária de), 27, 31, 32, 33, 37, 38, 40, 41, 42, 43, 44, 47, 50, 53, 55, 56, 93, 95, 101, 102, 103, 104, 107, 121, 122, 152, 155, 157, 165, 168, 219, 223, 233, 237, 270, 308, 322, 328, 367, 368, 370, 394, 434, 435, 439, 444, 447, 458, 459, 461, 462, 464, 465, 466, 470, 472, 479, 480, 481, 484, 487, 488, 489, 497, 502, 503, 512, 518, 526, 539, 542, 543, 545, 546, 547, 548, 550, 552
Benefício económico, 450
Benefícios fiscais, 23, 24, 68, 72, 84, 87, 94, 98, 105, 127, 147, 358
Branqueamento de capitais, 33, 89, 159, 164, 244, 245, 288, 309, 315, 316, 317, 320, 332, 475, 519, 520, 552, 553
Burla (crime de), 99, 100, 101, 104, 105, 113, 117, 138, 162, 513, 515, 516
Burla de etiquetas (v. F), 62, 81, 168, 273, 293, 306, 442, 444, 447, 448, 453, 497, 504, 507, 512, 539, 541, 546, 550, 552, 553, 555
Burla tributária, 78, 94, 99, 101, 103, 104, 105, 113, 162, 513, 514, 515, 516

C

Capacidade delitiva das corporações, 203, 517
Capacidade (ou vontade) funcional, 473, 544
Carácter associacional, 481, 545
Carácter fragmentário do Direito Penal, 551

Caso julgado (das sentenças), 96, 108, 234
Castigo(s), 204, 237
Categorias clássicas da dogmática penal, 468, 547
Categoria sistemática, 500, 548
Causação (causalidade; v. I e N; processos causais), 44, 56, 130, 133, 134, 135, 136, 328, 340, 371, 501, 505, 548, 549
Causa de exclusão da culpa, 115, 116, 347, 471
Causa de exclusão da ilicitude, 116, 426, 471, 550
Causa(s) de justificação, 41, 42, 86, 115, 125, 213, 250, 297, 427, 453, 485, 507, 536, 550
Censura de tipo ético-pessoal, 540
Certeza, 32, 36, 40, 62, 239, 383
Ciência, 29, 108, 150, 152, 212, 215, 262, 335, 349, 368, 465, 501
Círculo, 28, 117, 157, 236, 256, 259, 260, 336, 348, 384, 396, 413, 419, 499
Cláusula do risco, 550
Coacção, 488
Codificação, 48, 215, 274
Código de Procedimento e Processo Tributário, 23, 85, 351
Código de Processo Penal, 73, 76, 87, 173, 511, 520
Código Penal, 26, 28, 30, 31, 33, 48, 55, 73, 80, 86, 91, 97, 99, 100, 102, 104, 106, 108, 111, 112, 115, 116, 119, 120, 121, 126, 128, 139, 140, 142, 144, 148, 158, 159, 162, 164, 166, 172, 173, 178, 183, 188, 196, 197, 241, 245, 247, 275, 276, 277, 308, 309, 310, 315, 342, 347, 348, 349, 376, 404, 410, 417, 436, 440, 479, 486, 493, 500, 501, 511, 515, 520, 521, 548, 557, 558
Coima, 77, 78, 96, 118, 195, 252, 254, 257, 258, 260, 261, 262, 400, 404, 419, 420, 437, 446, 450, 532, 533, 540, 555
Comissão por omissão, 259, 260, 454, 547
Complexidade, 243, 251, 328, 393, 456, 458, 481
Comparticipação (criminosa), 91, 137, 165, 167, 172, 255, 329, 347, 349, 377, 392, 395, 431, 432, 433, 523, 536, 556
Competência do Tribunal, 59
Comportamento, 35, 45, 55, 56, 57, 85, 115, 123, 124, 147, 158, 170, 178, 179, 191, 201, 212, 222, 227, 252, 253, 256, 275, 276, 284, 294, 298, 303, 315, 322, 330, 367, 372, 419, 423, 434, 441, 450, 456, 457, 467, 469, 475, 478, 485, 486, 505, 541, 545, 551
Composição, 330, 374
Compreensão, 50, 64, 194, 143, 145, 194, 273, 407, 425, 473, 476, 481, 484
Comunicação, 31, 34, 43, 44, 58, 61, 64, 96, 115, 171, 177, 178, 193, 226, 246, 343, 363, 502
Comunidade, 31, 32, 42, 43, 50, 59, 99, 179, 196, 207, 221, 240, 298, 299, 300, 301, 309, 349, 368
Concorrência no mercado, 301, 303, 304, 480, 545
Concreção, 93, 430

Concurso de contra-ordenações, 103
Concurso de infracções, 77, 103, 514
Condições objectivas de punibilidade, 501, 505, 549
Conduta, 92, 94, 95, 99, 100, 102, 105, 106, 107, 111, 117, 119, 121, 127, 132, 134, 135, 137, 138, 158, 159, 175, 176, 177, 179, 198, 227, 257, 288, 289, 290, 293, 294, 303, 304, 340, 347, 368, 377, 392, 407, 441, 449, 456, 457, 475, 479, 480, 482, 484, 485, 486, 489, 493, 497, 501, 505, 541, 542, 545, 546, 548, 549
Confiança, 36, 78, 95, 96, 103, 105, 114, 115, 116, 117, 119, 120, 122, 123, 124, 125, 126, 127, 129, 143, 144, 145, 146, 151, 152, 153, 157, 158, 160, 161, 162, 233, 244, 245, 317, 467, 501, 515, 516
Conflito (de deveres; conflitualidade), 31, 115, 179, 200
Congruência, 125
Conhecimento, 55, 57, 123, 125, 134, 135, 145, 154, 158, 159, 171, 172, 176, 193, 260, 265, 292, 304, 350, 363, 369, 387, 455, 478, 479, 480, 503, 506, 530, 545, 548, 549, 550, 556
Consciência do ilícito, 44, 171, 304
Consciência do risco, 478, 479, 545
Consciência ética, 58, 59
Conselho de administração, 279, 289, 317, 329, 356, 357, 373, 374, 432, 463, 489, 505, 550
Consenso (consensualidade), 31, 68, 112, 305, 456
Consentimento, 41, 50, 144, 145, 286, 371

Consumação, 91, 92, 94, 124, 131, 133, 134, 137, 174
Constituição (v. D, I e L), 31, 32, 33, 34, 51, 54, 56, 59, 67, 71, 73, 80, 81, 106, 107, 111, 112, 118, 150, 153, 185, 187, 189, 231, 233, 234, 241, 265, 271, 273, 277, 296, 351, 399, 401, 407, 414, 415, 441, 449, 457, 469, 512, 516, 517, 529, 553, 556
Consumidor, 230, 244, 263, 310, 328, 435, 437
Contabilidade (inexistência de; não organização da), 78, 106, 131, 132, 142, 304, 373, 396, 463
Contrabando, 237
Contra-ordenações (v. D e I; contra-ordenação; contra-ordenacional; fiscais), 25, 27, 28, 62, 71, 72, 73, 78, 80, 81, 82, 83, 84, 88, 89, 94, 96, 98, 100, 103, 168, 192, 194, 254, 261, 272, 303, 306, 310, 329, 331, 341, 355, 398, 400, 408, 410, 411, 412, 413, 414, 415, 417, 418, 420, 421, 422, 425, 427, 429, 430, 432, 433, 435, 436, 437, 439, 440, 443, 445, 446, 448, 449, 450, 451, 452, 500, 504, 511, 513, 514, 526, 527, 528, 529, 530, 534, 536, 537, 540, 541, 551, 553
Contrato social, 44, 212
Contravenções (contravenção), 82, 168, 229, 230, 259, 245, 251, 259, 260, 261, 277, 285, 296, 440
Corporate crime, 35, 289, 336, 458, 462, 542
Corpus Juris, 307, 321, 322, 323, 324, 327, 336, 396, 475, 515, 525, 559
Corrupção, 33, 51, 188, 244, 309, 312,

314, 315, 316, 317, 319, 320, 322, 519, 520, 553
Crime (conceito de), 168
«*Crime contra-ordenacional*» ou «*contra-ordenação criminal*» (facto simultaneamente crime e contra-ordenação), 536
Crime de colarinho branco (v. W), 457
Crime(s) de dano, 92, 161, 175
Crime de desobediência (qualificada), 176, 177, 178, 179, 452
Crime(s) de organização, 52, 172
Crime(s) de perigo (v. P), 38, 49, 52, 91, 92, 135, 144, 165, 372, 438, 444, 454, 480, 547
Crime(s) de perigo abstracto, 38, 49, 52, 135, 165, 438, 444, 547
Crime de perigo comum, 454
Crime(s) de perigo concreto, 454, 480
Crime de resultado, 92, 94, 101, 115, 148, 158
Crimes contra a segurança social (segurança social), 78, 146, 148, 149, 157, 158, 160, 516
Crime tributário, 104, 129, 160, 161, 164, 168, 473, 561
Criminalidade organizada, 33, 34, 39, 44, 164, 173, 240, 23, 268, 270, 293, 299, 308, 312, 322, 349, 369, 446, 472, 525, 526, 554
Criminalização, 24, 30, 49, 50, 57, 60, 85, 86, 107, 120, 146, 182, 309, 361, 551
Criminologia, 461, 469, 472
Critérios anómalos, 52, 507, 550
Critérios de necessidade e de subsidiariedade da intervenção penal, 551

Critérios, padrões e ideias penais básicas, 504
Critérios sociais, 506, 549
Cuidado, 54, 55, 101, 222, 259, 294, 345, 458, 482, 483, 486, 259, 294, 542, 546, 548, 559
Culpabilidade de facto, 501, 540
Culpa (culpabilidade; v. T), 30, 32, 33, 44, 46, 47, 49, 50, 52, 54, 60, 108, 112, 115, 116, 125, 136, 141, 161, 171, 177, 179, 189, 195, 199, 204, 208, 217, 218, 228, 231, 235, 236, 237, 240, 241, 249, 250, 251, 252, 253, 256, 258, 259, 264, 265, 266, 267, 271, 272, 273, 275, 277, 278, 281, 284, 287, 288, 291, 292, 294, 297, 303, 307, 322, 323, 326, 327, 329, 330, 347, 349, 350, 367, 368, 369, 370, 371, 372, 376, 381, 391, 392, 398, 405, 406, 407, 408, 412, 413, 417, 419, 420, 421, 427, 428, 429, 430, 431, 432, 433, 434, 441, 443, 445, 450, 453, 458, 463, 465, 466, 468, 469, 471, 476, 477, 478, 479, 480, 481, 482, 483, 484, 486, 487, 488, 489, 490, 491, 492, 493, 495, 496, 497, 498, 499, 500, 501, 502, 503, 504, 506, 507, 513, 514, 519, 525, 527, 530, 531, 533, 534, 535, 536, 537, 538, 540, 541, 543, 544, 545, 546, 547, 548, 549, 550, 551, 552, 554, 556, 559, 560
«*Culpa de ocupação de espaços*» («*culpa empresarial*»; «*culpa supraindividual*»), 503
Culpa in vigilando, 272, 398, 497, 519, 522, 546, 554, 559, 560

Culpa na formação da personalidade, 493
Culpa normativa, 500, 548
«Culpa pela condução da empresa», 501, 548, 550
«Culpa pela condução do ente colectivo», 502, 506, 507, 550
«Culpa pela conduta de vida», 501, 548
«Culpa pela não formação da personalidade», 501, 502, 507
«Culpa pela ocupação de espaços», 502, 548, 550
Culpa pela organização – modelo e responsabilidade – (*Modell des Organisationsverschuldens*; *Haftungstheorie vom Organisationsverschulden*), 406, 424, 488, 489, 495, 498, 499, 519, 522, 533, 545, 546, 548
«Culpa pelo processo estrutural», 502
Culpa psicológica (e física), 527, 530
Cumplicidade, 52, 172, 261, 271, 278, 316, 317, 392, 424, 426, 432, 519
Cumulativamente, 189, 291, 318, 354, 392, 395, 408, 452, 534, 536, 539
Custas, 76

D

Danosidade social (evitável), 368, 370, 441, 464, 472, 474, 485, 548
Decisão, 29, 76, 80, 82, 83, 139, 159, 173, 177, 187, 189, 195, 203, 204, 205, 220, 222, 232, 235, 242, 249, 252, 266, 269, 276, 280, 282, 283, 284, 287, 291, 296, 301, 303, 304, 308, 313, 318, 321, 323, 327, 333, 335, 341, 343, 359, 371, 390, 394, 396, 397, 407, 424, 460, 461, 471, 488, 495, 499, 519, 520, 521, 522, 524, 546, 547, 553, 554, 560
Deficiência duradoura na previsão dos riscos de exploração, 501, 548
Delinquentes por tendência, 477
Delito naturalístico, 497
Depósito (encerramento de estabelecimento ou de), 437, 448, 541
Descriminalização, 51, 175, 261, 484, 515
Desistência, 171
Desvalor da (de) acção (v. A), 38, 49, 90, 91, 92, 95, 116
Desvalor do (de) resultado, 38, 49, 92, 116, 117, 484, 505, 549
Despenalização, 109, 442, 447
Determinabilidade, 48
Determinação (da medida) da coima, 450
Determinação da medida da pena, 77
Dever objectivo (de grupo) de cuidado (v. N; violação de um), 294, 482, 486, 546, 559
Diagonal (divisão vertical; horizontal; diagonais), 55, 547
Dignidade da pessoa, 46, 428
Dignidade humana, 54, 371, 537
Dignidade penal, 177
Directores (directivos), 74, 183, 184, 193, 197, 198, 247, 251, 259, 260, 279, 285, 289, 290, 355, 381, 385, 399, 401, 434, 454, 459, 495, 546
Direito constitucional (v. C, I e L), 32, 443, 444, 461, 512
Direito criminal (contudo direito penal: *passim*), 43, 81, 82, 108, 110,

148, 192, 195, 196, 197, 216, 231, 232, 256, 261, 265, 273, 281, 348, 368, 493, 517
Direito de mera ordenação social (v. C e I), 98, 236, 306, 355, 368, 378, 441, 443, 445, 511, 512
Direito de intervenção, 38, 46, 464, 468, 494
Direito natural, 206, 207
Direito penal administrativo (direito administrativo; administrativização), 26, 27, 36, 41, 45, 46, 47, 121, 192, 232, 236, 254, 280, 438, 439, 440, 443, 500, 511, 552
Direito penal central, acessório ou administrativo, 500, 548
Direito penal clássico (ou de justiça), 26, 27, 28, 37, 47, 48, 156, 241, 253, 254, 272, 306, 308, 323, 331, 351, 375, 376, 406, 428, 435, 437, 439, 440, 453, 468, 499, 500, 506, 512, 515, 525, 557, 561
Direito penal comunitário (ou europeu), 324, 525
Direito penal da empresa, 501, 548
Direito penal demagógico, 37
Direito penal do ambiente (meio ambiente; recursos naturais), 33, 34, 37, 42, 55, 232, 243, 245, 260, 262, 263, 296, 298, 435, 436, 310, 328, 369, 419, 465, 525, 552
Direito penal do facto (e do autor), 489, 493, 501, 548
Direito penal do risco (v. R e S), 39, 45, 46, 52
Direito penal em sentido amplo, 254, 403, 512, 557
Direito penal financeiro (infracções financeiras), 29, 59, 64, 320, 513, 515
Direito penal funcional (v. F) 51, 237, 370, 407, 472, 479, 506, 518, 549
Direito penal individual, 236, 408, 470, 496, 499, 500, 501, 504, 505, 506, 507, 548, 549, 550
Direito penal para o obscuro, 54
Direito penal secundário, 26, 27, 28, 30, 31, 40, 41, 48, 85, 86, 89, 92, 156, 228, 229, 232, 234, 241, 255, 306, 308, 361, 376, 377, 382, 418, 429, 435, 447, 511, 512, 541, 557, 558, 561
Direito penal tributário (infracções tributárias), 24, 69, 71, 72, 73, 77, 85, 99, 102, 156, 157, 182, 198, 230, 351, 360, 361, 402, 435, 450, 511, 513, 514, 515, 536, 537
Direito punitivo, 106, 507, 512, 550, 555
Direito(s) de audiência e defesa, 512
Direito(s) fundamental(is) (individuais e colectivos; deveres fundamentais ou dever fundamental), 40, 51, 56, 234, 327, 539
Direitos, Liberdades e Garantias (v. L), 32, 34, 36, 38, 39, 40, 45, 48, 49, 56, 63, 95, 112, 150, 228, 234, 237, 240, 263, 270, 271, 293, 294, 307, 324, 327, 348, 369, 394, 406, 419, 427, 434, 438, 440, 442, 445, 446, 447, 453, 455, 456, 457, 466, 470, 508, 512, 541, 542, 552, 556
Direito subsidiário, 77, 272, 303, 449
Dirigentes, 56, 75, 145, 251, 259, 261, 283, 308, 313, 336, 381, 389, 394, 396, 403, 404, 434, 463, 490, 492, 494, 495, 533, 546

Dispensa (e atenuação especial da) de pena, 78, 96, 177, 516
Dissolução, 191, 223, 237, 246, 271, 273, 319, 462, 520, 521, 524
Divisão de poderes, 547
Documentos fiscalmente relevantes, 78, 515
Dogmática (jurídico-penal), 28, 40, 41, 44, 47, 48, 50, 51, 52, 53, 54, 190, 199, 209, 228, 264, 268, 270, 271, 274, 361, 368, 371, 379, 380, 382, 406, 408, 417, 430, 438, 449, 454, 455, 458, 461, 465, 466, 472, 504, 511, 512, 545, 547, 552, 556
Dolo (de grupo; elemento emocial do; elemento emocional de grupo; do facto; e negligência: v. N; eventual; volitivo; elemento intelectual; elemento cognitivo), 52, 53, 55, 57, 72, 94, 98, 123, 125, 134, 147, 154, 171, 350, 398, 408, 429, 445, 446, 450, 477, 478, 479, 480, 481, 483, 488, 506, 545, 546, 547, 549, 559
Domínio de (da) organização (domínio funcionalo-sistemático da organização), 505, 549
Domínio do facto individual 505, 549
Dosimetria, 69, 513
Doutrina da personalidade, 501
Doutrina do facto, 494, 501
Doutrina do ilícito pessoal (v. I), 476
Droga(s) (v. T), 33, 39, 159, 163, 308, 309, 312, 556

E

Efeito suspensivo, 96, 182

Eficácia, 33, 55, 57, 110, 240, 253, 263, 271, 273, 285, 299, 300, 307, 309, 313, 316, 444, 494
Empresa capitalista, 502
Encerramento de estabelecimento ou de depósito, 191, 198, 437, 448, 541
Entes colectivos (entidades colectivas; v. O e P), 21, 48, 49, 51, 52, 55, 56, 72, 187, 206, 213, 217, 218, 219, 224, 227, 228, 229, 230, 231, 232, 233, 234, 237, 264, 273, 286, 293, 295, 296, 297, 305, 308, 321, 322, 323, 324, 325, 332, 335, 338, 367, 394, 403, 405, 411, 412, 429, 435, 436, 437, 440, 445, 446, 447, 448, 450, 451, 452, 453, 455, 456, 458, 461, 462, 464, 465, 466, 467, 468, 470, 471, 472, 473, 475, 477, 481, 483, 489, 490, 492, 495, 497, 498, 499, 501, 502, 503, 504, 506, 508, 512, 514, 515, 516, 517, 518, 519, 520, 522, 524, 525, 527, 528, 530, 531, 532, 533, 535, 537, 538, 539, 541, 542, 543, 544, 545, 546, 547, 548, 549, 550, 552, 553, 554, 555, 556
Entidade sem personalidade jurídica, 77, 440, 520
Entrada em vigor, 72, 151, 155
Erro (de conhecimento ou intelectual; de facto; de valoração; moral), 44, 52, 59, 99, 104, 105, 111, 125, 135, 250, 295, 380, 407, 429, 432, 466, 481, 501, 535, 548
Escola de Frankfurt, 39, 45, 46, 51, 369
Escola finalista, 476
Espaço, 21, 56, 77, 112, 165, 173, 174, 275, 300, 382, 407, 433, 459

Especialidade das normas tributárias, 77, 103
Espécies de infracções tributárias, 77, 536
«Espírito de lucro», 503
Estado de burla, 526
Estado (de direito; democrático, de intervenção; prevenção), 28, 29, 30, 31, 32, 34, 36, 38, 40, 41, 46, 53, 54, 56, 57, 59, 60, 62, 63, 68, 69, 70, 75, 79, 80, 82, 84, 85, 92, 93, 95, 96, 98, 99, 100, 104, 107, 109, 112, 114, 118, 125, 128, 143, 144, 161, 162, 165, 176, 197, 207, 208, 209, 212, 213, 214, 221, 226, 227, 233, 234, 236, 239, 240, 243, 244, 247, 263, 264, 267, 268, 277, 278, 297, 299, 300, 301, 307, 309, 311, 312, 313, 314, 315, 316, 317, 318, 319, 320, 321 322, 327, 328, 336, 349, 361, 371, 391, 408, 427, 434, 437, 438, 441, 443, 444, 455, 461, 462, 466, 467, 489, 503, 507, 512, 515, 517, 525, 526, 540, 541, 551, 559
Estado de necessidade desculpante, 550
Estado de necessidade justificante, 125
Ética, 23, 58, 162, 164, 196, 207, 211, 213, 217, 218, 428, 476, 513, 517, 560
Eticização (bilateral; do direito; penal fiscal), 28, 29, 56, 58, 63, 85, 160, 161, 512, 515, 561
Eticização da consciência fiscal, 515
Exigibilidade (não; inexigibilidade), 380, 486, 547
Expansão do direito penal, 442
Extinção da coima, 96
Extinção do procedimento por contraordenação, 96

F

«Factos que ocorrem por ocasião da actividade da entidade colectiva», 558
Facto típico, ilícito e culposo, 144, 380, 408, 409, 427, 536, 537
Falsificação, 78, 93, 95, 97, 103, 104, 126, 138, 150, 161, 183, 244, 515
Falta de apresentação, antes da respectiva utilização, dos livros de escrituração, 78
Falta de entrega da prestação tributária, 78
Família, 196, 200
Fase administrativa, 96
Fase judicial, 96
Filosofia existencialista, 502
Fim (fins) da pena, 221, 223, 518
Flexibilização dos princípios, 442, 445, 540
Fraude de etiquetas (v. B), 235, 303, 404, 413, 418, 421, 440, 448, 472, 533
Fraude (fiscal) (qualificada) (contra a segurança social), 78, 129, 147, 148, 149, 516
Frustração de créditos, 78, 126, 127, 128, 130, 136, 138, 154, 160, 255, 516
Função de tutela de bens jurídicos individuais e colectivos, 552
Funcionalismo (v. D; teleológico-racional), 227, 407, 487, 545

Furto (v. A; subtracção), 119, 123, 161, 244, 289, 347
Futuro, 37, 44, 71, 164, 167, 237, 264, 438, 441, 448, 487, 525

G

Garantias de Defesa, 36, 213, 271, 307, 338, 551
Gerência imperfeita do inconveniente possível ou do perigo, 504, 549
Gerentes, 55, 74, 184, 189, 197, 198, 339, 349, 355, 356, 374, 375, 385, 402, 454

H

Hermenêutica, 157
Homem, 29, 30, 32, 42, 43, 45, 215, 228, 229, 233, 246, 253, 255, 3332, 369, 465, 477, 478, 482, 483, 484, 487, 502, 544
Homem médio, 465, 482
Homicídio, 54, 90, 147, 244, 281, 282, 283, 289, 485, 495, 498
Honra, 22, 37, 43, 58, 143, 222, 463, 487
Humanidade, 32, 39, 44, 45, 52, 455, 551

I

Ideia de merecimento da pena, 371, 537
Ideal do direito penal mínimo, 447, 541
Identidade do facto, 423, 426, 535, 536
Ideologia, 39
Idoneidade, 105, 211
Ilícito de mera ordenação social (v. C e D; Lei-quadro das contra-ordenações), 81, 177, 254, 334, 336, 350, 388, 389, 413, 414, 415, 416, 417, 419, 437, 440, 444, 445, 447, 449, 470, 471, 511, 530, 536, 540, 552, 556
Ilícito típico, 471, 543
Ilicitude (penal; exclusão de; v. D), 38, 94, 108, 115, 116, 125, 135, 144, 158, 179, 262, 476, 478, 485, 486, 506, 541, 545, 549, 550, 551
Iluminismo, 43, 45, 207, 211
Imputabilidade (inimputabilidade), 108, 371, 399, 401, 411, 429, 430, 454, 469, 486, 538, 547
Imputação (colectiva; pressupostos abstractos de; processos de; critérios de; é cumulativa; centro de; v. C e N), 45, 54, 60, 76, 257, 319, 327, 382, 407, 416, 430, 441, 446, 456, 464, 470, 481, 500, 518, 529, 533, 535, 542, 543, 545, 551, 557, 558
Imputação objectiva, 44, 46, 47, 52, 55, 326, 368, 371, 434, 454, 496
Imputação subjectiva, 47, 52, 303, 470, 477, 524
Incapacidade de acção, 52, 228, 232, 368
In concreto, 392, 538
Inconstitucionalidade (v. C, D e L), 80, 81, 82, 151, 161, 176, 185, 188, 189, 231, 232, 235, 237, 303, 401, 402, 414, 415, 428, 471, 513, 514, 526, 528, 529, 553

Indício, 376, 524, 543
Infracção (tributária: lugar e momento da prática da; conceito e espécies de infracções tributárias), 77, 185, 199, 403, 536, 540, 541
Inquérito, 516
Instauração, 116, 316, 318, 320, 403, 519
Instigação, 98, 131, 316, 317, 349, 350, 392, 432, 519
Integridade física, 42, 54, 454
Interdição temporária, 318, 452, 521, 524
Interesse colectivo, 41, 42, 72, 73, 77, 191, 241, 329, 332, 340, 339, 341, 342, 343, 346, 347, 354, 376, 377, 378, 383, 384, 389, 393, 398, 399, 400, 410, 418, 422, 425, 427, 430, 431, 432, 451, 452, 520, 522, 523, 526, 527, 530, 532, 535, 536, 544, 554, 557, 558, 560
Interesse (legítimo), 144, 386
Interesse social, 115, 342, 417, 551
Interpretação, 6, 9, 71, 73, 83, 85, 106, 112, 117, 121, 124, 131, 144, 150, 164, 167, 168, 178, 183, 247, 248, 285, 298, 311, 314, 319, 345, 353, 354, 355, 361, 391, 393, 396, 400, 402, 419, 424, 425, 428, 452, 464, 516, 523, 559
Irracionalidade, 37
Ius puniendi, 299, 439, 444, 455, 540

J

Juízo de valor, 476
Jurisprudência, 25, 41, 42, 80, 93, 103, 122, 146, 150, 162, 164, 166, 172, 196, 206, 241, 248, 253, 256, 260, 266, 269, 270, 271, 276, 279, 283, 284, 285, 287, 290, 291, 292, 293, 299, 302, 304, 306, 307, 344, 349, 381, 385, 394, 395, 405, 416, 425, 441, 454, 465, 470, 472, 477, 479, 494, 545
Jurisprudência dos interesses, 256
Jusracionalismo, 206
Justa causa, 144, 145, 156, 158
Justiça actuarial, 47
Justiça fiscal portuguesa, 514
Justo (injusto), 41, 56, 60, 109, 114, 122, 123, 212, 250, 261, 327, 367, 370, 377, 438, 443, 466, 470, 471, 479, 481

K

L

Lacuna de responsabilidade, 527
Legalidade (princípio da; v. P), 32, 49, 72, 82, 109, 110, 111, 119, 147, 158, 177, 179, 247, 299, 307, 322, 372, 443, 455, 495, 547, 551, 560
Legitimação *etiquetal*, 504, 549
Legislar (legislação), 23, 26, 51, 63, 67, 79, 83, 84, 106, 107, 108, 110, 112, 147, 150, 163, 185, 186, 199, 243, 279, 288, 299, 308, 310, 314, 326, 346, 348, 358, 364, 405, 436, 437, 440, 446, 447, 461, 471, 492, 511, 558
Legitimação (legitimidade; ilegitimi-

dade), 32, 34, 38, 47, 49, 50, 58, 63,
   100, 105, 121, 124, 125, 180, 195,
   299, 374, 415, 455, 468, 476, 478,
   490, 504, 517
Legítima defesa, 297
Lei fundamental (v. C, D e I), 233
Lei penal, 25, 63, 81, 94, 108, 109,
   110, 112, 163, 168, 173, 399, 493
Lesado, 103, 113, 315
Liberdade (v. D), 43, 56, 58, 87, 112,
   143, 184, 207, 208, 211, 212, 214,
   228, 229, 300, 305, 313, 326, 442,
   443, 444, 463, 464, 466, 487, 502
Limites da criminalização e da punibilidade, 551
Linguagem, 235, 507
Livre arbítrio, 483

M

Mandatário, 256, 385, 386, 398
Materialização do perigo típico da empresa, 505, 549
Medida da pena, 77, 139, 493, 498
Medida(s) de segurança, 33, 43, 51,
   106, 198, 218, 223, 229, 230, 271,
   348, 360, 406, 408, 472, 489, 494,
   496, 501
Menores, 468
Método (metodologia), 465, 478, 523
Middle management, 336, 492, 519, 522
Ministério Público, 141, 188, 189, 277, 461, 516, 556
Modelo clássico de imputação (v. Z), 246, 413, 429, 471, 475, 519, 522, 533

Modelo preventivo (*Präventionsmodel*), 408, 533
Modelo paralelo, 470, 543
Monismo ou dualismo das sanções (v. S; das reacções criminais), 229
Montante da(s) coima(s), 437, 450
Moral, 51, 64, 65, 125, 161, 200, 201,
   209, 214, 226, 241, 242, 251, 252,
   341, 342, 349, 361, 390, 397, 404,
   425, 427, 428, 472, 473, 487, 517,
   552

N

Natureza das coisas, 231, 326
Necessidade de pena, 488
Necessidade económica, 116, 551
Negligência (v. D; consciente; inconsciente; grosseira; previsibilidade),
   30, 44, 53, 60, 64, 101, 102, 105,
   159, 189, 208, 249, 250, 251, 260,
   261, 265, 283, 289, 445, 446, 449,
   450, 451, 453, 476, 480, 481, 482,
   483, 486, 523, 524, 530, 540, 545,
   547, 548
Nexo (v. C e I), 134, 194, 242, 255,
   330, 331, 333, 335, 339, 344, 345,
   388, 397, 413, 417, 418, 427, 431
   452, 453, 454, 558, 559
Nome (em; em seu), 69, 72, 73, 77, 91,
   115, 120, 124, 157, 191, 222, 228,
   234, 237, 241, 246, 253, 255, 256,
   257, 266, 282, 288, 289, 290, 291,
   303, 304, 309, 310, 316, 317, 320,
   321, 323, 327, 329, 331, 332, 333,
   334, 335, 337, 339, 340, 342, 343,
   350, 353, 354, 356, 357, 358, 361,

371, 373, 375, 376, 377, 378, 380, 381, 382, 383, 384, 386, 387, 388, 389, 393, 394, 395, 396, 398, 399, 400, 402, 409, 410, 411, 412, 414, 417, 418, 419, 421, 422, 425, 427, 428, 429, 430, 431, 432, 437, 441, 451, 452, 466, 474, 492, 519, 520, 523, 525, 526, 527, 530, 532, 534, 535, 536, 538, 544, 554, 557, 558, 559
Non bis in idem, 152, 148, 189, 190, 233, 234, 325, 471, 516
Norma(s) de comportamento, 45
Norma (destinatários da; incriminadora), 255, 307, 370, 372, 423
Normas tributárias (especialidade das), 77, 103
Nulla poena sine culpa, 272, 540
Nulla poena sine lege, 111, 112
Numerus clausus, 244

O

Objecto, 32, 37, 44, 45, 70, 78, 90, 95, 120, 122, 123, 127, 130, 141, 142, 143, 152, 158, 185, 219, 224, 244, 288, 298, 302, 303, 319, 320, 362, 392, 415, 468, 480, 489, 529, 538, 545, 559
Omissão, 53, 55, 56, 90, 91, 178, 222, 244, 246, 249, 250, 251, 256, 259, 260, 261, 271, 272, 275, 323, 336, 348, 391, 434, 438, 456, 472, 475, 485, 490, 491, 492, 519, 522, 541
Omissões e inexactidões, 78
Ontológico, 469
Ordem axiológica e constitucional, 41

Ordenamento (*sancionador administrativo*), 30, 88, 92, 120, 125, 155, 165, 196, 211, 212, 229, 231, 270, 272, 275, 277, 287, 296, 330, 331, 368, 409, 437, 440, 443, 447, 448, 468, 469, 470, 475, 515, 524, 547
Ordnungswidrigkeitengesetz, 413, 416, 536
Organização autónoma, 503
Organização(ões) (mercantil) criminosa(s) (v. A), 34, 504
Organizações (v. E e P), 426
Órgão de facto (representante de facto; *faktische Organ*), 193, 194, 246, 318, 334, 338, 473, 544

P

Pagamento indevido de rendimentos, 78
Paradigma (emergente), 328, 424, 454, 479, 484, 487, 545
Paradoxo, 60
Património comum, 484, 520
Património de cada um dos associados, 77, 400, 520
Paz pública, 165, 174
«Pena de morte» (pena de dissolução dos entes colectivos), 191, 319, 437, 462, 521, 524
Pena de multa, 64, 77, 127, 130, 139, 140, 149, 150, 153, 182, 183, 184, 197, 223, 229, 331, 382, 452, 461, 513, 520, 523
Pena de prisão, 49, 64, 77, 90, 91, 96, 105, 111, 127, 130, 139, 140, 149, 150, 153, 159, 168, 175, 182, 183, 184, 196, 313, 381, 513

Penalização, 65, 109, 176, 194, 234, 244, 439
Penas (acessórias) (aplicáveis aos crimes tributários), 77, 78, 224, 191, 448, 521, 524, 541
Penas principais, 229, 520, 558
«Pensamento analógico» (v. A; «modelo de culpa analógica»; «modelo *puro* de culpa analógica»), 52, 406, 407, 428, 468, 480, 498, 499, 504, 507, 525, 531, 543, 544, 547, 548, 552, 556
Perda de armas, 78
Perigo (não permitido; v. C; perigosidade; resultado de), 33, 35, 37, 38, 39, 42, 44, 45, 47, 48, 49, 52, 54, 57, 91, 92, 96, 101, 129, 131, 135, 137, 144, 161, 165, 172, 174, 175, 195, 202, 222, 223, 240, 245, 263, 271, 294, 306, 313, 328, 368, 371, 372, 398, 402, 414, 431, 434, 438, 444, 445, 449, 454, 455, 462, 464, 470, 471, 472, 476, 477, 478, 479, 480, 481, 488, 489, 494, 501, 503, 504, 505, 543, 545, 546, 547, 548, 549, 551
Perito, 461
Pessoa humana, 189, 253, 267, 428
Pessoalidade, 351
Pessoas colectivas (*passim*; v. E e O)
Pluralismo (pluralista), 31, 39, 371
Poder punitivo, 232
Poderes públicos, 49, 319, 440, 444, 515
Política criminal, 37, 43, 47, 61, 228, 264, 268, 273, 299, 368, 380, 442, 444, 484, 488, 496, 500
Posição de garante, 271, 434, 454, 456, 466, 547

Direito positivo, 85, 92, 113, 122, 148, 156, 160, 215, 216, 256, 400, 346, 400, 405, 409
Potestas, 34, 236, 244, 427, 441, 444, 467, 525, 540, 541
Prazo de caducidade, 76, 111
Prescrição (das sanções contra-ordenacionais; do procedimento – criminal; prazo de), 62, 78, 96, 107, 139, 140, 161, 420
Prestação(ões) tributária(s), 77, 78, 85, 87, 105, 121, 122, 123, 126, 127, 352
Presunção de inocência, 503
Prevenção especial (doutrinas da), 43, 370, 484, 486, 487, 494, 496, 545
Prevenção geral (doutrinas da), 43, 197, 198, 224, 230, 307, 408, 455, 484, 486, 487, 488, 545
Previsibilidade do resultado, 481, 482, 545
Princípio da Humanidade, 32, 371, 551
Princípio da igualdade, 32, 502, 515, 551, 557
Princípio da intervenção mínima, 32, 551
Princípio da legalidade (v. L), 32, 49, 72, 109, 110, 111, 147, 177, 179, 247, 299, 307, 322, 443, 547, 551
Princípio da proporcionalidade, 322, 440, 515
Princípio da responsabilidade (v. R; criminal ou contra-ordenacional), 191, 241, 270, 400, 429, 477, 496, 517, 544
Princípio da territorialidade, 242, 322
«Princípios constitucionais» constitucionais, 106, 309, 416, 503, 530, 547, 556

Princípio do Acusatório, 32, 551
Princípio do Contraditório, 32, 551
Privação do direito, 452, 521, 524
Privacidade (intimidade), 143, 144, 145, 157
Probabilidade, 196, 385, 459, 527
Problema, 28, 29, 44, 51, 52, 70, 71, 83, 88, 90, 99, 100, 108, 111, 113, 117, 119, 124, 129, 137, 152, 161, 164, 174, 180, 185, 196, 203, 210, 214, 222, 223, 229, 232, 242, 249, 255, 258, 259, 262, 265, 270, 296, 298, 326, 371, 375, 382, 389, 394, 398, 405, 432, 438, 441, 443, 444, 453, 468, 469, 473, 477, 478, 481, 487, 499, 522, 528, 529, 531, 545, 560
Procedimento criminal, 78, 116, 139, 140, 141
Procedimento por contra-ordenação, 96
Processo de aplicação das coimas, 96
Processo de contra-ordenações tributárias, 96
Processo penal (tributário), 32, 73, 76, 78, 85, 87, 88, 89, 96, 112, 139, 140, 141, 144, 173, 188, 205, 251, 308, 343, 348, 351, 420, 440, 511, 520, 556, 557
Proibição da retroactividade (irretroactividade), 109
Protecção da norma, 371
«*Protestantismo calvinista como teoria da predestinação onde o êxito é uma prova da graça divina*», 503
Publicação da decisão condenatória, 321
Punibilidade (da negligência), 27, 28, 50, 110, 118, 120, 124, 130, 135, 144, 153, 171, 179, 195, 208, 219, 243, 255, 274, 308, 333, 339, 371, 388, 398, 412, 414, 415, 416, 417, 418, 429, 436, 441, 445, 449, 450, 456, 469, 489, 493, 501, 505, 528, 529, 537, 549, 551

Q

Qualificação, 63, 91, 99, 120, 138, 141, 245, 282, 480, 485, 494
Quem de direito, 72, 73, 77, 117, 145, 192, 331, 339, 344, 345, 346, 378, 422, 436, 452, 526, 527

R

Racionalização (racionalidade), 37, 48, 95, 115, 160, 207, 263, 309, 455, 468, 502
Razão calculadora ou actuarial, 47
Razão técnico-instrumental, 44, 46
Real construído, 365
Recusa de entrega (exibição ou apresentação), 78, 150
Regime fiscal, 107, 408, 515
Relações da vida como tais, 51
Rendimentos sujeitos a tributação, 78
Reposição da verdade, 95
Representação, 9, 10, 63, 171, 191, 194, 210, 250, 252, 304, 316, 320, 321, 326, 334, 335, 339, 349, 354, 355, 356, 365, 373, 374, 375, 376, 378, 381, 382, 383, 384, 385, 386, 387, 392, 393, 395, 397, 400, 451,

473, 479, 480, 486, 514, 519, 522, 531, 532, 533, 542, 543, 544, 545, 551, 555

Representante(s) (falta de designação de), 78, 388

Responsabilidade civil (pelas multas e coimas; solidária; subsidiária), 69, 73, 74, 77, 141, 198, 199, 270, 328, 337, 338, 340, 345, 351, 353, 390, 395, 400, 401, 403, 404, 410, 411, 418, 505, 513, 533, 540, 555

Responsabilidade contra-ordenacional alternativa, 520

Responsabilidade (criminal; penal: *passim*), 48, 49, 56, 72, 77, 86, 111, 112, 117, 118, 153, 187, 188, 189, 190, 195, 203, 212, 226, 228, 229, 230, 231, 232, 233, 235, 237, 246, 272, 274, 277, 281, 282, 283, 286, 288, 289, 292, 295, 302, 307, 308, 325, 326, 327, 329, 331, 333, 336, 337, 338, 344, 347, 351, 369, 387, 384, 394, 401, 410, 411, 412, 414, 416, 422, 423, 425, 427, 430, 437, 443, 447, 450, 451, 465, 483, 499, 514, 516, 517, 518, 520, 521, 523, 524, 530, 531, 536, 537, 539, 541, 552

Responsabilidade cumulativa excluída tributária e, portanto, alternativa vertical, 539

Responsabilidade das organizações, 331, 421, 495, 499, 522, 546

Responsabilidade das pessoas colectivas, 69, 72, 73, 77, 184, 208, 239, 240, 241, 243, 244, 245, 246, 257, 265, 275, 290, 295, 310, 316, 318, 319, 330, 331, 337, 339, 341, 350, 361, 368, 400, 409, 411, 416, 421, 425, 428, 429, 435, 437, 454, 468, 493, 513, 516

Responsabilidade dos entes colectivos, 51, 232, 286, 310, 321, 323, 335, 405, 424, 444, 445, 451, 452, 468, 499, 500, 501, 506, 514, 517, 522, 525, 527, 528, 530, 531, 542, 543, 544, 548, 553, 555

Responsabilidade em nome de outrem, 69, 513

Responsabilidade (objectiva; individual; é aqui alternativa e direccionada), 55, 72, 73, 77, 86, 221, 230, 234, 249, 261, 272, 285, 290, 292, 296, 297, 305, 307, 310, 350, 368, 369, 370, 406, 410, 411, 412, 413, 417, 420, 421, 422, 425, 427, 428, 430, 431, 433, 441, 445, 446, 449, 450, 452, 457, 470, 475, 474, 477, 491, 493, 495, 499, 514, 520, 523, 524, 525, 527, 530, 535, 537, 538, 540, 542, 544, 547, 552, 554, 557, 558, 559, 560

Responsabilidade para abaixo, 8, 259, 255, 256, 259

Responsabilidade para acima, 8, 259, 519, 522

Responsabilidade (paralela; autónoma), 248, 326, 411, 474, 544

Responsabilidade penal cumulativa vertical descendente, 539

Responsabilidade penal tributária cumulativa vertical ascendente, 539

Responsabilidade por caso fortuito, 495, 546

Responsabilidade punitiva tributária cumulativa horizontal, 539

Ressocialização, 161
Resultado de um desenvolvimento deficiente da empresa, 501, 548
Resultado típico, 54, 115, 134, 137
Retribuição, 393, 484, 487, 545
Revolução Francesa, 43, 207, 211
Revolução Industrial, 466
Risco (permitido; não permitido; perigo não permitido; v. D e S), 25, 31, 33, 38, 39, 40, 42, 43, 44, 45, 46, 47, 48, 50, 51, 52, 53, 57, 60, 65, 68, 116, 136, 137, 196, 202, 208, 240, 243, 247, 259, 260, 261, 268, 285, 287, 293, 300, 327, 328, 329, 359, 367, 368, 370, 371, 376, 381, 401, 424, 427, 430, 434, 438, 439, 441, 442, 443, 444, 445, 449, 456, 457, 458, 462, 465, 466, 470, 471, 472, 477, 478, 479, 480, 488, 490, 492, 496, 497, 501, 503, 504, 505, 512, 525, 526, 533, 542, 543, 545, 546, 548, 549, 550, 551, 557, 558, 559, 560
Romanistas, 203, 517

S

Sanções e sanção (*passim*)
Sanções acessórias (*verdadeiras sanções penais acessórias*), 388, 448, 537, 538, 541, 546
Saúde, 37, 42, 51, 55, 65, 187, 190, 195, 198, 243, 328, 435, 503, 525
Secularização, 44, 53, 512
Segurança jurídica, 112, 266
Sintoma, 449, 455, 546

Sistema aberto (funcional; jurídico; social), 27, 30, 32, 43, 60, 83, 92, 266, 268, 270, 295, 296, 371, 454, 455, 464, 465
Sociedade(s) civil(s) (sob a forma comercial), 21, 28, 226, 331, 352, 357, 358, 372, 373, 375, 383, 384, 387, 388, 389, 390, 392, 393, 394, 395, 396, 397, 398, 409, 410, 411, 416, 420, 421, 422, 423, 426, 433, 466, 526, 535, 536, 537, 538, 539, 540, 557, 559
Sociedade(s) comercial(ais), 21, 27, 57, 115, 181, 184, 187, 188, 202, 213, 226, 227, 244, 273, 328, 341, 355, 356, 357, 358, 361, 372, 375, 383, 384, 387, 389, 390, 392, 393, 394, 395, 396, 398, 409, 410, 411, 416, 420, 421, 422, 423, 425, 426, 427, 431, 432, 456, 460, 461, 462, 466, 506, 531, 539
Sociedade do risco (v. D e R), 25, 31, 39, 43, 50, 51, 52, 57, 65, 68, 202, 240, 371, 430, 438, 439, 443, 444, 445, 449, 477, 512, 525
Societas delinquere (*non*) *potest*, 8, 10, 27, 189, 191, 195, 199, 253, 266, 267, 270, 271, 272, 275, 405, 422, 448, 454, 516, 533
Solicitador, 279, 310, 397
Solidariedade, 23, 54, 74, 402, 442, 487
Subsidiariedade (princípio da), 87, 173, 417, 442, 438, 551, 567
Subsistema, 69, 437
Subsistência da prestação tributária, 77
Substrato (diverso), 216, 380, 547
Suspensão da pena, 161, 182

T

Tipo (tipicidade; tipo de ilícito; tipo legal de crime; tipo objectivo; tipo subjectivo), 30, 86, 90, 91, 95, 96, 98, 101, 104, 109, 114, 115, 117, 119, 121, 122, 123, 124, 125, 126, 127, 128, 130, 132, 135, 142, 143, 144, 146, 147, 148, 149, 154, 155, 157, 158, 164, 165, 166, 169, 170, 171, 173, 176, 179, 228, 254, 388, 481, 485, 486, 514, 537, 541

Tipografias não autorizadas, 78

Titular de um órgão, membro ou representante de uma pessoa colectiva, 326, 377

Tecnologia, 309, 549

Teleologia, 443

Técnica (dos exemplos-padrão) (*Regelbeispieltechnik*), 54, 90, 108, 147, 152, 245, 349, 449, 495, 498, 525, 546, 547, 554, 556, 559, 560

Tentativa, 33, 38, 42, 103, 105, 111, 130, 136, 137, 138, 143, 144, 159, 162, 171, 182, 212, 216, 286, 289, 290, 307, 316, 317, 350, 402, 429, 439, 467, 482, 519

Teoria da acção paralela/cumulativa/ /imputada/ambivalente, 531

Teoria da culpa (v. C), 477, 502

Teoria da ficção (ficcionismo), 195, 208, 209, 210, 212, 213, 214, 215, 217, 224, 227, 229, 407, 518

Teoria da personalidade real da associação (*Theorie der realen Verbandspersönlichkeit*), 8, 214, 518

Teoria da representação, 321, 335, 451, 522, 542, 555

Teoria das três esferas, 157

«*Teoria dos espaços*», 503

Teoria (ou com origem no) do direito civil da identificação, 188, 321, 426, 437, 451, 471, 520, 522, 524, 527, 531, 533, 546, 552, 555

Teoria orgânica (realismo), 212, 214, 215, 216, 217, 224, 227, 407, 518

Território português, 75, 174, 387, 388

Terrorismo (terrorista; organizações terroristas), 33, 54, 173, 174, 244, 263, 308, 309, 312, 462, 466, 520, 521, 523, 554

Tese 1, 11, 533, 538, 552

Tese 1.1, 11, 533, 539, 552

Tese 2, 11, 542, 546, 551, 555

Tese 3, 11, 542, 546, 555, 559

Tese 4, 11, 548, 549, 555, 559

Tese 5, 11, 548, 551, 555

Tese 6, 11, 548, 551, 555

Tese final, 11, 319, 511, 552

Tolerância, 39

Toxicodependência (v. D), 556

Transferência para o estrangeiro de rendimentos sujeitos a tributação, 78

U

Ultima ratio (princípio de), 39, 44, 45, 57, 236, 270, 438, 442, 467

Unidade da ordem jurídica, 469

Utilidade, 218, 370, 484, 494

V

Validade (invalidade), 51, 81, 321, 353, 387

Valor(es) (ético-social), 95, 502
Valores mobiliários (Código dos), 89, 473
Vicariato na execução, 281, 334
Viciação (e alteração de documentos fiscalmente relevantes), 78, 142, 144, 155, 156
Vida, 37, 39, 44, 45, 51, 55, 65, 99, 143, 145, 176, 207, 215, 222, 233, 244, 273, 345, 444, 454, 456, 460, 492, 503, 508, 542
Violação de segredo (fiscal), 516
Violação do dever de emitir ou exigir recibos (ou facturas), 78
Violência, 36, 65, 104
Vítima, 44, 46, 53, 99, 100, 282

W

White collar crime (v. C), 35, 443, 457, 459

X

Y

Z

Zurechnungsmodell ou modelo clássico de imputação colectiva (v. M), 405, 533